Understanding and Application of Research Methods

응용 프로그램을 활용한 연구 기법

연구방법의 이해와 적용

이현섭 강현민 김형수 공저

이프레스

머리말

"끝을 알 수 없는 학문의 길에서, 오늘도 묵묵하게 연구와 학업에 매진하는 모든 분들께 이 책을 바칩니다."

공부에는 왕도(王道)가 없다고 합니다. 필자도 해당 경구(警句)에 전적으로 동의합니다. 꾸준함과 성실함만이 존경받는 학자나 연구자가 되는 유일한 길이라 할 것입니다.

하지만 정보통신기술의 발전으로 인해, 연구의 내용과 과정 등을 보다 용이하고 체계적으로 집대성하는데 도움을 줄 수 있는 다양한 응용프로그램들이 꾸준히 개발되고 있습니다. 현재 여러분들 주변에는, 아이디어를 갈무리하고 수많은 문헌 자료들을 손쉽게 검색·관리하거나, 타인과의 협업 등과 같은 연구효용성 향상에 유용한 어플리케이션 혹은 소프트웨어들이 상당수 존재합니다. 따라서 본 교재는 연구나 학업 활동을 수행함에 있어 효율적으로 활용할 수 있는 응용프로그램들을 소개하고, 이를 실제 적용할 수 있는 기본적인 지식을 전달하는 데 초점을 맞추고 있습니다. 이를 통해 연구 수행이나 학업 능률 향상에 효과적인 응용프로그램들에 대한 맞춤형 정보를 제공하기를 기대합니다.

이 책은 총 9개의 장으로 구성되었고, 제1장부터 제3장까지는 PC 및 PDF파일과 인터넷 활용 시 필요한 지식과 사용 방법을 담고 있습니다. 또한 제4장부터 제8장까지는 Mendeley와 아래아한글, Scrivener와 같이 연구 수행과정에서 각 단계별로 도움이 되는 응용프로그램에 대한 설명과 활용법을 전달하는 데 주안점을 두었습니다. 마지막으로 제9장에서는, 엑셀에 대한 전문지식이 부족한 사람들도 손쉽게 따라할 수 있도록, 문서작업 등과 관련된 엑셀의 편리한 기능과 각종 차트를 작성하는데 실용적인 정보들을 제시하고 있습니다.

저서를 탈고하기까지 많은 영감과 자극을 준 대학원생들, 제자들 그리고 동료 학자 및 연구자들께 감사의 말을 전합니다. 아울러 본 책을 발간할 수 있도록 도와주신 이프레스 출판사 최용구 대표님과 편집부 분들께 깊이 감사드리며, 든든한 조력자이자 응원자로서 삶의 이정표가 되어주는 소중한 딸과 아내에게도 고마움과 사랑을 전합니다.

2018년 1월

저자들 씀

차례

Chapter 06 연구 아이디어 구체화

Chapter 07 협업 및 공동 작업

Chapter 08 논문 및 보고서 작성

Chapter 01

PC 사용 환경 설정

Understanding and Application of Research Methods

CHAPTER

01 PC 사용 환경 설정

이 장에서는 PC(personal computer)를 이용하여 연구 활동을 수행할 경우 보다 안전하고 효율적으로 데이터를 보관할 수 있는 방법들과 작업 효과를 높일 수 있는 방법들에 대해서 소개하고자 한다. 하드웨어와 운영체계(operating system, 이하 OS)의 구성과 같은 내용들을 모두 포함하고 있기 때문에 본인의 취향이나 여건에 맞춰 선별적으로 수용하기를 권한다.

오랜 기간 연구를 수행하다 보면 컴퓨터 하드웨어나 OS의 고장 또는 바이러스 감염 등으로 인해 중요한 데이터를 잃어버리는 경우를 한 번쯤 경험하게 되는데, 이러한 상황을 방지하거나 대처하여 조금이라도 더 안전하게 PC를 사용할 수 있는 방법을 소개하고자 한다. 참고로 본 장의 내용은 국내에서 OS로 많이 사용되는 Microsoft사의 윈도우즈(Windows)를 중심으로 구성되어 있다. 또한 본문에 언급된 윈도우라는 용어는 각 프로그램에서 화면에 띄우는 개별 창을 의미함을 유념하기 바란다.

1 하드디스크(HDD)의 구성

하드디스크는 파일을 저장하는 공간으로 PC의 OS 및 데이터를 보관하고 부족한 메모리를 대체하는 가상 메모리 역할을 수행하는 장치이다. 따라서 하드디스크에 문제가 발생할 경우 윈도우즈가 오작동을 하거나 또는 데이터가 분실될 수 있다. OS는 문제가 발생했을 때 재설치를 하면 되지만 데이터를 잃어버리게 되면 정말 난감하게 된다. 특히 그것이 수년간 또는 수십 년간 만들어 온 중요 데이터거나 중요 연구수행 결과나 프로젝트 수행 중인 데이터라면 큰 문제가 된다. 이 같은 상황을 최소화하기 위해서는 OS 및 다양한 프로그램을 설치하는 하드디스크와 데이터만을 저장하는 하드디스크로 분리할 필요가 있다. 하드디스크는 10만 원 내외이지만 데이터 복구는 40~100만 원 사이의 고비용이 발생한다.

PC를 사용할 경우 우리가 보게 되는 첫 번째 하드디스크는 C:로 표시된다. 이를 보통 C드라이브라 하며 루트(root) 디스크 또는 시스템 디스크로 부르기도 한다. 바로 이 C드라이브에 OS가 설치된다. 따라서 윈도우즈를 설치하면 기본적으로 C드라이브에 설치가 된다. 그리고 대부분의 응용 프로그램들, 즉 엑셀이나 아래아한글 등을 설치할 때 사용자가 설치 위치를 변경하지 않는 한 기본적으로 C드라이브에 설치가 된다. 이 후에 추가적으로 하드디스크를 장착하게 되면 D:, E:, F: 등의 순서로 드라이브 문자가 할당된다.

C드라이브는 시스템 파일들이 위치하고 있고, 여타 프로그램들의 실행 파일들이 위치하기 때문에 다양한 바이러스들의 공격 대상이 된다. 만약 시스템 파일을 파괴하거나 부팅영역을 파괴하는 바이러스에 감염되면 C드라이브를 사용할 수 없게 되고 그 속에 저장된 데이터에 접근할 수 없게 된다. 이를 방지하지 위한 최소한의 수단으로 데이터를 다른 하드디스크에 저장하는 것이 바람직하다. 즉, OS인 윈도우즈와 타 프로그램들은 C:에 설치하고 설치된 프로그램을 이용하여 우리가 작업한 문서파일이나 데이터 파일 등은 C:가 아닌 다른 하드디스크 D:에 저장하는 것이다. 이렇게 하면 C:가 작동하지 않더라도 부팅디스크 등을 이용하여 D:에 있는 문서나 데이터 파일에 접근할 수 있다.

하드디스크 C:, D: 이렇게 2개를 사용하는 방법은 하나의 하드디스크를 논리적으로 분리하여 2개처럼 사용하는 방법과 실제 하드디스크 2개를 PC에 설치하는 물리적인 방법이 있다. 첫 번째 방법인 논리적인 분리를 파티션(partition)한다고 부른다. 파티션을 통해 두 개로 사용하는 경우는 용량이 큰 하드디스크를 일정한 크기로 나누게 되는데, 이때 C:를 너무 크게 설정할 필요가 없다. 만약 1TB 하드디스크라면 3:7의 비율 정도면 적당하다. 즉, C:를 300GB, D:를 700GB 정도로 하면 된다. 파티션을 통한 논리적인 분리는 하드디스크의 물리적인 손상 중 모터의 손상이나 기판의 문제 등에 의해 발생한 고장에는 대처할 수 없다. 만약 경제적인 여유가 된다면 두 번째 방법인 물리적인 실제 하드디스크 2개를 PC에 장착하는 것이 바람직하다. 하드디스크는 PC 부품 중에서 가격이 낮은 축에 해당되니 하나쯤 더 구입하는 것이 좋다.

만약 지금까지 습관적으로 중요 문서나 데이터를 C:에 저장해 놓았다면, 지금이라도 D:로 옮겨 놓을 것을 추천한다. 또 쓰기 편하다고 바탕화면에 저장해 놓았다면 이 역시 D:로 옮겨 놓기를 권한다. 바탕화면에 저장하는 것은 가장 안 좋은 방법이다. 바탕화면에는 바로가기 아이콘 형태로만 존재하는 것이 좋다. 바로가기 아이콘은 실제 파일이 아니라 실제 파일과 연결된 아이콘으로 더블클릭 등으로 실제 파일과 같이 사용할 수 있지만 바로가기 아이콘을 삭제했다고 해서 실제 파일이 삭제되는 것은 아니다. 따라서 실제 파일은 D:에 저장하고 바탕화면에는 바로가기 아이콘을 만들어 사용하는 것이 좋다.

2 하드디스크 및 데이터 백업하기

앞에서 2개의 하드디스크를 사용할 경우 C:보다는 D:의 용량을 크게 잡는 것이 바람직하다고 하였다. 이는 D: 드라이브를 백업(backup)용으로도 활용하기 위해서다. 일반적으로 PC를 처음 구입하였거나 또는 윈도우즈를 새로 설치하였을 경우 제일 처음 하는 일은 자신이 자주 사용하게 될 각종 프로그램을 설치하는 것이다. 이렇게 자신이 원하는 프로그램 설치를 끝낸 다음에는 백업을 수행하게 되는데 이때 생성된 백업 파일을 D:에 저장하는 것이 보다 안전하기 때문이다. 실제로 백업 파일은 C:가 아닌 디스크에 저장하도록 되어 있다. 백업을 해 두면 향후 시스템 파일 오류 등에 의해 PC가 비정상적으로 작동할 경우 원래 상태로 빠르게 되돌릴 수 있다. 처음부터 윈도우즈와 각종 프로그램을 다시 설치하는 시간에 비해 백업 파일로부터 복원을 수행하는 시간이 훨씬 짧을 뿐만 아니라 복잡한 프로그램 설치 과정을 생략할 수 있기 때문에 무척 편리하다.

백업 프로그램은 시중에 여러 가지가 판매되고 있으나 윈도우즈에서도 자체적으로 제공하고 있기 때문에 이를 이용하면 된다. 여기서는 윈도우즈에서 제공하는 백업 기능에 대해서 설명할 것이다.

백업의 대상은 크게 두 가지가 존재한다. 첫 번째는 시스템 파일들이 설치된 하드디스크인 C:를 백업하는 것과 두 번째는 사용자가 만들어 낸 문서 파일 등과 같은 사용자 데이터를 백업하는 것이다. C:를 백업하는 것은 전문적인 프로그램을 사용하지만 사용자 데이터는 단순히 다른 드라이브에 복사해 두면 된다. 따라서 여기서는 루트 드라이브인 C:를 D:에 백업하는 방법에 대해서 설명할 것이다. 분명한 것은 백업은 자신의 중요 데이터를 안전하게 보관하고 안정적으로 PC를 사용하기 위해서 반드시 필요한 작업이라는 것이다.

1) 시스템 디스크(C:) 백업하기

시스템 디스크를 백업하기 위해서는 위에서 언급한 바와 같이 논리적이든 물리적이든 2개의 하드디스크를 사용해야 한다. 동일한 디스크에서는 백업을 수행할 수 없기 때문이다. 윈도우즈에서 제공하는 백업 기능은 C: 전체를 이미지로 저장한다. 따라서 백업을 수행하기 전에 C:를 최적의 상태로 만들어야 한다. 이를 위한 일련의 과정을 살펴보면 다음과 같다.

① 윈도우즈 설치와 업데이트 수행

윈도우즈를 설치하는 방법은 크게 두 가지로 나눌 수 있다. 첫 번째는 기존에 설치된 윈도우즈 상태에서 업데이트를 통해 새로운 버전의 윈도우즈를 설치하는 방법이고, 두 번째는 C:를 포맷하여 깨끗한 상태로 만든 후 윈도우즈를 설치하는 방법이다. 두 번째 방법을 통상 클린(clean)설치라고 한다. 추천하는 방법은 클린설치이다.

윈도우즈 설치를 완료했다면 이제는 윈도우즈 업데이트를 통해 최신의 상태로 만드는 것이다. 통상 윈도우즈 설치 프로그램에는 다양한 버그와 문제점들을 수정한 최신 파일이 포함되어 있지 않기 때문에 반드시 윈도우즈 업데이트를 통해 최신 상태로 만들어 두어야 한다.

② 컴퓨터 환경 구성 및 주의할 점

윈도우즈 설치와 업데이트가 완료되었다면 컴퓨터 환경을 자신에 맞게 변경한다. 바탕화면, 작업표시줄의 모양, 파일탐색기의 파일보기 설정, 윈도우즈 계정 및 암호 설정 등을 평소 자신이 사용하던 익숙한 형태로 변경한다.

이 단계에서 주의할 점은 절대 인터넷 탐색기인 인터넷 익스플로러(IE: internet explorer)를 이용하여 국내 정부 사이트나 은행 사이트 등에 접속해서는 안 된다. 이유는 이들 사이트들을 통해 설치되는 여러 유형의 Active-X나 설치 프로그램들로 인해 시스템 장애 및 성능 저하가 발생할 수 있기 때문이다. 더욱이 Active-X의 경우는 외부 해킹 프로그램이 내 컴퓨터에 침입할 수 있는 가장 쉬운 통로가 되기 때문에 잠재적인 위험 요소가 된다. 만약 백업 전에 정부 사이트나 은행 사이트를 통해 Active-X 등을 설치하였다면 백업시 이들도 함께 백업에 포함되기 때문에 향후 복원 후에도 문제가 발생할 수 있다.

많은 사람들이 우리나라를 인터넷 강국이라고 하지만 전혀 그렇지 않다는 것을 분명히 인식할 필요가 있다. 우리나라는 인터넷 속도가 빠른 국가일 뿐 인터넷과 관련된 보안성과 기술적 인프라는 거의 후진국 수준이다. 특히 사용자 컴퓨터를 불안하게 만드는 주범이 정부 기관 사이트와 은행 사이트가 대표적이라고 해도 과언이 아닐 것이다.

인터넷 뱅킹을 하지 말라는 것이 아니다. 우리의 목적은 깨끗하고 완벽한 백업 파일을 만드는 것이기 때문에 백업 전에는 하지 말라는 것이다. 백업 파일을 만든 후에는 예전처럼 자유롭게 인터넷 뱅킹도 하고 정부 사이트 등에 접속해도 된다.

③ 자주 사용하는 프로그램 설치하기

이제 자신이 사용할 프로그램을 설치할 순서이다. MS-Office, 아크로뱃, 아래아한글 등 주로 사용하는 프로그램들을 설치한다. 물론 각 프로그램에 대한 업데이트도 함께 수행한다. 만약 프로그램별로 사용자 설정을 할 필요가 있다면 이 또한 미리 설정해 놓는다. 특히 정품인증을 요구하는 경우 인증 절차까지 마무리해 놓는다. 인터넷에서 언제든지 다운로드하여 사용할 수 있는 무료 프로그램들은 용량이 적은 것만 설치하고 용량이 큰 프로그램은 설치하지 않는 것이 좋다. 설치된 프로그램이 많을수록 백업 파일의 용량이 커지기 때문이다. 설치 시간이 오래 걸리고 복잡한 절차가 요구되는 프로그램은 이 단계에서 설치해 두는 것이 좋다. 향후 백업 파일로 복원을 수행하면 재설치할 필요가 없기 때문이다.

위 단계들을 모두 완료했다면 이제 백업을 수행할 상태가 된 것이다. 다음의 단계를 따라하자. 윈도우즈의 [시작] 버튼 옆에 있는 [검색] 버튼을 누르거나 또는 키보드의 [Alt]키 왼쪽에 깃발 모양의 [윈도우즈]키를 누른 후 "백업"이라고 입력하자. 〈그림 1-1〉과 같은 화면이 나타난다. 위쪽에 있는 [백업 및 복원(Windows 7)]을 클릭하면 〈그림 1-2〉와 같은 창이 나타난다. 이제 백업 파일을 저장할 디스크를 선택하기 위해서 〈그림 1-2〉 내의 왼쪽에 있는 [시스템 이미지 만들기]를 클릭하면 〈그림 1-3〉이 나타난다.

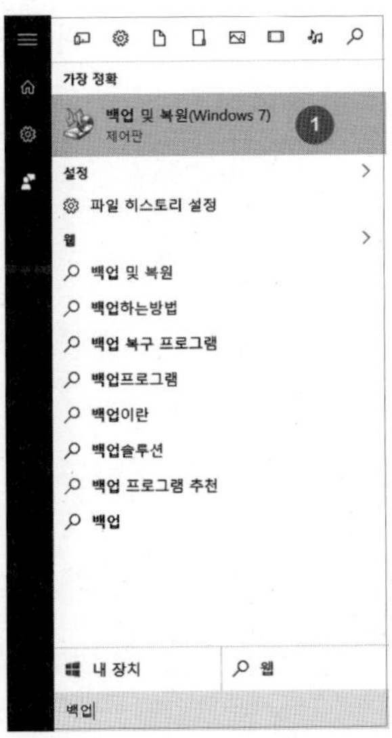

그림 1-1. 검색한 화면

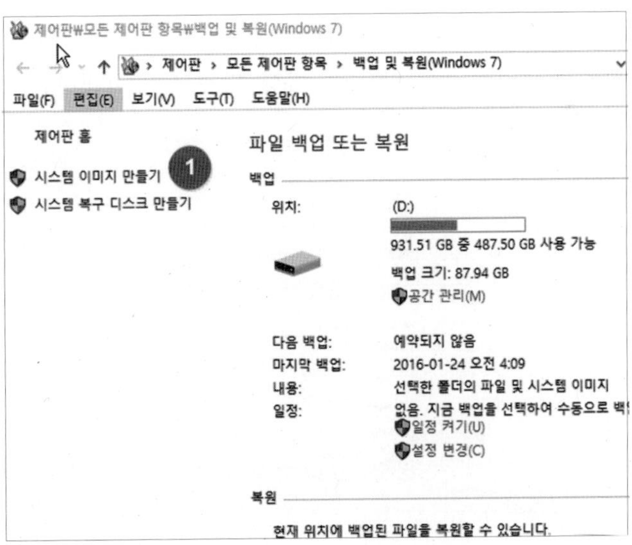

그림 1-2. 백업 및 복원 화면

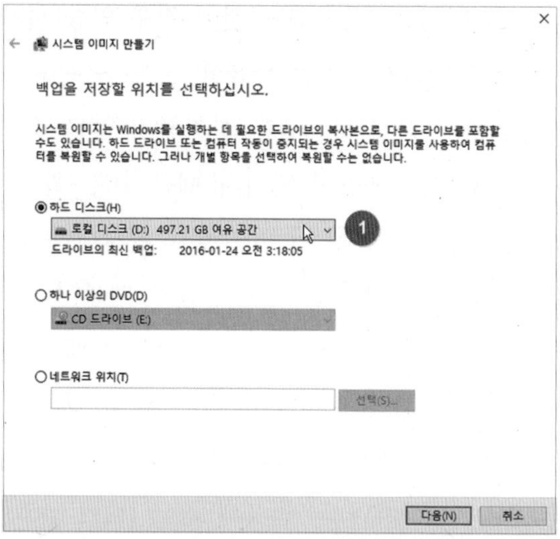

그림 1-3. 백업 저장 위치 선택

[하드 디스크] 항목을 클릭해 보면 자신의 컴퓨터에 장착되어 있는 하드디스크 목록을 볼 수 있다. 우리는 C:를 백업할 계획이므로 C:를 제외한 다른 디스크를 선택한다. 〈그림 1-3〉에는 로컬디스크 (D:)가 선택되어 있다. [다음] 버튼을 클릭하면 〈그림 1-4〉와 같이 백업할 대상 디스크를 선택하는 창이 나타난다.

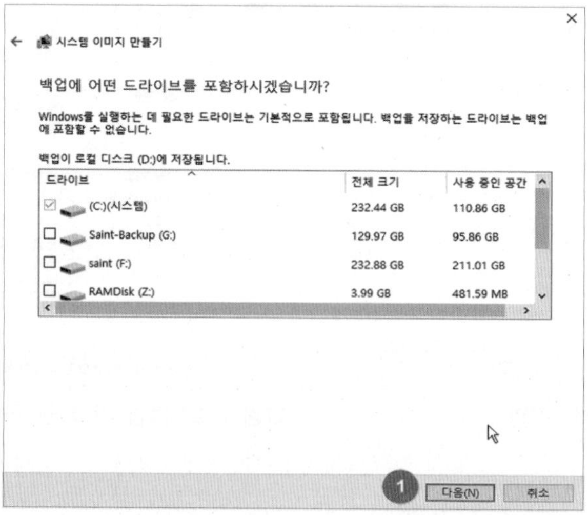

그림 1-4. 백업할 디스크 선택 화면

기본적으로 C: 디스크가 선택되어 있을 것이다. 만약 다른 디스크도 백업하기를 원한다면 해당 디스크의 체크박스를 선택하면 된다. 우리는 루트 드라이브인 C: 디스크를 백업할 것이므로 이 상태에서 [다음] 버튼을 클릭하여 〈그림 1-5〉와 같이 백업 설정 확인 창을 띄운다. 내용을 모두 확인한 다음 [백업 시작] 버튼을 클릭하면 백업이 진행된다.

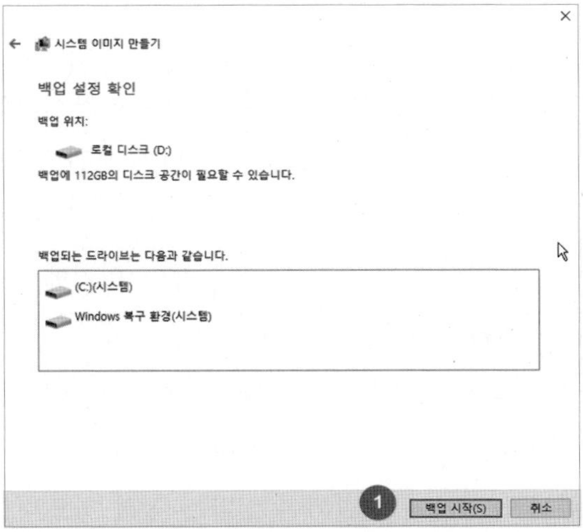

그림 1-5. 백업 설정 확인 화면

백업이 완료되면 D: 드라이브에 〈그림 1-6〉과 같이 WindowsImageBackup 폴더가 생성되며 이 폴더 안에 시스템 디스크 정보가 모두 저장된다.

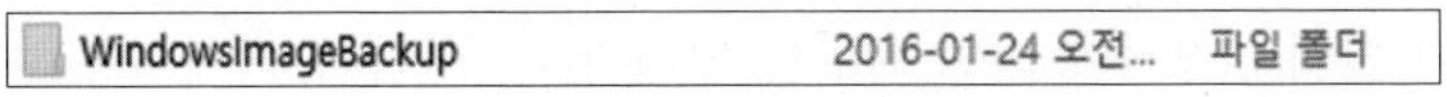

그림 1-6. 백업 폴더 생성

완벽하게 깨끗한 시스템을 백업해 놓았기 때문에 이후 컴퓨터를 사용하다가 문제가 발생하면 이 백업 파일을 이용하여 복원을 수행해 원 상태의 컴퓨터로 돌아갈 수 있다. 각종 프로그램도 설치해 놓았기 때문에 프로그램을 재설치할 필요도 없다.

백업 이미지의 크기를 보면 상당히 크다는 것을 알 수 있다. 보통 30GB~80GB 사이가 되는데 얼마나 많은 프로그램을 설치한 후 백업했느냐에 따라 크기가 달라진다. C: 디스크 전체를 이미지로 만들었기 때문에 사용자에 따라 크기는 달라진다. 앞서 C: 디스크보다 D: 디스크를 크게 설정하라고 하였던 것도 이러한 이유에서이다. 마지막으로 백업으로 생성된 〈그림 1-6〉의 폴더를 외장하드에 따로 보관하면 더욱 안전할 수 있다.

2) 사용자 데이터 백업하기

먼저, 여기서 말하는 사용자 데이터는 사용자가 각종 프로그램을 이용하여 만든 문서 파일, 파워포인트 파일, 엑셀 파일들뿐만 아니라 보관이 필요한 거의 모든 파일들로써 프로그램 및 윈도우즈 시스템 파일을 제외한 모든 파일들을 의미한다. 연구자들에게는 각종 논문 파일과 연구자료 파일 등이 여기에 속하게 된다.

위에서 언급한 바와 이러한 사용자 데이터는 C:가 아닌 D:에 보관하는 것이 여러 가지 면에서 바람직하다. C:에는 시스템과 각종 프로그램만 두고 모든 데이터는 D:에 보관하는 것이다. 그러나 이렇게 컴퓨터를 운영한다고 해도 위험성은 존재하는데, 이는 컴퓨터가 전기에 연결되어 있다는 점과 하드디스크의 물리적인 한계 때문이다. 즉, 컴퓨터가 작동하기 시작하면 C:이든 D:이든 전기가 통하게 되어 있다. 컴퓨터 내부에 있는 파워서플라이(power supply)가 제대로 작동하지 않을 경우 과전압이 컴퓨터 내부로 흘러들어 갈 수 있고 두 개 모두 심각한 손상을 받게 된다. 이 같은 상황에서는 하드디스크를 C:, D:로 분리해도 아무 소용이 없다. 또 하드디스크는 모터에 의해 작동하는데, 이 모터가 고장이 나거나 또는 디스크 상에 배드 섹터가 많이 발생하게 되면 자료를 잃게 된다. 따라서 D:에 보관하고 있는 사용자 데이터도 안전한 곳에 따로 보관할 필요성이 있다.

맥 컴퓨터는 이러한 문제를 해결할 수 있는 타임머신이란 데이터 백업 기능이 있지만 윈도우즈에는 존재하지 않는다. 윈도우즈에는 이와 비슷한 파일 히스토리 기능이 있지만 추천할 만큼 유용하지는 않다. 사용자 데이터를 백업할 수 있는 전문 소프트웨어들은 구입비용이 발생하기 때문에 대부분의 사용자는 외장하드에 복사본을 저장하는 방법을 많이 사용한다. 사실 이 방법은 매우 효과적이다. 다만, 외장하드를 사용할 시 몇 가지 주의할 점이 있다. 첫 번째는 외장하드를 이동식 하드라고 생각하여 가지고 다니는 것을 삼가야 한다. 국내에서 외장하드를 이동식 하드라고 판매하고 있어 소비자들이 가지고 다녀도 된다고 생각하는데 이는 생각보다 매우 위험한 일이다. 하드디스크의 구조상 자주 흔들리거나 충격을 받으면 배드 섹터가 발생할 가능성이 높아지기 때문이다. 이 책의 후반부에서 클라우드를 이용하여 데이터를 안전하게 보관하는 방법을 소개하겠지만 만약 지금 외장하드를 사용하고 있다면 집에 두고 다니기를 권장한다. 주의해야 할 두 번째는 외장하드나 외장하드 케이스를 구입할 때 꼭 auto parking 기능이 있는 것을 구입해야 한다. Auto parking 기능이란 전원이 끊어졌을 때 하드디스크를 안전한 상태로 전환하는 기능이다. 기술적으로 말하면 데이터를 읽는 헤드를 플래터(디스크)로부터 분리하는 기능이다. 구형 하드디스크나 외장하드 케이스의 경우 이 기능이 없어 전원이 끊어지면 헤드가 플래터 상에서 멈춰진 상태로 놓이게 되고 작은 흔들림에도 헤드가 플래터에 흠집을 만들어 배드 섹터를 발생시키게 된다. 이 같은 상황을 예방하기 위해서는 반드시 외장하드를 컴퓨터에서 분리할 때 꺼내기 기능이나 외장하드 분리 기능을 이용해야 한다. Auto parking 기능은 이 같은 기능을 이용하지 않고 갑자기 분리하였을 때 헤드와 플래터를 안전하게 분리시키는 기능이다.

중요한 자료를 외장하드 또는 USB 등 컴퓨터 외부의 저장 공간에 복사를 하거나 컴퓨터의 또 다른 디스크에 저장할 때, 다수의 파일이 존재하고 이 파일들이 자주 변경된다면 어느 것이 최신 파일인지 구분하면서 복사하는 것은 번거로운 일이다. 특히 다른 디스크에 존재하는 두 개의 동일 폴더에서 각각 작업을 수행하였다면 일일이 파일들을 대조하면서 복사 및 보관해야 하는 어려움이 발생한다. 자칫 잘못 복사하면 과거 파일이 최신 파일을 덮어 씌워 자료를 잃게 되는 일이 발생한다. 이렇듯 골치 아픈 일을 쉽게 해주는 프로그램인 FreeFileSync에 대해서 소개한다.

FreeFileSync 사용하기

FreeFileSync는 사용자 데이터를 백업하거나 또는 폴더의 내용을 항상 최신으로 유지하고자 할 때 사용되는 무료 프로그램으로 www.freefilesync.org 사이트에서 다운로드할 수 있다. 윈도우즈용과 맥용 모두 제공하고 있으며 꾸준히 업데이트되고 있는 프로그램이다. 파일을 다운로드한 후 설치하는 것은 매우 쉽기 때문에 설치와 관련된 내용은 생략할 것이다. 다만, 설치 중간에 Avast란 안티바이러스 프로그램을 설치할 것인가를 물어보는데 원치 않는다면 해당 화면에서 체크 박스를 해제하면 된다. Avast는 세계적으로 유명한 안티바이러스 프로그램이므로 설치해도 무방하다. 이후 설치 프로그램을 따라 가면 누구나 쉽게 설치할 수 있다. 설치가 완료되면 바탕화면에 FreeFileSync와 RealTimeSync 두 개의 아이콘이 생긴다. RealTimeSync는 자동으로 처리할 때 사용하는 것으로 사용방법이 복잡하고 잘못하면 파일이 삭제되거나 덮어쓰는 경우가 발생할 수 있기 때문에 잘 사용하지 않는다. 우리가 살펴볼 것은 FreeFileSync이다.

FreeFileSync를 설치한 후 처음 실행한 화면은 〈그림 1-7〉과 같다. 만약 메뉴가 한글로 표시되지 않는다면 【tools】 – 【language】 로 들어가 한국어를 선택하면 모든 메뉴가 한글로 나타날 것이다.

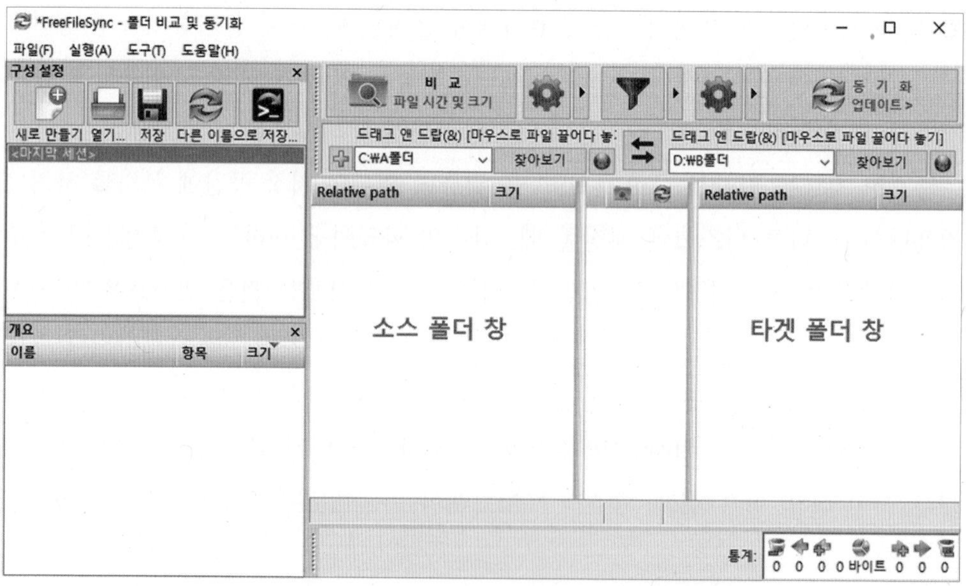

그림 1-7. FreeFileSync 초기 실행 화면

먼저, 전체적인 운영 방법을 알아보면, 소스 폴더(source folder)와 타겟 폴더(target folder)를 지정한 후 [비교] 버튼과 [동기화] 버튼을 실행하면 양 폴더를 서로 비교하여 백업 또는 동기화한다. 이때 사용자가 설정한 내용들을 하나의 파일로 저장하여 언제든지 불러서 재실행할 수 있도록 하는 것이다. 이제 하나씩 내용을 살펴보자. 〈그림 1-7〉에 보면 「Relative path」 창이 양쪽에 있으며 각각의 창 위에는 폴더를 지정하는 곳이 있다. 〈그림 1-7〉에는 필자가 미리 지정한 "C:₩A 폴더"와 "D:₩B폴더"가 나타나 있다. 자신이 원하는 폴더를 지정하기 위해서는 [찾아보기] 버튼을 눌러 지정하면 된다. 왼쪽에 있는 경로 및 창이 소스 폴더가 되며, 오른쪽 경로 및 창이 타겟 폴더가 된다. 소스 폴더 안의 파일과 타겟 폴더 안의 파일을 비교하여 소스 폴더 안의 파일을 타겟 폴더 안으로 복사하거나 최근 파일로 교체한다.

프로그램을 실행한 후 제일 먼저 할 일은 파일 비교 방법과 양 폴더의 내용을 어떻게 구성할 것인지를 결정하는 것이다. 이러한 일은 〈그림 1-7〉의 상단에 있는 톱니바퀴 모양의 버튼을 이용하여 설정하게 된다. 톱니바퀴 모양의 버튼이 두 개 있는데 어느 것을 눌러도 같은 창이 나타나므로 아무거나 누르면 된다. 실행한 화면은 〈그림 1-8〉과 같다.

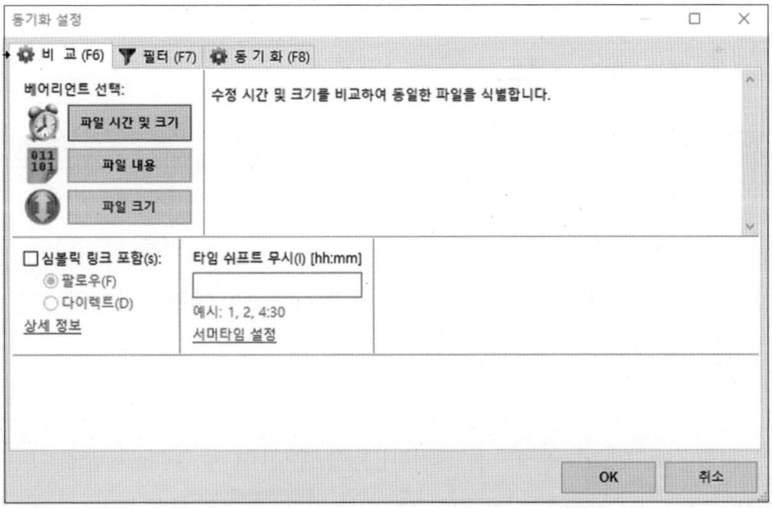

그림 1-8. 동기화 설정의 [비교] 탭 화면

화면을 보면 [비교], [필터], [동기화] 탭이 있다. [비교] 탭에서는 양 폴더의 내용을 비교하는 방법을 설정하는 곳이다. 비교 방법으로는 「파일시간 및 크기」, 「파일 내용」,

「파일 크기」 3개의 항목이 존재한다. 이중 가장 많이 사용되는 방법은 [파일시간 및 크기]이다. 컴퓨터는 파일의 내용이 수정되면 파일에 수정된 날짜가 표시되므로 이를 이용하여 변경된 파일을 구분하는 것이다. 따라서 컴퓨터의 날짜와 시간을 정확하게 설정해 놓는 것이 중요하다. 최근 컴퓨터들은 이를 자동으로 처리하기 때문에 따로 관리할 필요는 없다. [필터] 탭은 동기화시 특정 파일을 제외시키고자 할 때 사용하는 것으로 잘 사용되지는 않는다. [동기화] 탭을 누르면 〈그림 1-9〉와 같은 화면이 나타난다.

그림 1-9. 동기화 설정의 [동기화] 탭 화면

동기화 방법으로 「양측 방향(Two Way)」, 「미러」, 「업데이트」, 「개인 설정」 4가지를 제공하고 있으며, 방법상의 차이는 아래와 같다.

- 양측 방향(Two Way): 양측 폴더의 내용을 완전히 동일하게 만들어 준다. 양쪽 폴더를 항상 동일하게 유지해야 할 필요가 있을 때 사용한다. 어느 한쪽 폴더에서 파일을 삭제하면 다른 쪽 폴더에서도 삭제가 된다.
- 미러: 좌측 폴더의 내용을 우측 폴더로 복사한다. 좌측 폴더와 동일하게 우측 폴더를 만들기 때문에 좌측 폴더에 없는 우측 폴더의 파일은 삭제된다.
- 업데이트: 좌측 폴더의 새로 만들어진 파일 또는 수정된 파일이 존재하면 우측

폴더로 복사해 준다. 우측 폴더에서 삭제되는 파일은 존재하지 않는다.

- **개인 설정**: 동기화 방법을 사용자가 원하는 형태로 구성할 수 있다. 기본적으로 양쪽 폴더의 내용을 완벽하게 동일하게 해주면서, 삭제되는 파일이 존재하지 않도록 되어 있다.

위의 4가지 중 아마도 가장 많이 사용하는 방법은 「**업데이트**」와 「**개인 설정**」일 것이다. 「**양측 방향**(Two Way)」과 「**미러**」 방법은 좌측 또는 우측 폴더의 파일이 삭제될 위험이 있어 잘 사용되지 않으며, 특정 폴더를 백업할 때 주로 사용된다.

여기서는 「**업데이트**」로 설정해 놓고 실습을 해보자. 좌측 폴더를 "C:₩A폴더"로 설정해 놓은 후 테스트용 파일 3개를 폴더에 복사한 후 **[비교]** 버튼을 누르면 〈그림 1-10〉과 같은 화면이 된다. 왼쪽의 「Relative path」 창에 3개의 파일이 보이고 가운데 창에 화살표와 플러스 기호가 겹친 아이콘이 활성화되면서 동기화를 실행하면 우측 폴더로 이동될 것임을 알려주고 있다. **[동기화]** 버튼을 클릭하면 동기화를 시작하겠느냐는 창이 나타나고 이때 **[시작]** 버튼을 누르면 동기화가 완료되었다는 창이 〈그림 1-11〉과 같이 나타난다. **[닫기]** 버튼을 클릭한 후 프로그램 창을 다시 보면, 양쪽의 「Relative path」창에 아무것도 나타나지 않는데 이는 두 폴더가 완벽하게 동일한 상태가 되었기 때문이다. 탐색기를 이용하여 "D:₩B폴더"에 가보면 3개의 파일이 존재함을 볼 수 있다. 소스 폴더의 경로 설정 박스의 왼쪽에 있는 녹색 '+'기호를 누르면 추가로 경로를 설정할 수 있다. 즉, 여러 개의 폴더를 동시에 설정할 수 있다.

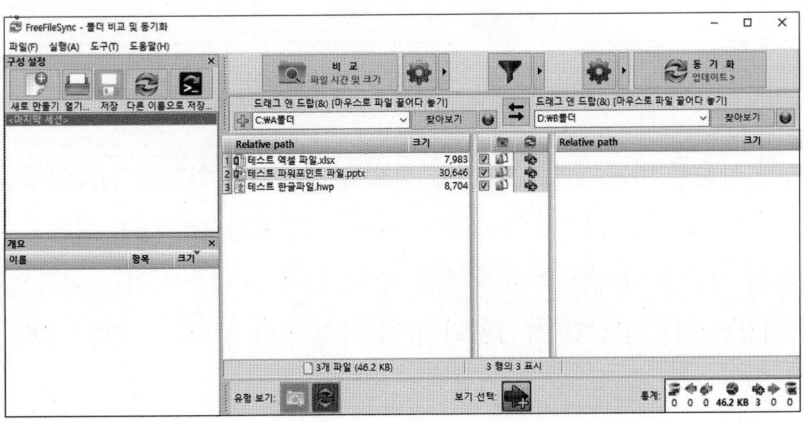

그림 1-10. [비교] 버튼을 실행했을 때의 화면

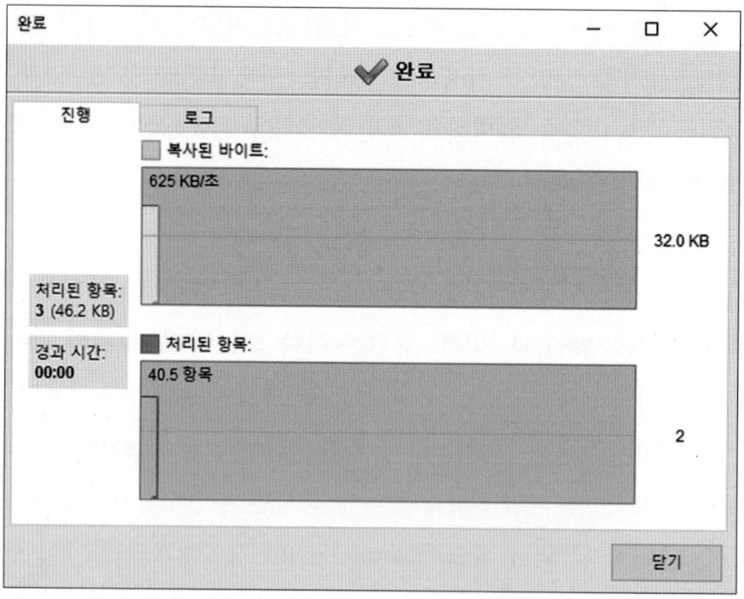

그림 1-11. 동기화 완료 안내 화면

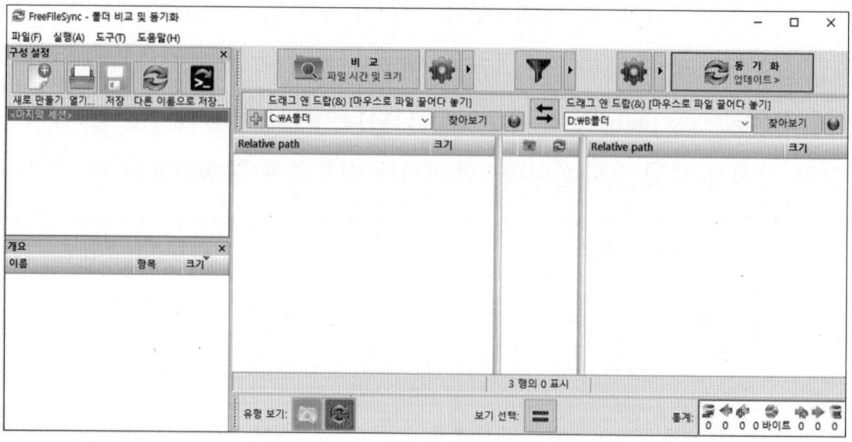

그림 1-12. 동기화가 완료된 화면

지금까지 사용한 비교 방법과 동기화 방법을 저장해서 언제든지 재실행할 수 있도록 하기 위해서 화면 좌상단의 단축메뉴 중 [다른 이름으로 저장] 버튼을 누른 후 적당한 파일 이름을 입력한 후 저장하면 된다. 필자는 "테스트"라는 이름으로 저장하였고, 저장된 내용이 〈그림 1-13〉과 같이 좌측 상단 창의 〈마지막 세션〉 아래에 나타난다.

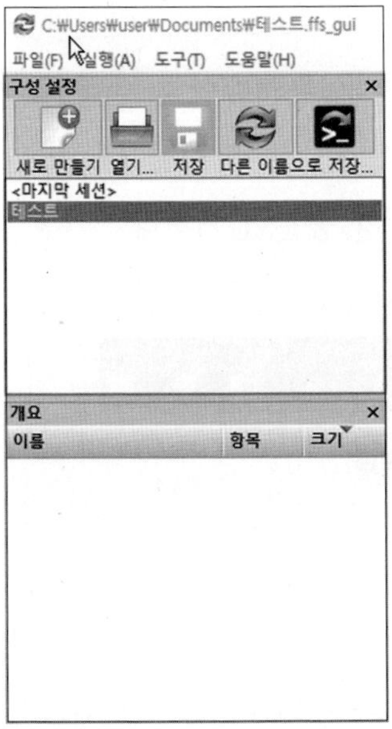

그림 1-13. 저장 화면

다른 새 폴더들을 동기화하고 싶으면 [새로 만들기] 버튼을 이용하여 앞에서 수행한 방법대로 설정한 후 저장하여 사용하면 된다. 새롭게 저장된 내용은 〈그림 1-13〉과 같이 〈마지막 세션〉 아래 줄에 나타남으로 언제든지 자신이 원하는 설정을 불러와 동기화할 수 있다.

지금까지 우리는 직접 [비교] 버튼과 [동기화] 버튼을 클릭하여 동기화를 수행하였다. 사용자가 직접 클릭한다는 점에서 수동적인 방법이다. FreeFileSync 프로그램을 설치 시 바탕화면에 RealTimeSync라는 아이콘이 함께 생성되는데 이것을 이용하면 윈도우즈가 시작할 때 자동으로 동기화를 실행되게 할 수 있다. 자동으로 동기화를 수행하도록 하는 것은 편리하지만 한편으로는 원치 않는 파일 삭제가 발생할 수 있다는 위험성이 있다. 우리의 목적은 중요한 파일을 안전하게 보관하는 것이므로 여기서는 자동화에 대한 설명을 생략할 것이다. 컴퓨터는 유용한 도구이지만 모든 것을 컴퓨터에 의존하는 것은 원치 않는 결과를 낳을 수 있는 위험이 있음을 인지할 필요가 있다.

3 작업표시줄 설정하기

윈도우즈 바탕화면의 가장 아래쪽에 작은 아이콘들이 나열되어 있는 부분을 **작업표시줄**(task bar)이라고 한다. 윈도우즈의 기본 설정은 작업표시줄이 한 줄로 되어 있다. 연구를 수행할 경우 여러 프로그램을 실행해 놓고 작업하거나 엑셀과 같이 하나의 프로그램을 여러 개 띄어 놓고 작업해야 하는 경우가 많은데 이럴 때 작업표시줄의 공간이 작아서 불편할 때가 있다. 사람마다 취향이 다르기 때문에 어느 것이 더 좋다고는 할 수 없지만 분명한 것은 이 작업표시줄을 자신의 취향에 맞게 수정할 수 있다는 것이다. 여기서는 작업표시줄의 설정 방법을 설명할 것이므로 자신의 취향에 맞게 세팅하여 사용하기 바란다.

먼저 작업표시줄을 두 줄로 만들어 보자. 바탕화면과 작업표시줄의 경계선에 마우스를 가져가면 〈그림 1-14〉와 같이 마우스 커서의 모양이 상·하 화살표로 바뀐다. 이때 클릭한 상태에서 위로 드래그하면 작업표시줄의 공간이 커진다.

그림 1-14. 작업표시줄 공간 변경 방법

만약 경계선에 마우스를 가져가도 커서 모양이 바뀌지 않아 공간을 늘릴 수 없다면 이는 작업표시줄이 잠겨져 있는 것이다. 이럴 때는 작업표시줄의 빈 공간에 마우스 커서를 두고 오른쪽 마우스 버튼을 클릭하자. 〈그림 1-15〉와 같이 작업표시줄의 팝업메뉴가 나타날 것이다. 가장 아래쪽의 **【설정(T)】** 메뉴를 클릭하자. 〈그림 1-16〉과 같이 **{작업표시줄 설정}** 윈도우가 나타난다. 여기서 작업표시줄의 속성을 정할 수 있다. 하나씩 내용을 살펴보자.

"**작업표시줄 잠금**"은 작업표시줄이 변경될 수 없도록 잠그는 기능이다. 이것을 '켬'으로 해 놓으면 작업표시줄의 크기를 변경할 수 없다. '끔'으로 해 놓으면 위에서 말한 방법인 마우스로 크기를 변경할 수 있다. 아래에 있는 "**~ 자동 숨기기**"들을 '켬'으로 해 놓으면 평상시에는 작업표시줄이 사라졌다가 마우스를 화면 아래쪽으로 가져가면 작업표시줄이 나타난다. 화면이 좁은 노트북에서 사용하면 편리하다. "**작은 작업표시줄 단추 사용**"을 '켬'으로 하면 작업표시줄에 표시되는 아이콘들의 크기가 작아지면서 작업표시줄의 크기도 상대적으로 작아진다. 조금이라도 화면을 넓게 쓰기 원하는 사람에게 적당한다. "**화면에서의 작업표시줄 위치**"는 작업표시줄의 위치를 지정하는 곳이다. 작업표시줄을 화면의 아래뿐만 아니라 좌·우·위에도 위치할 수 있다. 사용자가 원하는 곳으로 변경하면 된다.

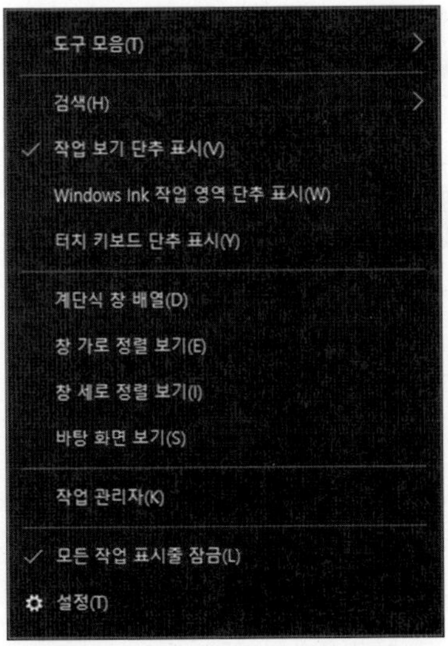

그림 1-15. 작업표시줄 팝업 메뉴

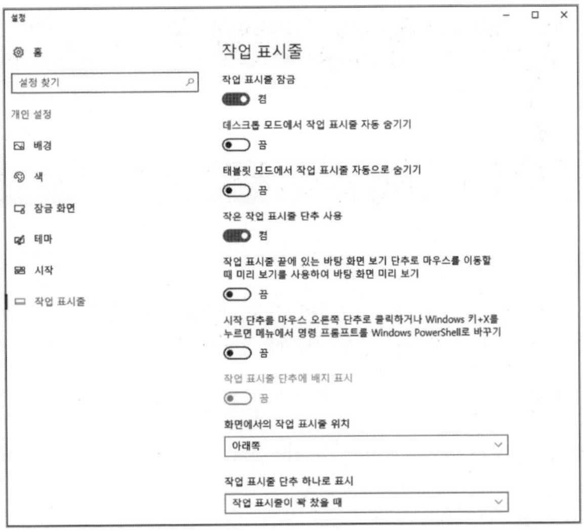

그림 1-16. 작업표시줄 설정 화면

"작업표시줄 단추 하나로 표시"는 우리가 프로그램을 실행시키거나 단일 프로그램을 여러 개 열었을 때 작업표시줄에 나타나는 단추의 모양을 지정하는 곳이다. 옆에 있는 목록펼침 단추(∨)를 클릭하면 〈그림 1-17〉과 같은 하위메뉴가 나타난다.

그림 1-17. 작업표시줄 단추의 하위 메뉴

첫 번째에 있는 "항상, 레이블 숨기기"는 프로그램을 실행시켜도 아이콘으로만 보여준다. 특정 프로그램을 여러 개 열어도 아이콘 하나로 표시해 준다. 두 번째에 있는 "작업 표시줄이 꽉 찼을 때"는 프로그램을 실행시키면 아이콘과 프로그램 이름을 함께 표시한다. 단일 프로그램을 여러 개 열어도 각각 하나의 아이콘으로 표시해 준다. 만약 작업표시줄 공간이 부족할 경우에는 단추 하나로 표시한다. 두 메뉴의 차이는 〈그림 1-18〉, 〈그림 1-19〉와 같다.

그림 1-18. 항상, 레이블 숨기기

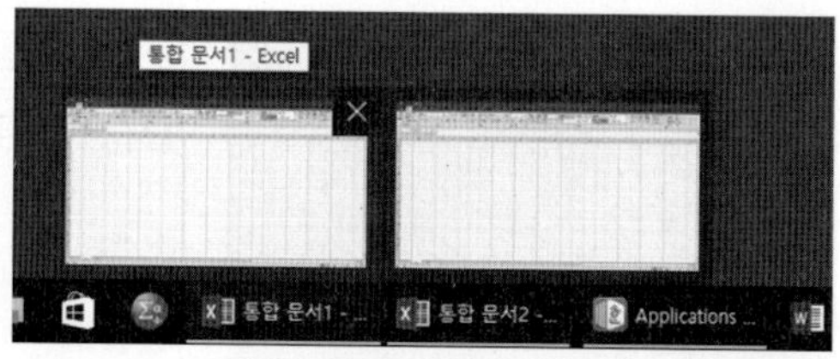

그림 1-19. 작업표시줄이 꽉 찼을 때

〈그림 1-18〉의 경우 엑셀 창을 두 개 열었으나 아이콘 하나로 표시해 주고 있고, 〈그림 1-19〉는 두 개의 엑셀 아이콘과 함께 파일명도 보여주고 있다. 사용자마다 취향이 다르겠지만 필자의 경우 〈그림 1-19〉와 같이 해 놓는 것이 한 눈에 작업을 파악할 수 있고 보다 손쉽게 프로그램 간 전환이 가능해 더 선호하는 편이다.

4 파일탐색기 설정 및 관련 유틸리티 소개

연구 활동 또는 프로젝트 진행 중에는 많은 파일들을 체계적으로 관리할 일들이 자주 생긴다. 자신이 소유한 파일의 개수가 많을 때에는 더욱 그러하다. 윈도우즈의 파일탐색기는 파일을 관리할 때 사용하는 기본 프로그램으로 프로그램 실행뿐만 아니라 파일 복사, 붙이기, 파일이름 변경하기 등 파일과 관련된 거의 모든 일을 수행할 때 사용하게 된다. 아마도 우리가 자주 사용하는 프로그램 중 하나일 것이다. 파일탐색기를 실행하는 방법은 여러 가지가 있을 수 있으나 단축키를 사용하면 더욱 편리하다. 파일탐색기를 실행하는 단축키는 [윈도우즈]+[E]이다. 윈도우즈키는 키보드의 왼쪽 [Alt]키 왼편에 마이크로소프트 플래그가 그려져 있는 키이다( ).

파일탐색기는 기본적으로 파일을 보여 줄 때 확장명(파일이름 옆에 "." 이후에 붙어있는 3글자)을 보여주지 않으며 파일을 아이콘 형태로 보여준다. 확장명은 해당 파일이 어떤 파일인지 나타내는 것으로 파일을 구분할 때 사용되므로 가능한 확장명을 표시하도록 하여 파일 작업시 실수가 없도록 하는 것이 바람직하다. 특히 유사한 아이콘과 확장명들이 존재하고 있어 자칫 다른 파일을 선택하는 경우가 있으므로 파일 작업시 항상 확장명을 확인하는 습관을 가지는 것이 좋다.

파일탐색기에 확장명을 표시하기 위해서는 <그림 1-20>과 같이 【보기】 메뉴에서 「□ **파일 확장명**」에 체크를 하면 된다. 이제부터 파일이름 옆에 3글자의 확장명이 나타날 것이다. 확장명이 반드시 3글자인 것은 아니다. 프로그램에 따라 확장명이 3글자를 넘을 때도 있다. 엑셀통합파일과 같이 ".xlsx" 4글자 이상인 경우도 있다.

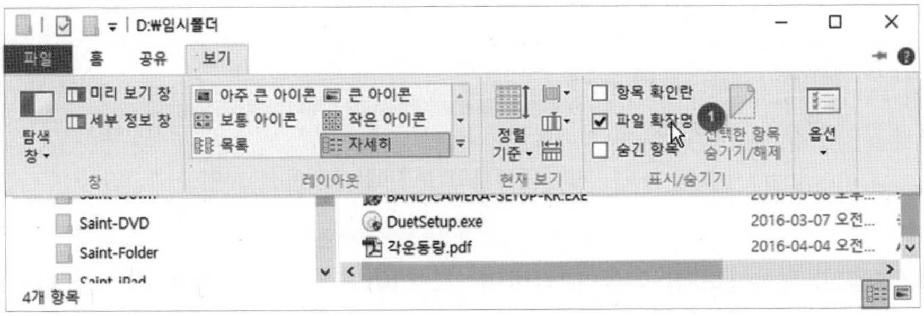

그림 1-20. 파일탐색기 확장명 표시

1) 파일탐색기의 라이브러리 사용하기

연구 활동을 하다보면 자주 열어보는 폴더가 존재하게 된다. 컴퓨터에 수많은 폴더가 있지만 우리가 자주 사용하는 폴더는 몇 개 안 된다. 문제는 이 폴더들이 여기저기 흩어져 있을 경우 매우 불편하다는 것이다. 특히 폴더가 하위 폴더로 깊숙이 있을 때는 더욱 그렇다. 이러한 불편을 없애고 각각의 폴더를 한 곳에서 관리할 수 있도록 해주는 것이 탐색기의 라이브러리이다. 라이브러리를 잘 사용하면 파일을 찾기 위해 이곳저곳 다닐 필요 없이 항상 같은 곳에서 모든 파일을 관리할 수 있다. 사용방법 또한 간단하므로 배워보자.

[윈도우즈]+[E]를 치면 파일탐색기가 실행된다. 윈도우즈 7까지는 파일탐색기에 라이브러리가 표시되지만 윈도우즈 10부터는 파일탐색기에 라이브러리가 표시되지 않는다. 라이브러리를 표시하기 위해서는 옵션에서 지정해 주어야 한다. <그림 1-21>처럼 파일탐색기의 【보기】 - 【옵션】 을 클릭하면, <그림 1-22>와 같은 {폴더옵션} 창이 열린다.

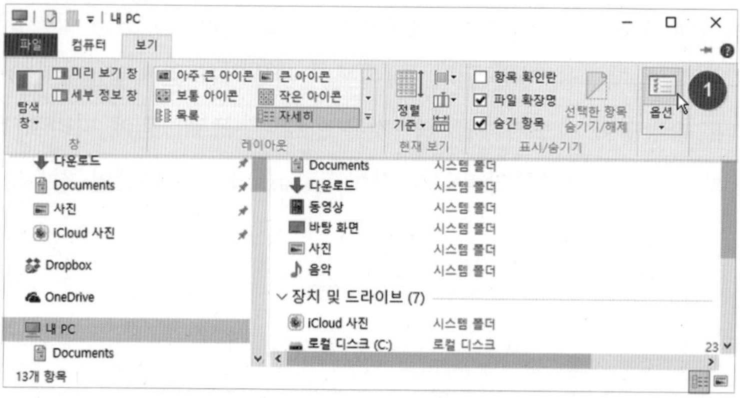

그림 1-21. 파일탐색기의 보기메뉴의 옵션 화면

{폴더 옵션} 창의 [보기] 탭을 클릭하여 「□ 라이브러리 표시」란에 체크를 하면 〈그림 1-23〉과 같이 파일탐색기에 라이브러리가 나타난다. 라이브러리 내에는 기본적으로 문서, 사진, 비디오 등이 포함되어 있다. 이제 이곳에 사용자가 원하는 라이브러리를 만들 차례이다. 〈그림 1-24〉와 같이 라이브러리에서 마우스 오른쪽 클릭을 하여 **【새로 만들기】** - **【라이브러리】** 를 실행하자. 파일탐색기에 새 라이브러리가 만들어지면서 이름을 입력할 수 있는 상태가 된다.

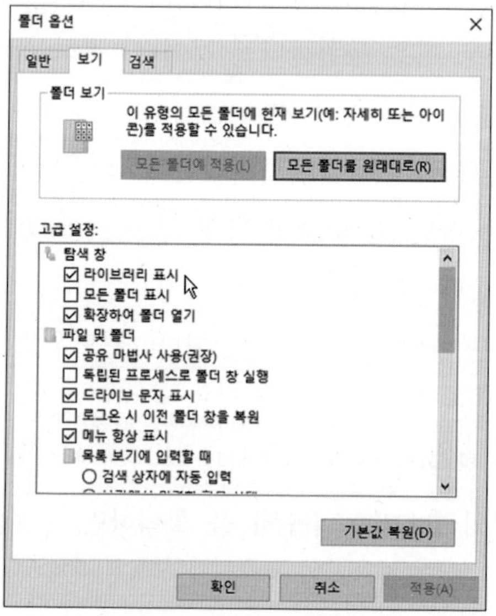

그림 1-22. 폴더 옵션 화면

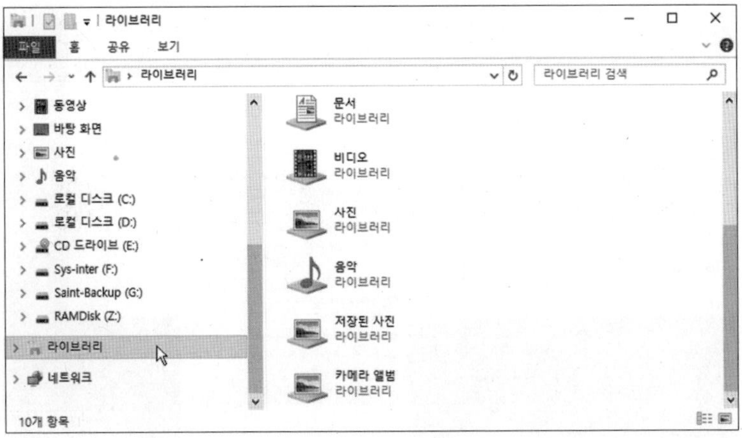

그림 1-23. 파일탐색기의 라이브러리 표시 화면

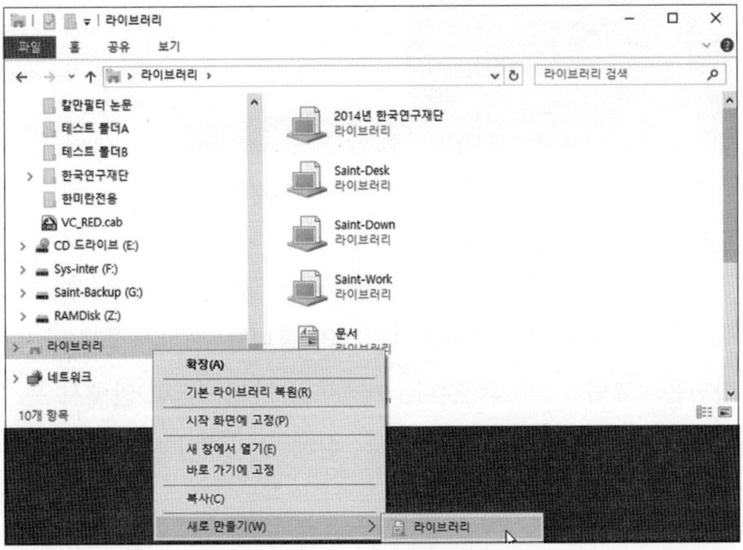

그림 1-24. 새 라이브러리 만들기

자신이 원하는 이름을 입력하면 된다. 필자는 “프로젝트”라는 이름으로 라이브러리를 만들었다. 이제 이 라이브러리에 프로젝트와 관련된 폴더를 등록하면 된다. 〈그림 1-25〉와 같이 자신이 등록하고자 하는 폴더로 이동한 후 마우스 오른쪽 클릭을 하여 **【라이브러리에 포함】 – 【프로젝트】** 를 클릭하면 해당 폴더가 프로젝트 라이브러리에 포함된다. 필자는 D: 드라이브에 있는 “프로젝트 A”와 “프로젝트 B” 폴더를 프로젝트 라이브러리에 포함시켰다.

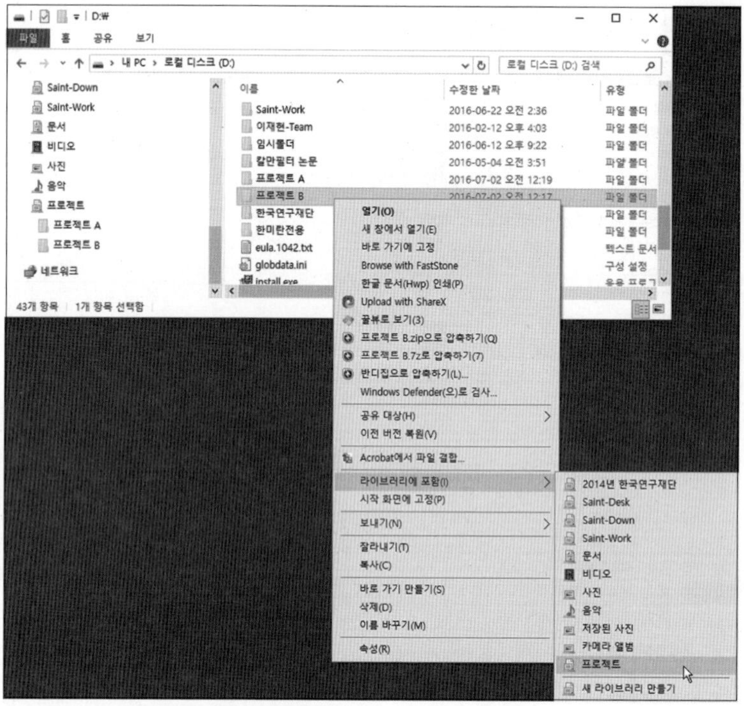

그림 1-25. 폴더를 라이브러리에 포함시키기

파일탐색기에서 프로젝트 라이브러리를 클릭해 보면 그 안에 자신이 등록한 폴더 안의 내용이 보일 것이다. 필자는 두 개의 폴더를 포함시켰고 라이브러리에서 보여주는 화면은 〈그림 1-26〉과 같다. 이제부터 라이브러리 안에서 복사, 이동 등 모든 작업은 실제 폴더에 그대로 반영되고, 실제 폴더에서 수행한 일도 라이브러리에 그대로 적용된다.

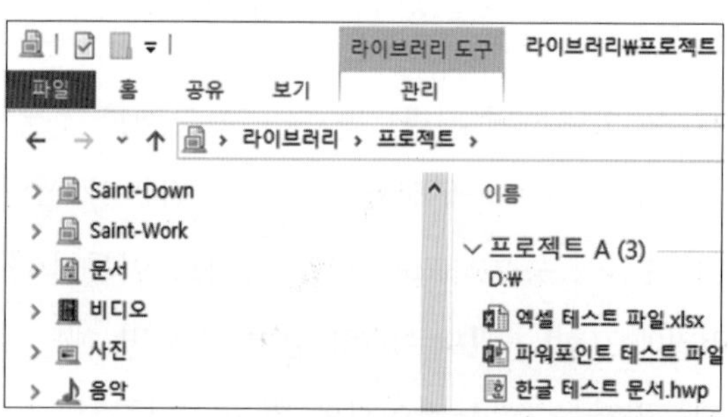

그림 1-26. 라이브러리에 등록된 화면

여기 저기 흩어져 있는 관련 자료들을 라이브러리에 등록해서 사용하면 한 번에 보면서 관리할 수 있기 때문에 작업의 효율성이 높아진다. 라이브러리를 사용할 때 주의할 점은 라이브러리를 삭제할 때와 파일을 삭제할 때이다. 라이브러리 내에서 파일을 삭제하면 실제 폴더에서도 파일이 삭제된다. 그러나 파일이 아닌 라이브러리를 삭제하면 실제 폴더 및 파일은 그대로 유지되고 라이브러리만 삭제된다.

2) 파일탐색기 대체 유틸리티 Q-Dir

윈도우즈에서 기본 제공하는 파일탐색기는 간단한 파일작업 시에는 큰 불편함이 없지만 많은 파일을 대상으로 복잡한 파일 관리를 수행하고자 할 때는 여러 가지로 불편한 요소들이 많다. 이를 해결하기 위한 대체 프로그램들이 많이 개발되어 있으며 유료로 판매되는 것도 있고 무료로 배포되고 있는 것도 있다. 여기서는 무료로 배포되고 있는 것 중 기능이나 디자인 면에서 파일탐색기를 대체할 만한 유틸리티를 소개하고자 한다. 모든 기능을 세세하게 설명하기에는 지면이 부족하므로 주요 특징과 기능을 중심으로 소개할 것이다. 유틸리티는 필요에 따라 사용되는 프로그램이므로 한번쯤 사용해 보는 것도 좋을 것이다.

여기서 소개할 윈도우즈 파일탐색기 대체 유틸리티는 Q-Dir이란 파일탐색기이다. Q-Dir은 수많은 사용자들에 의해 검증된 프로그램이므로 신뢰성은 높은 편이다. Q-Dir은 여러 곳에서 다운로드할 수 있지만 그래도 공식 홈페이지에서 다운로드하는 것이 최신 버전을 받을 수 있기 때문에 좋다. Q-Dir의 공식 홈페이지 주소는 아래와 같다. 구글에서 Q-Dir로 검색해도 쉽게 찾을 수 있다.

Q-Dir 공식 홈페이지 주소 : http://www.softwareok.com/?seite=Freeware/Q-Dir

홈페이지에 가면 PC 설치용과 usb 등에 가지고 다니면서 사용할 수 있는 포터블용이 있다. 64bit용도 따로 제공하고 있으니 자신에게 필요한 버전을 다운로드 받으면 된다. 설치 또한 특별할 것이 없으니 그냥 설치 프로그램을 따라 가면 된다. 일반적으로 설치시 한글로 출력이 되지만 만약 영어로 출력된다면 설치 후 언어선택에서 한글을 선택하면 모든 메뉴와 메시지가 한글로 출력된다.

Q-Dir를 실행한 화면은 〈그림 1-27〉과 같다. 처음 실행시 그림과 다를 수 있는데 이는 사용자가 어떻게 설정하였느냐에 따라 화면의 형태가 달라지기 때문이다. 일단 화면을 통해 어떤 특징들이 있는지 살펴보자.

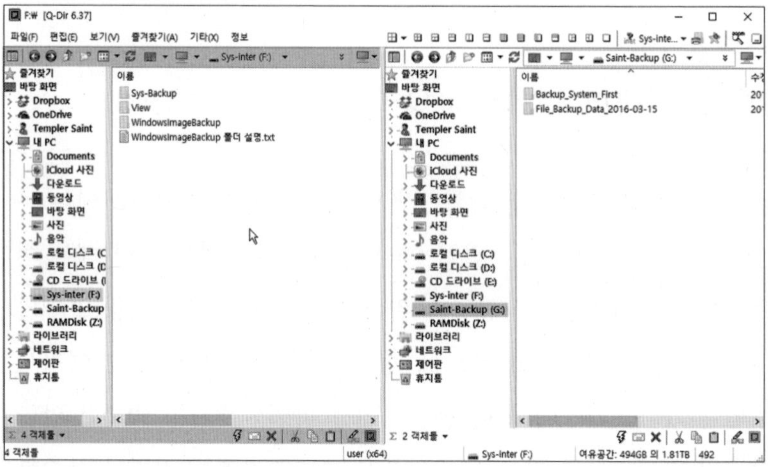

그림 1-27. Q-Dir 화면

〈그림 1-27〉을 보면, 윈도우즈의 파일탐색기와는 달리 두 개의 패널로 나뉘어져 있다. 두 개의 폴더를 함께 열어서 작업을 할 수 있도록 한 것이다. 디자인도 윈도우즈의 파일탐색기와 유사해서 쉽게 적응이 된다. 패널의 구조는 사용자가 변경시킬 수 있는데 화면의 우측상단에 있는 패널 버튼(그림 1-28 참조)을 클릭하여 변경할 수 있다.

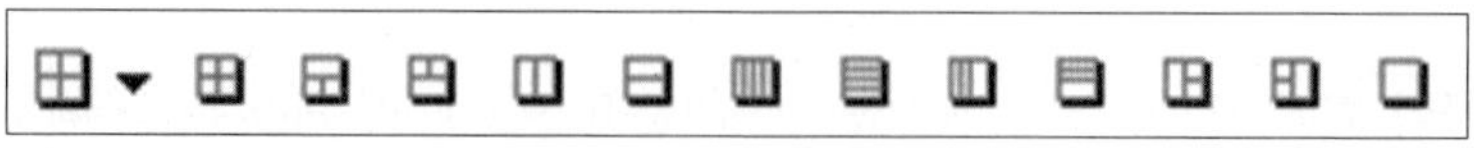

그림 1-28. 패널 버튼

패널 단추에 의해 변경되는 몇 가지 패널 구조를 살펴보면 아래 그림들과 같다.

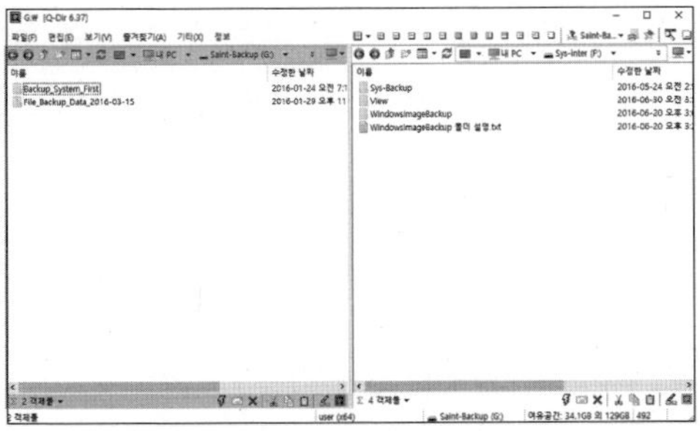

그림 1-29. 패널구조 화면 1

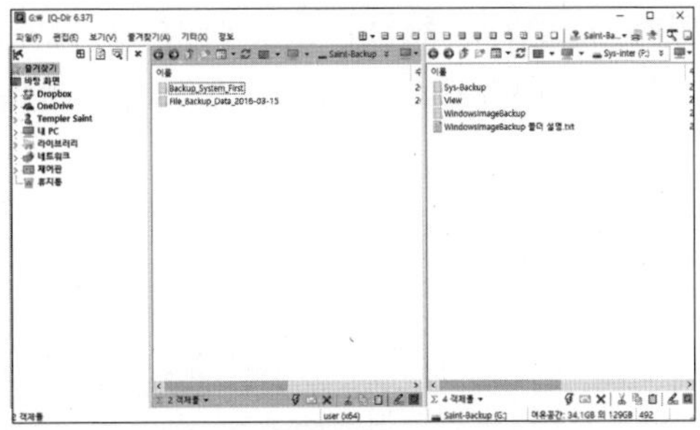

그림 1-30. 패널구조 화면 2

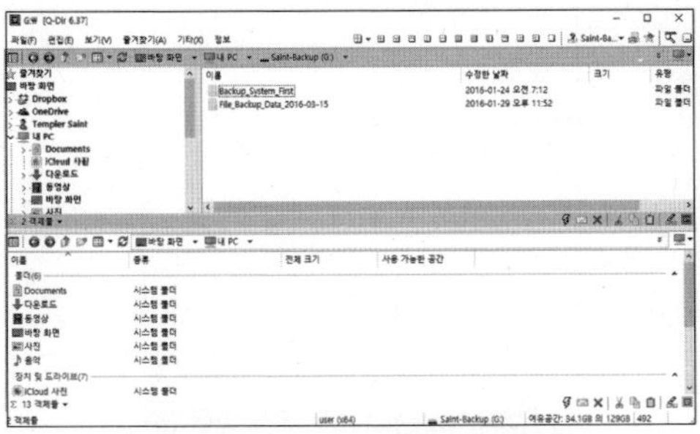

그림 1-31. 패널구조 화면 3

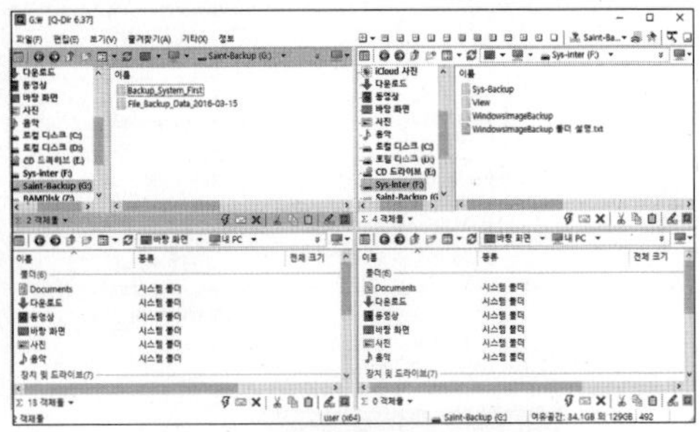

그림 1-32. 패널구조 화면 4

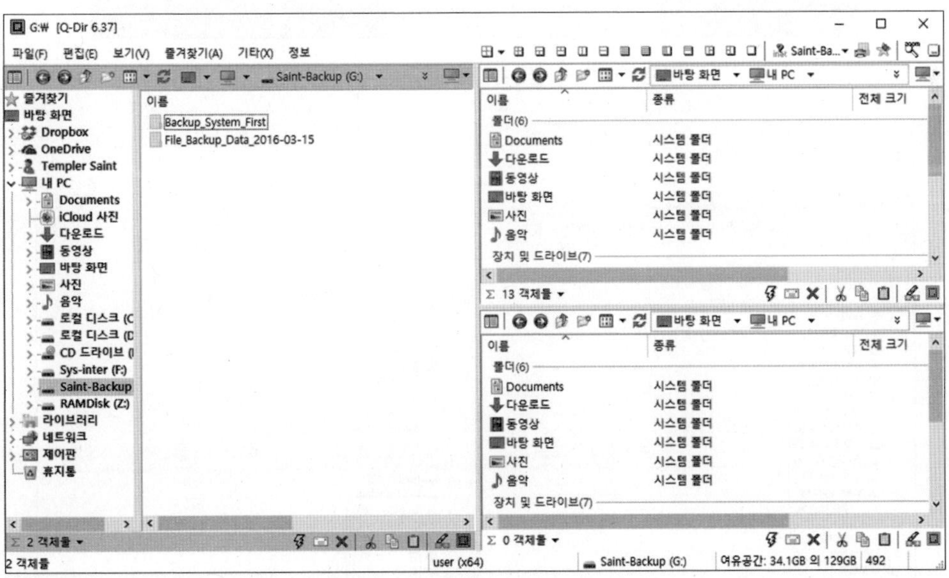

그림 1-33. 패널구조 화면 5

Q-Dir는 하나의 패널 내에서도 폴더 탭을 이용하여 여러 폴더를 쉽게 이동할 수

있다. 〈그림 1-34〉와 같이 특정 폴더를 선택한 상태에서 마우스 오른쪽 버튼을 클릭한 후 **【새 탭에서 열기】** 를 누르면 〈그림 1-35〉와 같이 폴더가 새 탭에서 열린다. 각각의 탭을 클릭하여 폴더를 빠르게 이동할 수 있다.

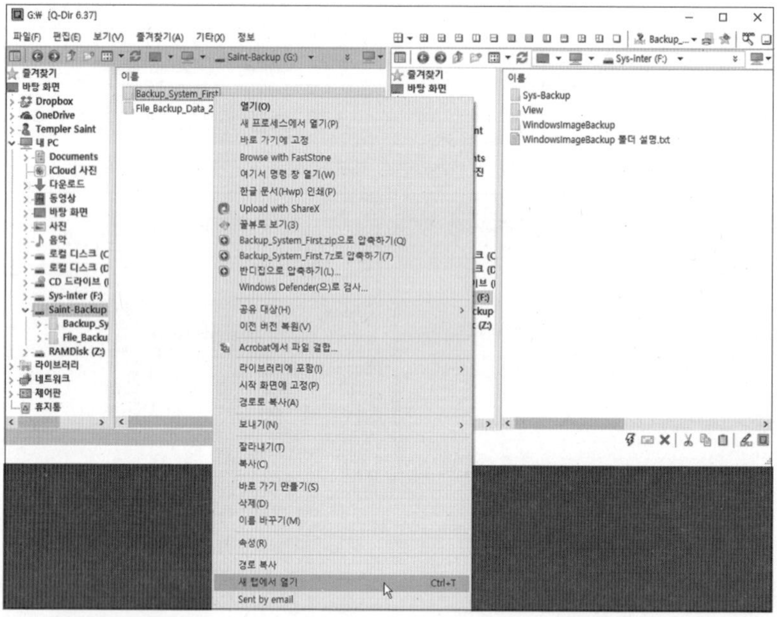

그림 1-34. 폴더를 새 탭에서 열기 메뉴

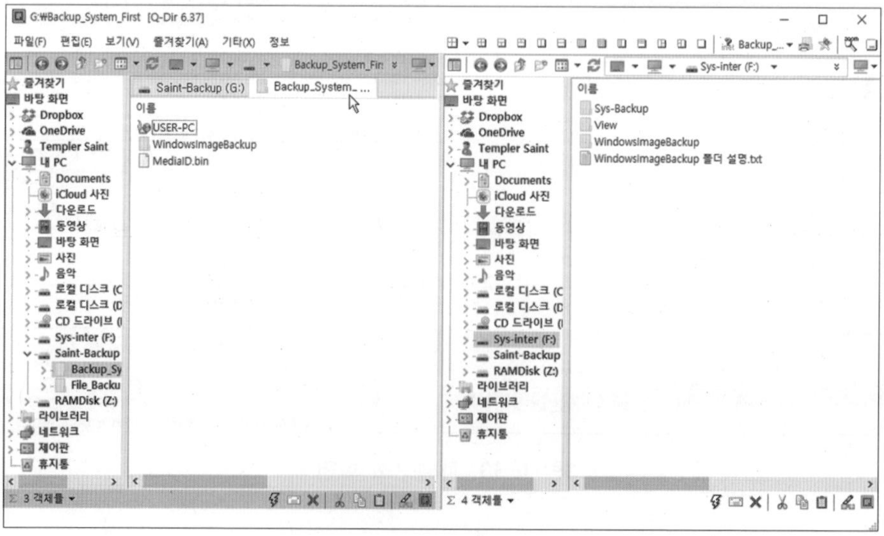

그림 1-35. 폴더를 새 탭에서 열기한 화면

이번에는 자주 가는 폴더를 등록해 놓고 쉽게 찾아가는 방법을 알아보자. 자신이 원하는 폴더로 이동한 후 화면 하단의 붉은색 아이콘( )을 클릭하면 〈그림 1-36〉과 같은 하위 메뉴가 나타난다. **【빠른 링크 추가】** 를 클릭하면 해당 폴더를 등록하는 새 창이 열리는데 기본적으로 폴더의 이름이 입력되어 있을 것이다. 이를 등록하면 〈그림 1-36〉에 해당 폴더가 메뉴로 등록된다. 이 후로는 해당 폴더를 클릭하면 바로 이동하게 된다.

그림 1-36. 빠른 링크 추가

Q-Dir는 복수의 패널을 이용해 각기 다른 폴더를 동시에 볼 수 있도록 하고 있다. 만약 〈그림 1-35〉와 같이 두 개의 패널을 이용해서 각기 다른 폴더를 열어 놓았을 때, 이를 저장해 놓고 언제든지 두 패널 모두 원하는 폴더가 열리게 하는 방법이 있다. Q-Dir는 이러한 기능을 즐겨찾기에 넣어 두었다. **【즐겨찾기】** 와 바로 위에서 알아본 **【빠른 링크 추가】** 와의 차이점은, **【빠른 링크 추가】** 는 하나의 폴더를 등록해 놓고 빠르게 찾아가는 것이고, **【즐겨찾기】** 는 양쪽 패널에 열려있는 폴더 상태를 저장해 놓고 언제든지 불러오는 것이다. 따라서 왼쪽과 오른쪽 패널에 열려있는 폴더 상태를 자주 사용한다면 즐겨찾기를 사용하는 것이 편하다.

즐겨찾기를 등록하기 위해서는 〈그림 1-37〉과 같이 상단 메뉴의 **【즐겨찾기】** - **【즐겨찾기에 추가】** 메뉴를 클릭하면 즐겨찾기 이름을 입력하는 창이 나타나는데 양쪽 폴더의 이름이 기본적으로 입력되어 있다. 이를 등록하면 **【즐겨찾기】** 메뉴에 하위 메뉴로 등록된다. 이후 이 하위 메뉴를 클릭하면 양쪽 패널의 폴더가 등록된 상태대로 열리게 된다.

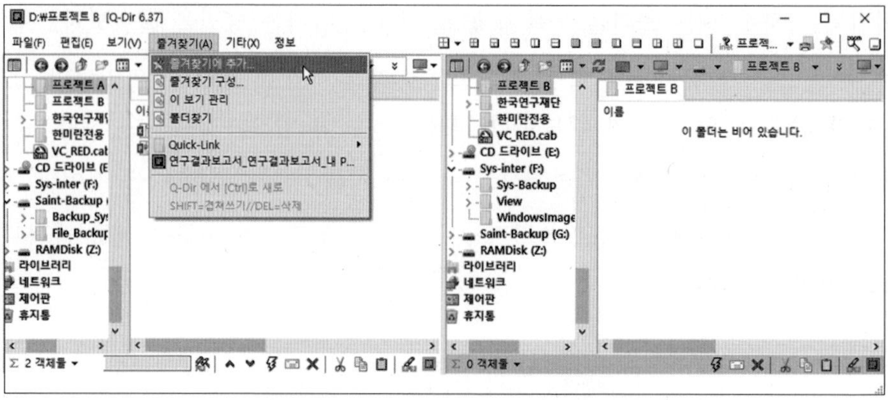

그림 1-37. 즐겨찾기 및 즐겨찾기 추가

Q-Dir는 사용자의 취향에 맞도록 패널의 구조와 패널에 표시되는 파일들의 형태 및 속성을 다양하게 변경할 수 있도록 하고 있다. Q-Dir를 종료한 후 다시 실행했을 때 종료했던 폴더에서 열리게 할 건지 또는 미리 정해 놓은 폴더에서 열리게 할 것인지 설정할 수 있으며, 파일 확장명에 따라 파일이름을 각기 다른 색상으로 표시할 수도 있다. 이러한 기능들은 주메뉴의 【기타】 메뉴에 모두 모아 놓았다. 각자 자신이 사용하기에 좋은 최적의 구조와 속성을 설정해 보기 바란다.

Q-Dir 이외에도 여러 가지 대체 프로그램들이 존재한다. 국내에서 개발된 flyexplorer란 탐색기도 있는데 기능 면에서나 디자인 면에서도 매우 뛰어난 프로그램이다. 2013년 이후 업데이트가 이루어지고 있지 않지만 윈도우 10에서도 정상적으로 작동하며, 역시 무료이다. 현재 flychk로 이름을 변경하였으나 flyexplorer 때부터 워낙 유명해서 다들 flyexplorer로 부르고 있다. 공식 홈페이지는 http://www.flychk.com이다. 특히 이 프로그램은 복수개의 파일명을 한 번에 바꿔주는 기능이 있어 파일 관리에 매우 유용하다. 필자도 Q-Dir과 함께 자주 사용하는 프로그램이다. 사용방법은 Q-Dir과 매우 유사하기 때문에 쉽게 적응할 수 있을 것이다.

5 가상 데스크톱 사용하기

가상 데스크톱 사용방법을 알아보기 전에 가상 데스크톱이 무엇인지부터 알아보자. 가상 데스크톱을 알기 위해서는 데스크톱을 이해해야 한다. 가장 쉽게 이해하는 방법은 데스크톱과 바탕화면을 동일한 것으로 이해하면 된다. 사용자가 윈도우즈에서 프로그램을 실행하면 창의 형태로 바탕화면에 뜨게 된다. 복수개의 프로그램을 실행하면 바탕화면에 여러 개의 창이 겹쳐진 형태로 뜨게 되어 특정 창으로 전환하는데 불편해진다. 이런 상태가 되면 사용자는 바탕화면이 좁다는 생각을 하게 된다. 특히 노트북과 같이 화면이 작을 경우에는 더욱 심해진다. 만약 바탕화면이 여러 개 존재한다면 보다 수월하게 운영할 수 있을 것이다. 모니터를 하나 더 구입한다면 바탕화면을 두 개 사용할 수 있지만 비용이 든다. 이러한 현실적인 불편함을 해결하기 위해서 바탕화면을 여러 개 만들 수 있도록 소프트웨어적으로 개발한 것을 가상 데스크톱이라 한다. 가상 데스크톱 기능은 예전부터 맥에서 사용되어 왔고 윈도우즈에서는 존재하지 않았는데 윈도우즈 10부터 지원하기 시작했다. 윈도우즈 10 이전 버전에서 가상 데스크톱을 사용하기 위해서는 별도로 프로그램을 설치해야 했었다.

여기서는 먼저 윈도우즈 10에서 제공하고 있는 가상 데스크톱 기능을 소개하고, 윈도우즈 10 이전 버전을 사용하고 있는 사용자들을 위해 별도의 가상 데스크톱 프로그램을 소개할 것이다.

1) 윈도우즈 10의 가상 데스크톱 기능

윈도우즈10에서 가상 데스크톱을 실행하는 단축키는 [윈도우즈]+[Tab]이다. 다시 한 번 말하지만 [윈도우즈]키는 키보드 왼쪽 아래에 윈도우즈 플래그가 그려져 있는 키이다. 가상 데스크톱을 실행하기 전에 차후 구별을 위해서 프로그램 2개를 실행하여 바탕화면에 띄어 놓자. 필자는 〈그림 1-38〉과 같이 파일탐색기와 엑셀을 실행시켜 놓았다. [윈도우즈]+[Tab] 키를 누르면 〈그림 1-39〉와 같이 가상 데스크톱이 실행되면서 실행된 프로그램이 모두 나타난다. 가상 데스크톱 화면의 우측 아래에 보면 [**새 데스크톱**]이란 버튼이 존재한다. 이 버튼을 클릭하면 〈그림 1-40〉과 같이 새 데스크톱이 생기면서 화면이 새 데스크톱으로 전환되고 "데스크톱 2"란 이름이 붙는다. 데스크톱 2에는 프로그램을 실행시키지 않았기 때문에 텅 비어 있다. 이제 데스크톱 2에서 프로그램을 실행하면 그 프로그램은 데스크톱 2에서만 보이고 데스크톱 1에서는 안 보인다. 지금 우리는 데스크톱을 2개 가지고 있는 것이다.

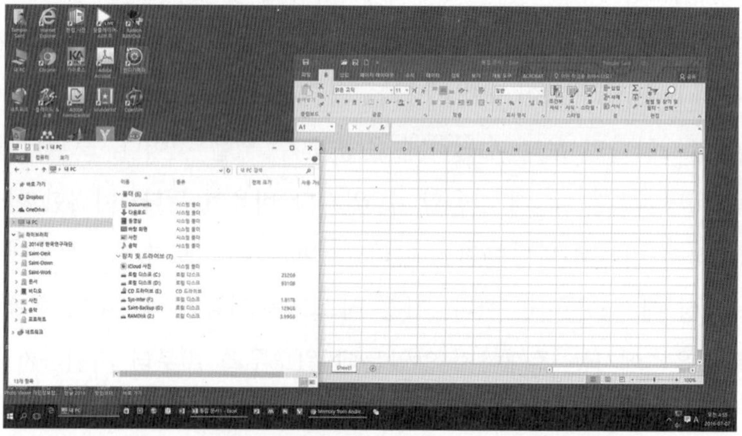

그림 1-38. 프로그램을 실행한 후의 바탕화면

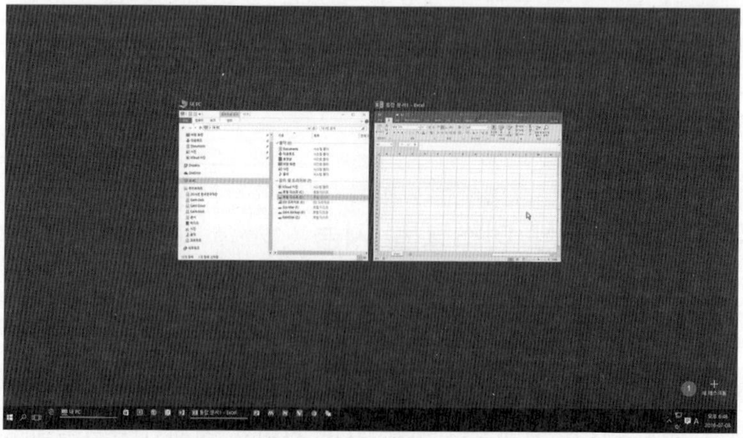

그림 1-39. 가상 데스크톱 실행 화면

그림 1-40. 가상 데스크톱 2 생성 모습

데스크톱 간 이동은 [윈도우즈]+[Tab]을 누른 후 〈그림 1-40〉 화면의 아래쪽에서 가고자 하는 데스크톱을 클릭하면 이동된다. 하지만 더 간단하게 [윈도우즈]+[Ctrl]+[←] or [→]를 눌러서 쉽게 이동할 수 있다. 만약 더 이상 가상 데스크톱이 필요 없다면 〈그림 1-40〉 화면의 아래쪽에 보이는 가상 데스크톱으로 마우스를 가져가면 X 표시가 나타난다. 이를 클릭하면 가상 데스크톱이 삭제된다. 삭제 시 프로그램이 실행되어 있다면 그 프로그램들은 첫 번째 데스크톱으로 모두 이동하게 된다.

데스크톱 1의 프로그램을 데스크톱 2로 이동시키기 위해서는 [윈도우즈]+[Tab]키를 이용하여 가상 데스크톱 화면을 띄운 후 이동시키고자 하는 프로그램 위에서 오른쪽 마우스 버튼을 누르면 〈그림 1-41〉과 같이 팝업 메뉴가 나타난다. 여기서 【이동】 – 【데스크톱 2】 를 클릭하면 해당 프로그램이 데스크톱 2로 이동하게 된다.

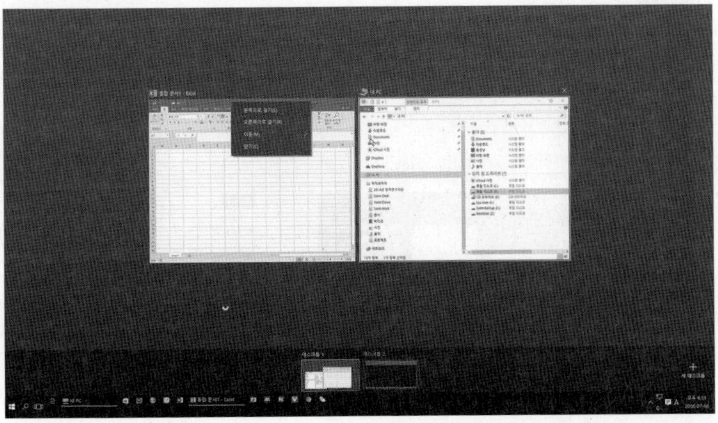

그림 1-41. 가상 데스크톱의 프로그램 화면

위에서 우리는 가상 데스크톱을 이용하는 기본적인 방법을 알아보았다. 데스크톱과 관련된 단축키를 알고 있으면 더욱 편하게 사용할 수 있을 것이다. 밑에는 가상 데스크톱과 관련된 단축키들이다. 몇 개 안 되니 기억하고 있자.

- 새 가상 데스크톱 만들기 : [윈도우즈] + [Ctrl] + D
- 현재 가상 데스크톱 닫기(삭제) : [윈도우즈] + [Ctrl] + F4
- 가상 데스크톱 간의 이동 : [윈도우즈] + [Ctrl] + ← or →

2) 가상 데스크톱 프로그램 : Dexpot

윈도우즈 10을 사용하고 있지 않다면, 가상 데스크톱을 사용하기 위해서는 별도의 프로그램을 이용해야 한다. 가상 데스크톱 프로그램은 여러 개가 있지만 무료이면서 수많은 사용자들로부터 성능을 검증받은 것으로 Dexpot을 추천하고 싶다. Dexpot은 윈도우즈 10의 가상 데스크톱보다 더 많은 기능을 제공하고 있으며 설치도 단순하고 사용법도 간단하기 때문에 별도의 설명이 필요 없을 정도이다. 윈도우즈 10의 가상 데스크톱을 경험했다면 어렵지 않게 사용할 수 있는 프로그램이다. Dexpot의 홈페이지 주소와 모습은 아래와 같다.

Dexpot 홈페이지 : http://www.dexpot.de

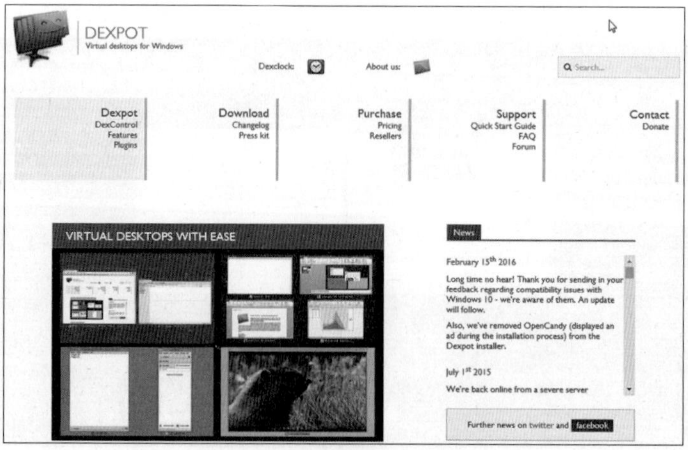

그림 1-42. Dexpot 홈페이지 화면

Chapter 02

PDF 파일 다루기: Acrobat

Understanding and Application of Research Methods

CHAPTER

02 PDF 파일 다루기: Acrobat

연구를 수행하면서 접하게 되는 문서파일 유형인 PDF(Portable Document Format) 파일은 논문이나 각종 보고서들을 보고자 할 때 자주 접하게 되는 파일 형식이다. 많은 국제학회뿐만 아니라 각종 자료들을 공급하고 있는 DB 회사들에서도 대부분 PDF 파일 형식을 사용하고 있다. 최근에는 국내 학회들도 학회지를 PDF 파일 형식으로 제공하고 있으며 정부 기관들에서도 PDF 파일 형식을 사용하고 있다. 따라서 우리가 자료를 쉽게 얻고 이를 보기 위해서는 PDF 파일을 다룰 수 있어야 한다. 이 장에서는 PDF 파일에 대해서 소개하고 이를 자유롭게 다룰 수 있는 어도비(Adobe)사의 아크로뱃(Acrobat)에 대한 다양한 기능과 사용 방법에 대해서 알아 볼 것이다. 또한 스마트폰이나 iPad와 같은 태블릿에서는 어떻게 다룰 수 있는지도 함께 알아볼 것이다. PDF 파일은 차후 다양한 소프트웨어들과 연동되는 기본적인 문서파일 포맷이므로 그 특징과 활용법을 완벽하게 이해하는 데 도움이 되기를 기대한다.

1 PDF 파일과 Acrobat 소개

PDF 파일은 전자문서 중의 하나이다. 최근 관심이 높아지고 있는 전자책의 한 형식으로도 사용되고 있다. 상당히 광범위한 영역에서 국제적으로 사용되고 있기 때문에 마치 국제 표준처럼 사용되고 있으나 국제 표준인 것은 아니다. PDF 파일을 만든 회사는 어도비(adobe)란 회사로 국내에서는 포토샵이란 프로그램으로 많이 알려져 있다.

어도비사는 전자문서를 만들 수 있는 아크로뱃(acrobat)이란 소프트웨어를 개발하였고 이 소프트웨어에 의해 만들어진 전자문서의 파일 확장명이 .PDF로 되어 있어 우리가 PDF파일이라고 부르는 것이다. PDF는 portable document format의 약자이다. 지금도 그렇지만 컴퓨터는 어떤 OS(operating system)를 사용하느냐에 따라 시스템 자체가 달라지기 때문에 파일 호환이 되지 않는 경우가 많다. 예를 들어, 윈도우즈에서 작업한 파일을 맥이나 유닉스 시스템에서 열어보기 위해서는 여러 가지 제한 사항이 많았는데 이 같은 현상이 과거에는 지금보다 심했다. 이러한 문제점을 해결하기 위해서 OS와 상관없이 호환될 수 있는 전자문서를 만들고자 하였으며 그 일환으로 PDF 파일이 개발된 것이다. 여기에 출판 시 보다 깨끗한 결과물을 얻기 위한 다양한 기능들과 보안성까지 첨부되면서 PDF 파일이 널리 사용되게 되었다.

PDF 파일을 다루기 위해서는 아크로뱃이란 소프트웨어가 있어야 하는데, 일반적으로 시중에는 아크로뱃과 아크로뱃 리더(Acrobat Reader)라는 소프트웨어가 존재한다. 아크로뱃은 PDF 파일을 생성, 편집이 가능하도록 한 유료 소프트웨어이고 아크로뱃 리더는 PDF 파일을 읽을 수 있도록 한 무료 소프트웨어이다. 따라서 아크로뱃 리더에는 없는 기능이 아크로뱃에는 존재한다. 지금은 이러한 소프트웨어가 없이도 PDF 파일을 생성하고 읽을 수 있는 많은 프로그램들과 인터넷 서비스가 존재하지만 이에 대한 것은 차후에 설명하고 여기서는 PDF 파일을 생성 편집할 수 있는 아크로뱃에 대해서 설명할 것이다. 앞서 말한 바와 같이 아크로뱃은 유료 소프트웨어로 가격이 만만치 않다. 만약 대학에서 근무하거나 학생 신분이라면 학교에서 제공하는 경우가 많으니 한번쯤 대학에 문의해 보는 것이 좋다. 아크로뱃은 버전이 여러개 존재하는데 최근 버전은 Acrobat DC라는 이름을 사용하고 있다. 그러나 기능들은 대부분 동일하고 일부 메뉴 디자인만 다르기 때문에 버전이 낮은 것을 사용해도 된다. 여기서는 Acrobat XI pro 버전을 이용하여 설명할 것이다. 아크로뱃에 있는 많은 기능들을 일일이 설명하지는 않을 것이며 누구나 쉽게 파악할 수 있는 기능들을 제외하고, 연구 활동에 도움이 될 만한 기능들을 중심으로 유용한 것들만을 선택하여 기술할 것이다.

2 아크로뱃 사용하기

아크로뱃을 설치하면 PDF 파일을 편집할 수 있는 프로그램과 함께 Adobe PDF 라는 프린터 드라이브가 〈그림 2-1〉과 같이 컴퓨터에 함께 설치된다. 어떤 프로그램을 사용하든지 인쇄할 때 Adobe PDF 프린터 드라이브를 선택한 후 인쇄를 실행하면 PDF 파일을 생성해 준다. 아래아한글 또는 MS-office의 엑셀이나 파워포인트, 워드 등에는 자체적으로 PDF 파일로 저장해 주는 기능이 있다. 그러나 만약 그러한 기능이 없는 프로그램을 사용할 경우에는 이 프린터 드라이브를 선택하여 인쇄하면 PDF 파일을 생성할 수 있다.

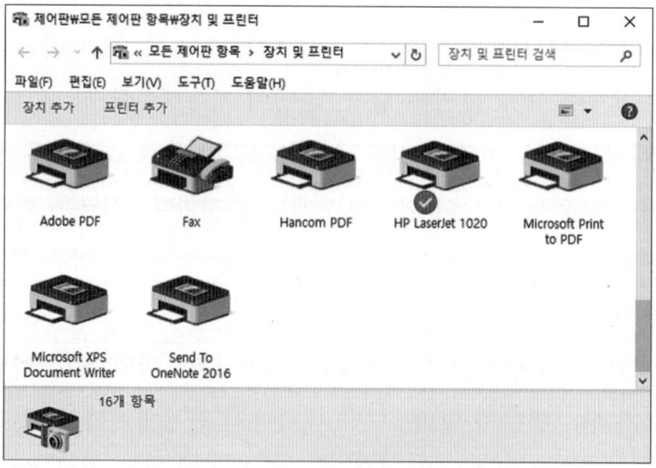

그림 2-1. Adobe PDF 프린터 드라이브

1) 아크로뱃 기본설정하기

아크로뱃을 설치하였다면 기본설정을 자신에 맞게 조정하는 것이 편리하다. 기본설정 중 몇 가지를 알아보자. 기본설정은 아크로뱃을 실행한 후 메인 메뉴의 【편

집] - **【기본 설정】** 을 실행하면 〈그림 2-2〉와 같은 화면이 나타난다. 화면의 중앙 부분에 「**PDF/A 보기 모드**」라는 부분을 먼저 변경할 필요가 있다. 초기 설정은 "**PDF/A 모드에만**"으로 설정되어 있다. PDF 파일은 포맷에 따라 몇 종류가 있는데 초기 설정 그대로 두면 PDF 파일 종류에 따라 편집·수정이 불가능하다는 메시지가 출력되는 경우가 있다. 이 같은 상황을 무시하고 편집·수정하기 위해서는 〈그림 2-2〉와 같이 "**안함**"으로 설정해 놓아야 한다.

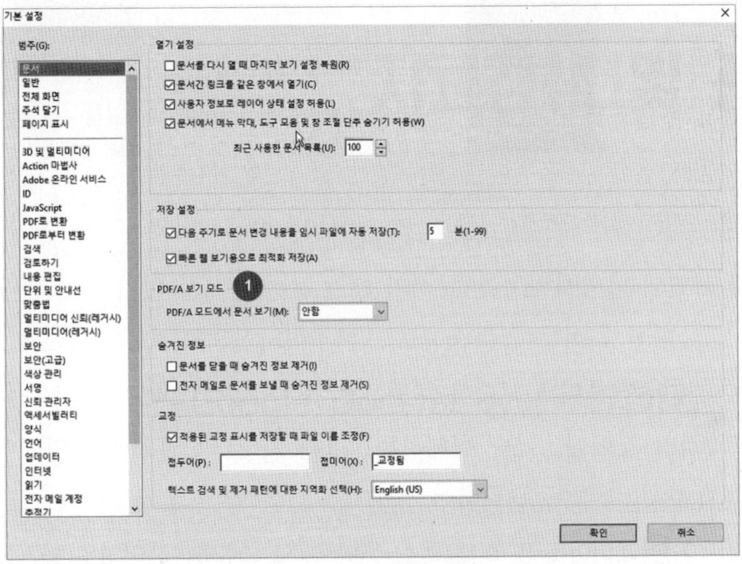

그림 2-2. 아크로뱃 기본설정 화면

다음으로 설정할 필요가 있는 곳은 페이지 표시 부분이다. 일반적으로 PDF 파일을 열 때 프로그램을 실행한 후 **[열기]** 버튼을 이용하여 문서를 불러오기 보다는 PDF 파일을 직접 더블 클릭하여 실행하는 경우가 많다. 초기 설정 상태에서 문서를 열면 〈그림 2-3〉과 같이 페이지 전체 모양을 한 화면에 보여주기 때문에 정작 글을 읽기에는 문자가 너무 작게 보인다.

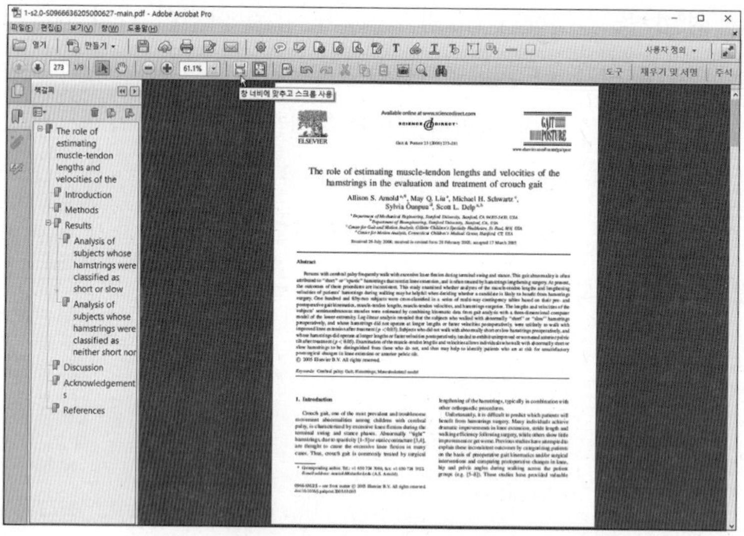

그림 2-3. 초기 문서 화면

페이지를 화면의 너비에 맞추면 문서가 크게 보여 문서를 읽기 쉽게 된다. 또한 초기 설정에서는 페이지 이동이 순간적으로 이루어지기 때문에 시각적으로 분별하는 데 불편하다. 페이지 사이의 모습을 화면으로 볼 수 있다면 페이지 이동을 인식하는 데 보다 효과적일 것이다. 이를 위해서는 〈그림 2-2〉의 왼쪽에 나열되어 있는 항목 중 「페이지 표시」 부분을 클릭하여 〈그림 2-4〉와 같은 설정 화면을 띄워야 한다. 화면 상단의 「기본 레이아웃 및 확대/축소」 부분에서 「페이지 레이아웃」의 콤보 박스를 클릭하면 몇 가지 옵션을 볼 수 있다. 이 중에서 "연속 한 페이지"를 선택하면 페이지를 이동할 때 페이지 사이의 공간을 볼 수 있게 된다. 옵션을 달리 하면서 각 옵션의 기능을 확인해 보고 자신에게 맞는 것을 선택하면 된다. 여기서 설정한 옵션은 차후 프로그램에서 다시 변경할 수 있으므로 가장 많이 사용할 것 같은 옵션을 선택하면 된다. 그리고 옆에 있는 「확대/축소」 부분에서 역시 콤보 박스를 클릭하면 옵션이 나오는데 그 중 "너비에 맞추기"를 선택하면 문서가 열릴 때 창의 너비에 맞게 확대되기 때문에 문서를 바로 읽을 수 있게 된다. 기본 설정과 관련하여 나머지 부분들은 크게 신경 쓰지 않아도 프로그램을 사용하는 데 아무런 문제가 없다.

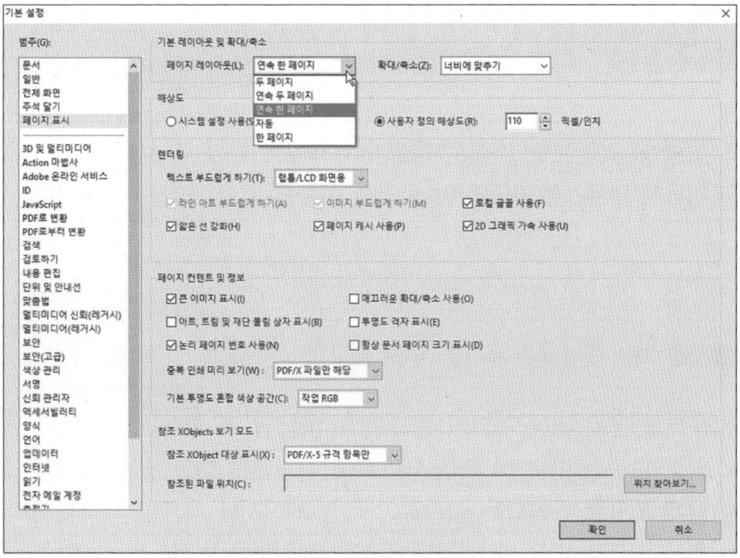

그림 2-4. 페이지 레이아웃 설정

2) 주석 달기 및 보기

아크로뱃 기능 중 유용한 것이 바로 문서에 주석을 달수 있다는 것이다. 아크로뱃에서 주석은 문서에 직접 글을 적을 수도 있고, 텍스트에 밑줄이나 형광펜 등을 표시한 후 주석을 달수도 있다. 아마도 가장 많이 사용하는 기능인만큼 그 방법에 대해서 알아보자.

아크로뱃의 메인 화면에 나타나는 주요 도구를 살펴보면 아래와 같다. 이 중에서 주석과 관련된 주요 도구는 텍스트 선택 도구와 함께 ①, ②, ⑥, ⑦, ⑨, ⑩, ⑪, ⑫, ⑬, ⑭ 등이다. 본문에 주석을 다는 순서는 먼저 텍스트 선택 도구로 특정 텍스트를 선택한 후 원하는 주석 버튼을 누르면 되지만 반대로 먼저 주석 버튼을 누르고 특정 텍스트를 선택해도 된다. 예를 들어 텍스트에 밑줄을 긋고 싶다면, 텍스트 선택 도구로 특정 텍스트를 선택한 후 밑줄 긋기 버튼을 눌러도 되고 반대로, 밑줄 긋기 버튼을 누른 후 특정 텍스트를 선택해도 된다.

① ②

① 텍스트 선택 도구로 본문 내에서 특정 텍스트를 선택할 때 사용하는 도구이다.
② 페이지 이동시 마우스를 이용하여 끌면서 이동할 때 사용하는 도구이다.

① ② ③ ④ ⑤ ⑥ ⑦ ⑧ ⑨ ⑩ ⑪ ⑫ ⑬ ⑭

① 스티커 노트로 본문 내에 스티커 형태의 주석을 달 수 있다.
② 텍스트 강조 도구로 본문 내 특정 텍스트에 형광펜을 칠한 것과 같은 효과를 낸다.
③ 페이지 삭제 도구로 주석과는 상관없이 특정 페이지를 삭제할 때 사용한다.
④ 페이지 회전 도구로 특정 페이지 또는 전체 페이지를 회전시킬 수 있다.
⑤ 다른 파일에서 페이지 삽입 도구로 현재 문서에 다른 PDF 파일의 문서를 삽입할 때 사용한다.
⑥ 텍스트 및 이미지 편집 메뉴를 나타낸다. 본문 자체를 편집하고자 할 때 사용한다.
⑦ 텍스트 주석 도구로 문서 내 어느 곳이든 텍스트를 입력할 수 있다.
⑧ 파일 첨부 도구이다. PDF 파일에 다른 파일을 첨부할 수 있다.
⑨ 특정 텍스트에 밑줄을 긋는 도구이다.
⑩ 특정 텍스트에 주석을 달 수 있는 도구이다. ②번과 기능상에 큰 차이는 없다.
⑪ 텍스트 상자를 만들어 그 속에 텍스트 주석을 달 수 있다.
⑫ 텍스트 상자와 동일하나 상자에 연결선이 존재하는 주석을 사용할 수 있다.
⑬ 선 그리기 도구이다.
⑭ 사각형을 그리는 도구이다.

각각의 주석 도구에 따른 주석의 형태를 살펴보자. 스티커 노트 주석을 사용하면 〈그림 2-5〉와 같은 형태가 된다. 문서의 제목 위에 노란색 스티커가 보일 것이다. 이 스티커를 마우스로 더블 클릭하면 내용을 삽입할 수 있다.

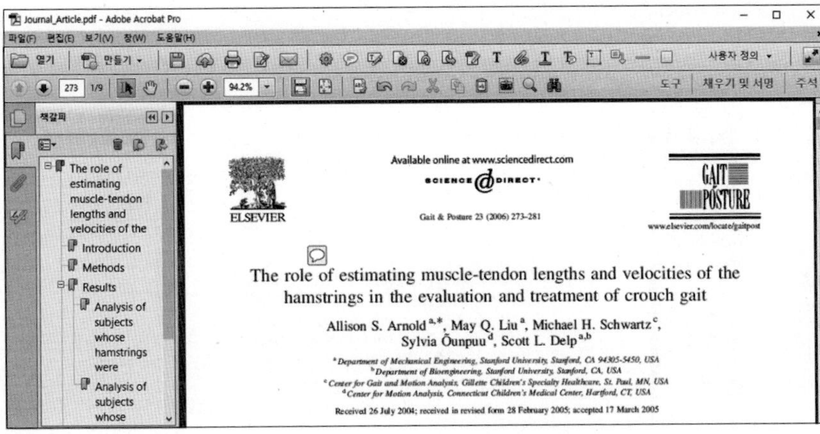

그림 2-5. 스티커 노트 주석

텍스트 강조 도구 주석을 사용하면 〈그림 2-6〉과 같은 형태가 된다. 본문 제목에 노란색 배경이 생긴 것을 볼 수 있다.

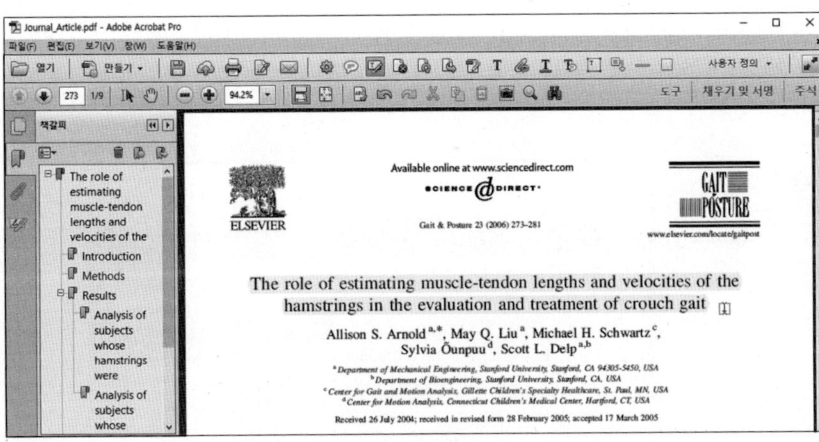

그림 2-6. 텍스트 강조 도구 주석

주석이 있는 부분(노란색 부분)에 마우스를 가져가면 커서의 모양이 나침판 화살표 모양으로 변하는데 이때 클릭하면 주석 부분이 선택된다. 나침판 화살표 모양일 때 더블 클릭을 하면 〈그림 2-7〉과 같이 주석을 입력할 수 있는 상자가 나타난다. "이것은 텍스트 강조 주석 테스트용입니다"라고 입력되어 있는 것을 볼 수 있다.

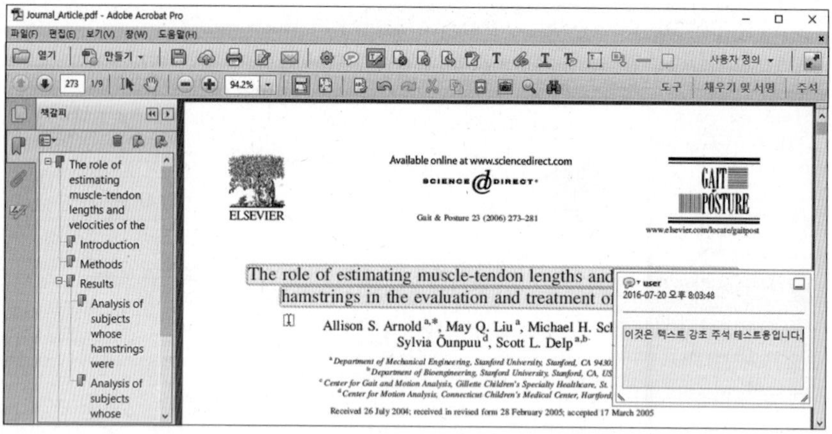

그림 2-7. 텍스트 강조 주석 상자

주석 입력 상자를 닫은 후 본문에 마우스 커서를 가져가면 〈그림 2-8〉과 같이 입력된 내용이 커서 밑에 자동으로 출력된다. 본문의 제목 위에 보면 조그마한 스티커가 생겼음을 알 수 있을 것이다. 이 스티커가 주석이 있음을 알려주는 표시이다.

그림 2-8. 텍스트 강조 주석 입력 상태

텍스트 강조 도구를 사용하다 보면 위에 본 것과 같이 노란색이 아니라 자신의 취향에 맞는 색상을 사용하고 싶을 때가 있다. 다른 색으로 변경하고자 할 때는 주석에 마우스 커서를 가져간 후 마우스 오른쪽 클릭을 하여 〈그림 2-9〉와 같이 나타난 팝업 메뉴에서 **【속성】** 메뉴를 클릭하면 〈그림 2-10〉과 같은 창이 나타난다.

여기서 자신이 원하는 색상으로 변경하면 된다. 만약 변경한 색상을 계속 사용하고 싶다면, 창 아래에 있는 「□ **속성을 기본값으로 설정**」란에 체크를 하거나 또는 〈그림 2-9〉에서 본 팝업메뉴에서 **【현재 속성을 기본값으로 설정】** 메뉴를 클릭하면 된다.

텍스트 강조 도구에서 사용한 주석 입력 방법이나 색상 속성을 변경하는 방법은 다른 주석 도구에서도 동일한 방법으로 사용된다. 즉, 밑줄 긋기 도구, 선 긋기 도구, 사각형 도구 모두에서 동일하게 사용된다.

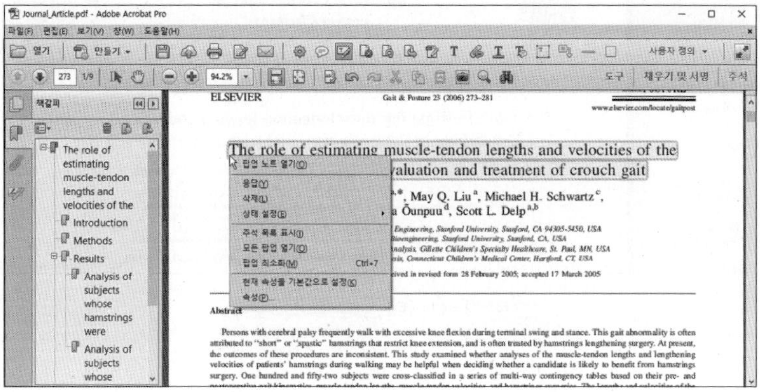

그림 2-9. 색상 변경을 위한 팝업 메뉴

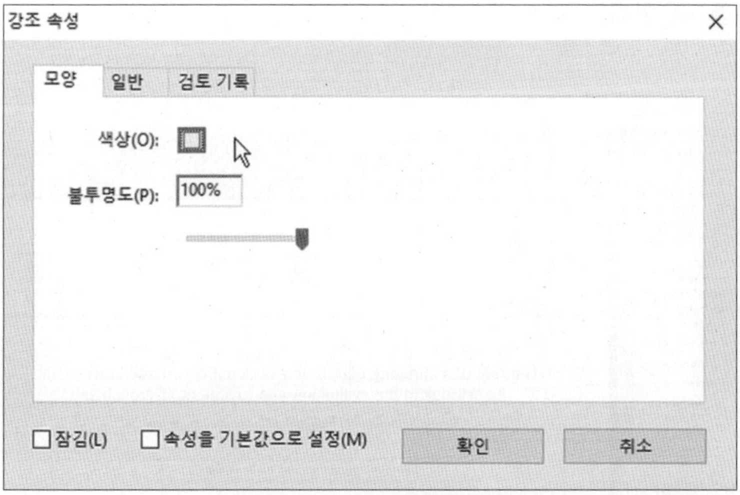

그림 2-10. 강조 속성 변경 창

텍스트 주석 도구는 〈그림 2-11〉과 같이 본문 내 어디든지 텍스트를 삽입할 수 있는 기능이다. 본문 제목 위에 "이 주석은 테스트용입니다"라는 문장을 볼 수 있을 것이다. 이 주석은 마우스로 위치를 변경할 수 있으며 글자색 또한 변경할 수 있다. 텍스트 주석 도구를 선택하면 {텍스트 주석 추가}라는 작은 창이 활성화된다.

그림 2-11. 텍스트 주석 도구

밑줄 긋기 주석 도구는 〈그림 2-12〉와 같이 텍스트에 밑줄을 긋는 형태로 되어 있다. 이 주석도 위에서 살펴본 텍스트 강조 주석과 동일하게 더블 클릭을 해서 주석을 입력할 수 있다.

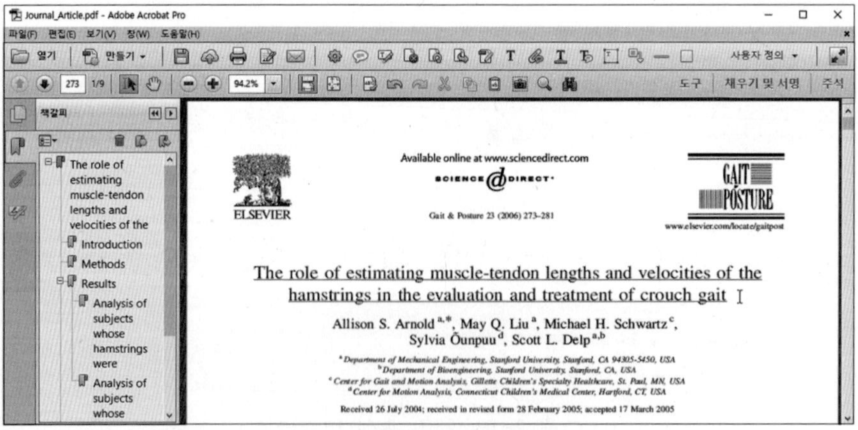

그림 2-12. 밑줄 긋기 주석 도구

텍스트 상자 주석 도구는 〈그림 2-13〉과 같다. 사각형 내에 주석을 입력할 수 있다. 주석의 위치는 마우스를 이용하여 원하는 위치로 옮길 수 있다.

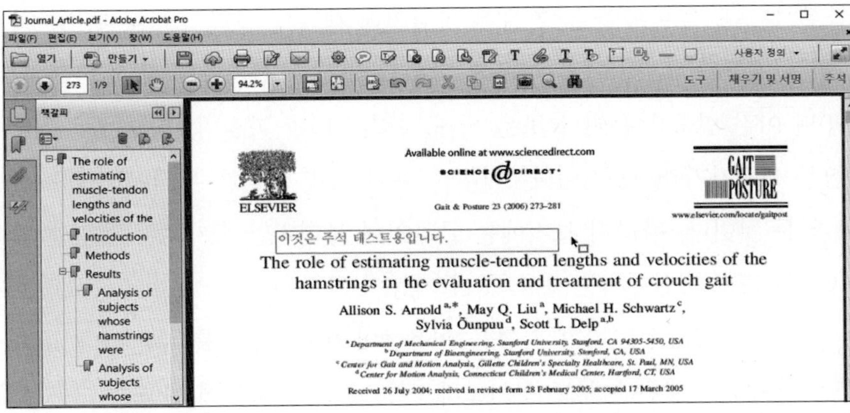

그림 2-13. 텍스트 상자 주석 도구

텍스트 설명 추가 주석 도구는 〈그림 2-14〉와 같이 텍스트 상자 주석에 화살표가 붙어 있는 형태이다.

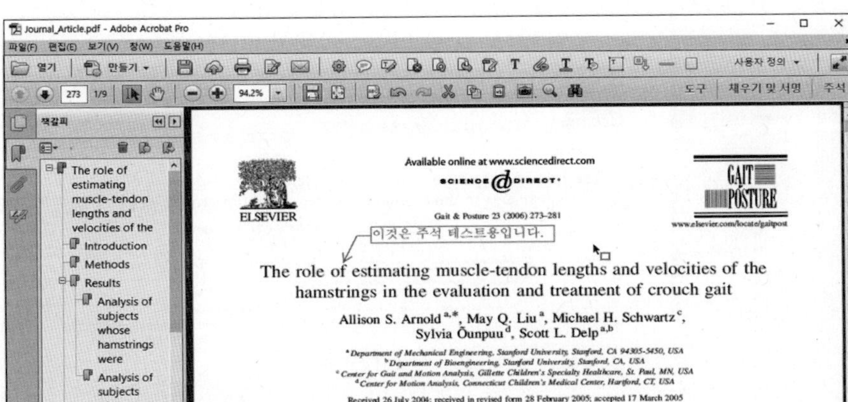

그림 2-14. 텍스트 설명 추가 주석 도구

선 그리기 주석 도구는 〈그림 2-15〉와 같다. 그림 상에서는 밑줄과 비슷하게 보이지만 직접 실행해 보면 다르다는 것을 알 수 있다. 선 그리기 주석 도구도 텍스트 강조 주석과 같이 더블 클릭을 통해 주석 내용을 입력할 수 있다. 선 색상 변경도 가능하다. 똑바른 직선을 그리고 싶다면 [Shift]를 누른 상태에서 마우스를 움직이면 된다. 밑줄 긋기 기능이 있는데 왜 선 그리기 기능이 필요한지 의아해 할 수도 있다. PDF 문서 파일이 모두 텍스트로 되어 있는 것은 아니다. PDF로 되어 있는 오래된 논문을 열어보면 분명 문서 파일인데 텍스트 선택 도구로 텍스트를 선택할 수 없는 경우가 있다. 이럴 경우에 마우스 커서가 십자가 형태로 바뀐다. 아마도 1990년 이전 연구 논문이나 또는 국내 학회지 PDF 파일 중 일부에서 이런 현상을 경험한 연구자가 많을 것이다. 대부분 이런 PDF 파일은 문서를 스캔해서 PDF 파일로 만든 것이다. 따라서 보기에는 글자처럼 보이지만 실제로는 그림인 것이다. 이런 종류의 PDF 파일에서는 밑줄 긋기 기능이 불가능하다. 따라서 중요한 부분에 밑줄을 긋고 싶다면 선 그리기 기능을 이용해야 한다. 연구를 수행하다 보면 최근 논문뿐만 아니라 오래된 논문도 찾아보게 되는데 그런 경우에 유용한 도구이다. 다행히 최근에는 문서를 스캔해서 학회지 논문을 만드는 경우는 거의 없다. 안타까운 것은 국내에서는 아직도 과거 방식으로 PDF 파일을 만드는 경우가 많다는 점이다.

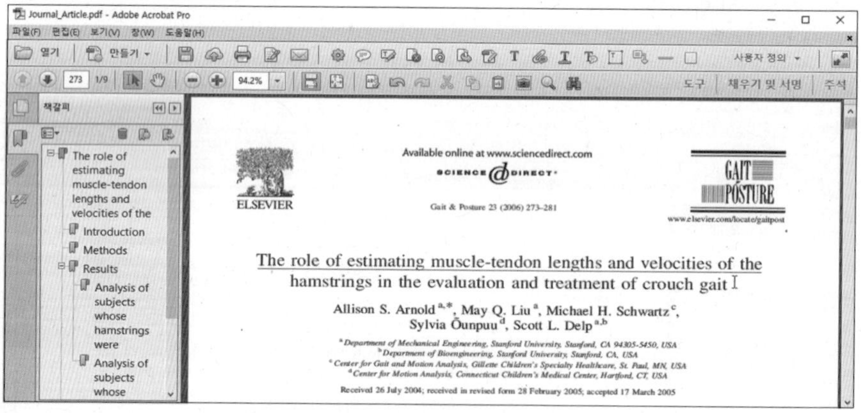

그림 2-15. 선 그리기 주석 도구

사각형 그리기 주석 도구는 특정 부분을 강조하기 위해서 자주 사용된다. 문서의 일부 문단이나 특정 그림 등을 강조하고자 할 때 사용한다. 예를 들어 한 문단이 6줄로 되어 있다면 각 줄에 선 그리기를 하는 것보다 사각형으로 강조해 놓는 것이 편하다. 이 주석 도구도 역시 더블 클릭으로 내용을 입력해 놓을 수 있다.

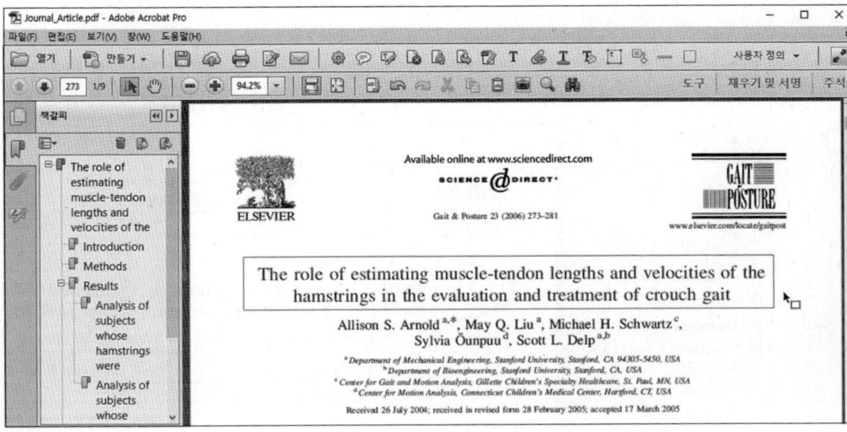

그림 2-16. 사각형 그리기 주석 도구

입력된 주석을 삭제해야 할 경우 마우스로 클릭 후 주석이 선택되었을 때 [Delete]키로 삭제할 수 있다.

지금까지 우리는 문서에 주석을 입력하는 방법을 살펴보았다. 반대로 누군가에 의해 이미 주석이 입력된 파일을 내가 본다면 일일이 주석 부분을 찾아다녀야 할까? 문서의 페이지가 많다면 주석 부분을 일일이 찾아다니는 것 또한 쉽지 않다. 이런 경우는 생각보다 자주 겪게 되는데, 다른 사람이 주석을 입력한 후 다시 보내준 파일에서 주석을 확인하고자 할 때나 또는 오래전에 본인이 읽은 논문에 어떠한 주석이 입력되어 있는지 확인하고자 할 때 등 연구 활동에서 자주 겪게 되는 상황이다. 이런 불편함을 해소하기 위해서 아크로뱃은 주석만을 모아서 볼 수 있는 기능과 해당 주석을 클릭하면 주석이 있는 위치로 이동되는 기능을 제공하고 있다. 아래 〈그림 2-17〉은 3개의 텍스트 강조 주석이 입력된 화면이다. 각각의 주석의 내용으로는 “주석 첫 번째 텍스트”, “주석 두 번째 텍스트”, “주석 세 번째 텍스트”를 미리 입력해 놓았다. 각 주석의 위에 조그만 스티커가 있음을 확인하자. 지금은 설명을 위해서 한 페이지에만 주석을 입력했지만 여러 페이지에 입력되어 있어도 동일하다.

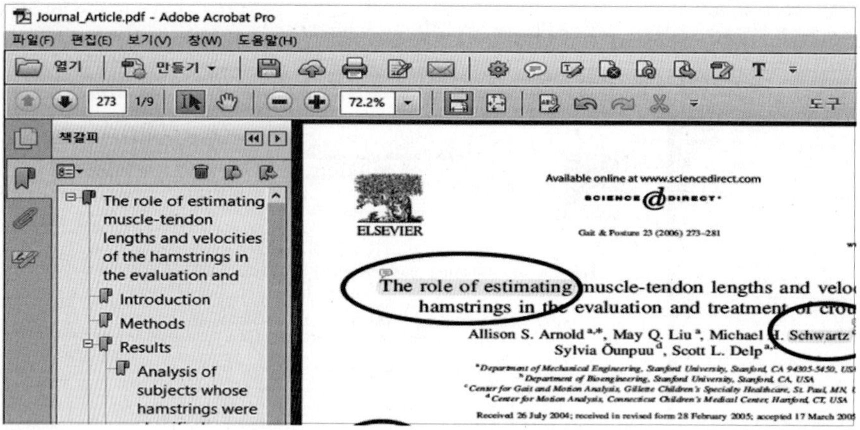

그림 2-17. 3개의 주석이 입력된 화면

이 상태에서 입력된 모든 주석을 보면서 쉽게 찾아가기 위해서, 아크로뱃의 상단 우측에 있는 [주석] 버튼을 클릭하면 〈그림 2-18〉과 같이 문서 우측에 주석과 관련된 새로운 창이 나타나면서 문서에 입력되어 있는 모든 주석을 보여준다. 여기서 관심 있는 주석을 클릭하면 해당 위치로 이동된다. 만약 입력된 주석이 다른 페이지에 있다면 당연히 해당 페이지로 이동된다.

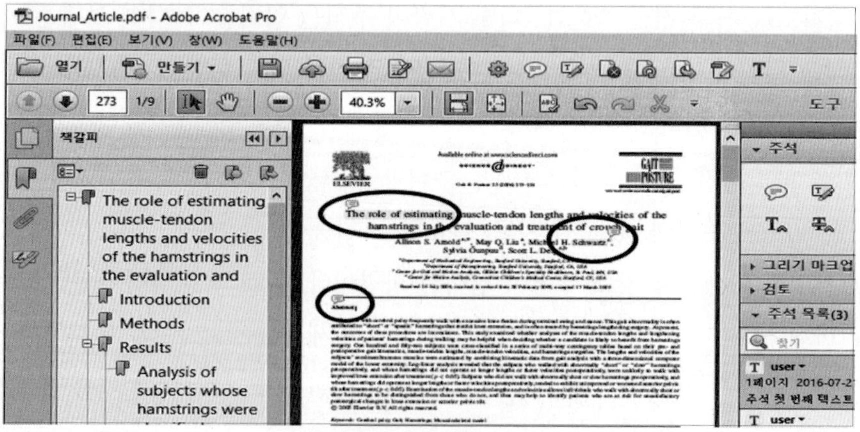

그림 2-18. 주석 보기 화면

3) 책갈피 사용하기

책갈피 기능은 문서의 특정 위치를 기억해 놓는 유용한 도구이다. 아래아한글, 워드 등 대부분의 워드프로세서와 문서 관련 소프트웨어에 주요 기능으로 포함되어 있는 것으로 아크로뱃에도 역시 존재한다. 아크로뱃의 책갈피는 목차 같은 역할을 하여 특히 논문이나 보고서 등을 읽을 때 매우 유용하다. 국제학회지의 PDF 파일을 열면 대부분 주요 장이나 제목이 책갈피로 지정되어 쉽게 찾아갈 수 있도록 되어 있다. 〈그림 2-17〉은 책갈피의 모습을 보여주고 있다. 화면의 왼쪽이 책갈피이다. 논문의 제목부터 References까지 책갈피로 지정되어 있는 것을 볼 수 있다. 각각의 책갈피를 클릭하면 해당 위치로 바로 이동하기 때문에 일일이 페이지를 넘기는 수고를 할 필요가 없다.

〈그림 2-19〉에 보면 책갈피 내에 하위 책갈피가 있는 것을 볼 수 있다. 이렇게 관련 있는 책갈피를 한곳에 모을 수 있으며 구조화할 수 있다. 이제 이 책갈피를 만드는 방법을 알아보자. 이를 위해서 〈그림 2-19〉에 존재하는 책갈피를 모두 삭제하였다. 책갈피 삭제는 해당 책갈피를 클릭 후 [Delete]키를 사용하면 된다. 책갈피를 만들기 위해서는 먼저 텍스트 선택 도구를 이용하여 책갈피로 사용할 단어나 문장을 선택하여야 한다.

그림 2-19. 책갈피 화면

문장을 선택한 후 마우스 오른쪽을 클릭하면 〈그림 2-20〉과 같이 팝업 메뉴가 나타난다. 여기서 **【책갈피 추가】** 메뉴를 클릭하면 된다. 또는 문장을 선택한 후 바로 책갈피 단축키인 [Ctrl+B]키를 이용하면 된다. 문장을 선택하지 않고 단순히 위치를 클릭만 한 상태에서 책갈피 추가를 실행해도 된다. 이때에는 책갈피 이름을 사용자가 직접 입력해야 한다.

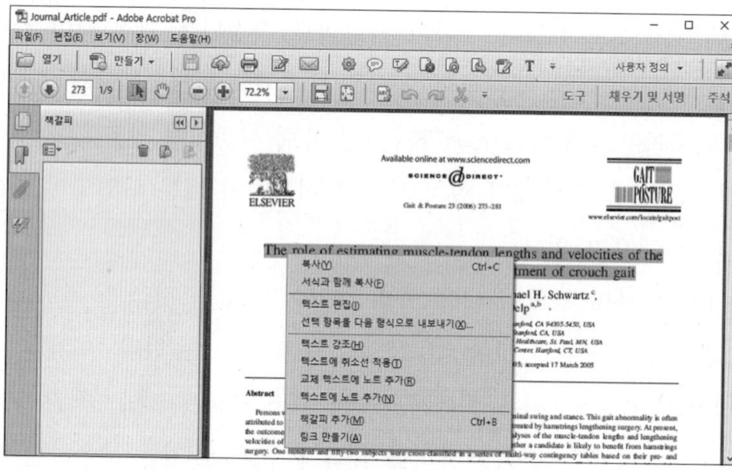

그림 2-20. 책갈피 문장 지정하기

〈그림 2-21〉은 책갈피를 추가한 화면이다. 논문의 제목과 Abstract를 책갈피로 추가한 모습을 볼 수 있다. 책갈피의 순서를 바꾸고자 할 때는 책갈피를 마우스로 드래그하여 위/아래 자신이 원하는 위치로 갖다 놓으면 된다.

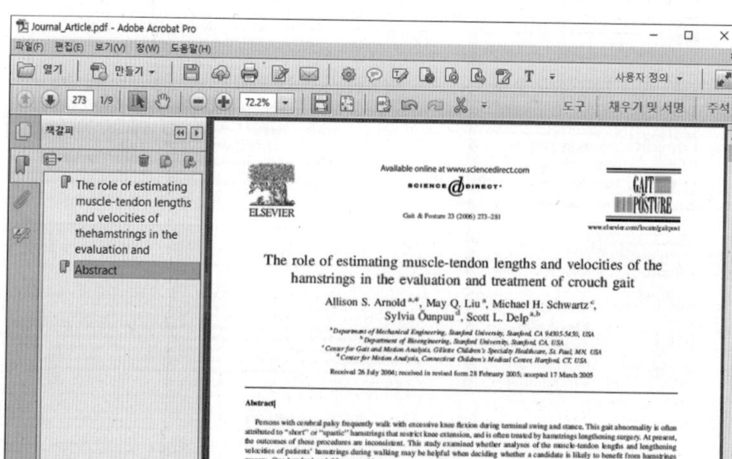

그림 2-21. 책갈피를 추가한 화면

4) PDF 파일에 다른 파일 첨부하기

영어로 되어 있는 논문을 보다 보면 때로는 논문 전체 또는 일부 중요한 내용들을 번역하거나 또는 원문 그대로, 아래아한글이나 워드와 같은 프로그램을 이용하여 작성해 놓는 경우가 있다. 이럴 경우 PDF 논문파일과 자신이 작성한 한글이나 워드 파일을 함께 보관할 수 있다면 좋을 것이다. 보통 우리는 관련된 파일을 한 폴더에 같이 저장하여 관리한다. 문제는 오랜 시간이 지나면 자신이 번역을 했는지 그러한 파일이 있는지 조차 잊어버리게 된다는 것이다. 이런 경우가 아니더라도 관련된 파일들을 함께 보관해야 하는 일이 종종 발생한다. 이럴 때 아크로뱃에서 제공하는 파일첨부 기능을 이용하면 편하다. 아크로뱃에서 제공하는 파일첨부 기능은 PDF 파일 내에 관련 있는 다른 파일들을 첨부하여 함께 저장할 수 있는 기능이다. 예를 들어, 영문 PDF 파일이 있고 이를 번역한 한글 파일이 있다고 하자. 한글 파일을 영어 PDF 파일에 첨부하면, 이제부터 PDF 파일만 가지고 다녀도 한글 파일이 함께 움직이게 된다. 당연히 PDF 파일의 용량은 첨부한 파일 크기만큼 커진다. 첨부된 파일은 언제든지 다시 별도로 저장할 수 있으며, 삭제/추가할 수 있다.

아크로뱃에서 파일 첨부를 사용하기 위해서는 〈그림 2-22〉와 같이 화면 왼쪽에 보이는 클립 모양의 단추를 클릭하면 「**파일 첨부**」 창이 나타난다. 여기에 첨부하고자 하는 파일을 드래그하여 옮기면 된다.

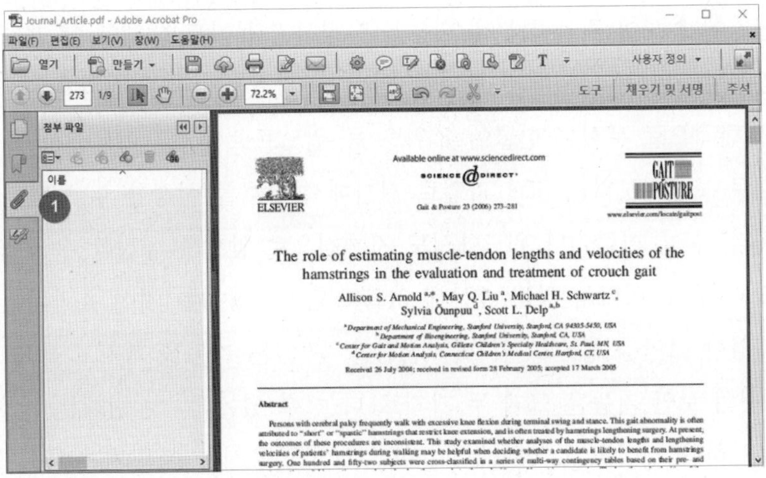

그림 2-22. 파일 첨부 기능

〈그림 2-23〉은 2개의 파일 “테스트 파일_01.hwp”와 “테스트 파일_02.hwp”를 첨부한 모습이다. 이 상태에서 저장하면 이제 첨부 파일들은 PDF 파일과 하나의 파일이 된 것이다.

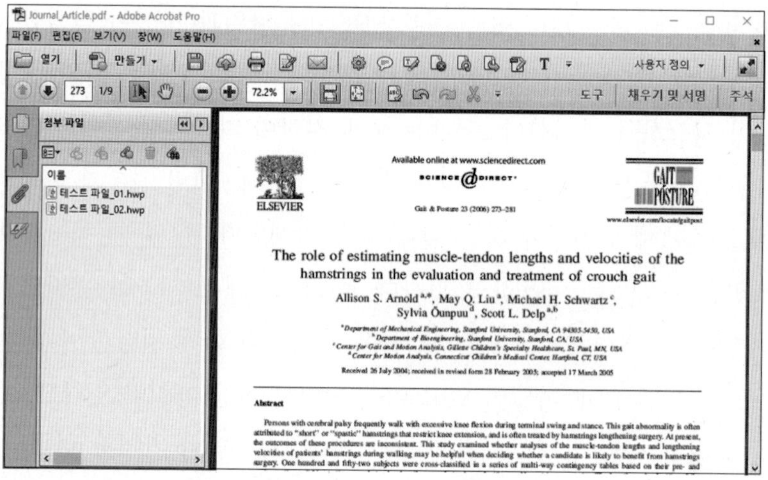

그림 2-23. 파일 첨부한 화면

5) PDF 파일에 암호 걸기 : 보안

연구를 하다보면 자신이 생성한 PDF 파일을 아무도 열어보지 못하게 하거나 열어볼 수는 있어도 수정이나 편집은 못하도록 해야 할 때가 있다. 프로젝트 보고서의 내용을 누군가에게 보여 줘야 하는데 내용을 수정하지 못하도록 해야 할 때나 또는 완료되지 않은 보고서가 타인에게 보여지기를 바라지 않을 때 등 상황은 여러 가지일 것이다. 일반적으로 문서는 한글이나 워드 등 워드프로세서를 이용해서 작성하는데 이를 그대로 보내기보다는 PDF 파일로 전환해서 암호를 설정한 후 보내면 보다 안전할 것이다. 물론 한글이나 워드에서도 자체적으로 암호를 설정할 수 있으나 기능상에 제한을 걸 수 있다는 장점 때문에 아크로뱃을 이용하는 것이 효과적이다. 아크로뱃은 다양한 보안 기능으로 암호를 설정할 수 있는 기능을 가지고 있다.

아크로뱃의 보안 기능은 크게 두 가지로 나눌 수 있는데, 첫 번째는 암호를 걸어 문서를 보안하는 것이고 두 번째는 디지털 ID인 인증서를 이용하여 문서를 보안하는 것이다. 인증서를 이용한 문서 보안은 비록 디지털 ID 만들기가 어렵지는 않지만 번거롭고 주로 기업이나 공적 단체에서 사용하는 것으로 자주 사용되지는 않는다. 이보다는 암호를 이용한 문서 보안이 상대적으로 쉽기 때문에 자주 사용된다. 여기서는 암호를 이용한 문서 보안 방법에 대해서 알아 볼 것이다.

암호를 이용한 문서 보안을 이용하기 위해서는 문서를 연 상태에서 〈그림 2-24〉와 같이 아크로뱃의 상단 우측에 있는 [도구] 버튼을 클릭하여 나타나는 메뉴들 중 **【보호】** - **【암호화】** - **【1. 암호로 암호화】** 를 순차적으로 클릭하면 된다. 문서의 보안을 변경하겠느냐는 창이 뜨는데 [예]를 누르면 문서를 저장해야 적용된다는 메시지 창이 뜬다. [확인] 버튼을 누르면 된다.

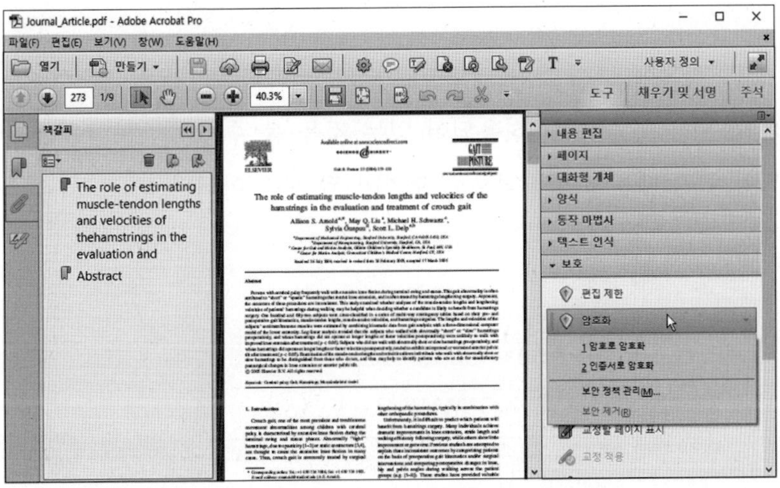

그림 2-24. 문서 보안 : 암호로 암호화하기

이후 리본 메뉴의 저장 버튼이 활성화되는데 저장하기를 누르면 프로그램의 타이틀 바에 표시된 파일 이름 옆에 "(보안)"이란 글자가 나타난다(그림 2-25 참조). 여기까지가 일단 문서에 보안 설정을 한 것이다. 이제 어떤 기능들이 제한되었는지 확인하고 원하는 보안 기능을 변경하기 위해서는 〈그림 2-25〉와 같이 **【추가 보호】** - **【보안 속성 표시】** 를 차례로 클릭하면 〈그림 2-26〉과 같은 창이 나타난다.

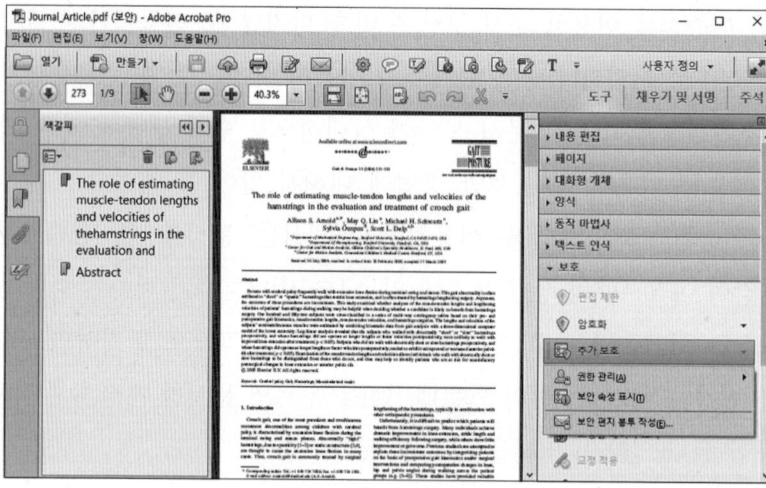

그림 2-25. 보안 속성 보기

「문서 보안」 항목에 보면 보안 방법으로 암호 보안이 되었음을 알 수 있다. 「문서 제한 요약」 부분을 보면 모두 허용되어 있는 것을 볼 수 있다. 보안을 걸었으나 모두 허용되어 있기 때문에 실질적으로 보안이 된 것은 아니다. 이제 이 항목들을 변경해 보자.

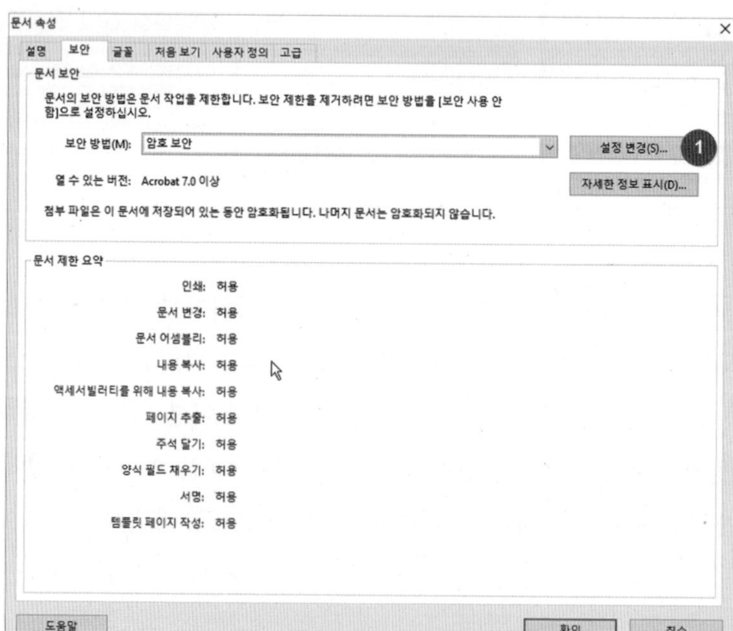

그림 2-26. 문서 보안의 속성들

〈그림 2-26〉에서 [설정 변경] 버튼을 클릭하면 〈그림 2-27〉과 같은 창이 나타난다. 크게 3부분으로 나누어져 있다. 「문서 열기」 항목에 있는 "□ 문서를 열 때 암호 필요" 부분에 체크 표시를 하면 문서 열기 암호를 입력하는 부분이 활성화된다. 여기에 적당한 암호를 입력하면 된다. 암호가 설정되면 PDF 파일을 열고자 할 때 암호를 입력하라는 창이 나타난다. 암호를 모르면 문서 자체를 열 수 없게 된다. 가능하면 암호는 하나로 단일화하는 것이 암호를 잊어버리는 불상사를 막을 수 있다. 중간 부분에 있는 「권한」 항목을 보면 3가지 옵션이 있는데, 문서의 편집과 인쇄 부분을 보면 현재 "인쇄 허용(N)"과 "변경 허용(W)" 부분이 모두 "없음"으로 되어 있다. 따라서 인쇄도 불가능하고 문서의 그 어떠한 내용도 수정이 불가능한 상태이다. 인쇄를 허용하고 싶다면 콤보 박스를 클릭해서 저해상도와 고해상도 중 하나를 선택하면 된다. 변경도 허용하고 싶다면 같은 방법으로 옵션 중 하나를 선택하면 된다.

문서 내에 있는 텍스트나 이미지 등을 복사해서 다른 곳에 사용하는 것을 막고 싶다면 두 번째 옵션인 "□ 텍스트, 이미지 및 기타 내용 복사 활성화(E)" 부분을 체크 해제한 상태로 두면 된다. 마지막으로 "권한 암호 변경(P)" 부분에 적당한 암호를 입력하면 된다. 이 암호는 설정된 보안 속성을 변경하고자 할 때 요청되는 암호이다.

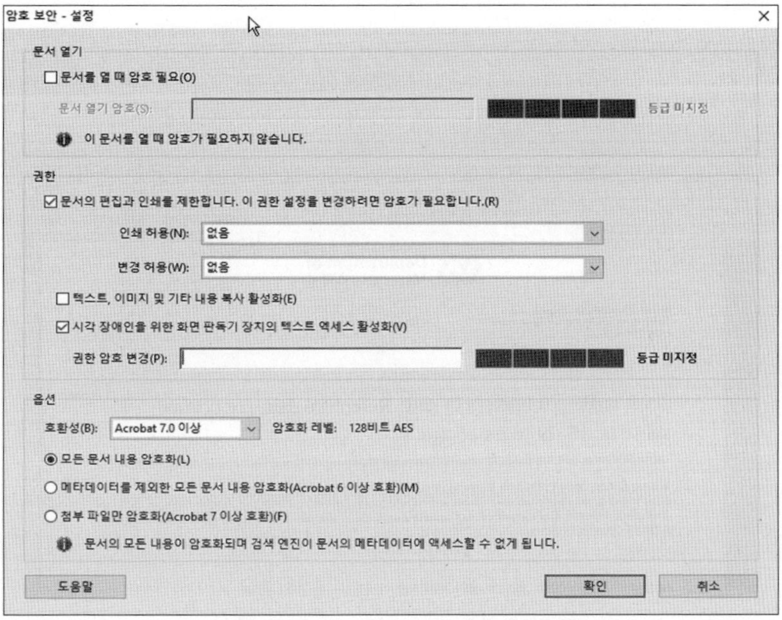

그림 2-27. 보안 속성 변경 화면

〈그림 2-27〉과 같이 보안을 설정을 하면, 문서를 열 때 암호를 묻지 않으며 누구나 문서를 열 수 있다. 그러나 사용자는 인쇄도 할 수 없으며, 문서의 어떤 내용도 변경할 수 없고 문서 내의 텍스트나 이미지 등을 복사할 수 없게 된다. 최종적으로 [확인] 버튼을 클릭하면 권한 암호를 확인하는 창이 다시 한 번 나온 후 저장을 해야 반영된다는 메시지 창이 나타난 후 암호를 이용한 보안 설정이 완료된다.

6) OCR 이용하여 PDF 변환하기

위에서 한 번 언급한 적이 있듯이 PDF 파일이라고 해서 모두 문서 파일은 아니다. PDF 파일은 고유의 포맷상 텍스트, 그림, 동영상, 음성파일 등을 모두 삽입할 수 있기 때문에 여러 형태가 존재할 수 있다. 연구자들에게 있어 골치 아픈 PDF 파일은 문서를 스캔해서 만든 PDF 파일이다. 문서를 열어보면 분명 글자로 되어 있는데 막상 텍스트 선택을 하려고 하면 선택 자체가 안 되고 따라서 복사 또한 수행되지 못하는 경우이다. 대게 이런 PDF 파일들은 오래전에 스캔으로 만들어진 것으로 보기에는 문자이지만 페이지 자체가 그림인 것이 대부분이다. 최근에는 스캔과 동시에 텍스트로 인식해서 PDF 파일을 만들어 주지만 과거에는 그런 기능들이 없었다.

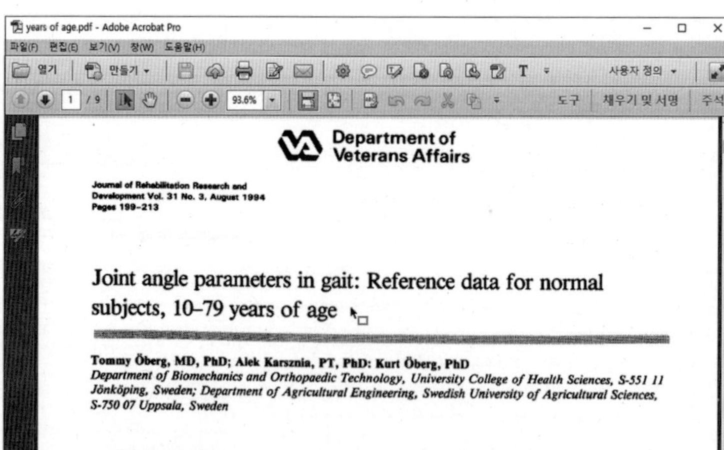

그림 2-28. 이미지로 된 PDF 문서

〈그림 2-28〉을 보면 텍스트로 되어 있는 PDF 문서 파일처럼 보이지만 실제로는 이미지로 된 것으로 텍스트 선택이 되지 않는다. 이 문서를 확대해 보면 〈그림 2-29〉와 같이 보인다. 글자들의 가장자리가 매끄럽지 못한 것을 볼 수 있다. 만약 이 파일이 이미지가 아닌 텍스트로 되어 있다면 PDF 파일 속성상 아무리 확대해도 가장자리가 매끄럽게 표시된다.

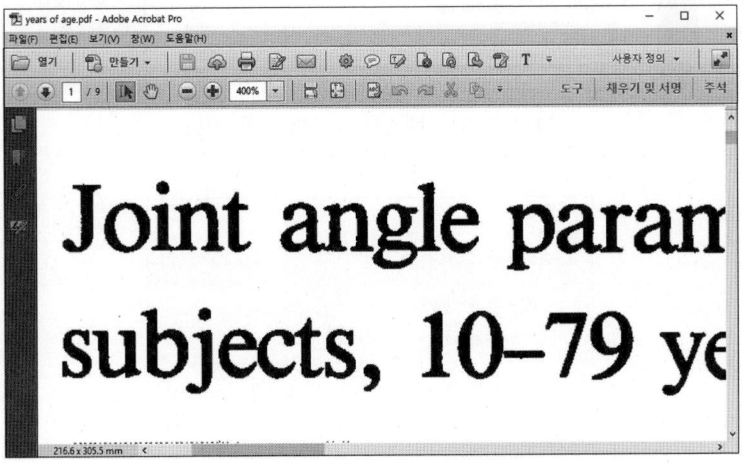

그림 2-29. 이미지 된 PDF 문서 확대 화면

이미지로 된 PDF 문서를 보는 것에는 큰 지장이 없으며, 주석도 그대로 사용할 수 있기 때문에 큰 지장이 있는 것은 아니다. 하지만 내용 복사가 되지 않기 때문에 상황에 따라 어려움이 있을 수 있다. 이렇게 이미지로 된 문서를 텍스트로 된 문서로 변환하기 위해서는 글자처럼 보이는 이미지를 각각의 글자에 해당하는 텍스트로 인식해 변환해 주어야 한다. 이 같은 기능을 OCR이라고 부르는데 아크로뱃에는 이 OCR 기능이 포함되어 있다. 한글 버전에서는 **【텍스트 인식】** 이란 메뉴로 존재한다. 이 기능을 이용하기 위해서 〈그림 2-30〉과 같이 **【도구】** – **【텍스트 인식】** – **【이 파일에서】** 를 차례로 클릭하면 〈그림 2-31〉과 같은 창이 나타난다.

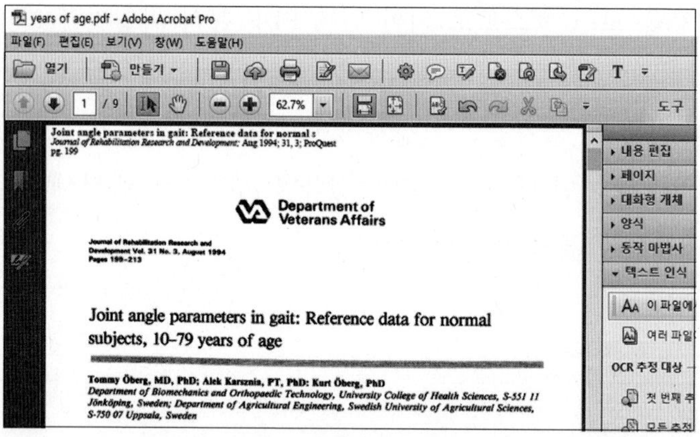

그림 2-30. 텍스트 인식(OCR) 기능

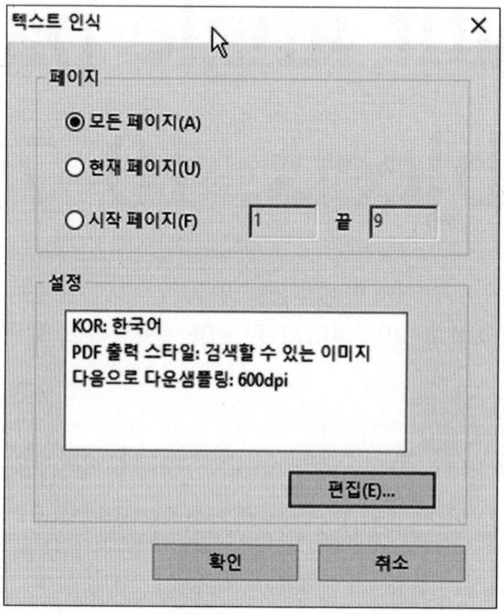

그림 2-31. 텍스트 인식 옵션

〈그림 2-31〉의 「설정」 부분을 보면 한국어로 되어 있는 것을 볼 수 있다. 영문 문서라고 해서 영문으로 바꿀 필요 없다. 영문은 기본적으로 인식되기 때문에 한국어로 그대로 두고 [확인] 버튼을 클릭하면 된다. [확인] 버튼을 클릭하면 화면 하단에 진행 상황이 나타나고 잠시 시간이 지나면 완료된다. 완료된 후에는 리본 메뉴의 저장 버튼이 활성화되기 때문에 바로 저장해도 되고 다른 파일로 보관하기를 원하면 【파일】 - 【다른 이름으로 저장】 메뉴를 이용하여 다른 파일로 저장할 수 있다.

완료된 문서에 텍스트 선택 도구를 사용하면 이전과 달리 텍스트를 선택할 수 있게 된다. 따라서 문서의 일부 내용을 복사해서 붙여넣기 하면 완벽한 문자로 붙여넣기가 된다.

OCR 기능은 완벽한 것은 아니다. 영어의 경우 변환 성공률이 매우 높지만 한글과 같은 경우에는 인식률이 영어에 비해 떨어지는 것이 현실이다. 따라서 한글 문서를 OCR 변환하였다면 내용을 다시 한 번 잘 살펴보는 것이 바람직하다. 어떤 프로그램이든 사람의 일을 도와줄 수 있을 뿐 완벽하게 대체할 수 없다는 것을 인지할 필요가 있다. 최소한 아직까지는...

우리는 이미지로 된 PDF에 직접 OCR 기능을 적용하여 텍스트로 된 PDF로 변환하였다. 이 방법 이외에 더 효과적인 방법이 있다. 만약 PDF 논문 파일이 이미지로 되어 있고, 이 파일의 내용을 텍스트로 가져오고 싶다면, 아크로뱃의 메인 메뉴 **【파일】 – 【다른 형식으로 저장(H)】 – 【Microsoft Word(W)】 – 【Word 문서(W)】**를 차례로 클릭하자. 파일이름을 입력하는 창이 나타나는데 이곳에 적당한 이름을 입력하고 [확인] 버튼을 클릭하면 PDF 파일을 워드 문서 파일로 저장해 준다. 이미지로 된 PDF 파일인 〈그림 2-32〉를 워드 문서로 변환한 결과는 〈그림 2-33〉과 같다. 거의 완벽하게 변환된 것을 볼 수 있다.

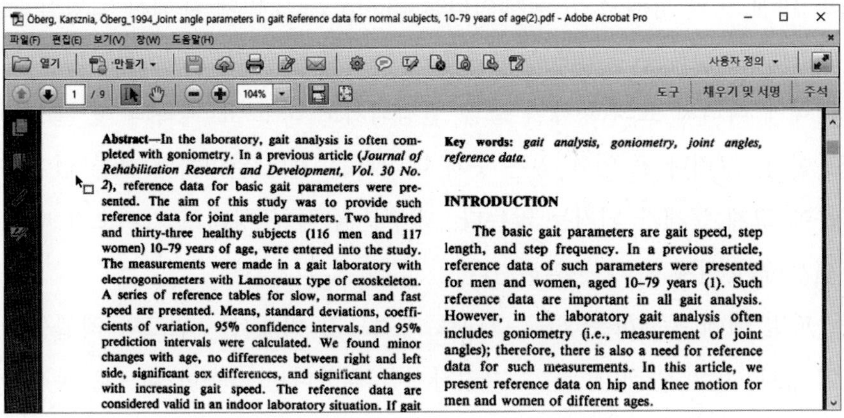

Abstract—In the laboratory, gait analysis is often completed with goniometry. In a previous article (*Journal of Rehabilitation Research and Development, Vol. 30 No. 2*), reference data for basic gait parameters were presented. The aim of this study was to provide such reference data for joint angle parameters. Two hundred and thirty-three healthy subjects (116 men and 117 women) 10–79 years of age, were entered into the study. The measurements were made in a gait laboratory with electrogoniometers with Lamoreaux type of exoskeleton. A series of reference tables for slow, normal and fast speed are presented. Means, standard deviations, coefficients of variation, 95% confidence intervals, and 95% prediction intervals were calculated. We found minor changes with age, no differences between right and left side, significant sex differences, and significant changes with increasing gait speed. The reference data are considered valid in an indoor laboratory situation. If gait

Key words: *gait analysis, goniometry, joint angles, reference data.*

INTRODUCTION

The basic gait parameters are gait speed, step length, and step frequency. In a previous article, reference data of such parameters were presented for men and women, aged 10–79 years (1). Such reference data are important in all gait analysis. However, in the laboratory gait analysis often includes goniometry (i.e., measurement of joint angles); therefore, there is also a need for reference data for such measurements. In this article, we present reference data on hip and knee motion for men and women of different ages.

그림 2-32. 이미지로 된 PDF 파일

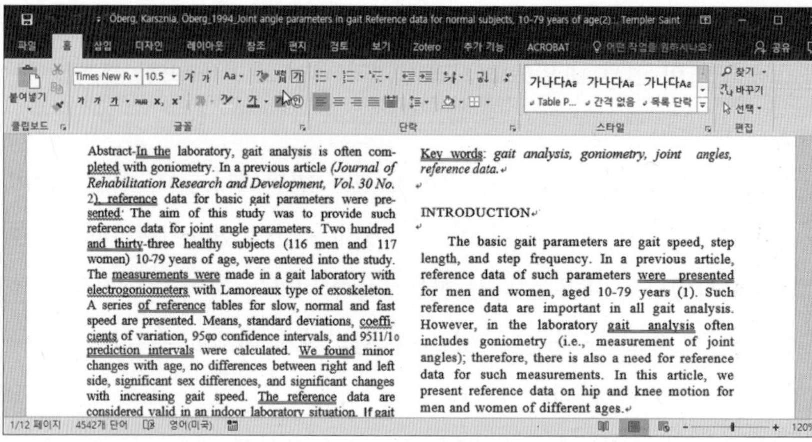

그림 2-33. 〈그림 2-32〉를 워드로 변환한 화면

7) PDF 파일 내의 표 데이터 가져오기

PDF로 된 논문이나 보고서를 보다보면 문서 내에 표의 형태로 작성된 데이터를 가져와야 할 때가 있다. 일반적으로 복사/붙이기를 하면 표의 형태가 깨지고 일일이 다시 데이터를 정리해야 하는 번거로움이 따른다. 표가 작다면 큰 문제가 되지 않으나 만약 큰 표이거나 가져와야 할 표가 많다면 보통 힘든 일이 아니다. 여기서는 PDF 내에 표의 형태로 있는 데이터를 가져오는 방법에 대해서 설명할 것이다. 먼저 알아야 할 것은 완벽하게 동일한 모습으로 항상 가져오지는 못한다는 것이다. 표의 형태에 따라서 표의 형태가 조금 변경되기도 하고 표 제목의 몇 글자가 사라지기도 한다. 그러나 표 안에 있는 숫자 데이터는 거의 완벽하게 오류 없이 가져오기 때문에 크게 문제가 되지는 않는다. 대부분 유사한 형태로 가져오기 때문에 조금만 편집하면 실제 표와 동일해진다.

PDF 파일 내에 존재하는 표를 그대로 가져오기 위해서는 워드와 엑셀을 이용하는 것이 좋다. 만약 아래아한글로 가져가기를 원한다면 가능한 워드로 복사한 다음 다시 한글로 가져가는 것이 바람직하며, 엑셀로 옮길 때도 워드로 복사한 후 다시 엑셀로 가져가는 것이 보다 좋다. 아래 〈그림 2-34〉는 PDF 파일 내에 존재하는 표를 보여주고 있다. 표 제목과 아래쪽의 추가 설명 부분까지 모두 워드와 엑셀로 가져가 보자.

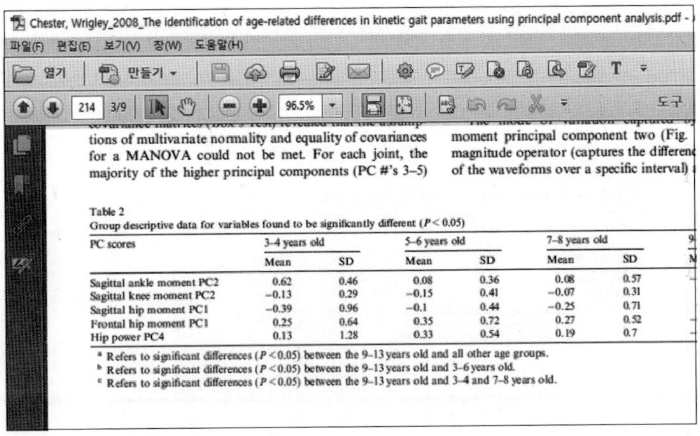

그림 2-34. PDF 파일 내 표의 내용

<그림 2-35>와 같이 가져가고자 하는 부분을 텍스트 선택 도구를 이용하여 모두 선택한다.

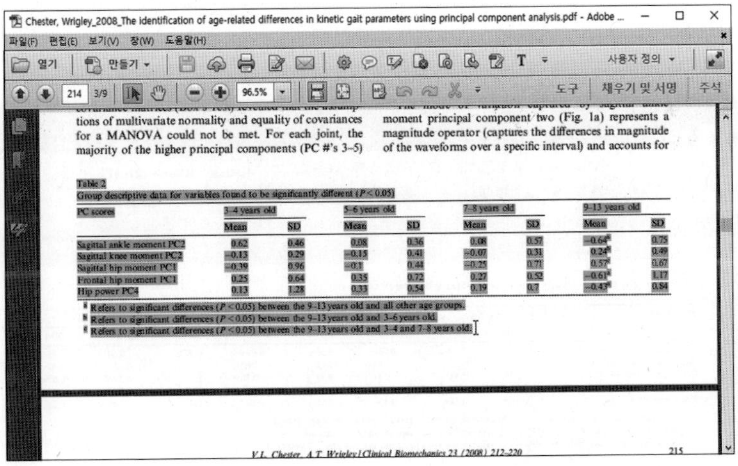

그림 2-35. 표 부분을 선택한 화면

선택한 부분에서 마우스 오른쪽 버튼을 클릭하면 <그림 2-36>과 같이 팝업 메뉴가 나타나는데 두 번째 메뉴인 **【서식과 함께 복사】** 를 클릭한다.

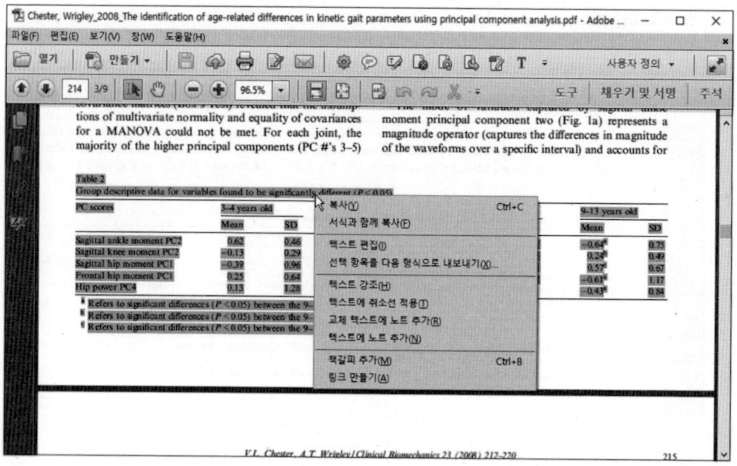

그림 2-36. 팝업 메뉴 : 서식과 함께 복사 메뉴

이제 워드를 실행시킨 다음 빈 문서에서 오른쪽 마우스 버튼을 클릭하여 나타난 팝업 메뉴 중 〈그림 2-37〉과 같이 **【붙여넣기 옵션】** 중 첫 번째인 원본 서식 유지를 클릭한다.

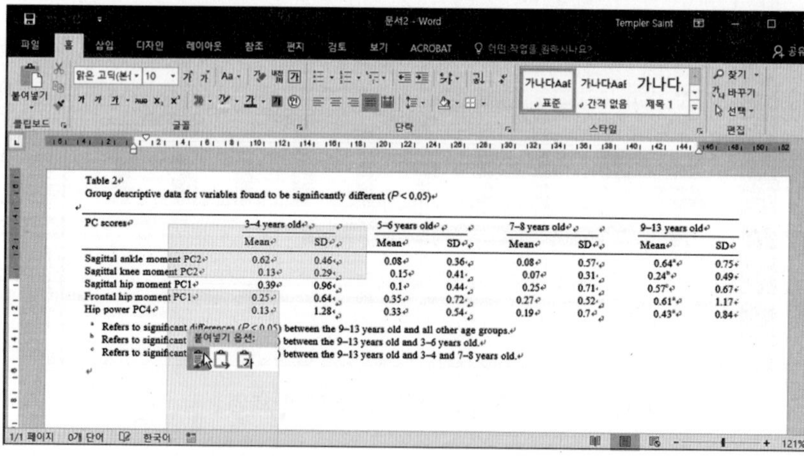

그림 2-37. 붙여넣기 옵션 : 원본 서식 유지

최종적으로 워드에 붙여넣기 된 모습은 〈그림 2-38〉과 같다. 정렬 등 몇 군데 편집할 부분을 제외하고는 거의 완벽하게 가져왔음을 볼 수 있다.

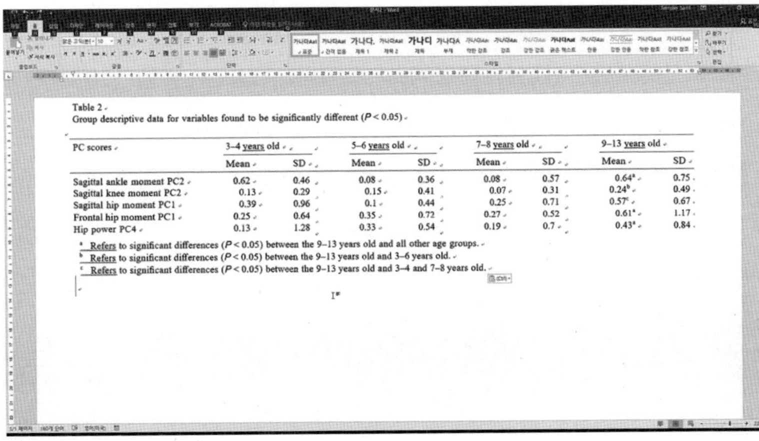

그림 2-38. 붙여넣기 한 최종 모습

이제 워드에 붙여넣기 한 내용을 다시 모두 선택해서 복사하자(Ctrl+C). 엑셀을 실행한 후 붙여넣기 원하는 위치에서 마우스 오른쪽을 클릭하면 팝업 메뉴가 나타나고 붙여넣기 옵션에 두 가지가 있는 것을 볼 수 있다. 첫 번째는 「**원본 서식 유지**」이고 두 번째는 「**주변 서식에 맞추기**」이다. 「**원본 서식 유지**」를 선택하면 표의 줄과 글자 크기까지 유지하면서 붙여넣기가 된다. 「**주변 서식에 맞추기**」를 선택하면 표의 줄은 사라지고 글자 크기는 엑셀의 글자 크기로 변한다. 그리고 원래 표에 있던 데이터는 각 셀에 자동으로 입력된다. 〈그림 2-39〉는 「**주변 서식에 맞추기**」를 선택해서 붙여넣기를 한 모습이다.

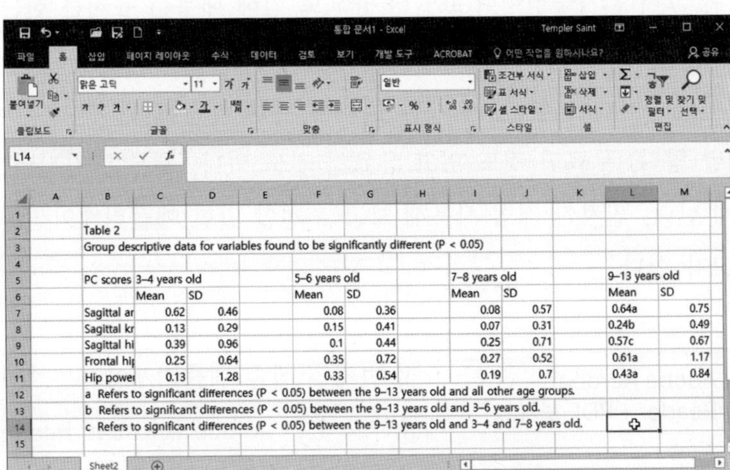

그림 2-39. 「주변 서식에 맞추기」로 엑셀에 붙여넣기 한 모습

지금까지 설명한 방법 보다 효과적인 방법은 위에서 이미지로 된 PDF 파일을 워드 문서 파일로 변환하는 방법을 사용하는 것이다. PDF 파일이 이미지가 아닌 텍스트로 된 문서일 경우 워드 문서로 변환이 더욱 정밀해지며, 문서 내에 포함된 표나 데이터를 완벽하게 변환할 뿐만 아니라 형태 유지나 편집이 더욱 편하기 때문이다.

3 스마트폰 및 태블릿에서의 사용

스마트폰은 크게 두 가지로 분류할 수 있다. 애플사에서 만든 아이폰(iPhone)과 국내 기업인 삼성, LG 등에서 만든 안드로이드 폰(Android phone)이다. 안드로이드 폰은 구글(Google)사에서 만든 OS인 안드로이드를 사용하기 때문에 붙여진 이름이다. 이외에도 MS사에서 만든 스마트폰도 있으나 국내에서 거의 사용되고 있지 않다. 따라서 자신의 폰이 아이폰이 아니라면 거의 안드로이드 폰일 가능성이 높다. 필자는 아이폰을 사용하고 있기 때문에 아이폰을 대상으로 설명을 할 것이다. 초기와는 달리 최근에는 아이폰에서 사용되던 웹들이 안드로이드 폰용으로 많이 나와 있기 때문에 큰 차이는 없다.

PDF 파일이 국제적으로 다양한 분야에서 광범위하게 사용되고 있기 때문에 최근에는 아이폰이나 안드로이드 폰에는 PDF 파일을 볼 수 있는 애플리케이션이 설치되어 있다. 그러나 기능성이나 효율성 등으로 인해 대부분 유저는 전문적인 애플리케이션을 설치하여 사용하고 있다. 여기서는 많은 유저들이 사용하고 있어 신뢰성이 확보된 애플리케이션들을 소개할 것이다. PDF와 관련된 웹이나 애플리케이션 등은 정말 많다. 무료인 것도 있고 유료인 것도 있다. 대부분 자신의 취향에 따라 선택하게 한다. 필자가 직접 사용해 보고 추천할 만한 애플리케이션들을 중심으로 소개하고자 한다.

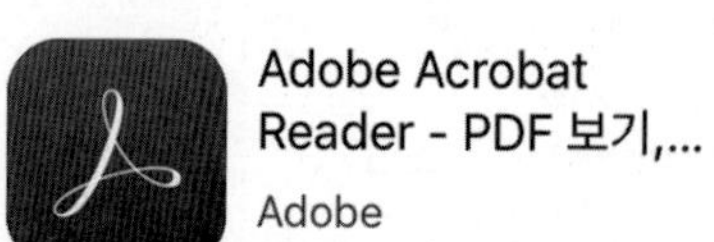

첫 번째 소개할 애플리케이션은 어도비사에서 제공하고 있는 Adobe Acrobat Reader이다. 어도비사에서 만든 만큼 PDF 파일에 대한 충실한

지원이 가장 눈에 띄는 제품이다. 무료이니 설치해 놓는 것이 좋다. 기능이 뛰어난 제품은 아니지만 PDF 파일을 읽는 데 부족한 부분은 없다. 드롭박스(Dropbox)와 연결하여 사용할 수 있다.

PDF노트는 아이폰용과 아이패드용이 있다. PDF 문서를 보고 편집하는 데 안정적이고 속도가 빠른 것이 특징이다. 또한 사용자의 편이성을 고려한 작동 방법을 사용하고 있어 쉽고 편하게 사용할 수 있다. 필자 또한 가장 많이 사용하는 애플리케이션이다. 무료 버전과 유료 버전이 있는데 필자는 유료 버전을 사용하고 있다. 비용을 지불한 것이 전혀 후회되지 않을 만큼 만족도가 높은 편이다. 특히 아이패드용은 효용성이 커서 강의 및 연구 활동에 많이 사용하고 있다. 드롭박스와 연계해서 사용하면 언제 어디서든 문서를 볼 수 있는 장점이 있다. 꾸준히 업데이트가 이루어지는 애플리케이션이다. 무엇보다도 아크로뱃과의 호환성이 매우 뛰어나다는 장점이 있다.

GoodReader 또한 필자가 자주 사용하는 애플리케이션이다. 기능이 뛰어나고 PDF 파일을 자주 사용하는 사람들에게는 상당히 알려져 있는 애플리케이션이다. 굿리더 또한 드롭박스와 연계해 사용할 수 있다. 사용자가 많은 만큼 업데이트도 충실하게 수행되는 신뢰할 만한 애플리케이션이다. 다른 애플리케이션에 비해 사용방법이 좀 복잡하다는 평을 받고 있다.

위에서 소개한 3개의 웹 중 PDF노트와 GoodReader는 뛰어난 애플리케이션으로 스마트폰이나 태블릿에 설치해 놓으면 PDF와 관련된 문제는 나타나지 않을 것이다. 참고로 아이폰의 경우 애플에서 제공하고 있는 iBooks에서도 PDF 파일을 볼 수 있다.

PDF Expert는 필자가 가장 많이 사용하는 애플리케이션이다. 특히 논문이나 보고서 등을 볼 때는 거의 이것을 사용한다. 사용상의 편리함이나 유용한 기능들이 많이 포함되어 있기 때문이다. 위에서 소개한 웹들도 부족함은 없지만 필자에게는 PDF Expert가 가장 유용한 것으로 생각된다. 비용을 지불하고 구매한 것 중에 효용성이 가장 큰 애플리케이션 중의 하나이다. 아이폰용과 아이패드용이 있는데 아이패드에서 사용할 경우 다른 애플리케이션을 고려할 필요가 없을 만큼 뛰어나다. 사용자가 입력한 주석들을 완벽하게 처리할 뿐만 아니라 편집된 PDF 파일을 저장하는 방식도 다양하게 제공하고 있다. 단순히 PDF 파일을 보는 기능뿐만 아니라 편집된 PDF 파일을 저장하는 기능 또한 우수한 제품이다.

Notability는 위에서 소개한 애플리케이션들과는 사실 다른 성격의 것이다. 위에 소개한 것들이 PDF 파일을 보고, 주석을 입력하고, 저장하는 데 초점이 맞춰져 있다면, Notability는 노트를 하는 것에 초점이 맞춰져 있는 애플리케이션이다. 아이폰이나 아이패드에서 마치 연필로 글을 쓰듯 손글씨 입력이 가능한 제품이다. 아이패드에 설치할 경우 타이핑이 아닌 그냥 아이펜으로 자유롭게 글을 쓸 수 있다. 마치 일반 노트에 글을 쓰듯 쓸 수 있다. 글을 쓰면서 동시에 녹음도 가능한 제품이다. 이 제품을 소개하는 이유는 이렇게 쓰여진 노트를 PDF로 저장할 수 있기 때문이다. 또한 기존 PDF 파일을 불러와서 자유롭게 노트를 할 수 있으며 이를 다시 PDF로 저장할 수 있다. 저장된 PDF는 완벽하게 PDF 파일과 호환이 되기 때문에 다른 애플리케이션에서도 확인할 수 있다. 노트 기능과 PDF 파일 편집 기능 모두를 원한다면 이 제품이 제격이다. 필자는 이 제품을 주로 노트할 때 사용한다.

Chapter 03

브라우저와 Gmail 활용 방법

Understanding and Application of Research Methods

CHAPTER

03 브라우저와 Gmail 활용 방법

연구 활동에서 인터넷은 이제 없어서는 안 될 중요한 요소가 되었다. 논문이나 자료들을 검색하고 다운로드하고 세계의 많은 학자들과 이메일(email)을 주고받거나 또는 인터넷 포럼에서 의견을 주고받는 등 연구 활동에서 인터넷이 차지하는 중요도는 점점 커지고 있다. 대학생이나 대학원생 또는 강의를 하는 교수, 강사들에게도 인터넷의 활용은 그 효용성이나 효과성에서 큰 영향을 준다. 그럼에도 불구하고 여러 원인들로 인해 국내에서는 인터넷을 활용한 연구 활동이나 학습 활동이 잘 이루어지고 있지 않다. 원인들 중 필자가 생각하는 한 가지는 "세상에 그런 것이 있을까?", "뭐 다 똑같겠지!"하는 태도일 것이다. 그도 그럴 것이 이상하게도 학생을 가르치는 사람이 학생보다 더 뒤쳐져 있는 것을 당연시 하는 풍토 때문일 것이다. 강사, 교수, 대학원생 등 연구를 수행하는 사람들의 경우 예전 방식을 변경하려고 하지 않는 속성도 한몫하는 것 같다. 이유야 어떻든 이 책은 공부 또는 연구를 수행하고자 하는 사람들을 위한 것이니 인터넷을 어떻게 활용할 것인지에 대해서 소개할 것이다. 브라우저의 종류와 특성부터 활용방법까지 전반적으로 살펴볼 것이다.

1 브라우저(browser)의 종류와 특성

브라우저는 인터넷을 탐색할 때 사용하는 프로그램으로 MS사에서 제공하는 인터넷탐색기(IE), 구글사에서 제공하는 크롬(Chrome), 애플사에서 제공하는 사파리(Safari), 모질라 재단에서 제공하는 파이어폭스(Firefox) 그리고 최근 윈도우즈 10에 기본 브라우저로 포함된 엣지(Edge) 등 수 많은 종류가 있다. 국내의 경우 비정상적으로 IE를 많이 사용하고 있으나 최근 조사에 의하면 세계에서 가장 많이 사용되고 있는 것은 크롬이다. IE가 국내에서 많이 사용되고 있는 이유는 정부 및 금융기관들 때문일 것이다. 아마도 한국이 인터넷 강국이라는 말을 들어봤을 것이다. 이는 사실이 아니다. 한국은 인터넷 인프라 강국일 뿐 여러 가지 측면에서 세계적인 흐름에 뒤쳐져 있다. 인터넷 속도는 세계 1, 2위를 차지하지만 보안이나 활용 측면에서는 한참 뒤쳐져 있다. IE를 만든 MS사에서조차 IE에 대한 지원을 중단한다고 선언하였고 가능하면 사용하지 말 것을 권고하였음에도 불구하고 국내 기업들과 정부는 국민들에게 사용하라고 권장하고 있을 정도이니 더 이상 무슨 말이 필요하겠는가?

IE를 사용하지 말 것을 권하는 이유는 보안성에서 크게 뒤쳐질 뿐만 아니라 성능에서도 다른 브라우저에 비해 떨어지기 때문이다. 특히 보안성이 심각한 수준인데 이는 액티브X(Active-X) 때문이다. 국내 금융기관에 접속하면 "~을 설치하세요."라는 팝업창을 많이 보았을 것이다. 그것들 대부분이 액티브X이다. 액티브X는 보안성이 매우 약해서 해킹의 주 통로가 된다. 최초에 액티브X를 만든 사람이 액티브X를 만든 것에 대해서 공개적으로 사과를 할 만큼 세계적으로 사용되지 않는 기능이다. 그럼에도 불구하고 국내 인터넷은 이 액티브X로 온통 도배되어 있다. 한심하게도 많은 국내 대학에서도 이 액티브X를 사용하고 있다는 것이다. 만약 지금 IE를 사용하고 있다면 이제부터라도 다른 브라우저로 바꾸기를 권한다. 그렇다고 컴퓨터에서 삭제할 필요는 없다. 아무래도 아직 국내에서 인터넷 뱅킹이나 정부 사이트를 이용하기 위해서는 울며 겨자 먹기로 이용할 수밖에 없기 때문이다.

MS사는 IE의 지원을 중단하고 대체할 수 있는 엣지를 소개하였다. IE 보다 보안성이나 성능면에서 뛰어난 제품이다. 그러나 아직까지 사용자가 많지 않다. 더욱이 엣지에서 사용할 수 있는 확장 프로그램인 웹의 수가 적다는 점도 단점으로 지적되고 있다. 사파리의 경우 맥에서는 아주 뛰어난 성능을 보이지만 윈도우즈 환경에서는 다소 부족한 점이 있고, 파이어폭스의 경우는 뛰어난 성능과 많은 확장 프로그램이 존재한다. 크롬은 세계에서 가장 많이 사용되는 브라우저로 파이어폭스와 같이 뛰어난 성능과 가장 많은 확장 프로그램을 가지고 있지만 시스템 리소스를 많이 차지한다는 지적도 있다. 그럼에도 불구하고 타 브라우저에 비해 많은 장점을 가지고 있어 애용되는 브라우저이다.

종합적으로 고려해 볼 때 필자가 추천하는 브라우저는 크롬과 파이어폭스이다. 물론 둘 다 프리웨어이다. 사용자는 어느 것을 사용해도 무방하나 본장에서는 크롬에 대해서 설명할 것이다. 이유는 이 책의 다음 장들에서 살펴볼 다양한 소프트웨어들이 대부분 크롬과 연동되어 있고 특히 연구와 관련된 몇 가지 기능들은 크롬에서 최적의 효과를 나타내기 때문이다.

2 크롬(Chrome) 활용 방법

크롬을 사용하기 위해서는 먼저 구글 홈페이지(https://www.google.com)에 접속해야 한다. 최초 접속하면 아래 〈그림 3-1〉과 같은 화면이 나타난다. 우측 상탄의 [지금 Chrome 다운로드하기]를 클릭하면 다운로드가 실행된다. 만약 〈그림 3-1〉과 같은 화면이 나오지 않는다면 검색 창에 "크롬"을 직접 입력해서 검색하면 최상단에 다운로드 링크가 나타날 것이다. 다운로드한 파일을 실행하면 설치가 시작된다. 설치 과정은 단순하므로 과정을 따라가면 된다. 설치 후에 기본 브라우저로 설정하겠느냐는 메시지가 뜨면 기본 브라우저로 설정한다. 기본 브라우저로 설정되면 인터넷을 이용할 때 크롬이 가장 우선적으로 작동하게 된다.

미리 말하지만, 구글 계정을 하나 만드는 것이 좋다. 구글은 지메일(Gmail)을 사용하는데 이를 이용할 뿐만 아니라 여러 가지 용도로 사용되기 때문에 메일의 사용 여부와는 상관없이 계정을 하나 정도는 가지고 있는 것이 좋다. 후반부에서 지메일 사용법을 살펴볼 것이므로 지금 만들어 놓는 것도 좋다. 크롬을 실행하면 초기 화면은 〈그림 3-2〉와 같다.

그림 3-1. 크롬 다운로드

그림 3-2. 크롬의 초기 화면

구글계정(지메일 계정)을 만들기 위해서는 우측 상단에 있는 **[로그인]** 버튼을 클릭하면 된다. 크롬은 이 상태로도 사용할 수 있지만 보다 편리하게 사용하기 위해서는 크롬에 로그인을 하는 것이 좋다. 크롬에 로그인을 하면 자신이 만든 북마크, 설치한 확장 프로그램, 여러 설정 등이 크롬에 의해 유지되기 때문에 PC에서 만든 북마크나 설치한 확장 프로그램 등이 노트북에서도 그대로 유지·나타나게 된다. 즉 특정 기기에서 설정한 내용을 다른 기기에서 그대로 사용할 수 있게 된다. 크롬에 로그인하기 위해서는 크롬 우측 상단의 최소화 버튼 왼쪽에 있는 사람 모양의 작은 아이콘을 클릭하면 된다. 만약 구글계정을 가지고 있다면 이메일 주소와 암호를 입력하여 로그인한다. 로그인에 성공하면 구글계정을 만들 때 사용한 사용자 이름이 아이콘 대신에 나타나게 된다.

1) 크롬 설정하기

항상 그렇듯 어떤 프로그램을 설치하였다면 자신에게 맞게 설정을 할 필요가 있다. 크롬에서 설정을 하기 위해서는 주소 줄의 가장 오른쪽에 있는 ⋮ 버튼을 클릭하면 〈그림 3-3〉과 같은 메뉴가 나타난다. 메뉴의 가장 위쪽에 있는 여러 웹들의 아이콘은 여러분 화면에 나타나지 않을 것이다. 이것은 필자가 이미 설치한 웹들로 여러분은 아직 확장 프로그램을 설치하지 않았기 때문에 존재하지 않는다. 아래에서 3번째 메뉴인 **【설정】** 을 클릭하면 〈그림 3-4〉와 같이 새 탭에 설정과 관련된 내용들이 나타난다.

그림 3-4. 크롬 설정 메뉴

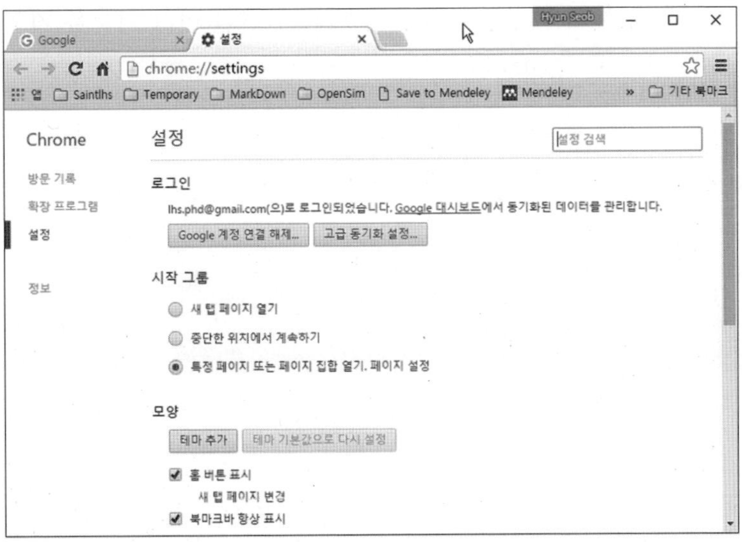

그림 3-5. 설정 관련 내용들

설정에서 확인해야 할 기본적이거나 필수적인 항목들을 살펴보자. 먼저 「**모양**」에서 "**□ 홈 버튼 표시**"와 "**□ 북마크바 항상 표시**"는 체크하는 것이 좋다. 홈 버튼 표시를 체크하면 주소줄 왼쪽에 집모양의 홈 버튼이 생긴다. 북마크바 항상 표시를 체크하면 주소줄 아래에 북마크바가 나타나게 된다. 북마크바는 향후 중요 웹과 연결되기 때문에 항상 나타나게 하는 것이 좋다. 참고로 크롬에서 특정 사이트를 북마크하기 위해서는 주소줄 끝에 있는 별 모양의 아이콘을 클릭하면 된다. 〈그림 3-4〉의 설정 페이지에서 아래로 스크롤하면 가장 아래쪽에 파란 글씨로 [**고급 설정 표시**]가 있다. 클릭하면 고급 설정 내용이 출력된다. 아래로 내려가면 「**다운로드**」 항목이 있다. 여기에서 자신이 원하는 다운로드 위치를 설정하면 향후 크롬에서 파일 등을 다운로드 받을 때 원하는 곳에 저장할 수 있다. 〈그림 3-4〉의 왼쪽에 보면 설정 위에 [**확장 프로그램**]이란 항목이 있다. 지금은 사용할 일이 없으나 이곳에서 확장 프로그램을 관리하게 된다는 것을 인지하고 넘어가자.

2) 크롬의 탭 사용하기 : 탭 분리 및 탭 고정

요즘 브라우저들은 대부분 탭을 이용하여 여러 사이트를 열어 볼 수 있다. 크롬도 탭을 이용하고 있는데 대부분 유저들은 탭과 관련된 여러 기능을 거의 사용하지 않는 듯하다. 여기서는 유용할 만한 몇 가지 기능을 소개할 것이다. 아래 〈그림 3-5〉는 3개의 탭을 연 모습을 보여주고 있다. Google, 고려대학교 도서관, Wikipedia 사이트를 각 탭으로 하여 열었다.

그림 3-6. 크롬 탭 : 3개의 탭

만약 「Wikipedia」 탭을 새로운 크롬으로 열고 싶다면 「Wikipedia」 탭을 마우스로 드래그 해서 크롬 밖으로 빼면 된다. 두 개의 크롬이 실행된 것처럼 변하게 된다. 다시 넣고 싶다면 역시 탭을 드래그해서 이전 크롬으로 가져가면 원 상태가 된다. 때로는 이렇게 탭을 분리할 수 있는 기능이 일의 효율을 높여줄 때가 있다. 탭과 관련해서 아무 탭에서나 마우스 오른쪽 버튼을 클릭하면 탭과 관련된 메뉴가 나타난다. 한번쯤 살펴보면 보다 편리하게 사용할 수 있다는 것을 알게 될 것이다. 탭과 관련된 메뉴 중 **【탭 고정】** 은 유용한 기능 중의 하나이다. 위 〈그림 3-5〉에서 고려대학교 도서관, Wikipedia는 자주 가는 곳이라 크롬이 실행될 때 항상 열려 있기를 원한다고 하자. 먼저 고려대학교 도서관 탭에서 오른쪽 마우스 버튼을 클릭하여 팝업 메뉴를 연 다음 **【탭 고정】** 을 클릭하자. 탭의 크기가 작아지면서 왼쪽 끝으로 이동할 것이다. 이번에는 Wikipedia 탭에서도 동일하게 실행하자. Wikipedia

탭도 작아지면서 왼쪽으로 이동할 것이다. 이제 크롬을 종료한 후 다시 실행해 보자. 탭 고정을 했던 고려대학교 도서관, Wikipedia가 자동으로 열리면서 실행될 것이다. 탭 메뉴 중 또 다른 유용한 메뉴는 【닫은 탭 다시 열기(E)】 이다. 단축키는 [Ctrl+Shift+T]이다. 이 메뉴는 직전에 닫은 탭을 다시 열어주는 기능이다. 인터넷을 하다가 실수로 탭을 닫았을 경우 주소를 기억하지 못해 당황했던 기억이 있다면 이제는 이 메뉴가 해결해 준다. 실수로 탭을 닫았다면, 가볍게 [Ctrl+Shift+T]를 누르자. 닫았던 탭이 다시 나타난다.

3) 크롬의 확장 프로그램 사용하기

지금까지 크롬을 사용하면서 IE와 별 다른 차이를 느끼지 못했을 것이다. 크롬이 대표적인 브라우저로써 수많은 사람들이 사용하게 된 이유는 확장 프로그램 때문이다. 확장 프로그램을 사용하면서 나만의 브라우저로 변하게 된다. 확장 프로그램은 여러분이 스마트 폰에 설치하는 앱이라고 생각하면 된다. 예를 들어 동일한 아이폰을 사용하더라도 자신의 취향에 맞는 앱을 설치하면서 나만의 아이폰이 되듯이 크롬도 동일한 개념으로 기능을 확장해 나갈 수 있는 것이다. 확장 프로그램은 크롬 웹 스토어에서 구할 수 있는데 그 종류나 수가 매우 많고 유료인 것도 있지만 대부분 무료이다. 여기서는 확장 프로그램을 설치하고 운영하는 방법에 대해서 알아볼 것이다. 물론 유용한 몇 가지 확장 프로그램도 소개할 것이며, 본 장 이후에 살펴볼 여러 프로그램과 관련된 확장 프로그램은 해당 장에서 설명을 할 것이다. 따라서 여기서 확장 프로그램 사용 방법과 관련된 내용을 숙지할 필요가 있다.

확장 프로그램을 사용하기 위한 웹 스토어를 가는 방법부터 알아보자. 위에서 우리는 북마크바를 항상 보이게 해 놓았다. 그 북마크바의 가장 왼쪽에 보면 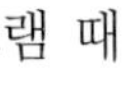

버튼이 보일 것이다. 이 버튼을 클릭하면 〈그림 3-6〉과 같은 화면이 나타날 것이다. 첫 번째 아이콘이 웹 스토어로 연결되는 버튼이다. 만약 버튼이 보이지 않는다면 화면 우측 하단의 [웹 스토어] 버튼을 클릭해도 된다.

그림 3-6. 웹 스토어 버튼

웹 스토어에 접속하게 되면 〈그림 3-7〉과 같은 화면이 나온다. 그림과 여러분의 웹 스토어 모습이 다르다고 당황하지 말기 바란다. 상황에 따라 출력되는 웹의 종류가 다르게 나타날 뿐이다. 화면의 왼쪽에 보면 몇 개의 메뉴가 보인다. 그중에서 구별해야 하는 것은 [앱]과 [**확장 프로그램**]이다. [앱]은 독립적으로 실행되는 프로그램들을 말하는 것으로 스마트 폰에 설치하는 앱과 동일한 개념으로 받아들이면 된다. [**확장 프로그램**]은 크롬과 연동되어 사용하는 것으로 플러그인(plug-in) 개념으로 생각하면 된다.

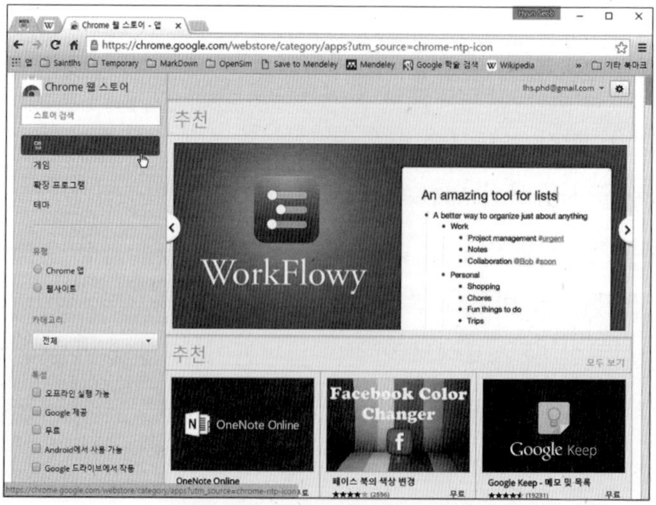

그림 3-7. 웹 스토어 화면

다음 내용으로 넘어가기 전에 웹 스토어를 한번쯤 살펴보기 바란다. 왼쪽 메뉴의 「카테고리」 항목에서 이것저것 변경해 보면서 어떠한 것들이 있는지 확인해 보는 것도 좋다.

이제 확장 프로그램을 설치하기 위해서 화면 왼쪽의 메뉴에서 [확장 프로그램]을 클릭하자. 설치하기 전에 여기에 도대체 어떤 프로그램들이 있는지 대충 살펴보면, 사전, 화면 캡처 프로그램, MS-Office 관련 유틸리티, 각종 그래픽 도구, 다양한 PDF 관련 유틸리티, 게임 등 거의 모든 것이 있다고 해도 과언이 아니다. 심지어는 해부학 관련 앱과 확장 프로그램들도 존재하고 향상된 기능의 계산기 등 원하는 거의 모든 것이 있다고 할 수 있다.

일단 화면 캡처 프로그램이 필요하다고 하자. 캡처 프로그램을 검색하기 위해서 〈그림 3-7〉 좌측 상단의 검색란에 "capture"라고 입력한 후 [Enter]키를 치면 〈그림 3-8〉과 같은 화면이 나타난다. 상단에 관련 앱이 보이고 중간에 확장 프로그램이 보인다. 확장 프로그램 오른쪽에 있는 [확장 프로그램 검색결과 더보기]를 클릭하자. 화면이 변하면서 확장 프로그램들만 모아서 보여준다. 크롬의 스크롤바를 보면 알듯이 엄청난 개수의 캡처 프로그램이 존재한다. 출력된 리스트의 오른쪽에 보면 별모양의 평가와 몇 명이 평가에 참여했는지를 알려준다. 캡처 프로그램으로 유명한 Awesome Screenshot을 찾아가자. Awesome 시리즈는 여러 종류의 프로그램을 제공하는데 기능이나 디자인 면에서 많은 사용자들로부터 좋은 평가를 받고 있다.

그림 3-8. capture로 검색한 화면

찾아갔다면 〈그림 3-9〉과 같은 모습을 볼 수 있을 것이다. 화면 우측의 [+ CHROME에 추가] 버튼을 클릭하기 전에 어떤 프로그램인지 확인하기 위해서 리스트 내용 자체를 클릭하면 〈그림 3-10〉과 같은 화면이 나타난다.

그림 3-9. Awesome Screenshot 확장 프로그램

내용을 보면, 높은 평가를 받고 있고, 평가에 참여한 사용자 수와 이 프로그램을 사용하고 있는 사용자 수 등을 볼 수 있으며, 몇 개의 이미지로 프로그램을 소개하는 것과 리뷰도 볼 수 있다. 이 프로그램이 마음에 든다면 [+ CHROME에 추가] 버튼을 클릭하자.

그림 3-10. Awwsome Screenshot 소개 화면

〈그림 3-11〉과 같은 안내 창이 나타나고 [확장 프로그램 추가] 버튼을 누르면 설치가 시작된다. 설치가 완료되면 〈그림 3-12〉와 같이 크롬의 주소입력 줄 오른쪽

에 조그만 아이콘이 하나 생긴다. 이제 화면 캡처를 할 일이 생기면 이 아이콘을 클릭하면 된다.

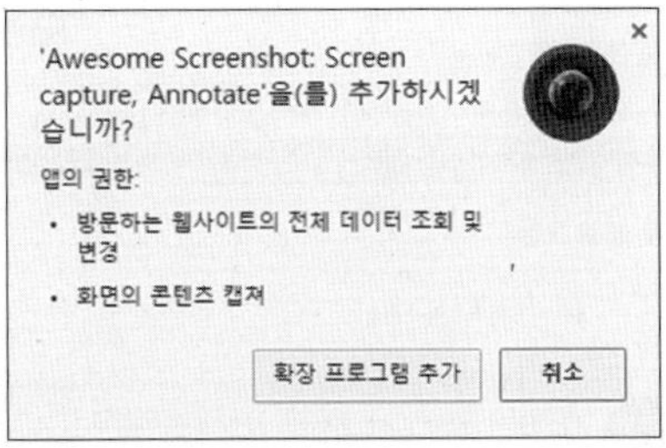

그림 3-11. 설치 안내 창

그림 3-12. 주소줄 옆의 프로그램 아이콘

프로그램에 따라 먼저 로그인을 해야 하는 것들도 있고, 로그인이 필요 없는 경우도 있다. 대부분 한 번 로그인을 하면 향후 다시 로그인을 할 필요가 없다.

이렇게 확장 프로그램은 설치할 때마다 주소입력 줄 옆에 아이콘이 하나씩 생긴다. 너무 많이 설치하면 주소입력 줄이 너무 작아지는 경우도 있다(필자 경험). 우리는 지금 Awesome Screenshot을 설치했지만 이것저것 사용해 보면 보다 쉽게 사용할 수 있는 프로그램들이 많다. 각자의 취향에 맞는 것을 찾아 설치하면 된다. 여기까지 잘 따라왔다면 이제 크롬에서 확장 프로그램을 설치하는 것이 얼마나 쉬운 것인지 알았을 것이다. 만약 확장 프로그램이 아닌 앱을 설치하면 어떻게 될까? 앱을 설치하면 주소입력 줄 옆에 아이콘이 생기지 않고, 〈그림 3-6〉에서 봤던 공간에 앱 아이콘이 생성된다. 앱이든 확장 프로그램이든 자신에게 맞는 것을 선택하면 된다.

설치한 확장 프로그램을 삭제하는 방법을 알아보자. 주소입력 줄 옆에 생긴 확장 프로그램 아이콘을 마우스 오른쪽 클릭하면 나타나는 메뉴에서 **【확장 프로그램 관리】** 를 실행하면 아래 〈그림 3-13〉과 같은 화면이 나타난다. 해당 확장 프로그램의 오른쪽에 있는 휴지통을 클릭하면 삭제된다. 옆에 있는 "□ **사용 설정됨**" 란에 체크를 해제하면 확장 프로그램은 삭제되지 않고 기능만 작동하지 않는다. 중간에 위치하고 있는 [옵션]을 클릭하면 보통 해당 확장 프로그램에 대한 여러 가지 기능을 설정할 수 있다. Awesome Screenshot의 경우는 단축키를 설정할 수 있다.

그림 3-13. 확장 프로그램 관리

4) 유용한 확장 프로그램 소개

구글 웹 스토어에서 제공하고 있는 앱과 확장 프로그램 중 유용하다고 생각되는 몇 가지 프로그램을 소개하고자 한다. 본인이 직접 사용해 보고 사용 여부를 결정하기 바란다. 동일한 기능을 갖춘 프로그램이 매우 다양하기 때문에 여기서 소개하는 것을 반드시 사용할 필요는 없다.

구글 검색은 크게 일반적인 구글 검색, 학술검색, 이미지검색, 동영상검색 4가지가 있다. 이 중 연구자들이 자주 사용하게 되는 학술검색을 보다 편하게 사용할 수

있도록 해주는 확장 프로그램이다. 학술 검색 사이트로 이동할 필요 없이 바로 학술검색을 수행해 준다. 인터넷에서 자료를 읽다가 참고문헌에 대한 학술검색을 하고자 할 때 제목이나 저자를 드래그 선택한 후 검색 버튼을 클릭하면 학술검색을 수행해 주며 자주 사용되는 인용스타일을 확인할 수 있다. 구글의 학술 검색에 대해서는 이 책에서 다시 설명할 것이다.

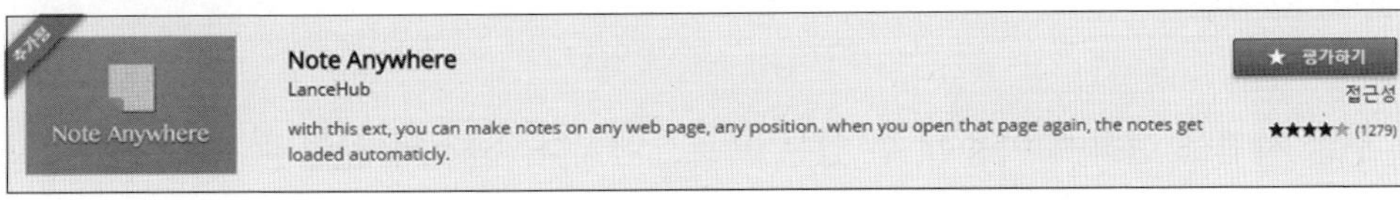

Note Anywhere는 사이트에 스티커 형태의 노트를 할 수 있도록 해주는 확장 프로그램이다. 예를 들어, 여러분이 특정 사이트에 접속했고 그 사이트에 대한 정보를 입력해 놓고 싶을 때 사용하면 된다. 향후 그 사이트에 다시 접속하면 자동으로 노트가 나타난다.

LastPass는 무료로 사용할 수 있는 패스워드 관리 프로그램이다. 사용자들로부터 신뢰를 받는 유명 프로그램 중 하나이다. 각 사이트마다 패스워드를 기억하기 힘들 때 사용하면 매우 편하다. 아이디와 패스워드를 자동으로 입력해 주기도 한다. 아이디와 패스워드가 많아 관리하기 힘들 때 사용하면 무척 편리한 프로그램이다. 아이폰용과 안드로이드 폰용이 있으므로 설치하여 사용하면 좋다. 유료 결제로 제품을 구입할 수도 있다.

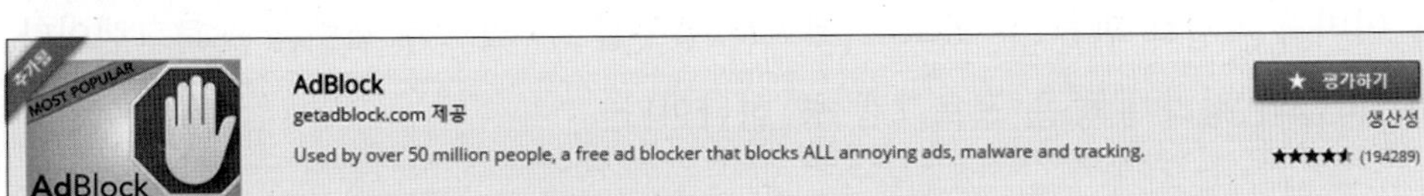

사이트를 접속할 때마다 나타나는 광고를 자동으로 제거해 주는 프로그램이다. 크롬 사용자들이 거의 기본으로 사용하는 프로그램 중 하나이다. 특히 국내 같이 광고 팝업이 많은 환경에서는 매우 유용한 프로그램이다.

구글 사전을 편하게 이용할 수 있는 프로그램이다. 사전과 관련된 프로그램은 상당히 많은 편이다. 다음 사전과 네이버 사전도 웹 스토어에 등록되어 있다. 검색해 본 후 자신에게 맞는 사전을 설치하면 된다.

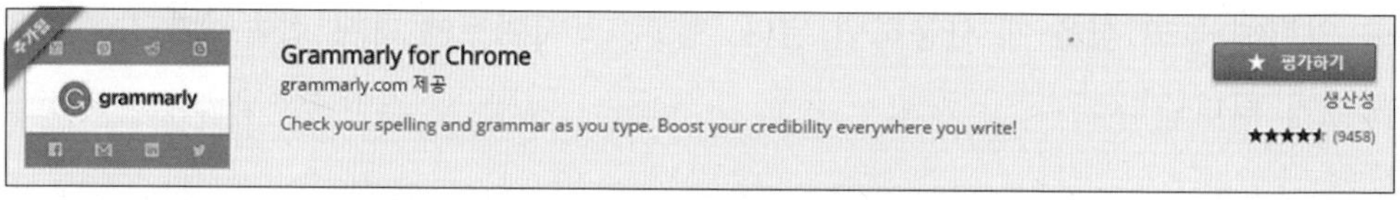

Grammarly는 영어를 자주 사용하는 연구자들에게 도움이 되는 프로그램이다. 영어로 이메일을 작성하거나 또는 문장을 쓸 때 영문법과 단어가 적당한지 알려주고 대체할 만한 단어까지 추천해 주는 프로그램이다. 원래는 독립적인 프로그램인데 이를 크롬과 연결시킨 것이다.

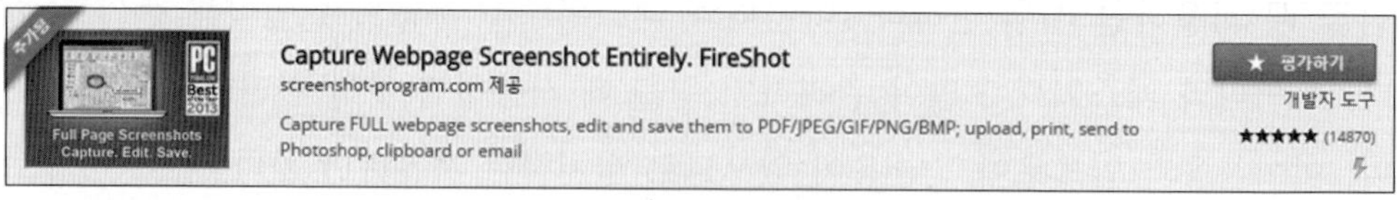

Capture Webpage는 제목 그대로 웹페이지를 캡처하고 편집할 수 있으며 PDF나 이미지 파일로 만들 수 있고 이메일에 첨부할 수 있도록 해주는 프로그램이다. 사용자들의 평가가 좋은 프로그램 중 하나이다.

위에서 소개한 것들 이외에도 해부학, VPN, 이미지 편집기 등 거의 모든 종류의 유틸리티들이 있다. 크롬의 경우 PDF 파일을 읽고 저장할 수 있는 기본 뷰어가 내장되어 있지만 보다 편리한 것을 찾는다면 PDF로 검색해 보기 바란다. PDF 관련 프로그램들도 매우 많다. 여기서 소개하지 않은 것들도 있는데 이는 이 책 후반부에서 살펴볼 소프트웨어와 함께 소개할 것이다.

3 Gmail 활용 방법

이메일은 이제 거의 모든 사람들이 지니고 있는 연락 수단 중의 하나이다. Social media와는 달리 매우 개인적인 내용이나 정보들이 포함될 수 있는 개인에게는 매우 소중한 것이다. 대학생을 비롯해서 연구원, 교수 등도 이메일을 통해 많은 자료들을 주고받고 있으며 공적인 자료들을 포함하기도 한다. 오래전부터 국제 학회뿐만 아니라 각종 포럼들도 이메일을 통해 관련 내용을 상호 전달하고 있다. 이렇듯 개인에게 중요한 이메일은 개인이나 회사 차원의 고유한 계정을 만들 수도 있으나 대부분은 구글, MS, 네이버 등 특정 기업에서 제공하는 이메일을 사용하고 있다. 따라서 이메일을 사용할 때는 기능도 중요하지만 무엇보다도 보안성과 관리의 편리성이 중요한 선택의 요소가 된다.

보안성과 관련해서는 가능한 국내의 이메일을 사용하지 않는 것이 바람직하다. 국내에서 제공하는 네이버나 다음 메일의 경우 정부기관에서 불필요하게 많이 열람하고 있고, 네이버나 다음에서 이를 적극적으로 방어하고 있지 않다는 것은 널리 알려져 있다. 아직은 우리나라의 민주화 수준이나 정부의 법준수 수준, 개인 정보에 대한 보호 인식이 부족하여 권력기관에 쉽게 노출될 수 있는 위험성이 있다. 이메일이 매우 개인적인 것임을 감안하면 사용자의 개인 정보를 적극적으로 보호하는 기업의 이메일을 사용하는 것이 바람직하다. 구글의 경우 사용자의 정보를 정부로부터 적극적으로 보호하는 것으로 알려져 있어 가능하면 구글의 이메일인 지메일(Gmail)을 사용하는 것이 바람직하다. 이메일을 바람직하지 못한 일에 사용하는가의 여부를 떠나 자신의 정보를 보호하는 것은 현대 사회에서 매우 기본적이고 중요한 일이기 때문이다.

지메일의 경우 계정을 만들면 이를 이용하여 다른 여러 서비스에도 동일하게 사용할 수 있다는 장점이 있다. 국내와 같이 온갖 사이트마다 로그인시 새로운 아이디와 패스워드를 만들어야 하는 불편함이 없다. 또한 유명한 여러 인터넷 서비스의 경우 구글의 지메일 계정으로 로그인을 할 수 있도록 지원하기 때문에 여러모로 편하다. 그러나 국내 사용자들이 처음 지메일을 접하면 그 단순함에 당황하게 된다. 국내 메일 시스템들에 비해 뭔가 부족하고 엉성하다는 느낌을 받게 된다. 아마도 이러한 점들 때문에 국내에서 활발하게 사용되지 못하는 것 같다. 그러나 세계적으로 가장 많이 사용하는 이메일 시스템이 지메일인 점을 생각하면 뭔가 다른 점이 있을 것이라는 것도 생각할 수 있다. 앞에서 기술했던 보안성뿐만 아니라 기능 또한 뭔가 있을 것이라는 것을 예측할 수 있다.

이 장에서는 지메일의 사용 방법 및 활용 방법과 더불어 메일 운영 방법에 대해서 살펴볼 것이다. 안드로이드 폰을 가지고 있는 사용자는 기본적으로 구글계정을 가지고 있기 때문에 지메일을 사용함에 있어 다시 계정을 만들 필요는 없다. 미리 말하면, 지메일은 자신이 설정을 어떻게 하느냐에 따라 그리고 전장에서 배운 크롬과 어떻게 연동하느냐에 따라 사용상의 편리함이 달라진다. 그리고 구글계정은 한 사람당 5개를 만들 수 있으므로 지메일 또한 5개의 계정을 만들 수 있다.

1) E-mail 아이디 만들기

이메일 아이디는 매우 중요한 부분이다. 이 아이디는 내가 누구인지를 나타내기 때문이다. 많은 사용자들이 자신만의 의미 있는 단어로 아이디를 만드는 경우가 많다. 예를 들어 angel, bear, dream 등 자신과는 별 상관없는 단어들을 사용한다. 매우 개인적인 이메일이라면 상관없지만 공적인 일이나 또는 사회활동에서는 바람직하지 않다. 가능하면 공적인 일에도 사용할 수 있는 아이디를 만드는 것이 중요하다. 이는 스팸 메일이 많아지면서 자신의 중요한 메일이 스팸으로 처리될 수 있기 때문이다. 가능하면 자신의 이름이나 신분을 나타낼 수 있는 단어들로 아이디를 생성하여 가지고 있는 것이 바람직하다. 지메일의 경우 아이디에 "."를 사용할 수 있기 때문에 이를 이용하여 아이디를 만드는 것도 가능하다. 자신의 이름 이니셜 다음에 "."을 삽입하고 직업을 나타내는 단어로 생성할 수 있다. 예들 들면 다음과 같다.

hmr.designer@gmail.com: 이니셜과 직업으로 만든 아이디
lee.ce@gmail.com: 성과 이름의 이니셜로 만든 아이디
hyunseob.lee@gmail.com: 영어 이름에서 성을 "."으로 분리한 아이디

이메일을 이용한 바이러스 및 각종 유해한 프로그램들은 메일을 클릭하여 내용을 열어보는 순간 작동하기 때문에 보안에 신경 쓰는 사람들은 상대방의 아이디가 이상하다고 생각되면 열어보지 않고 바로 삭제해 버린다. 평생 동안 사용하는 이메일이란 점을 고려하여 신중하게 만들기를 권한다. 참고로 이메일은 대문자를 사용하지 못하므로 모두 소문자로만 구성해야 한다.

2) Gmail 사용 방법

크롬 브라우저를 이용하여 구글 홈페이지에 접속하여 로그인을 하면 우측 상단에 'Gmail'로 써진 메뉴가 보인다. 이를 클릭하거나, 직접 주소줄에 "gmail.com"을 입력하면 지메일로 이동할 수 있다. 지메일을 실행한 초기 화면은 〈그림 3-14〉와 같다.

화면 구조를 보면 왼쪽에 '받은편지함'을 비롯해서 편지함들이 나열되어 있고, 화면의 상단에는 '기본', '소셜', '프로모션' 탭이 보인다. 현재 Google 커뮤니티팀이 보낸 메일이 1개 도착해 있다. 이 초기 구조를 사용하는 사람은 아마도 거의 없을 것 같다. 이유는 현재 나타나 있는 탭들의 이름을 변경할 수 없으며, 추가할 수 있는 것들도 우리가 일반적으로 사용하는 이름으로 되어 있지 않기 때문이다. 이제 우리는 환경 설정을 통해 이 구조를 우리가 원하는 형태로 만들 것이다. 독자들은 한 단계씩 따라해 보면 된다.

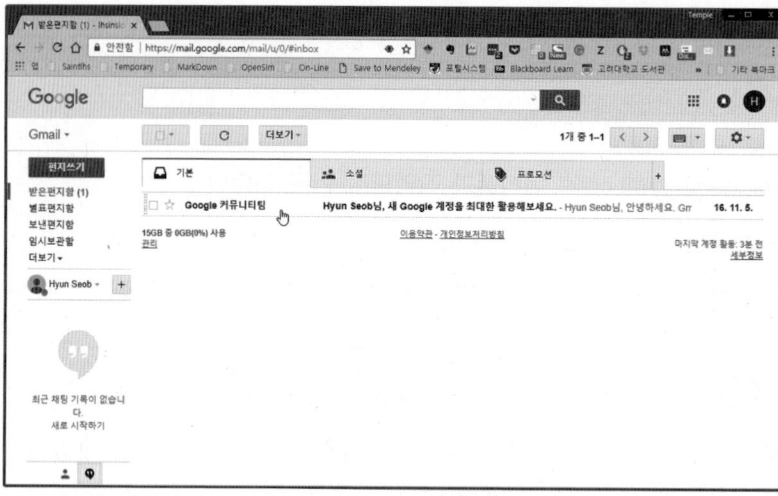

그림 3-14. 지메일 초기 화면

먼저, 여러 가지 실습을 위해 〈그림 3-15〉와 같이 4개의 받은 메일을 생성해 놓았다. 이제 '받은편지함' 구조를 변경하기 위해서 〈그림 3-16〉과 같이 우측상단에 있는 톱니바퀴 모양의 버튼을 클릭해서 **【환경설정】** 메뉴를 클릭하자. 〈그림 3-17〉과 같이 환경설정 관련 내용들이 나타날 것이다. 현재 [기본설정] 관련 내용들이 나타나 있다. 이들 중 중요하거나 유용한 부분들에 대해서만 설명을 할 것이다. 여기 있는 것들은 언제든지 원상태로 돌릴 수 있기 때문에 사용자들이 한 번 읽어보고 실행해 보는 것도 좋을 것이다.

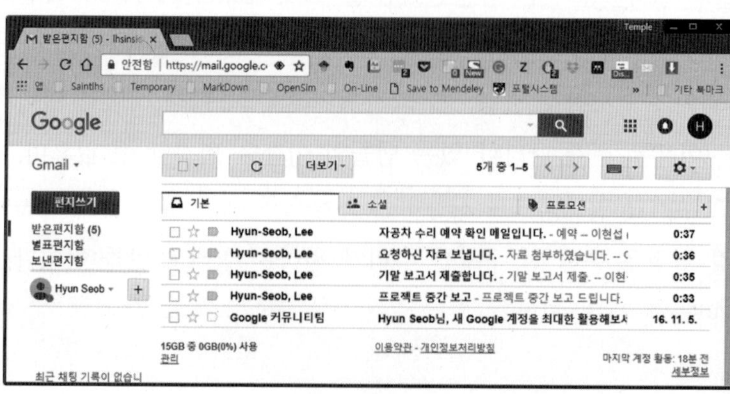

그림 3-15. 실습을 위한 받은 메일 리스트

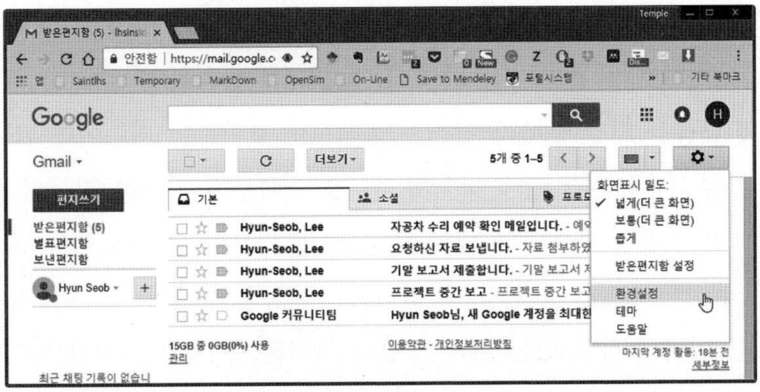

그림 3-16. 환경설정 메뉴 화면

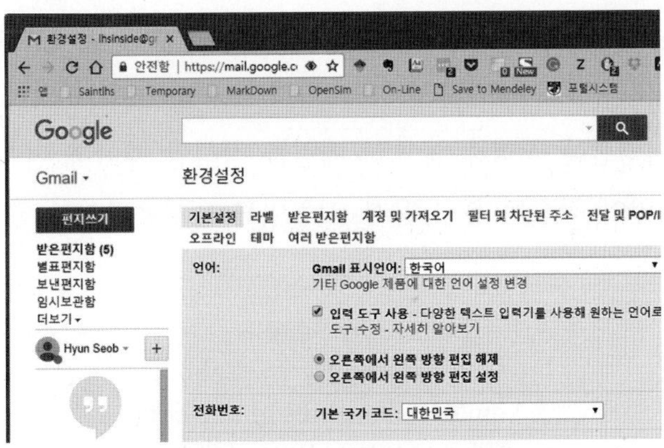

그림 3-17. 환경설정 메뉴 및 내용들

- **언어:** 기본적으로 한국어로 되어 있을 것이다. 만약 다른 언어로 되어 있으면 한국어로 변경하자.
- **전화번호:** 대한민국으로 되어 있을 것이다. 만약 다른 국가로 되어 있다면 대한민국으로 변경하자.
- **페이지당 표시 개수:** 한 페이지에 받은 편지를 보여주는 개수를 지정하는 것이다. 자신이 원하는 숫자를 입력하면 된다.
- **보내기 취소:** 이 기능은 메일 보내기를 하면 바로 전송하는 것이 아니라 여기서 설정한 시간 안에 보내기를 취소할 수 있는 기능이다. 우리는 가끔 메일을 보내고 나서야 빠진 내용이 있음을 인지할 때가 있다. 이럴 경우에 메인 화면의 상단에 나타나는 [취소] 버튼을 누르면 보내기가 취소된다. 상당히 유용한 기능이

므로 "□ **보내기 취소 사용**"에 체크를 하고 시간을 약 20~30초로 설정하면 된다.

- **대화 형식으로 보기**: 이 기능은 메일에 대한 답장을 여러 번 주고받았을 경우 관련 메일 내용을 시간에 따라 리스트 형식으로 보여주는 기능이다. 어떤 내용들을 서로 주고받았는지 쉽게 파악할 수 있기 때문에 편리한 기능이다.
- **별**: 지메일은 받은 메일마다 앞에 별 모양의 단추가 있는데 이를 클릭하면 별 모양에 색상이나 모양을 입힐 수 있다. 이 기능을 통해 중요 메일 등을 표시할 수 있다. 이곳에 나와 있는 여러 모양의 아이콘 중 사용하고 싶은 아이콘을 마우스로 드래그하여 "**사용**" 쪽으로 이동시키면 된다. 클릭할 때 마다 순서적으로 "**사용**" 쪽에 있는 아이콘들로 변한다.
- **서명**: 이메일을 작성할 때 내용 가장 아래 부분에 첨가될 내용을 입력하는 곳이다. 보통은 자신에 대한 연락처 등을 입력해 놓는 경우가 많다. 예를 들어, 다음과 같이 서명란을 작성해 놓으면 메일을 작성할 때마다 이 내용이 자동으로 첨가되어 메일이 전송된다. 유용한 기능이므로 사용하기를 권장한다.

```
======================
이현섭(Lee, Hyun-Seob)
email : lhs.phd@gmail.com
iPhone : 010-1234-5678
======================
```

- **개인전용 표시**: 이 기능은 나에게만 보낸 메일인지 아니면 여러 사람에게 모두 전달된 메일인지 표시해 주는 기능이다. 유용한 기능이므로 "**표시 보기**"에 체크하자.

여기까지가 [**기본 설정**] 내용이다. 이제 [**받은편지함**]을 클릭하자. 〈그림 3-18〉과 같은 내용들이 나타날 것이다. 「**받은편지함 유형**」을 보면 "**기본**"으로 되어 있다. 클릭하여 이것을 "**자동분류함**"으로 변경하자. 그러면 〈그림 3-19〉와 같이 아래 부분의 내용이 변경된다. 「**받은편지함 섹션**」 부분을 〈그림 3-19〉와 같이 변경하자.

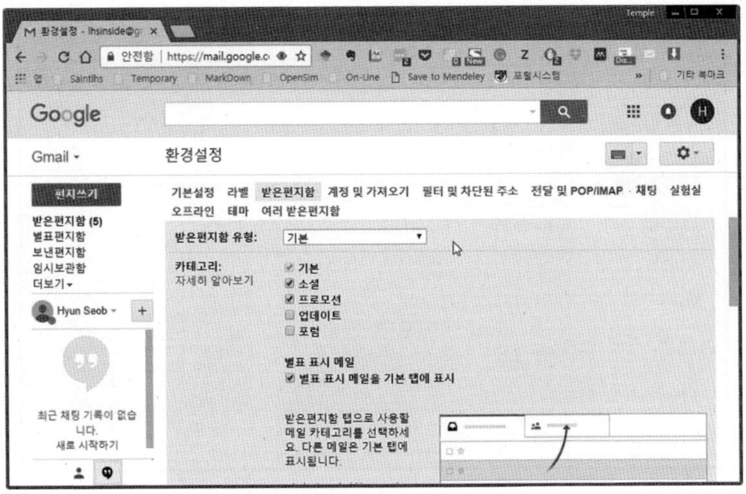

그림 3-18. 받은편지함의 환경설정 내용

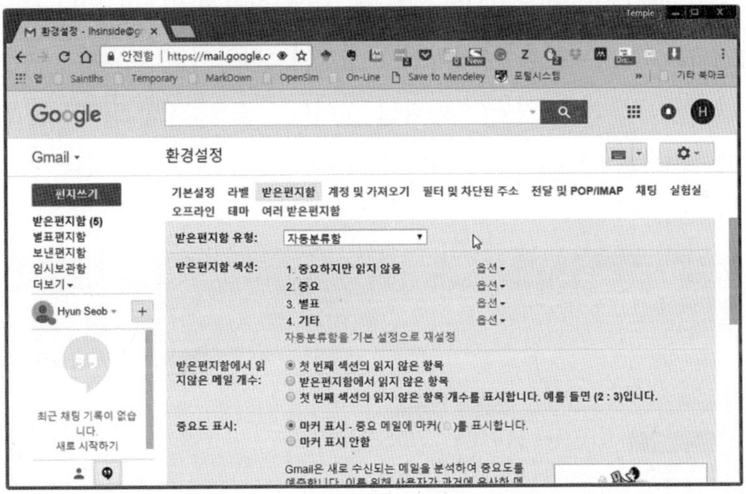

그림 3-19. 자동분류함 유형으로 변경된 화면

변경하는 방법은 〈그림 3-20〉과 같이 "**옵션▼**"을 클릭하여 나오는 항목에서 선택하면 된다. 최대표시 개수는 각 섹션마다 다르게 설정할 수 있다. 사용자가 원하는 개수를 선택하자.

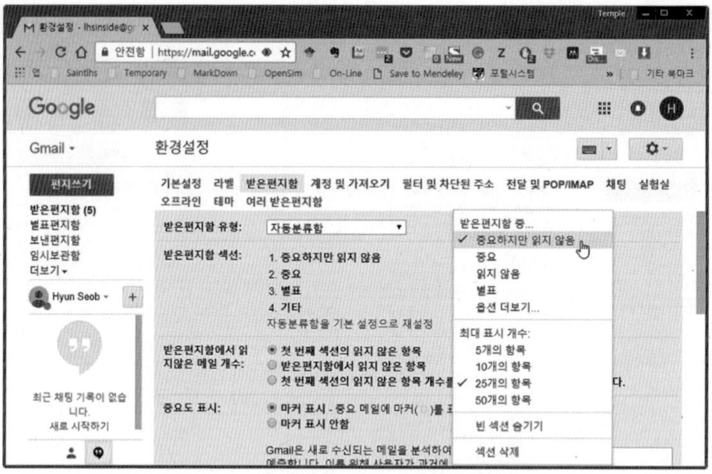

그림 3-20. 받은편지함 섹션 변경 방법

〈그림 3-20〉과 같이 「받은편지함 섹션」을 모두 변경하였다면 일단, 아래로 스크롤하여 [변경사항 저장] 버튼을 클릭하여 저장하자. 저장이 완료되면 〈그림 3-21〉과 같이 받은편지함 구조가 변경되어 나타날 것이다. 「중요하지만 읽지 않음」, 「중요」, 「별표」, 「기타」 순으로 편지들이 구분되어 나타나 있음을 볼 수 있다.

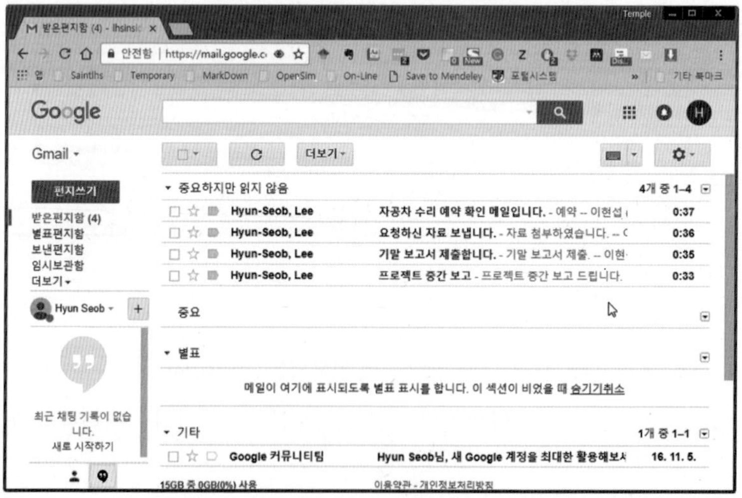

그림 3-21. 변경된 받은편지함 구조 화면

구조가 변경된 것을 확인하였으니 다시 환경설정의 나머지 부분을 살펴보자.

〈그림 3-20〉에서 「**중요도 표시**」 부분에서 "**마커 표시**"를 선택하도록 하자. 지메일은 사용자가 메일을 어떻게 처리하였는지를 분석하여 자동으로 중요 메일로 지정하는 데 이때 편지 앞에 마커를 표시함으로써 알려주는 기능이다. 밑에 있는 「**필터링된 메일**」은 "**필터 무시 안함**"을 선택하도록 하자. 필터와 관련해서는 다음 장에서 배우게 될 것이다. 지메일에서 가장 유용한 기능이 필터 기능이다. 지메일을 얼마나 유용하게 사용하느냐는 필터를 얼마나 잘 하였는가에 달려 있다고 해도 과언이 아니다.

3) Gmail 라벨 사용하기

지메일에서는 각각의 메일에 라벨이라는 것을 붙일 수 있다. 라벨 기능은 다른 애플리케이션에서는 태그(tag)라는 이름으로 불린다. 일반적으로 태그라는 단어를 더 많이 사용하지만 구글에서는 이를 항상 라벨이란 단어를 사용한다. 태그에 대해서는 다른 장에서 자세히 설명할 것이다. 여기서는 라벨이 어떤 역할을 하는지 알아보자. 라벨은 메일들을 분류할 수 있는 유용한 도구이다. 예를 들어 학교에서 보내온 메일에는 "학교"라는 라벨을 모두 붙여 놓은 다음 나중에 학교 메일을 확인하기 위해서 "학교" 라벨을 클릭하면 해당 라벨이 붙어 있는 메일들만을 따로 모아 볼 수 있다. 이제 직접 라벨을 만들고 그 기능을 사용해 보자.

〈그림 3-22〉와 같이 화면 왼쪽의 [새 라벨 만들기] 버튼을 클릭하자.

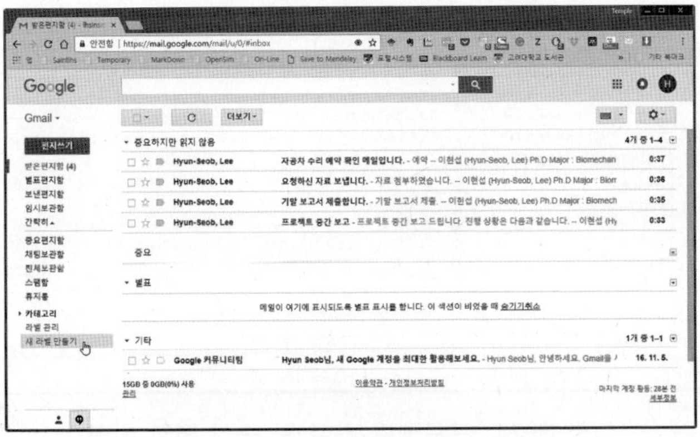

그림 3-22. 새 라벨 만들기 화면

라벨 이름을 입력할 수 있는 창이 〈그림 3-23〉과 같이 나타난다. 그림과 같이 "프로젝트"라고 입력하자. 라벨을 처음 만들기 때문에 상위 라벨은 존재하지 않는다. 만약 프로젝트 라벨 아래에 하위 라벨을 만들고자 한다면, 라벨 이름을 입력한 후 상위 라벨에서 "프로젝트"를 선택하면 된다. [만들기] 버튼을 클릭하면 〈그림 3-24〉와 같이 "프로젝트" 라벨이 임시보관함 아래에 나타난다. 마우스 커서를 프로젝트 라벨에 가져가면 라벨 오른쪽에 '▼' 기호가 나타난다. 이를 클릭하면 라벨의 속성을 변경할 수 있는 메뉴들이 나타난다. 〈그림 3-24〉와 같이 라벨 색상을 붉은 바탕에 하얀 글씨로 변경해보자. 그러면 프로젝트 라벨 오른쪽에 붉은 사각형이 나타날 것이다.

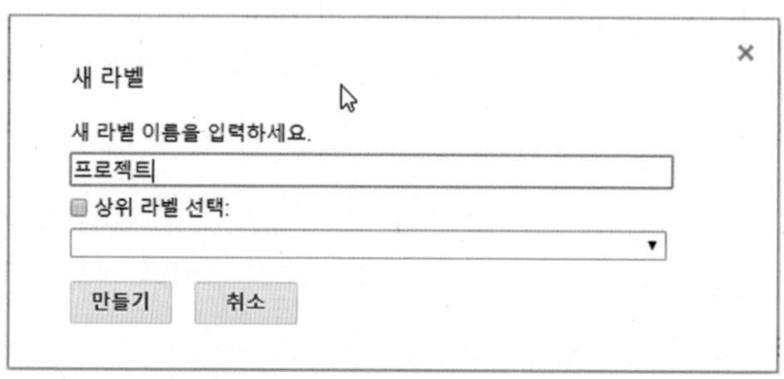

그림 3-23. 라벨 이름 입력 창

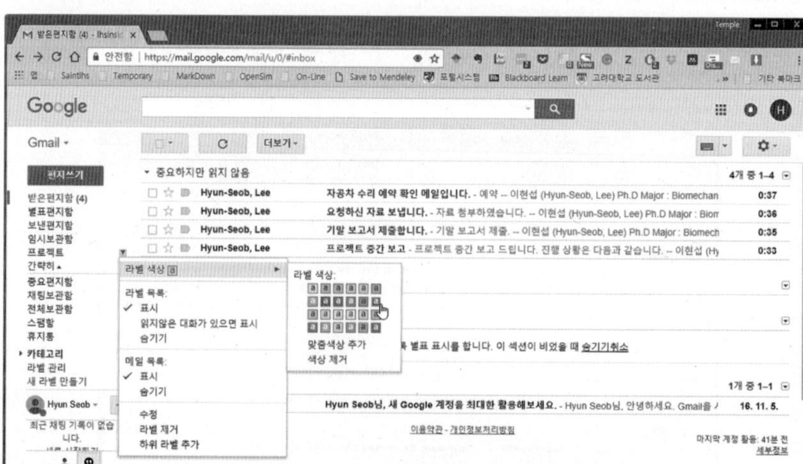

그림 3-24. 프로젝트 라벨 및 속성 변경 화면

라벨을 만들었으니 이제 사용해보자. 방금 만든 "프로젝트" 라벨을 마우스로 드래그하여 원하는 메일의 제목으로 가져가보자. 〈그림 3-25〉와 같이 제목 앞에 프로젝트란 라벨이 붙을 것이다. 이제 「임시보관함」 아래에 있는 "프로젝트" 라벨을 클릭하면 이 라벨이 붙은 메일만 모아서 보여준다. 메일에 라벨을 붙이는 방법은 라벨을 편지에 드래그하여 붙여도 되고 반대로 편지를 라벨에 가져다 놓아도 된다. 이렇게 자신이 원하는 라벨을 만들어 메일들을 관리할 수 있다. 〈그림 3-25〉에 보면 중요한 메일이란 뜻으로 보낸 사람 앞에 기호가 붙어 있다. 이를 클릭하여 빈 기호로 만들면 중요한 메일이 아니란 뜻이 되어 메일이 기타 항목으로 이동하게 된다. 또한 별표 기호는 클릭할 때마다 우리가 앞에서 설정한 기호 순으로 변하게 된다.

이렇게 지메일은 라벨을 사용자가 만들어 관리할 수 있도록 하고 있다. 라벨을 잘 사용하면 특정 메일을 찾기 위한 수고를 많이 덜 수 있다. 특히 메일이 계속 쌓이는 현상을 겪는 사람에게는 중요한 메일을 잃어버리지 않는 좋은 방법이다. 지메일은 중요한 메일인지를 스스로 판단하여 지정하는데, 만약 중요하지 않은 메일이 중요 메일로 분류된다면 중요도를 나타내는 기호를 클릭하여 중요하지 않은 것으로 처리하면 지메일이 다음부터는 중요 메일로 처리하지 않는다.

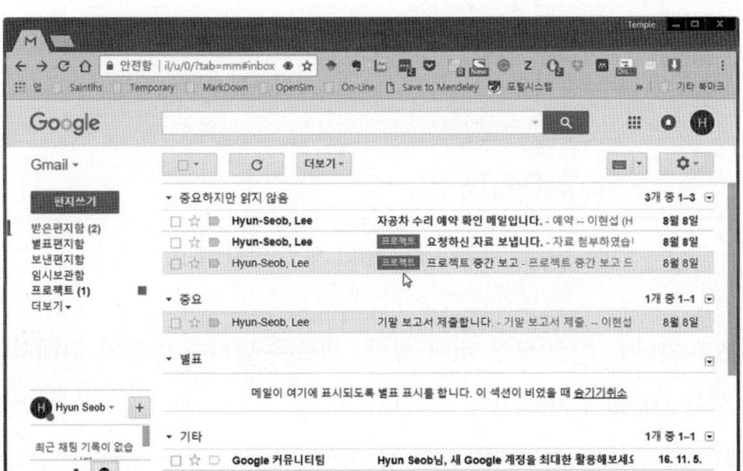

그림 3-25. 라벨을 메일에 붙인 화면

4) Gmail 필터 사용하기

지메일이 편하고 막강한 것은 바로 필터 때문이다. 필터 기능을 이용하면 사용자가 원하는 형태로 메일들을 분류할 수 있다. 지메일을 잘 사용한다는 것은 결국 필터를 잘 사용한다는 것이다. 아마도 지메일에서 가장 중요한 부분일 것이다. 그럼 먼저 필터가 무엇인지부터 알아보자. 필터는 말 그대로 나에게 온 메일들을 특정 조건에 따라 분류하거나 추가 작업을 하도록 하는 것이다. 예를 들어, 부모님께서 보낸 메일은 중요 메일로 필터 설정을 해 놓으면 지메일이 알아서 부모님 메일을 중요 메일로 만들어준다. 이 밖에도 앞에서 배운 라벨을 자동으로 붙일 수도 있다. 이제 필터를 어떻게 만들고 사용하는지를 단계별로 알아보자.

필터를 만들기 위해서는 환경설정으로 들어가야 한다. 환경설정에 들어가면 [필터 및 차단된 주소] 탭이 있는데 이를 클릭하면 〈그림 3-26〉과 같은 내용이 나타난다.

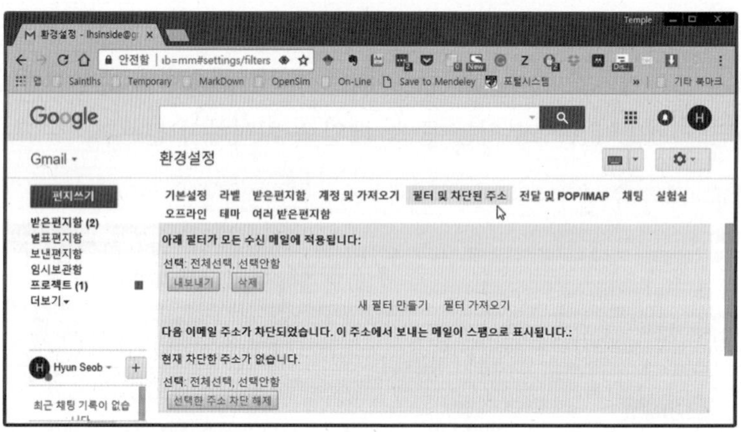

그림 3-26. 환경설정의 필터 및 차단된 주소 내용

필터 부분과 차단된 주소 모두 비어 있다. 새로운 필터를 만들기 위해서 파란색 글씨로 되어 있는 [새 필터 만들기]를 클릭하면 〈그림 3-27〉과 같은 창이 열릴 것이다.

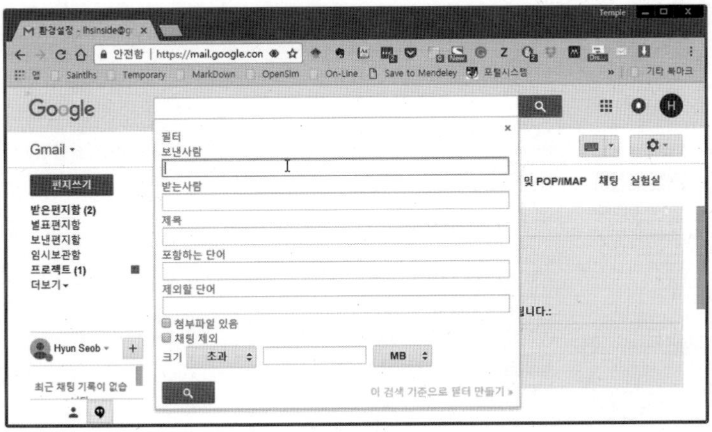

그림 3-27. 필터 입력 창

필터에는 각각 「보낸 사람」, 「받는 사람」, 「제목」, 「포함하는 단어」, 「제외할 단어」 등의 항목이 있는데 모두 입력해야 하는 것이 아니고 사용자가 원하는 항목에만 입력하면 된다. 만약에 특정 사람이 보낸 메일을 필터 하고 싶다면 「보낸 사람」 항목에 이름이나 이메일 주소를 입력하면 된다. 일단 우리는 메일 제목에 "보고서"라는 단어가 있는 메일을 중요 메일로 만들어 보자. 〈그림 3-28〉과 같이 「제목」 항목에 "보고서"라 입력하고 화면 아래에 [이 검색 기준으로 필터 만들기]를 클릭하면 〈그림 3-29〉와 같은 화면으로 넘어간다. 참고로 〈그림 3-27〉의 왼쪽 하단의 파란색 검색 버튼을 누르면 이 필터에 해당되는 메일이 어떤 것들이 있는지 보여준다.

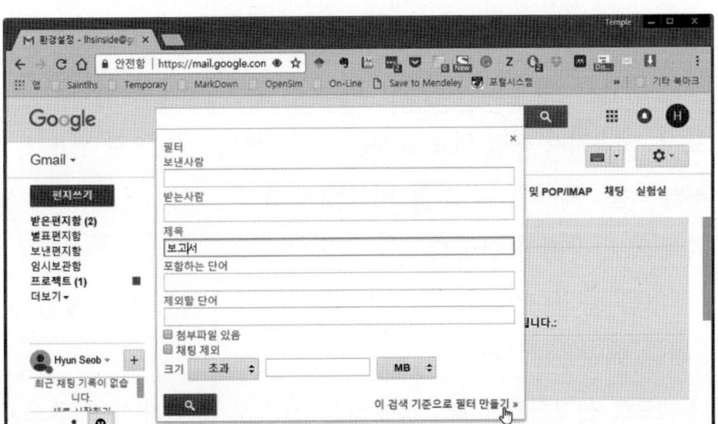

그림 3-28. 필터의 「제목」 항목에 "보고서"라고 입력한 화면

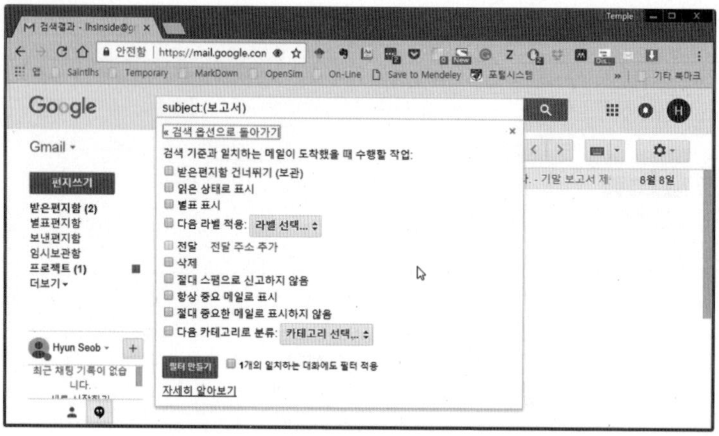

그림 3-29. 필터시 수행할 작업 리스트

〈그림 3-29〉는 필터시 수행할 작업 리스트가 나타나 있다. 전 화면에서 「**제목**」 항목에 "보고서"를 입력하였기 때문에 이에 해당하는 메일이 있을 경우 수행할 작업을 선택하는 곳이다. 여기 있는 항목들을 하나씩 살펴보기 전에 화면 가장 아래쪽에 보면 "□ **1개의 일치하는 대화에도 필터 적용**"이라는 항목이 있다. 이것은 현재 받은 메일 중에 앞에서 설정한 조건에 맞는 메일이 1개 있다는 뜻이다. 이곳에 체크를 하면 해당하는 메일에도 같은 작업을 수행한다. 이제 항목들을 하나씩 살펴보자.

- □ **받은 편지함 건너뛰기(보관)** : 이곳에 체크를 하면 해당 메일은 받은 편지함이 아닌 전체 보관함으로 자동 이동된다.
- □ **읽은 상태로 표시** : 말 그대로 해당 메일을 읽은 상태로 만든다.
- □ **별표 표시** : 사용자가 직접 별표 표시를 하지 않아도 자동으로 별표 표시를 해준다.
- □ **다음 라벨 적용** : 체크를 하고 옆 버튼에서 원하는 라벨을 지정해 놓으면 해당 메일에 자동으로 라벨이 붙는다.
- □ **전달** : 체크를 하고 전달할 주소를 적어 놓으면 자동으로 메일을 전송한다.
- □ **삭제** : 해당 메일을 삭제한다.
- □ **절대 스팸으로 신고하지 않음** : 지메일은 스스로 판단해서 스팸으로 처리하는 경우가 있다. 이곳에 체크를 하면 해당 메일은 절대 스팸으로 처리하지 않는

다. 중요한 메일이라고 생각될 때는 이곳에 체크를 해 놓는 것이 안전하다.

- □ **항상 중요 메일로 표시** : 이곳에 체크를 하면 지메일은 해당 메일을 중요 메일로 표시를 자동으로 해준다.
- □ **절대 중요한 메일로 표시하지 않음** : 위 항목과 반대되는 기능이다.
- □ **다음 카테고리로 분류** : 우리는 카테고리를 사용하지 않기 때문에 사용할 일이 없는 기능이다. 지메일을 처음 실행했을 때 "기본", "소셜", "프로모션" 형태로 되어 있었던 것을 기억할 것이다(그림 3-14 참조). 그것이 카테고리였다.

여기서 우리는 「□ **다음 라벨 적용**」에 체크를 하고 옆에 있는 버튼을 클릭하여 "프로젝트" 라벨을 선택하자. 그리고 화면 아래에 있는 "□ **1개의 일치하는 대화에도 필터 적용**"에도 체크를 하자. 이제 화면 우측 하단에 있는 파란 버튼인 **[필터 만들기]**를 클릭하면 〈그림 3-30〉과 같이 필터가 하나 만들어진다. 향후에 필터를 수정하고 싶다면 이곳에서 하면 된다.

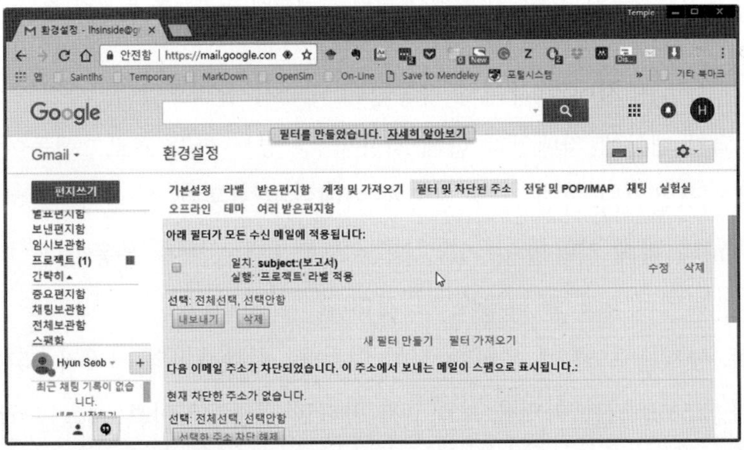

그림 3-30. 필터가 생성된 화면

이제 필터가 적용되었는지를 확인하기 위해서 받은편지함을 클릭해 보자. 〈그림 3-31〉과 같이 제목에 보고서란 단어가 들어간 "기말 보고서 제출합니다"란 메일에 프로젝트란 라벨이 붙은 것을 확인할 수 있다.

하나의 메일에 복수개의 라벨을 붙일 수 있으며, 필터 또한 사용자가 원하는 만큼 만들어서 사용할 수 있다. 처음 지메일을 사용할 때는 필터가 몇 개 되지 않지만 사용할수록 필터의 숫자가 많아지게 될 것이다. 지메일의 편리성은 바로 라벨과 필터를 어떻게 사용하느냐에 달렸다고 해도 과언이 아니다. 참고로 지메일의 주소록은 화면 좌측상단에 빨간 글씨로 쓰인 [Gmail▼]을 클릭하면 볼 수 있다.

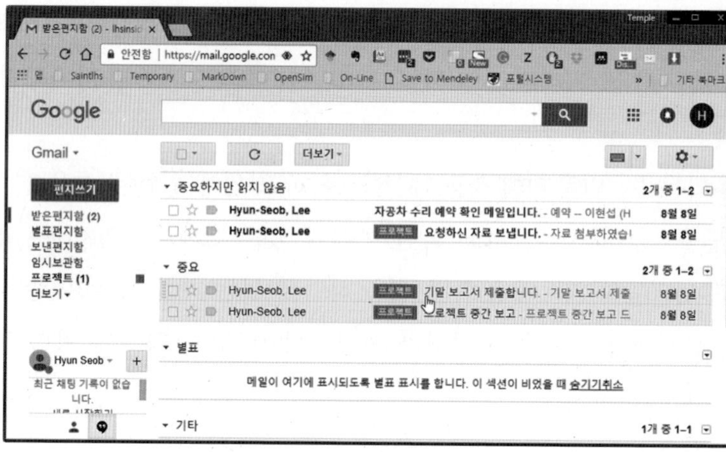

그림 3-31. 제목에 보고서란 단어가 들어간 메일에 프로젝트 라벨이 붙은 모습

지금까지 우리는 지메일 자체의 기능들에 대해서 살펴보았다. 사실 지메일도 크롬과 연동되기 때문에 지메일과 함께 사용할 수 있는 확장 프로그램들이 앱스토어에 있는데 이들을 사용하면 보다 편하게 지메일을 사용할 수 있다. 특히 마크다운(MarkDown)과 함께 사용할 수 있는 확장 프로그램은 매우 유용하다. 마크다운과 관련해서는 뒤에서 별도로 다루게 될 것이다.

지메일로 편지를 보낼 때 유의할 점이 있는데, 첨부파일의 크기가 25MB가 넘으면 안 된다. 25MB 넘는 파일을 보내고자 한다면 구글드라이브(google drive)를 이용해야 한다. 구글드라이브에 업로드한 다음 메일에 링크로 삽입하는 방식이다. 언뜻 불편한 것 같지만 이러한 방식이 훨씬 효과적이고 안전하다. 대용량 파일을 첨부하고 다운받기 위해서 불필요한 프로그램을 설치할 필요도 없으며, 다운로드 제한 날짜도 필요 없다. 파일을 수정해서 다시 보내야 할 때도 발신자가 구글드라이브에서 수정한 후 다시 다운로드 하라고 하면 된다. 수정된 파일을 또 첨부해서 재발송할 필요가 없다. 구글드라이브를 사용한다고 하니 사용자가 직접 업로드한다고 생각할 수 있는데, 그렇지 않고 지메일이 자동으로 업로드를 수행한다. 사용자는 평소에 하듯이 첨부파일을 드래그해서 지메일에 첨부하면 된다. 물론 수신자는 구글 계정이 없어도 파일에 접근할 수 있다. 과정을 살펴보면 다음과 같다. 25MB가 넘는 파일을 첨부하면 〈그림 3-32〉와 같은 업로드 화면이 나타났다가 완료되면 자동으로 사라지고 〈그림 3-33〉과 같은 모습이 된다. [보내기] 버튼을 클릭하면 〈그림 3-34〉와 같은 창이 나타난다. 첨부된 파일을 어떻게 공유할 것인지를 설정하는 창이다.

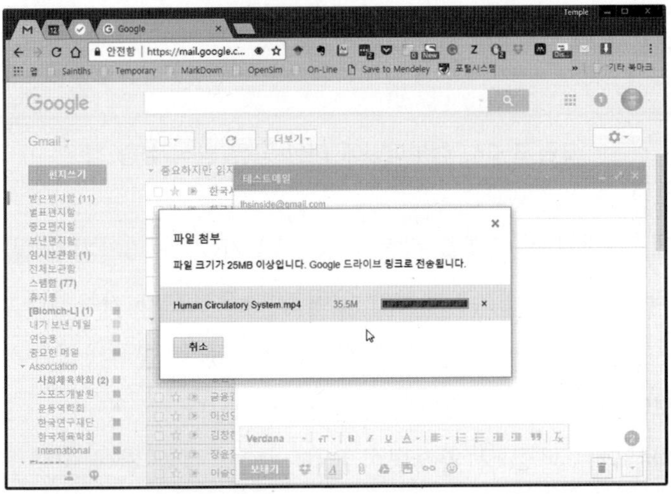

그림 3-32. 지메일에서 대용량 파일 첨부시 업로드 화면

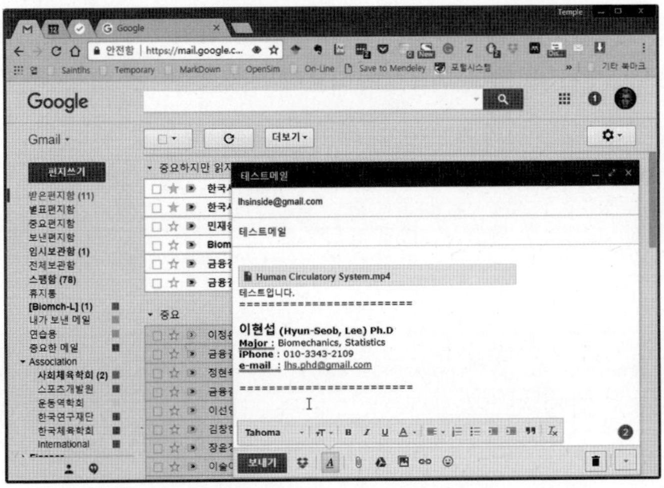

그림 3-33. 업로드가 완료된 후 편지쓰기 화면

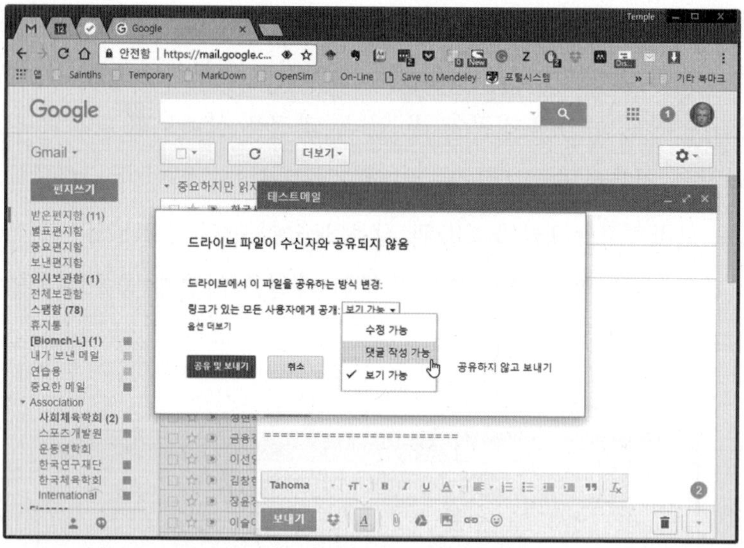

그림 3-34. 첨부파일에 대한 공유 방식 설정 창

공유 방식에 "수정가능", "댓글 작성 가능", "보기 가능" 3가지가 있는데, "수정가능"과 "댓글 작성 가능"은 구글 계정이 없어도 다운로드가 가능하다. 그러나 "보기 가능"은 구글 계정이 있어야만 파일에 접근할 수 있다. 공유방식을 결정했다면 이제 [공유 및 보내기] 버튼을 클릭하면 메일이 전송된다.

지메일에 첨부되는 파일 중 확장명이 EXE, COM 등과 같이 실행 가능한 파일은 첨부할 수 없다. 이는 바이러스 또는 해킹 프로그램을 차단하기 위해서이다. 이러한 파일을 ZIP 파일로 압축해도 첨부가 되지 않는다. 지메일이 파일을 검사해서 알아내기 때문이다. 만약 자신이 보내고자 하는 파일이 이러한 파일에 속하지만 깨끗한 파일이라고 생각된다면, 구글드라이브에 업로드한 후 파일 링크로 보내야 한다. 여기서 언급한 구글드라이브에 대해서는 후에 다루게 된다.

Chapter 04

자료검색 및 관리

Understanding and Application of Research Methods

CHAPTER

04 자료검색 및 관리

자료검색과 관리는 연구 활동의 가장 기본적인 활동이며 끊임없이 수행해야 하는 것으로 대학생, 대학원생, 교수 등 연구자들에게 있어 일상과도 같다. 그러나 자료검색과 관리는 상당히 번거로운 일이기도 하다. 수십 년 동안 연구 활동을 하다보면 엄청난 자료가 쌓이고 이들을 체계적으로 관리한다는 것은 정말 힘겨운 일이다. 다행히 이러한 어려움을 해결하기 위해서, 외국에서는 여러 형태의 소프트웨어를 개발하였고 현재 많은 연구자들이 이들을 활용하여 번거롭고 어려운 일을 보다 수월하고 체계적으로 관리할 수 있게 되었다. 그러나 국내에서는 컴퓨터와 IT에 능한 일부 연구자들만 사용할 뿐 상당수 연구자들은 이러한 소프트웨어가 있는지 조차 모르고 있다. 더욱이 이러한 상황은 이제 막 연구자 길로 들어선 석사과정과 박사과정 학생들에게서 쉽게 발견할 수 있다. 최근 논문의 형태가 종이에서 전자문서인 PDF로 대부분 전환되었음에도 이러한 현상은 좀처럼 좋아지지 않는데 이에 대한 몇 가지 원인이 있을 수 있다. 필자가 생각하는 원인을 나열하면 다음과 같다.

- 연구자들이 컴퓨터 및 IT에 대한 정보와 활용 능력이 부족하다.
- 대학에서는 컴퓨터 활용 능력을 개인적인 측면으로 간주하여 전문적인 강좌를 개설하지 않고 있다.
- 연구 활동에 필요한 컴퓨터 및 IT 활용과 관련된 교재가 없다.
- 윈도우즈만을 사용해야 하는 비정상적인 국내 환경

하지만 단기간에 상기 원인들에 대한 개선을 기대하는 것은 쉽지 않은 일이다.

아울러 숙련된 방식의 자료 검색과 관리 능력의 배양에는 상당한 시간이 요구된다. 본서를 집필한 이유도 이러한 현실적 문제를 해결하는 데 도움을 주기 위해서이다. 이 장에서는 연구 활동의 수행 순서에 입각하여 개별 단락의 내용들을 구성하였는데, 저자가 범주화한 단계별 연구 수행은 다음과 같다.

1. 정보검색 및 데이터 관리
2. 연구 아이디어 기록
3. 연구자들과의 원활한 의사소통 방법
4. 실험 및 조사
5. 논문 작성

연구 활동의 가장 기본은 자료를 검색하고 보관·관리하는 것이다. 어느 연구 분야이든 연구자가 관리해야 할 자료는 시간이 지날수록 쌓이게 된다. 논문, 보고서, 이미지, 동영상, 문서 등 관리할 자료는 엄청나다. 이러한 자료들을 체계적으로 관리하지 못할 경우 자료를 찾는 데 많은 시간을 소비할 뿐만 아니라 연구의 효율성이 급감하게 된다. 혹시라도 컴퓨터 고장 등으로 인해 그동안 쌓아 놓은 자료를 한 번에 모두 잃게 되는 경우에는 상당히 난처한 상황에 처하게 된다. 필자도 데이터를 모두 잃어버린 경험이 있는데 그 심정은 말로 표현하기 힘들다. 데이터를 복구하는 데 엄청난 비용이 들뿐만 아니라 복구된 자료를 다시 정리하는데도 많은 시간과 노력이 소요된다.

다음은 연구 아이디어나 구상 등을 잊어버리지 않도록 기록하는 것이다. 연구자들에게는 연구 아이디어나 주제들이 순간순간 떠오를 때도 많고 연구 수행과 관련된 주요 사항 등을 기록할 때도 많다. 생각했던 아이디어를 잊어버리거나 기록했던 메모지를 찾을 수 없을 때의 스트레스는 경험해 본 연구자들만이 알 것이다.

다음은 연구자의 아이디어나 구상을 실제 연구로 진행하기 위한 팁이나 공동연구자들과의 원활한 정보 및 의사 교환일 것이다. 일반 회사원들과는 달리 연구자들은 대부분 장소 및 시간대와 상관없이 연구수행을 하기 때문에 공동 협업이 매우 중요하다. 매번 회의를 위해서 특정 장소에 모이거나 또는 하나의 자료를 가지고

서로 상의를 해야 하는 상황이 발생하면 이동 및 문서 준비에 상당한 시간이 낭비된다. 이 같은 일을 보다 효과적으로 수행하기 위해서는 공동 협업 툴 등을 익혀둘 필요가 있다.

다음은 실험이나 조사를 수행하는 것이다. 비용과 노력이 상당히 필요로 하는 것인 만큼 체계적으로 관리하지 못할 경우 좋은 논문을 수행할 수 없다.

마지막으로 논문작성이다. 논문작성은 생각보다 연구자들에게 스트레스를 주는 요인인데 아마도 각 학회마다 다른 논문작성 규정 때문일 것이다. 특히 많은 학회지가 1단과 2단 편집을 혼용하고 있어 워드프로세서에 익숙하지 않을 경우 문서 전체의 틀이 엉망이 되는 스트레스를 받게 되는 경우가 많다.

각 단계마다 컴퓨터 관련 활용 능력이 요구되는데 본 장부터는 각 단계별로 활용할 수 있는 방법들에 대해서 살펴볼 것이다. 이 장에서는 필자가 그동안 경험하고 활용하고 있는 정보검색 방법 및 관리 방법과 관련된 내용을 소개하고자 한다.

본 장은 연구 활동의 첫 번째 수행순서로써 정보 검색 및 관리 방법에 대해서 집중적으로 살펴볼 것이다.

1 구글 검색 방법을 익히자

국내 대학생을 물론이고 대학원생들과 연구자들이 대부분 검색을 할 때 다음 사이트나 네이버 사이트를 많이 이용한다. 일상생활에 필요한 정보를 구할 때는 별 문제가 없으나 학문 활동을 할 때는 가능한 구글 검색을 하는 것이 좋다. 다음이나 네이버에는 잘못된 정보나 입증되지 않은 정보가 너무 많이 있기 때문이다. 물론 구글 검색을 사용해도 다음이나 네이버에 있는 정보가 검색 결과로 나온다. 사실 학문적으로 이러한 사이트들을 이용하는 것은 권장되고 있지 않다. 세계 최대 백과사전 사이트인 위키피디아(Wikipedia)의 정보조차 APA에서는 가능한 인용하지 말 것을 권하고 있다. 그렇다고 해서 우리가 검색활동을 하지 않을 수 없다. 언제나 학문적 결과만을 찾는 것은 아니고 여러 가지 이론들을 쉽게 이해하고자 검색을 할 때도 있기 때문이다. 어떤 이유에서든 검색을 하고자 할 때는 가능한 구글 검색을 하는 것이 좋은데 여기에는 다음과 같은 이유가 있다.

- 영어권이 대세인 현재 상황에서 우리가 찾고자 하는 많은 정보가 영어권에 있기 때문이다.
- 고급 검색 옵션을 제공하고 있어 보다 편리하고 빠르게 원하는 정보를 찾을 수 있다.
- 학술 정보만을 별도로 제공하고 있다.
- 구글 검색은 크롬과 함께 사용할 경우 여러 프로그램들과 연계되어 편하게 사용할 수 있다.

일반적으로 사람들은 몇 개의 단어를 단순하게 입력하여 검색하는 경우가 많다. 그 결과 엄청난 검색결과가 나타나는 것을 경험해 봤을 것이다. 구글 검색에서는 여러 가지 상황에 맞춰 원하는 결과를 찾아낼 수 있도록 하는 다양한 옵션을 제공하고 있다. 사실 구글에서 제공하고 있는 여러 서비스 중 가장 두드러지는 것이 바로 검색 서비스인데 크게 나누면 일반 검색, 이미지 검색, 학술 검색, 동영상 검색이라고 할 수 있다. 이러한 서비스를 보다 효율적으로 사용하는 방법을 본 책에서 단계별로 살펴볼 것이다. 이러한 과정을 통해 자연스럽게 자료검색 능력을 습득할 수 있으리라 생각한다.

1) 한국 구글과 미국 구글 이용하기

현재 국내에서 구글 사이트를 접속하면 한국 구글 사이트로 가게 된다. 사용자가 직접 미국 구글 사이트로 가기 위해 https://www.google.com을 입력해도 자동으로 https://www.google.co.kr로 리다이렉션이 된다. 사실 한국 구글과 미국 구글 사이에는 검색결과가 다르게 나오는 경우가 많다. 만약 미국 구글을 이용하고자 한다면 다음과 같이 주소를 입력해 주어야 한다.

미국 구글 주소 : https://www.google.com/ncr

만약 위의 주소를 입력했음에도 불구하고 한국 구글로 접속이 된다면 〈그림 4-1〉과 같이 화면 하단의 [Google.com 사용]을 클릭하면 된다. 이렇게 했음에도 불구하고 계속 한국 구글로 접속이 된다면 먼저 영어를 입력하여 검색결과를 화면에 띄운다. 검색결과의 상단 우측에 보면 톱니바퀴 버튼이 보이는데 클릭하면 [언어] 메뉴가 보일 것이다. 이곳에서 언어를 영어로 설정한 후 다시 실행하면 미국 구글로 들어가게 된다.

사람마다의 취향이 있어 어느 것이 좋다고는 할 수는 없고 만약 한글보다 영어를 많이 사용하는 것 같다면 미국 구글을 이용하는 것이 효과적일 수 있다. 필자도 오랫동안 미국 구글을 사용하다가 어느 순간 한국 구글을 사용하게 되면서 여러 가지 불편함을 느껴 양쪽을 모두 사용하고 있는 상태이다. 필자의 생각으로는 아마도 익숙함의 차이가 아닐까 싶다.

그림 4-1. 미국 구글 사이트 이용

2) 구글 고급검색 방법

일반적으로 검색할 때 대부분 관련 용어를 단순하게 입력하는 경우가 많다. 설령 문장을 넣어도 검색엔진은 각각의 단어로 받아들여 검색하기 때문에 불필요한 검색결과가 너무 많이 나와 검색의 효율성을 떨어뜨린다. 검색의 효율성을 높이기 위해서는 구글 검색에서 제공하는 다양한 연산자와 키워드를 적절하게 사용할 필요가 있고, 여기서는 이들 연산자들에 대해서 살펴볼 것이다. 여기서 살펴볼 연산자들은 구글이 아니더라도 대부분의 검색에서 유사하게 사용되고 있기 때문에 한 번 익혀두면 여러모로 쓸모가 있을 것이다.

단어의 순서까지 맞게 검색하기

우리가 찾고자 하는 정보(문서 포함)가 트레이닝 방법과 관련된 것이라 하자. 검색창에 트레이닝 또는 영어로 training이라고 입력하면 문서의 제목이나 내용에 해당 단어가 들어가 있는 모든 문서를 나열하게 된다. 보다 정확하게 검색하기 위해서 '트레이닝 방법'이라고 입력해 보자. 검색엔진은 트레이닝이란 단어와 방법이라는 단어를 각각 받아들여 제목이나 내용에서 단어의 순서와는 상관없이 두 단어가 모두 들어가 있는 문서를 찾은 다음, 다시 각각의 단어가 들어가 있는 문서를 찾아 모두 나열한다. 조금 더 정확하게 검색하기 위해 이번에는 '인터벌 트레이닝 방법'이라고 입력하면 3개의 단어를 받아들여 순서와는 상관없이 검색하여 결과를 출력한다. 이렇듯 단순하게 단어들을 입력하면 단어의 순서가 검색 조건에 반영되지 않는다. 단어의 순서까지 맞춰 검색하고자 한다면 입력어를 인용부호("")로 감싸야 한다.

단순하게 입력했을 때와 인용부호("")를 사용했을 때의 차이는 다음과 같다.

입력어	인터벌 트레이닝 방법
결과	3개의 단어 인터벌, 트레이닝, 방법을 각각 받아들여 단어순서와 상관없이 문서 제목이나 내용에 3개의 단어가 포함된 검색결과를 출력한다.
입력어	"인터벌 트레이닝 방법"
결과	3개의 단어로 인식하지만 단어순서와 일치하는 결과만을 출력한다. 즉 하나의 문장으로 인식해서 검색하게 된다.

아래 〈그림 4-2〉는 인용부호를 사용했을 때의 검색결과이다. 첫 번째 결과에는 문서 제목에 인터벌 트레이닝 방법이라는 글이 보이고 두 번째 결과에서는 제목에는 없지만 문서 내용 처음에 인터벌 트레이닝 방법이라는 글이 보인다.

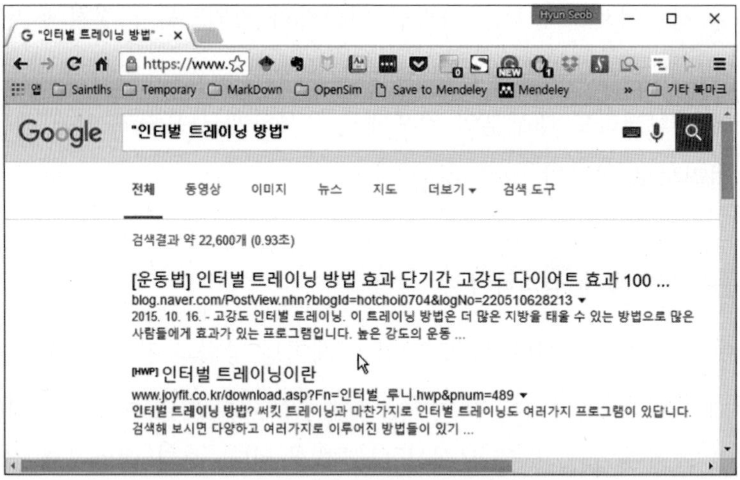

그림 4-2. 인용부호("")를 사용했을 때의 검색결과

인용부호를 이용한 검색방법은 보다 적절한 영어 표현을 찾을 때도 효과적이다. 인터벌 트레이닝 방법을 영어로 어떻게 표현하는 것이 보다 좋을까? interval training method 또는 method of interval training 중 어느 표현이 더 많이 사용되는지 알아보자. 아래 〈그림 4-3〉과 〈그림 4-4〉는 각각의 입력어를 넣어 검색한 결과이다.

그림 4-3. interval training method

그림 4-4. method of interval training

검색결과의 맨 위에 보면 검색결과 개수가 출력되는데 이를 확인해 보면, "interval training method"는 48,500개가 검색되었고, "method of interval training"은 53,400개가 검색되었다. 이것은 영어 표현으로 method of interval training이 보다 많이 사용된다는 것을 나타낸다. 미국 구글에서 똑같이 검색해 보

면 검색결과 개수가 다르게 나타나는데 이 같은 이유로 영어적 표현을 찾고자 한다면 가능한 미국 구글에서 검색하는 것이 보다 좋다.

특정 파일형태 찾기

검색시 특정 형식의 파일을 포함하고 있는 사이트나 문서를 찾고자 한다면 다음과 같이 'filetype:'이란 키워드를 사용한다.

입력어	filetype:pdf 인터벌 트레이닝 방법
결과	3개의 단어 인터벌, 트레이닝, 방법을 각각 받아들여 단어순서와 개수에 상관없이 pdf 파일이 존재하는 문서를 찾아준다.
입력어	filetype:pdf "인터벌 트레이닝 방법"
결과	단어순서와 일치하는 결과 중에 pdf 파일이 존재하는 문서를 찾아준다.

위에서 PDF 대신에 hwp, pptx, jpg 등 원하는 파일 형태를 입력해 주면 된다. 주의할 것은 ':' 앞뒤에는 공백이 없다는 것이고 파일형식 다음에는 한 칸을 띄어야 한다. 위의 입력어를 보면 위에서 배운 인용부호가 함께 사용되고 있음을 알 수 있다. 이렇듯 앞으로 살펴볼 연산자들은 함께 사용될 수 있다. 아래 〈그림 4-5〉는 filetype 키워드를 사용하여 검색한 화면이다. 모든 검색결과 앞에 [PDF]란 표시가 보일 것이다. 제목을 클릭하면 크롬은 자동으로 PDF 파일을 불러와 새 탭에 출력해 준다.

그림 4-5. filetype 키워드 사용 검색

별표(*) 사용하기

검색할 때 유용한 기능을 가진 별표의 사용을 알아보자. 별표(*)는 어떤 단어나 구든 상관없다는 뜻이다. 즉 별표 위치에 어떤 글이 와도 상관없다는 뜻이 된다. 〈그림 4-6〉은 별표를 이용하여 검색한 결과를 보여주고 있다.

입력어	우리는 * 사랑합니다.
결과	'*'위치에 들어갈 글은 어느 것이든 상관없이 검색한다. 따라서 우리는 당신을 사랑합니다, 우리는 부모님을 사랑합니다, 우리는 당신의 자녀들을 사랑합니다 등이 검색될 수 있다.

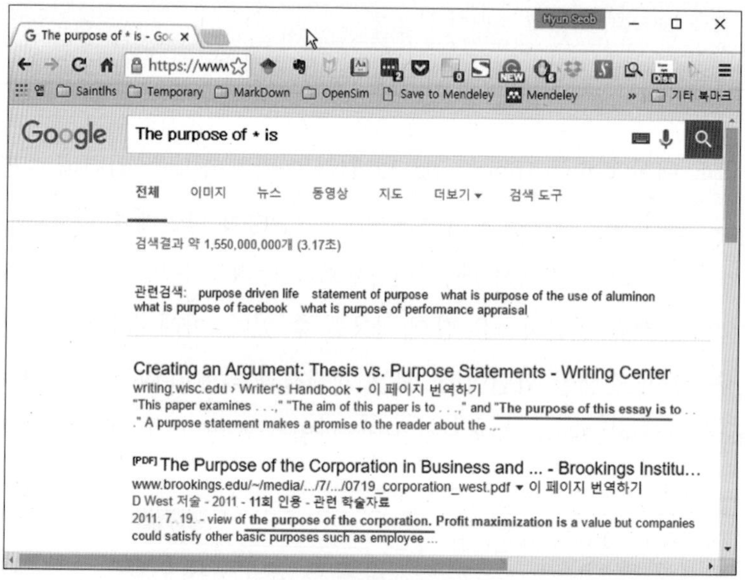

그림 4-6. 별표(*)를 이용한 검색결과

위 그림에서 of와 is 사이에 별표가 있으므로 그 사이에 어떤 글이 들어와도 좋다는 뜻이 된다. 검색결과의 밑줄을 보면 첫 번째는 "this essay"가 들어와 있고, 두 번째는 "the corporation"이 있다. 더 정확하게 하고자 한다면 검색 입력어를 위에서 배운 인용부호("")로 감싸주면 된다. 다시 한 번 말하지만 연산자와 기호는 함께 사용할 수 있다.

문서 제목 또는 문서 내용에서 검색하기 : intitle , intext , allintitle , allintext

intitle은 문서의 제목에서 검색하고자 할 때 사용된다. intext는 문서 내용에서 검색 할 때 사용된다. 이 둘을 함께 사용할 수 있다. intitle과 intext는 둘 다 바로 다음에 오는 첫 번째 단어를 검색어로 인식한다. 아래 〈예 1〉과 같이 두 개의 단어를 사용했다면, 첫 번째 단어인 "training"은 제목에서 찾고 두 번째 단어인 method는 제목과 내용 모두에서 찾게 된다. 만약 사용한 단어 모두를 제목에서 찾고자 한다면, 〈예 2〉와 같이 allintitle를 사용해야 한다. 모든 단어를 내용에서만 찾고자 한다면 allintext를 사용한다.

〈예 1〉 intitle:training method 〈예 2〉 allintitle:training method

입력어	intitle:training
결과	문서 제목에 "training"이란 단어가 들어간 것들만 검색결과로 나타난다.
입력어	intitle:training method
결과	intitle은 바로 뒤에 오는 단어만을 인식한다. 따라서 문서 제목에 "training"이 들어가고 문서 제목이나 내용에 "method"가 들어가 있는 검색결과를 출력한다.
입력어	allintitle:training method
결과	문서 제목에 training method가 들어가 있는 검색결과를 출력한다. allintitle은 다음에 오는 모든 단어를 인지하여 검색한다.
입력어	intext:training method
결과	intext는 바로 뒤에 오는 단어만을 인식한다. 문서내용에 "training"이 들어가고 문서 제목이나 내용에 method가 들어가 있는 검색결과를 나타낸다.
입력어	allintext:training method
결과	문서 내용에 training method가 들어가 있는 검색결과를 출력한다.

특정 단어를 제외시키기 : 마이너스 부호(-)

검색을 하다보면 특정 단어가 여러 가지로 사용되어 원하지 않는 검색결과가 나오는 경우가 흔히 있다. 예를 들어 운동과 관련된 "training"이란 단어로 검색하면 온갖 교육과 관련된 자료, 군대 훈련과 관련된 자료 등 가능한 모든 것이 나온다. 이럴 경우 제외시키고 싶은 단어를 입력해서 검색하면 좋을 것이다. 사용 방법은 간단하다. 제외시키고 싶은 단어 앞에 마이너스(−) 기호를 붙이면 된다. 아래 〈그림 4-7>은 입력 예를 보이고 있다. training으로 검색을 하되, Wikipedia, education 단어는 제외하고 검색하라는 문장이다.

그림 4-7. 특정 단어 제외하고 검색하기

특정 사이트에서 찾기 : site

특정 사이트만을 대상으로 문서를 찾고자 할 때 유용한 방법으로 site:주소를 입력하는 방법이다. 예를 들어 고려대학교 사이트만을 대상으로 시간표란 단어로 검색하고자 한다면 아래 〈그림 4-8〉과 같이 입력하면 된다. korea.ac.kr의 주소를 사용하는 사이트를 대상으로 시간표란 단어를 검색하라는 뜻이다. 연구 활동에서 유용하게 사용될 수 있는데 예를 들어 특정 방송사나 신문사에서 관련 기사를 찾고자 할 때 사용하면 편리하다.

그림 4-8. 특정 사이트를 대상으로 찾기

구글 검색의 몇 가지 편리한 기능

구글 검색은 몇 가지 편리한 기능도 가지고 있는데, 사전 기능, 계산기 기능, 환산 기능 등이 구글 검색에서 바로 실행될 수 있다. 구글 검색 입력창에 〈그림 4-9〉와 같이 단어를 쓰고 한 칸 띈 후 뜻이라고 입력하면 사전적 의미를 보여준다.

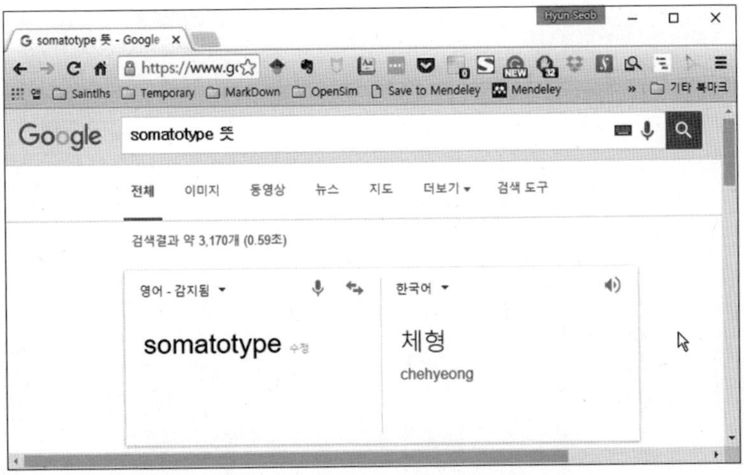

그림 4-9. 구글 검색의 사전 기능

검색어 입력란에 계산할 내용을 입력하면 계산 결과가 나온다. 〈그림 4-10〉은 계산 기능을 보여주고 있다.

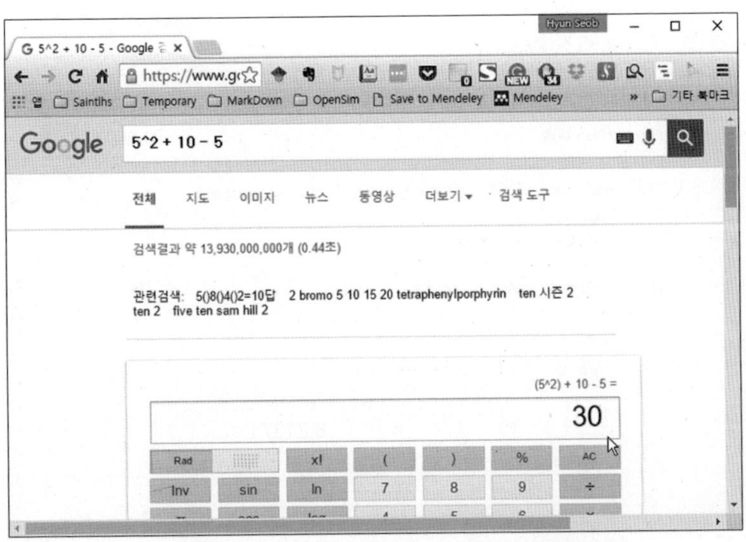

그림 4-10. 구글 검색의 계산기 기능

<그림 4-11>과 같은 계산식도 가능하다.

그림 4-11. 계산식의 다른 형태

환산 기능을 사용해 보자.

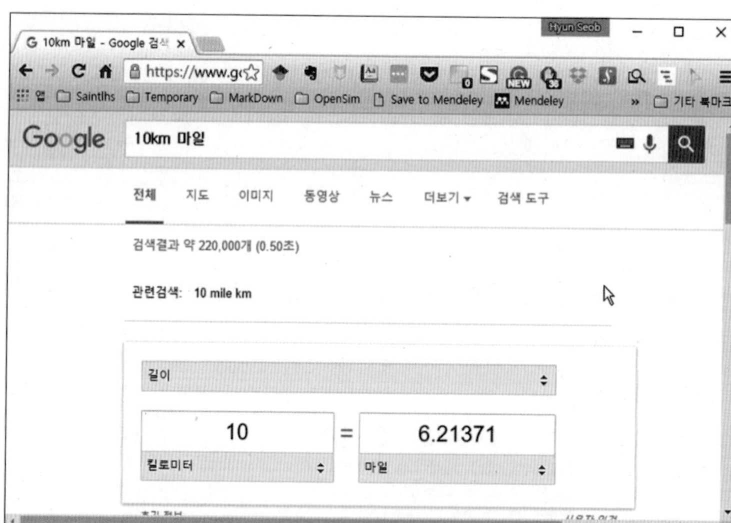

그림 4-12. 구글 검색의 환산 기능 1

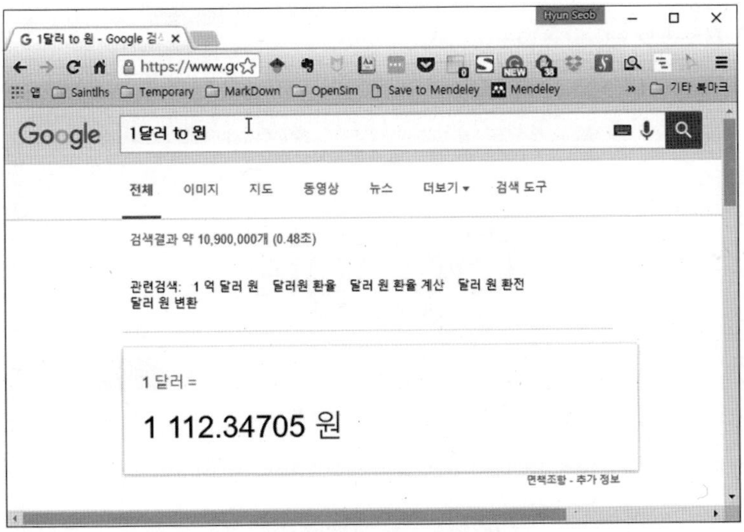

그림 4-13. 구글 검색의 환산 기능 2

이외에도 구글 검색에는 다른 기능들이 더 있으니 직접 찾아보기 바란다.

3) 구글 학술검색 사용하기

구글은 일반적인 검색과 학술검색이 분리되어 있는데 이를 알고 있는 사람은 생각보다 많지 않다. 특히 학생들의 경우 구글에 학술검색이 있다는 생각조차 못하는 경우도 있다. 일반적으로 우리가 사용하는 구글 검색의 사이트 주소는 https://www.google.co.kr이고 구글 학술검색 사이트 주소는 https://scholar.google.co.kr이다. 학술검색에는 학위논문, 학술논문, 보고서 등 각종 학술적 자료들을 검색할 수 있다. 여기서는 구글 학술검색이 어떠한지 살펴봄과 동시에 사용방법에 대해서 알아 볼 것이다.

구글 학술검색 사이트에 접속한 홈 화면은 〈그림 4-14〉와 같다. 구글 검색과 거의 비슷한 모습을 하고 있다. 학술검색에서도 우리가 위에서 살펴본 고급검색 방법을 그대로 사용할 수 있다.

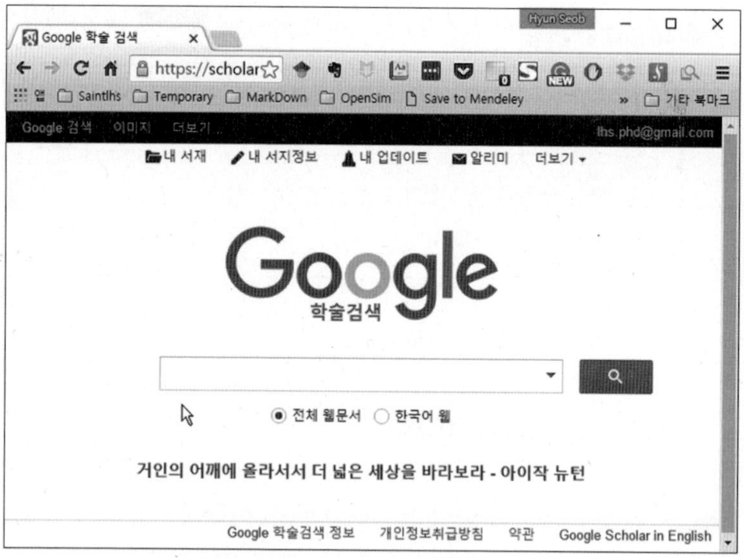

그림 4-14. 구글 학술검색 홈 화면

보행(gait)과 관련된 논문을 검색해 보자. 검색어 입력란에 'gait'라 치고 검색을 하면 〈그림 4-15〉와 같은 검색결과 화면이 나타난다. 전체적인 화면을 살펴보면, 왼쪽에 날짜 지정부터 서지정보 포함 등을 설정할 수 있는 메뉴가 있고 오른쪽에는 관련 사이트 및 PDF 파일 여부를 알려주는 항목이 있다. 검색된 3번째 항목처럼 오른쪽에 [PDF] 표시가 있을 경우 이를 클릭하면 크롬은 해당 파일을 불러와 새 탭에 내용을 출력해준다. 출력된 PDF 파일은 인쇄할 수 있으며 파일로 저장할 수 있다. 검색된 결과의 각 항목 아래쪽에는 해당 문서가 인용된 횟수가 나타나고, 파란색 글자로 된 몇 가지 메뉴가 보인다. 이들 메뉴 중 ["] 기호로 표시되는 메뉴를 클릭하면 〈그림 4-16〉과 같이 자주 사용되는 3가지 인용 스타일이 나타난다. 필자의 경우 APA 스타일을 많이 사용하므로 그 내용을 클릭해서 [Ctrl+C], [Ctrl+V]로 한글이나 워드에 붙여넣기를 하면 된다.

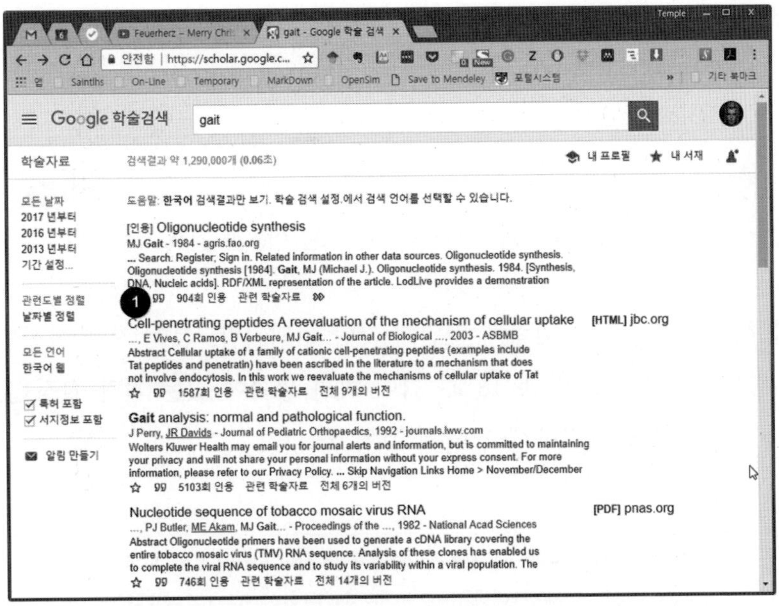

그림 4-15. 입력어 gait에 대한 학술검색 결과

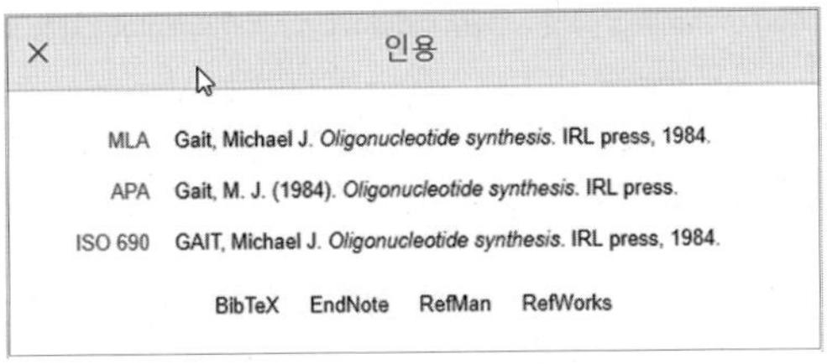

그림 4-16. ["] 메뉴 클릭시 나타나는 인용 화면

전체적인 모습을 살펴보았으니, 이제는 위에서 배운 고급검색 방법과 함께 사용해보자. 우리가 찾을 학술 자료는 다음과 같다.

학술자료 : "Normative EMG activation patterns of school-age children during gait"

제목을 모두 알고 있는 경우 바로 입력하면 되지만 일부만 알고 있다면 검색방법을 이용하여 찾아가야 한다. 먼저 키워드로 사용될 만한 단어를 사용하자. 검색어로 단순하게 gait와 EMG를 입력하면 제목뿐만 아니라 내용에서까지 검색하므로

intitle을 사용하여 〈그림 4-17〉과 같이 입력하도록 하자. 만약 intitle을 두 개 사용하고 싶지 않다면 allintitle을 사용하면 된다.

그림 4-17. 학술검색 : intitle을 이용한 검색

이렇게 하나씩 검색어를 입력해 가면서 찾아도 되지만, 검색 기간 설정을 이용해서 다시 검색해 보자. 〈그림 4-18〉과 같이 화면 왼쪽에 있는 기간 설정 값을 이용하여 2010년을 입력한 후 다시 검색해 보자.

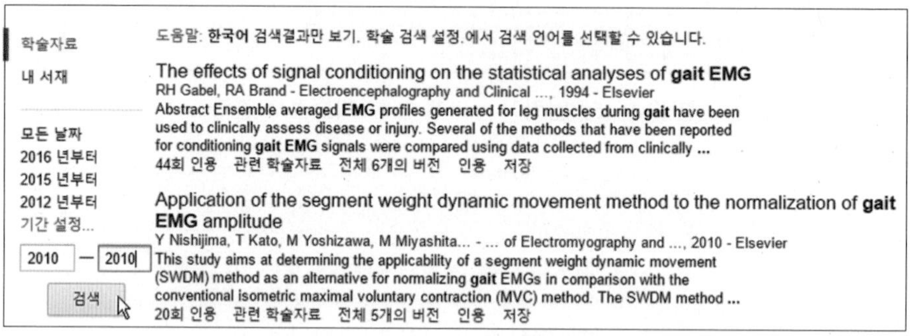

그림 4-18. 검색 기간 설정을 이용하여 검색

검색결과는 〈그림 4-20〉과 같다. 검색결과의 두 번째 항목에 우리가 찾고자 하는 문헌이 나타났다. 항목의 오른쪽에 [PDF] 표시가 있는 것을 보니 다행히 PDF 파일도 볼 수 있는 것 같다. [PDF]를 클릭하여 내용을 확인해 보기 바란다. 참고로 [Ctrl]키를 누른 상태에서 클릭하면 새 탭에 내용이 나타나므로 검색결과와 내용을 편하게 볼 수 있다.

학술검색에서는 고급검색을 바로 사용할 수 있는데, 〈그림 4-17〉의 검색어 입력란 끝에 보이는 삼각형 버튼을 클릭하면 〈그림 4-19〉와 같이 고급 검색화면이 나타난다. 이곳에서 자신이 원하는 항목을 입력하여 보다 정밀하게 검색을 수행할 수 있다.

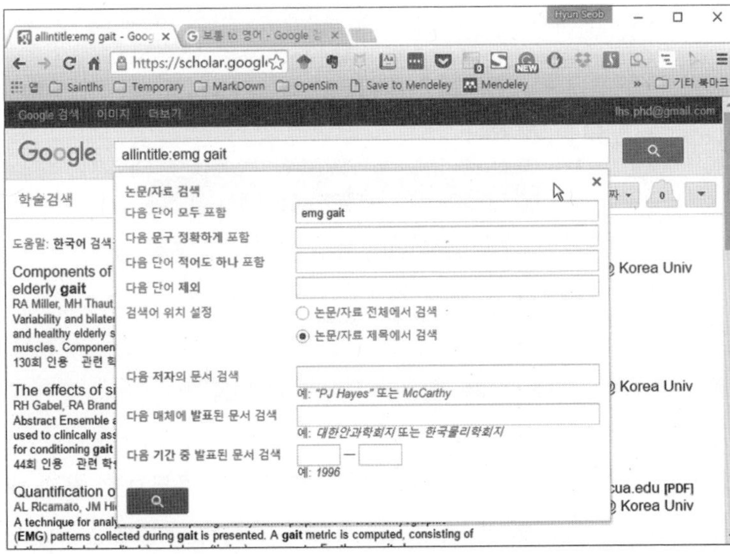

그림 4-19. 고급 학술검색 화면

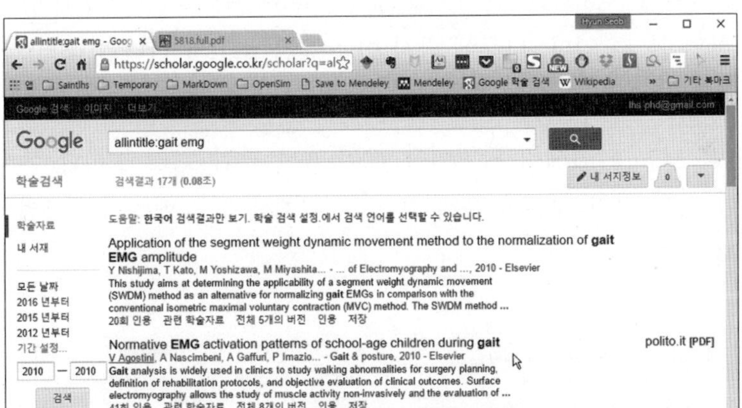

그림 4-20. 검색 기간을 설정한 검색결과

우리가 찾은 문헌을 참고문헌에 입력하기 위해서 항목의 아래쪽에 있는 ["]을 클릭하여 〈그림 4-21〉과 같이 인용 창을 불러내자.

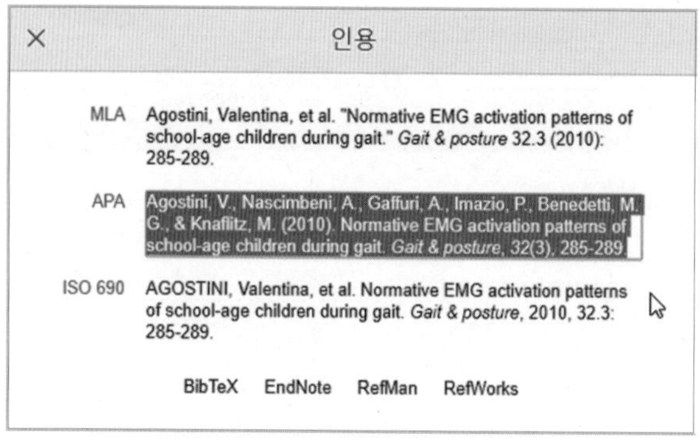

그림 4-21. 찾은 항목에 대한 인용 창

APA 스타일로 가져가기 위해서 해당 부분을 클릭하면 자동으로 전체 내용이 선택된다. 이를 [Ctrl+C]로 복사한 후 한글이나 워드 등 원하는 곳으로 가서 [Ctrl+V]로 붙여넣기 하면 된다. 우리가 찾아낸 논문을 나중에 다시 보기 위해 항목 아래의 메뉴 중 [★]을 클릭하면 저장되는데, 저장된 내용은 크롬 화면 오른쪽 상단에 있는 [내 서재]를 클릭하면 볼 수 있다. 나중에 다시 이 논문을 보고자 한다면 다시 검색하는 것이 아니라 [내 서재]로 가면 된다. 영문 크롬을 사용할 경우 [Library]로 표시된다.

〈그림 4-22〉는 내 서재의 화면이다. 이곳에서 관심 있는 논문을 클릭하면 〈그림 4-23〉과 같이 관련 내용이 출력된다. 내 서재에서 검색을 수행하면 내 서재에서만 자료를 찾을 수 있다.

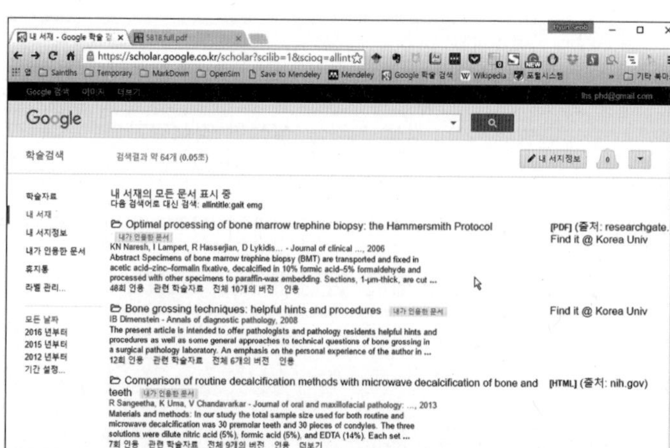

그림 4-22. 내 서재 화면

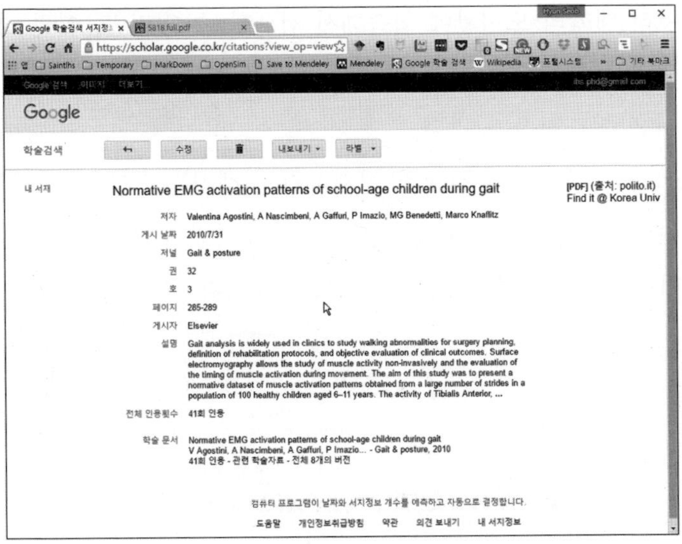

그림 4-23. 논문에 대한 상세 내용 화면

위 〈그림 4-23〉의 상단에 보면 **[라벨]** 버튼이 보일 것이다. 이것을 클릭하면 각 논문에 라벨을 붙일 수 있으며, 자신이 만든 라벨도 붙일 수 있다. 라벨을 붙여 놓으면 나중에 해당 라벨이 붙은 자료만을 볼 수도 있다. 앞 장의 지메일 사용 방법에서 설명한 라벨과 같은 역할을 한다. 그러나 여기서 라벨 사용 방법에 대해서 설명하지는 않을 것이다. 이유는 누구나 쉽게 이해할 수 있을 만큼 사용 방법이 단순하고, 본서에서 후에 다루게 될 소프트웨어를 통해 보다 더 체계적으로 논문관리를 할 수 있는 방법에 대해서 설명할 것이기 때문이다.

최근 국내도 구글 학술검색과 연계하여 대학 도서관의 자료를 열람할 수 있도록 하는 대학들이 늘어나고 있다. 각 대학마다 연계방법이 다르기 때문에 여기서 일일이 설명하기는 어렵지만 아마도 전반적인 절차는 비슷할 것으로 판단된다. 여기서는 고려대학교 도서관과 연계하여 구글 학술검색에서 자료를 열람하는 방법에 대해서 설명할 것이다. 대부분 대학에서 국내·외 유명 논문 DB와 계약을 맺고 자료를 제공하고 있는데 저작권 등의 이유로 대학 내에서만 서비스가 가능한 경우가 많고, 일부는 외부접속을 허용하는 경우도 있다. 외부접속이란 사용자가 서비스가 불가한 대학 밖에 있지만 마치 대학 내에 있는 것처럼 사용하는 것을 의미한다. 당연히 외부접속시 자신의 신분을 증명할 수 있는 대학의 아이디와 패스워드가 필요하다.

물론 처음부터 대학의 도서관에 접속해서 검색할 수 있지만, 이럴 경우 대학에서 제공하는 자료만을 대상으로 하기 때문에 검색에 한계가 있다. 이런 이유로 구글 학술검색을 이용하는 경우가 많다.

대학의 도서관을 구글 학술검색과 연계하기 위해서는 먼저 대학의 링크를 구글 학술검색에 연결해야 한다. 구글 학술검색의 처음 화면에 보면 <그림 4-24>와 같이 상단에 톱니바퀴 모양의 [설정] 아이콘이 보일 것이다. 이를 클릭하면 설정 화면이 나타난다.

그림 4-24. 학술검색 첫 화면의 설정 메뉴

설정 화면의 왼쪽 [라이브러리 링크]를 클릭하면 <그림 4-25>와 같이 링크 표시 입력 화면이 나타난다. 이곳에 "Korea university"라고 입력한 후 검색 버튼을 누르면 <그림 4-26>과 같이 나타나는 항목들 중에서 "Find it @Korea Univ"에 해당하는 항목에 체크를 한 다음 [저장] 버튼을 클릭하면 된다.

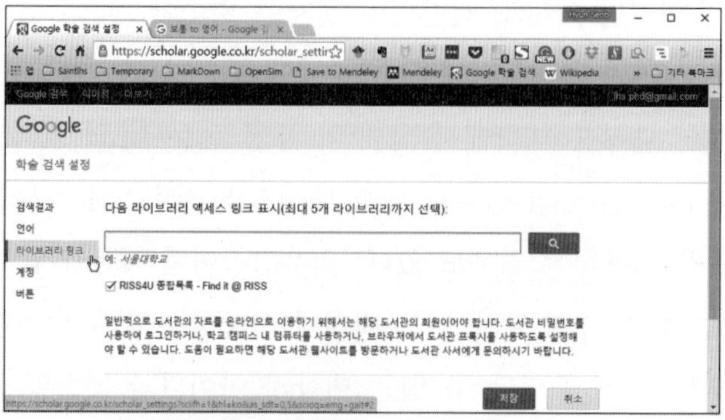

그림 4-25. 라이브러리 링크 메뉴 화면

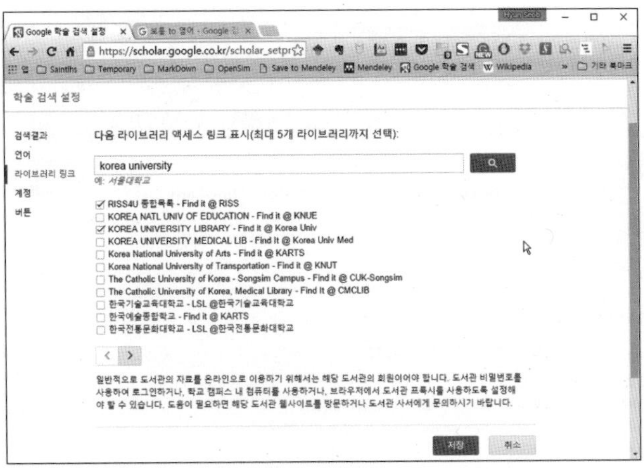

그림 4-26. Find it @Korea Univ 항목

이제 다시 앞쪽에서 검색했던 논문을 찾아보자. 〈그림 4-27〉과 같은 검색결과가 나타날 것이다. 〈그림 4-20〉과는 달리 논문 오른쪽의 [PDF] 표시 아래에 "Find it @Korea Univ"라는 표시가 나타날 것이다. 이것은 본 논문을 고려대학교 도서관에서 찾아 볼 수 있다는 뜻이다. 클릭을 하면 아이디와 패스워드를 입력하는 화면이 나타나는데 아이디에 "korea" 패스워드에 "univ"를 입력하면 〈그림 4-28〉과 같이 해당 논문에 연결된 고려대학교 도서관 화면을 볼 수 있다. 물론 전문을 보기 위해서는 고려대학교 도서관에 접속할 수 있는 개인 아이디와 패스워드가 필요하다. 아마도 다른 대학들도 고려대학교와 비슷한 방식으로 운영하고 있을 것이므로 자신의 대학에 문의해서 연결하여 사용하도록 하자.

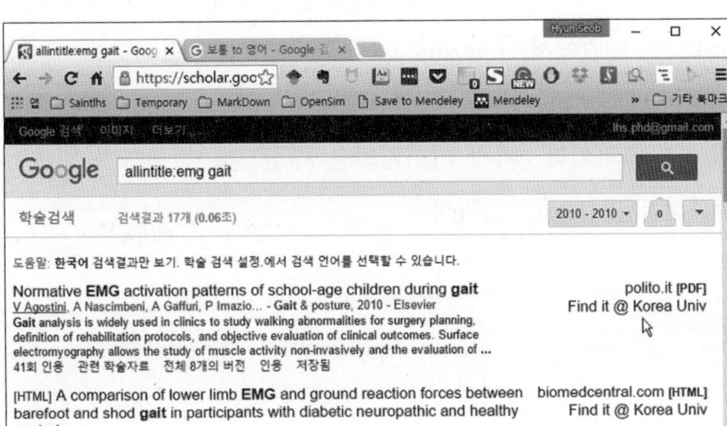

그림 4-27. 라이브러리 링크 설정 후 검색결과

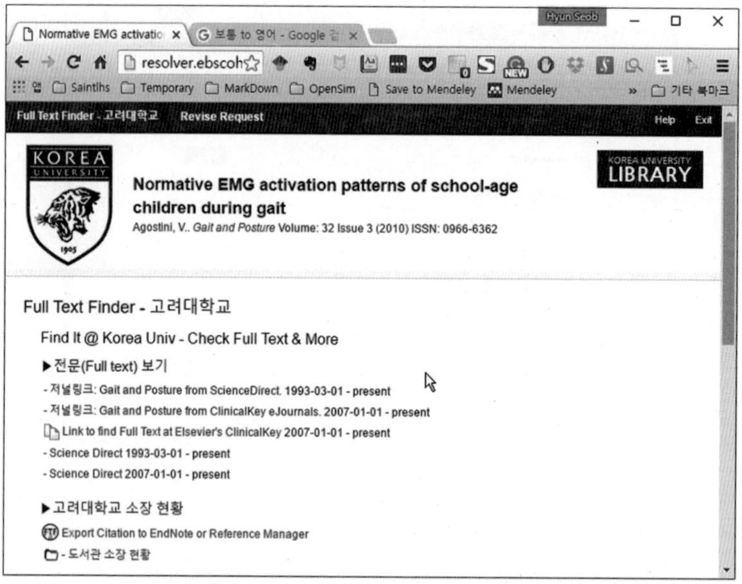

그림 4-28. 고려대학교 도서관으로 링크된 화면

4) 구글 이미지 검색 사용하기

연구 활동이나 보고서를 작성할 때 또는 강의 자료를 만들 때 적당한 이미지를 사용하는 것은 효과적인 전달 수단이다. 문제는 필요한 이미지를 어떻게 구하느냐이다. 특별한 능력이 있다면 직접 만들 수 있지만 그렇지 못할 경우 인터넷에서 사용 가능한 이미지를 찾아보는 것이 효과적이다. 구글에서는 이미지만을 대상으로 검색이 가능하도록 서비스를 하고 있다. 해부학적 자세에 대한 이미지를 검색해 보자. 구글 검색 첫 화면에서 "anatomical posture"라고 입력하고 검색하면 〈그림 4-29〉와 같은 검색결과가 나타난다. 검색결과는 상단에 표기된 바와 같이 전체를 대상으로 검색한 결과이다. 이제 이미지만을 대상으로 검색하기 위해서 결과화면 상단에 있는 [이미지] 버튼을 클릭하자.

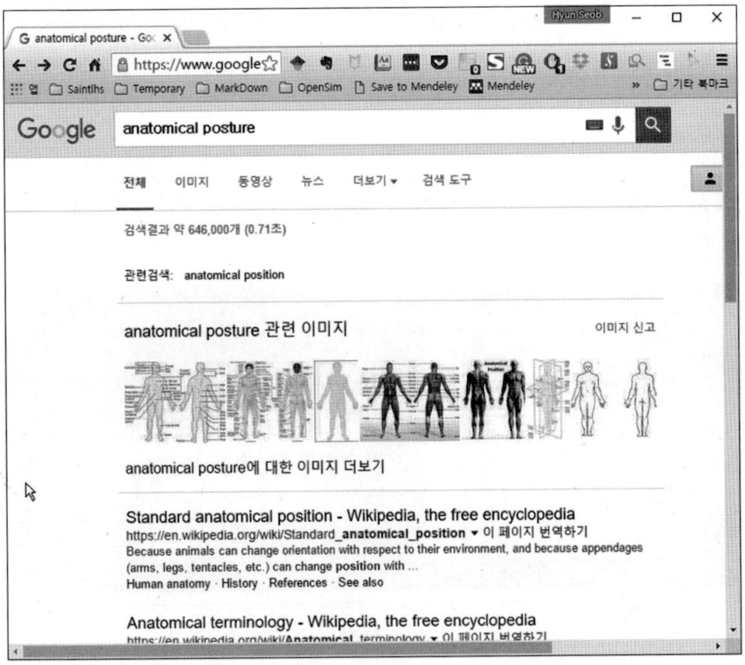

그림 4-29. anatomical posture 검색결과

[이미지] 버튼을 클릭하면 결과화면이 바뀌면서 〈그림 4-30〉과 같이 이미지들만 검색결과로 나타난다.

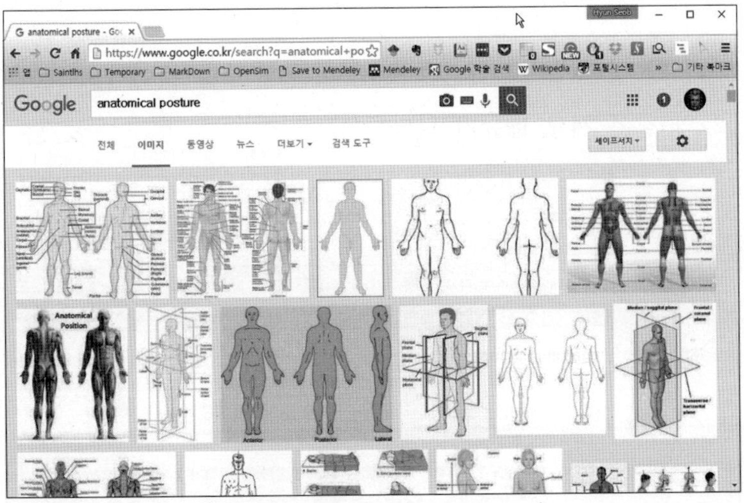

그림 4-30. 이미지 검색결과

이미지들 중 마음에 드는 것을 클릭해 보자. 〈그림 4-31〉과 같이 화면이 바뀔 것이다.

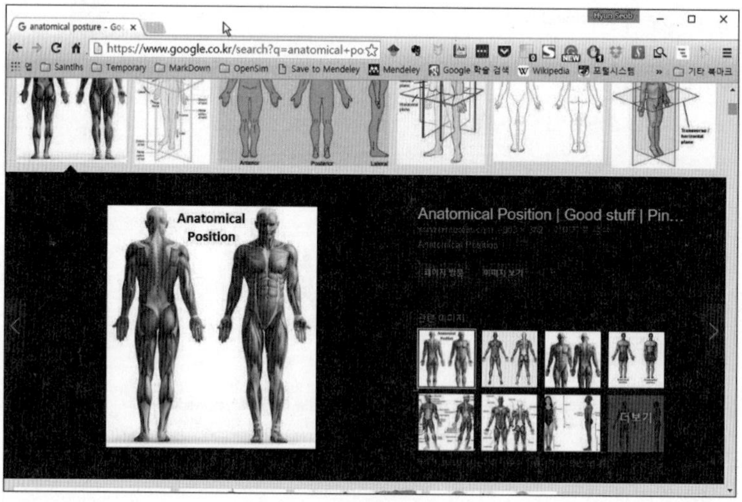

그림 4-31. 이미지 클릭시 나타나는 화면

가끔 이미지가 흐리게 보일 때가 있는데, 그때는 해당 이미지 하단에 미세한 상태바가 보이고 이미지를 불러오는 정도를 나타내 준다. 이것은 이미지 크기가 커서 아직 완전하게 이미지를 표현하지 못해 흐리게 보이는 것이다. 기다리면 깨끗한 이미지를 볼 수 있다. 원하는 이미지를 찾았다면 오른쪽 마우스 버튼을 눌러 저장할 수 있다.

〈그림 4-30〉의 상단에 보면 [검색 도구] 버튼이 보일 것이다. 이것을 클릭하면 〈그림 4-32〉와 같은 서브 메뉴가 나타난다.

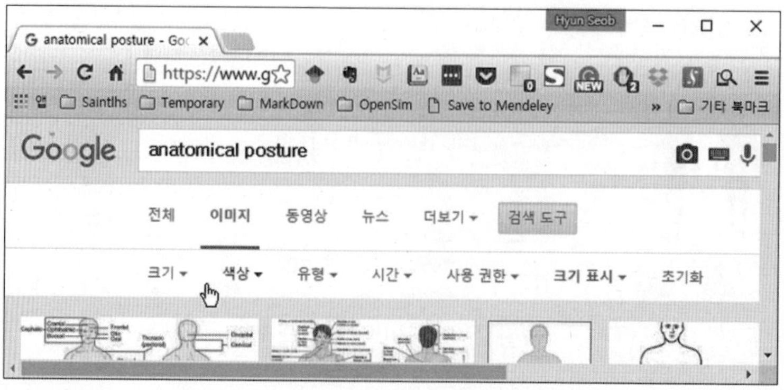

그림 4-32. 검색 도구에 대한 서브 메뉴

서브 메뉴를 한 번씩 눌러보면 어떻게 사용하는지 알 수 있을 것이다. 서브 메뉴 중 유용한 것이 [크기], [유형], [사용 권한], [크기 표시] 이다. [크기]는 이미지의 해상도를 정해서 검색할 수 있으며, [유형]은 이미지의 유형을 결정할 수 있는데 특히 애니메이션을 선택하면 움직이는 이미지인 GIF 파일을 찾아낼 수 있다. [사용 권한]을 클릭해 보면 라이선스와 관련된 항목들이 나타나는데, 이를 통해 라이선스가 있는 이미지를 처음부터 검색에서 제외시킬 수 있으며 부분적으로 사용 가능한 것들과 수정이 가능한 것까지 설정해서 이미지를 검색할 수 있다. 최근 지적소유권과 관련된 문제가 발생하고 있는 점을 생각하면 이 같은 기능은 매우 유용한 것이다. [크기 표시]는 검색결과 화면에 각 이미지들에 대한 크기를 보여준다.

5) 구글 동영상 검색과 유튜브(YouTube) 사용하기

이번에는 동영상 검색을 해보자. 〈그림 4-29〉에서 [이미지]를 클릭해서 이미지 검색으로 들어갔듯이 그 옆의 [동영상]을 클릭해서 동영상만을 대상으로 검색을 할 수 있다. 아마도 동영상 검색이라고 하면 구글에서 제공하고 있는 유튜브(YouTube)가 가장 많이 알려져 있을 것이다. 여기서의 동영상 검색과 유튜브에서의 동영상 검색에는 차이가 있는데, [동영상]에서의 검색은 유튜브에 없는 동영상까지 포함해서 검색을 수행해 준다. 물론 유튜브에 있는 동영상들이 검색결과로 많이 나오기는 한다. [동영상] 검색은 별다른 메뉴가 존재하지 않고, 대부분 유튜브에서 찾을 수 있기 때문에 여기서는 유튜브 사용 방법을 알아볼 것이다. 유튜브 사이트의 주소는 https://www.youtube.com이다.

유튜브에 접속하면 일상적인 연예, 스포츠, 게임 등과 관련된 영상들이 나오기 때문에 유튜브가 연구 활동과 무슨 관계가 있나 싶을 것이다. 그러나 유튜브에는 학술 자료로 쓸 만한 것들도 상당수 있는데 한글이나 워드, 엑셀, 파워포인트 등 프로그램 사용법을 설명하는 것도 있고 해부학 관련 각종 동영상, 트레이닝 방법, 통계학, 역학 등 전문적인 지식이 요구되는 동영상들도 많다. 따라서 유튜브를 잘 사용한다면 자신의 연구 활동에 도움이 될 것이다.

유튜브에서 검색하는 방법은 앞에서 알아본 구글 검색과 동일하기 때문에 검색

방법은 따로 설명하지 않을 것이고, 여기서는 자신이 찾은 동영상을 어떻게 관리할 수 있는지를 설명할 것이다.

유튜브에 접속한 후 로그인을 해야 동영상을 관리할 수 있다. 검색창에 "heart movement"로 검색을 하면 〈그림 4-33〉과 같은 검색결과가 나타난다. 검색결과의 위쪽에 있는 필터 ▾ 버튼을 클릭하면 다양한 형태로 검색 결과를 조정할 수 있다. 검색 결과 중 두 번째 항목을 클릭해서 동영상을 보자. 〈그림 4-34〉와 같이 화면이 동영상 재생 형태로 변경되면서 자동으로 재생이 될 것이다.

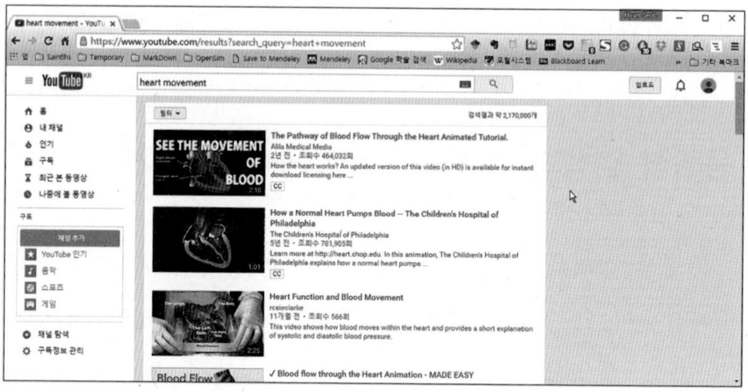

그림 4-33. 검색 후 나타나는 유튜브 화면

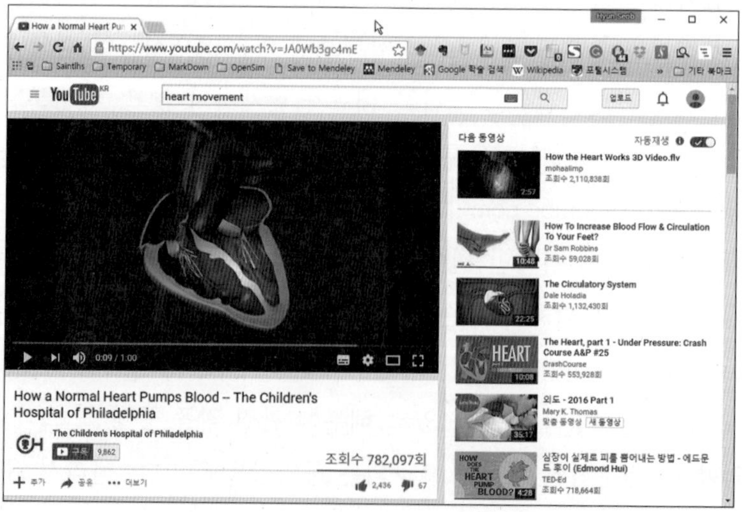

그림 4-34. 동영상 재생 모드 화면

동영상 재생 화면에서 동영상 위에 마우스를 가져가면 동영상 아래에 재생과 관련된 버튼들이 〈그림 4-35〉와 같이 나타난다.

그림 4-35. 동영상 재생 관련 버튼들

먼저 위에 붉은 색 줄은 동영상 진행 정도를 보여준다. 왼쪽에는 실행/정지 버튼, 다음 동영상 버튼, 음향 크기 버튼이 있다. 오른쪽에 있는 첫 번째 버튼은 자막버튼으로 동영상에 자막이 있을 경우 자막을 출력해 준다. 그 옆에 톱니바퀴 모양의 버튼은 동영상의 품질 등을 설정할 수 있다. 만약 동영상이 HD를 지원하면 이곳에 나타난다. 보다 좋은 품질의 동영상을 얻기 위해서는 이곳에서 최소 720p 정도의 동영상을 지원하는지 확인하는 것이 좋다. 그 옆의 사각형 2개는 재생 화면의 크기를 조절하는 버튼이다.

만약 이 동영상이 마음에 들었다면 어딘가에 보관할 필요가 있다. 유튜브의 특성상 이 영상을 다시 찾을 수 없을 수도 있기 때문이다. 〈그림 4-34〉의 하단에 보면, [추가], [공유], [더보기] 버튼이 보일 것이다. [추가] 버튼을 클릭하면, {다음으로 재생목록 만들기}라는 창이 나타나는데 [채널 만들기]를 클릭하면 뭔가 잠시 실행된 다음 아무런 움직임이 없을 것이다. 이제 다시 [추가] 버튼을 클릭하면 〈그림 4-36〉과 같은 서브창이 나타난다.

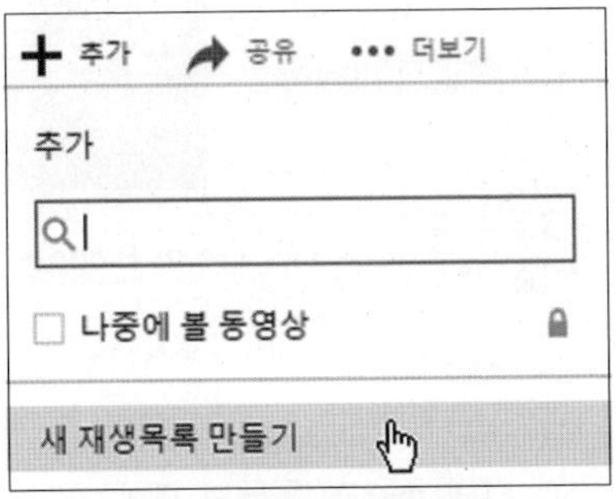

그림 4-36. 추가-서브창

[새 재생목록 만들기]를 클릭하면 다시 아래에 재생목록 이름을 입력할 수 있는 창이 나오는데 이곳에 "해부학"이라고 입력하고 [공개] 버튼을 클릭해서 비공개로 설정한 후 [만들기] 버튼을 누르면 본 동영상이 "해부학"이라는 라이브러리에 등록이 된다. 이제 〈그림 4-37〉과 같이 유튜브 화면 좌측 상단의 3줄 선 아이콘(≡)을 클릭하면 메인 메뉴가 나타나고 중간에 [라이브러리] 밑에 방금 우리가 입력한 "해부학"이 보일 것이다. 이것을 클릭하면 우리가 추가했던 동영상을 바로 볼 수 있다. 다른 동영상을 보다가 마음에 들면 똑같은 방법으로 [추가] 버튼을 눌러 나타난 해부학의 체크박스에 체크를 하면 그 동영상이 해부학 라이브러리에 추가된다. 이렇게 재생목록인 라이브러리는 필요에 따라 계속 만들어 낼 수 있다. 참고로 유튜브의 왼쪽 메뉴 패널은 화면의 크기에 따라 자동으로 생겼다 사라졌다 한다.

그림 4-37. 유튜브 메뉴

이렇게 관리해도 동영상을 업로드한 사용자가 삭제해 버리면 나의 라이브러리에서도 사라지게 된다. 따라서 필요한 동영상은 가능한 다운로드해 두는 것이 좋다. 유튜브 동영상을 다운로드 하는 방법은 여러 가지가 있으나 가장 쉬운 방법은 전용 다운로더를 사용하는 것이다. 유튜브 다운로더 중 가장 많이 사용되는 프로그램은 Youtube Downloader HD이다. 무료이면서 사용방법도 간단하기 때문에 많은 사용자를 보유하고 있다.

Youtube Downloader HD는 아래의 사이트에서 다운로드 받을 수 있다.

홈페이지 주소 : http://www.youtubedownloaderhd.com

설치를 한 후 실행하면 〈그림 4-38〉과 같은 초기 화면을 볼 수 있다.

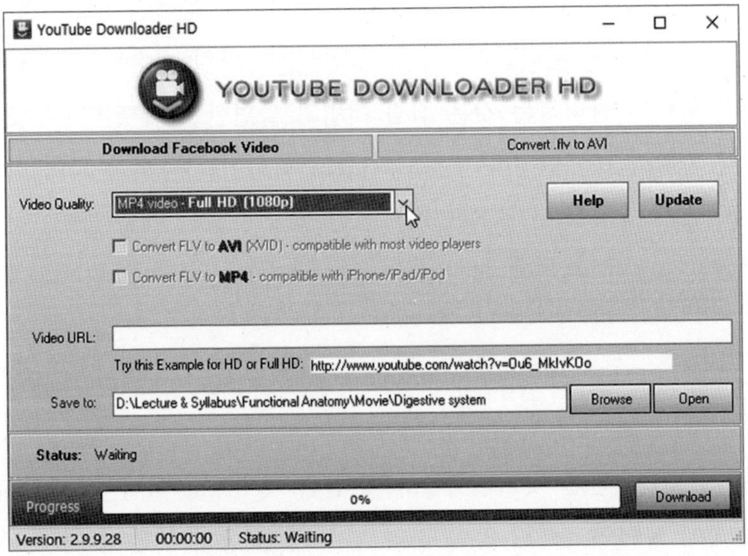

그림 4-38. Youtube Downloader HD 초기화면

초기화면의 「Video Quality」 항목은 다운로드 받고자 하는 영상의 해상도를 설정하는 곳이다. 가장 높은 해상도는 "MP4 video-Full HD(1080p)"이고 차례로 720p, 480p, 360p, 240p이다. 다운로드받을 때 최고 해상도로 설정해 놓으면, 프로그램이 먼저 최고 해상도를 찾아보고, 없으면 차례로 아래 해상도를 찾는다. 그리고 그 내용을 사용자에게 알려준다.

「Video URL」에 동영상의 주소를 입력하면 되는데, 유튜브에 접속해서 동영상을 실행하면 주소 입력란에 해당 주소가 나타난다. 그 주소를 「Video URL」에 입력하면 된다. [Ctrl+C], [Ctrl+V]를 이용하여 입력하면 된다.

「Save to」는 다운로드 받은 동영상을 저장할 경로를 설정하는 곳이다. [Browse] 버튼을 이용해서 원하는 경로를 설정하면 된다. [Download] 버튼을 클릭하면 동영상을 해당 경로에 저장하기 시작한다.

2 논문 관리 프로그램 : Mendeley

대학원생들을 포함하여 많은 연구자들은 논문이나 전문적인 보고서를 PDF 파일로 받아 폴더 내에 보관·관리한다. 시간이 지날수록 파일 개수는 점점 많아지고 이를 분류해서 폴더에 관리하는 것은 점점 어렵고 불편한 일이 된다. 무엇보다도 파일 하나하나 파일이름을 변경하는 것도 어렵고 더욱이 하나의 논문이 여러 폴더에 포함될 수도 있기 때문에 분류하는 것은 점점 힘들어진다. 예를 들어, 전장에서 우리가 검색했었던 논문 제목을 보자.

Normative EMG activation patterns of school-age children during gait

이 논문은 EMG에 관한 것이면서 gait에 관한 것이기도 하다. 폴더로 관리할 경우 어느 한쪽에 넣어야 할까? 양쪽에 다 넣어 두면 중복 파일이 돼서 비효율적인 관리가 된다. 이러한 문제뿐만 아니라 컴퓨터 하드디스크가 고장이라도 일으키면 모든 자료가 한 번에 사라지는 불상사도 고려해야 한다.

이렇게 힘들고 골치 아픈 논문관리를 위해 외국에서는 일찍부터 논문관리 프로그램을 만들어 사용해 왔다. 그러나 국내에서는 이러한 프로그램들이 있는지 조차 모르는 경우가 많고 이를 활용하는 경우는 더욱 소수이다. 논문의 체계적인 관리는 단순히 파일 관리에 그치는 것이 아니라 자신의 연구 활동을 체계적으로 구성하고 연계하는 데 있어 중요한 요소이다. 또한 논문을 작성할 때 인용 등에 있어서 실수를 줄일 수 있는 현실적인 방법이기도 하다. 그럼에도 불구하고 국내에 잘 소개되지 않은 탓에 많은 연구자들이 수동적인 방법으로 논문을 관리하고 있는데 이는 연구자들의 인식과 국내의 컴퓨터 환경이 영향을 끼쳤을 것으로 생각한다. 컴퓨터 관련 학과 이외에는 대부분 컴퓨터가 자신의 연구와는 별 관련이 없는 것으로 생각하여 관심이 적고 더욱이 윈도우즈만을 사용하는 국내 환경에서는 논문관리 프로그램과 같은 전문적인 프로그램을 접할 기회가 적었기 때문일 것이다.

그나마 국내에 알려진 것으로는 EndNote가 있는데 필자가 처음 EndNote를 접했을 때는 서지정보를 수집하고 인용하는 기능만 있었고 사용방법이 어려울 뿐만 아니라 한글 지원도 되지 않았기 때문에 별 도움이 되지 않았으며 무엇보다 가격이 상당했다. 학교에 있을 때는 학교에서 무료로 배포하는 것을 사용하면 되지만 졸업 후에는 대안이 없었기 때문에 처음부터 사용할 필요가 없었다. 물론 지금은 여러 기능이 추가되면서 좋아졌다고 하지만 가격과 계속적인 사용 측면에서 여전히 벽이 존재한다.

최근에는 많은 논문관리 프로그램들이 제작되어 소개·판매되고 있고 매우 뛰어난 제품들도 존재한다. 더욱이 누구나 쓸 수 있는 무료 프로그램들도 있다.

여기서는 이러한 논문관리 전문 프로그램들의 종류와 성격에 대해서 소개하고 이들 중 필자가 추천하는 멘들리(Mendeley)의 사용방법을 상세하게 소개할 것이다. 본장은 자료 관리를 위한 핵심적인 부분이므로 반드시 습득하기 바란다.

1) 논문 및 학술자료 전문 관리 프로그램 소개

논문 및 학술 자료를 전문적으로 관리해 주는 프로그램은 여러 개가 있으나 여기서는 평판이 좋은 대표적인 프로그램들을 소개할 것이다. 필자가 본서를 작성하는 시점에서 제공하고 있는 기능이나 서비스에 대해서 소개하고 있기 때문에 독자들이 본서를 통해 접하였을 때는 기능과 서비스가 달라졌을 가능성이 있으므로 프로그램 선택시 확인해 보는 것이 좋다. 또한 각 프로그램에 대한 평가 및 기술은 필자의 주관적인 생각이므로 가능한 무료인 것들은 직접 사용해 보고 선택하기 바란다. 아래의 그림들은 유명한 논문관리 프로그램들의 로고들이다.

논문관리 프로그램을 얘기할 때 가장 우선적으로 나오는 것은 Papers라는 제품이다. 영국에서 만든 것으로 기능이나 디자인 등 논문관리 프로그램으로써 최고의 제품이라고 할 수 있다. 얼마 전까지만 해도 Papers는 Mac에서만 작동하였다. 최근에는 윈도우즈용 버전도 나왔으나 Mac 버전만큼 뛰어나지 않다. 〈그림 4-39〉는 Papers의 윈도우즈 버전 화면이다. 외국에서는 Papers를 사용하기 위해 Mac을 산다는 말이 있을 만큼 논문 관리 프로그램 중에서는 킬러 앱(killer app)이다. 그러나 국내에서 사용하기에는 가격 문제도 있고, Mac을 사용해야 한다는 부담도 있다.

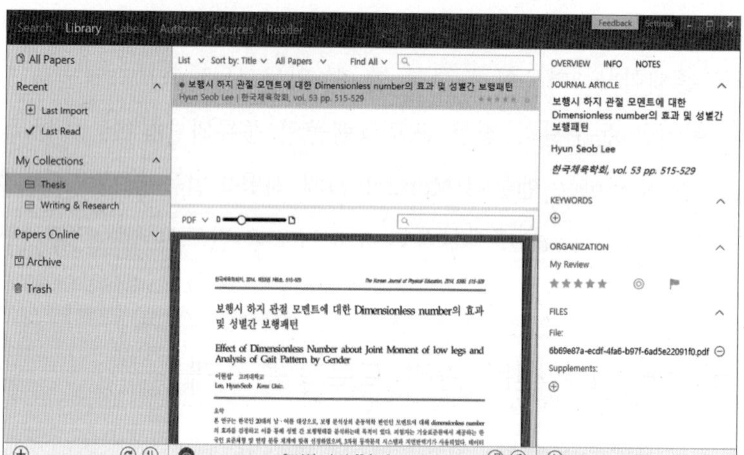

그림 4-39. Papers 윈도우즈 버전 화면

Papers 이후 다양한 새로운 논문 관리 프로그램들이 하나 둘씩 나타나기 시작했다. RefWorks, Zotero, Mendeley, EndNote 등이 그것이다. 이외에도 더 있으나 사용자들에게 많이 회자되는 프로그램들을 선택한 것이다. 최근 Papers를 비롯해서 여러 프로그램들의 기능과 디자인들이 거의 비슷해지고 있고 클라우드 기반의 동기화를 제공한다는 점까지도 동일해지고 있다. 각각의 프로그램에는 장·단점이 있겠으나 필자가 선택의 기준으로 삼은 내용은 다음과 같다.

1. 무료 여부 : 평생 동안 사용해야 할 프로그램이지만 가난한 필자로써는 가능한 무료인 것을 선호한다.
2. 다양한 플랫폼과 디바이스에서 사용 가능 : Mac과 윈도우즈에서 모두 사용 가능해야 하고, 아이폰 및 아이패드에서도 사용할 수 있어야 한다. 인터넷 상에서도 사용 가능하다면 더욱 좋을 것이다.
3. 클라우드 기반의 동기화 기능과 충분한 공간이 제공 : 다양한 플랫폼과 디바이스에서 정상적으로 사용하기 위해서는 동기화가 필수적이기 때문이다. 그리고 무엇보다도 중요한 것은 컴퓨터 고장으로 인해 PC에 있는 데이터를 잃어버려도 클라우드에 저장되어 있는 자료를 그대로 가져올 수 있기 때문에 데이터 보관 및 안전성이 높아진다. 클라우드 공간과 관련해서 용량은 크게 문제 되지 않는데 그 이유는 다른 장에서 알게 될 것이다.
4. 한글 지원 능력 : 외국에서 만든 프로그램들의 특징이 한글 지원이 완벽하지 않다는 점인데 가능한 한글 지원이 되는 것을 선택한다.
5. 꾸준히 업데이트 여부 : 지속적으로 업데이트가 이루어지는 프로그램은 신뢰성이 높다고 할 수 있다. 최근 많은 프로그램들이 소개되지만 어느날 사라지는 것들도 많아 믿고 사용할 수 없는 경우가 많기 때문이다. 평생 사용해야 하는 프로그램인 만큼 신뢰성이 중요하다.
6. 쉬운 서지정보와 파일 관리 : 이 문제 때문에 프로그램을 사용하는데 이것이 해결되지 않는다면 사용해야 할 의미가 없어진다.

위의 선택 기준에 맞춰 필자가 선택한 프로그램은 Mendeley이다. 모든 선택기준을 만족시켜 주지는 않지만 다른 프로그램들에 비해 가장 적당한 프로그램이라고 생각한다. 특히 선택 기준의 1, 2, 5, 6은 완벽하다고 할 수 있고, 3번의 경우도 가장 큰 클라우드 공간을 제공하고 있다. 그러나 앞에서 언급한 바와 같이 공간 문제는 다른 방법으로 해결할 수 있기 때문에 별 문제가 되지 않는다. 4번의 경우 한글 지원이 다소 약점인데 그렇다고 사용 못할 정도는 아니고 다소 불편한 정도이거나 무시해도 될 정도이다. 타 프로그램에 비해 한글 지원이 좋은 편에 속한다.

2) 멘들리(Mendeley) 소개, 다운로드 및 설치

멘들리(Mendeley)를 사용하기 전에, 멘들리가 어떻게 운영되는지 이해하는 것이 향후 사용에 도움이 된다. 〈그림 4-40〉은 멘들리의 운영 개념도이다.

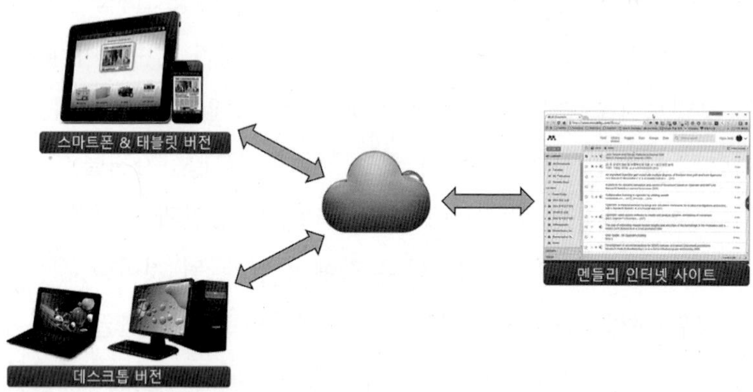

그림 4-40. 멘들리 운영 방식 개념도

멘들리를 사용하는 버전은 크게 3가지가 있다. PC나 노트북에서 사용할 수 있는 데스크톱 버전이 있고, 스마트폰이나 태블릿에서 사용할 수 있는 모바일 버전, 그리고 인터넷 사이트를 통해 이용할 수 있는 기능이 있다. 그리고 이 3가지 버전은 클라우드를 통해 모두 동기화된다. 즉, 어느 것을 사용해도 모두 동일한 형태로 유지된다. 만약 PC에서 데스크톱 버전을 사용하다가 PC 고장으로 PC에 있던 멘들리 정보와 자료를 모두 잃었더라도 인터넷 사이트상에 정보와 자료가 보관되어 있기 때문에 PC를 수리 후 멘들리를 다시 설치하면 예전과 동일하게 정보와 자료를 모두 복구할 수 있다. 즉, 우리는 데이터를 잃어버릴 염려가 없는 것이다. 여기서 주의할 것은 모바일 버전의 경우는 서지정보는 가지고 있지만 논문 자료 파일은 가지고 있지 않다. 이유는 파일까지 모바일에 저장할 만큼 모바일의 저장 공간이 충분하지 않다는 것과 모바일의 데이터 사용량을 증가시킬 수 있기 때문이다. 만약 스마트폰이나 태블릿에서 읽어야 할 파일이 필요할 때는 그 파일만 수동으로 내려받을 수 있다. 데스크톱 버전과 사이트상에서는 자동으로 파일을 보관하지만 모바일 버전에서는 사용자가 선택해서 수동으로 내려 받아야 한다. 대부분의 사용자들은 데스크톱 버전을 사용하는데 이는 관리 기능이나 속도 면에서 이점이 있기 때문이다. 본서에서도 데스크톱 버전을 대상으로 설명을 진행할 것이다.

Mendeley를 사용하기 위해서는 공식 사이트에서 먼저 가입을 해야 한다. 가입 시 주의할 점은 이름을 입력할 때 가능한 실명을 영어로 입력하는 것이 좋다. 멘들리는 단순히 논문만 관리해 주는 것이 아니라 세계에 있는 많은 학자들과 의견을 나눌 수도 있으며 자료를 서로 공유할 수 있다. 이러한 일들은 대부분 사용자의 프로필을 보면서 하게 되는데 실명을 사용하지 않거나 또는 이상한 이름을 이용할 경우 나의 프로필에 그대로 나타나게 된다. 물론 가입 후 자신의 프로필 페이지에서 이름을 변경할 수 있다.

Mendeley 공식 사이트 : https://www.mendeley.com

사이트에 가입 후 홈페이지의 아래쪽으로 내려가면 데스크톱 버전을 내려 받을 수 있는 링크가 존재한다. 또는 가입 후 사용자의 이메일로 안내 메일이 오는데 그곳에 데스크톱 버전을 다운로드할 수 있는 링크가 존재한다.

다운로드 한 데스크톱 버전을 설치하자. 설치 과정은 특별한 것이 없으니 화면에 나오는 대로 따라가면 된다. 설치를 완료한 후 로그인까지 하면 모든 준비는 완료된다. 멘들리의 첫 실행 화면은 〈그림 4-41〉과 같다.

전체적인 화면 구조를 먼저 살펴보면, 화면 좌측은 라이브러리를 생성하고 관리하는 메뉴들이 존재하고 그 아래에 필터를 관리하는 창이 존재한다. 그리고 화면 우측은 지금 아무것도 입력하지 않았기 때문에 메시지 창 하나가 떠 있다. 이것은 자료를 입력하는 순간 사라진다. 지금은 그 어떤 버튼이나 메뉴도 클릭하지 말고 자료도 입력하지 않도록 하자. 멘들리는 설정을 먼저 하는 것이 좋기 때문에 지금은 아래의 내용을 그냥 읽어보기 바란다.

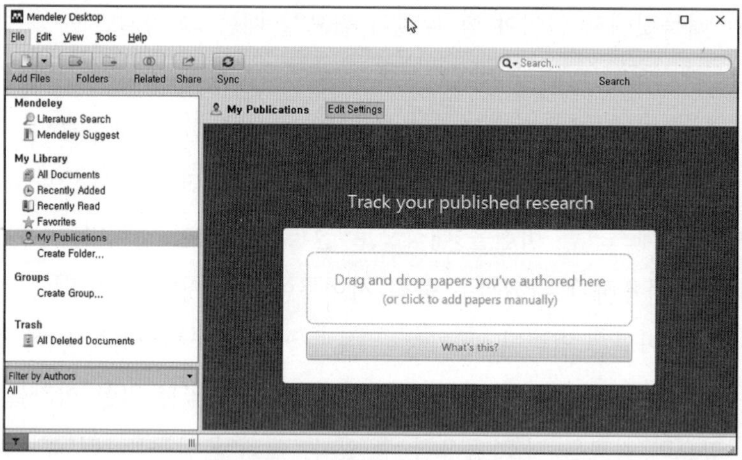

그림 4-41. 멘들리 첫 실행 화면

좌측 창에 있는 메뉴들을 하나씩 살펴보면 다음과 같다.

「Mendeley」 항목 아래에 있는

- 【Literature Search】 멘들리에서 제공하는 문헌들을 이용하여 검색할 때 사용한다.
- 【Mendeley Suggest】 내 프로필을 토대로 멘들리가 추천하는 논문이나 자료를 볼 수 있다. 멘들리는 사용자가 사용하는 태그나 또는 논문들의 키워드를 이용하여 유사한 내용의 논문들을 이메일을 통해 주기적으로 소개해준다. 그 내용을 살펴볼 수 있는 링크를 제공하는 곳이다.

「My Library」는 우리가 가장 많이 사용하게 될 메뉴이다.

- 【All Documents】 메뉴는 내가 보관하고 있는 모든 항목을 다 보여주는 메뉴이다.
- 【Recently Adde】 메뉴는 사용자가 최근에 입력한 자료를 보여주는 항목이다. 논문 자료가 많아지면 되면 방금 내가 새로 입력한 자료가 어디에 있는지 찾기 쉽지 않을 때가 있다. 이럴 경우 【Recently Added】 를 클릭하면 최근 추가된 자료들을 순서대로 보여준다.
- 【Favorites】 보관하고 있는 자료 중에 별표 표시한 자료만을 보여주는 기능이다.

- 【My Publications】 사용자가 저자인 논문이나 보고서 등을 보관하는 곳이다. 자신의 연구 업적을 관리할 때 상당히 유용하다.
- 【Create Folder...】 사용자가 보관하는 자료를 폴더 별로 보관하기 위해 폴더를 생성할 때 사용한다.
- 【Groups】 다른 사용자와 자료를 공유하고자 할 때 사용한다. Group은 사용자의 요구에 따라 연구팀별, 세미나 팀 등 자신에 맞게 만들면 된다.
- 【Trash】 휴지통으로 자료를 삭제하면 이곳으로 이동하게 된다. 이곳에서 삭제한 자료를 다시 복원할 수 있다. 완전히 삭제하기 위해서는 휴지통을 비우면 된다.
- 【Filter by Authors】 사용자가 입력한 저자별로 논문을 보여준다. 사용자가 자료를 멘들리에 입력하면 그 자료의 저자가 자동으로 입력되거나 또는 수동으로 입력하게 되는데 이때 입력한 저자들이 이곳에 나타나게 된다. 이 메뉴에서는 “Publications”, “Tags” 등으로 변경할 수 있다. Tag와 관련해서는 뒤에서 자세하게 다룰 것이다. 논문 관리 및 검색을 편하고 원활하게 수행하기 위해서는 이 tag를 잘 이용해야 한다.

화면을 전체적으로 살펴보았으니 이제 멘들리 설정을 해보자. 설정은 앞으로 사용자가 자료를 어떻게 관리할 것인지를 결정하는 것인 만큼 자세하게 살펴볼 것이다.

설정을 수행하기 위해서 〈그림 4-42〉와 같이 멘들리 상단에 있는 【Tools】 - 【Options】 를 차례대로 클릭하면 〈그림 4-43〉과 같은 {Options} 창이 나타난다.

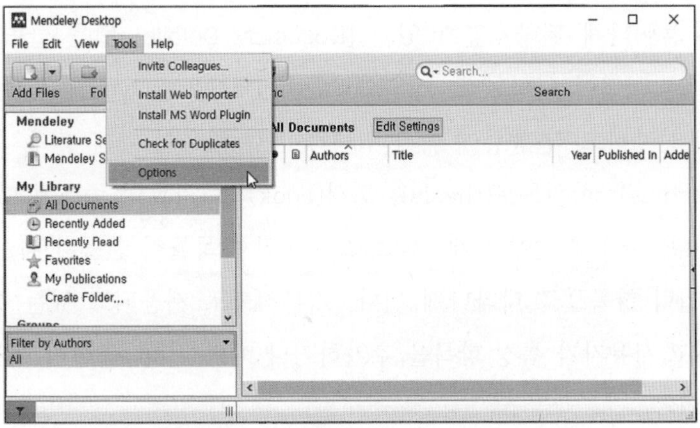

그림 4-42. 설정을 위한 Options 메뉴

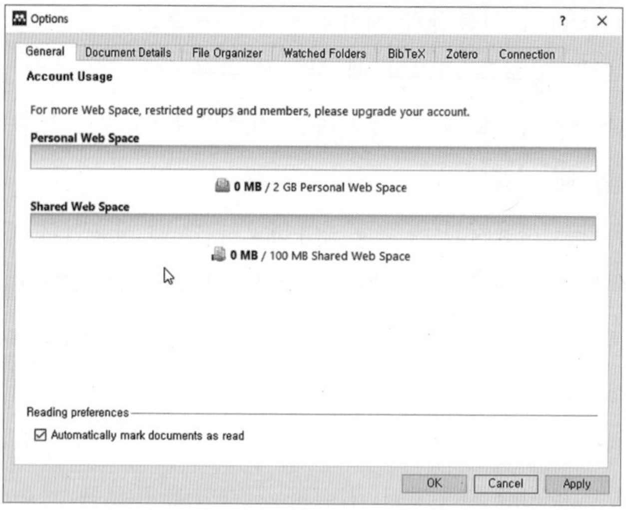

그림 4-43. Options 화면 : General

첫 번째 화면은 [General] 탭을 보여주고 있다. 이곳에 보면 「Personal Web Space」로 2GB를 제공하고 있음을 알 수 있다. 이것은 사용자가 2GB까지 자료를 보관할 수 있음을 뜻한다. 일반적으로 논문 PDF 파일의 크기가 1MB 내외인 점을 고려하면 대략 2천 개의 PDF 논문 파일을 보관할 수 있다. 향후 내가 사용하고 있는 용량을 확인하고자 할 때 이곳을 보면 된다. 「Shared Web Space」는 Groups를 만들 때 사용되는 용량을 별도로 100MB를 제공하고 있음을 보여주고 있다. 이 용량을 늘리기 위해서는 유료 버전으로 업그레이드하거나 또는 Mendeley Advisor로 등록해야 한다. Mendeley Advisor는 꾸준히 프로그램을 사용하다보면 멘들리사에서 이메일을 통해 Advisor 추천 메일이 온다. 이를 수락하면 Advisor가 되고 용량이 20GB로 늘어나게 된다. 옆에 있는 [Document Details] 탭을 클릭하면 〈그림 4-44〉와 같은 화면이 나타난다. 상단에 있는 「Document type」을 클릭하면 각종 자료 종류가 존재하고 각 종류에 따라 입력해야 할 항목이 아래 창에 나타난다. 학회지 논문(article), 학위논문(thesis), 도서(book) 등 자료의 종류에 따라 입력 사항이 달라진다. 아래 화면에서 체크박스로 선택된 항목들이 멘들리 메인 창의 서지 정보 창에 입력 항목으로 나타나게 된다. 기본적으로 제공되고 있는 상태 그대로 사용해도 되고 사용자가 특정 항목을 추가하거나 빼도 된다. 특별히 내용을 바꿀만한 부분은 없다.

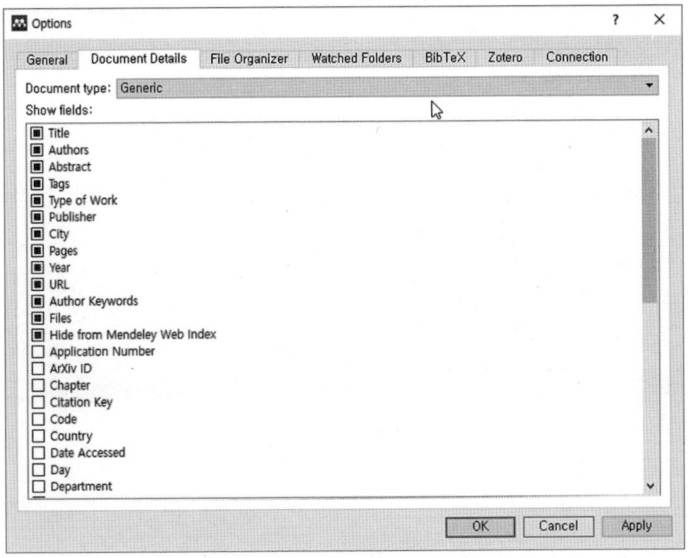

그림 4-44. Options 화면 : Document Details

이제 가장 중요한 [File Organizer]탭을 보자. 〈그림 4-45〉와 같다. 이 탭에서 파일과 관련된 거의 모든 설정이 이루어진다. 먼저 가장 위쪽에 있는 「□ Organize my files」 부분을 보자. 이 항목을 체크하면 바로 아래 "Copy files to"에 지정되어 있는 경로에 자료들이 저장된다. "Copy files to" 부분은 멘들리에 입력되는 파일을 어디에 보관할 것인지를 지정하는 곳이다. 처음 설치하면 기본경로로 이 부분에 C: 드라이브에 긴 이름의 경로로 설정 되어 있을 것이다. 기본 경로는 자료 관리에 좋지 않다. 이유는 두 가지 때문인데, 첫 째는 오랫동안 유지 관리해야 하는 파일을 OS가 설치되어 있는 C: 드라이브에 저장한다는 점이다. 1장에서 언급한 바와 같이 데이터는 다른 드라이브에 보관하는 것이 바람직하다. 그래야 윈도우즈에 문제가 생겨 컴퓨터가 작동하지 않더라도 데이터를 보존할 수 있는 가능성이 높아진다.

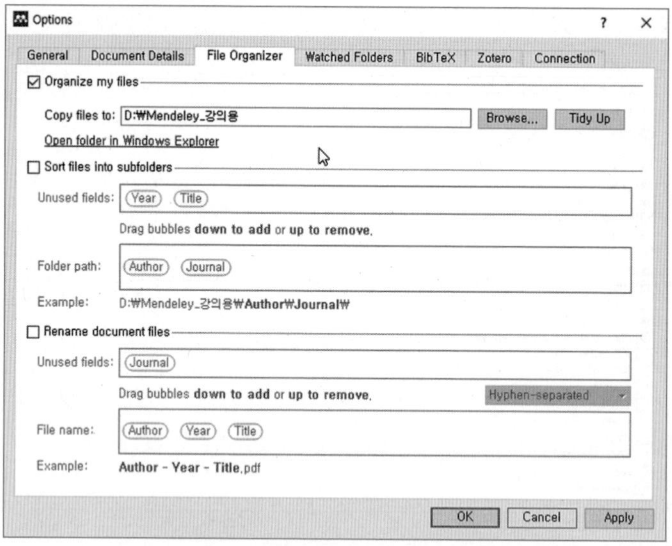

그림 4-45. Options 화면 : File Organizer

두 번째는 파일 보관 경로가 너무 복잡하고 깊어 찾아가기에 불편하다는 점이다. 언제든지 쉽게 찾아갈 수 있도록 경로를 단순화할 필요가 있다. 〈그림 4-45〉에는 필자가 설정한 경로가 지정되어 있다. D: 드라이브에 "Mendeley_강의용"이라는 폴더에 파일을 보관하도록 되어 있다. 이 부분을 자신이 원하는 경로로 바꾸어 주면 된다. [Browse...]버튼을 이용하여 지정하면 된다. 만약 C: 드라이브만 있다면 찾아가기 쉽게 C: 드라이브에 바로 폴더를 만들어 보관하는 것이 좋다. 향후 PDF 파일이든 또 다른 파일이든 멘들리에 입력되는 모든 파일은 모두 이곳에 저장이 된다.

「☐ Sort files into subfolders」 부분은 체크가 해제되어 있다. 이 상태는 파일을 보관하는데 하위폴더를 만들지 않는다는 뜻이다. 만약 이 부분을 체크하면 파일을 보관할 때 하위 폴더를 만들어서 보관하게 된다. 하위 폴더를 만드는 방법은 바로 밑에 보면 "Unused fields"와 "Folder path" 부분에서 설정한다. 만약 하위 폴더를 저널명으로 생성해서 해당 논문들을 보관하고 싶다면 "Folder path"에 'Journal'만 남겨두고 'Author'를 마우스로 드래그해서 "Unused fields"로 옮기면 된다. 이렇게 해 놓으면 자동으로 저널명이 하위 폴더로 생성되고 그 속에 관련 파일들을 보관하게 된다. 만약 사용자가 논문을 연도별로 하위 폴더를 생성해서 보관하고 싶다면 "Unused fields"에 있는 'Year'를 드래그해서 "Folder path"로 이동시킨 후

'Author'와 'Journal'을 "Unused fields"로 모두 이동시키면 된다. 하위 폴더가 어떻게 생성되는지를 "Example"에서 보여주므로 확인하면서 작업하면 된다.

「□ Rename document files」 부분을 보자. 이 부분도 체크가 해제되어 있는데 이는 파일을 보관할 때 파일이름을 변경하지 않는다는 뜻이다. 인터넷이나 학교 도서관에서 파일을 다운로드 받으면 파일이름이 알 수 없는 숫자들로 구성되어 있는 경우가 대다수이다. 이 파일을 멘들리에 입력하게 되면 위에서 우리가 설정한 폴더에 그대로 보관된다. 이렇게 되면 향후 파일이름만 봐서는 무슨 파일인지 알 수가 없다. 멘들리는 이를 해결하기 위해서 멘들리에 입력되는 파일이름을 자동으로 변경해 주는데 그 방법을 이곳에서 설정하게 되어 있다. 파일이름을 변경하고 싶다면 일단 「□ Rename document files」 부분의 체크박스를 체크해야 한다. 그리고 파일이름을 이렇게 변경할지는 아래 부분의 "Unused fields"와 "File name"에서 설정한다. 사용방법은 위에서 폴더이름 지정한 방법과 동일하다. "File name"란에 〈그림 4-45〉와 같이 되어 있다면 파일이름은 저자-연도-제목 형태로 변경되어 저장된다. 저자와 연도 그리고 제목 사이에 사용된 하이픈 대신에 언더스코어(underscore)를 사용하고 싶다면 오른쪽에 있는 콤보박스에서 선택하면 된다.

그럼 이제 어떻게 저장되는지 실제로 확인해 보자. 필자는 〈그림 4-46〉과 같이 설정을 하였다. 저널명으로 하위 폴더를 생성하도록 하였고, 파일명은 "저자_연도_제목" 형태가 되도록 하였다. 저자와 연도, 제목 사이에는 언더스코어를 사용하도록 하였다.

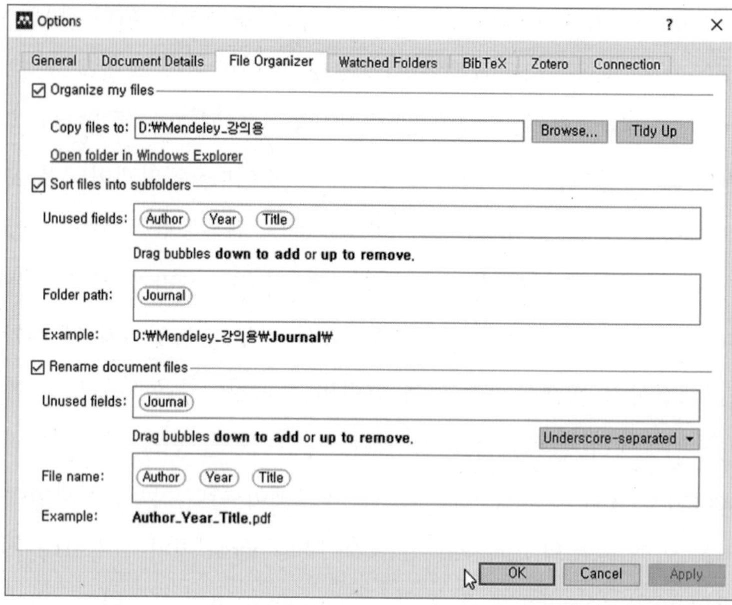

그림 4-46. 필자의 File Organizer 설정

〈그림 4-47〉은 멘들리에 3개의 논문을 입력한 상태를 보여주고 있다. Journal of Biomechanics 논문이 2개, Clinical Biomechanics 논문이 1개 있음을 알 수 있다.

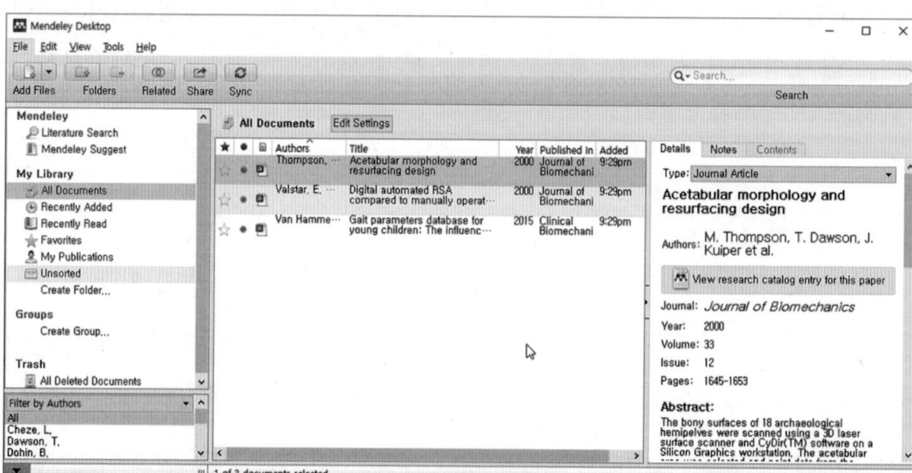

그림 4-47. 3개의 논문 입력 상태

이제 이 3개의 논문 파일이 어떻게 저장되어 있는지 확인해 보자. 필자의 경우 위

에서 보았듯이 "D:₩Mendeley_강의용" 폴더로 지정해 놓았으므로 파일탐색기로 해당 폴더를 가보자. 〈그림 4-48〉은 D:₩Mendeley_강의용 폴더의 하위 폴더 내용을 보여주고 있다. 위에서 입력한 파일의 저널명에 따라 2개의 폴더가 자동으로 생성된 것을 볼 수 있다.

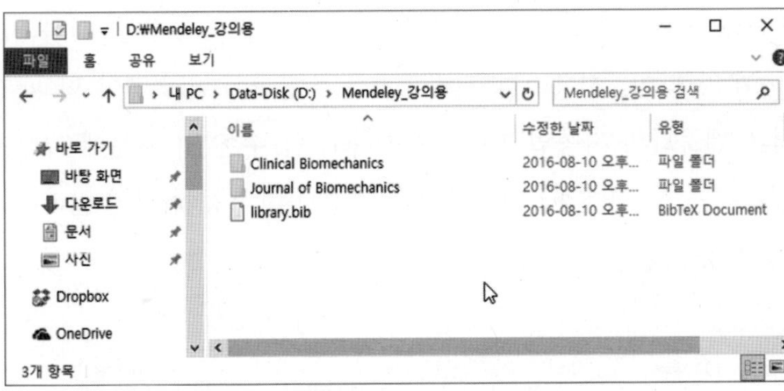

그림 4-48. D:₩Mendeley_강의용 폴더의 하위 폴더

이제 Journal of Biomechanics 폴더에 들어가서 파일이 어떻게 저장되었는지 확인해 보자. 〈그림 4-49〉는 폴더 내 파일이름을 보여주고 있다. 위에서 설정한대로 파일이름이 저자이름_연도_논문제목으로 되어 있는 것을 볼 수 있다. 참고로 사용자가 논문을 멘들리에 입력하면 관련 파일은 복사되어 저장되기 때문에 다운로드한 이상한 이름의 원본 파일은 삭제해도 된다.

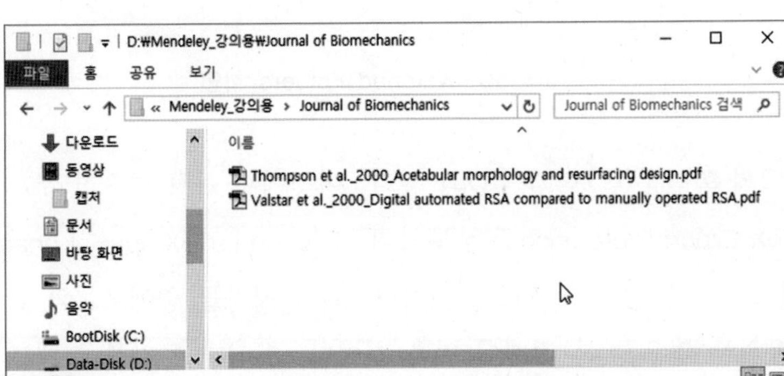

그림 4-49. 폴더 내 파일이름 형식

이제 다시 {Options} 창의 다음 탭인 [Watched folders]를 보자. 〈그림 4-50〉과 같은 화면이 나타난다. 폴더들의 구조가 보이는데 여기서 특정 폴더를 체크하면 그 폴더에 있는 PDF 파일들을 자동으로 멘들리에 입력해 준다. 많은 양의 PDF 파일들을 입력할 때 편하다. 또는 논문을 다운로드 받을 때 특정 폴더에만 다운받고 그 폴더를 이곳에서 체크하면 다운로드한 PDF 파일들이 자동으로 멘들리에 입력된다. 그러나 국내 논문 파일의 경우 서지정보에 해당하는 메타데이터를 미리 입력해 놓지 않은 경우가 많아, 사용자가 서지정보를 수동으로 입력해야 할 때가 자주 있다. 또 아직은 멘들리의 자동입력이 완벽하다고 할 수 없기 때문에 그다지 많이 사용되지는 않는다. 그러나 일단 입력하고 서지정보를 나중에 확인·관리하고자 할 때는 유용하게 사용된다.

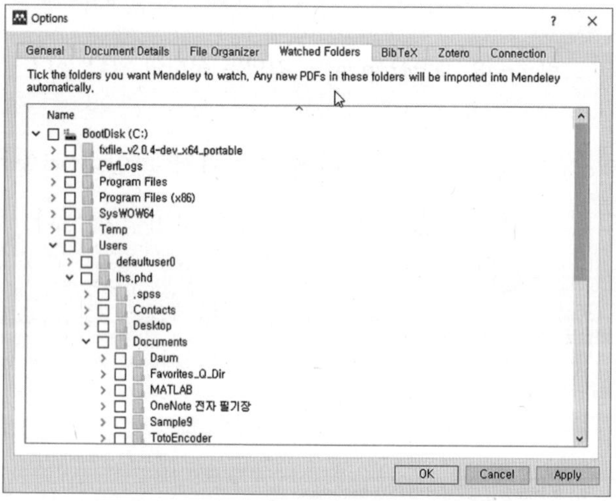

그림 4-50. Watched Folders 화면

[BibTex]탭의 화면은 〈그림 4-51〉과 같다. 이곳에서 가장 중요한 부분은 상단에 있는 「BibTeX Export Preferences」 부분의 "□ Escape LaTeX special characters" 항목을 〈그림 4-51〉과 같이 체크하는 것이다. 외국 저자들 중에 é ö와 같이 특수한 문자를 사용하는 경우를 본 경험이 있을 것이다. 이러한 문자를 그대로 나타내기 위해서는 체크를 해야 한다. "□ Use Journal Abbreviations"는 저널 이름의 약자를 사용하고자 할 때 체크하면 된다. 예를 들어 Journal of biomechancis를 J. of

Biomch으로 표시할 때가 있는데 이처럼 약자를 사용하고자 한다면 체크를 해야 한다. 밑에 「BibTex Syncing」은 원하는 사람만 선택적으로 사용하면 된다.

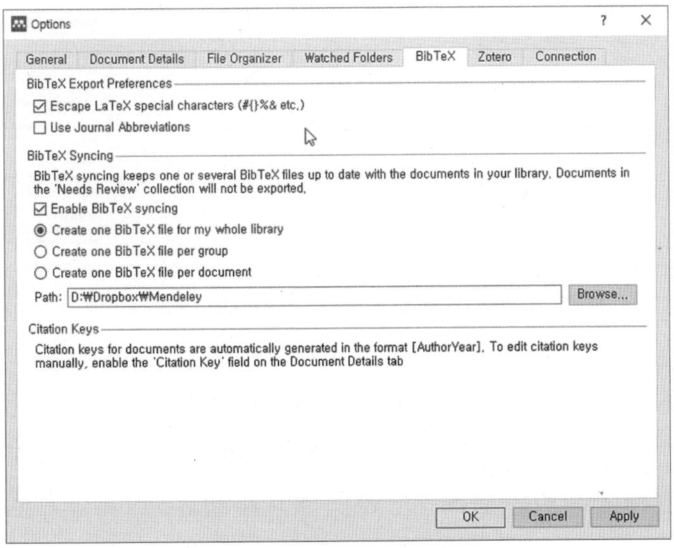

그림 4-51. BibTeX 탭 화면

[Zotero]탭은 과거에 Zotero를 사용하던 사용자가 멘들리를 사용하기 위해서 데이터를 옮길 때 사용하는 부분이다. [Connection]탭은 proxy와 관련된 것으로 필요한 사람만 사용하면 된다. 여기까지가 설정의 끝이다. 이제 사용방법에 대해서 살펴보자.

3) 자료 입력 및 서지정보 관리

자료를 입력하는 일반적인 방법은 다운로드 받은 PDF 파일을 멘들리의 중앙 화면에 드래그 & 드롭을 하는 것이다. 외국 논문의 경우 대부분 PDF 파일 내에 메타데이터로 저자, 학회, 제목, 페이지 번호 등을 미리 입력해 놓기 때문에 서지정보가 자동으로 입력된다. 〈그림 4-52〉을 보면 화면 우측의 [Details] 탭에 서지정보가 입력되어 있는 것을 볼 수 있다. 사용자가 수동으로 입력한 것이 아니라 자동으로 입력된 것이다.

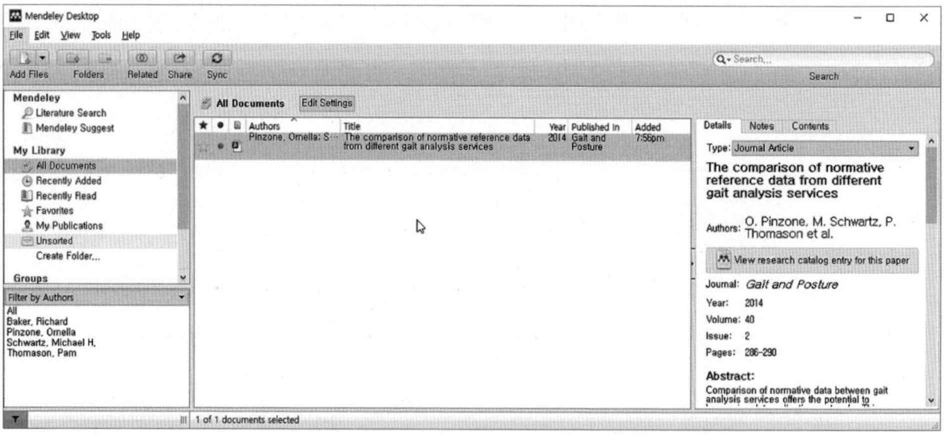

그림 4-52. 자료 입력 시 서지정보 상태 화면

입력된 서지정보를 살펴보면, 참고문헌 작성에 필요한 거의 모든 것이 입력되어 있다. 그러나 국내 논문의 경우 학회에서 메타 데이터를 입력해 놓지 않는 경우가 있어 서지정보를 수동으로 입력해야 하는 경우가 많다. 외국 논문도 때로는 잘못 입력된 경우가 있기 때문에 자료를 입력한 후에는 반드시 서지정보를 확인하는 것이 좋다. 서지정보를 확인할 때는 PDF 파일을 열어 직접 확인하면서 입력하는 것이 바람직하다. 메타 데이터가 없는 외국논문의 서지정보를 입력하는 방법을 살펴보자. 먼저 해당 PDF 파일을 드래그 & 드롭으로 넣으면 〈그림 4-53〉과 같은 화면이 된다. [Details] 탭을 보면 서지정보가 잘못 되어 있는 것을 볼 수 있다. 먼저, 「Type」이 "Generic"으로 되어 있는데 자료가 학회지 논문이므로 이를 "Journal Article"로 바꾸어야 한다. 그 밑에 논문제목을 보면 저자가 함께 입력되어 있다. 이를 수정하기 위해서 가운데 창의 논문제목을 더블클릭을 하면 새로운 탭에 〈그림 4-54〉와 같이 PDF 파일 내용이 보인다.

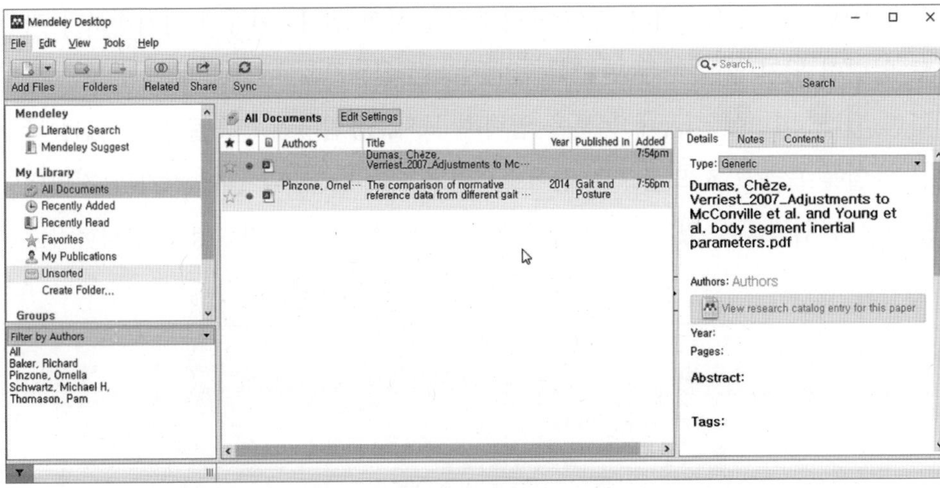

그림 4-53. 서지정보 입력 방법 1

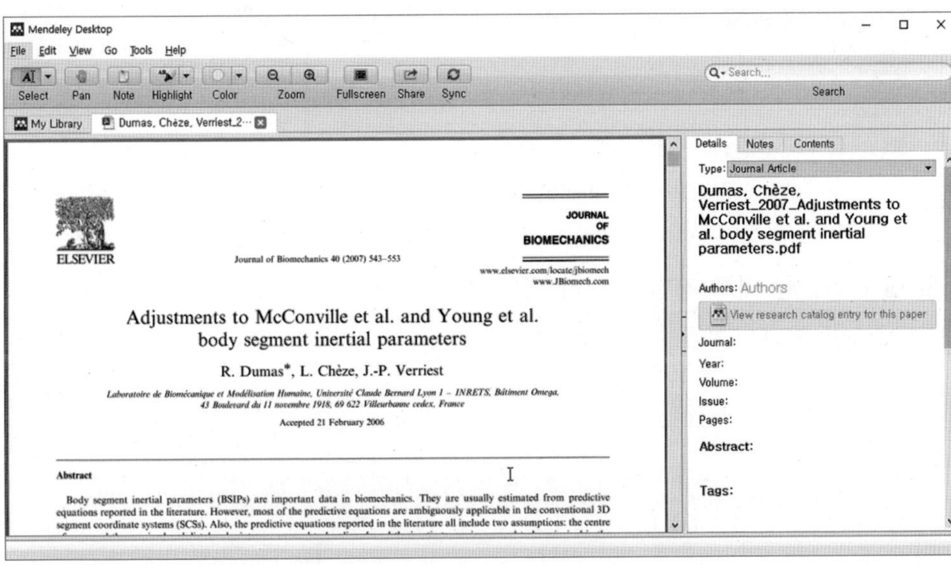

그림 4-54. 서저정보 입력 방법 2

일반적으로 서지정보는 논문의 첫 페이지에 나타나 있으므로 이를 토대로 제목, 저자, 학회지 이름, 연도 등을 입력한다. 저자를 입력할 때 한 줄에 한명씩 입력하면 된다. 국내에서 사용하는 권 번호는 영어로 「Volume:」 항목에 입력하면 되고, 호 번호는 「Issue:」 항목에 입력하면 된다. 복수 페이지 번호는 논문표기와 동일하게 111-999로 입력하면 된다. 만약 「Abstract:」를 입력하고 싶다면 논문의 Abstract

부분을 마우스로 드래그해서 복사/붙여넣기를 하면 된다. 이렇게 서지정보가 자동으로 입력이 되지 않을 때는 멘들리 안에서 더블클릭으로 내용을 열어 수동으로 입력하면 된다. 이번에는 국내 논문을 입력해 보자. 동일하게 PDF로 되어 있는 국내 논문 파일을 드래그 & 드롭으로 집어넣으면 〈그림 4-55〉와 같이 저자와 저널명이 정상적으로 입력되어 있지 않다. 논문파일을 열어 저자와 저널명을 입력하자.

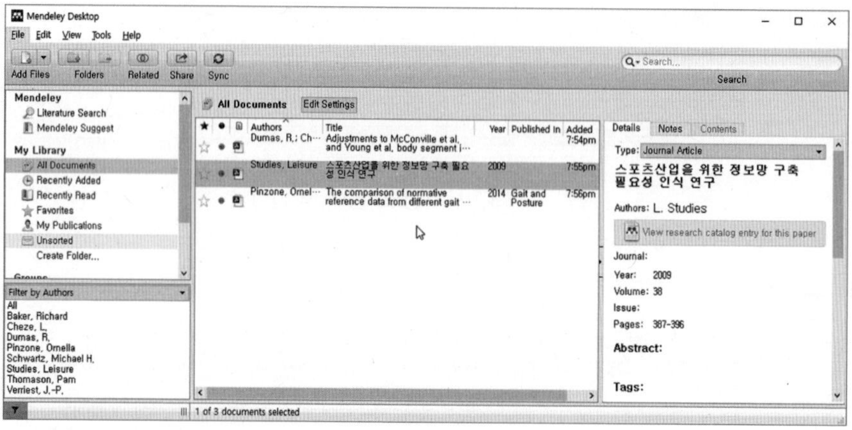

그림 4-55. 국내 논문 입력 화면

앞에서 언급한 대로 저자가 여러 명일 경우 〈그림 4-56〉과 같이 각 줄에 한 명씩 입력하면 된다.

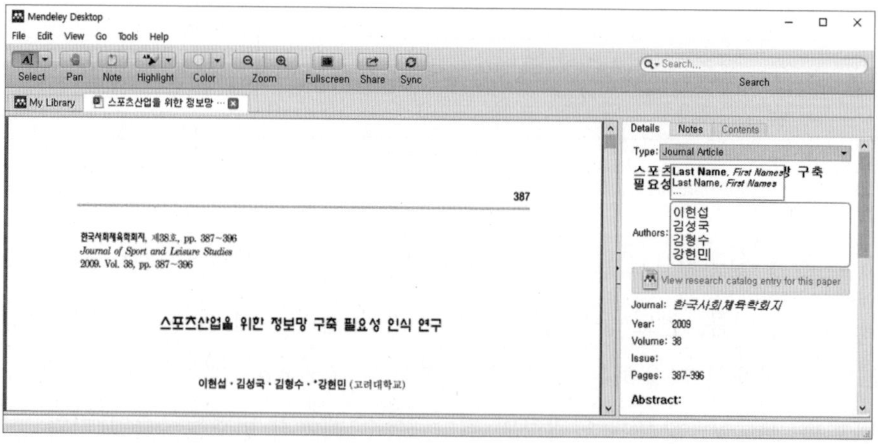

그림 4-56. 저자 입력 화면

입력을 완료했다면 멘들리 화면(그림 4-55 참조) 좌측 하단에 있는 「Filter by Authors」 부분을 보자. 그곳에 지금까지 입력한 저자들의 이름이 나열되어 있을 것이다. 저자 중 하나를 클릭하면 그 저자와 관련된 논문만이 리스트 창(중앙 윈도우)에 나타나게 된다.

이번에는 PDF 파일이 없어 서지정보를 미리 입력하고 나중에 PDF 파일을 구했을 경우를 생각해 보자. 미리 입력해 놓은 서지정보와 PDF 파일을 연결해 놓아야 한다. 이럴 때는 서지정보 창의 아래쪽으로 스크롤해 내려가 보면 「Files」 항목이 보일 것이다. 그곳을 클릭해서 PDF 파일을 선택하면 멘들리에 입력이 되면서 서지정보와 연결이 된다. 「Files」에는 여러 개의 파일을 계속 추가할 수 있으며 PDF 파일이 아닌 다른 형태의 파일도 함께 저장할 수 있다.

멘들리 리스트 창을 보면 〈그림 4-55〉와 같이 저자, 제목, 연도, 발행처, 추가된 날짜가 차례대로 출력되어 있다. 이 출력화면을 참고문헌 형식으로 변경해 보자. 멘들리 메인 메뉴의 【View】를 클릭하면 하위 메뉴 중 【Library as Table】이 체크되어 있을 것이다. 이것을 그 밑에 있는 【Library as Citations】로 클릭해서 변경하자. 그러면 리스트 창의 출력 모습이 〈그림 4-57〉과 같이 변경될 것이다. 이 화면은 APA6-style로 변경된 것이다.

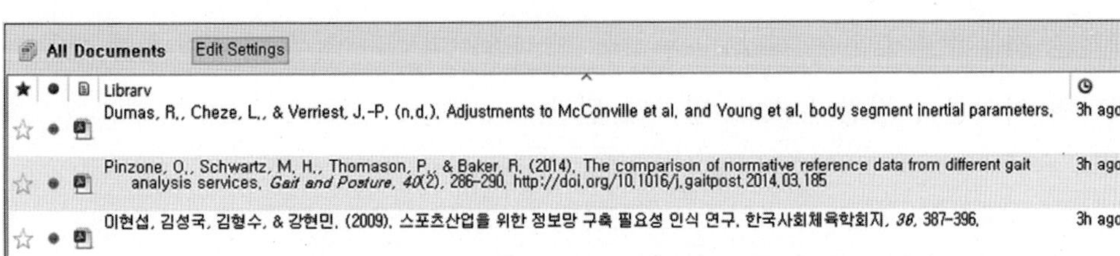

그림 4-57. 중앙 창의 Library as Citations 화면

대학원생들의 경우 논문 작성시 참고문헌의 APA6 형식을 기억하지 못해 애를 먹는 경우가 있는데 멘들리를 이용하면 쉽게 참고문헌을 작성할 수 있다. 만약 APA6 스타일이 아닌 다른 형식이 필요하다면 〈그림 4-58〉과 같이 【View】-【Citation Style】로 가서 원하는 스타일을 선택하면 된다. 여기에 없다면 【More Styles...】를 클릭해서 찾아 넣으면 된다.

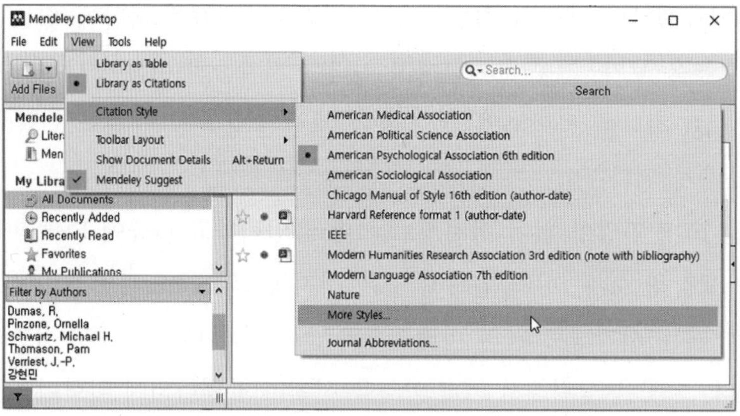

그림 4-58. 멘들리의 다양한 Citation Style

〈그림 4-57〉에 보면 각 자료의 앞에 3개의 아이콘이 보인다. 별표, 녹색 구체, PDF 아이콘이 순서대로 있는데, 별표는 사용자가 중요하다고 생각할 때 클릭하면 노란색으로 변하게 되고, 녹색 구체는 해당 자료를 읽지 않았다는 뜻으로 클릭하면 회색의 작은 구체로 변하게 되는데 이는 읽었다는 의미가 된다. 옵션 설정에 따라 자동으로 변하기도 한다. 그리고 PDF 아이콘은 PDF 파일이 첨부되어 있다는 뜻이다. 만약 PDF 아이콘이 없다면 서지정보만 있고 첨부된 PDF 파일이 없음을 의미한다. 이 아이콘이 PDF 아이콘이 아닌 문서 두개가 겹친 아이콘( )으로 나타나면 그것은 첨부파일이 복수 개라는 뜻이다. 즉, PDF 파일과 엑셀 파일을 함께 첨부하였다면 아이콘이 겹친 문서로 변하게 된다.

4) 태그(Tag)의 개념 및 활용방법

태그 시스템은 폴더 구조의 단점을 해결하기 위해서 나온 것으로, 폴더 시스템의 단순한 계층구조(hierarchy or tree)를 다면성이 있는 구조로 변경하기 위해서 나왔다. 태그 개념을 이해하기 위해서는 먼저 폴더 구조가 갖고 있는 단점을 이해하는 것이 도움이 된다. 예를 들어, 논문자료를 관리한다고 하자. 사용자들은 각자 자신의 취향에 맞춰 저널명, 발행연도, 또는 논문주제별 등 다양한 형태로 관리할 것이다. 만약 우리가 발행연도별로 관리한다면 연도별로 폴더를 만들어 그 속에 자료를 보관할 것이다. 이렇게 되면 2016년 폴더에는 다른 저널에서 발행된 논문들 그리고 주제가 다른 논문들이 모두 들어가 있을 것이다. 더 세분해서 관리하기 위해 2016년 폴더 내에 주제별로 다시 하위 폴더를 만들어 파일을 보관할 수 있다. 이런 식의 자료관리 방법이 전통적인 폴더 구조 방식으로 〈그림 4-59〉와 같은 모습이 될 것이다. 폴더 방식의 자료 관리에는 대표적으로 두 가지의 문제점이 있는데, 첫 번째는 분류 단계가 많을수록 하위폴더 구조가 점점 깊어진다는 점과 폴더 수가 계속 늘어난다는 점이다. 〈그림 4-58〉만 봐도 논문자료보관 폴더의 하위폴더가 2단계이다. 여기에 저자, 학술지명으로 또 분류하고자 한다면 4단계가 된다. 두 번째는 자료의 다속성 문제이다. 하나의 자료는 하나의 폴더만에 속하지 않을 수 있다는 것이다. 특히 우리의 관심인 논문의 경우는 더욱 그렇다. 예를 들이 이떤 논문은 EMG와도 관련이 있고 트레이닝과도 관련이 있을 수 있다. 이럴 경우 폴더 구조에서는 양쪽 폴더에 동일한 자료를 보관할 수밖에 없는데 이는 비효율적이고 자료 관리에도 어려움이 있다.

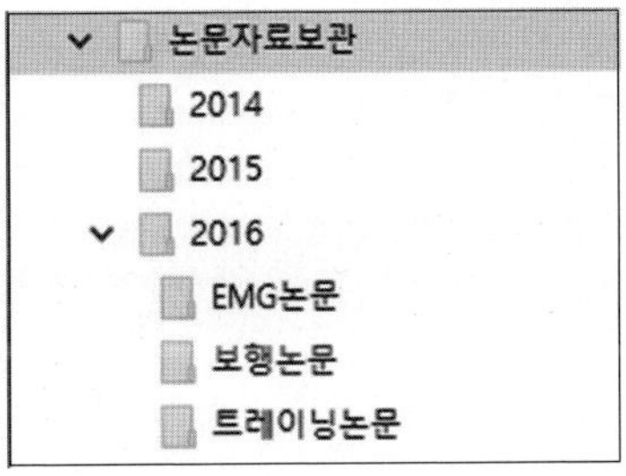

그림 4-59. 폴더 구조

이 같은 문제점을 해결하기 위해서 태그 방식을 사용하게 된다. 태그 방식을 사용하게 되면 폴더 수나 단계가 늘어나지 않아도 되고 다속성을 지닌 자료도 하나만 보관하면 된다. 그러나 최근 경향을 보면 폴더 방식에 익숙한 사용자를 위해 이 두 가지 방식을 모두 제공하고 있다. 특히 최근의 프로그램들과 웹들 중에는 태그 방식을 사용하는 경우가 많으므로 이 기회에 확실하게 알아두는 것이 좋다. 멘들리도 이 두 가지 방식을 모두 사용하고 있다. 멘들리에서 제공하는 태그 기능에 대해서 알아보자.

멘들리를 실행하고 자료를 입력한 후 서지정보를 보여주는 [Details]탭을 보면 〈그림 4-60〉과 같이 중간에 「Tags」라는 항목이 있다. 이곳에 사용자가 원하는 태그를 입력하면 된다. 복수 개를 넣고자 할 때는 각각을 ';'로 구분하면 된다. 〈그림 4-60〉에는 필자가 입력한 두 개의 태그 "스포츠산업", "정보망"이 입력되어 있다. 독자들은 독자가 원하는 태그를 입력하기 바란다. 태그를 입력했으니 어떻게 사용하는지 보자. 멘들리 화면의 좌측 아래 창에 있는 「Filter by Authors」 부분을 클릭해서 「Filter by My Tags」로 변경해 보자. 사용자가 입력한 태그들이 나타날 것이다. 그 중에 하나를 클릭하면, 리스트 창에 클릭한 태그가 붙어 있는 자료들만이 나타나게 된다. 만약 두 개의 태그를 지정하고 싶다면 [Ctrl]키를 누른 상태에서 마우스로 클릭하면 된다. 이렇게 자료를 입력할 때마다 각 자료에 자신의 태그를 입력해 놓으면 폴더와 상관없이 보다 효과적으로 자료들을 검색해 볼 수 있다. 태그는 언제든지 추가, 삭제가 가능하다.

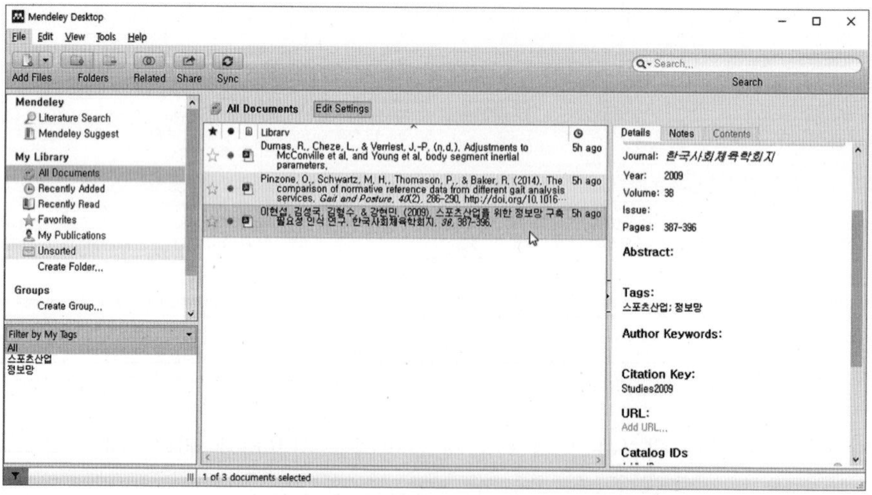

그림 4-60. 태그(tag) 입력 화면

5) 인터넷 검색의 서지정보 입력하기 : Web importer 사용

연구 활동을 하다보면 거의 대부분 관련 논문을 인터넷 상에서 검색하게 된다. 특히 외국 논문의 경우는 학교 도서관을 경유하든 아니면 자신이 직접 해당 사이트에 로그인을 하여 들어가든 관련 자료를 인터넷 상에서 검색하게 된다. 인터넷상에서 구할 수 있는 자료는 풀텍스트(Pull Text)라고 불리는 PDF 파일을 내려 받을 수도 있지만 서지정보만을 얻을 수 있는 경우도 있다. 어떠한 경우든 인터넷 브라우저를 이용하여 찾은 정보를 멘들리에 입력하기 위해서 수동으로 일일이 복사하거나 타이핑을 하는 것은 참으로 번거로운 일이다. 멘들리는 이러한 문제를 해결하기 위해서 웹임포터(web importer)를 제공하고 있다. 웹임포터는 브라우저상에 나타난 서지정보를 자동으로 멘들리에 입력해 주는 기능으로 만약 PDF 파일을 다운로드 받을 수 있다면 함께 입력해 준다.

웹임포터를 사용하기 전에 구글의 크롬 브라우저를 사용할 것을 권하며, 북마크바를 항상 보이게 설정할 필요가 있다. 크롬 브라우저 및 북마크바와 관련해서는 앞 장에서 자세하게 설명하였으니 준비가 안 되었다면 지금 앞 장으로 가서 준비를 한 후 다시 아래 내용을 읽기를 바란다. 지금부터는 크롬 브라우저를 사용하고, 북마크바를 보이게 설정한 상태임을 전제로 설명을 이어갈 것이다. 만약 크롬을 기본 브라우저로 설정하지 않았다면 지금 기본 브라우저로 설정하기 바란다.

웹임포터를 설치하는 방법은 두 가지가 있다. 첫 번째는 북마크바에 설치하는 것이고 두 번째는 크롬의 확장프로그램으로 설치하는 것이다. 둘 다 설치해 보자.

〈그림 4-61〉과 같이 멘들리의 메인 메뉴에서 【Tools】 – 【Install Web Importer】를 클릭하면 크롬 브라우저가 실행되면서 〈그림 4-62〉와 같은 멘들리 사이트가 나타날 것이다. 사이트의 모양은 변경될 수 있으니 염두에 두자.

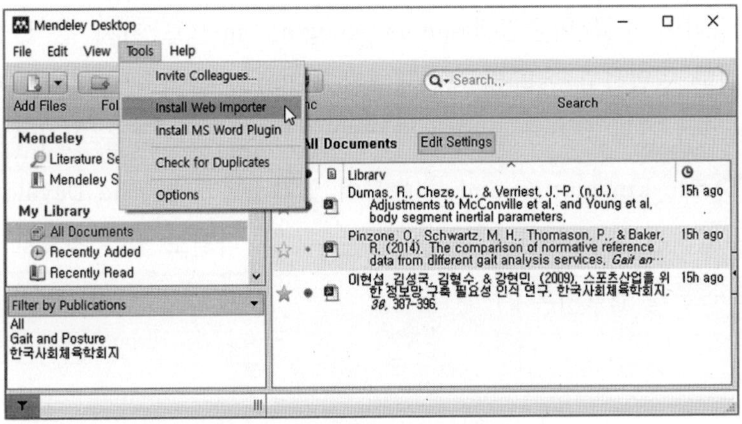

그림 4-61. Install Web Importer 메뉴

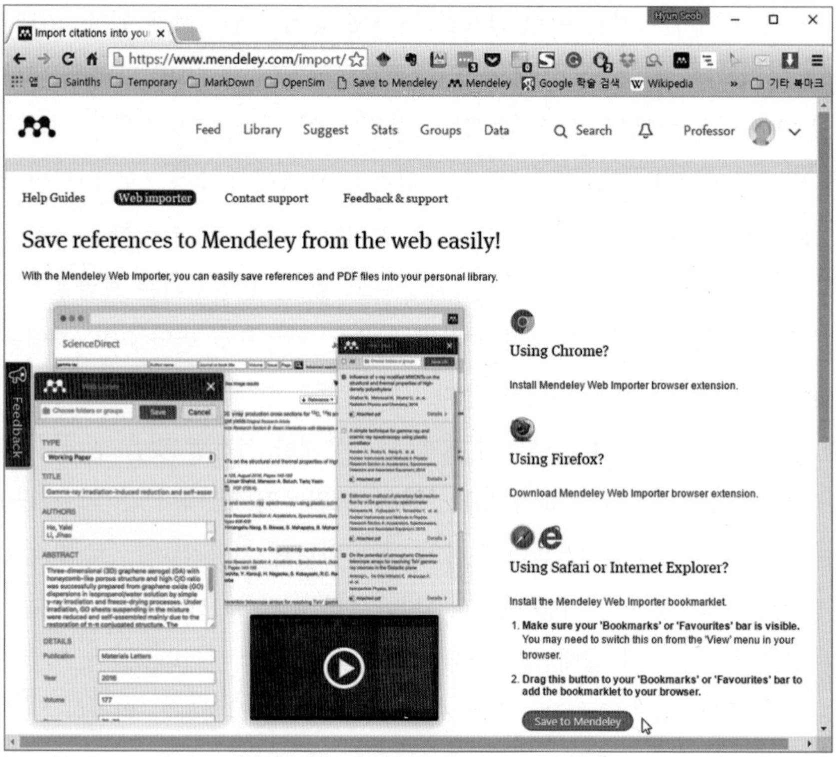

그림 4-62. Save to Mendeley 버튼

〈그림 4-62〉의 하단에 보면 [Save to Mendeley]라고 쓰인 회색 버튼이 있다. 이 버튼을 마우스 왼쪽 버튼으로 클릭한 상태에서 끌어다가 북마크바에 올려놓으면 된다. 〈그림 4-62〉의 상단 북마크바에 보면 "Save to Mendeley"라고 쓰인 것을 볼 수 있을 것이다. 설치는 이것으로 끝났다. 이제 어떻게 사용하는지 알아보자. 크롬을 이용하여 구글 학술검색(scholar.google.com)으로 가서 검색 창에 "gait of child"라고 입력하고 엔터를 치면 〈그림 4-63〉과 같이 관련 논문들이 나타날 것이다. 독자의 검색 시기에 따라 검색결과는 달라질 수 있음을 인지하기 바란다. 맨 위에 "Stride kinematics and~" 논문이 있고 3번째에 "The Development of mature gait"라는 논문이 있다. 3번째 논문은 PDF 파일도 있는 것으로 나타났다. 이 두개의 논문을 멘들리로 가져가보자.

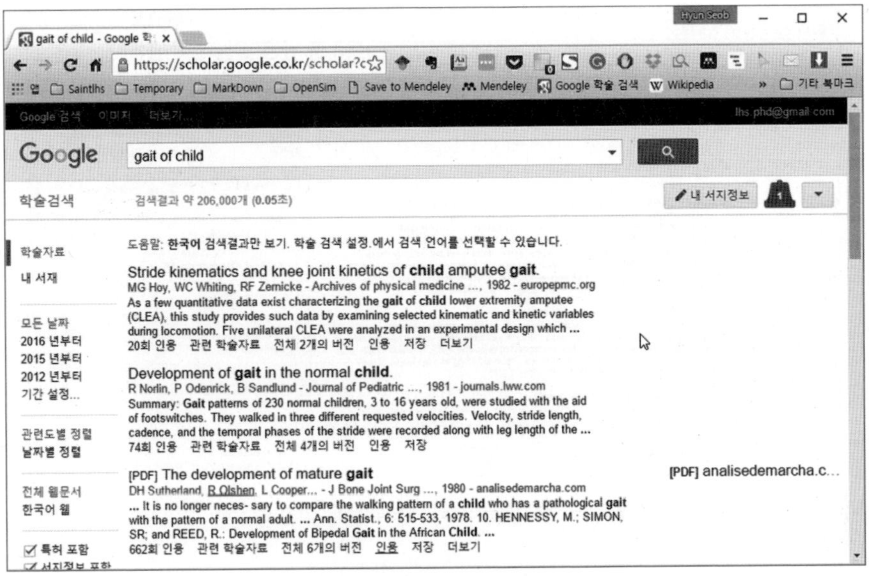

그림 4-63. 검색 결과

북마크바에서 [Save to Mendeley]를 클릭하면 처음 실행하는 것이기 때문에 로그인하라는 메시지가 뜰 것이다. 로그인을 한 후 다시 실행하면 <그림 4-64>와 같이 오른쪽에 검색결과 리스트 창이 나타난다. 내용을 보면 구글 학술검색 결과와 동일한 순서대로 나타나 있음을 알 수 있다. 출력된 리스트의 오른쪽에 있는 체크박스를 클릭해서 멘들리에 저장할 것들을 선택하자. 우리는 첫 번째와 세 번째 논문을 가져가기로 했으니 그 둘을 체크한 후 리스트 창 위에 있는 [Save(2)] 버튼을 클릭하자. 완료 후 멘들리를 보면 두 논문의 서지정보가 들어와 있지 않을 것이다. 이는 지금 저장한 곳이 PC의 멘들리에 저장한 것이 아니라 멘들리 사이트에 있는 나의 계정에 저장하였기 때문이다. 지금 바로 저장결과를 보기 위해서 멘들리 프로그램의 상단에 있는 [Sync] 버튼을 클릭하면 <그림 4-65>와 같이 저장한 내용이 보일 것이다.

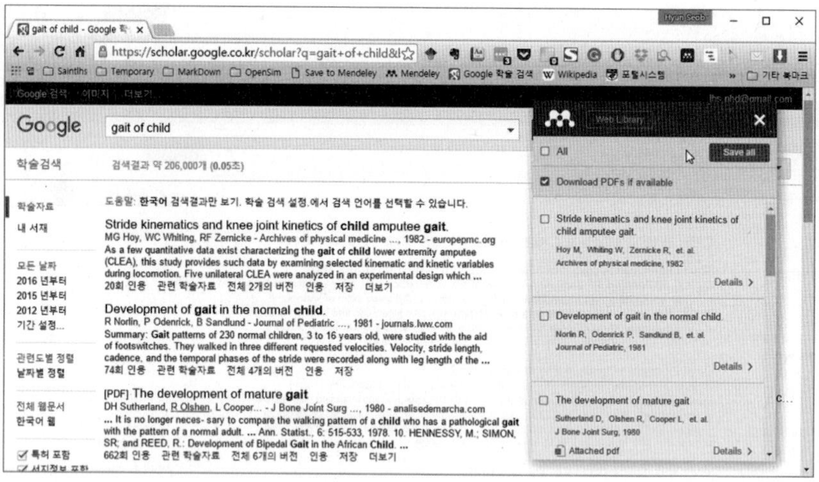

그림 4-64. 멘들리의 검색결과 리스트 창

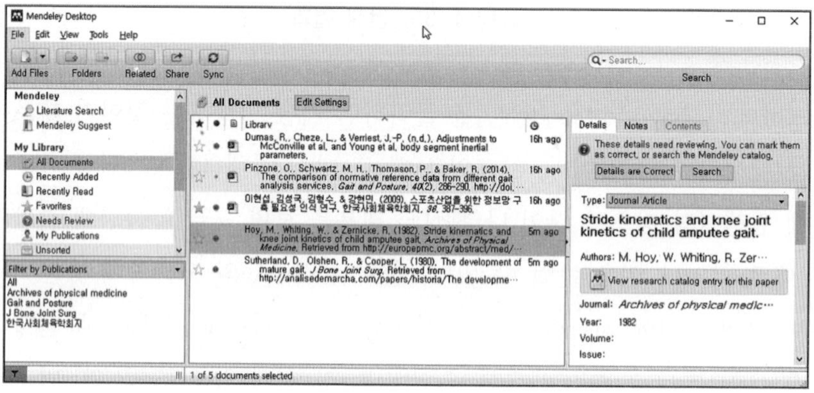

그림 4-65. Sync 수행 후 서지정보가 입력된 결과

입력된 자료 중에 하나를 클릭해 보면 〈그림 4-65〉와 같이 [Details]탭에 노란색으로 서지정보를 정확하게 입력하라는 메시지가 나타난다. 이것은 가져온 정보가 멘들리와 정확하게 일치하지 않으니 점검을 하라는 뜻이다. 서지정보를 보면 「Volume」과 「Issue」 항목이 비어 있는 것을 볼 수 있다. 이럴 때는 [Search] 버튼을 클릭하면 멘들리가 관련 정보를 찾아서 입력해 주는데 항상 그런 것은 아니고 본 자료에 대한 PMID이나 DOI 등이 있을 때 그리고 멘들리 자체에서 이 논문에 대한 정보를 가지고 있을 때 수행된다. 만약에 [Search]를 실행했음에도 찾지 못할 때는 [Details are Correct] 버튼을 클릭한 후 사용자가 수동으로 입력하면 된다. 구글 학

술검색에서 [인용] 버튼을 눌러 해당 정보를 보는 방법은 앞 장에서 설명한 바 있다. 오래전에 나온 논문들의 경우 이런 일이 자주 발생하고 2000년 이후에 나온 논문들의 경우는 정상적으로 입력되는 경우가 많다. 어떤 경우이든 항상 사용자가 서지정보를 확인하는 것이 바람직하다. 필자가 지금까지 사용해 본 바로는 웹임포터가 안정적이지는 않다. 잘 작동할 때도 있고 작동하지 않을 때도 있다. 때로는 브라우저를 새로고침하면 작동하기도 한다. 멘들리의 경우 지속적인 업데이트를 하는 프로그램이므로 시간이 흐를수록 좋아질 것으로 생각한다.

웹임포터는 구글의 학술검색뿐만 아니라 ScienceDirect와 PubMed 등 수많은 학술 사이트에서 작동하므로 자신이 자주 다니는 학술 사이트에서 실행해 보기 바란다.

지금까지 우리는 북마크바에 [Save to Mendeley]를 설치해서 사용하는 방법을 사용하였다. 두 번째는 크롬의 확장 프로그램으로 등록해서 사용하는 방법인데 크롬의 웹스토어에 가서 mendeley로 검색하면 〈그림 4-66〉과 같이 두 개의 확장 프로그램이 나타난다. 둘 중 아무거나 사용해도 된다. 크롬에 설치하면 주소 줄 옆에 멘들리 아이콘이 하나 생기는데 북마크바의 [Save to Mendeley] 대신에 멘들리 아이콘을 클릭하면 된다.

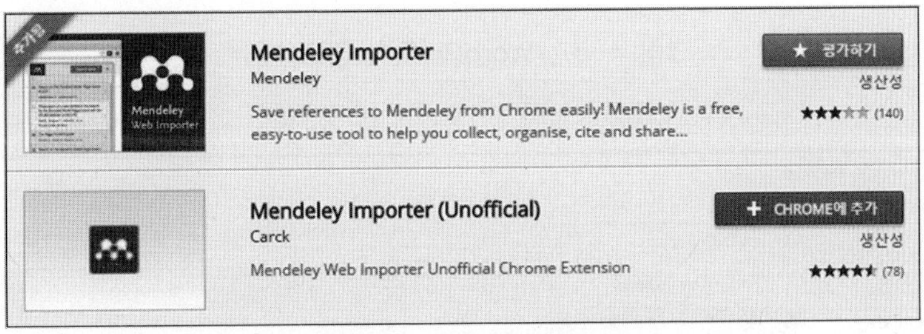

그림 4-66. 확장 프로그램 : 멘들리 임포터

6) 인용 및 참고문헌 작성하기 : MS Word Plugin 사용

우리는 지금까지 논문 자료, 즉 PDF 파일과 서지정보를 관리하는 방법에 대해서 알아보았다. 이제는 논문 작성시 멘들리를 이용하여 인용하는 방법과 참고문헌을 작성하는 방법에 대해서 살펴볼 것이다. 제목에 MS-Word로 표기되어 있으나 국내에서 많이 사용하는 아래아한글에서 사용하는 방법도 소개할 것이므로 끝까지 읽어보기를 권한다.

먼저 〈그림 4-67〉과 같이 워드(MS-Word)를 실행하여 리본 메뉴 중 **【참조】** 메뉴에 어떤 메뉴들이 있는지만 살펴보자. 멘들리의 플러그인(plugin)을 설치하면 이곳에 새로운 메뉴가 생기기 때문이다. 확인을 했다면 멘들리를 실행하여 〈그림 4-68〉과 같이 **【Tools】** – **【Install MS Word Plugin】** 을 실행하자. Install 안내 창이 나타나면 [OK] 버튼을 클릭하자. 아무 변화가 없을 텐데 워드를 다시 실행하여 **【참조】** 메뉴로 다시 가보면 〈그림 4-69〉와 같이 추가적인 메뉴가 생겼을 것이다.

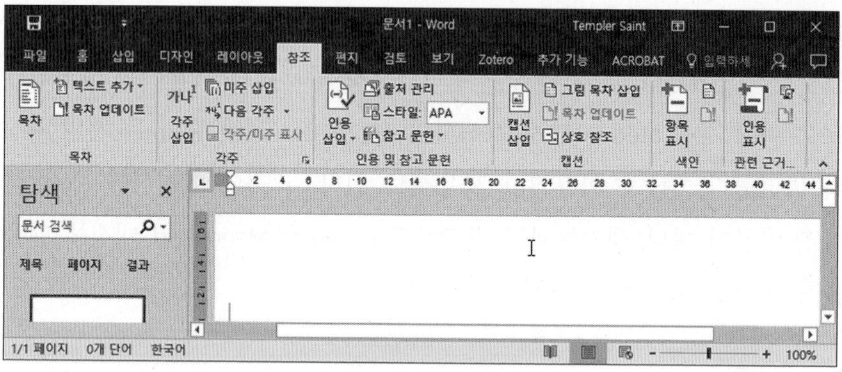

그림 4-67. Word의 초기 참조 메뉴

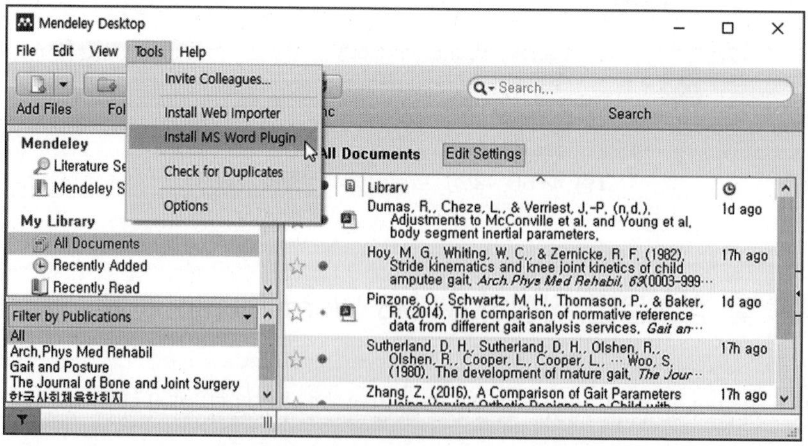

그림 4-68. Install MS Word Plugin

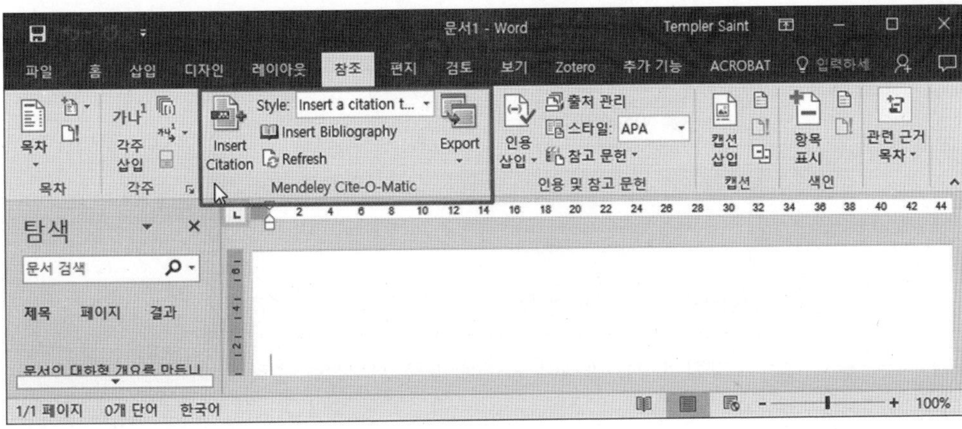

그림 4-69. 새로 추가된 참조 메뉴

워드를 이용해 논문을 작성한다고 하자. 보통 인용할 때 문장 끝에 하는 경우가 많으니 워드에 아무 문장이나 하나 치자. "~는 주장하였다."라고 치고 〈그림 4-69〉의 【참조】 메뉴 중에 【Insert Citation】 버튼을 클릭하면, 〈그림 4-70〉와 같이 멘들리 인용창이 나타난다. 여기에 우리가 멘들리에 저장한 논문 중 인용하고 싶은 논문의 저자나 제목의 일부를 검색어로 입력하면 관련 논문이 〈그림 4-71〉과 같이 나타난다.

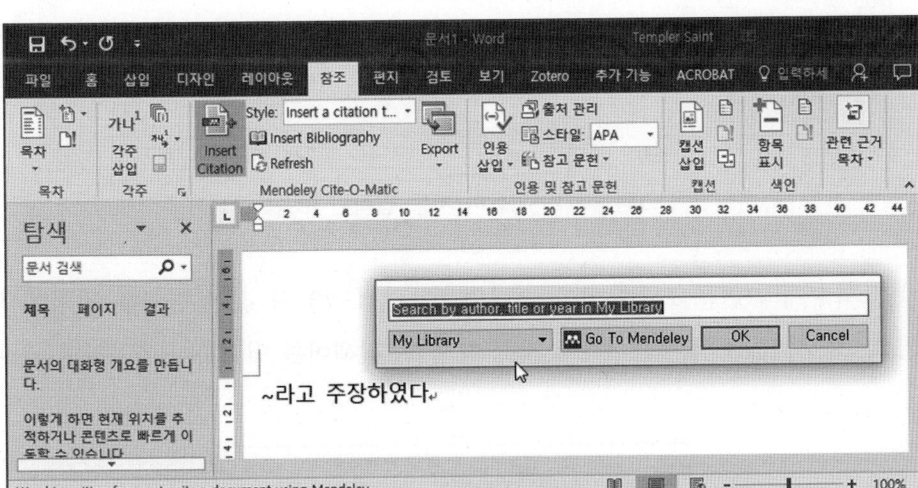

그림 4-70. Insert Citation 클릭 후 화면

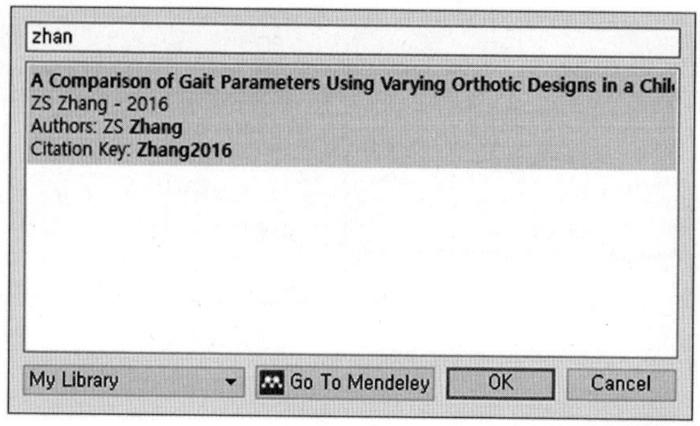

그림 4-71. 검색어 입력에 따른 서지정보 출력

[OK] 버튼을 입력하면 〈그림 4-71〉과 같이 APA6 스타일에 맞게 워드 문장 끝에 인용 형태로 자동 입력된다.

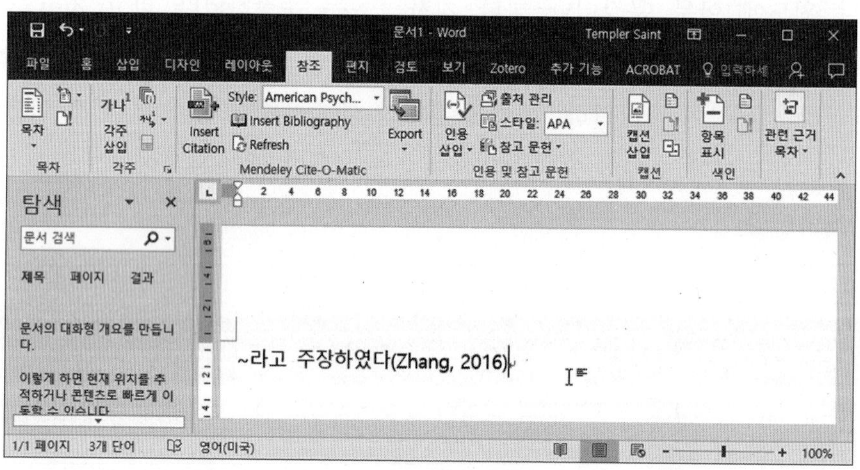

그림 4-72. 인용이 자동 입력된 모습

만약 복수개의 논문을 인용하고 싶다면 〈그림 4-73〉과 같이 한명을 검색한 후 나온 화면에서 [OK] 버튼을 누르지 말고 다시 또 검색어를 입력하여 추가하면 된다.

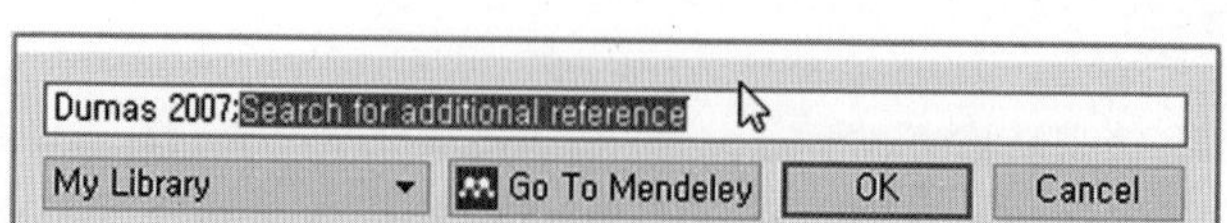

그림 4-73. 복수 인용

인용하고 싶은데 도대체 기억이 나지 않아 검색어를 입력할 수 없는 상황이라면 멘들리에서 찾아보기 위해 〈그림 4-73〉에서 [Go To Mendeley] 버튼을 클릭한다. 〈그림 4-74〉와 같이 멘들리가 화면에 나타날 것이다. 그런데 상단의 메뉴 부분에 보면, 원래 멘들리 화면에는 없던 [Cite]와 [Cancel] 버튼이 [Sync] 버튼 옆에 새로 생긴 것을 볼 수 있다. 인용하고 싶은 논문을 선택한 후(복수개를 인용하고자 할 때는 [Ctrl]키를 누른 상태에서 계속 선택하면 된다) [Cite] 버튼을 클릭하면 〈그림 4-75〉와 같이 워드에 인용이 자동으로 삽입된다.

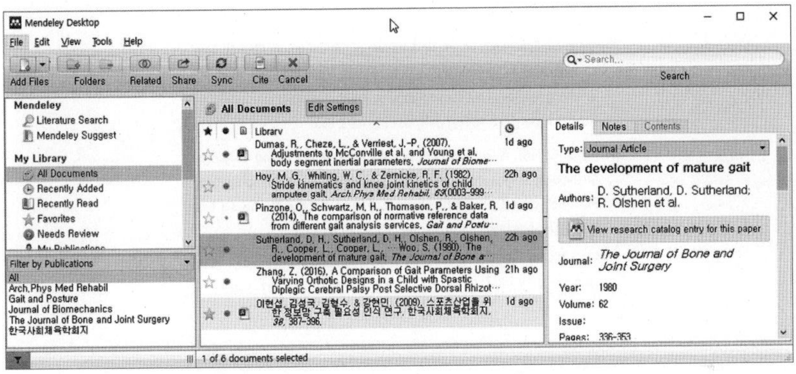

그림 4-74. 인용을 위한 멘들리 메인 화면

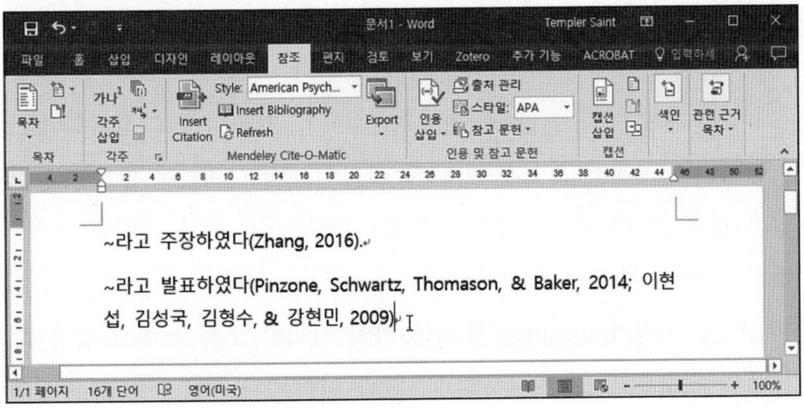

그림 4-75. 멘들리에서 찾아 인용한 결과

〈그림 4-75〉를 보면 필자가 인용한 논문은 총 3개이다. 이 상태에서 논문 작성이 끝났다면 이제 남은 것은 인용한 논문들에 대한 참고문헌을 작성하는 것이다.

워드에서 아래 줄로 이동한 후 "참고문헌"이라고 제목을 입력하고 참고문헌들이 들어갈 위치로 커서를 이동 시킨다. 워드의 【참조】 메뉴 중에 【Insert Bibliography】 버튼을 클릭하면 <그림 4-76>과 같이 본문에서 인용한 모든 논문에 대한 참고문헌이 자동으로 작성된다.

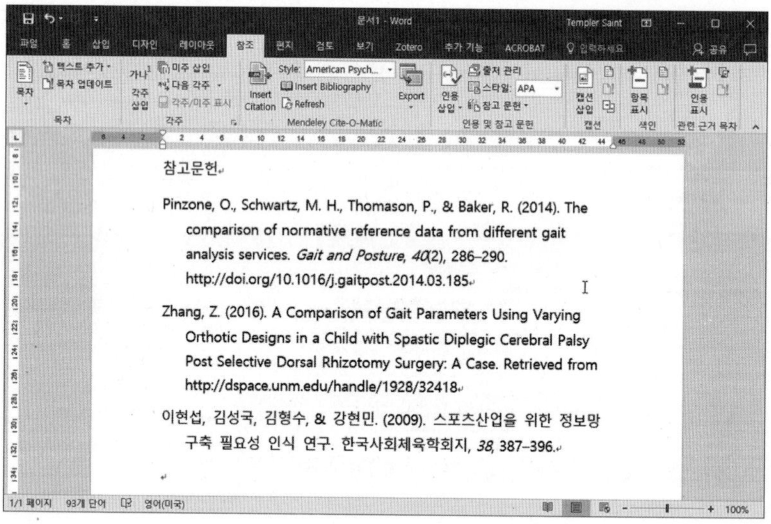

그림 4-76. 참고문헌이 작성된 모습

다만, 주의할 것은 영문의 경우에는 완벽하게 작성이 되나 한글의 경우에는 학회지 이름이 기울임체(이태릭체)로 작성되지 않는다. <그림 4-76>에서 Pinzone의 참고문헌에서 학회지 이름인 Gait and Posture가 기울임체로 정확하게 입력되어 있으나 이현섭의 참고문헌을 보면 학회지 이름인 한국사회체육학회지가 정체로 입력되어 있는 것을 볼 수 있다. 이러한 오류는 멘들리가 영문 기반의 프로그램으로 한글에 대한 지원이 부족해서 나타난다.

CSL(Citation Style Language)을 이용하여 이러한 오류를 바로 잡을 수 있으나 번거롭기 때문에 대부분 그냥 사용한다. 만약 한국에서 사용하는 인용스타일을 찾고자 한다면 멘들리에서 'Korea'로 검색하면 교정된 인용스타일을 찾을 수 있다.

지금까지 우리는 워드와 멘들리를 연결하여 인용하고 참고문헌을 작성하는 방법을 살펴보았다. 만약 워드가 아닌 아래아한글을 사용한다면 워드 때와 같이 자동화된 기능을 사용할 수 없다. 아쉽지만 영문 프로그램들의 특징이다. 더욱이 아래아 한글의 경우 코드를 오픈하지 않고 있어 멘들리와 같은 전문 프로그램들과 연계할 수 있는 방법은 없다. 물론 워드와 한글이 제한적이지만 호환이 되므로 워드로 작성한 후 한글로 가져갈 수는 있다. 좋은 대안이기는 하지만 워드 사용법을 또 배워야 한다는 단점이 존재한다. 결론부터 말하면, 아래아한글을 사용할 때 본문 내에 인용을 하는 기능은 사용할 수 없다. 다만, 골치 아픈 참고문헌 작성은 한 번에 끝낼 수 있다. 〈그림 4-77〉과 같이 멘들리에서 참고문헌에 사용할 모든 논문을 선택한 후 마우스 오른쪽 버튼을 클릭하면 팝업 메뉴가 나타난다. 【Copy As】-【Formatted Citation】 을 클릭한다.

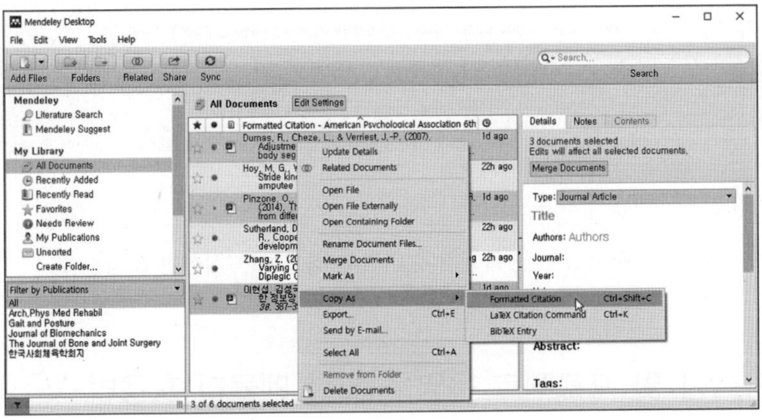

그림 4-77. Formatted Citation

한글을 실행한 후 적당한 위치에 커서를 갖다놓고, 붙이기를 실행하면 〈그림 4-78〉과 같이 붙이기 메뉴가 나타나는데, 여기서 "원본 형식 유지"를 선택한 후 [확인] 버튼을 클릭하면 〈그림 4-79〉와 같이 참고문헌 형식을 유지한 채 입력된다. 여기서도 주의할 것은 워드에서 나타났던 학회지 이름 표시 문제가 동일하게 아래아한글에서도 나타난다는 점과 저자 이름 표기시 '&' 이후 한 칸 띄어야 하는데 붙어서 나온다는 점이다. 사용자가 교정할 수밖에 없다. 이렇게 몇 가지 오류가 있긴 하지만 참고문헌을 한 번에 작성할 수 있다는 것은 큰 장점임이다. 참고문헌을 일일이 작성해 온 사람이라면 아마도 과거의 일이 억울하게 느껴질 것이다.

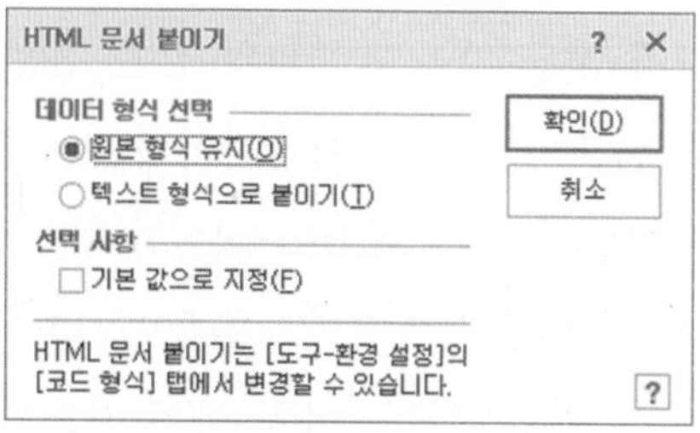

그림 4-78. 붙이기 옵션

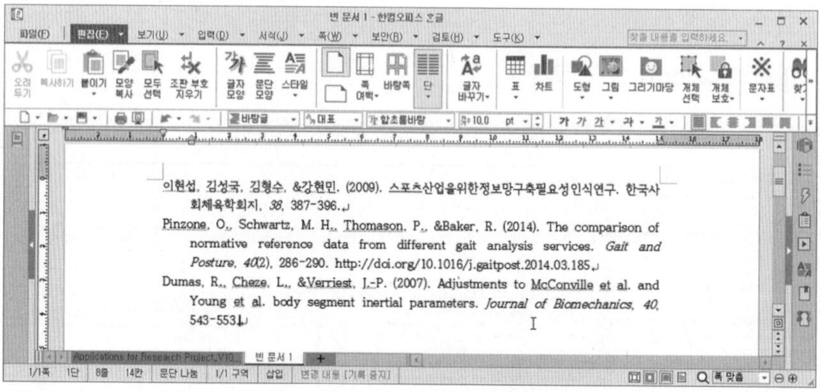

그림 4-79. 한글에서 붙이기로 참고문헌 작성한 모습

7) 논문 작성 및 프로젝트 운영을 위한 멘들리 활용법

멘들리 사용자들은 가능한 두 가지 방법을 이용하여 자료를 관리하는데, 폴더와 태그가 그것이다. 대부분은 1차적으로 폴더를 만들어 자료를 관리하고 각 자료 하나하나에는 태그를 붙여 관리한다. 〈그림 4-80〉은 폴더와 태그를 이용한 관리를 보여주고 있다.

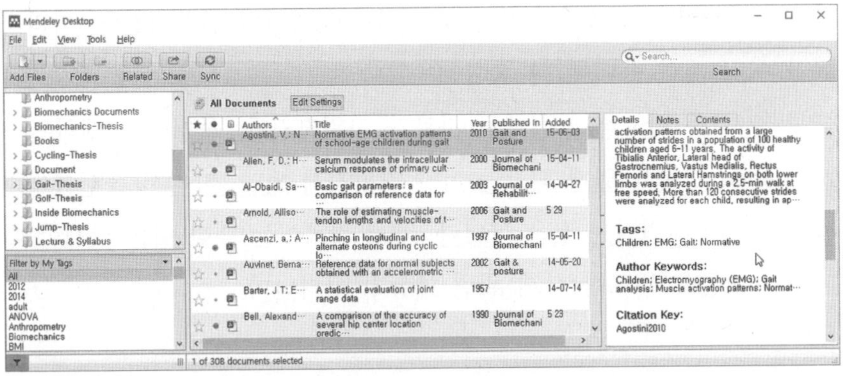

그림 4-80. 멘들리 자료 관리 : 폴더와 태그

자료가 점점 쌓이고 폴더와 태그가 많아지면 실제로 논문을 작성하거나 프로젝트 보고서를 작성할 때, 참고문헌을 작성하기 위해서 일일이 자료를 찾는 것도 번거롭게 된다. 이럴 때는 관련 폴더를 하나 만들어 인용한 논문을 모두 한 곳에 모아두는 것이 좋다. 예를 들어, 프로젝트 보고서를 만든다고 치면 "2016 프로젝트"라는 폴더를 만들어 여러 곳에 흩어져 있는 관련 논문을 "2016 프로젝트" 폴더에 넣어둔다. 또는 인용을 할 때마다 관련 자료를 그때그때 폴더에 넣어둔다. 폴더에 넣을 때는 관련 자료를 마우스로 드래그해서 "2016 프로젝트" 폴더로 끌어다 놓으면 된다. 이렇게 해 놓으면 인용을 할 때나 참고문헌을 작성할 때 이 폴더만을 대상으로 하면 된다. 아래아한글에서 참고문헌을 작성할 때도 이 폴더를 열어 모든 자료를 선택한 후([Ctrl+A]) 위에서 배운 대로 【Copy As】 – 【Formatted Citation】을 한 후 붙여넣기를 하면 된다. 만약 "2016 프로젝트" 내에 있는 모든 자료에 동일한 태그를 넣고 싶을 때는 하나하나씩 넣는 것이 아니라 자료를 모두 선택한 후 오른쪽 서지정보의 "Tags" 항목에 태그를 넣으면 한 번에 모두 들어가게 된다.

이렇게 특정 폴더를 만들어서 자료를 모아 사용하는 방법은 전체적인 자료 관리가 쉽기 때문인데, 프로젝트가 모두 끝나서 더 이상 "2016 프로젝트" 폴더를 유지할 필요가 없게 되면 이 폴더를 삭제하면 된다. 폴더를 삭제한다고 해서 그 안에 있던 자료까지 삭제되는 것이 아니다. 자료는 원래 있던 위치에 그대로 있게 된다. 애초에 "2016 프로젝트" 폴더로 이동시킨 것이 아니라 링크만 연결한 것이기 때문이다. 실제로 멘들리는 어떤 자료이든 「All Documents」에 위치시키고 사용자가 특정 폴더로 이동시키면 자료를 옮기는 것이 아니라 링크만 연결시킨다. 따라서 하나의 자료가 여러 개의 폴더에 다 속할 수 있다.

멘들리는 자료를 삭제하면 실제로 자료가 지워지지만, 폴더를 삭제하면 자료는 「All Documents」 항목에 있게 되고 폴더만 지워지게 된다. 따라서 폴더를 삭제한다고 해서 자료까지 지워지는 것은 아니다. 개개 자료이든 폴더 이든 삭제할 때는 오른쪽 마우스 버튼을 누르면 삭제 관련 메뉴가 나타난다.

8) 멘들리의 주석, 노트 기능과 Acrobat

멘들리는 자료를 더블클릭하여 PDF 파일 내용을 바로 볼 수 있는 기능을 제공하고 있다. 위에서 우리는 기 기능을 서지정보 입력할 때 사용해 보았다. PDF 보기 화면이 나타나면 〈그림 4-81〉과 같이 상단의 메뉴에 노트와 형광펜 역할을 하는 메뉴가 나타난다. 이들을 이용하여 PDF 내용에 주석 입력이나 강조 등을 할 수 있다. 필자는 "EMG"에 형광펜과 함께 "이것은 테스트입니다"라고 노트를 하였다. 이렇게 입력한 노트 내용은 〈그림 4-82〉와 같이 화면 우측창의 [Details]탭 옆에 있는 [Notes]탭에 그 내용이 나타난다. PDF 내용에 노트가 입력되어 있다면 이제 PDF 파일을 굳이 열지 않아도 어떤 노트가 들어가 있는지 확인할 수 있는 것이다. [Notes]탭의 상단에 있는 「GENERAL NOTES」는 자료에 대한 전반적인 내용을 사용자가 입력하는 곳이다.

그러나 멘들리에서 제공하는 노트 기능을 사용할 때는 주의할 점이 있는데, 이는 멘들리에서 입력한 내용이 Acrobat과 연동되거나 호환되지 않는다는 점이다. 즉, 멘들리를 이용하여 PDF 파일에 노트를 입력한 후, 이 PDF 파일을 Acrobat에서 열면 노트가 없는 상태로 열리게 된다. 멘들리에서 입력한 노트는 멘들리에서만 볼 수 있는 것이다. 이러한 현상은 사실 장·단점이 있는데, 원본 PDF 파일을 깨끗하게 보관할 수 있고 사용자의 노트를 아무도 볼 수 없게 한다는 점에서는 장점이지만 다른 PDF 프로그램에서는 노트를 볼 수 없다는 점에서는 단점이 된다. 따라서 사용자가 PDF 파일에 노트를 하고자 할 때는 멘들리의 노트 기능을 이용할지 아니면 Acrobat의 기능을 이용할지 결정해야 한다.

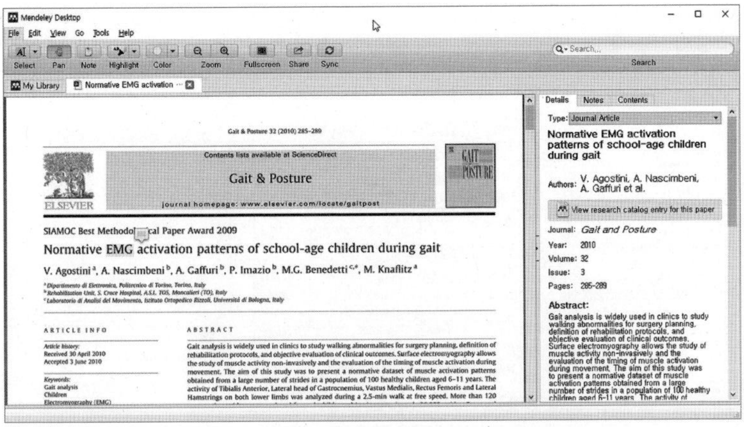

그림 4-81. 멘들리의 PDF 보기 화면

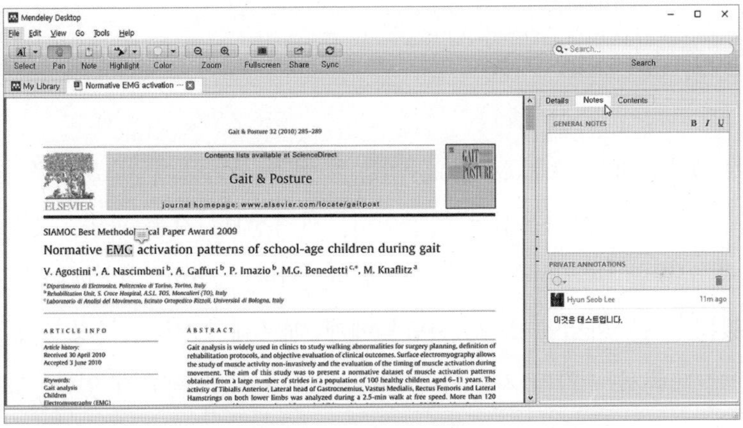

그림 4-82. [Notes]탭의 모습

멘들리의 논문을 Acrobat에서 열고자 할 때는 해당 자료를 선택한 상태에서 마우스 오른쪽 버튼을 클릭하여 〈그림 4-83〉과 같이 팝업 메뉴의 【Open File Externally】를 클릭하면 Acrobat으로 열린다. 물론 사용자의 PC에 Acrobat이 설치되어 있고 PDF 파일을 사용하는 기본 프로그램으로 Acrobat이 설정되어 있어야 한다. 만약 Acrobat이 아닌 다른 프로그램이 기본 프로그램으로 설정되어 있다면 그 프로그램으로 PDF 파일이 열릴 것이다. Acrobat을 이용하여 주석이나 노트 등을 작업한 후 저장을 하면, 멘들리에서 열었을 때 그 내용이 그대로 파일 내에 보이게 된다.

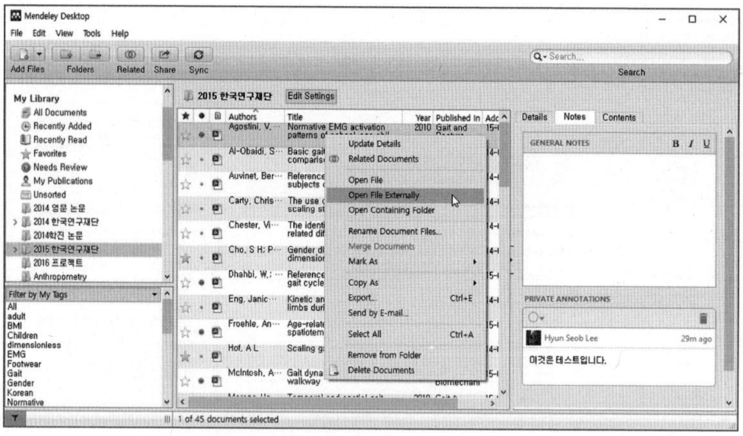

그림 4-83. Acrobat으로 PDF 파일 열기 : Open File Externally

9) 멘들리의 Groups 기능

멘들리에서 제공하는 그룹(Groups) 기능은 여러 사람들이 자료를 공유하면서 연구를 수행하고자 할 때 사용하는 공간이다. 서지정보, 각종 파일, 그리고 PDF에 함께 주석을 입력할 수 있는 기능을 제공한다. 세미나 팀이 있다고 가정하자. 서로가 갖고 있는 논문 파일을 모든 사람들에게 배포해야 하고 특정 논문(여기서는 PDF 파일)에 대해서는 각자 자신의 의견을 첨부해야 할 필요가 있다. 그리고 이러한 일들이 자주 비주기적으로 발생한다면, 자료들을 이메일로 모든 팀원들에게 보내는 것도 번거롭고 더욱이 같은 논문에 대한 서로의 의견을 특정 장소에 모여야만 나눌 수 있다면 시간적 소비가 상당할 것이다. 이렇게 번거로운 일들을 그룹 기능을 통해 어느 정도 해결할 수 있다. 이곳에 논문을 올리면 모든 이들이 각자 볼 수 있고 자신의 의견을 남길 수도 있다. 또한 이 그룹 기능은 세계에 있는 학자들과 각자의 서지정보를 공유하면서 의견을 나눌 수 있는 공간이기도 하다. 즉, 그룹 기능은 공유공간이자 협업공간이기도 하다. 멘들리의 그룹 기능은 〈그림 4-84〉와 같이 왼쪽 창의 폴더 아래에 【Groups】 란 이름으로 존재한다. 현재 그림에는 3개의 그룹이 존재하는 것을 볼 수 있다. 「Biomechanics Team」, 「LJH-Team」, 「Mendeley Advisor Group」이다. 새로운 그룹을 만들기 위해서는 아래에 있는 【Create Group...】 를 클릭하면 된다. 〈그림 4-85〉와 같은 화면이 나타난다.

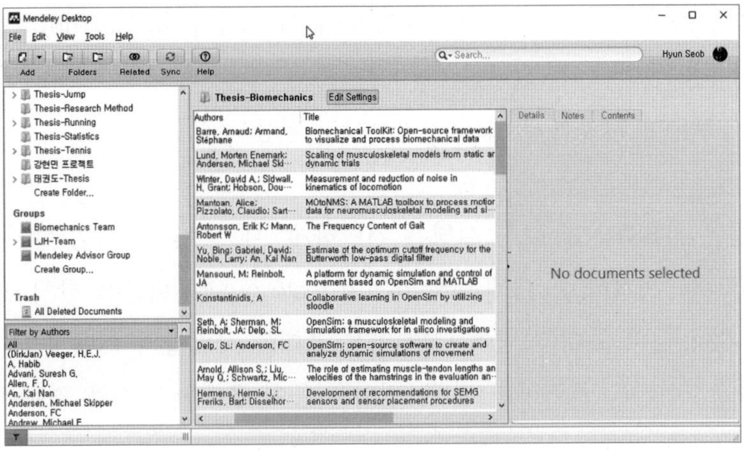

그림 4-84. Groups 메뉴

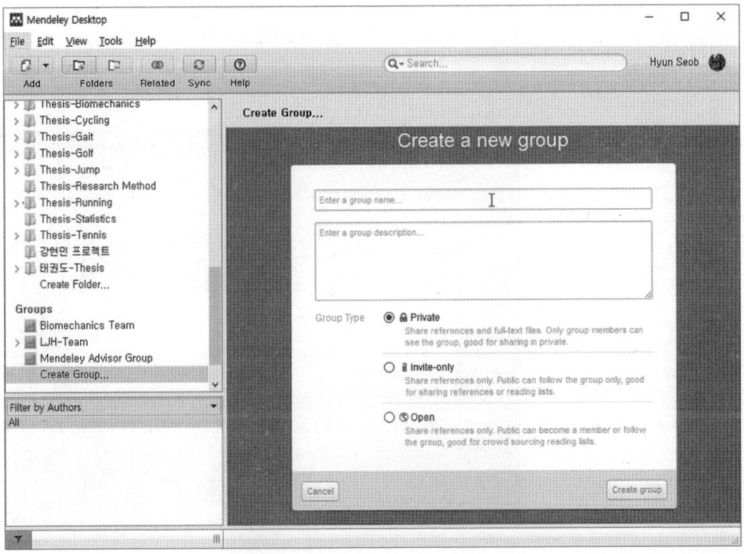

그림 4-85. 그룹 생성 화면

그룹 이름과 그룹에 대한 간단한 설명을 입력한 후 그룹 종류를 선택해야 하는데 각 종류에 따라 다음과 같은 차이가 있다.

- Private : 그룹 관리자가 초대한 사람만 그룹 가입이 가능하다. 서지정보 및 PDF 파일 공유가 가능하고 그룹 및 그룹 멤버는 외부로 공개되지 않는다.
- Invite-only : 그룹 관리자가 초대한 사람만 그룹 가입이 가능하고 서지정보 추

가 및 글쓰기가 가능하다. 그러나 누구나 이 그룹을 팔로우(follow)하여 그룹의 내용을 참관할 수 있다.

- Open : 누구나 자유롭게 가입이 가능하고 활동도 할 수 있다.

그룹이름은 "TEST-Group", 설명은 간단하게 "테스트용 그룹입니다"라고 입력하고 Private를 선택하자. 아래쪽에 있는 [Create group] 버튼을 클릭하자. 〈그림 4-86〉과 같이 멤버 초대 화면이 나타난다. 초대할 사람들의 이메일을 입력한 후 [Send invites] 버튼을 클릭하면 된다. 만약 나중에 초대하고 싶을 경우에는 [Skip] 버튼을 클릭하면 된다.

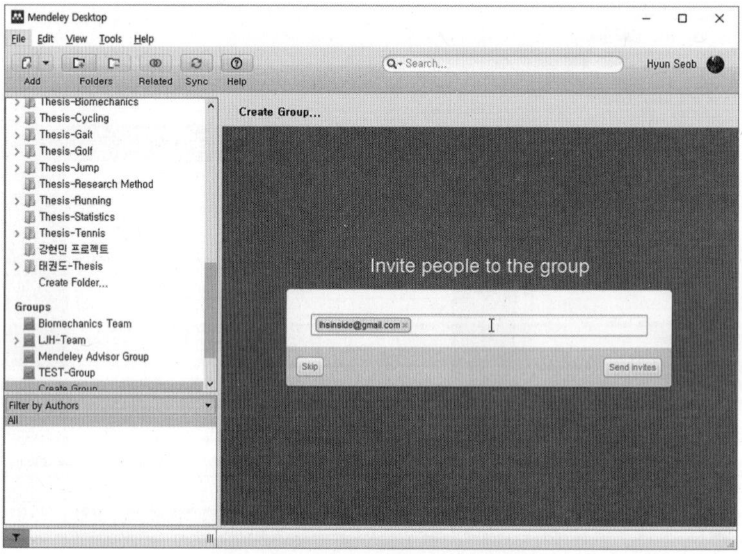

그림 4-86. 그룹의 멤버 초대 화면

정상적으로 초대가 되었다면 〈그림 4-87〉과 같은 메시지 창이 나타난다. 아래에 있는 [Continue to group] 버튼을 클릭하면 해당 그룹으로 이동하고 〈그림 4-88〉과 같은 화면이 나타난다. 멘들리 왼쪽 창에도 TEST-Group이 생성된 것을 볼 수 있다.

해당 그룹 화면을 보면 [Overview], [Documents], [Members] 탭이 있다. [Overview]에서는 멤버들이 채팅을 할 수 있다. [Documents]는 서지정보나 PDF

파일을 올리는 곳으로 파일을 드래그 & 드롭해서 옮기면 된다. 올라온 파일을 보는 방법은 멘들리와 동일하다. 여러 사람이 각자 주석을 입력할 수 있는데 이때에는 주석의 색깔이 다르게 표현되어 구별할 수 있다. [Members]는 멤버들을 관리하는 곳이다. 새로운 멤버들을 초대할 수 있다.

다만, 주의할 것은 무료버전과 유료버전의 초대 가능한 인원이 다르다는 것이다. 무료버전인 경우 Private 그룹에 초대할 수 있는 인원이 최대 3명이고, 유료버전은 25명까지이다.

최근 멘들리를 제공하고 있는 대학들이 많아지고 있고 이를 이용할 경우 그룹 용량도 20GB 이상이고 초대인원도 25명까지 할 수 있으므로 자신이 속한 대학에 확인해 보는 것이 좋나.

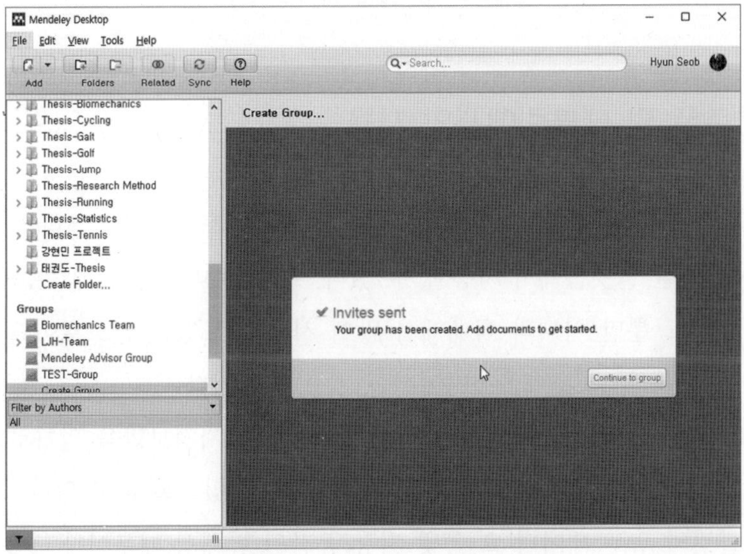

그림 4-87. 초대 완료 메시지 창

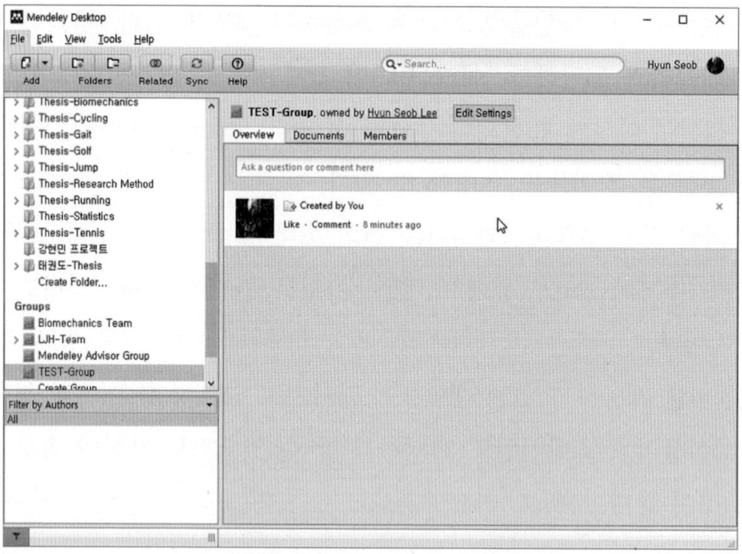

그림 4-88. 그룹 화면의 구성

10) 스마트폰 및 태블릿에서의 사용

대부분의 논문관리 프로그램이 그렇듯 멘들리도 윈도우즈 PC, Mac, 스마트폰, 태블릿 등 다양한 플랫폼에서 사용할 수 있다. 특히 스마트폰과 태블릿의 경우 아이폰과 아이패드 뿐만 아니라 국내에서 많이 사용하고 있는 안드로이드 폰에서도 사용할 수 있도록 무료로 애플리케이션을 제공하고 있다.

PC나 Mac용과 달리 스마트폰과 태블릿용에서는 서지정보만을 일차로 제공하고 있고 사용자의 요구에 따라 관련 PDF를 내려받을 수 있도록 하고 있다. 이는 스마트폰과 태블릿의 경우 데이터 요금 및 저장 공간의 한계성 때문이다. PC용처럼 자동으로 모든 자료를 내려받게 되면 데이터 요금도 불필요하게 발생할 수 있고, 저장 공간도 많이 차지할 수 있기 때문에 사용자 친화적인 방법이라고 할 수 있다.

독자가 사용하는 스마트폰의 앱스토어로 가서 검색어로 "Mendeley"를 입력하면 대부분 바로 찾을 수 있다. 애플 스토어에서 아이폰용 멘들리를 검색한 화면은 〈그림 4-89〉와 같다. 〈그림 4-90〉은 애플리케이션을 처음 실행한 모습이다. 처음 애플리케이션을 실행하면 로그인 화면이 나타나고 로그인을 하면 자신의 계정에 있는 자료를 가져오기 위한 동기화를 수행한다. 〈그림 4-91〉은 특정 폴더에 들어갔을 때의 화면이다. 리스트 왼쪽의 아래쪽 화살표 아이콘은 관련 파일을 다운로드 받고자 할 때 누르면 된다. 다운로드가 완료되면 아이콘이 책이 펼쳐진 아이콘으로 변하게 되고, 인터넷이 연결되지 않은 오프라인(off-line) 상태에서도 문서를 볼 수 있게 된다. 〈그림 4-92〉는 다운로드 받은 PDF 파일을 아이폰용 멘들리로 보는 화면이다. 확대/축소가 되기 때문에 적당히 키워서 보면 된다. 만약 노트나 주석이 있다면 같이 볼 수 있다. 〈그림 4-93〉은 아이패드(iPad)용 멘들리에서 논문 PDF 내용을 보고 있는 화면이다. 왼쪽에 있는 서지정보 창을 없애고 PDF 파일 내용을 더 큰 화면에서 볼 수 있는 기능도 있다.

이렇게 PC용과 스마트폰용 또는 태블릿용을 함께 사용하면 자신이 소유하고 있는 논문을 언제 어디서나 볼 수 있고 편집도 가능하다. 일일이 자료를 usb 드라이브에 넣고 다닐 필요가 없으며 집에 두고 왔다고 걱정할 필요도 없다.

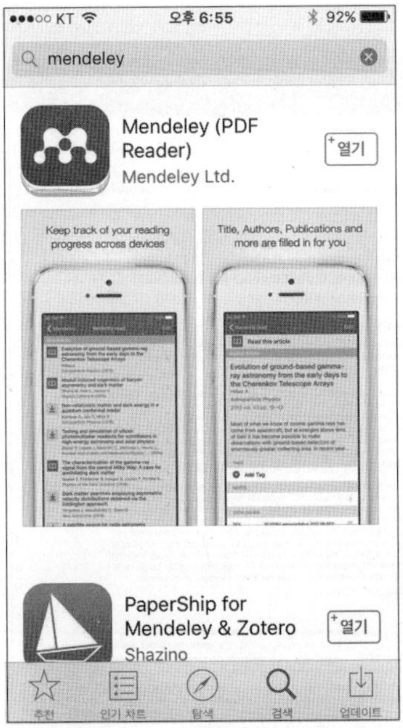

그림 4-89. 앱스토어 검색화면

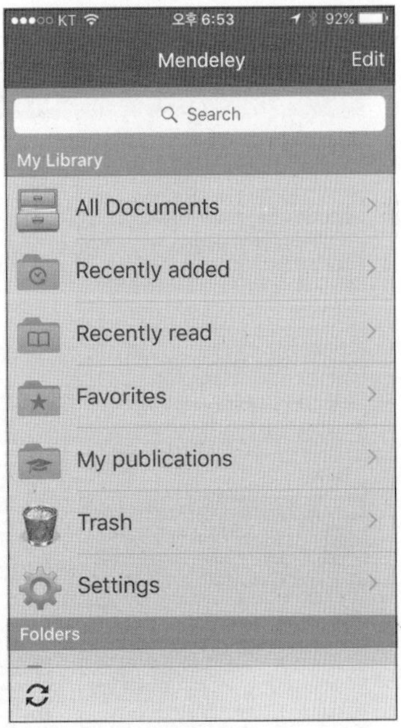

그림 4-90. 실행 초기 화면

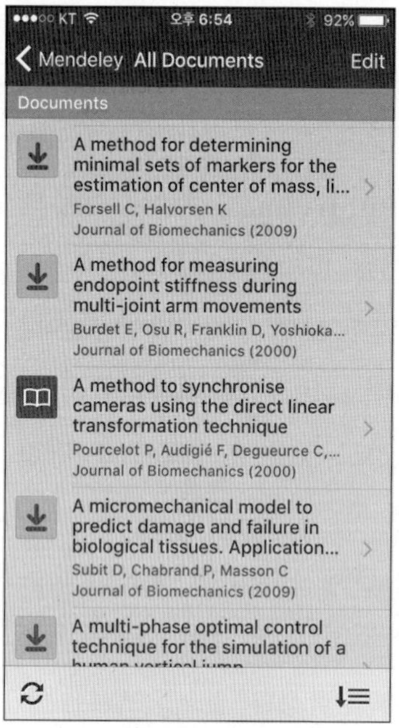

그림 4-91. 논문 리스트 화면

그림 4-92. PDF 보기 화면

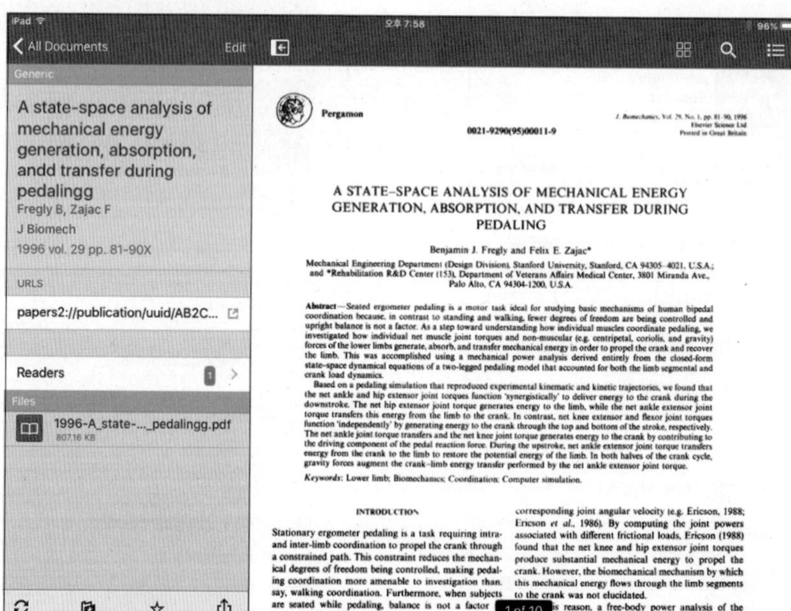

그림 4-93. iPad용 멘들리에서 논문 보기 화면

3 인터넷 정보를 보관하는 방법 : Evernote

우리는 멘들리에서 논문 중심의 자료를 관리하는 방법에 대해서 살펴보았다. 연구 활동을 하다보면 인터넷상에서도 정보를 구하게 된다. 전문 블로그나 또는 인터넷에서 제공하는 신문 기사 등을 포함하여 세계의 학자, 연구자들이 의견을 나누는 전문 포럼 등의 내용을 보관할 필요가 생긴다. 어떤 형태의 자료든 자신의 연구에 도움이 되는 정보를 인터넷 사이트에서 얻게 되는 경우가 있다. 특히 최근과 같이 인터넷의 발전이 점점 가속화되는 환경에서는 연구에 있어서 인터넷의 영향은 무시할 수 없다. 그러나 인터넷의 특성상 발견한 정보가 계속 유지된다는 보장이 없으며 때로는 다시 그 정보를 찾아가기가 쉽지 않을 때가 있다. 여기서는 이런 상황을 해결할 수 있는 방법으로 인터넷 상의 정보를 보관·관리할 수 있는 에버노트(Evernote)에 대해서 살펴보고 활용 방법에 대해서 알아 볼 것이다.

에버노트는 원래 연구 활동과는 무관하게 개발된 것으로 주로 자신의 아이디어나 생각 또는 할일 등을 언제 어디서나 쉽게 기록 및 열람할 수 있도록 하기 위해서 개발된 노트 프로그램이다. 그러나 수많은 정보를 관리해야 하는 연구자들에게 인터넷상의 정보를 보관·관리하는 데 탁월한 기능을 제공한다.

노트용 프로그램이나 애플리케이션은 다양한데 그중에 단연 최강은 에버노트이다. MS사에서 에버노트와 경쟁하기 위해서 만든 노트 프로그램이 원노트(OneNote)인데 노트를 위한 프로그램으로는 에버노트와 경쟁이 가능하지만 인터넷 정보를 관리하는 차원에서는 에버노트를 따라올 수 없다. 최근 원노트도 웹의 내용을 그림이 아닌 문자로 가져올 수 있는 기능을 추가함으로써 그동안 약점으로 지적되던 부분을 개선하였지만 아직은 그 기능이 완전하지 않다는 점과 무엇보다도 동기화 속도가 현저하게 느려 아직은 에버노트를 능가하지 못하고 있는 상황이다. 향후 웹 내용을 문자로 가져올 수 있는 기능이 더욱 보강되더라도 동기화 속도를 개선하지 않는 한 에버노트 사용자를 끌어들일 수 없을 것으로 생각된다. 필자 또한 많은 노트 프로그램을 사용해 봤지만 결국 에버노트로 정착하게 되었다. 에버노트는 무료와 유료가 있는데 무료를 사용해도 크게 어려움은 없다. 에버노트의 서비스 등급은 베이직, 플러스, 프리미엄이 있는데 베이직이 무료이고, 플러스와 프리미엄은 유료이다. 본서가 작성되고 있는 시점의 각 등급별 기능을 살펴보면 〈표 4-1〉과 같다.

표 4-1. 에버노트 서비스 등급별 주요 기능

베이직(무료)	플러스(30,000/년)	프리미엄(55,000/년)
매월 60MB 업로드 가능 2대의 장치에서 동기화 이미지에서 텍스트 검색 노트를 공유하고 논의 모바일 앱에 암호 잠금 설정	매월 2GB 업로드 용량 모든 장치에서 동기화 베이직 기능 모두	매월 10GB 업로드 용량 모든 장치에서 동기화 플러스 기능 모두
	오프라인으로 노트북 액세스 에버노트로 이메일 전달 이메일을 통한 고객 지원	라이브 채팅을 통한 고객 지원 PDF 안의 텍스트 검색 PDF에 주석 달기 명함 스캔 및 연락처 관리 노트 프레젠테이션 기능

유료버전인 플러스 등급을 보면 월 3천 원 미만의 사용료이다. 비싸다고 할 수는 없지만 무료버전이 있는 만큼 무료버전을 사용하다가 부족할 경우에만 유료버전으로 전환하는 것이 좋다. 유료버전을 사용하다 무료버전으로 변경되어도 데이터가 사라지는 것은 아니니 안심하기 바란다. 에버노트는 타 프로그램들과는 다른 방식으로 서비스를 제공하는데, 타 프로그램들의 경우 저장 공간을 제한하지만 에버노트는 저장 공간의 제한이 아니라 업로드 용량을 제한한다. 즉 에버노트로 업로드할 수 있는 용량이 정해져 있는 것이다. 무료 버전인 베이직을 보면 월 업로드 용량이 60MB이다. 아마도 독자들은 이 60MB를 보고 "이렇게 적은 용량으로 뭘 할 수 있지?"라고 생각할 것이다. 그러나 사실 이 60MB는 인터넷 정보를 보관하고 노트를 작성할 때는 충분한 용량이다. 인터넷상의 정보, 즉 웹사이트의 내용은 대부분 1MB를 넘지 않는다. 사진이 많이 첨부되어 있더라도 특별한 경우를 제외하고는 대부분 2MB 내외이다. 따라서 사용자는 한 달에 대충 60개의 정보를 보관할 수 있는 것이다. 한 달이 지나면 업로드 용량이 초기화되어 다시 60MB를 올릴 수 있게 된다.

다만 한 가지 유의할 점은 무료버전인 경우 노트의 크기가 최대 25MB를 넘을 수 없다. 즉, 25MB 이상의 자료는 분할해서 올려야 한다. 유료버전인 경우에는 200MB 노트를 만들 수 있다. 동영상을 올리지 않는다면 25MB 제한에 걸릴 일은 거의 없다.

에버노트도 바로 전 장에서 살펴본 멘들리와 같이 PC용, Mac용, 스마트폰 및 태블릿용 등이 존재하며 브라우저를 이용하여 인터넷상에서도 관리할 수 있다. 최근에 서비스 정책이 바뀌면서 무료버전인 경우 2개의 기기에서만 동기화를 허락하고 있다. 이전에는 모든 기기에서 동기화가 가능했지만 에버노트사가 경제적 어려움에 처하면서 유료 사용자를 늘이기 위해서 서비스 정책을 변경한 것이다. 사실 에버노트를 사용하다보면 무엇으로 수익을 내는지 궁금할 정도로 사용자 입장에서 만들어졌다는 것을 알 수 있다.

필자의 개인적 의견으로는 유료버전을 사용해도 전혀 아깝지 않다는 생각이 들고 더욱이 이런 회사가 경제적 어려움 때문에 사라진다는 것은 안타까운 일이라 생각된다. 에버노트를 스마트폰이나 태블릿에서 사용할 때 주의할 점이 있는데, <u>셀룰러 사용과 관련된 설정을 꼭 확인해야 한다는 점이다</u>. 셀룰러를 사용하도록 되어 있을 경우 데이터 사용량을 소비할 수 있기 때문이다. 와이파이(wifi) 상태일 때만 동기화가 가능하도록 하려면 셀룰러 사용 옵션을 꺼야 한다. 셀룰러를 사용하도록 되어 있어도 동기화 데이터가 적기 때문에 큰 문제는 되지 않지만 그래도 이러한 옵션에 대해서는 인지하고 있어야 한다. 스마트폰마다 설정 경로가 다르지만 만약 아이폰을 사용한다면 [설정]에 들어가서 에버노트를 찾아가면 설정할 수 있다.

에버노트에 대한 전반적인 소개는 여기까지이고 이제부터는 에버노트를 사용하는 방법에 대해서 연구자 입장에서 설명할 것이다.

1) 에버노트의 설치 및 설정

에버노트의 홈페이지는 www.evernote.com 이다. 다른 프로그램들과 마찬가지로 회원으로 가입한 후 홈페이지에서 윈도우즈용 프로그램을 내려받아 설치하면 된다. 설치 과정도 특별한 것이 없으므로 화면에 따라 설치하면 된다. 에버노트를 처음 실행하면 회원가입 창이 나타나는데 로그인 창으로 변경 후 로그인을 하면 〈그림 4-94〉와 같은 화면이 나타난다.

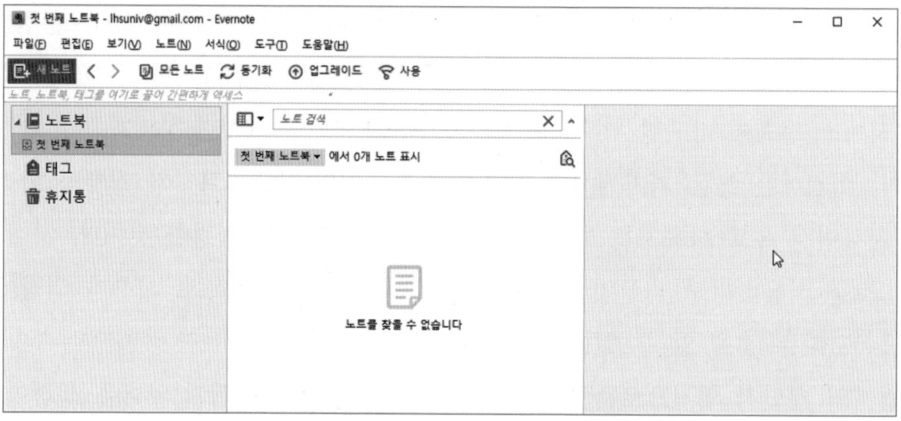

그림 4-94. 에버노트 초기 실행 화면

에버노트의 전체적인 디자인은 3개의 창으로 나누어져 있다. 왼쪽 창에는 노트북과 태그가 존재하고, 중앙 창에는 노트가 그리고 오른쪽 창에는 노트의 내용이 나타난다. 아마도 노트북과 노트의 개념이 생소할 것이다. 노트북은 폴더, 노트는 파일이라고 생각하면 된다. 따라서 노트북은 노트들을 포함하고 있는 것이다. 다만 주의할 것은 노트북 속에 다시 하위 노트북을 포함할 수 있지만 이 하위 노트북 속에 또 다시 하위 노트북을 가질 수는 없다. 즉, 노트북은 1단계 하위 노트북만 가질 수 있다는 것이다.

〈그림 4-94〉의 상단에 보면 메뉴 아래에 도구 아이콘들이 존재하는데 이는 사용자가 원하는 대로 설정할 수 있다. 그림에서 도구가 없는 빈 공간에서 마우스 오른쪽 버튼을 클릭하면 〈그림 4-95〉와 같이 팝업 메뉴가 나타나는데 **【도구 모음 사용자 지정】**을 클릭하면 〈그림 4-96〉과 같이 도구 모음들이 나타난다. 사용자가 원하는 도구를 클릭한 상태에서 드래그 하여 원하는 위치로 이동시키면 된다. 원하지 않는 도구는 동일하게 드래그해서 빈공간으로 이동시키면 사라진다.

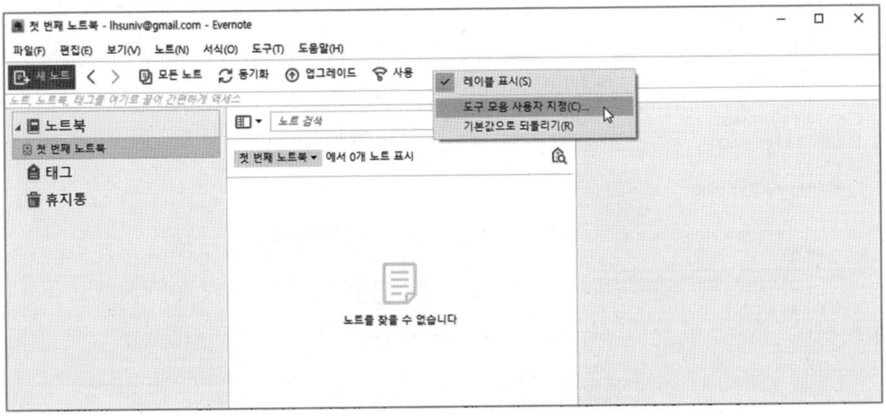

그림 4-95. 도구 모음 사용자 지정 메뉴

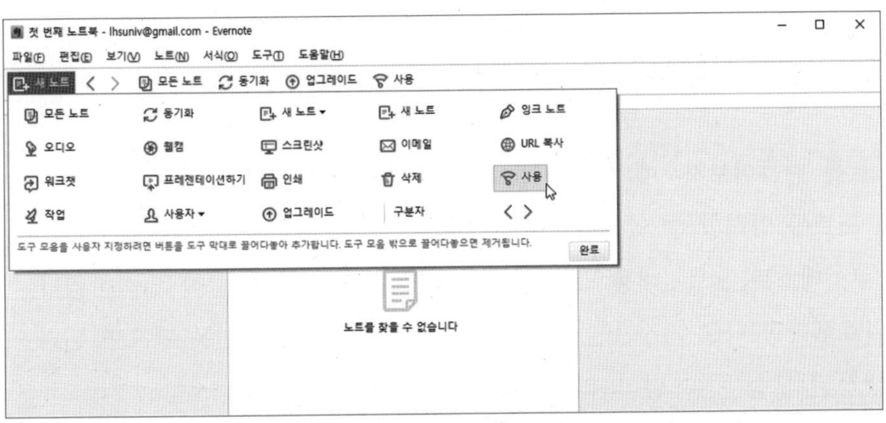

그림 4-96. 도구 모음 사용자 지정 화면

에버노트를 설치하면 윈도우즈가 실행될 때 자동으로 실행되는 경우가 있는데 이때는 설정에서 변경할 수 있다. 메인 메뉴의 **【도구】** – **【설정】** 을 클릭하면 〈그림 4-97〉과 같이 설정 창이 나타난다. [일반]탭에서 "□ Windows 시작 시 Evernote 실행"의 체크를 해제하면 자동 실행이 되지 않는다. [일반]탭 옆의 [동기화]탭을 클릭하면 〈그림 4-98〉과 같은 화면이 나타나는데 "□ 자동 동기화" 항목에서 원하는 동기화 시간을 선택하면 된다. 에버노트는 여기서 설정한 시간에 따라 자동으로 동기화를 수행한다. 물론 사용자가 원하는 시점에 수동으로 동기화를 실행시킬 수 있다. 설정과 관련해서는 더 이상 신경 쓸 부분이 없다. 위에서 확인한 부분만 원하는 설정을 하고 나머지는 디폴트 그대로 사용해도 된다.

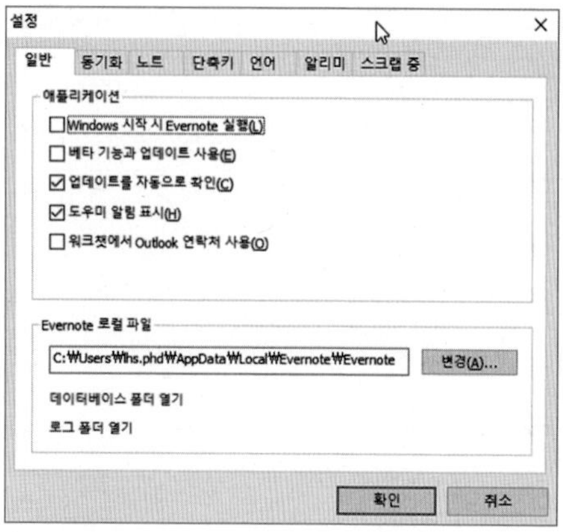

그림 4-97. 설정의 [일반] 탭

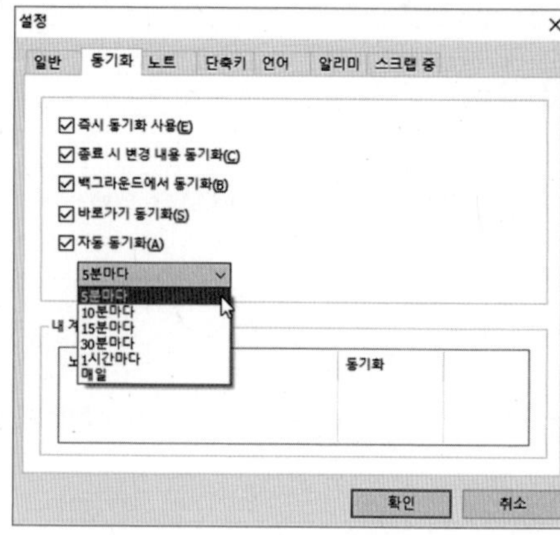

그림 4-98. 설정의 [동기화] 탭

2) 에버노트 사용하기

노트를 만들어보자. 메인 창의 도구 모음에서 **【새 노트】** 를 클릭하면 창이 열리면서 노트를 입력할 수 있는 화면이 나타난다. 제목과 내용을 입력하자. 필자는 제목으로 “테스트 노트” 내용으로 “이것은 테스트 노트입니다.”를 입력하였다. 입력을 완료했다면 따로 저장 버튼이나 메뉴가 없으니 바로 화면을 닫으면 된다. 노트가 생성된 모습은 〈그림 4-99〉와 같다.

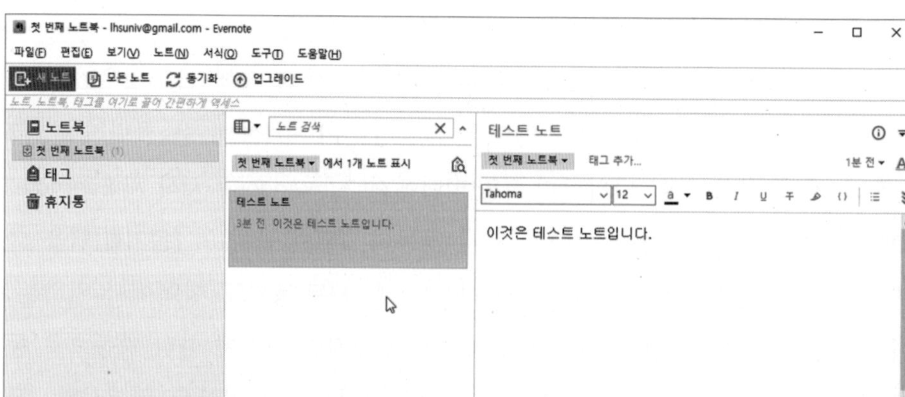

그림 4-99. 노트 생성 화면

생성된 노트는 언제든지 수정이 가능하다. 글씨체, 글자 크기 등 노트 내용 창의 상단에 있는 도구들을 이용하여 수정을 할 수 있다. 에버노트는 문자 노트뿐만 아니라 파일을 첨부할 수도 있으며, 음성 파일도 첨부할 수 있다. 할 일 관리를 위한 체크박스도 함께 지정할 수 있다. 도구모음에 있는 **【동기화】** 메뉴 버튼을 클릭하면 설정에서 지정해 놓은 시간과는 무관하게 바로 동기화를 수행한다. 노트들은 바로 에버노트 사이트의 내 계정으로 전송이 되고 다른 기기에서 동기화를 통해 바로 확인할 수 있다.

이번에는 노트에 PDF를 첨부해 보자. **【새 노트】**를 클릭해서 빈 노트를 만든 다음 사용자가 원하는 PDF 파일을 끌어다 빈 노트 내용 창에 넣어보자. 〈그림 4-100〉과 같이 PDF 내용이 바로 나타날 것이다.

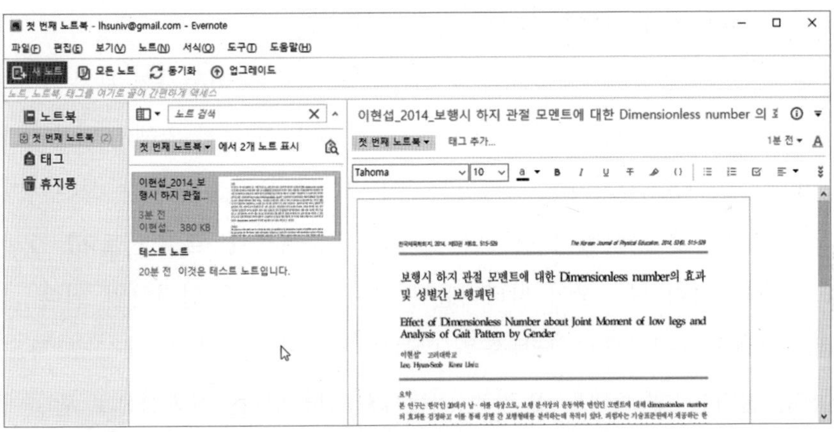

그림 4-100. PDF를 첨부한 노트의 화면

PDF가 첨부된 노트의 제목은 파일이름이 자동으로 들어간다. 따라서 원하는 제목으로 변경해야 할 때도 있다.

노트 내용 창의 PDF로 마우스를 가져가면 〈그림 4-101〉과 같은 메뉴가 화면에 나타난다. 가장 좌측의 눈 모양의 아이콘을 클릭하면 해당 PDF를 아크로뱃에서 열어 준다. 물론 PDF 파일을 보기 위한 기본 프로그램이 아크로뱃으로 되어 있어야 한다. 바로 우측에 있는 ⓐ자 모양의 아이콘은 PDF에 주석을 달 수 있는 버튼이다. 이를 클릭하면 주석용 창이 나타난다. 그러나 이 기능은 프리미엄 버전에서만 사용 가능하다. 사실 이 기능은 우리 입장에서는 별로 필요 없다. PDF 파일을 아크로뱃으로 열어 주석을 단 후 저장을 누르면 그 내용이 바로 에버노트에 반영되기 때문에 굳이 쓸 일이 없다. 더욱이 멘들리에서처럼 주석이나 노트는 아크로뱃을 이용하여 기록하는 것이 가장 바람직하다. 그렇게 해야 어떤 프로그램을 사용해도 그 내용을 볼 수 있기 때문이다. 페이지를 나타내는 글 좌우에 있는 화살표는 페이지를 이동할 때 사용한다.

그림 4-101. PDF 메뉴

에버노트는 PDF와 그림 파일의 경우 바로 보여주지만 다른 종류의 파일을 첨부하면 내용을 보여주지 않고 파일이름만을 보여준다.

이번에는 노트북을 새로 만들어 보고 그곳으로 노트를 이동시켜 보자. 이를 위해 독자들은 노트를 2~3개쯤 만들어 놓자. 새 노트북을 만들기 위해서 마우스 커서를 좌측창의 노트북으로 가져가면 나타나는 [+] 버튼을 누르거나 또는 노트북에서 마우스 오른쪽 버튼을 클릭하여 나타나는 팝업 메뉴에서 **【노트북 만들기】** 를 누르면 노트북 이름을 입력하는 창이 나타나는데 적당한 이름을 입력하면 된다. 필자는 "프로젝트-A"라는 이름으로 노트북을 만들었다. 동일한 방식으로 노트북을 하나 더 만들자. 필자는 "프로젝트-B"라는 이름으로 만들었다. 최종적으로 만들어진 모습은 〈그림 4-102〉와 같다. 노트북만을 만들었으니 그 안에 노트가 없는 상태이다.

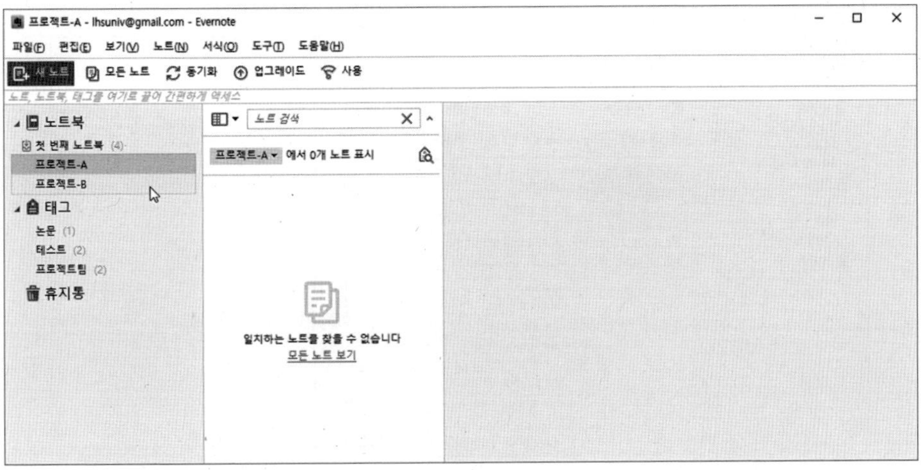

그림 4-102. 두 개의 노트북을 만든 화면 : 프로젝트-A & 프로젝트-B

[첫 번째 노트북]을 클릭해서 그 안에 있는 노트 2개를 [프로젝트-A]로 끌어다 넣자. [Ctrl]키를 누른 상태에서 클릭하면 복수개의 노트를 선택할 수 있다. 노트 자체가 이동되어 원래 있었던 [첫 번째 노트북]에서는 사라지고 [프로젝트-A]에만 있게 된다. 만약 이동이 아니라 복사를 하고 싶다면, 복사하고자 하는 노트에서 마우스 오른쪽 클릭을 하면 〈그림 4-103〉과 같이 팝업 메뉴가 나타나는데 【노트북에 복사】를 누르면 노트북을 선택하는 창이 나타나는데 원하는 노트북을 선택하면 바로 복사가 이루어진다.

에버노트에서 노트북 안에 있는 노트북, 즉 하위 노트북을 만드는 것은 다소 생소한 방식을 사용하다. 노트북에서 하위 노트북을 바로 만들 수 없다. 스택이라는 것을 만든 후 스택 안에서 노트북을 만들어야 하위노트북이 된다. [프로젝트-A]와 [프로젝트-B]를 하위 노트북으로 가지는 [프로젝트] 노트북을 만들어보자.

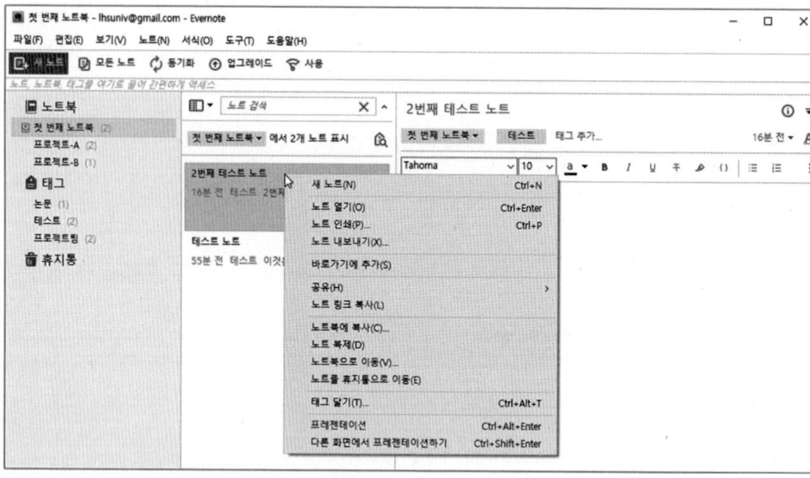

그림 4-103. 에버노트의 팝업 메뉴

먼저 [프로젝트-A]에서 오른쪽 마우스 클릭을 하면 〈그림 4-104〉와 같이 나타나는 팝업 메뉴에서 **【스택에 추가】 – 【새 스택】** 을 클릭하자.

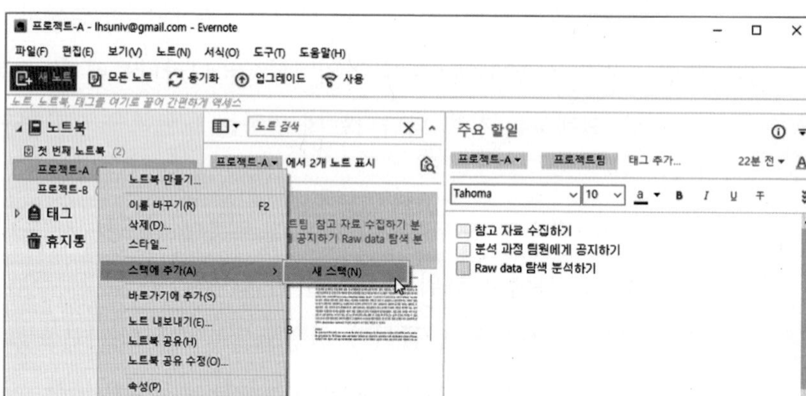

그림 4-104. 스택 추가 메뉴

〈그림 4-105〉와 같이 [프로젝트-A] 상단에 [노트북 스택]이라는 것이 생기고 [프로젝트-A]가 [노트북 스택]의 하위노트북으로 위치하게 된다. 〈그림 4-106〉과 같이 이제 [노트북 스택]의 이름을 [프로젝트]로 변경하자. 마지막으로 [프로젝트-B]에서 팝업 메뉴를 열어 **【스택에 추가】 – 【프로젝트】** 를 선택하면 〈그림 4-107〉과 같이 [프로젝트-B]가 [프로젝트]의 하위노트북으로 변경된다.

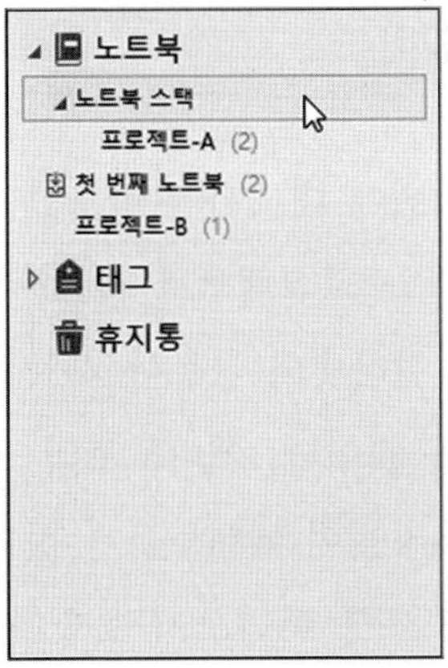

그림 4-105. 스택 1

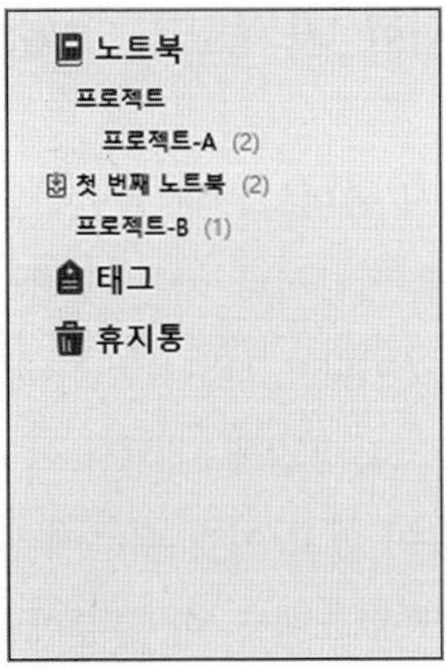

그림 4-106. 스택 2

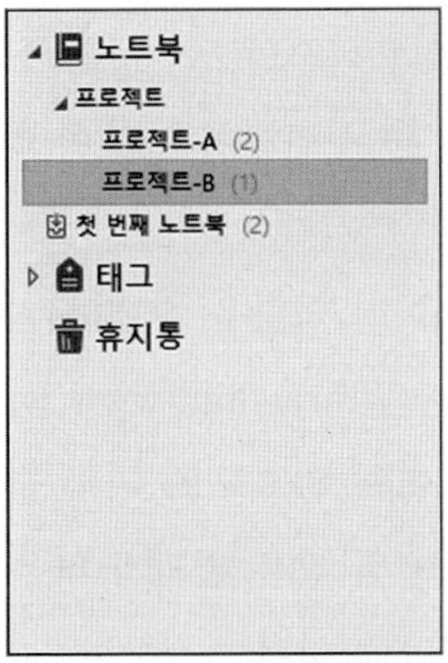

그림 4-107. 스택 3

[노트북] 아래에 [태그]가 존재한다. 태그와 관련해서 우리는 멘들리에서 살펴보았다. 에버노트에서도 멘들리와 동일하게 사용된다. 에버노트 우측창인 노트내용창의 상단에 보면 태그를 추가하는 부분이 있다. 그곳에 태그를 추가하면 [태그] 항목에 나타나게 된다. 멘들리에서 사용해 보았으니 에버노트에서 어려움 없이 사용할 수 있을 것이다.

지금까지 우리가 사용한 업로드 용량을 알고 싶다면, 메인 메뉴의 **【도구】** - **【계정 정보】** 를 클릭한다. {계정 정보} 창이 나타나면서 사용한 업로드 용량이 그래프로 표시된다.

3) 인터넷 자료 가져오기 : Web Clipper

우리는 위에서 에버노트의 일반적인 사용방법에 대해서 알아보았다. 아이디어나 생각 등을 언제 어디서나 기록/열람하는 노트 프로그램으로 사용해도 연구자들에게 도움이 될 것이다. 그러나 우리의 목적은 인터넷의 정보나 자료를 보관·관리하는 데 있으므로 그 방법에 대해서 이제 알아볼 것이다. 에버노트의 장점은 이 부분에서 정말 강점이 있고 이것 때문에 많은 사용자들이 에버노트를 선호한다. 지금까지 나온 어떤 프로그램도 이 부분에서 에버노트를 따라오지 못한다.

에버노트로 인터넷 정보를 가져오기 위해서는 크롬 브라우저의 확장 프로그램을 설치해야 한다. 크롬의 웹스토어로 가서 검색어로 "evernote"를 입력하고 검색하면 〈그림 4-108〉과 같은 결과가 나온다. 앱 항목이 아니라 확장 프로그램 항목에 있는 "Evernote Web Clipper"를 설치하면 크롬의 주소 줄 옆에 코끼리 얼굴 모양의 아이콘이 생길 것이다.

웹 클리퍼(Web Clipper)가 어떤 역할을 수행하는지 알아보기 위해서 인터넷 백과사전으로 유명한 위키피디아(Wikipedia : www.wikipedia.org)로 가보자. 한국 위키피디아도 있는데 자료가 거의 없으므로 미국 위키피디아로 가자. "anatomy"로 검색을 해보면 〈그림 4-109〉와 같은 결과가 나올 것이다. 이 내용이 마음에 들어서 에버노트로 저장하고 싶다고 하자.

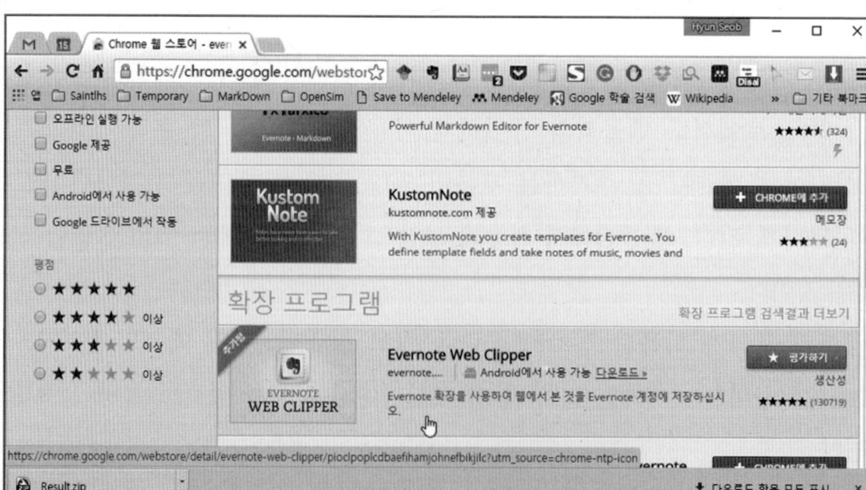

그림 4-108. Web Clipper 검색 결과

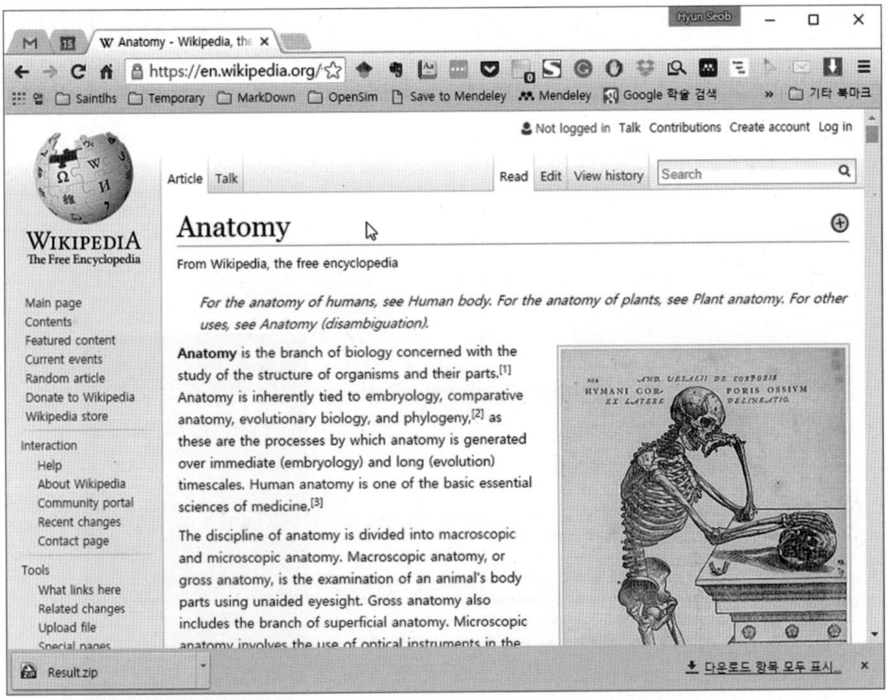

그림 4-109. anatomy로 검색한 위키피디아 결과 화면

크롬의 확장 프로그램 바에 있는 코끼리 얼굴 모양의 에버노트 웹 클리퍼를 클릭하면 〈그림 4-110〉과 같이 로그인 화면이 나타난다. 처음 사용하는 것이라 나타나는 것이고 로그인을 하면 다음부터는 나타나지 않는다. 자신의 에버노트 계정으로 로그인을 한다.

그림 4-110. 웹 클리퍼 로그인 화면

로그인을 하면 〈그림 4-111〉과 같이 크롬 우측에 웹 클리퍼 창이 나타난다. 현재 “간소화된 기사” 항목이 선택되어져 있어 위키피디아 내용이 깔끔하게 정리된 형태로 보일 것이다.

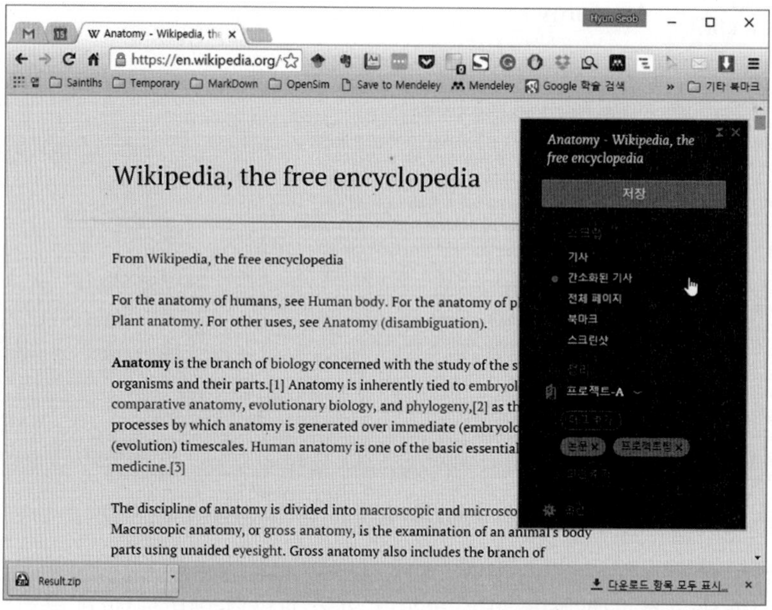

그림 4-111. 로그인 후 웹 클리퍼 작동 모습

“간소화된 기사”는 웹페이지 내용을 군더더기 없이 깨끗하게 보고 싶을 때 또는 보기 좋게 프린트하고자 할 때 사용하면 좋다. 웹페이지에 있는 그림이나 링크 등이 모두 정확하게 나타난다. 위에 있는 “기사”는 특정한 부분을 있는 그대로 저장할 때 사용하면 된다. 현재 상태에서 “기사”를 선택해 보자. 〈그림 4-112〉와 같이 원래 웹페이지 중 본문 내용이 선택되어 있을 것이다. 이 상태에서 [저장]을 누르면 선택된 본문 내용만 저장이 된다. 만약 저장되는 부분을 확대하거나 축소하고자 할 때는 본문 상단에 있는 [+ −] 버튼을 이용해서 확대/축소할 수 있다.

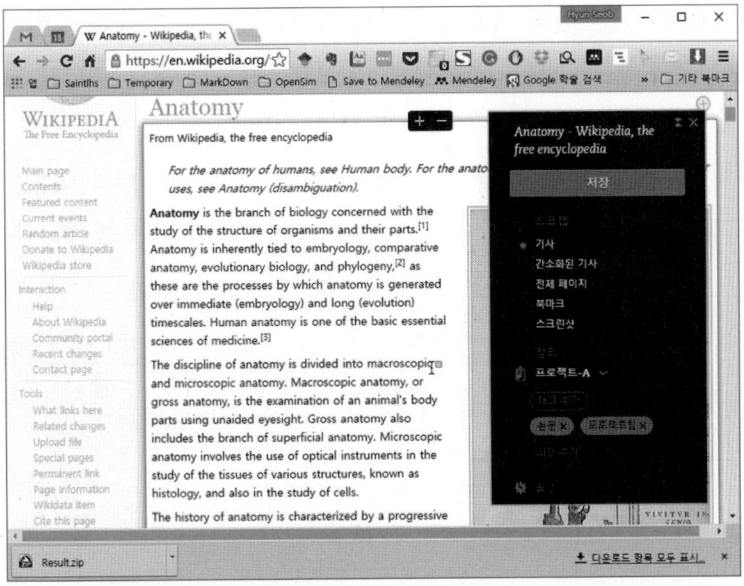

그림 4-112. 웹 클리퍼의 기사 항목을 선택한 화면

"기사"나 "간소화된 기사"를 선택한 상태에서 [저장] 버튼을 누르면 화면에 보이는 모습대로 에버노트에 저장이 된다. 나머지 아래 3개 항목인 "전체 페이지", "북마크", "스크린샷"은 설명하지 않아도 어떤 것인지 알 것이다. 아래쪽에 보면 「정리」 항목에 현재 "프로젝트-A"가 나타나 있는데, 이것은 저장 위치를 나타낸다. 따라서 지금 클립하면 그 내용이 "프로젝트-A" 노트북에 저장이 된다. 노트북을 변경하고 싶다면 옆에 있는 아래 꺽쇠를 눌러 자신이 원하는 노트북을 선택하면 된다. 일단 여기서 [저장] 버튼을 눌러 에버노트로 전송해 보자. 동기화 중이라는 표시가 나타나고 동기화가 완료되면 스크랩이 완료 됐다는 창이 나타날 것이다.

이제 에버노트로 가보면 방금 저장한 내용이 보이지 않는다. 이유는 우리가 스크랩을 하면 그 내용이 에버노트 사이트의 내 계정으로 전송한 것이지 내 PC로 전송한 것이 아니기 때문이다. 이를 내 PC에서 보기 위해서는 에버노트에서 [동기화] 버튼을 눌러야 한다. 동기화를 수행하면 방금 위키피디아 내용이 하나의 노트로 "프로젝트-A"에 저장되어 있는 것을 볼 수 있다. 내용을 확인하기 위해서 노트를 더블 클릭하면 〈그림 4-113〉과 같이 위키피디아 사이트의 내용 그대로 저장되어 있음을 볼 수 있다. 그림과 링크가 그대로 함께 저장되기 때문에 링크를 클릭하면 해당 사이트가 열린다. 또한 전체 내용이 그림이 아니고 글자이기 때문에 얼마든지 편집이 가능한데, 불필요한 부분은 삭제할 수 있으며, 중요한 부분은 글자 크기나 색상 등을 변경할 수 있고 자신의 글을 입력해 넣을 수도 있다. 위키피디아에 있던 내용을 완벽하게 나의 자료로 보관할 수 있게 된 것이다. 웹 사이트의 내용을 그림으로 캡처해서 저장하는 것과는 질적으로 상당한 차이가 있음을 느낄 수 있을 것이다.

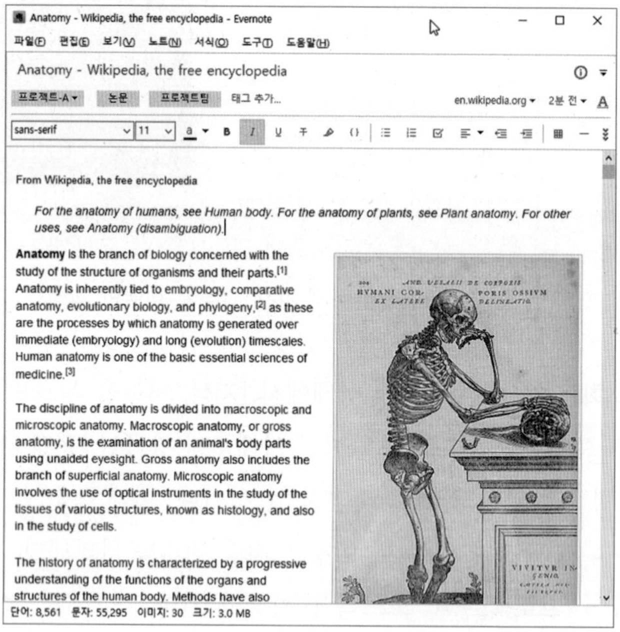

그림 4-113. 기사로 스크랩한 화면

크롬의 확장 프로그램 바에서 에버노트의 웹 클리퍼를 오른쪽 마우스로 클릭하면 **【옵션】** 메뉴가 나타나는데 이를 클릭하면 웹 클리퍼의 설정 화면이 〈그림 4-114〉와 같이 나타난다. 「**노트북 선택**」과 「**태그 선택**」 항목에 "**스마트 파일링 기능 사용**"이란 내용이 있는데 이는 에버노트가 관련성이 있다고 생각되는 노트북과 태그를 자동으로 제시해 준다는 뜻이다. 나머지 부분은 읽어보면 누구나 알 수 있는 내용들이다.

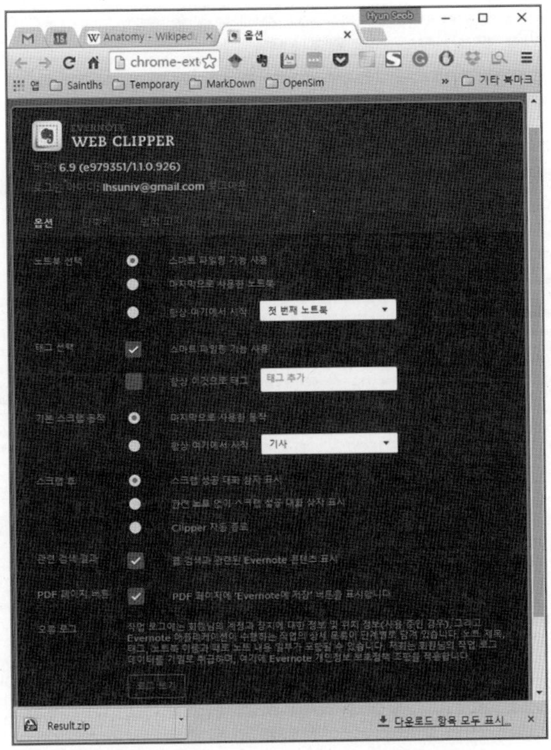

그림 4-114. 웹 클리퍼의 설정 화면

에버노트의 웹 클리퍼는 거의 모든 인터넷 사이트에서 작동하며 심지어 오른쪽 마우스 버튼을 사용하지 못하도록 막아 놓은 웹 페이지에서도 작동한다. 다만 국내 네이버의 몇몇 블로그에서는 작동하지 않는데, 이는 보기에는 html로 작성된 웹 페이지 같지만 실제로는 다른 프로그램을 이용하여 내용만 띄어 놓은 것이기 때문이다. 연구 활동에서 네이버를 다닐 일은 없으니 무시해도 될 것이다.

필자의 경우 에버노트는 노트용으로 쓰기보다는 인터넷 자료를 보관·관리하는 데 주로 사용하고 있다. 인터넷 검색을 수행하다 좋은 정보를 얻게 되면 바로 웹 클리퍼를 클릭하는게 습관화되어 있을 정도이다. 인터넷 내용 중 나중에 읽어보고 싶은 내용을 발견하였을 때도 마찬가지이다. 〈그림 4-115〉는 ISB(International Society Biomechanics) forum에서 논의된 내용인데 차후에 읽어보기 위해서 에버노트로 저장한 것이다. 의견의 순서와 학자들이 제시한 링크까지 그대로 저장되기 때문에 또 다시 ISB forum 사이트에 접속하지 않아도 된다.

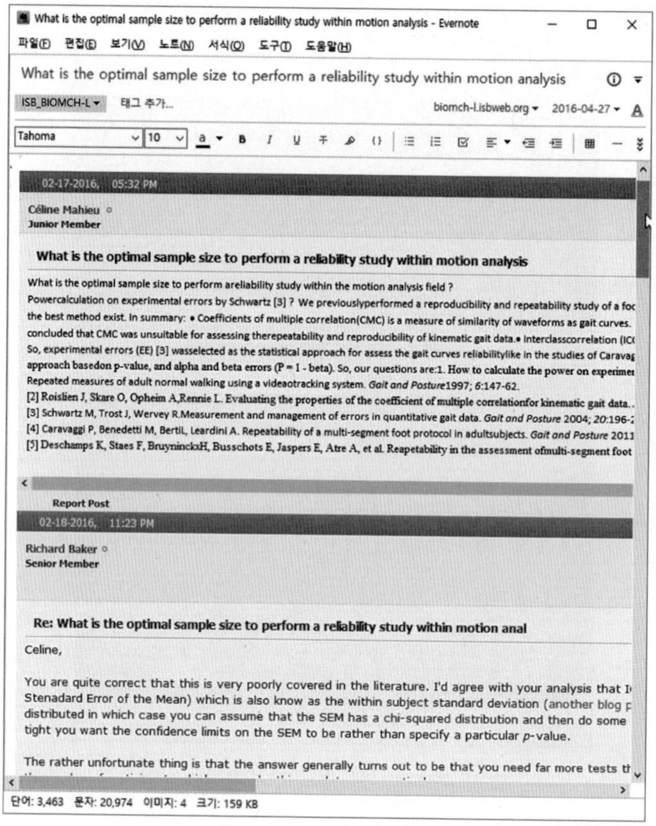

그림 4-115. ISB forum 내용

4) Evernote 자료 공유하기

에버노트의 자료를 공유하는 방법을 알아보자. 에버노트는 노트북 자체를 공유할 수 있고 노트들을 공유할 수도 있다. 노트북을 공유할 때는 〈그림 4-116〉과 같이 공유하고자 하는 폴더에서 오른쪽 마우스 버튼을 눌러 나오는 팝업 메뉴에서 **【노트북 공유(H)】** 를 클릭하면 〈그림 4-117〉과 같은 노트북 공유 창이 나타난다.

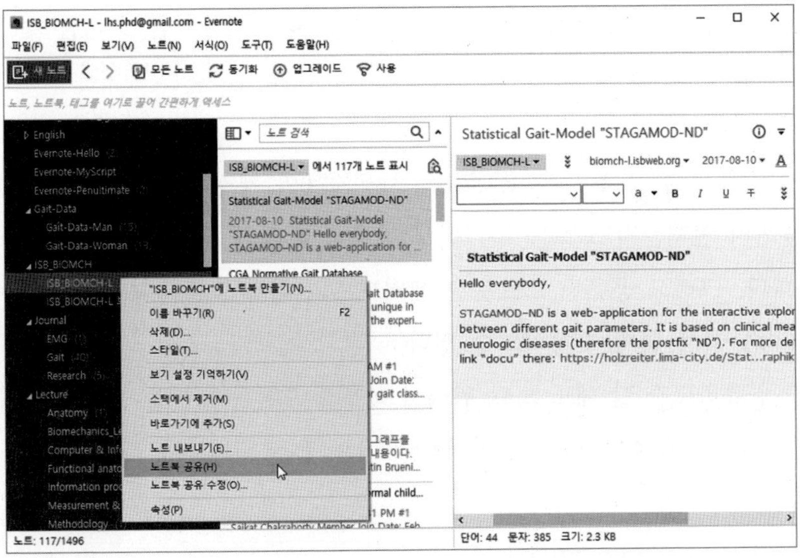

그림 4-116. 노트북 공유 메뉴 화면

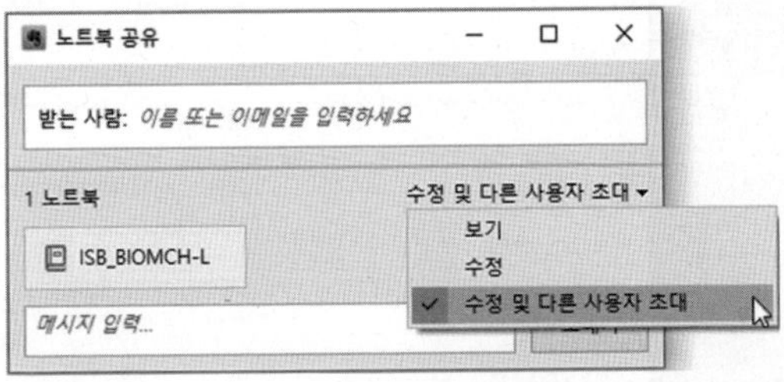

그림 4-117. 노트북 공유 창

「받는 사람」 항목에 초대하고 싶은 사람들의 이메일을 입력한 후 「메시지 입력」란에 초대 메시지를 입력한다. 공유 방법, 즉 초대 방법으로 〈그림 4-117〉과 같이 3가지 방식 중 하나를 선택하면 되는데 각 방식에 따른 차이는 아래와 같다.

- **보기**: 초대받은 사람은 공유 노트북 안의 노트를 볼 수만 있고, 수정은 할 수 없다.
- **수정**: 초대받은 사람은 공유 노트북 안의 내용을 수정할 수 있고 노트를 추가할 수도 있다. 이메일을 통해 노트를 공유할 수도 있다. 그러나 새로운 사람을 초대할 수는 없다.

- 수정 및 다른 사용자 초대 : 「수정」의 권한에 다른 사용자를 초대할 수 있는 권한까지 주어진다.

이렇게 공유를 한 노트북은 초대받은 사용자들의 계정에도 동일하게 나타난다. 사용자들끼리 언제든지 노트를 추가하고 내용을 수정할 수 있기 때문에 협업을 할 때 유용하다. 그리고 공유된 노트북은 에버노트의 왼쪽 노트북 리스트 아래에 있는 **【공유 항목】** 에서 쉽게 찾아 볼 수 있다.

노트를 공유하고자 할 때도 노트 위에서 마우스 오른쪽 버튼을 클릭하여 나타나는 팝업 메뉴 중 〈그림 4-118〉과 같이 **【공유(H)】** - **【노트 공유(H)】** 를 클릭하면 된다.

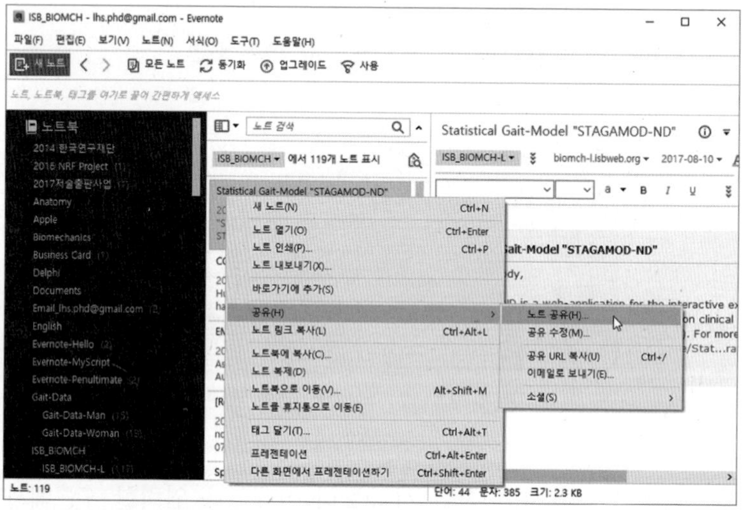

그림 4-118. 노트 공유 메뉴 화면

〈그림 4-119〉와 같은 {노트 공유} 창이 나타나는데 위에서 본 {노트북 공유} 창과 동일한 모습이고 사용방법도 동일하다. 〈그림 4-118〉에 보면 **【공유 URL 복사】** 메뉴가 있는데 이는 개별 자료에 대한 주소로 이메일에 붙여넣기로 보낼 수도 있으며 문자로 전송할 수도 있다. 이 URL 주로를 알고 있는 사람은 누구나 볼 수 있다. 그리고 밑에 있는 **【이메일로 보내기(E)】** 메뉴는 자료 자체를 이메일로 보내는 기능이다. 이를 클릭하면 〈그림 4-120〉과 같은 화면이 나타나는데 여기에 주소 및 내용을 입력하고 보내면 된다. 가장 밑에 있는 **【소셜(S)】** 메뉴는 노트를 Facebook이

나 Twitter 또는 LinkedIn에 게시할 때 사용한다. 물론 그에 대한 계정이 있어야 한다.

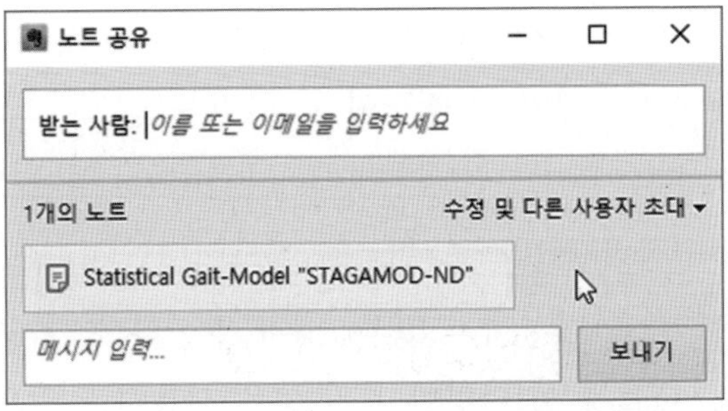

그림 4-119. 노트 공유 창 모습

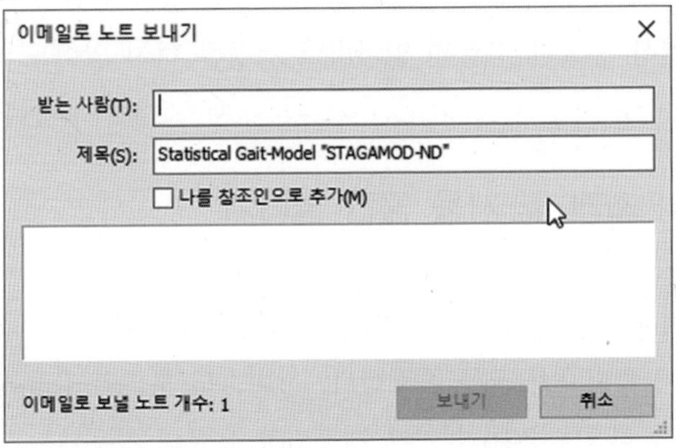

그림 4-120. 이메일로 노트 보내기 창 화면

4 드롭박스를 이용한 중요 자료 보관 및 동기화

드롭박스(DropBox)에 대해서는 아마도 한 번쯤 들어 봤을 것이다. 스마트폰이 대중화되면서 드롭박스의 유용성은 더욱 커지고 있다. 그러나 교육이나 연구현장에서 보면 생각보다 드롭박스를 사용하는 경우가 그리 많지 않다. 이유는 아마도 네이버나 다음(daum)과 같이 국내 클라우드 서비스를 많이 사용하고 있기 때문일 것이다. 그러나 항상 그렇듯 정말 유용하고 쓸만한 프로그램이나 앱들은 대부분 외국산인 경우가 대부분이고 이들 간에 자료를 유연하게 옮기면서 사용하기 위해서는 드롭박스의 이용이 거의 필수적이라고 할 수 있다. 무엇보다도 드롭박스는 현재까지 나온 수많은 클라우드 서비스 중에 가장 빠른 동기화 속도를 보이고 있다. 특히 국내의 초고속망에서는 더욱 효과적이다. 드롭박스를 사용하다가 다른 서비스를 사용하면 답답하다는 느낌이 들 정도이다. 클라우드 서비스로 유명한 구글드라이브(google drive), 박스(Box), 원드라이브(One-drive) 등은 드롭박스 용량이 부족해서 사용하는 부수적인 서비스로 취급될 정도이다.

만약 독자가 스마트폰을 사용하고 있고, 집과 연구실 등 복수의 PC를 사용하고 있거나 또는 노트북, 태블릿 등 다양한 기기 등을 사용하고 있으며, 자신이 사용하고 있는 프로그램이나 앱이 외국산이 많다면 드롭박스의 사용을 적극 권장한다. 당연히 자료 보관이 중요한 연구자라면 반듯이 사용할 것을 권한다. 드롭박스를 사용하는 순간 더 이상 중요한 자료를 잃어버릴 걱정은 하지 않아도 되기 때문이다.

1) 드롭박스의 소개 및 사용 공간 늘리기

드롭박스는 대표적인 클라우드 서비스로 최근 프로그램들이 그렇듯이 데스크톱용과 웹용 그리고 스마트용 모두 존재한다. 서비스도 무료와 유료가 존재하는데 무료의 경우 사용 공간으로 2GB가 기본 제공되고 유료의 경우에는 가격에 따라 1TB 이상 제공하고 있다. 최초 사용할 때는 무료 서비스를 이용하는 것만으로도 충분하다. 무료 서비스의 사용 공간은 늘릴 수 있는데 크게 두 가지 방법이 있다. 첫 번째는 가입할 때 추천을 받아 가입하고 데스크톱용 프로그램을 설치하면 추가 공간을 받을 수 있다. 또한 최초 설치 후 공간을 늘릴 수 있는 안내가 나오는데 그 내용을 따라 하면 공간이 늘어난다. 두 번째 방법은 주변 지인들에게 추천을 하는 것이다. 추천을 받은 지인이 추천을 통해 가입하면 공간이 500MB씩 추천자와 추천을 받은 사람 모두가 받을 수 있다. 따라서 드롭박스에 가입할 때는 가능한 추천을 받아서 가입하는 것이 현명한 방법이다. 이렇게 추천을 통해 늘릴 수 있는 공간은 16GB까지이다. 따라서 무료 서비스를 이용해도 사용상에 큰 불편함은 없다.

드롭박스 내의 자료는 공유도 가능하고 드롭박스 서버에 저장되기 때문에 PC가

고장이 나더라도 자료를 온전히 보존할 수 있다. 연구자들의 경우 중요 자료를 백업하는 용도로 사용한다면 더 이상 자료를 잃어버리는 황당한 사건은 겪지 않게 된다. 최근 맥 컴퓨터를 사용하는 사람들이 늘어나고 있는데 맥과 윈도우즈 간에 파일을 자유롭게 이동하고자 한다면 역시 드롭박스가 가장 쉽고 편한 방법이다. 스마트폰용 앱들도 아이폰용과 안드로이드용 모두 무료로 제공되기 때문에 기기 간 파일 이동도 편하다. 다른 외국산 서비스와는 달리 드롭박스는 파일크기에 대한 제한도 없다. 에버노트의 경우 파일크기가 25MB로 제한되어 있고, 박스(Box)의 경우 250MB로 제한되어 있지만 드롭박스는 사용 공간을 초과하지 않는다면 업로드하는 파일 크기에 제한이 없다. 즉, 그냥 하드디스크 사용하듯이 하면 된다는 것이다. 또한 드롭박스는 30일간의(무료 서비스의 경우) 파일 변화에 대한 내용을 보관하고 있다. 사용자가 실수로 파일을 지웠거나 원치 않는 변화가 발생하였다면 언제든지 원하는 시점으로 되돌릴 수 있다.

클라우드 서비스의 가장 중요한 점은 안정성이다. 여러 기기에서 파일을 동기화하기 때문에 안정성이 약하면 자칫 중요한 자료가 지워지거나 또는 작업한 내용을 잃어버릴 수 있다. 안정성 면에서 드롭박스는 현재까지 나온 서비스 중 가장 뛰어난 것으로 알려져 있고 이 같은 장점은 연구자들에게 있어 매우 중요한 요소가 될 것이다.

2) 드롭박스의 설치 및 설정

드롭박스는 웹상에서도 사용할 수 있지만 대부분 사용이 보다 편리한 데스크톱용 프로그램을 설치하여 사용한다. 프로그램을 설치하기 위해서 http://www.dropbox.com으로 접속하여 계정을 만든 다음 다운로드하여 설치하면 된다. 드롭박스는 1대의 PC에 하나의 프로그램만 설치할 수 있기 때문에 계정을 여러 개 만들어도 사용할 수 있는 것은 1개뿐이다. 만약 PC와 노트북을 모두 사용하고, 자료를 동기화하고 싶다면 각각의 컴퓨터에 동일한 계정으로 프로그램을 설치해야 한다. 설치 과정은 단순하기 때문에 설치 프로그램에 따라 수행하면 된다.

설치가 완료되면 〈그림 4-121〉과 같이 파일탐색기에 드롭박스 아이콘이 생긴다.

클릭하면 바로 드롭박스 폴더로 이동하게 한다. 작업표시줄의 오른쪽에도 〈그림 4-122〉와 같이 드롭박스 아이콘이 생긴다. 이 아이콘을 클릭해서 설정 메뉴로 들어갈 수 있으며 아이콘의 모양에 따라 동기화 상태를 확인할 수 있다. 그림과 같이 파란색 체크 기호가 보이면 동기화가 완료된 상태를 뜻하고, 동그라미 화살표가 보이면 동기화 중임을 나타낸다. 이 같은 기호는 드롭박스에 있는 모든 폴더 및 파일에도 동일하게 나타난다(그림 4-121의 오른쪽 창에 있는 폴더명들을 확인해 보기 바란다).

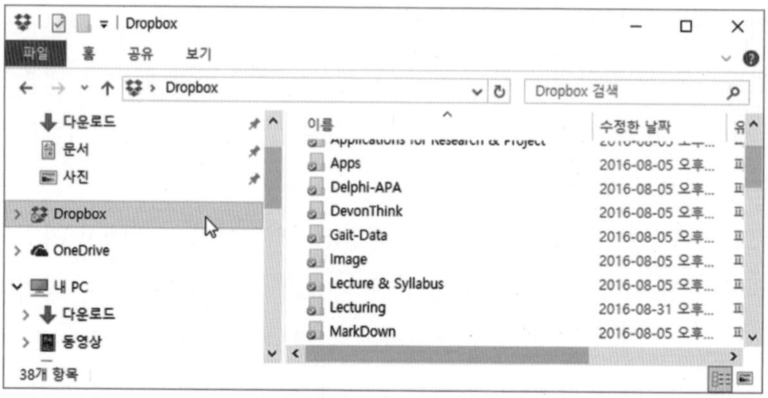

그림 4-121. 파일탐색기의 드롭박스 아이콘

그림 4-122. 작업표시줄

드롭박스가 설치된 후에 설정할 것은 많지 않다. 드롭박스의 경로만 자신이 원하는 곳으로 변경하면 된다. 위에서 여러 번 언급했듯이 가능한 데이터는 시스템 디스크인 C:가 아닌 다른 드라이브에 저장하는 것이 바람직하다. 드롭박스는 설치시 디폴트로 C:에 저장경로를 설치하는데 이 경로를 다른 디스크로 옮겨 보자. 작업표시줄에 있는 드롭박스 아이콘을 클릭하면 〈그림 4-123〉과 같이 관련 메뉴가 나타난다.

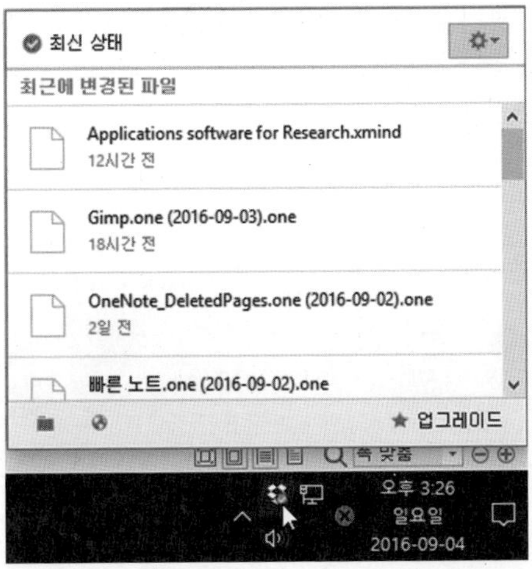

그림 4-123. 작업표시줄 드롭박스 클릭 화면

화면 상단에 있는 톱니바퀴 모양을 클릭하면 〈그림 4-124〉와 같이 메뉴가 출력되는데 **【환경설정...】** 메뉴를 클릭하면 된다.

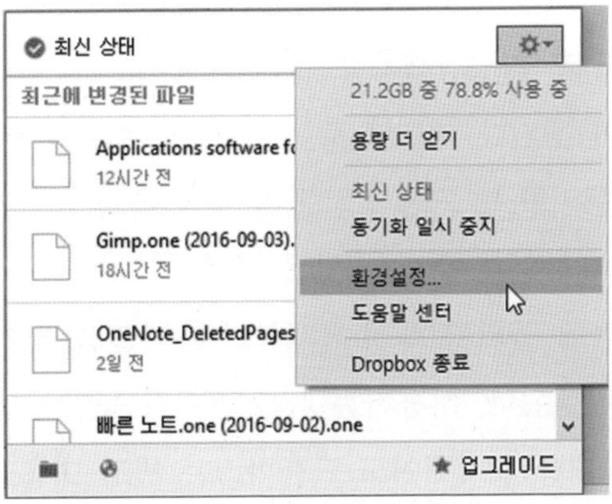

그림 4-124. 톱니바퀴 메뉴의 환경설정

환경설정 화면은 〈그림 4-125〉와 같다. **【계정】** 메뉴를 클릭하면 〈그림 4-126〉과 같은 화면이 나타나는데 「**위치**」 항목에 보면 디폴트 저장 위치가 보일 것이다. 이 경로를 변경하려면 오른쪽에 있는 [**옮기기**] 버튼을 눌러 원하는 경로를 선택하면 된다. 필자는 D: 디스크로 변경하였다. 여기서 주의할 점이 있는데, 사용자가 어떤 위치를 선택하든지 자동으로 Dropbox 폴더가 생긴다는 점이다. 예를 들어, 사용자가 D:₩Data 폴더를 선택하면 실제 저장 경로는 D:₩Data₩Dropbox가 된다는 것이다. 따라서 필자 같이 D: 디스크에 바로 Dropbox 폴더를 생성하고자 한다면 D: 디스크만 선택해야 실제로 D:₩Dropbox가 된다.

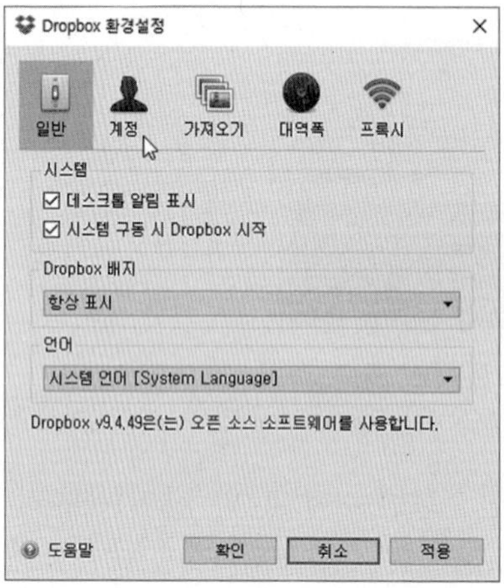

그림 4-125. 환경설정 창 화면

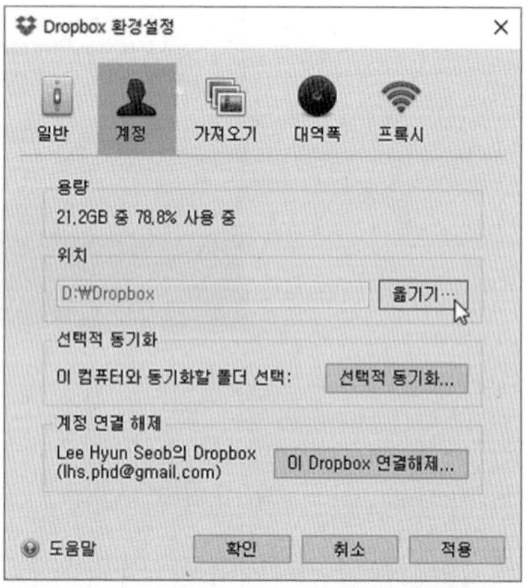

그림 4-126. 계정 메뉴 항목들

저장 경로를 변경한 후 파일탐색기를 열면 〈그림 4-127〉과 같이 Dropbox 폴더에 드롭박스 아이콘이 생긴다. 이것으로 설정은 모두 완료된 것이다. 「위치」 항목 아래에 있는 「선택적 동기화」는 드롭박스 폴더 내의 특정 폴더만을 대상으로 동기화를 수행하도록 하는 메뉴인데 특별한 일이 아닌 이상 사용할 일이 없다.

이제 드롭박스 폴더에 폴더를 생성·삭제하거나 파일을 넣거나 삭제하면 자동으로 서버와 동기화가 진행된다. 사용자는 다른 폴더와 동일하게 드롭박스 폴더를 사용하면 된다. 파일의 내용이 바뀌어도 드롭박스는 변경 내용을 감지하여 동기화를 수행하기 때문에 항상 최신으로 유지할 수 있다. 노트북에도 드롭박스를 설치했다면 노트북에도 동일한 폴더 내용이 나타나게 된다. 사용자가 설치한 모든 PC에 동일한 내용이 자동으로 나타나게 되는 것이다.

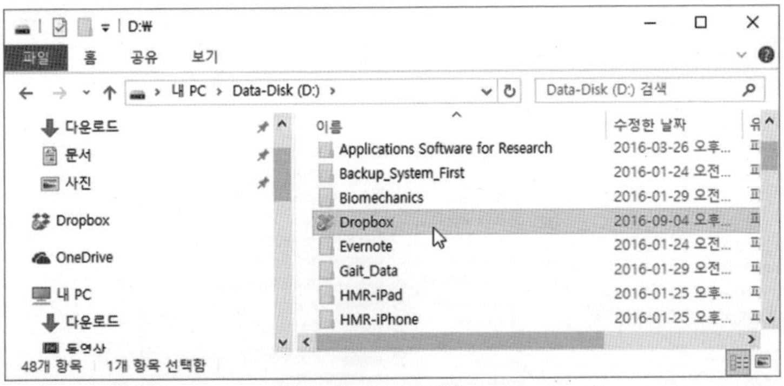

그림 4-127. 파일탐색기에서의 드롭박스 폴더 아이콘

다만 한 가지 알아두어야 할 사항이 있는데, 드롭박스 또한 하나의 폴더이므로 자신의 디스크 용량을 차지하게 된다는 것이다. 처음 가입하였을 때는 2GB이므로 큰 문제는 없지만 무료 용량을 계속 증가시켜 16GB가 되면 내 하드디스크의 용량도 그 만큼 사용된다. 물론 저장 공간이 16GB라 하더라도 실제 사용이 그보다 적으면 차지하는 하드디스크의 용량도 그에 따라 변하게 된다. 드롭박스를 안정적으로 사용하기 위해서는 동기화에 필요한 용량까지 고려하여 항상 하드디스크의 여유 공간을 어느 정도 확보해 두는 것이 좋다.

만약 PC를 사용하다가 고장이 발생하거나 또는 여타 문제로 데이터를 잃게 되더라도 다른 PC에 데이터가 존재하기 때문에 걱정하지 않아도 되며 PC에 다시 드롭박스를 설치하면 서버에 있는 내용을 그대로 다시 다운로드(동기화)하여 사용할 수 있다.

드롭박스도 폴더 및 파일을 공유할 수 있다. PC에서는 파일탐색기를 실행한 후 드롭박스 폴더로 이동하여 원하는 폴더 위에서 마우스 오른쪽 버튼을 클릭하면 팝업 메뉴가 나타나는데 거기서 〈그림 4-128〉과 같이 드롭박스 아이콘이 붙은 **【공유(S)...】** 메뉴를 클릭하면 된다.

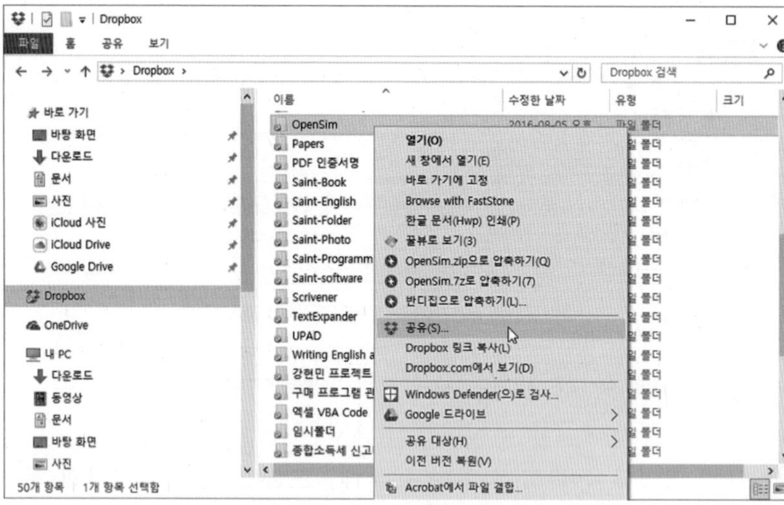

그림 4-128. 드롭박스의 폴더 공유 메뉴

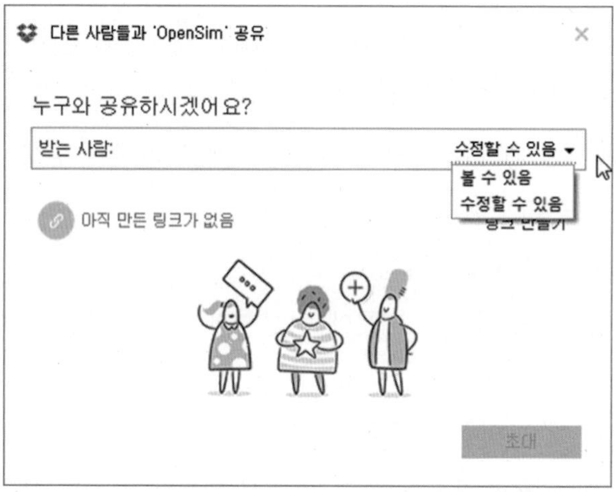

그림 4-129. 공유 설정 창

<그림 4-129>와 같은 공유 창이 나타나는데 여기서 받을 사람을 입력한 후 권한을 설정하고 [초대] 버튼을 누르면 완료된다.

폴더가 아닌 파일 하나를 공유할 때는 파일 위해서 오른쪽 마우스 클릭을 이용하여 공유 메뉴로 들어가면 된다. 그 후 사용 방법은 동일하다. <그림 4-128>의 【Dropbox 링크 복사(L)】 메뉴는 이메일에 링크를 넣어 보내고자 할 때 사용하면 된다. 에버노트와 동일하게 모든 파일에 고유 링크 값이 있기 때문에 링크를 알고

있는 사람은 누구나 그 파일에 접근할 수 있다.

다른 앱들과 마찬가지로 스마트폰을 위한 드롭박스 앱도 스마트폰의 과도한 데이터 사용을 방지하기 위해 처음에는 목록만 나타나도록 되어 있다. 사용자가 특정 파일을 오프라인에서 사용하기 위해서는 수동으로 다운로드해야 한다. 다운받아 설치하면 되는데 아이폰에서 작동한 모습은 〈그림 4-130〉과 같다. 폴더들이 나열되어 있고 아래에는 4개의 메뉴와 "+" 모양의 추가 버튼이 존재한다.

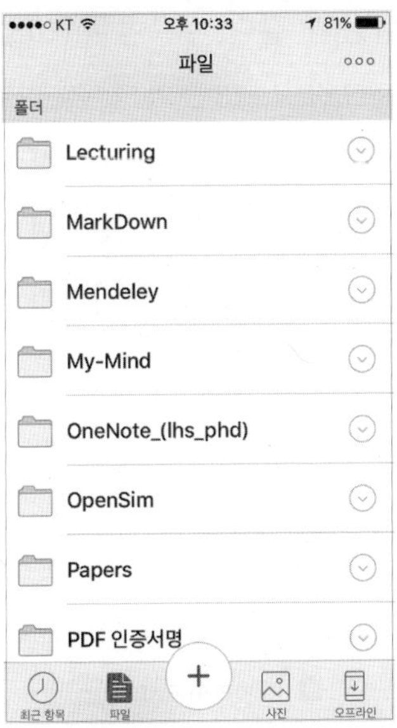

그림 4-130. 아이폰 실행

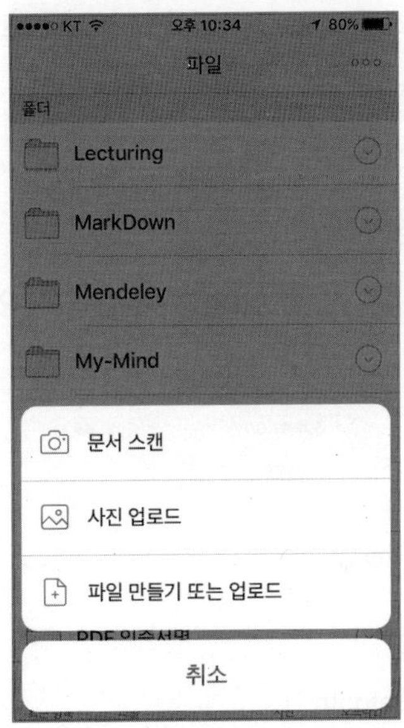

그림 4-131. 추가버튼 클릭

[최근 항목]은 추가되거나 동기화된 최근 파일들을 보여주는 곳이고, [파일]은 드롭박스내 폴더와 파일을 보여주는 곳이다. 그리고 [사진]은 사진을 업로드 할 수 있도록 아이폰 내의 사진을 보여주는 곳이다. [오프라인]은 와이파이나 셀룰러 데이터를 사용할 수 없을 때에도 아이폰에서 파일을 사용하기 위해서 다운로드 받은 목록을 보여주는 곳이다. 위에서 언급했듯이 스마트폰 용 드롭박스 앱은 최초 리스트만 관리하고 관련된 실제 파일은 다운로드, 즉 동기화하지 않는다. 데이터 사용량에 따른 요금발생 방지와 스마트폰의 저장 공간 절약을 위해서다. 파일을 아이폰 내에서 사용하기 위해서는 사용자가 직접 다운로드를 지정해야 하는데 이렇게 다운로드한 파일들을 보여주는 곳이 [오프라인]이다.

가운데에 있는 "+" 모양의 추가 버튼을 누르면 〈그림 4-132〉와 같은 메뉴가 나타난다. 파일 만들기에서는 워드, 엑셀, 파워포인트, 그리고 텍스트 파일을 만들 수 있다. 참고로 드롭박스는 PDF 파일의 경우 앱 내에서 바로 내용을 볼 수 있다. 워드와 엑셀, 파워포인트 파일의 경우도 바로 볼 수는 있지만 편집은 불가능하다. 만약 자신의 아이폰에 MS-Office가 설치되어 있다면 편집 수정도 가능하다.

아이폰은 앱에 따라 동기화나 다운로드 시 셀룰러 사용 여부를 사용자가 결정할 수 있다. 드롭박스나 에버노트같이 동기화 용량이 많은 경우에는 셀룰러 사용을 꺼 놓는 것이 바람직하다. 셀룰러 사용 설정은 다음과 같다. 〈그림 4-133〉과 같이 아이폰의 [설정]으로 들어가 [셀룰러]를 누르면 〈그림 4-134〉와 같은 화면이 나타난다. 여기서 아래로 쭉 내려가면서 자신의 앱을 찾으면 된다. 〈그림 4-134〉에서 Dropbox 옆의 단추가 꺼져 있는 것을 볼 수 있다. 이렇게 꺼 놓으면 셀룰러 데이터를 사용하지 않고 아이폰이 와이파이에 접속하였을 때만 동기화가 진행된다.

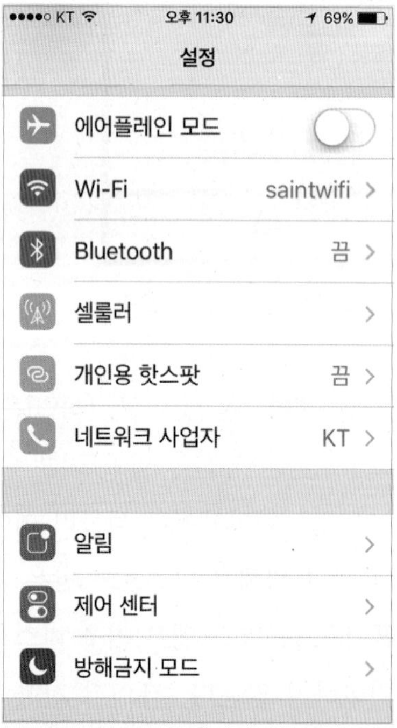

그림 4-132. 아이폰 설정

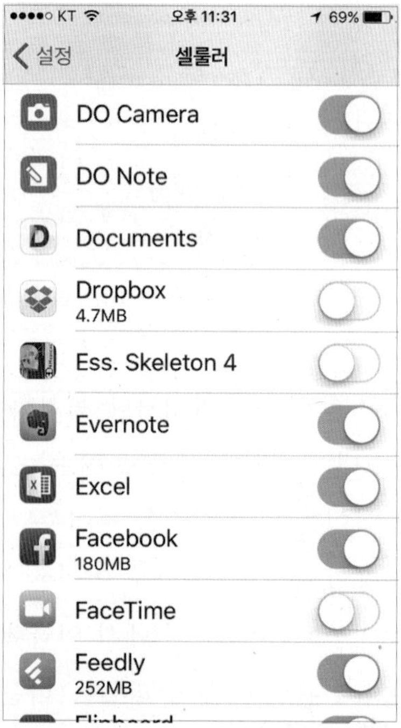

그림 4-133. 셀룰러 설정

Chapter 05

연구 아이디어 기록

Understanding and Application of Research Methods

CHAPTER

05 연구 아이디어 기록

본 장에서는 연구 아이디어 기록과 관련된 유용한 프로그램들에 대해서 살펴볼 것이다. 연구 아이디어와 같이, 특별히 복잡한 서식이 필요치 않은 내용을 기록해야 하는 경우 가장 많이 사용되는 것들이 메모 또는 노트 애플리케이션들이다. 때로는 다이어리(diary) 애플리케이션들도 메모용으로 사용되기도 한다. 이러한 애플리케이션들 중에서 가장 유명한 것이 앞 장에서 살펴본 에버노트이다. 사실 에버노트를 이용해도 훌륭한 기록 관리가 된다. 특히 에버노트의 음성녹음은 다른 애플리케이션에서는 잘 지원하지 않는 기능으로 매우 유용하지만 앞서 밝힌바와 같이 에버노트의 서비스 정책이 변경되면서 무료의 경우 2대의 기기에서만 공유가 가능하기 때문에 이 점이 큰 단점으로 작용한다. 또한 무료로 사용할 경우 한 달 업로드 용량이 60MB인 점도 음성녹음을 사용하기에는 부족하다는 점이 있다. 그리고 전 장에서 살펴보았으니 여기서는 다른 것들을 소개하고자 한다. 다른 것들을 소개하는 이유는 애플리케이션들마다 각자 고유한 기능과 장점들을 가지고 있기 때문이다. 필자의 경우에는 에버노트를 철저하게 인터넷 정보를 보관·관리하는 데에만 사용한다. 하나의 프로그램으로 모든 정보를 관리하는 것이 장점이 될 수도 있지만 정보의 형태가 다양할 때는 너무 복잡해지는 단점이 될 수도 있기 때문이다.

에버노트 이외에 원노트(onenote)도 최근 사용자가 많이 증가하는 것들 중의 하나이다. 그러나 아이디어 기록과 같이 단순한 노트를 작성하기 위해서 사용하기에는 다소 무거운 감이 있다. 사실 메모나 노트 프로그램들은 개인적인 취향이 많이 작용하기 때문에 무엇이 더 좋다고 하기에는 무리가 있다. 각자가 사용해 보고 자신에게 맞는 것을 골라 사용하면 된다.

본 장에서 소개하는 것 중에는 메모나 노트용 애플리케이션이 아닌 것도 있다. 그러나 연구자들의 특성상 아이디어를 계속 발전시켜야 하는 상황에 사용하면 좋을 것 같아서 함께 소개하고자 한다.

필자가 여기서 소개하는 애플리케이션들은 가능한 언제 어디서든 메모가 가능한 것들로 선택하였다. 이는 PC와 스마트폰 모두에서 사용 가능하고 기기 간에 공유가 가능한 것들이라는 뜻이다.

1 구글 킵(Google Keep)

구글 Keep은 크롬 브라우저에서 가장 쉽게 사용할 수 있는 앱이다. 특별히 설명이 필요 없을 만큼 심플하다. 구글계정을 가지고 있고 크롬 브라우저를 사용한다면 누구나 쉽게 사용할 수 있다. 복잡한 기능보다는 단순하고 사용하기 쉬운 노트를 원한다면 구글 Keep이 정답일 것이다. 크롬 브라우저에서 구글에 로그인을 하면 〈그림 5-1〉과 같이 우측 상단에 바둑판 모양(⠿)의 아이콘이 있는데, 구글에서 제공하는 앱들을 모아 놓은 곳이다. 이곳을 클릭하면 "Keep" 아이콘이 보인다. Keep을 클릭하면 〈그림 5-2〉와 같은 화면이 나타난다. 일반적인 내용을 입력할 때는 바로 "**메모 작성**" 부분에 입력하면 되고, 만약 체크박스가 있는 메모를 입력하고자 한다면 입력화면 오른쪽에 있는 체크박스 아이콘을 클릭하면 된다. 동일하게 이미지를 삽입하고자 한다면 가장 오른쪽에 있는 산 모양의 이미지 아이콘을 클릭하면 된다. 메모의 배경 색상을 변경할 수 있으며 각 메모에 라벨을 지정해서 해당 라벨이 붙어있는 메모만 볼 수도 있다. 전 장에서 배운 태그와 같은 기능을 Keep에서는 라벨이 하는 것이다. 구글이 만든 앱에서는 대부분 태그라는 용어 대신에 라벨이라는 용어를 사용한다. 3장에서 지메일(Gmail) 사용방법을 설명할 때 자세히 알아본 적이 있다.

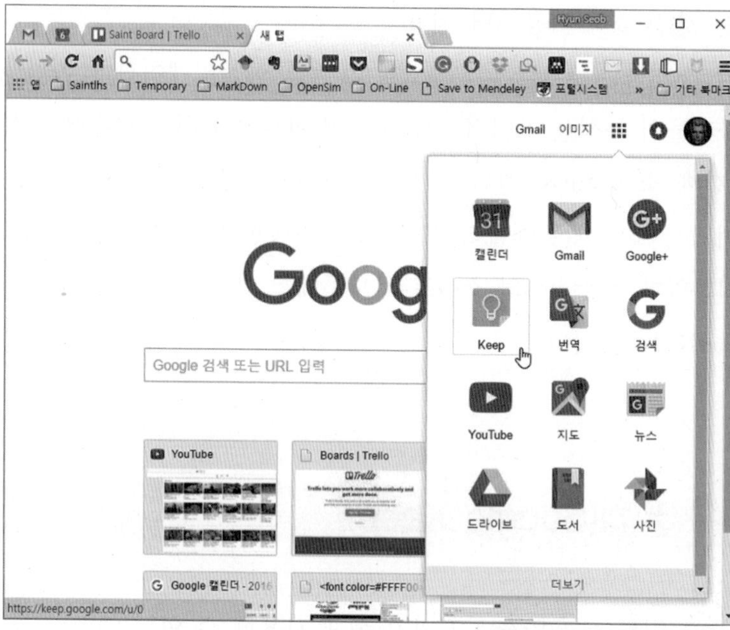

그림 5-1. 구글 앱에서의 구글 Keep 메뉴

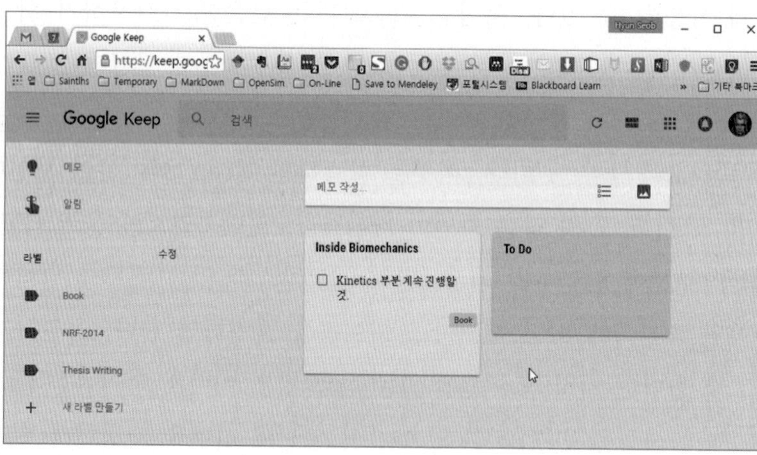

그림 5-2. 구글 Keep 실행 화면

구글 Keep과 관련된 크롬 확장 프로그램을 웹스토어에서 제공하고 있는데, 메모에 특정 웹페이지나 이미지, 텍스트를 삽입할 때 편하다. 〈그림 5-3〉은 웹스토어에 있는 구글 Keep 확장 프로그램 모습이다. 이 확장 프로그램을 설치하면 〈그림 5-3〉에서 보여주듯이 주소입력란 옆에 백열전구 모양의 아이콘이 생긴다. 웹페이지 또는 웹페이지의 특정 텍스트를 드래그로 선택한 후 아이콘을 클릭하면 내용이 Keep에 바로 저장된다. 웹페이지에 있는 그림도 동일하게 Keep에 저장할 수 있다. 아이콘을 클릭하지 않고 마우스 오른쪽 버튼을 클릭하면 나타나는 팝업 메뉴에서도 이를 실행할 수 있다. 구글 Keep은 스마트폰을 위한 어플도 무료로 제공하고 있기 때문에 이를 설치하면 데스크톱뿐만 아니라 스마트폰에서도 언제든지 사용할 수 있다.

그림 5-3. 구글 Keep 확장 프로그램

그림 5-4. 공유 아이콘

구글 Keep에 저장된 개별적인 노트들은 다른 사람과 공유할 수 있다. 각 노트의 아래쪽으로 마우스를 가져가면 〈그림 5-4〉와 같이 공유를 위한 아이콘이 나타나는데 이를 통해 공유하고자 하는 사람의 이메일 주소를 입력하면 된다.

2 트렐로(Trello)

트렐로(Trello)도 구글 Keep과 동일하게 온라인상에서 사용할 수 있는 노트 및 메모 서비스이다. 구글 Keep에 비해 다양한 기능을 가지고 있어 상당히 많은 유저를 확보하고 있다. 트렐로는 무료와 유료가 있으며 대부분 무료를 사용해도 큰 불편함이 없다. 무료인 경우 보드를 3개까지 만들 수 있다. 트렐로를 사용하기 위해서는 다른 서비스와 동일하게 사용자로 등록을 해야 한다. 외국의 서비스들이 거의 그렇듯이 사용자 등록은 이메일 주소와 패스워드를 입력하는 간단한 과정만을 거친다. 그리고 대부분 입력한 이메일이 정상인지 확인하는 과정을 위해 확인 메일을 보내니 항상 자신의 이메일을 체크해 보는 것도 잊지 말아야 한다. 트렐로의 웹 사이트 주소는 https://trello.com이며 홈페이지 모양은 〈그림 5-5〉와 같다.

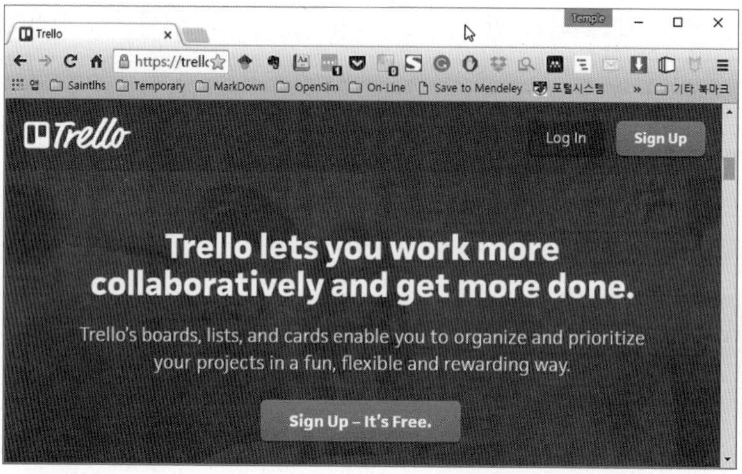

그림 5-5. 트렐로 홈페이지 모습

트렐로에 로그인을 하면 나타나는 초기화면은 〈그림 5-6〉과 같다. 개인보드와 팀보드를 만들 수 있는 버튼이 존재한다. 트렐로는 기본적으로 보드(board), 리스트(list), 카드(card)의 형태로 구성된다. 보드안에 리스트가 존재하고, 리스트 안에 카드가 존재하게 된다. 〈그림 5-7〉의 화면 좌상단에 보면 흰색으로 "LHS_Board"라고 쓰여 있다. LHS_Board를 연 것이다. 보드는 크게 개인 보드와 팀이 함께 사용할 수 있는 팀보드가 있다. 각 보드는 언제든지 서로 변환할 수 있다. 보드 이름 옆에 열쇠 모양과 함께 [Private]이라고 되어 있다. 이것은 이 보드를 사용자만이 볼 수 있다는 뜻이다. 이를 클릭하면 「Private」, 「Team」, 「Public」 3개의 항목이 나타난다. 「Team」은 이 보드를 팀보드로 변경하는 것이다. 「Public」은 누구나 이 보드를 볼 수 있게 되며 구글 검색 등에서 검색이 가능해진다.

〈그림 5-7〉의 "To Do for Today"와 "프로젝트 진행 과정"이라고 써진 것이 리스트이다. 리스트는 사용자가 원하는 만큼 만들어 낼 수 있다. 또한 리스트는 드래그 & 드롭으로 언제든지 순서를 변경할 수 있다. 각각의 리스트 안에 써져 있는 항목

들이 카드이다. 카드 또한 드래그 & 드롭으로 순서를 변경할 수 있고, 다른 리스트로 이동시킬 수 있다.

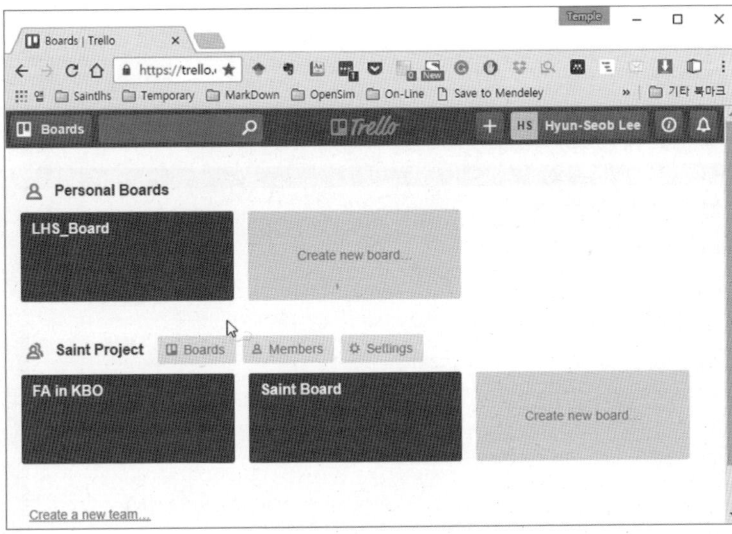

그림 5-6. Trello의 초기화면

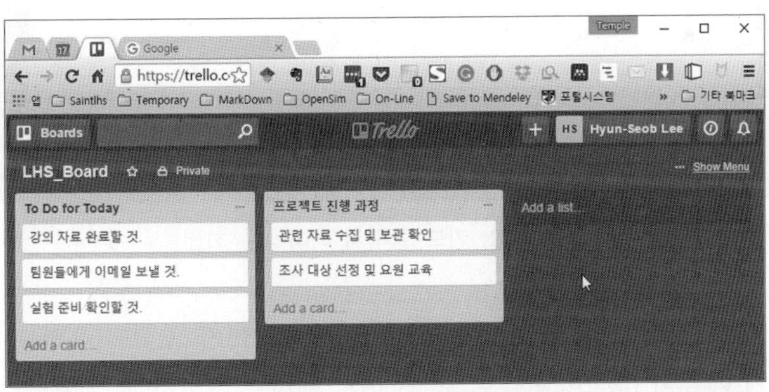

그림 5-7. 트렐로의 구조

〈그림 5-8〉은 각각의 카드를 클릭했을 경우에 나타는 화면으로 "강의 자료 완료할 것" 카드를 클릭했을 때의 화면이다. 이곳에서 자세한 내용을 입력할 수 있다. 카드 화면에서 [Edit the description...]을 클릭하면 자세한 내용을 추가로 입력할 수 있다. 아래에 있는 「Add Comment」 부분은 팀보드시 팀원들이 해당 카드에 대해서

댓글을 입력할 수 있는 곳이다. 물론 개인보드에서 사용자가 진행사항을 입력하는데 활용할 수 있다. 아래에 있는 「Activity」 부분은 본 카드에서 일어난 활동을 나타내는 부분으로 위에서 작성한 댓글도 이곳에 나타난다.

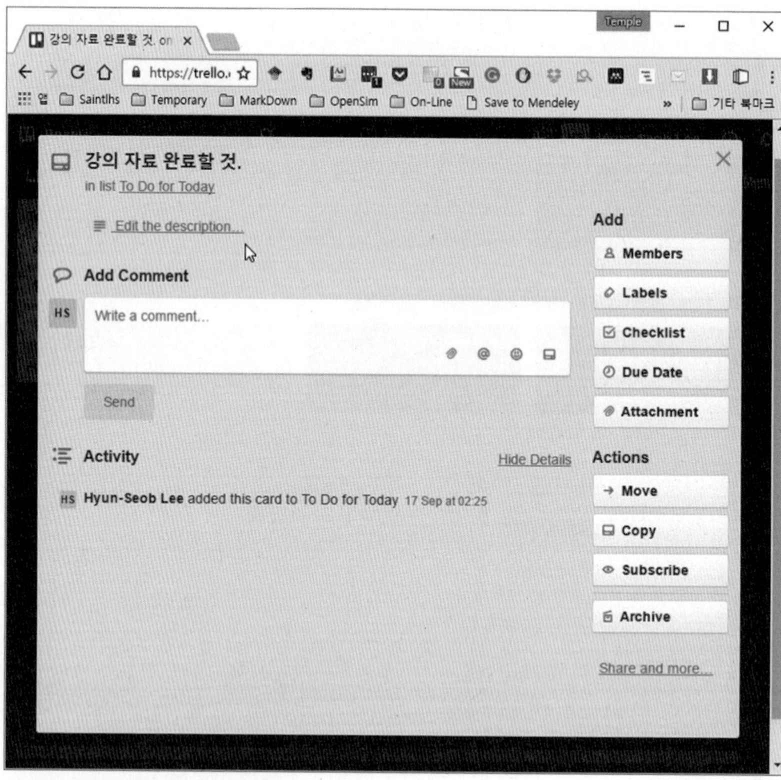

그림 5-8. 카드 클릭시 나타나는 화면

〈그림 5-8〉의 오른쪽에 나열되어 있는 메뉴들 중 가장 많이 사용하는 것은 위쪽 5개이다. [Members] 버튼은 카드를 볼 수 있는 멤버를 추가할 때 사용한다. 현재 개인보드이기 때문에 사용자 자신만이 멤버가 될 수 있다. [Labels] 버튼은 우리가 앞에서 배웠던 tag 또는 구글에서 사용하는 라벨과 동일한 것이다. 클릭하면 〈그림 5-9〉와 같이 색상으로 표시되는 라벨들이 나타나는데 색상을 변경하거나 또는 문자를 입력하여 새롭게 라벨을 만들 수 있다. [Checklist]는 카드에 체크리스트를 삽입하고자 할 때 사용한다. 클릭하면 〈그림 5-10〉과 같이 체크리스트 제목을 입력하는 화면이 나타나는데, 제목을 입력한 후 [Add] 버튼을 클릭하면 〈그림 5-12〉와

같이 항목을 입력할 수 있는 화면이 나타난다. 〈그림 5-12〉에는 두 개의 항목(pptx 자료, 실습데이터)이 입력된 모습을 보여주고 있다. 체크리스트는 사용자가 원하는 만큼 생성할 수 있으며, 드래그 & 드롭 방식으로 그 위치를 위·아래로 이동시킬 수 있다. [Due Date]버튼을 클릭하면 〈그림 5-11〉과 같이 달력이 나타나 기한을 입력할 수 있다. [Attachment]는 파일을 첨부할 수 있는 기능으로 자신의 PC에 있는 파일뿐만 아니라 구글드라이브, 드롭박스, 원드라이브, 박스를 지원한다. PDF 파일을 첨부하면 카드 자체에서 내용을 확인할 수 있으며 다운로드도 받을 수 있다. 이미지를 올리면 카드에 바로 이미지가 출력되어 보인다.

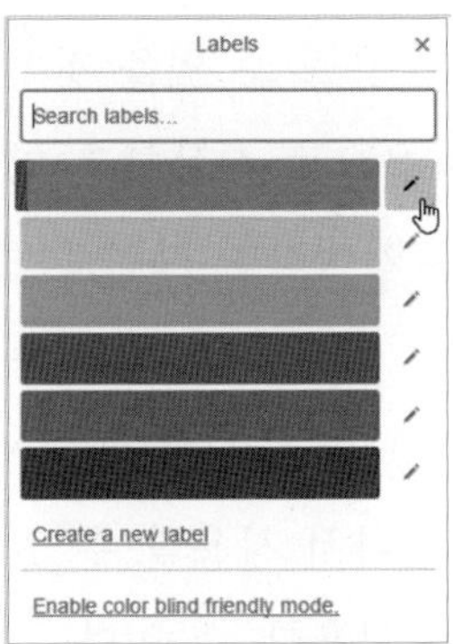

그림 5-9. Labels

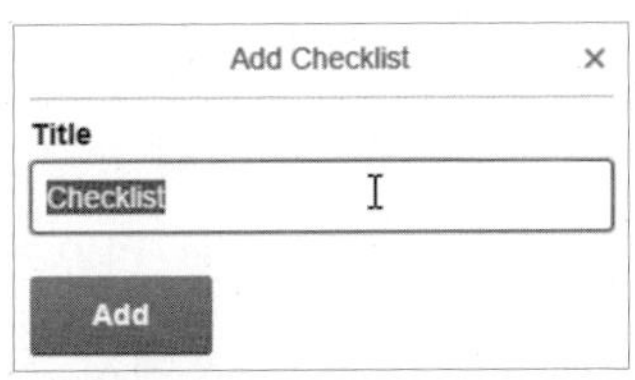

그림 5-10. Checklist

그림 5-11. Due Date

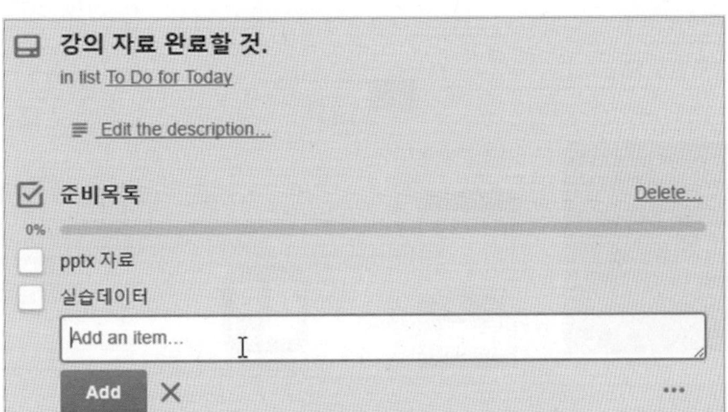

그림 5-12. 체크리스트를 입력한 모습

아래에 위치하고 있는 「Actions」 부분의 [Subscribe] 버튼은 해당 카드에 변화가 발생하면 알림을 보내주는 기능으로 주로 팀보드에서 많이 사용한다. 누군가 해당 카드에 댓글을 남기거나 파일을 첨부하거나 등의 변화가 발생하면 알림을 보내준다.

트렐로는 완료된 카드를 바로 삭제하지 않고 보관함에 저장해 둔다. 카드를 삭제할 때는 [Archive] 버튼을 클릭하면 카드가 보관함으로 이동하면서 버튼이 [Delete] 버튼으로 변한다. 이때 다시 클릭해 주면 삭제가 된다. 가장 아래에 회색으로 표시되어 있는 “Share and more”는 해당 카드의 링크를 만들거나 또는 이메일로 보낼 수 있는 기능이 포함되어 있다.

트렐로를 사용하다 보면 상당히 유연하고 다양한 기능을 가지고 있어 노트나 메모용으로 훌륭한 서비스라는 것을 알 수 있다. 비록 이 책에서는 연구 아이디어를 관리하는 어플로 소개하고 있지만 사용자에 따라 다양하게 사용될 수 있을 것이다. 저자 또한 트렐로를 연구아이디어를 기록하는 용도와 ToDo용으로 사용하고 있다.

앞서 소개한 구글 Keep이 단순하고 쉽게 사용할 수 있는 것이라면 트렐로는 구글 Keep보다는 상대적으로 사용방법이 다소 복잡하지만 많은 기능을 사용할 수 있다는 장점이 있다. 트렐로는 애플 앱스토어(그림 5-14 참조) 및 안드로이드 폰을 위한 구글플레이(그림 5-13 참조)에서도 무료로 다운로드 받아서 사용할 수 있다. 데이터가 동기화가 되기 때문에 PC와 스마트폰에서 동시에 사용할 수 있다.

그림 5-13. Trello(구글플레이)

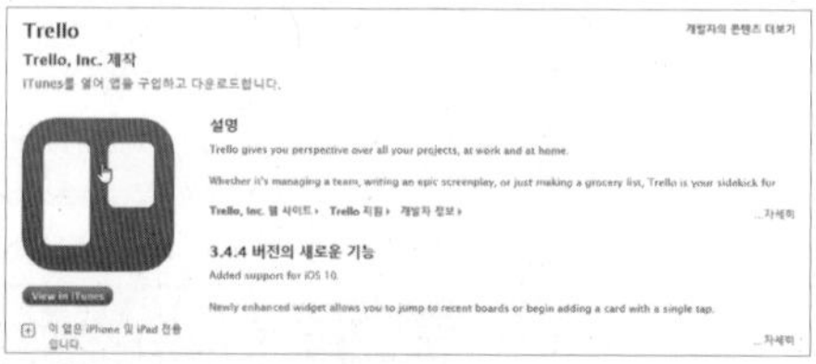

그림 5-14. Trello(애플앱스토어)

3 MeisterTask

마이스터태스크(MeisterTask)는 트렐로와 매우 유사한 노트 및 할일 도구이다. 이 역시 무료 버전과 유료 버전이 있으나 무료 버전만으로도 충분히 활용할 수 있다. 무료 번전의 경우 3개의 프로젝트까지 만들 수 있다. 여기서 말하는 프로젝트는 트렐로의 보드와 같은 개념이다. 최근에 시작한 서비스로 사용방법과 운영방법이 거의 트렐로와 유사하다. 다만 디자인 면에서 상당히 뛰어나다. 트렐로를 사용해도 되지만 디자인에 민감한 분이라면 마이스터태스크를 사용해 볼 것을 추천한다. 마이스터태스크의 주소는 다음과 같다.

MeisterTask 사이트 주소: www.meistertask.com

마이스터태스크는 Mindmeister로 유명한 회사에서 만든 것으로, 트렐로에서 사용하는 보드 개념을 이곳에서는 프로젝트라는 단어로 사용하고 있다. 나머지는 거의 대동소이하다. 〈그림 5-15〉는 초기 화면으로 3개의 프로젝트가 만들어져 있음을 볼 수 있다. 〈그림 5-16〉은 프로젝트 내에서 리스트를 만들어 놓은 모습니다.

마이스터태스크도 아이폰용과 아이패드용 및 안드로이드용 모두 앱스토어에서 구할 수 있어 PC와 함께 사용하면 기록 내용을 공유할 수 있다.

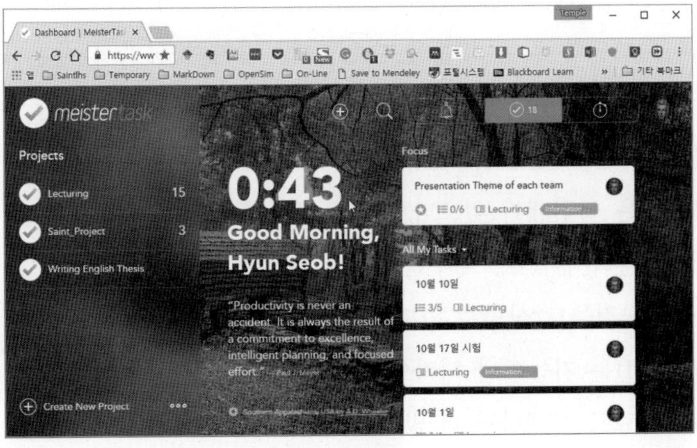

그림 5-15. MeisterTask 초기 화면

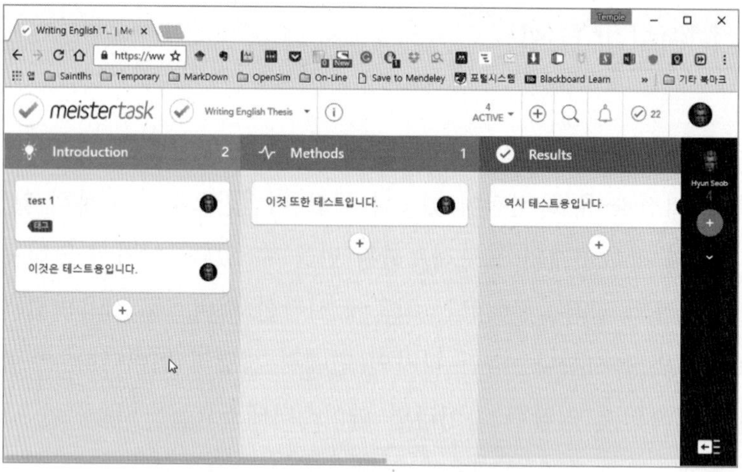

그림 5-16. MeisterTask 프로젝트 화면

4 Whiteboard App : RealTimeBoard

앞에서 살펴본 앱들은 노트나 메모에 중점을 둔 것들이었다. 그러나 때론 연구자들은 노트가 아닌 화이트보드에 자신의 연구 아이디어를 구상하기도 한다. 여기서는 화이트보드를 대신해서 사용할 수 있는 앱을 소개하고자 한다. 물리적인 화이트보드는 크기의 제약으로 기록에 불편함이 있고 더욱이 집과 연구실에서 함께 사용할 수 없다는 점과 동료들과 같은 공간에 있기 전에는 함께 논의할 수 없다는 단점이 있다. 이 같은 단점들을 해소하기 위해서 개발된 것이 화이트보드 앱으로 컴퓨터상에서 화이트보드와 같은 역할을 수행한다. 따라서 공간적 제한도 거의 없고, 동료들과 함께 어디서나 논의할 수 있으며, 다양한 파일들도 추가할 수 있다. 또한 여러개의 화이트보드를 만들어 사용할 수도 있다.

화이트보드 앱은 여러개가 있으나 무료로 사용할 수 있으면서 그 기능이나 활용성이 좋은 것은 흔하지 않다. 대부분이 너무 단순하거나 또는 진짜 화이트보드 기능만을 옮겨 놓은 것들도 상당수 있다. 여기서 소개할 화이트보드 앱인 리얼타임보드(realtimeboard)는 기능이나 디자인 면에서 뛰어나고 무엇보다도 무료로 사용할 수 있다. 물론 유료로 결제하면 더 많은 기능을 사용할 수 있으나 다른 것들과 마찬

가지로 무료로 사용해도 큰 지장이 없다. 무료로 사용하다가 필요할 때 유료 결제를 이용하면 된다. 한 가지 단점이라면 로딩 속도가 다른 것들에 비해 다소 느리다는 점인데 아마도 많은 기능을 불러오기 위해서인듯하며 초고속망을 갖춘 국내에서는 큰 불편함이 없다.

다른 앱들과 마찬가지로 리얼타임보드도 계정을 등록해야 하는데 이때 학교 이메일 계정이 있는 경우 반드시 학교 이메일 계정으로 등록하는 것이 좋다. 학교 이메일 계정으로 등록할 경우 추가적인 서비스를 받을 수 있기 때문이다. 리얼타임보드의 홈페이지 주소는 다음과 같다.

RealTimeBoard 사이트 주소 : https://realtimeboard.com

홈페이지에서 계정을 등록하고 접속하면 <그림 5-17>과 같은 화면을 볼 수 있다. 보드는 크게 개인용 보드와 팀보드로 나누어지는데 개인용 보드는 자신만이 볼 수 있고 차후에 이 보드를 공유할 수 있다. 팀보드는 무료의 경우 3명까지 초대해서 함께 사용할 수 있다.

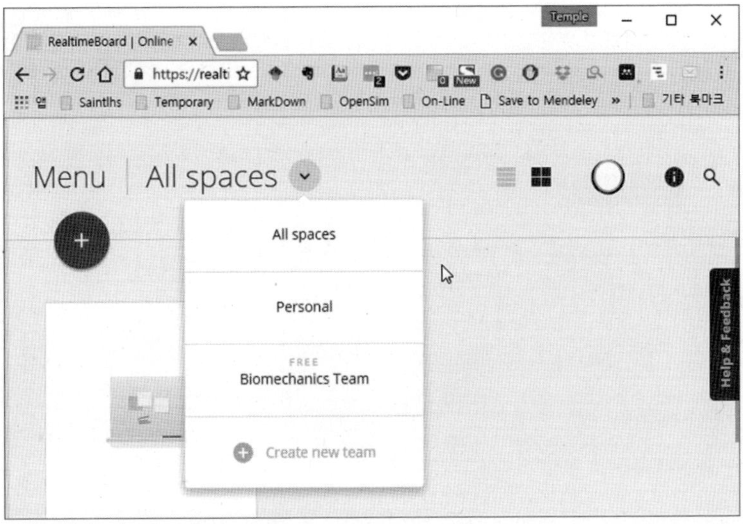

그림 5-17. 초기 화면

파란색의 [+] 버튼을 클릭하여 보드를 만든 다음 편집화면으로 들어가면 〈그림 5-18〉과 같은 화면을 볼 수 있다. 〈그림 5-18〉에는 저자가 입력한 내용들이 표시되어 있다. 일반적인 텍스트뿐만 아니라 도형으로 이루어진 텍스트를 입력할 수 있고, 각각의 내용들을 다양한 화살표로 연결할 수도 있다. 또한 스티커 노트도 입력이 가능하며 각각의 내용들에 대해서 사용자들이 각자의 의견을 제시할 수 있는 기능도 있다. 화면의 우측하단에 있는 채팅 버튼을 클릭하면 온라인상에 있는 동료들과 채팅이 가능하다. 화면 왼쪽의 메뉴 중 연필모양의 아이콘을 클릭하면 자유롭게 선을 그을 수 있다. 메뉴의 가장 아래쪽에 있는 양방향 화살표를 클릭하면 전체화면에서 편집할 수도 있다. 대부분의 기능은 마우스 오른쪽 버튼을 클릭하여 나타나는 팝업메뉴에서도 실행이 가능하다. 리얼타임보드는 마우스 스크롤를 통해 화면을 줌인/줌아웃 할 수 있으며 이를 통해 편집화면을 원하는 만큼 늘릴 수 있다. 화면의 상하좌우 이동은 마우스 왼쪽 버튼을 클릭한 상태에서 움직이면 된다. Personal 보드에서도 화면 우측상단에 있는 파란색의 [Share] 버튼을 클릭하여 동료들과 내용을 공유할 수 있다.

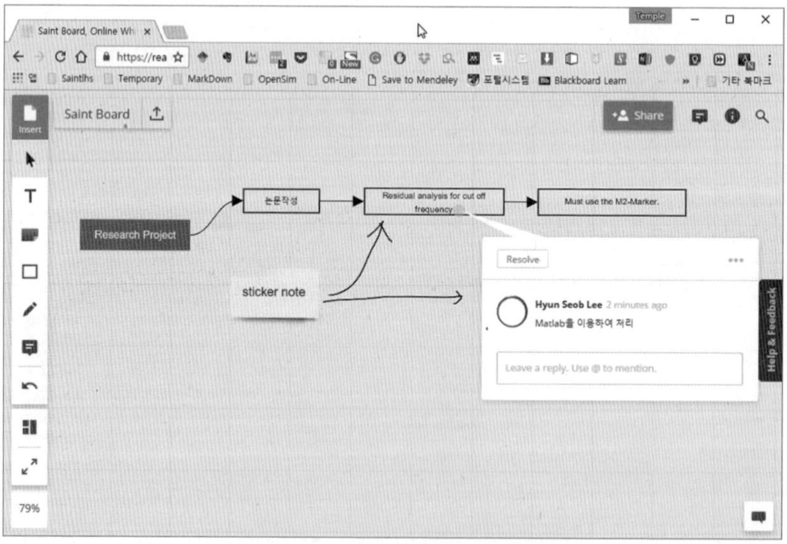

그림 5-18. 리얼타임보드 편집 화면

편집화면의 좌측상단에 있는 [Insert] 버튼을 클릭하면 다양한 클라우드에서 그림이나 PDF 파일 등을 삽입할 수 있다. 지원하는 클라우드로는 Google-Drive, DropBox, Box, One-Drive, YouTube 등 대부분의 유명한 클라우드를 모두 지원하고 있다.

〈그림 5-19〉는 그림과 PDF 파일을 리얼타임보드에 삽입한 모습이다. 그림은 보드상에 바로 표시가 되며, PDF 파일의 경우 그 내용을 볼 수 있을 뿐만 아니라 페이지를 넘기면서 전체 내용을 확인할 수도 있다. 그림이나 PDF 파일 모두 그 크기를 자유롭게 조정할 수도 있다. 몇 번 사용해 보면 누구나 어떤 목적으로 어떻게 사용해야 할지 알 수 있을 만큼 쉽고 유용하다.

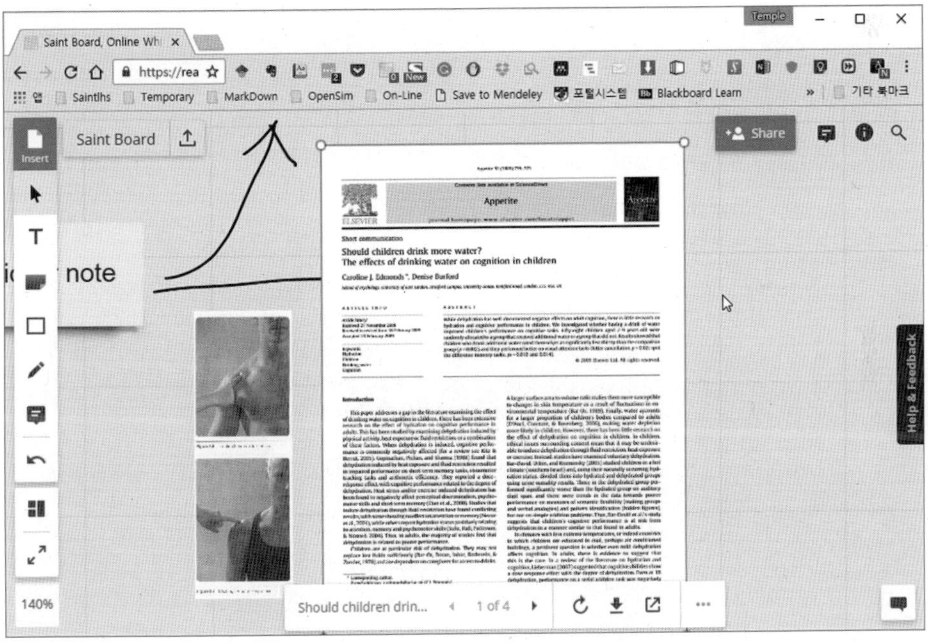

그림 5-19. 그림 및 PDF 파일 삽입

리얼타임보드는 그 특성이 화이트보드이면서도 다음 장에서 알아볼 마인드맵과도 비슷한 부분이 많다. 그만큼 유연성이 좋다는 것이다. 어떤 애플리케이션이든 사용자가 어떻게 사용하느냐에 따라 그 유용성은 달라질 것이다.

Chapter 06

연구 아이디어 구체화

Understanding and Application of Research Methods

CHAPTER

06 연구 아이디어 구체화

앞장에서 우리는 연구 아이디어를 기록하는 방법들에 대해서 살펴보았다. 여기서는 연구 아이디어를 보다 구체화하는 데 도움이 되는 애플리케이션들에 대해서 살펴볼 것이다. 연구 아이디어는 대부분 초기에 한두 문장으로 이루어진 러프(rough)한 내용들이다. 연구자들은 이러한 아이디어를 보다 구체적으로 체계화하거나 조사를 수행하고 또는 실험계획을 작성하는 등 논문으로 발전시키기 위해서 전체적인 작업 흐름을 구상하고자 한다. 이렇게 구체화하고자 할 경우 앞에서 살펴본 애플리케이션들로는 다소 부족한 면이 있다. 특히 내용이 복잡하고 고려할 사항이 많을 경우 한 눈에 파악하기가 더욱 어렵다. 리얼타임보드를 사용할 경우 어느 정도 이러한 문제를 해소할 수 있으나 손이 많이 가게 된다.

위에서 언급한 어려움은 연구자뿐만 아니라 다양한 분야에서 종사하는 전문가들이 쉽게 접하는 문제들로, 이러한 어려움을 해소하기 위한 애플리케이션들이 개발되었다. 이와 관련된 애플리케이션들은 크게 두 가지 형태로 나눌 수 있는데, 첫째는 아웃라이너(outliner) 형태이고, 둘째는 마인드맵(mindmap) 형태이다.

아웃라이너는 텍스트를 이용하여 향후 수행할 일들을 기술하여 전체적인 흐름을 구조화하는 방식으로 그 결과물이 마치 목차와 비슷한 형태를 띠게 된다. 즉, 마치 목차를 미리 만드는 것과 유사하다고 생각하면 된다. 물론 여기에는 다양한 기능들이 추가되어 있다. 아웃라이너 또한 다른 애플리케이션들과 유사하게 맥 기반으로 먼저 개발되어 많은 인기를 누렸고 이를 바탕으로 최근에는 윈도우즈 버전도 나와 있는 상태이다. 맥에서 사용되는 유명한 아웃라이너로는 OmniOutliner, Tree,

Process 등이 있다(그림 6-1, 그림 6-2 참조).

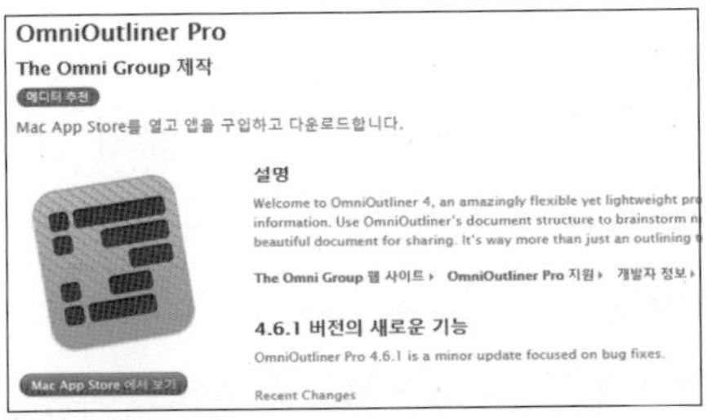

그림 6-1. OmniOutliner

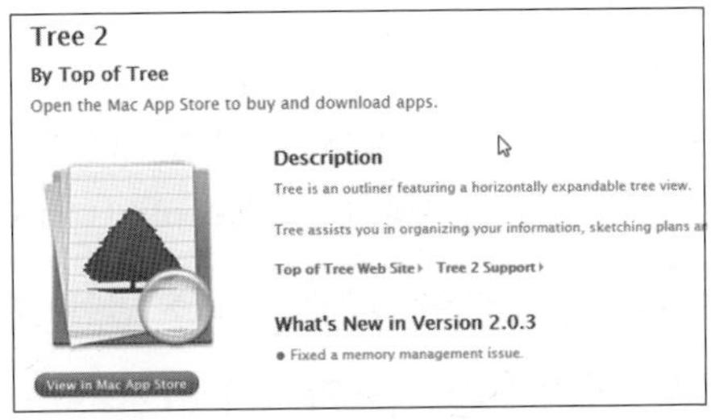

그림 6-2. Tree

OmniOutliner의 경우 맥 전용으로 파일첨부, 녹음기능 등 다양한 기능들을 포함하고 있지만 가격이 상당히 비싼 편이다. 아이폰, 아이패드 등 iOS 상에서 운영되는 아웃라이너 종류는 상당히 많지만 상대적으로 윈도우즈에서 운영되는 아웃라이너는 적은 편이다. 윈도우즈 기반의 아웃라이너로는 워크플로위(WorkFlowy), 체크이스트(Checkist), 유브이아웃라이너(UVoutliner) 등이 있다. 체크이스트의 경우는 웹 기반으로 OS의 종류와 무관하게 사용할 수 있다는 장점이 있다. 워크프로위의 경우 윈도우즈뿐만 아니라 iSO 및 맥에서 사용할 수 있으며 무료 버전으로도 사용상에 큰 지장이 없다. 본 장에서는 워크플로위의 사용법에 대해서 살펴볼 것이다.

마인드맵은 생각을 정리한다는 점에서는 아웃라이너와 동일한 성격이지만 그래픽적인 요소가 강하고 자유도가 높기 때문에 보다 직관적이라고 할 수 있다. 아웃라이너 만큼 마인드맵도 그 종류가 상당히 많다. 개인용뿐만 아니라 기업용도 존재하는데 그 가격이 매우 비싼 편에 속한다. 최초로 개발된 마인드맵은 프리플랜(freeplane)으로 무료이다. 대부분의 기능을 갖추고 있지만 상업적으로 개발된 것이 아니라 전체적인 디자인이나 UI 등이 세련되지 못하다. 이후 상업적으로 개발된 마인드맵들은 프리플랜을 기반으로 하여 다양한 기능과 화려한 디자인을 추가하여 새롭게 작성되었다. 이러한 관계로 인해 대부분의 마인드맵들은 프리플랜과의 호환성을 위해 확장자가 .mm인 파일형식을 지원하고 있다. 따라서 서로 다른 종류의 마인드맵일지라도 .mm 파일 형식을 사용하면 상호 자료 교환이 가능하다.

마인드맵 애플리케이션들은 경쟁이 치열한 편인데 사용자가 많은 것으로는 XMind가 유명하다. XMind의 경우 무료 버전이 있기 때문에 먼저 사용해 보는 것도 좋다. 무료 버전으로도 거의 모든 것이 가능하기 때문에 많은 도움이 될 것이다. 다만 자신이 작성한 마인드맵을 PDF나 워드, 파워포인트 등으로 변환할 수 없다는 단점이 있다. 교육기관에 속하는 학생이나 교사 등을 위한 제품도 있으며 일반제품보다 가격적으로 상당히 싸게 판매하고 있다. 필자 또한 XMind를 가장 많이 사용하고 있다. 웹기반용으로는 마인드마이스터(Mindmeister)가 있다. 우리가 앞에서 살펴보았던 마이스터태스크를 만든 회사에서 만든 것으로 역시 무료로 사용할 수 있다. 윈도우즈뿐만 아니라 아이폰, 아이패드, 그리고 안드로이드 폰에서도 사용할 수 있다. 마인드맵 애플리케이션의 경우 그 종류가 매우 많다. 그러나 본장에서는 XMind와 마인드마이스터의 사용법을 알아볼 것인데 이는 PC뿐만 아니라 스마트폰에서도 동시에 사용할 수 있고, 무료 버전이 제공되고 있기 때문이다. 추가로 자유도가 매우 높은 스캐플(Scapple)에 대해서도 소개할 것이다. 기능적으로 뛰어나고 사용자들의 평이 매우 좋은 프로그램이다. 대부분의 마인드맵 애플리케이션들은 그 사용 방법이 매우 유사하기 때문에 어느 것이든 사용할 수 있다면 다른 것도 쉽게 이용할 수 있다.

1 Outliner : 워크플로위(WorkFlowy)

워크플로위를 사용하기 위해서는 아래의 사이트에 접속해서 가입을 해야 한다. 무료의 경우 월 250개의 아이템까지 사용할 수 있는데, 여기서 아이템이란 한 문장을 의미하는 것으로 생각하면 된다.

WorkFlowy site : https://workflowy.com

계정을 입력한 후 접속하면 첫 화면에서 다소 당황하게 되는데, 덩그러니 하얀 페이지 하나만 보이기 때문이다. 무엇을 할 수 있는지 쉽게 이해하기 위해서는 〈그림 6-3〉을 먼저 보는 것이 도움이 된다. 우리가 궁극적으로 만들고자 하는 것은 〈그림 6-3〉과 같은 것이다. 외관만 보면 목차와도 같은 모습이고 이 정도의 일을 위해서 굳이 이것을 사용해야 하는가 하는 의문이 들 수도 있다. 그러나 여기에는 한글이나 워드 등과 같은 여타 워드프로세서에는 없는 기능들이 존재한다. 먼저 하나씩 따라하면서 기능들을 익히자. 맨 윗줄에 글을 쓰면 그것이 상위 항목이 된다. 상위 항목에 포함된 내용을 입력하기 위해서는 [Enter] 키를 이용해 아래 줄로 이동 후 하위 항목을 입력한 후 [Tab] 키를 치면 들여쓰기가 되면서 하위 항목이 된다. 만약 [Tab] 키를 치지 않으면 또 다른 상위 항목이 된다. 이런 식으로 하위에 하위 항목을 만들 수 있다. 〈그림 6-3〉의 화면 우측 하단에 있는 [Keyboard Shortcuts] 키를 누르면 관련된 단축키보드 내용을 볼 수 있다. 입력된 내용들 앞에는 글머리표로 둥근 점들이 생긴 것을 볼 수 있다. 그곳에 마우스를 위치시키면 〈그림 6-4〉와 같은 관련 메뉴들이 나타난다.

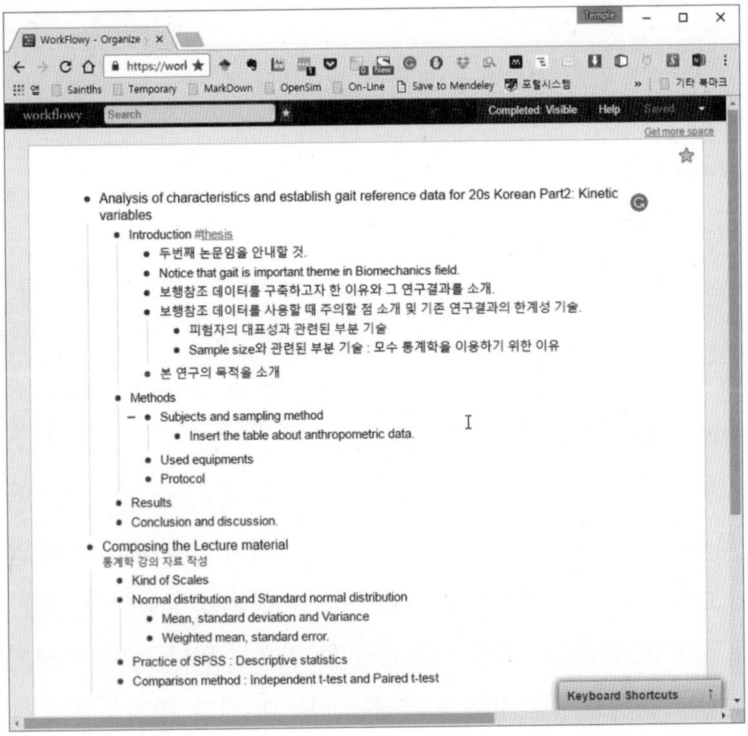

그림 6-3. WorkFlowy에 내용을 입력한 화면

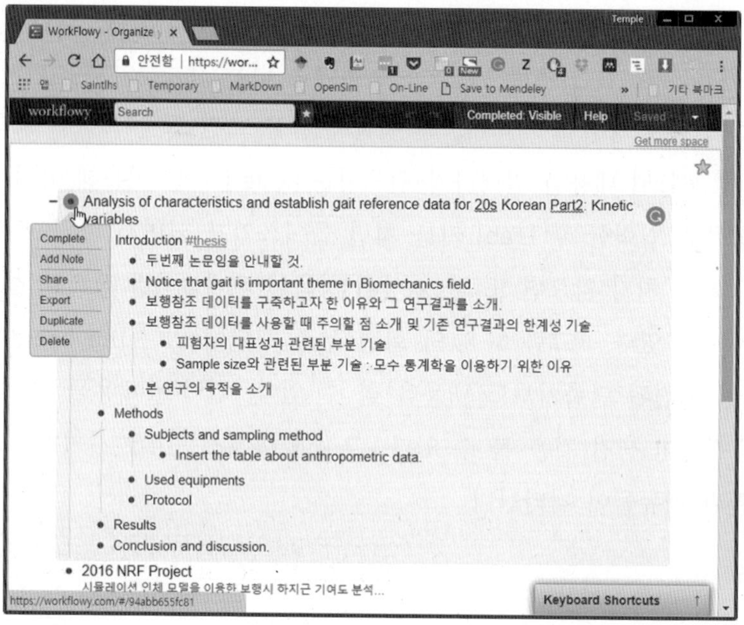

그림 6-4. 항목에 대한 관련 메뉴

항목에 대한 메뉴들의 내용은 다음과 같다.

【Complete】 : 완료를 표시하는 것으로 글씨가 회색으로 변하면서 문장 전체에 줄이 생긴다.

【Add Note】 : 해당 문장에 추가적인 설명을 입력할 수 있다. [Shift+Enter]를 사용한 것과 동일하다.

【Share】 : 해당 내용을 공유할 때 사용한다. 클릭하면 〈그림 6-5〉와 같은 창이 나타난다. 무료버전의 경우는 링크를 이용한 공유만이 가능하다. 이메일을 이용한 공유는 프로버전을 구입해야 가능하다. 링크를 이용한 공유는 링크를 알고 있는 사람은 누구나 볼 수 있다. 이때 로그인을 할 필요는 없다. 그리고 보기만 허용할 것인지 편집도 허용할 것인지를 선택해야 하는데 만약 편집을 허용하고자 하면 〈그림 6-5〉에서 [edit] 버튼을 클릭해야 한다.

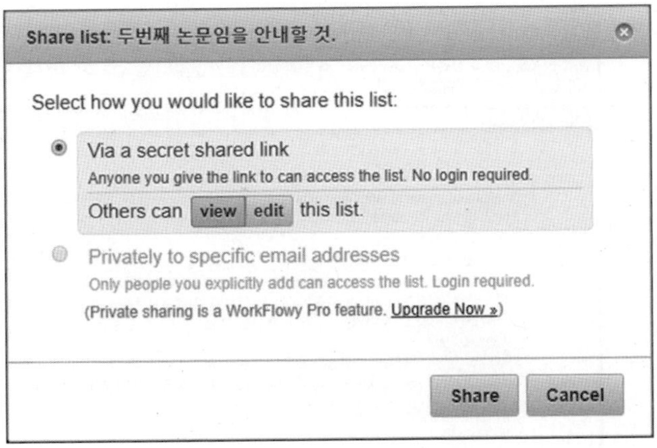

그림 6-5. Share 창 화면

[Share] 버튼을 클릭하면 〈그림 6-6〉과 같은 창에 링크 주소가 나타난다. 이 링크를 보내주면 된다. 만약 공유를 하고 싶지 않으면 화면 아래의 [Stop sharing this list] 버튼을 누르면 되고 계속 공유를 하고 싶으면 [Close] 버튼을 클릭하면 된다.

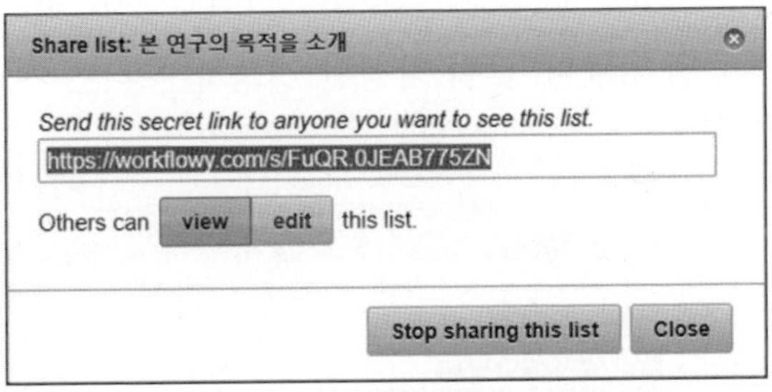

그림 6-6. Share를 위한 링크

공유된 항목에는 말머리표가 〈그림 6-7〉과 같이 변한다. 글머리표에 마우스를 가져갔을 때 나오는 메뉴에도 〈그림 6-8〉과 같이 【Shared】로 표시가 된다.

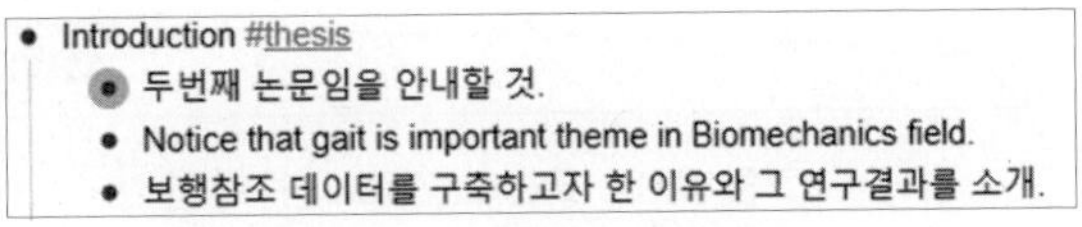

그림 6-7. 공유된 항목 표시

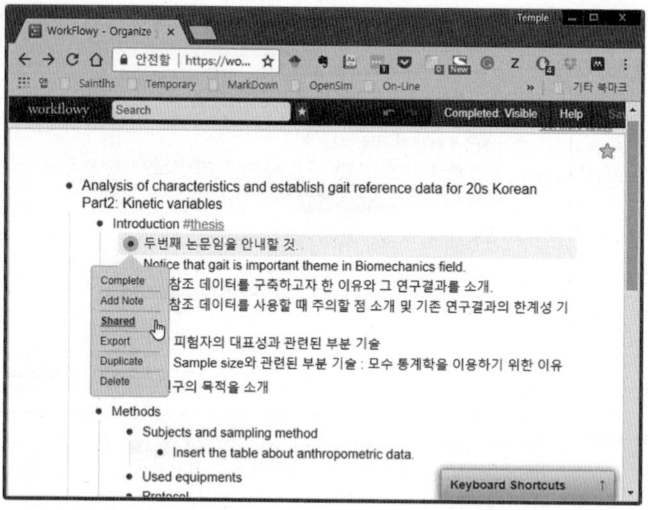

그림 6-8. 공유된 항목에 대한 Shared 메뉴 표시

【Export】 : 리스트 항목들을 다른 곳으로 내보낼 때 사용한다. 〈그림 6-9〉와 같은 창이 열리는데 특별한 것은 없고 내용과 서식을 모두 복사할 것인지 아니면 텍스트로만 복사할 것인지를 선택해서 복사하기([Ctrl+C])로 가져가는 기능이다. OPML도 선택할 수 있는데 이것은 Outline Processor Markup Language의 약자로 RSS와 같이 웹 표준에 맞춰 작성된 것으로 우리는 사용할 일이 거의 없다.

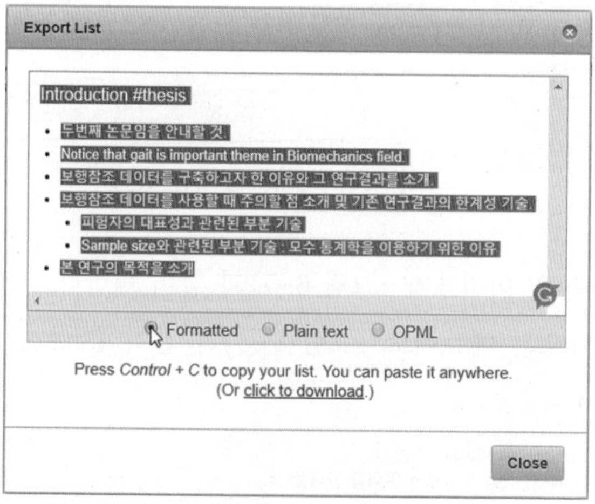

그림 6-9. Export List 창 화면

【Duplicate】 : 말 그대로 해당 항목을 복제해 준다.

【Delete】 : 해당 항목을 삭제할 때 사용한다.

둥근 점을 클릭하면 〈그림 6-10〉와 같이 그 항목에 포함될 하위 항목을 입력할 수 있는 화면으로 전환된다. 마치 줌인한 것 같은 형태로 변한다. 원래 상태로 돌아가기 위해서는 〈그림 6-4〉의 위쪽에 있는 [Home 〉]을 클릭하면 된다. 입력한 각 항목들은 언제든지 드래그 & 드롭으로 원하는 위치로 옮길 수 있다. 하위 항목이 존재할 경우 상위 항목의 글머리표로 마우스를 가져가면 왼쪽에 '−'기호가 나타나는데 이를 클릭하면 내용들이 접혀 감추어진다. '+'기호는 접어진 내용을 다시 펼칠 때 사용한다. 각 항목에 좀 더 자세한 내용을 입력할 때는 각 항목에 노트 형태로 입력할 수 있는데, [Shift+Enter]를 이용하여 입력할 수 있다. 〈그림 6-3〉의 "Composing the lecture material" 바로 아래에 작은 글씨로 입력되어 있는 "통계학 강의 자료 작성"이 노트로 입력한 내용이다.

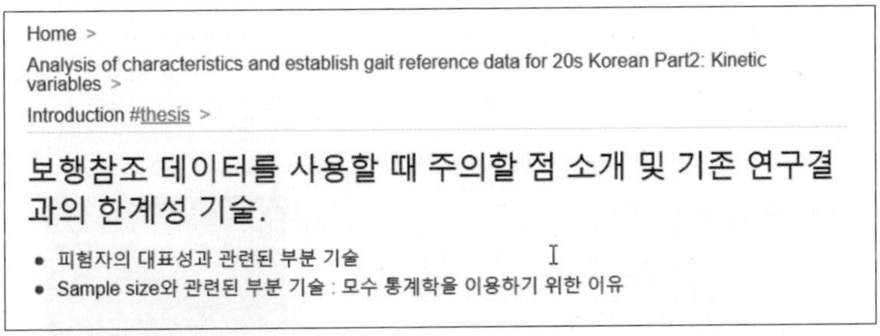

그림 6-10. 하위 항목 입력을 위한 줌인 화면

워크플로위는 아이폰과 안드로이드 폰에서도 사용할 수 있으므로 각 앱스토어에서 다운로드하여 사용하면 된다. 본인이 작성한 내용이 동기화되므로 PC에서든 스마트폰에서든 동일한 내용을 확인할 수 있다. 무료 버전의 경우 월 250개의 항목을 사용할 수 있는데 이를 증가시키기 위해서는 두 사람에게 초대장을 보내고 초대받은 사람들이 로그인을 하면 된다. 이와 관련된 메뉴는 〈그림 6-11〉과 같이 화면 우측 상단의 아래 화살표(▼)를 클릭하면 나타나는 메뉴들 중 【Settings】 를 클릭하면 된다.

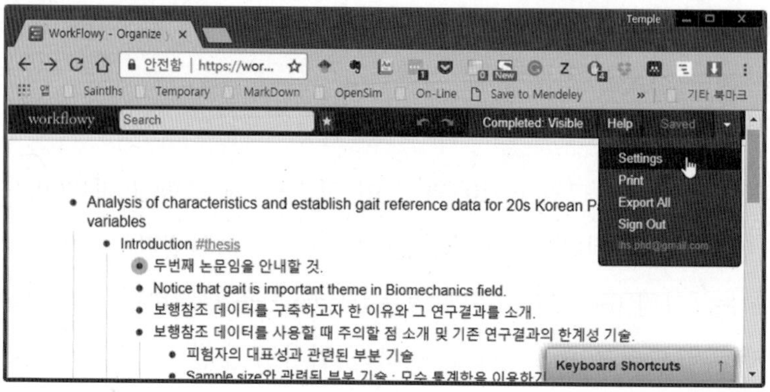

그림 6-11. Settings 메뉴

〈그림 6-12〉와 같이 {Settings} 창이 나타나는데, 오른쪽에 보면 회색 글씨로 "Get Free Space"가 보일 것이다. 이를 클릭하면 링크주소가 나타나는데 이를 초대할 사람에게 보내면 된다.

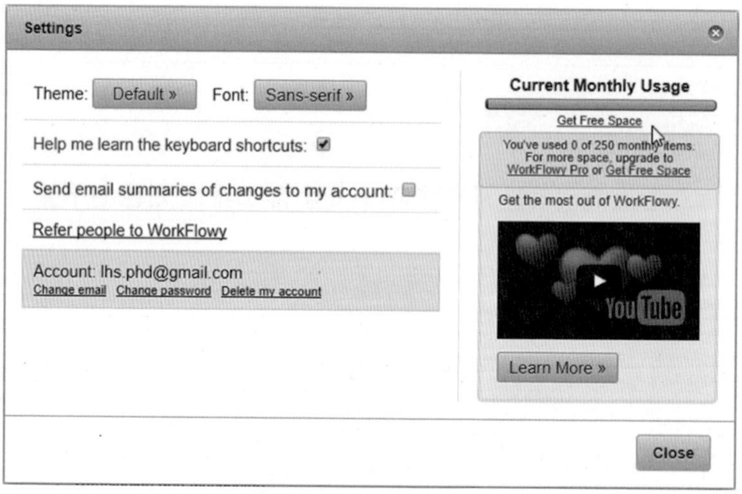

그림 6-12. Get Free Space 화면

2 Mindmap : Mindmeister

마인드맵은 위에서 설명하였듯이 다양한 분야에서 사용될 수 있는 애플리케이션이며 상당히 많은 종류가 존재한다. 여기서는 마인드맵 중 아이폰, 안드로이드 폰, 윈도우즈 및 맥에서 사용할 수 있으며 무료로 사용할 수 있는 마인드마이스터와 엑스마인드(XMind)에 대해서 알아볼 것이다. 그리고 무료 버전은 없지만 자유도가 높은 스캐플(scapple)에 대해서도 소개할 것이다. 이를 통해 마인드맵을 사용하는 방법을 습득할 수 있을 것이다. 마인드맵의 종류는 많으나 사용법이 유사하기 때문에 여기서 사용법을 습득 후 자신의 취향에 맞는 것을 구입하여 사용하면 된다. 마인드마이스터를 사용하기 위해서는 계정을 등록해야 한다. 홈페이지 주소는 다음과 같다.

Mindmeister site address : https://www.mindmeister.com

계정을 등록하면, 계정 활성화를 위한 확인 메일이 등록한 이메일로 온다. 메일을 확인하여 "Activate account"라는 버튼을 클릭하면 계정 설정이 모두 완료되고 마인드마이스터를 사용할 수 있게 된다. 무료 버전의 경우 맵을 3개까지 만들 수 있다. 홈페이지에 접속하면 〈그림 6-13〉과 같은 초기 화면을 볼 수 있다.

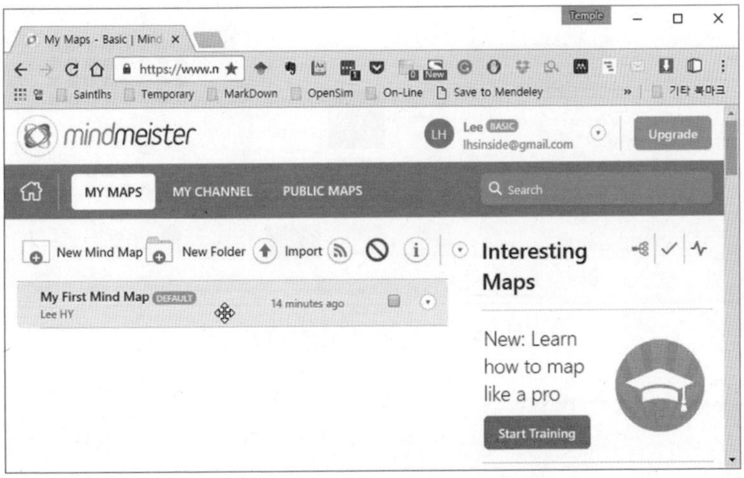

그림 6-13. 마인드마이스터 초기 화면

초기 화면을 보면 "My First Mind Map"이름의 맵이 존재한다. 이를 클릭하면 마인드맵이 어떠한 일을 할 수 있는지 샘플 맵을 볼 수 있다. 한번쯤 보는 것도 실습에 도움이 된다. 이제부터 실습을 해보자. 새로운 맵을 만들기 위해서 화면 좌측에 있는 [New Mind Map]을 클릭하면 여러 가지 테마를 보여주는 창이 나타나는데 가장 상단에 있는 "Blank"를 선택하자. 창이 열리면서 내용을 입력할 수 있는 상태로 나타난다. 바로 내용을 입력해도 되지만 먼저 새로운 맵의 이름부터 변경해 보자. 현재 맵의 이름은 "My New Mind Map"이다. 이름을 변경하기 위해서 〈그림 6-14〉와 같이 상단의 'i'버튼(ⓘ)를 클릭하면 나타나는 창에서 "Map Properties"를 선택하자. 〈그림 6-15〉와 같은 맵 속성 창이 나타나면 각 해당란에 필요한 내용을 입력한다. 「Title」 항목에 "논문작성"이라고 입력되어 있는데 이것이 맵의 이름이 된다. 다음에 있는 「Description」과 「Tags」 항목은 본인의 필요에 따라 입력하면 된다. [OK] 버튼을 클릭하면 맵 화면 상단에 나타나는 맵 이름이 변경되어 "논문작성"으로 나타난다. 최근에 메뉴 이름들이 한글로 변경되었다.

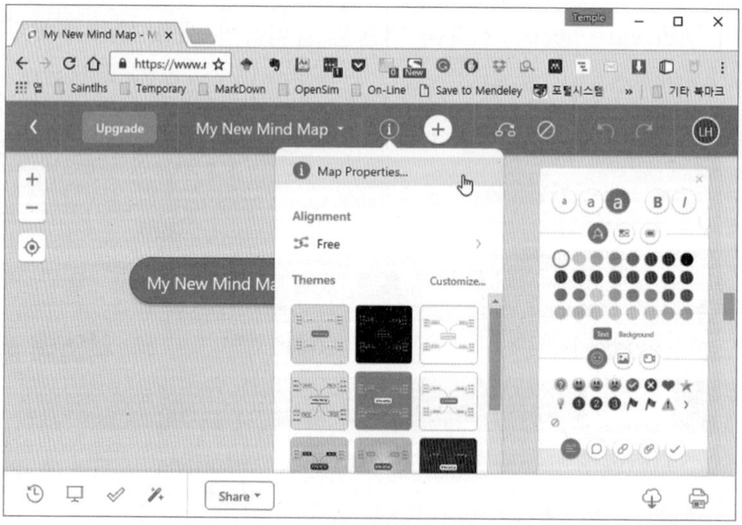

그림 6-14. 맵의 속성을 변경하기

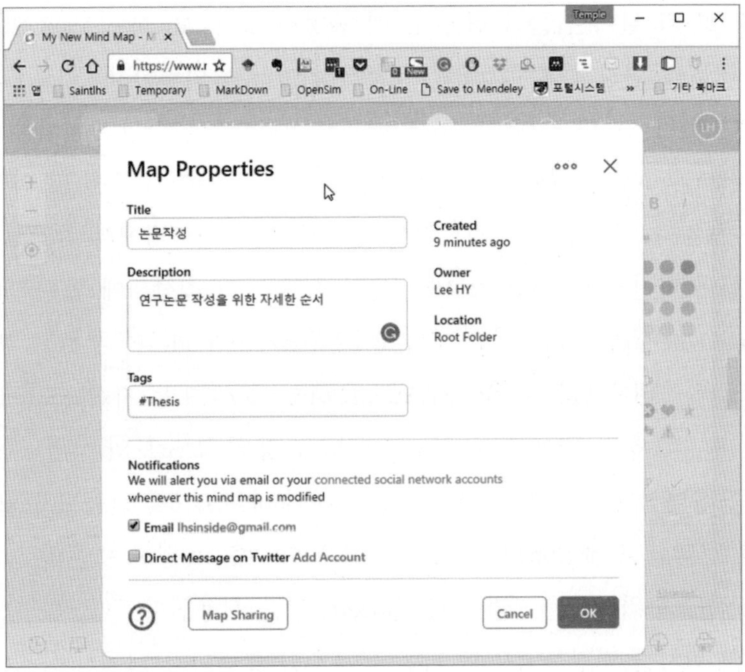

그림 6-15. 맵 속성 변경 화면

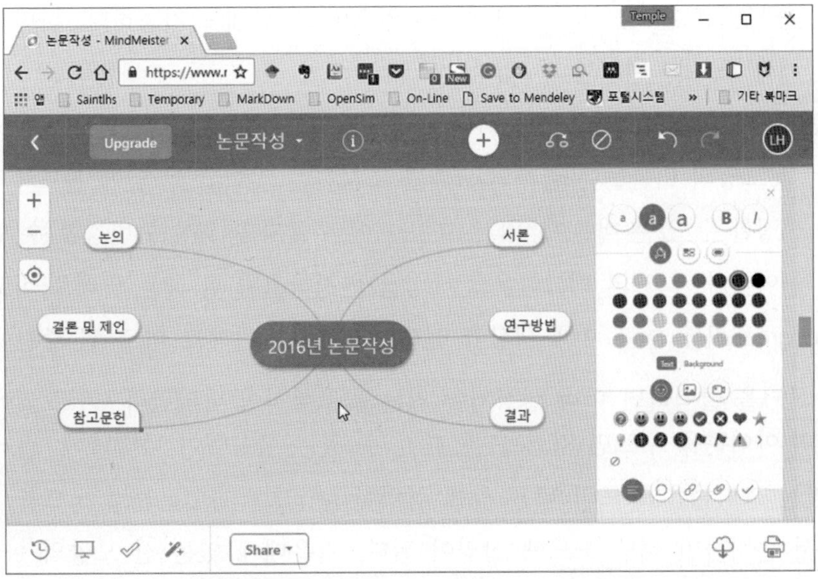

그림 6-16. 상위노드 및 하위노드 입력 화면

〈그림 6-16〉과 같이 만들기 위해서, 맵 중앙에 있는 "My New Mind Map"를 더블 클릭하여 내용을 변경하자. "2016년 논문작성"이라고 입력하자. 키보드의 [Insert] 키를 누르면 하위 수준을 입력할 수 있는 노드(node)가 나타난다. "서론"이라고 입력한 후 [Enter]를 치면 "서론"이라고 입력한 수준과 동일한 수준을 또 입력할 수 있는 노드가 생긴다. 〈그림 6-16〉과 같이 입력하자. 마인드맵에서 각각의 아이템을 부르는 이름이 약간씩 다른데, "2016 논문작성"과 같이 최상위에 있는 것을 상위노드(high node or upper node) 또는 부모노드(parent node)라 부르고 "서론"과 같이 상위노드의 아래에 있는 것을 하위노드(lower node) 또는 자식노드(child node)라 부른다. 물론 "서론" 밑에 또 하위노드가 있을 경우 그 노드의 상위노드는 "서론"이 된다. 즉 상대적인 것이다. "서론" 노드 아래에 하위노드를 만들고자 할 때는 "서론" 노드를 선택한 후에 [Insert] 키를 누르면 된다. 즉, 동일한 수준의 노드를 만들 때는 [Enter]를, 하위노드를 만들 때는 [Insert] 키를 사용한다.

맵 전체의 위치를 변경하고자 할 때는 마우스를 클릭한 상태에서 움직이면 된다. 맵을 확대하거나 축소하고자 할 때는 [Ctrl+마우스 휠]을 이용하면 된다. 특정 노드의 위치도 자유롭게 변경할 수 있는데, 노드를 클릭한 상태에서 원하는 위치로 이동하면 된다. 하위노드를 상위노드로 만들 수 있으며 그 반대도 가능하다. 다만 최상위 노드인 제목 노드는 변경할 수 없다.

〈그림 6-17〉의 Sidebar를 이용하여 다양하게 맵의 모양을 변경할 수 있다. 상단에 있는 'a'모양의 버튼들은 글자의 크기를 조정하는 것이고 그 옆에 볼드체와 이탤릭체를 설정할 수 있는 버튼이 있다. 그 아래에는 글자의 색상을 변경할 수 있는 팔레트가 놓여있다. 노드의 백그라운드 색상을 변경하고자 할 때는 팔레트 바로 아래의 [Background]를 클릭 후에 색상을 선택하면 된다. 팔레트 바로 위 중간에 있는 아이콘( )을 클릭하면 미리 설정되어 있는 노드형식이 나타난다. 바로 옆에 있는 타원형의 아이콘을 누르면 각 노드를 감쌀 수 있는 묶음들이 나타난다. 팔레트 아래에 있는 그림들은 노드의 내용 앞에 삽입할 수 있는 아이콘들로 노드를 선택한 상태에서 클릭하면 해당 노드에 삽입이 된다. 가운데에 있는 산 모양의 아이콘은 사진이나 그림을 삽입할 수 있는 기능을 하고, 캠코더 모양의 아이콘은 동영상을 삽입할 때 사용된다. 클릭하면 유튜브 등과 같은 동영상 제공 사이트를 검색하여 원

하는 영상을 삽입할 수 있다.

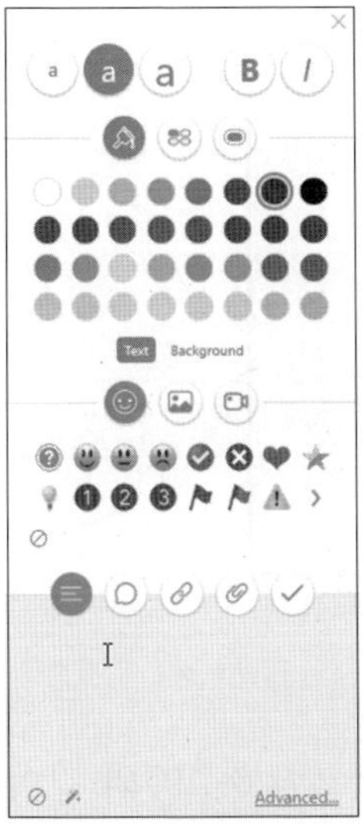

그림 6-17. Sidebar

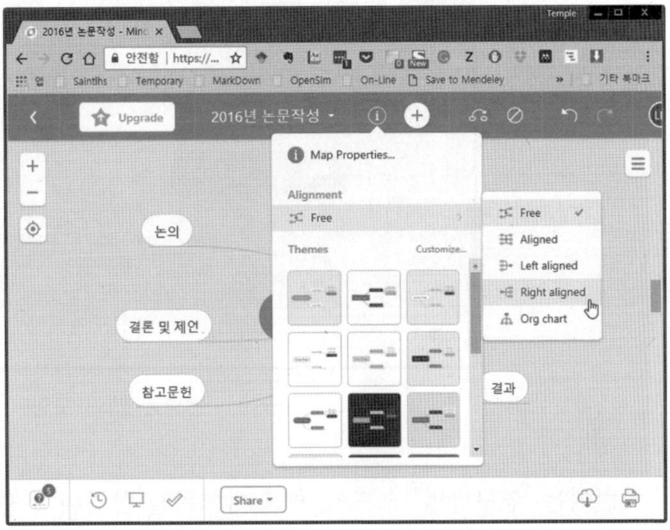

그림 6-18. 맵 구조 변경 메뉴

맵의 구조를 바꿔보자. 〈그림 6-16〉의 구조는 부모 노드를 중심으로 자식 노드들이 양 옆으로 나열되어 있는 구조이다. 이를 부모 노드의 오른쪽으로 정렬된 구조로 바꿔보자. 〈그림 6-18〉과 같이 'i' 버튼을 클릭했을 때 처음에 나타나는 메뉴를 보면 【Free】로 되어 있을 것이다. 이것을 클릭하여 〈그림 6-18〉과 같이 【Right aligned】를 선택하자. 〈그림 6-19〉와 같이 맵의 구조가 변경될 것이다.

그림 6-19. 변경된 맵의 모양

이번에는 “연구방법” 노드에 체크 아이콘을 삽입해 보자. 〈그림 6-19〉와 같이 연구방법을 클릭하여 선택한 후 Sidebar에서 체크 아이콘을 클릭하면 바로 삽입이 된다. 삽입된 아이콘을 삭제할 때는 아이콘 모음 가장 아래에 사선이 그어진 동그라미 모양의 remove icon이 있다. 그것을 클릭하면 된다. 이번에는 노드에 그림을 삽입해 보자. Sidebar에서 산 모양의 아이콘을 클릭하면 〈그림 6-20〉과 같은 모습이 된다. 삽입하고 싶은 이미지를 선택하면 바로 노드에 삽입된다. 학사모를 삽입한 모습은 〈그림 6-21〉과 같다.

그림 6-20. 이미지 삽입 메뉴

그림 6-21. 이미지 삽입 모습

〈그림 6-20〉에서 [Add image...] 버튼을 누르면 〈그림 6-22〉와 같이 이미지를 삽입할 수 있는 다양한 메뉴가 나타난다. 이 중에 【Upload a new image...】와 【Draw image...】 메뉴는 무료 버전에서는 사용할 수 없다. 【Use web image...】는

구글 검색을 이용하여 이미지를 검색한 후 삽입할 수 있다. 【Browse image library】는 마인드마이스터에서 제공하는 이미지들로 구성되어 있다.

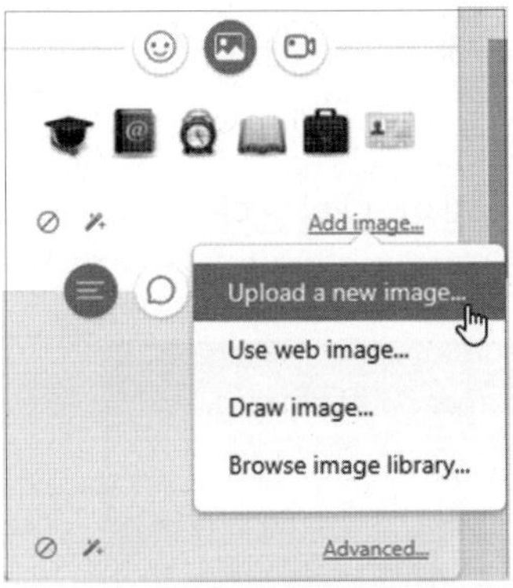

그림 6-22. 이미지 추가 메뉴

그림 6-23. 동영상 삽입 창

이번에는 동영상을 삽입해 보자. 이미지 버튼 옆에 있는 캠코더 모양의 버튼을 누르면 비디오를 삽입할 수 있는 화면이 나오는데 거기서 [Browse videos...]를 클릭하면 〈그림 6-23〉과 같은 창이 나타난다. 원하는 비디오를 검색 후 체크한 후 [Use selected video] 버튼을 누르면 삽입된다. 삽입된 동영상은 맵 상에서 바로 감상할 수 있다.

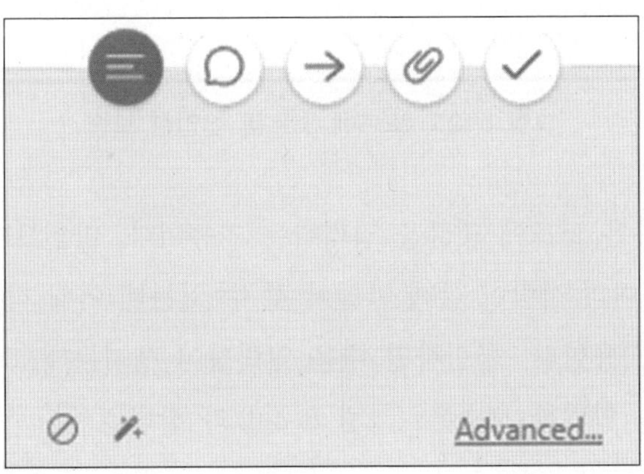

그림 6-24. Sidebar의 아래쪽 메뉴들

Sidebar의 아래쪽 메뉴들(그림 6-24 참조)을 살펴보자. 왼쪽부터 [Notes], [Comments], [Links], [Files], [Tasks]이다. 처음에는 [Notes]가 선택되어 있는데, 이 상태에서 아래 빈 칸에 글을 입력한 후 맵의 빈 공간을 클릭하면 해당 노드에 노트로 삽입이 되면서 노트 아이콘이 생긴다. 이 아이콘에 마우스를 가져가면 노트 내용이 나타난다. 노트를 삽입한 모습은 〈그림 6-25〉와 같다. 내용 입력창 아래에 있는 [Advanced...]를 클릭하면 보다 고급스런 편집기 창이 나타난다.

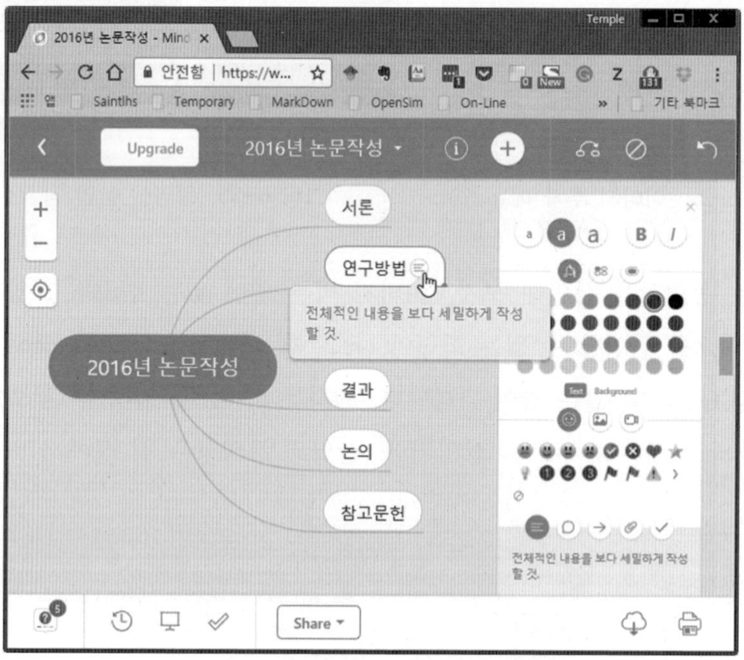

그림 6-25. 노드에 노트를 삽입한 모습

[Comments] 버튼은 노드에 댓글을 입력하는 기능이다. 마인드마이스터는 공유를 통해 하나의 맵을 여러 사람이 함께 만들어 갈 수 있는데 이때 각자의 의견을 맵 상에 바로 남길 때 사용한다. 클릭하면 내용 입력창이 생기는데 그곳에 입력하면 된다. 노드에 댓글을 입력한 모습은 〈그림 6-26〉과 같다.

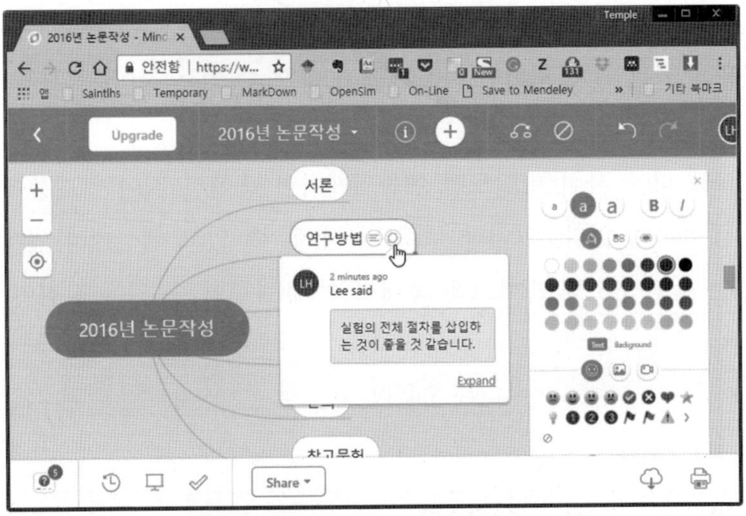

그림 6-26. 노드에 댓글을 입력한 모습

[Links]는 노드에 웹 주소나 이메일 주소를 삽입할 때 사용한다. 클릭하면 주소를 입력할 수 있는 화면이 나타난다. 노드에 웹 주소로 구글사이트를 입력한 모습은 〈그림 6-27〉과 같다.

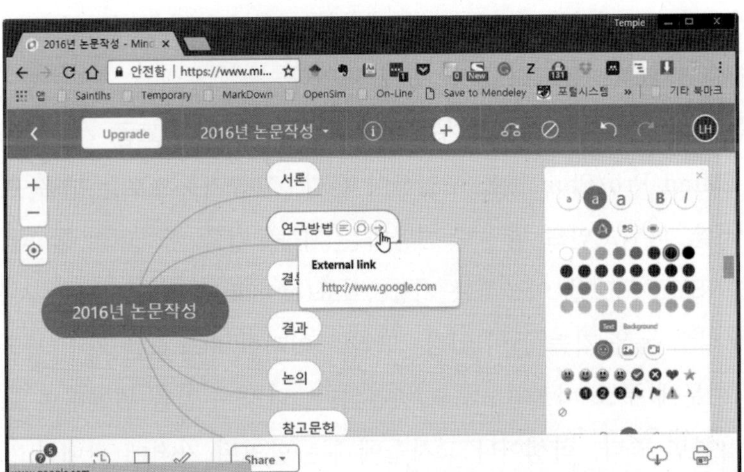

그림 6-27. 노드에 구글사이트를 입력한 모습

[Files]는 파일을 첨부할 때 사용하는 기능이다. 무료 버전에서는 사용할 수 없다. [Tasks]는 앞에서 배운 마이스터태스크를 사용하는 것이다.

동료들과 협업하기 위해 맵을 공유하고자 할 때는 화면의 아래쪽에 있는 [Share] 기능을 이용하면 된다. 클릭하면 사용자를 초대할 수 있는 창이 나타나는데 이메일을 입력한 후 보내기를 하면 완료된다.

마인드마이스터는 사실 마인드맵 애플리케이션 중에서 뛰어난 제품이라고 하기에는 아직 부족함이 있다. 그러나 무료로 사용할 수 있고 웹상에서 언제든지 이용할 수 있다는 점과 PC 및 스마트폰 등에서 쉽게 접근할 수 있는 장점이 있어 소개하였다.

3 Mindmap : XMind

XMind는 마인드맵 애플리케이션들 중에서 상당히 유명한 제품에 속한다. 그만큼 다양한 기능을 갖추고 있으며 사용방법도 쉬운 편이다. 과거에는 PC용으로만 존재해 아이폰이나 아이패드 등에서 사용할 수 없는 단점이 있었으나 최근에는 XMind Cloud를 선보이면서 이러한 단점을 해결하였다. XMind Cloud는 웹상에서 맵을 작성할 수 있으며, 그 결과를 XMind에서 제공하는 클라우드에 저장함으로써 거의 모든 기기에서 결과물을 동기화할 수 있게 되었다.

XMind는 오픈소스 프로젝트로 무료로 배포되고 있으나 고급 기능들을 사용하기 위해서는 XMind Pro/Plus 등을 구입해야 한다. 고급기능으로는 맵을 PDF 파일이나 워드, 엑셀, 파워포인트 파일로 변환하는 기능, 맵을 내보내기 할 때 벡터 그래픽을 이용한 SVG 포맷을 이용하는 기능, 발표(presentation) 모드를 사용할 수 있는 기능, 오디오 녹음 기능 등이 있다. 그러나 이러한 기능들은 자주 사용되는 것들이 아니기 때문에 무료 버전만으로도 충분하다. 만약 구입을 원한다면 교육용 프로모션을 이용하면 좋다. 학생이나 교사들에게는 할인된 가격에 판매하고 있다.

여기서는 데스크톱 용 XMind 8 무료 버전을 대상으로 사용방법을 먼저 설명할 것이다. 웹상에서 사용할 수 있는 XMind Cloud의 사용방법은 후반부에 설명할 것이다. 기본적인 사용방법은 사실 위에서 알아본 마인드마이스터와 다른 점이 거의 없다. 그리고 기능이 많기 때문에 몇 가지 자주 사용할 만한 것들만 설명할 것이다.

먼저 XMind 무료 버전을 다운받기 위해서 홈페이지에 접속해 보자.

XMind 홈페이지 주소 : www.xmind.net

XMind 한국 홈페이지 주소 : www.xmindkorea.net

홈페이지에 접속하면 다운로드 버튼과 페이지를 쉽게 찾을 수 있다. 무료 버전이 따로 있는 것이 아니다. 그냥 XMind를 다운로드해서 사용하면 무료 버전이고 유료 기능을 사용하고자 할 때 구입하게 되어 있다. 홈페이지에 접속했다면 상단에 [Cloud] 버튼이 보일 것이다. 이를 클릭해서 XMind Cloud를 사용하기 위한 계정을 만들자.

설치 과정은 특별한 것이 없다. 설치 과정을 따라가기만 하면 된다. 설치가 완료되면 바탕화면에 XMind 아이콘이 생긴다. 이를 실행하면 〈그림 6-28〉과 같은 초기화면이 나타난다. [새로운 빈 맵] 버튼을 클릭하면 "중심토픽"을 가진 빈 맵이 생긴다. "중심토픽"을 더블클릭하여 "논문 작성"이라고 입력하고 〈그림 6-29〉와 같이 간단한 맵을 만들자. 하위 노드를 만들 때는 [Insert] 키를, 동일 수준의 노드를 만들 때는 [Enter] 키를 사용하면 된다. 만든 노드를 삭제할 때는 해당 노드를 선택한 후에 [Delete] 키를 사용하면 된다. 이제 이 맵을 저장하기 위해서 상단에 디스켓 모양의 저장 아이콘을 클릭하자. 파일 저장 창이 나타나는데 "논문 작성 예제"라고 입력하고, 저장 위치는 "XMind 클라우드"를 선택하자. 만약 다른 스마트폰이나 기기에서 볼 필요가 없다면 "내 컴퓨터"를 선택해도 된다.

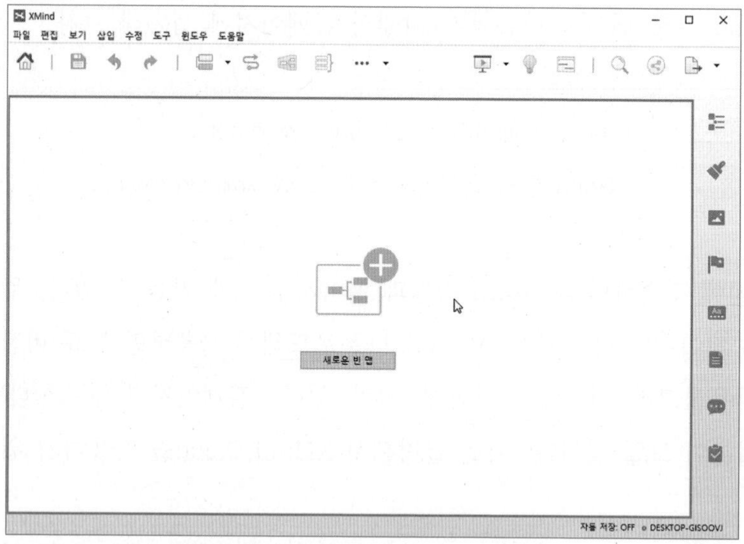

그림 6-28. XMind 초기 실행 화면

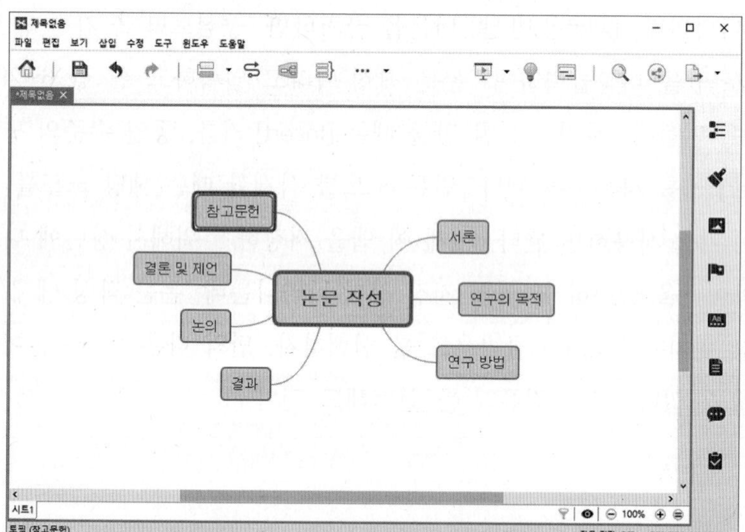

그림 6-29. 논문 작성 초기 맵 모양

저장이 완료되면 편집화면의 탭이 “제목 없음”에서 “논문 작성 예제”로 변경된다. 저장된 상태를 확인하기 위해서 상단 메뉴 중 집 모양의 홈 버튼을 클릭하자. 〈그림 6-30〉과 같이 클라우드 화면으로 변경되면서 방금 작성한 맵이 있는 것을 확인할 수 있다. 다시 편집화면으로 돌아오기 위해서는 좌측 상단에 있는 [×] 버튼을 클릭하면 된다. 이제 스마트폰에서 이 맵을 보기 위해서는 앱스토어에서 XMind Cloud를 다운받아 설치하면 된다. 다른 PC에도 XMind를 설치하였다면 역시 클라우드에서 해당 맵을 더블클릭하면 편집화면으로 불러올 수 있다.

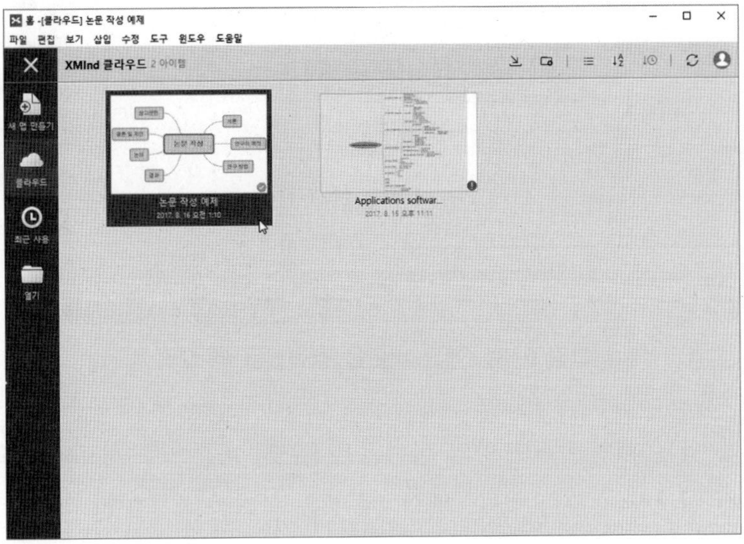

그림 6-30. 클라우드에 맵이 저장된 모습

이제 "논문 작성 예제" 맵을 조금씩 변경해 가면서 기능들을 살펴보자. 먼저 오른쪽에 수직으로 나열되어 있는 메뉴들을 살펴보자. 가장 위쪽에 있는 것은 [개요] 아이콘은 맵의 내용을 아웃라인 형태로 보여준다. 클릭했을 때의 화면은 〈그림 6-31〉과 같다.

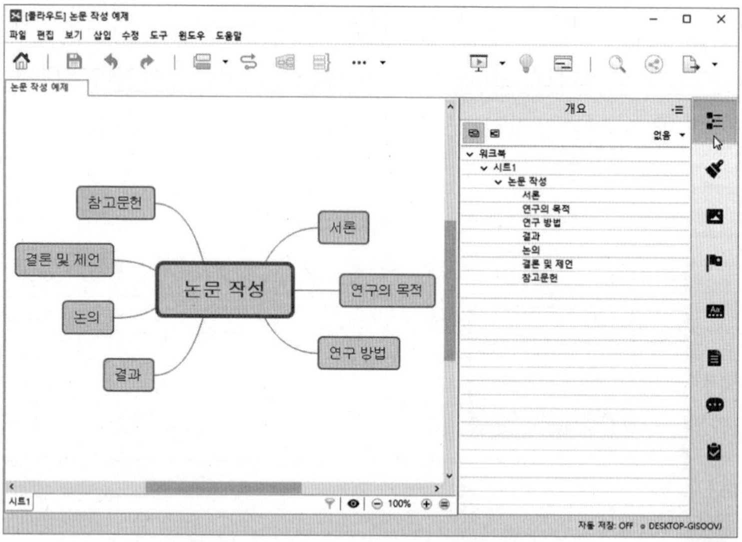

그림 6-31. 개요 버튼을 클릭했을 때 모습

두 번째에 있는 페인트붓 모양의 아이콘은 [포맷] 버튼으로 시트와 토픽(노드)에 대한 포맷을 변경할 때 사용한다. 맵의 빈 곳을 클릭한 후 [포맷] 버튼을 클릭하면 〈그림 6-32〉와 같은 창이 나타나고, 토픽을 선택한 후 클릭하면 〈그림 6-33〉과 같은 창이 나타난다.

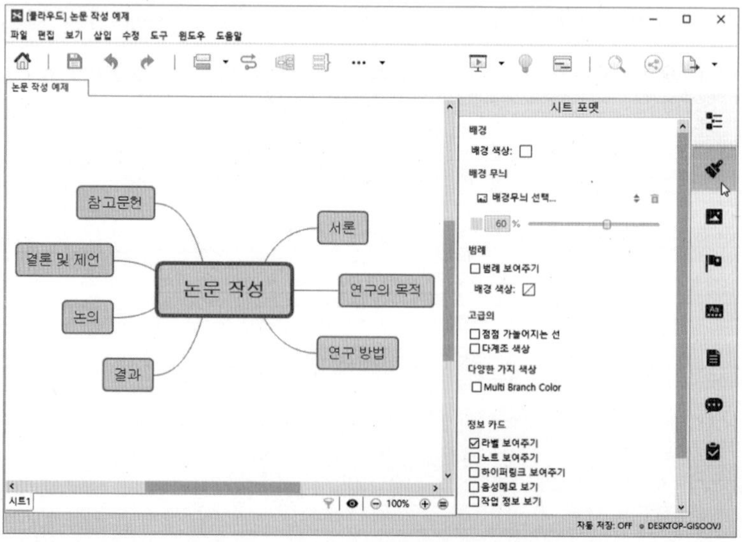

그림 6-32. 시트에 대한 포맷 창 화면

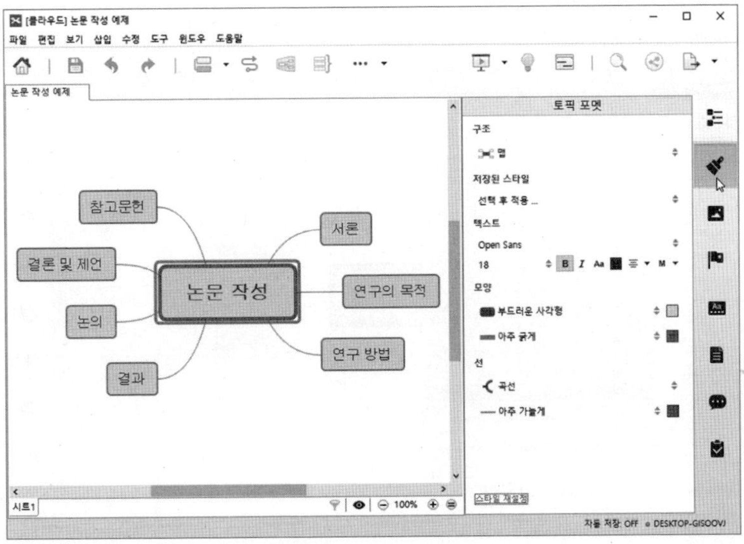

그림 6-33. 토픽(노드)에 대한 포맷 창 화면

포맷 창의 항목들을 보면 쉽게 무엇을 하는 것인지 알 수 있을 것이다. 배경 색을 변경하고, 맵의 모양 변경, 토픽을 연결하는 선의 종류 등을 여기서 바꿀 수 있다.

세 번째에 있는 산 모양의 아이콘은 이미지를 삽입할 때 사용하는 메뉴이지만 무료 버전에서는 사용할 수 없다. 여기에는 XMind에서 제공하는 여러 클립아트들이 제공되는데 유료 버전만 사용할 수 있다. 그러나 다른 메뉴를 사용하면 사용자의 PC에 있는 이미지들을 맵에 삽입할 수 있다. 삽입하는 방법에는 2가지가 있는데 토픽에 첨부파일로 삽입하는 방법과 맵상에 그림을 직접 보여주는 방법이 있다. 먼저 첨부파일로 삽입하는 방법을 알아보자. "논문 작성"이라고 쓴 중심 토픽을 선택한 후 〈그림 6-34〉와 같이 메인 메뉴에서 **【삽입】** - **【첨부파일】** 을 실행하면 파일을 선택하는 창이 나타난다.

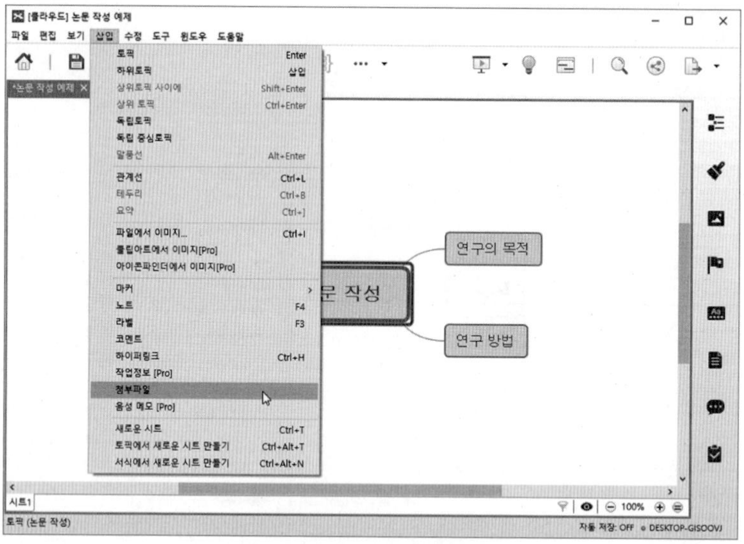

그림 6-34. 첨부파일 메뉴

원하는 파일을 선택한 후 [열기(O)] 버튼을 누르면 〈그림 6-35〉와 같이 새로운 하위 토픽으로 첨부파일이 삽입이 된다. 하위 토픽은 파일명을 표시하고 그 옆에 있는 작은 아이콘을 클릭하면 사용자의 PC에 설치되어 있는 이미지 보기 프로그램을 이용하여 보여준다.

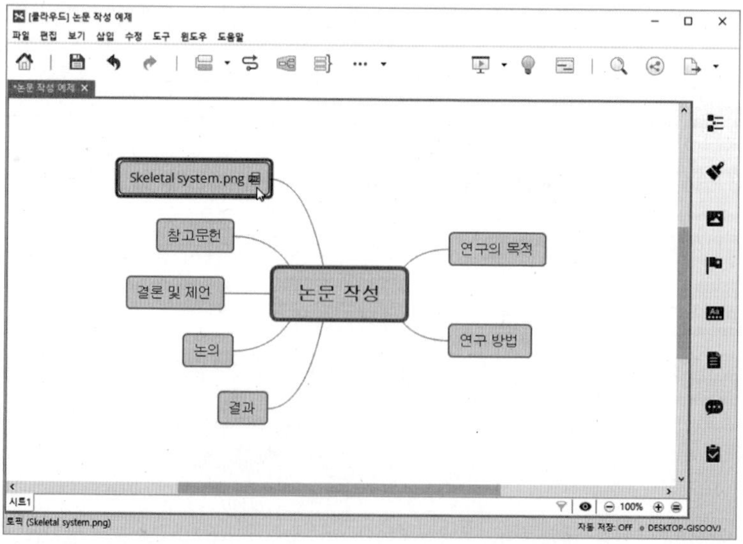

그림 6-35. 하위 토픽에 첨부파일로 삽입된 그림

이번에는 토픽 자체에 이미지가 나타나도록 해보자. "연구의 목적" 토픽을 선택한 후 〈그림 6-36〉과 같이 메뉴 **【삽입】** - **【파일에서 이미지...】** 를 실행하면 파일을 선택하는 창이 나타난다. 파일을 선택한 후 [열기(O)]를 하면 〈그림 6-37〉과 같이 토픽 안에 이미지가 표시된다. 이미지로 마우스 커서를 가져가면 이미지 주변에 작은 사각형 점들이 생기는데 이를 이용하여 그림의 크기를 변경할 수 있다. 〈그림 6-38〉은 그림을 작게 변경한 모습이다.

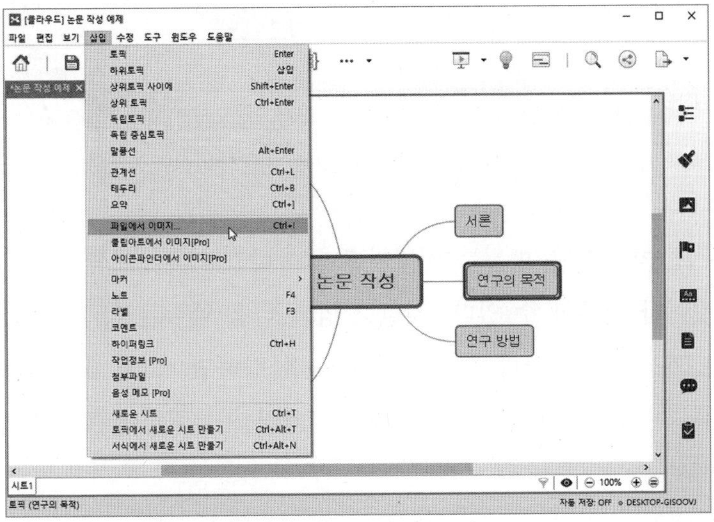

그림 6-36. 파일에서 이미지... 메뉴 실행

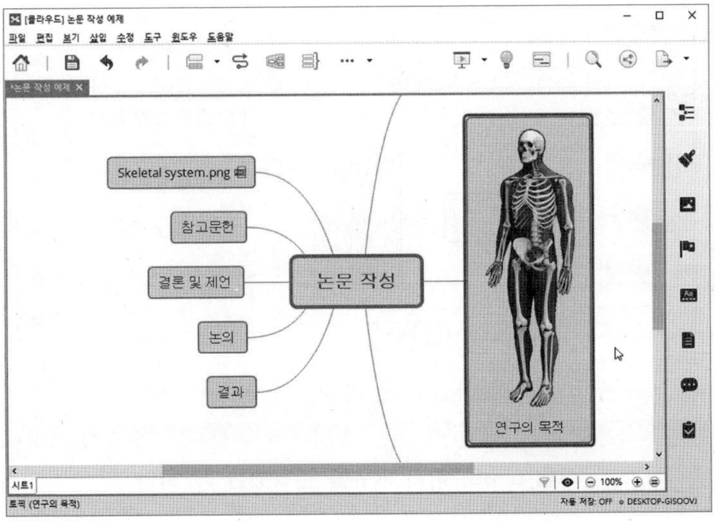

그림 6-37. 파일에서 이미지... 메뉴 실행 결과 화면

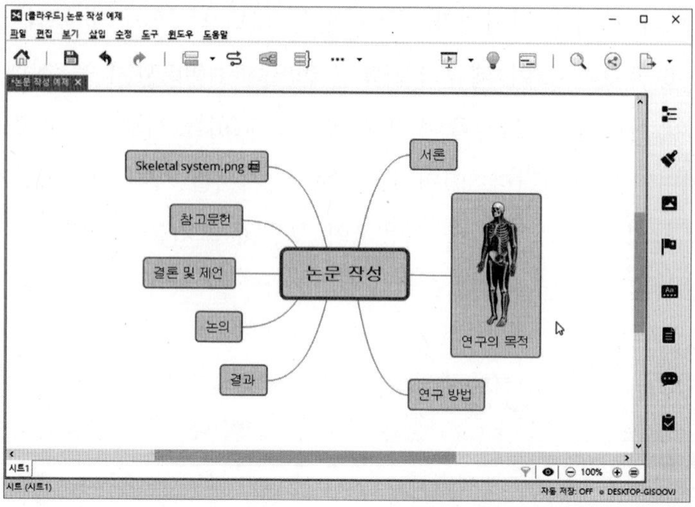

그림 6-38. 그림의 크기를 변경한 화면

【삽입】 - 【첨부파일】 을 메뉴는 이미지뿐만 아니라 PDF, 엑셀, 워드 등 파일 형태면 어느 것이나 첨부할 수 있다. 깃발 모양의 다음 메뉴는 다양한 마커들을 토픽에 삽입하는 기능을 제공한다. 깃발 아이콘을 클릭하면 〈그림 6-39〉와 같은 화면이 나타난다. 하나 이상의 토픽을 선택한 후 마커를 클릭하면 토픽의 앞에 마커가 삽입된다.

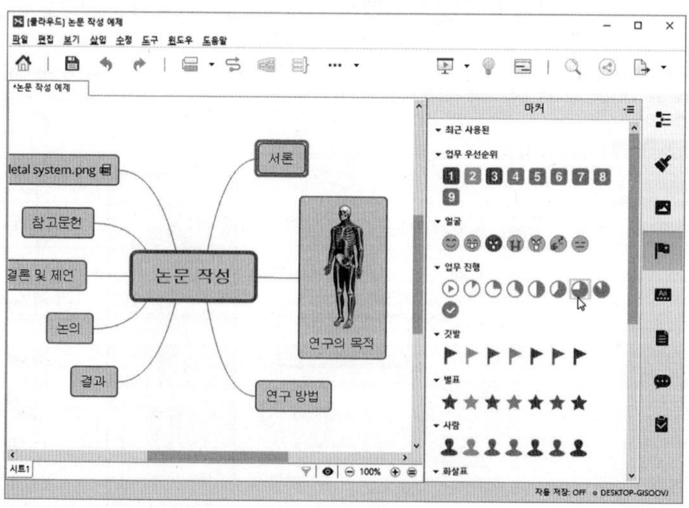

그림 6-39. 마커 메뉴를 클릭했을 때 화면

다음 아래에 있는 메뉴는 맵의 테마들을 보여준다. XMind에서 미리 작성해 놓은 테마로, 하나를 선택하면 그 테마에 맞게 맵의 모양이 모두 변한다. 다음 아래에 있는 문서 모양의 메뉴는 토픽에 노트를 입력할 때 사용한다. 〈그림 6-40〉은 노트를 입력한 모습니다. 노트 입력을 완료하면 〈그림 6-41〉과 같이 토픽에 문서 모양의 작의 아이콘이 생기고 마우스 커서를 가져가면 노트 내용을 팝업으로 보여준다.

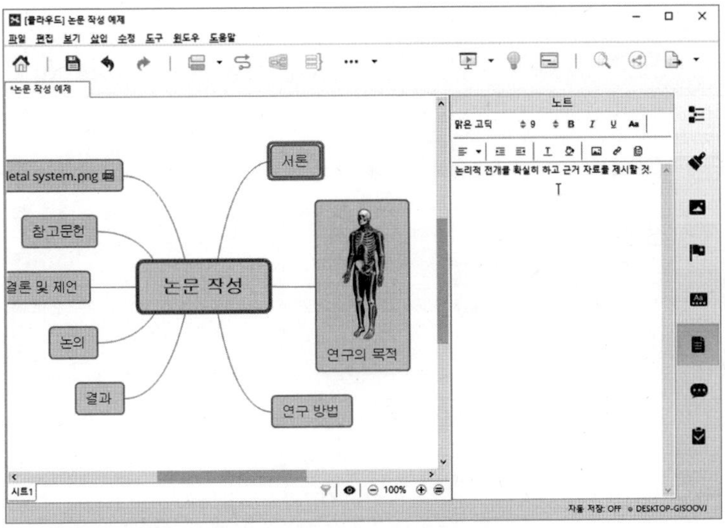

그림 6-40. 노트를 입력한 화면

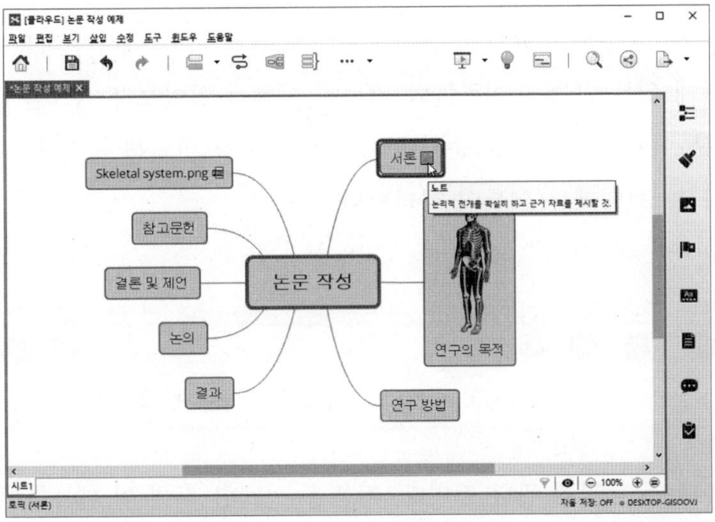

그림 6-41. 노트 입력 후 마우스 커서를 가져갔을 때의 화면

다음 아래에 있는 말풍선 모양의 아이콘은 코멘트를 입력하는 메뉴이다. 즉, 댓글을 입력할 수 있는 기능이다. 처음 실행하면 화면에 [삽입] 버튼이 나타나는데 이를 클릭하면 〈그림 6-42〉와 같이 댓글을 입력할 수 있다. 이 기능은 맵을 공유하면서 협업을 할 때 매우 유용하다. 코멘트를 입력하면 토픽에 작은 말풍선이 생기는데 이 역시 마우스 커서를 가져가면 누가 어떤 글을 올렸는지 보여준다.

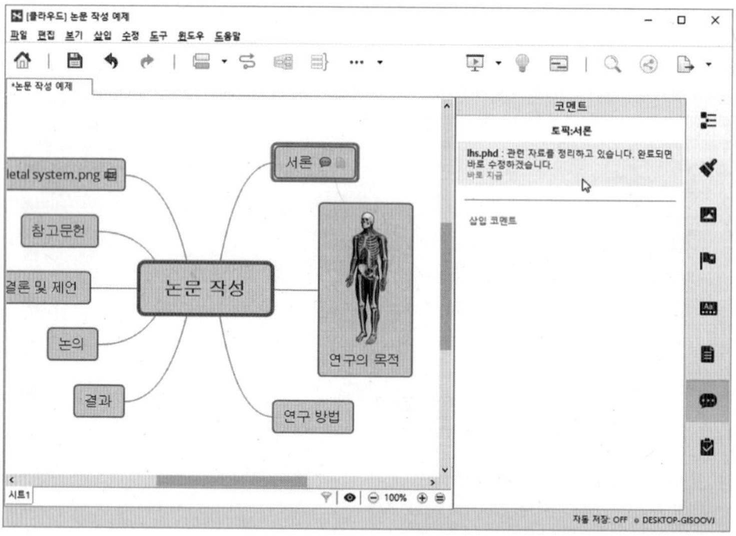

그림 6-42. 코멘트를 입력하는 모습

마지막에 있는 서류판 모양의 메뉴는 업무 정보로 프로버전에서만 사용이 가능하다.

이제 상단에 있는 단축 아이콘들의 기능에 대해서 알아보자. 〈그림 6-43〉과 같이 상단 단축 아이콘에 편의상 순서대로 원형 숫자를 입력해 놓았다. 마우스를 아이콘에 갖다 놓으면 메뉴 이름이 나타난다.

그림 6-43. 상단의 단축 아이콘 메뉴 모습

첫 번째 메뉴는 토픽에 관한 것이다. 토픽을 선택한 후에 이 메뉴를 클릭해 보면 새로운 토픽을 어느 곳에 넣을 것인지 선택하는 메뉴가 나타난다. 다른 것은 특별한 것이 없지만 **【말풍선】** 메뉴는 토픽 자체에 말풍선을 달 때 사용된다. **【말풍선】** 메뉴를 사용한 화면은 〈그림 6-44〉와 같다.

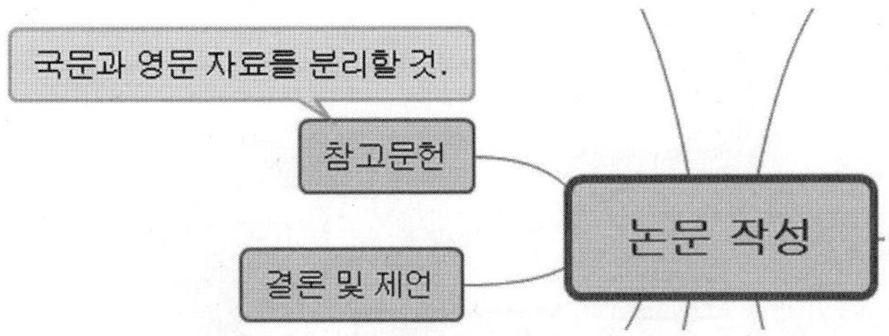

그림 6-44. 말풍선 메뉴 실행 화면

두 번째 메뉴인 **【관계선】** 은 관련성이 있는 토픽끼리 연결할 때 사용한다. 서로 연결할 토픽 중 하나를 선택한 다음 **【관계선】** 아이콘을 누르면 선이 나타나는데 마우스를 이용하여 다른 토픽에 가서 클릭하면 서로 연결이 된다. 연결된 모습은 〈그림 6-45〉와 같다.

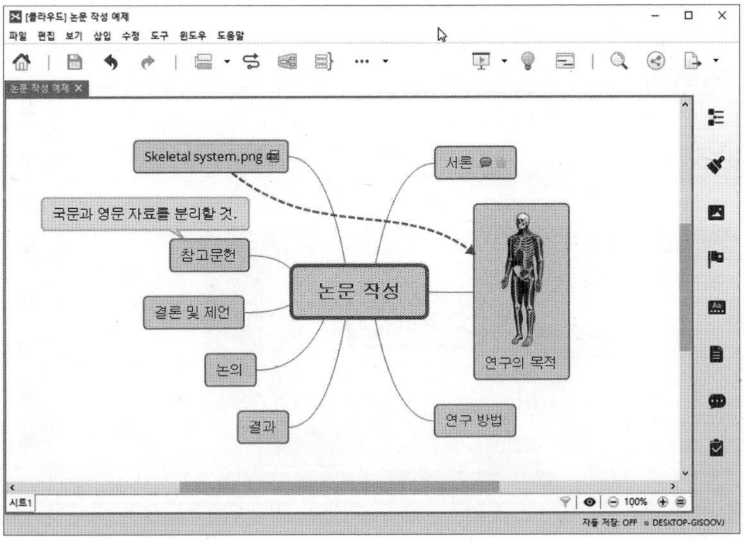

그림 6-45. 관계선 메뉴를 이용하여 토픽 간에 연결한 화면

연결된 선에 마우스를 가져가면 〈그림 6-46〉과 같이 변하는데, 노란색 점을 이용하여 선의 곡선 형태를 바꿀 수 있고 가운데 "관계선"이라고 써져 있는 부분은 더

블클릭하여 새로운 내용을 입력할 수 있다. 변경한 화면은 〈그림 6-47〉과 같다.

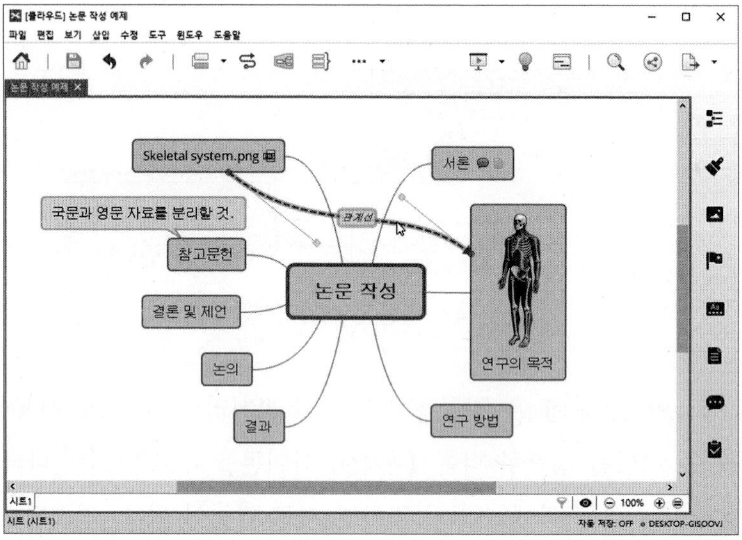

그림 6-46. 관계선 편집 화면

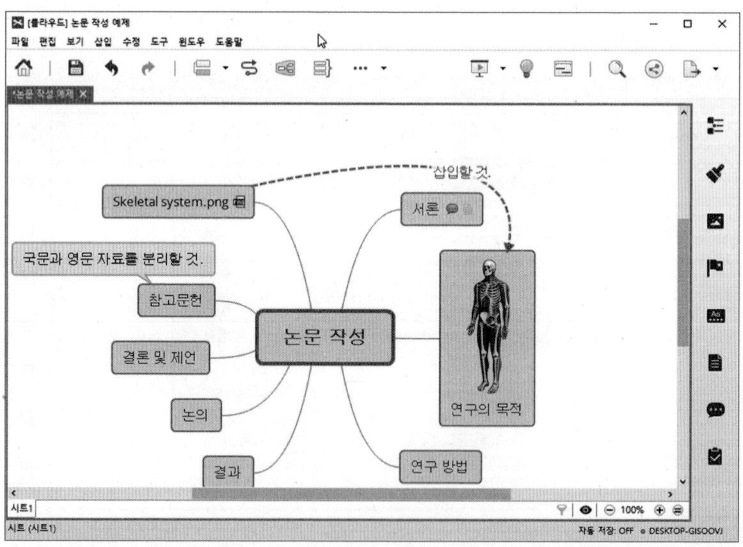

그림 6-47. 관계선 형태를 변경하고 내용을 삽입한 화면

세 번째 메뉴인 【테두리】 메뉴는 관련 있는 토픽들을 하나의 그룹으로 묶어 주는 시각적 효과를 추가하는 기능이다. 【테두리】 아이콘을 클릭하면 마우스 커서가 십

자가 형태로 바뀌는데 묶을 토픽들을 드래그로 선택하면 된다. 또는 [Ctrl] 키를 누른 상태에서 마우스로 묶을 토픽들을 하나씩 클릭한 후 **【테두리】** 아이콘을 눌러도 된다. 테두리를 사용한 모습은 〈그림 6-48〉과 같다.

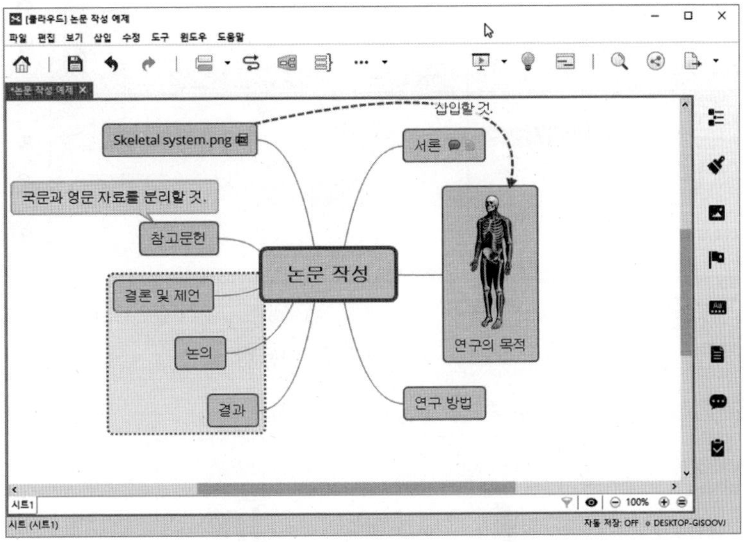

그림 6-48. 테두리 기능을 사용한 화면

네 번째 메뉴인 **【요약】** 메뉴는 몇 개의 토픽에 해당되는 요약 내용을 입력할 때 사용한다. 토픽을 선택하는 방법은 **【테두리】** 에서 사용한 방법과 동일하다. **【요약】** 메뉴를 실행한 모습은 〈그림 6-49〉와 같다.

요약은 하나의 토픽이기 때문에 요약을 선택한 후 [Insert] 키를 누르면 하위 토픽을 만들 수 있다. 다섯 번째 메뉴인 **【공유】** 를 클릭하면 〈그림 6-50〉과 같은 창이 나타난다. 소셜미디어뿐만 아니라 에버노트, 링크 등으로 공유할 수 있다. 특별한 사용법이 있는 것은 아니다. 원하는 버튼을 클릭하면 누구나 쉽게 사용할 수 있다. 다만 이메일의 경우 대부분 사용자들이 웹 이메일을 사용함에도 불구하고 Outlook과 같은 설치형 이메일만을 지원한다.

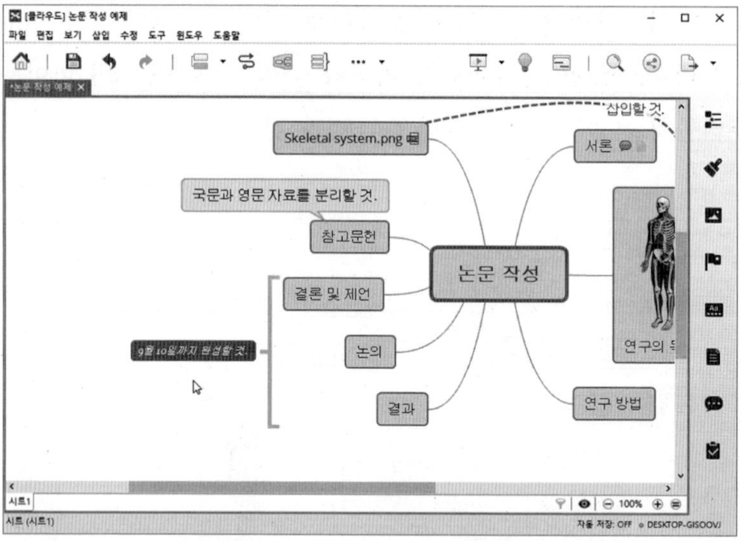

그림 6-49. 요약 기능을 사용한 화면

그림 6-50. 공유 창 화면

에버노트로 보내고 싶다면 에버노트 버튼을 클릭하면 된다. 그러면 〈그림 6-51〉과 같이 에버노트에 XMind를 인증하는 화면으로 넘어간다. 자신의 에버노트 계정으로 이메일과 암호를 입력하면 최종 인증 화면이 나온다. 마지막으로 [인증] 버튼을 클릭하면 인증 절차가 끝나게 된다.

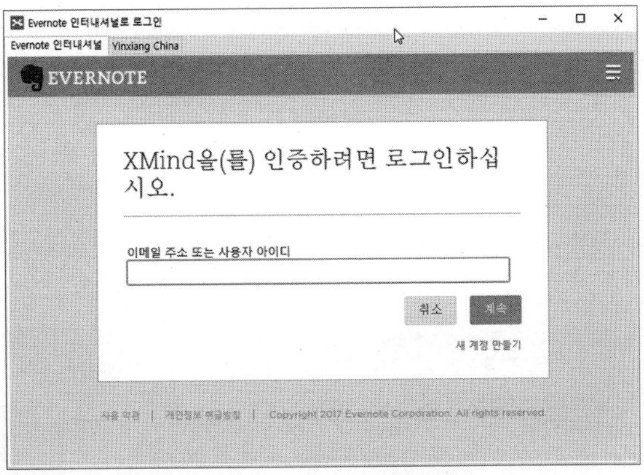

그림 6-51. 에버노트에서 인증하는 화면

정상적으로 인증이 되었다면, 자신의 에버노트 계정에 있는 문서들이 보일 것이다. 그 창을 닫고 다시 〈그림 6-50〉의 에버노트 버튼을 누르면 〈그림 6-52〉와 같은 창이 나타난다. 「노트」 항목에서 저장 위치인 노트북을 선택한 후 [저장] 버튼을 누르면 된다.

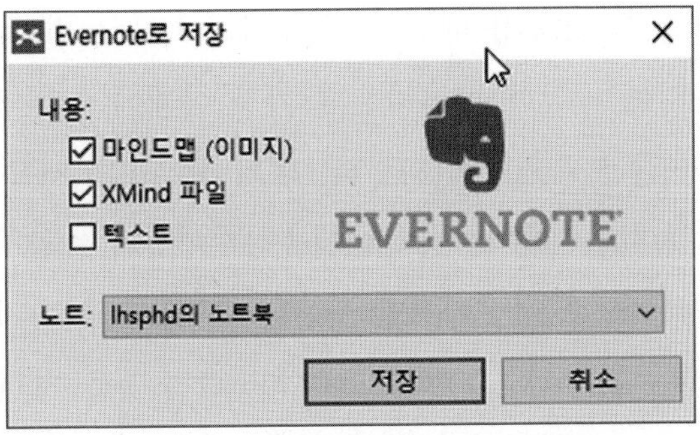

그림 6-52. 에버노트로 저장 화면

에버노트를 열고 동기화를 수행하면 바로 저장된 것을 확인할 수 있다. 저장된 모습은 〈그림 6-53〉과 같다. 맵 이미지와 함께 XMind 파일도 함께 저장되어 있다. 그리고 밑에는 작성된 날짜가 나와 있다.

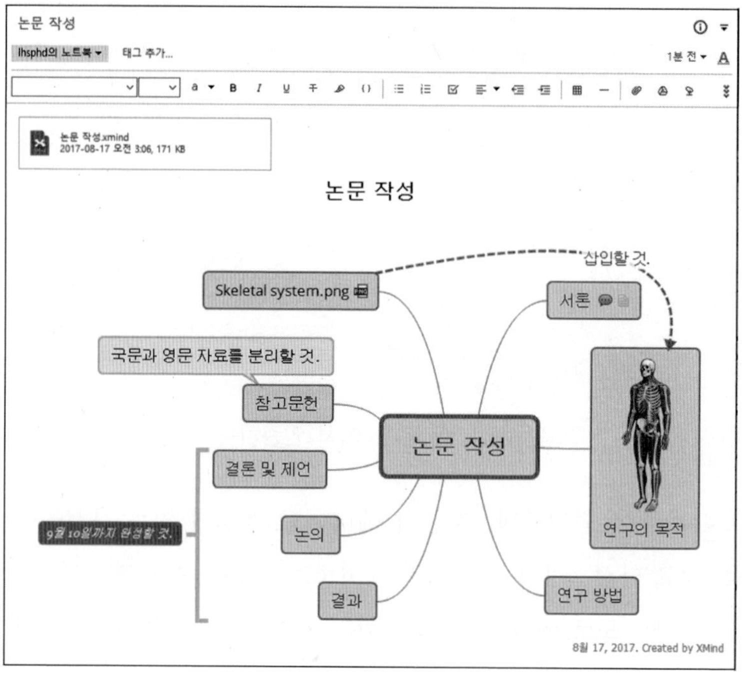

그림 6-53. 에버노트로 공유한 화면

마지막인 여섯 번째 【내보내기】 메뉴는 맵을 여러 형태로 변환하여 저장하는 기능이다. 클릭을 하면 서브 메뉴가 나타나는데 가장 아래에 있는 【더 보기...】를 클릭하면 〈그림 6-54〉와 같은 화면이 나타난다. 여기서 우리가 사용할 수 있는 것은 이미지와 SVG 파일, 그리고 다른 마인드맵 애플리케이션과 호환하기 위한 마인드 포맷 정도이다. 나머지는 프로 버전에서만 사용할 수 있다. 이미지는 맵 전체를 이미지 파일로 만들어 주는데, BMP, JPEG, GIF, PNG 포맷을 지원한다. PNG 파일이 파워포인트 등 여러 프로그램에서 사용하기에 좋다. SVG 파일은 벡터 그래픽으로 이 파일의 내용을 보기 위해서는 크롬을 실행한 뒤 새 탭을 열고 마우스로 드래그 & 드롭을 하면 된다. 최근 많이 이용되는 그래픽 포맷이다.

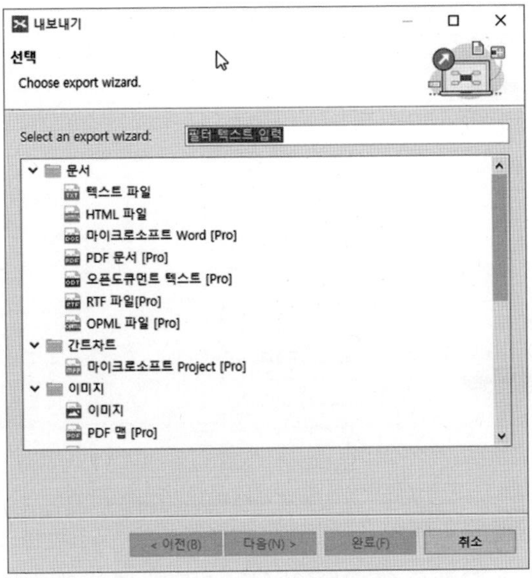

그림 6-54. 내보내기 옵션 창 화면

이제 맵을 몇 개의 시트로 나누는 방법을 알아보자. 〈그림 6-55〉와 같이 맵에 들어가는 내용이 많으면 점차 방대해져서 한 화면에 보기가 어렵다. [Ctrl] 키와 마우스 휠을 이용하여 줌인/줌아웃을 통해 볼 수 있지만 너무 작게 줌아웃을 하면 글자가 작아져서 내용을 확인하기 어렵다. 이러한 단점을 XMind는 시트 분리를 통해 해결하고 있다. 시트 분리 실습을 위해 〈그림 6-56〉과 같은 맵을 만들었다. "연구방법" 토픽 아래에 하위 토픽들이 나열되어 있다. 이 하위 토픽들을 다른 시트로 이동시킨 후 "연구방법" 토픽과 연결시켜 보자. 중심토픽이 있는 맵은 현재 [시트 1]에 있다. 화면의 가장 아래쪽에 [시트 1]을 확인할 수 있다.

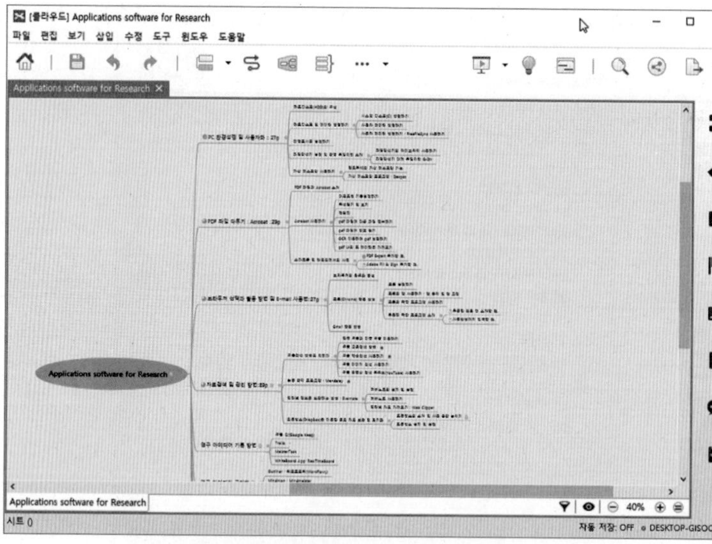

그림 6-55. 내용이 많은 방대한 맵의 예

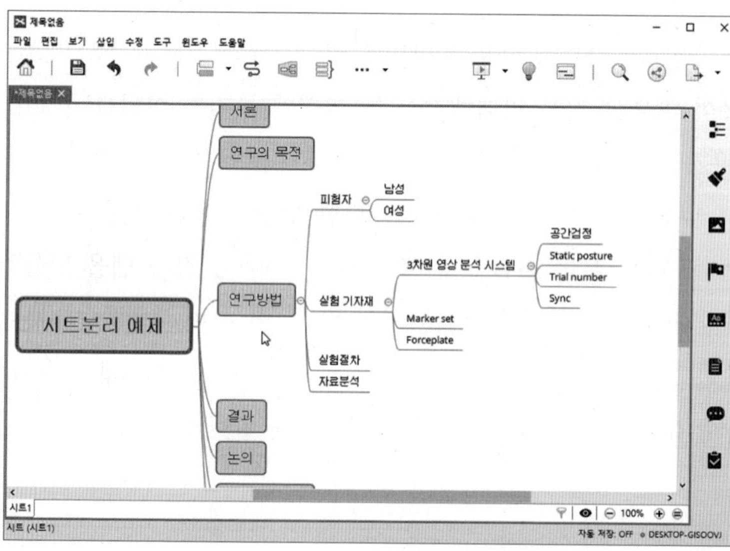

그림 6-56. 시트 분리를 위한 예제 맵

"연구방법" 토픽에서 오른쪽 마우스 버튼을 눌러 〈그림 6-57〉과 같은 팝업 메뉴가 나타나면 **【토픽에서 새로운 시트 만들기】**를 클릭하자. 시트가 변경되면서 〈그림 6-58〉과 같이 "연구방법" 토픽과 하위 토픽들이 **[연구방법]** 시트에 나타날 것이다.

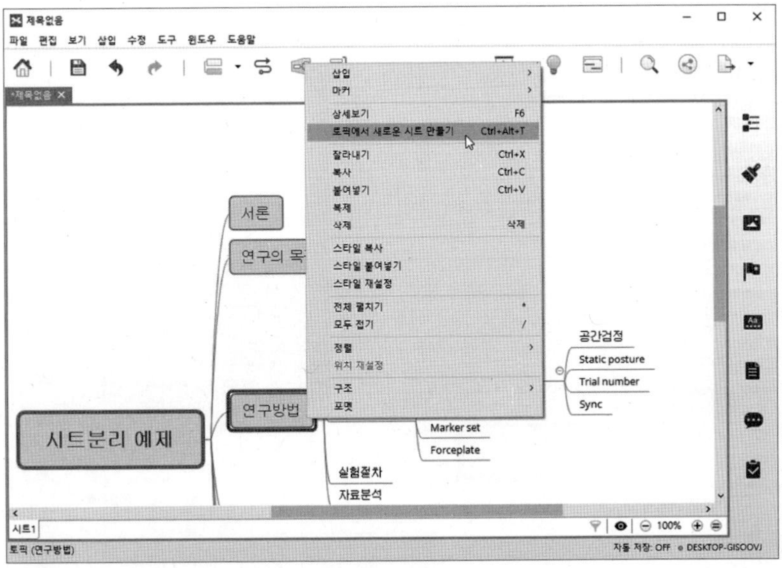

그림 6-57. 토픽에서 새로운 시트 만들기 메뉴

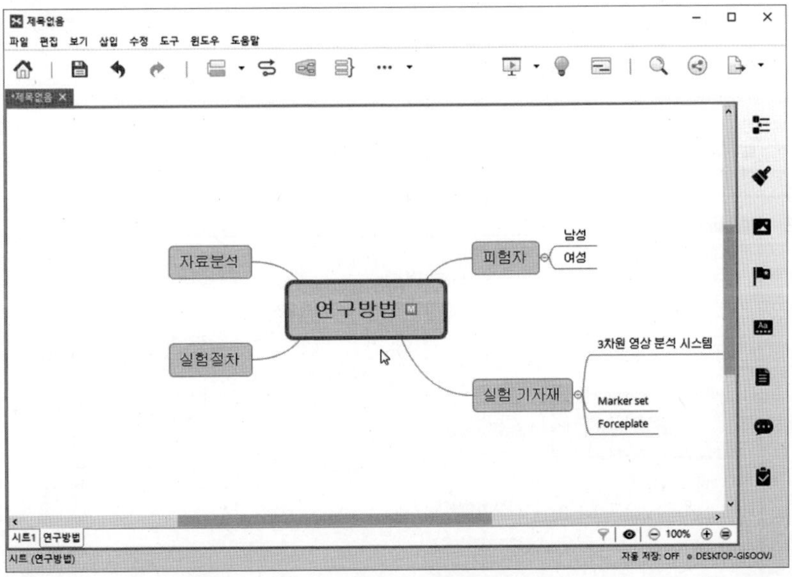

그림 6-58. 연구방법 시트로 옮겨진 토픽들

〈그림 6-58〉을 보면 "연구방법" 토픽이 중심토픽이 되어 맵이 방사형으로 구성되어 있다. 원래의 구조로 바꾸기 위해서 〈그림 6-59〉와 같이 "연구방법" 토픽을 선택한 후 【포맷】 메뉴를 클릭한 후 「구조「」 항목에서 【맵】 을 클릭하자. 맵의 종류

가 나타나는데 여기서 【논리도(오른쪽으로)】를 선택하면 〈그림 6-60〉과 같이 원래의 형태로 변한다.

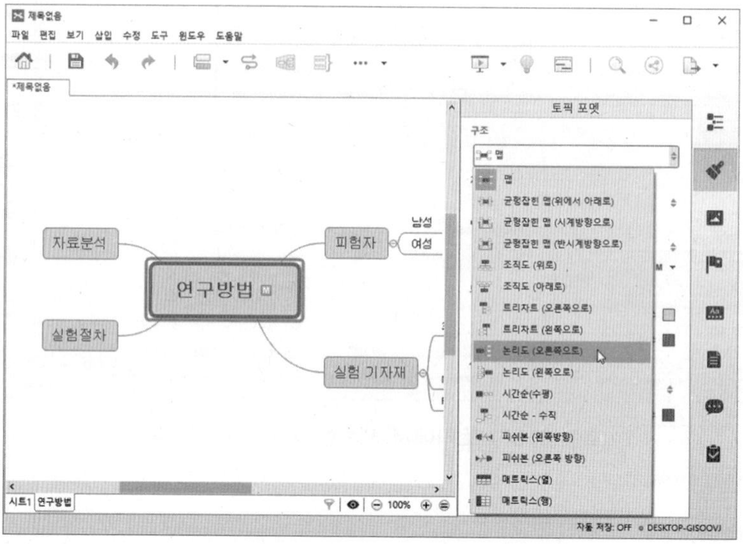

그림 6-59. 맵 구조 변경을 위한 메뉴

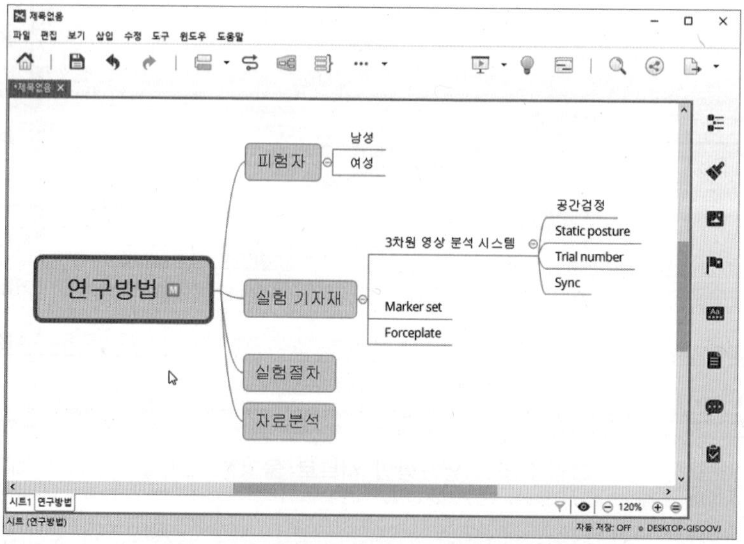

그림 6-60. 연구방법 맵의 구조를 변경한 화면

"연구방법" 토픽을 보면 작은 'M'자 아이콘이 보인다. 이걸 클릭하면 메인 시트로 이동된다. 즉, [시트1]로 이동하게 된다. [시트1]에 있는 "연구방법" 토픽을 보면 'C' 아이콘이 있을 것이다. 이것을 클릭하면 다면 [연구방법] 시트로 이동한다. 이렇게 토픽과 시트를 상호 연결시킬 수 있다. "연구방법" 토픽 아래에 있는 하위 토픽이 양쪽 시트에 모두 있으므로 이제 [시트1]에 있는 하위 토픽들을 모두 선택해서 삭제하면 완료된다.

맵 상에 있는 모든 토픽은 중심토픽과 연결되어 있다. 만약 중심토픽과 연결되지 않은 토픽을 만들고 싶다면 맵 상의 빈 곳을 더블클릭하면 독립토픽이란 것이 생긴다. 독립토픽도 하위 토픽을 가질 수 있고, **【관계선】** 을 이용하여 중심토픽과 연결시킬 수 있다. 〈그림 6-61〉의 "연구자 리스트" 토픽이 독립토픽이다.

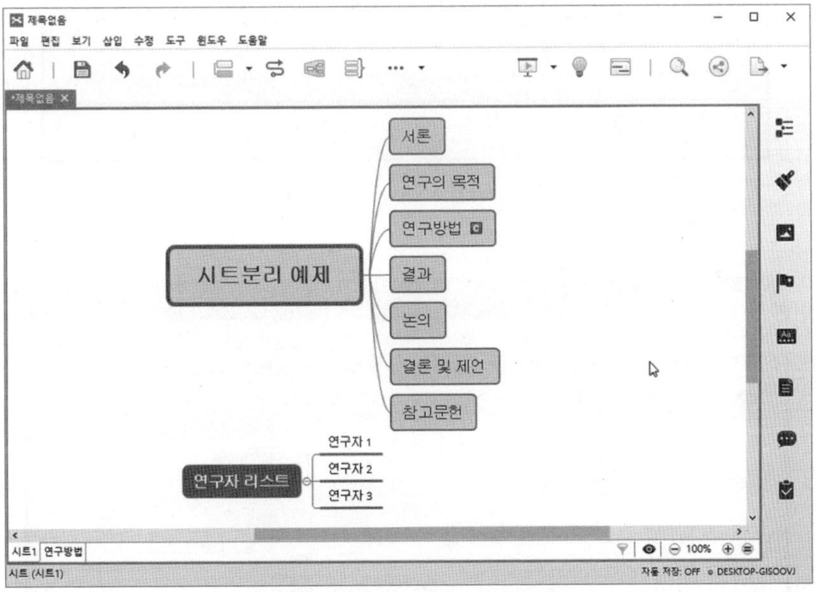

그림 6-61. 독립토픽 예제 맵

지금까지 우리는 데스크톱용 XMind를 사용하였다. 이제는 웹상에서 어떻게 XMind를 사용하는지 알아보자. 웹상에서 XMind를 사용하기 위해서는 XMind 홈페이지에 접속해서 상단에 있는 [Cloud] 버튼을 클릭하면 된다. 새로 나타난 화면 아래에 [Enter XMind Cloud] 버튼을 클릭하면 로그인 화면이 나타나고 로그인을 하면 〈그림 6-62〉와 같은 화면이 된다. 지금까지 우리가 작업했던 맵들을 볼 수 있다. 여기서 "시트 분리 예제" 맵을 더블클릭하면 〈그림 6-63〉과 같은 편집화면으로 전환된다. 사용방법은 데스크톱용과 동일하다.

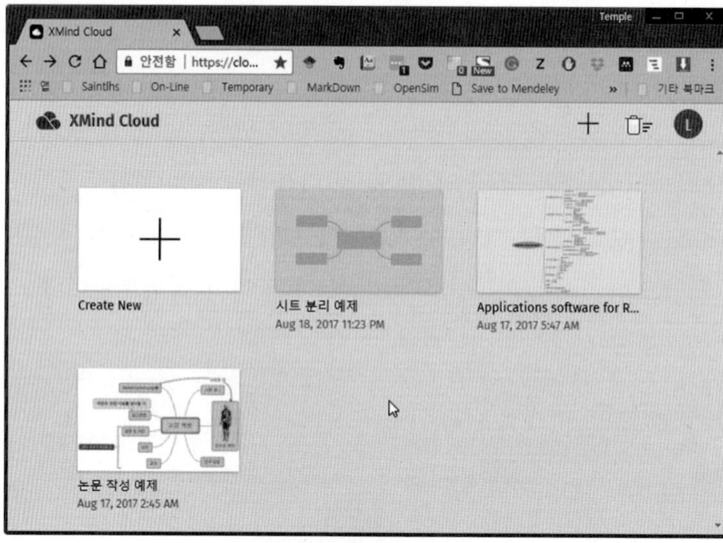

그림 6-62. XMind Cloud 화면

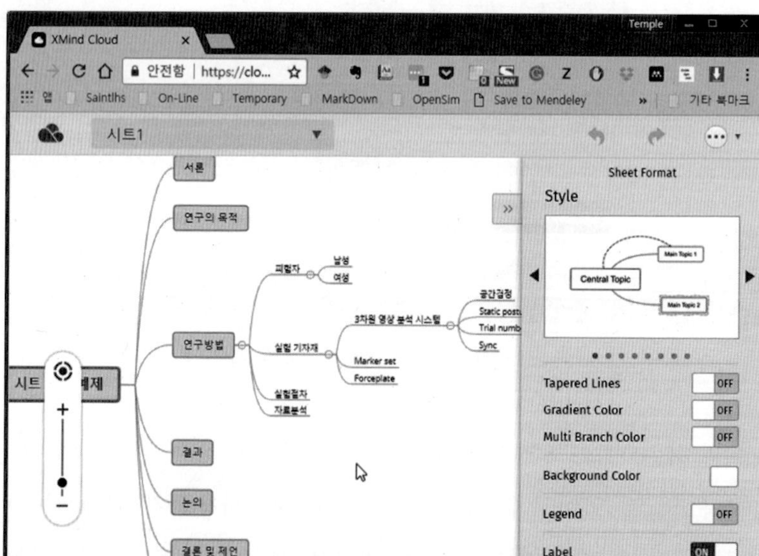

그림 6-63. XMind Cloud 편집 화면

스마트폰이나 태블릿에서 사용하기 위해서는 해당 앱스토어에서 XMind Cloud를 다운해 사용하다면 된다. 〈그림 6-64〉는 애플 앱스토어에 있는 XMind Cloud이고 이를 실행시킨 모습은 〈그림 6-65〉와 같다.

그림 6-64. 아이폰용 XMind Cloud

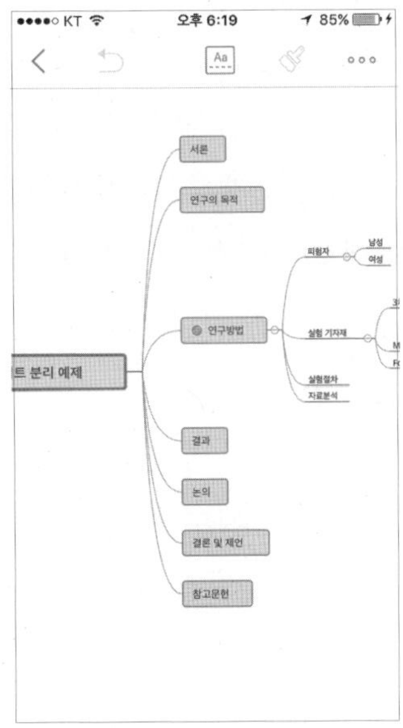

그림 6-65. 아이폰에서 실행한 모습

우리는 지금까지 작업한 내용을 XMind Cloud에 저장했었다. 여러 컴퓨터에서 공유하고 작업하기 위해서이다. 그런데 XMind Cloud는 다소 불편한 점이 있는데, 동기화가 느리고 파일 관리 능력이 아직 완벽하지 못한 경우가 있다. 존재하는 파일을 없다고 하는 등의 일부 오류가 나타나고 있다. 이 같은 불편한 점을 해소하기 위한 좋은 방법은 작업 내용을 드롭박스에 저장하는 것이다. XMind Cloud는 1GB의 저장 공간을 주지만 드롭박스는 그보다 크며, 동기화도 빠르고 보다 안정적이다. 대부분의 컴퓨터나 모바일 기기에서 자유롭게 사용할 수 있기 때문에 XMind와 드롭박스를 연결해서 사용하면 파일 관리 및 공유에서 보다 편안하게 사용할 수 있다.

4 Mindmap : Scapple

앞에서 우리는 전통적인 마인드맵을 살펴보았다. 여기서 배우게 될 스캐플(Scapple)은 앞에서 배운 것들과는 다소 다른 형태이다. 결론부터 말하자면, 마인드맵과 전 장에서 알아본 리얼타임보드가 합쳐진 것 같은 구조이다. 한마디로 자유도가 매우 높은 애플리케이션이다. 마인드맵의 경우 어느 정도 정형화된 구조가 미리 정해져 있지만 스캐플은 그런 구조를 사용자에게 완전하게 맡기고 있다. 따라서 사용자 마음대로 구조를 작성할 수 있다. 그런 측면에서 스캐플은 실제 화이트보드와 완벽하게 동일하다고 볼 수 있다. 사람마다 취향이 다르겠지만 필자의 생각으로는 아마도 연구자들에게 가장 적합한 애플리케이션이라고 판단된다. 필자가 스캐플을 처음 접한 것은 맥 버전이었다. 대부분의 전문 애플리케이션이 그렇듯 맥 버전으로 출시되어 어느 정도 인지도가 쌓이고 사용자가 많아지면 윈도우즈 버전이 출시된다. 최근 스캐플도 윈도우즈 버전을 출시하였다. 스캐플은 그 기능이 많고 방대한 편이다. 따라서 모든 것을 본서에서 일일이 설명하기는 어렵다. 여기서는 가장 많이 사용될 만한 것들을 모아서 설명할 것이다. 본서에서 설명하는 것만을 익혀도 충분히 사용할 수 있고 불편함을 느끼지 못할 것이다. 스캐플은 Literature and Latte 사에서 만든 것으로 이 회사는 스크리비너(Scrivener)란 제품으로 세계적으로 유명한 회사이다. 스크리비너는 소설가가 제작한 것으로 소설가, 대본 작가들 같이 글을 쓰는 사람들을 위해서 만들어진 애플리케이션이다. 그러나 그 안의 기능들이 뛰어나 외국에서는 논문을 작성할 때 많이 사용한다. 창조적이고 논리적인 글이나 복잡한 구조의 글을 쓸 때는 정말 뛰어난 능력을 발휘한다. 스크리브너를 사용하기 위해서 맥을 산다는 사람이 있을 만큼 이 방면에서는 킬러 앱(killer app)이다. 본서에서도 후반부에 스크리브너에 대해서 알아볼 것이다.

스캐플도 무료 버전인 30일간 사용할 수 있는 트라이얼 버전(trial version)을 제공하고 있다. 다만 다른 제품들과 다른 점은 기능상에 제한이 없다는 것과 실행 횟수에 의해 날짜가 변경된다는 점이다. 하루에 1번 사용하면 30일간 사용할 수 있지만 만약 2일에 한 번 사용하면 60일간 사용할 수 있다. 스캐플을 다운로드하기 위해 아래 홈페이지로 이동하여 상단의 【Products】 메뉴를 클릭하여 Scapple 페이지로 이동하면 된다. 〈그림 6-66〉은 스캐플 페이지의 모습이다.

Literature and Latte 홈페이지 : www.literatureandlatte.com

그림 6-66. 스캐플 페이지 모습

다운로드한 파일을 설치하면 되는데 설치 과정 또한 단순하기 때문에 절차에 따라 진행하면 된다. 설치가 완료되면 바탕화면에 단축아이콘이 생길 것이다. 이를 실행하면 〈그림 6-67〉과 같은 창이 나타나는데 우리는 무료 버전을 사용하기 때문에 [Try] 버튼을 클릭하면 된다.

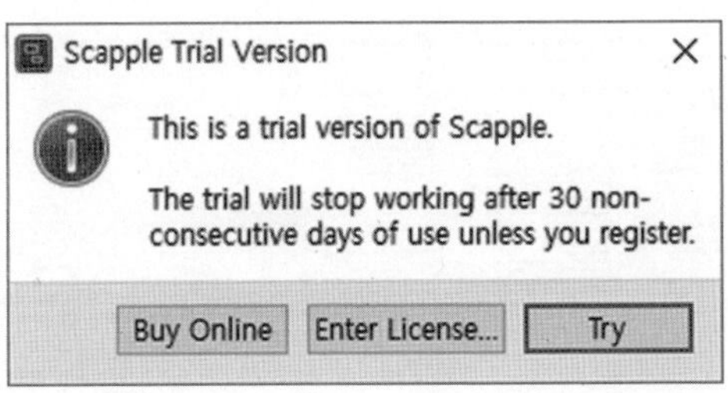

그림 6-67. 등록 및 트라이얼 버전 확인 창

스캐플을 사용하기에 앞서 어떤 것들을 할 수 있는지 먼저 구경해보자. 〈그림

6-68>~<그림 6-70>은 스캐플 홈페이지에서 볼 수 있는 사용 예이다. 특정한 맵의 구조에 제한되지 않고 자유롭게 자신의 내용을 만들어 갈 수 있다.

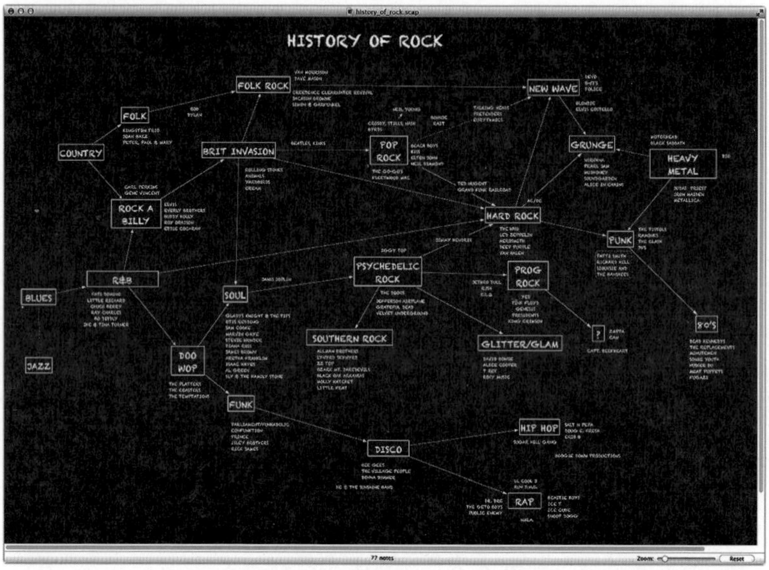

그림 6-68. 스캐플 작성 예 1

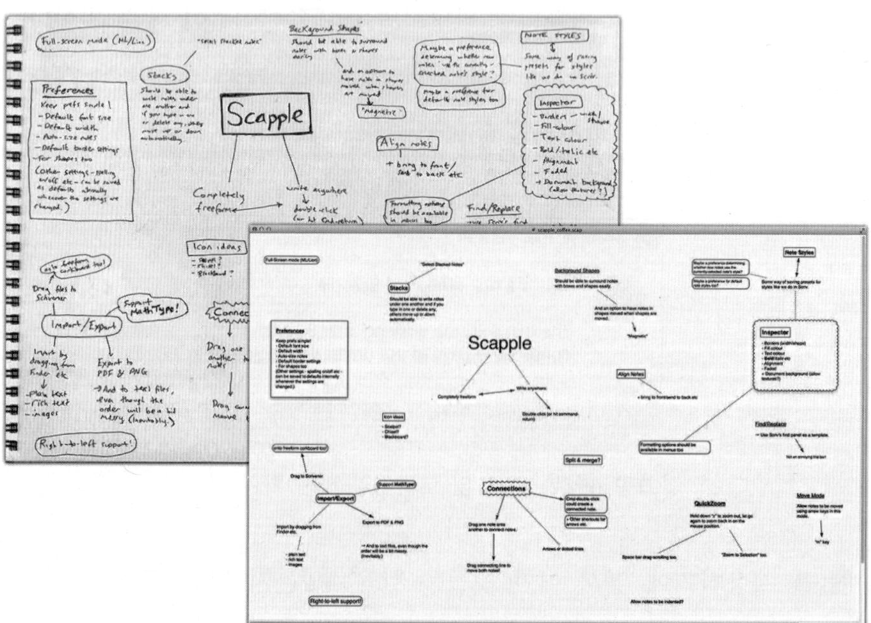

그림 6-69. 스캐플 작성 예 2

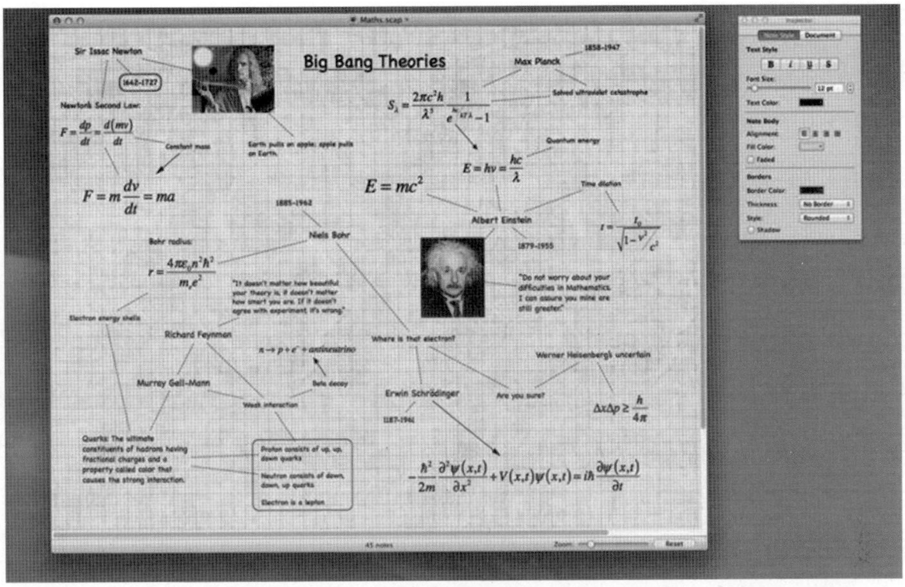

그림 6-70. 스캐플 작성 예 3

스캐플의 초기 실행 화면은 〈그림 6-71〉과 같다. 참고로 스캐플에서는 노드를 노트라고 한다. XMind에서 노드를 토픽이라 불렀는데 스캐플에서는 노트라고 부른다. 그리고 맵을 만드는 빈 공간을 보드(board) 또는 캔버스(canvas)라 한다. 화면에 쓰여 있듯이 노트를 입력하기 위해서는 아무 곳이나 더블클릭하면 된다.

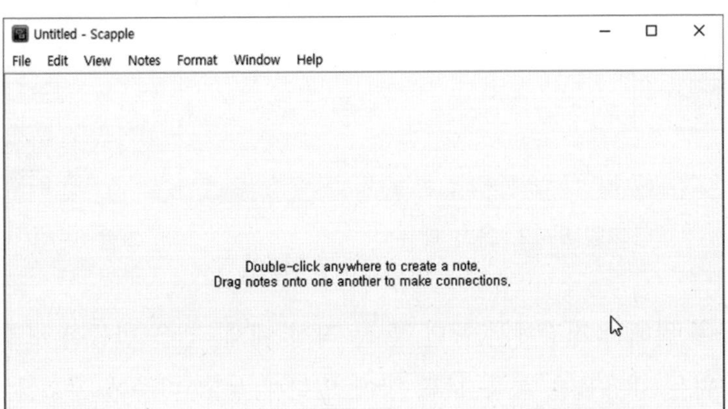

그림 6-71. 스캐플의 실행 초기 화면

먼저 맵을 작성하기 전에 하나의 노트를 만들어 보자. 빈 곳에 더블클릭을 하면 내용을 입력할 수 있는 상태가 된다. 아무 내용이나 입력한 후 [Enter] 키를 치면 내용이 끝나지 않고 아래 줄로 내려갈 것이다. 내용 입력을 끝내기 위해서는 [Esc] 키를 치거나 빈 곳을 클릭해야 한다. 사용자에 따라 이러한 방법을 불편하게 느낄 수 있다. [Enter] 키를 이용하여 내용 입력을 끝내고 싶을 때는 옵션에서 설정을 바꿔야 한다. 〈그림 6-72〉와 같이 【File】 - 【Options】 를 실행하면, 〈그림 6-73〉과 같이 {Options} 창이 나타난다. [General]탭의 상단에 있는 「'Enter' ends editing」 항목이 해제되어 있는데 그림과 같이 체크를 하면 된다. 이렇게 옵션을 변경하면 사용자의 의도에 따라 다음 줄로 내려가지 못한다. 그렇다고 긴 글을 입력하지 못하는 것은 아니다. 긴 내용을 입력하면 노트의 테두리에 맞게 자동으로 글이 아래에 계속 입력된다. 노트의 크기를 변경하면 역시 글 또한 테두리에 맞게 정렬이 변한다. 오히려 이러한 것이 불편하다면 옵션에서 다시 체크 해제를 하면 된다.

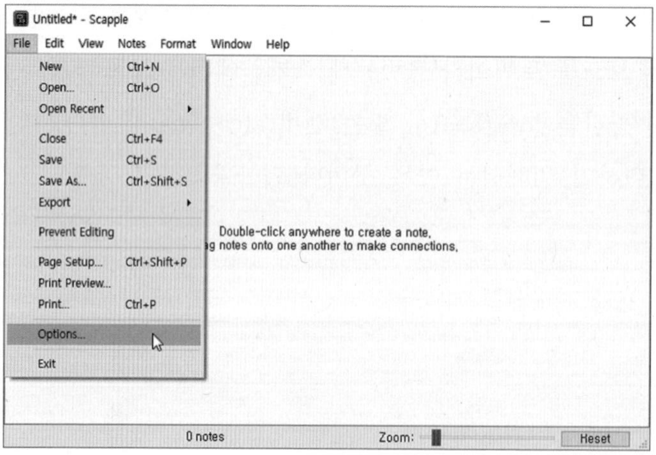

그림 6-72. 옵션 메뉴

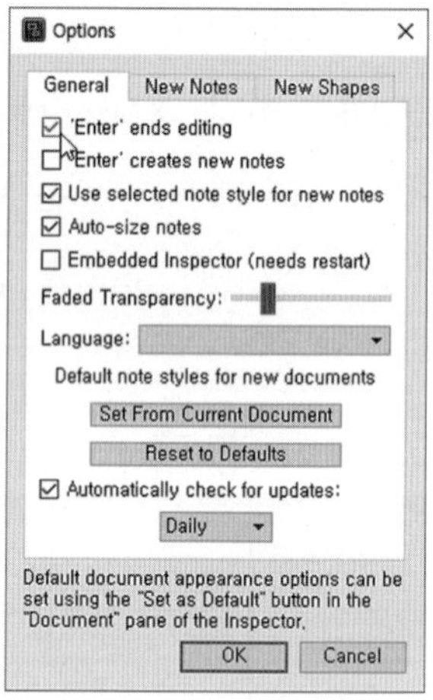

그림 6-73. 옵션 내용

이제 실습을 위해서 전장에서 했던 "논문 작성 예제" 맵을 만들어 보자. 스캐플의 장점은 생각나는 내용들을 툭툭 보드 상에 입력해 놓고 나중에 구조를 만들 수 있다는 점이다. 〈그림 6-74〉와 같이 노트를 입력하자. 사용자가 원하는 곳에 그냥 입력하면 된다. 입력을 다 했다면, "서론"을 마우스로 드래그해서 "논문 작성 예제"에 갖다 놓자. 두 노트가 점선으로 연결될 것이다. 이번에는 [Alt] 키를 누른 상태에서

"연구의 목적"을 드래그해서 "논문 작성 예제"에 갖다 놓자. 화살표가 있는 실선으로 연결될 것이다. 이번에는 반대로 "논문 작성 예제"를 "연구의 목적"으로 갖다 놓자. 화살표가 양쪽에 모두 생길 것이다. 연결된 선들을 지울 때도 같은 방식이다. 연결된 노트 중 하나를 연결된 노트에 다시 갖다 놓으면 선이 지워진다. 이런 식으로 노트들을 서로 연결하여 맵의 형태를 만들 수 있다. 〈그림 6-75〉는 노트들을 연결한 모습이다. 다른 마인드맵에서는 보기 힘든 구조를 만들어 낼 수 있다.

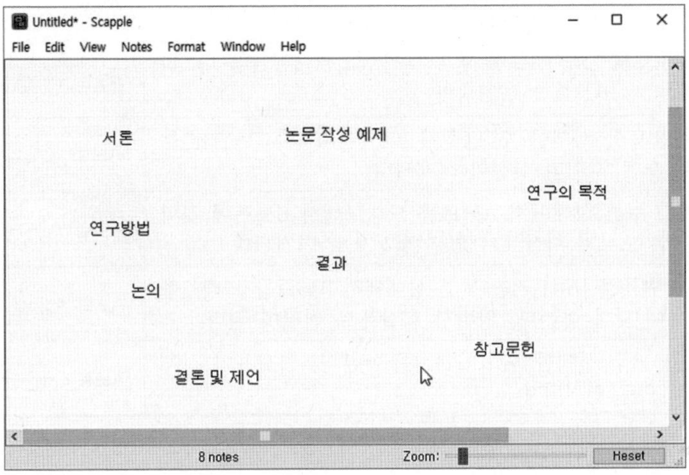

그림 6-74. 실습을 위한 노트 입력 모습

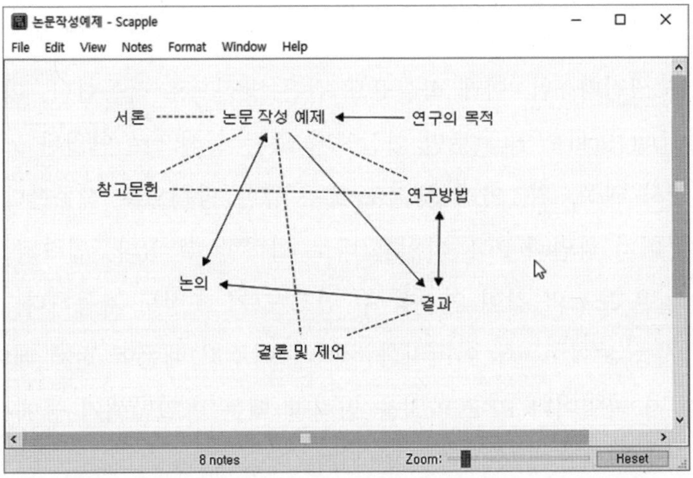

그림 6-75. 노트들을 연결한 화면

노트들 간의 연결과 관련된 메뉴 및 단축키는 대부분 상단의 메인 메뉴 중 【Notes】 메뉴에서 확인할 수 있다. 실습을 위해 〈표 6-1〉의 순서를 따라하자.

표 6-1. 노트 연결 및 삭제 실습

노트 연결 및 삭제 실습		
1	A노트를 드래그해서 B노트에 갖다 놓는다. 두 노트가 점선으로 연결된다.	A노트 ------------------ B노트
2	다시 한 번 A노트를 드래그해서 B노트에 갖다 놓는다. 두 노트 사이의 실선이 삭제된다.	A노트 B노트
3	A노트와 B노트 모두 선택한 후 단축키 [Ctrl+.]를 누른다. 다시 두 노트가 점선으로 연결된다.	A노트 ------------------ B노트
4	다시 두 노트를 선택한 후 단축키 [Ctrl+Alt+Shift+.]를 누른다. 두 노트 사이의 실선이 삭제된다.	A노트 B노트
5	[Alt] 키를 누른 상태에서 A노트를 드래그해서 B노트에 갖다 놓는다. 두 노트가 화살표가 있는 실선으로 연결된다.	A노트 ——————→ B노트
6	이번에는 반대로 [Alt] 키를 누른 상태에서 B노트를 드래그해서 A노트에 갖다 놓는다. 양방향 화살표로 연결이 된다.	A노트 ←——————→ B노트
7	두 노트를 모두 선택한 후 [Ctrl+,]를 누른다. 화살표가 삭제되고 점선으로 연결된다.	A노트 ------------------ B노트

노트를 연결하는 방법들에 살펴보았으니, 이제는 보다 쉽게 노트를 만드는 방법에 대해서 알아보자. 노트를 하나 입력한 후 [Alt+ →] 누르면 오른쪽에 점선으로 연결된 노트가 생긴다. 오른쪽 화살표 대신에 왼쪽 화살표를 누르면 왼쪽에 점선으로 연결된 노트가 생긴다. 위, 아래 화살표도 같은 방식으로 작동한다. 이번에는 노트를 입력한 후 [Alt+Shift+ →] 누르면 화살표가 있는 실선으로 연결된 노트가 오른쪽에 생긴다. 역시 왼쪽, 위, 아래 화살표 모두 같은 방식으로 작동한다.

스캐플은 이미지 파일과 PDF 파일을 바로 입력할 수 있다. 입력된 이미지 파일이나 PDF 파일은 노트와 같이 연결할 수 있고 크기 조정도 가능하다. PDF 파일의 경우 첫 페이지를 보여주는데 이미지화 하여 보여주기 때문에 전체 페이지를 볼 수는 없다. 이미지 파일이나 PDF 파일을 입력할 때는 파일탐색기 등에서 파일을 드래그해서 스캐플의 보드에 갖다 놓으면 된다. 예를 위해 〈그림 6-76〉을 만들어 보았다. 독자는 자신이 갖고 있는 이미지 파일을 이용해서 만들면 된다. 여기서 추가적으로 배울 것은 이미지들을 둘러싸고 있는 박스와 아래쪽에 "training"이란 노트의 모양 변경 방법이다.

노트 모양을 변경하는 방법은 노트를 선택한 후 〈그림 6-77〉과 같이 【Note Style】 - 【Apply Note Style】 실행하면 나타나는 하위 메뉴들 중에 하나를 선택하면 된다. 이곳에 없는 모양은 사용자가 만들면 된다. 스캐플은 노트 모양과 문서에 관한 여러 옵션을 {Inspector} 창에 모아 두었다. {Inspector} 창을 불러내기 위해서는 단축키로 [Ctrl+Shift+I]를 누르거나 메인 메뉴에서 【View】 - 【Show Inspector】 를 실행하면 〈그림 6-78〉과 같은 창이 나타난다.

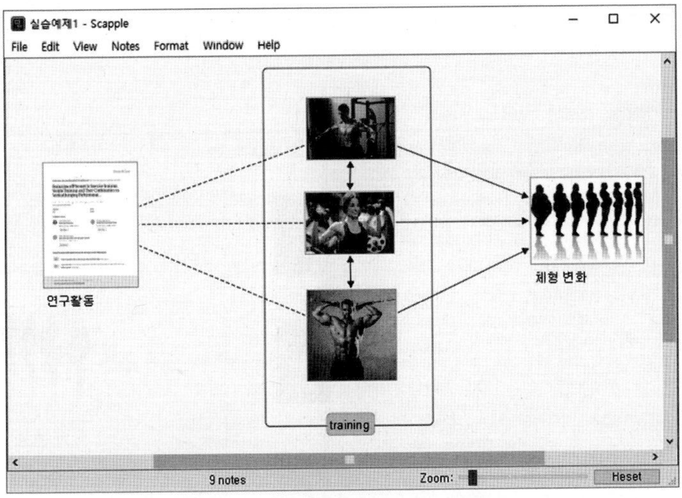

그림 6-76. 그림을 이용한 실습

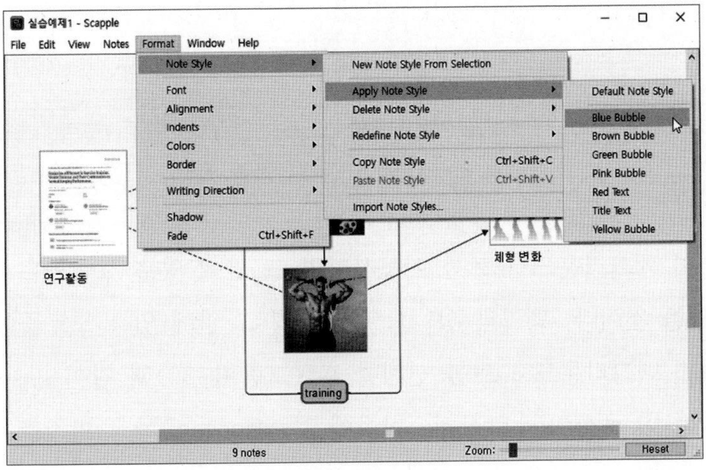

그림 6-77. 노트 모양 변경 메뉴

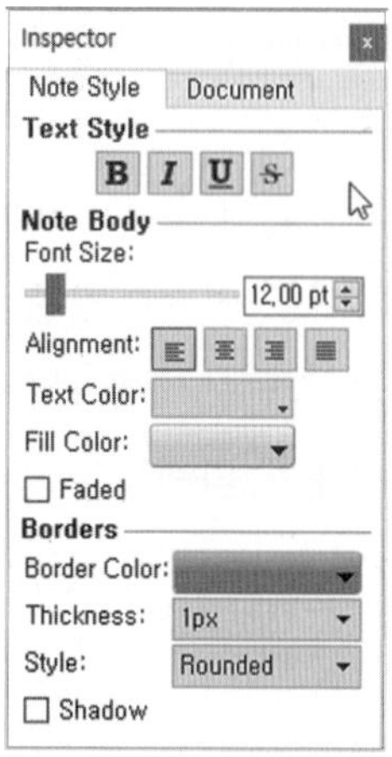

그림 6-78. Inspector

이 {Inspector} 창의 메뉴를 이용하여 사용자가 원하는 노트를 만들면 된다. 이제 그림들을 둘러싸고 있는 사각형을 입력해 보자. 사실 이 사각형은 도형이 아니라 새로운 백그라운드 노트이다. 입력하는 방법은 〈그림 6-79〉와 같이 【Notes】 – 【New Background shape】를 입력하면 화면에 사각형이 생기는데 크기를 조정해서 원하는 위치에 놓으면 된다. 이 백그라운드 노트는 하나의 노트처럼 작동하기 때문에 연결선을 만들 수 있다. 방법은 노트와 동일하다.

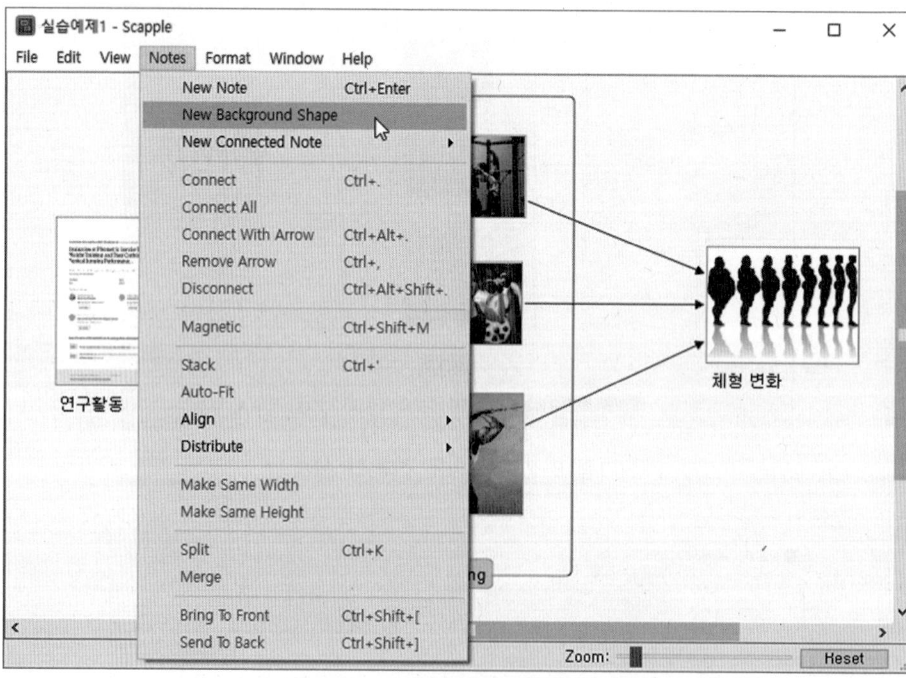

그림 6-79. 백그라운드 입력 메뉴

사용자가 이 백그라운드 노트를 이동시키면 그 안에 있는 그림들은 이동하지 않고 그대로 있을 것이다. 백그라운드 노트와 함께 그 안에 있는 노트들이 같이 이동되기를 원하면 백그라운드 노트를 선택한 후 〈그림 6-80〉과 같이 {Inspector} 창의 아래쪽에 있는 「Background Shapes」 항목에 "□ Magnetic" 체크 박스를 체크해 놓으면 된다. 이 체크박스는 백그라운드 노트를 선택했을 때만 나타난다.

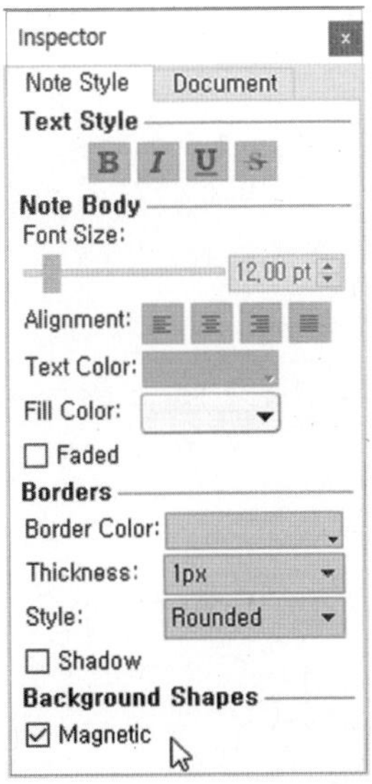

그림 6-80. 백그라운드 노트를 선택했을 때의 Inspector 창 옵션

Magnetic에 의해 같이 움직이게 되는 것은 안에 있는 노트들과 라인에 걸쳐 있는 노트들이다. 〈그림 6-78〉을 보면 "training" 노트가 라인 상에 놓여 있는데 이것도 백그라운드 노트와 함께 움직이게 된다. 백그라운드 노트도 하나의 노트이기 때문에 위에서 배운 노트 스타일을 변경하면 고유의 바탕색을 가질 수 있다.

지금까지 우리는 스캐플의 기본적인 기능들을 살펴보았다. 앞에서 배운 마인드맵들과는 비슷하면서도 다르다는 것을 느꼈을 것이다. 각자 분명한 장단점이 있는데 스캐플의 경우 맥용과 윈도우즈용은 있으나 스마트폰이나 태블릿용은 아직 없다. 그리고 공유를 통한 협업 기능도 아직은 없다. 이러한 점들은 분명 단점으로 작용할 수 있다. 그러나 사용자의 의도대로 맵을 만들 수 있는 높은 자유도는 확실한 장점이다.

Chapter 07

협업 및 공동 작업

Understanding and Application of Research Methods

CHAPTER

07 협업 및 공동 작업

연구를 위한 구체적인 계획이 수립되면 단계적으로 과업이 진행되고 동료 연구자 또는 학생들과 함께 하게 된다. 논문이나 연구보고서 등을 작성하다보면, 서론부터 참고문헌 작성까지 모든 과정에서 내용의 적절성이나 구성형식의 적합성 등에 대해 끊임없이 상의하고 협업하는 작업을 반복하게 되는 것이 일반적이다. 특히 대학 및 대학원 과정에서 연구 수행을 위한 동료나 학생들과의 협업은 마치 일상과도 같다.

예를 들어 대학원 학위 논문의 서론을 작성한다고 가정해보자. 해당 학생은 며칠을 노력하여 작성한 서론을 출력하여 지도교수에게 직접 가져가거나 메일을 통해 전달할 것이다. 이후에도 지도학생과 교수 간에는 상기한 과정을 여러 번 반복한 연후에야 비로소 학위논문을 위한 서론이 완성된다. 이 과정에서 지도교수가 교내외 일들로 바쁜 상황에 처하는 경우 서론을 위한 협업의 기간이 지연되는 경우가 빈번하게 발생한다. 이렇듯 연구를 위한 논의와 협업을 위해 매번 일정 장소에서 대면하는 지도방식은 어쩌면 비효율적일 수 있다. 또한 유선이나 휴대전화를 이용해서 지도를 하는 것도 정확한 의미나 내용 전달이라는 측면에서 상당한 한계가 있다. 더욱이 교수가 여러 명의 대학원생들의 논문을 비슷한 시기에 지도하다 보면 개별 학생들에게 조언한 내용들을 명확하게 기억하지 못하는 난감한 경우에 직면하기도 한다.

수없이 반복되는 협업이나 장기간에 걸친 공동 작업을 보다 효율적으로 진행하기 위해서는 이에 적합한 수단을 사용하는 것이 좋다. 우리가 앞에서 살펴보았던 애플리케이션들에 포함되어 있는 공유라는 기능 역시 이러한 협업을 위해 고안된 기능이다. 따라서 이 장에서는 연구를 위해 필수적인 공동 작업에 도움이 될 수 있는 몇 가지 애플리케이션을 소개하고자 한다. 연구 분야뿐만 아니라 사회 전반에 걸쳐 협업을 통한 의견 조율이나 전문 지식의 공유 등의 노력을 강조하고 있다. 이러한 추세를 반영하듯이 수많은 애플리케이션들이 협업을 전제로 한 세부적인 기능을 기본적으로 탑재하고 있고 새롭게 강화하고 있다.

협업은 경쟁과 함께 개인의 연구 역량을 발전시키는 필수적인 요소로 자리매김하고 있다고 해도 과언이 아니다. 복잡한 연구 문제를 효과적으로 해결하고 시시각각으로 변화하는 연구 환경에 유연하고 신속하게 대처할 수 있다는 점에서도 협업은 중요하다. 더욱이 빠르게 진화하는 정보통신기술은 연구자들의 협업을 그 어느 때보다 용이하게 하고 있으며 이로 인해 국내는 물론 해외의 학자들과 연구 내용과 관련 전문지식을 공유하는 것이 가능하다. 때문에 연구를 위한 협업의 수단을 적극 활용할 수 있는 개인의 역량이 성공적인 연구수행을 위한 중요한 자질 가운데 하나로 인정되는 실정이다.

협업을 위한 소프트웨어는 그 종류가 상당히 다양하며, 기업 전용의 프로그램부터 일반인을 대상으로 한 소프트웨어까지 여러 형태가 존재한다. 하지만 연구 협업에 유용한 수많은 소프트웨어를 모두 숙지하고 다룰 수는 없다. 이 장에서는 우리가 쉽게 사용할 수 있는 지명도가 높은 몇 가지 애플리케이션의 사용방법을 알아보고 이를 중심으로 연구를 위한 협업에 익숙할 수 있도록 관련 기능을 이해함을 목표로 한다. 특히 기업 사용자에 최적화된 애플리케이션은 가급적 배제하고 개인의 연구 활동에 도움이 되는 애플리케이션과 기능을 중심으로 그 내용을 전개할 것이다.

1 협업 애플리케이션에 대한 일반적 소개

협업 애플리케이션은 주로 기업용으로 많이 개발되었는데 대부분이 프로젝트 관리에 기반을 두고 있다. 업무 진행 상황, 담당자, 완료일 등을 팀 단위로 관리하기 위해서였다. 그러나 초기에는 특별한 것이 없이 단순하게 파일을 공유하고 채팅을 할 수 있는 수준이었다. 이 같은 기능은 국내에서 많이 사용되고 있는 메신저 등도 제공하고 있기 때문에 익숙한 기능이다. 지금의 협업 애플리케이션들은 과거에 비해 상당히 발전하였고, 관련 정보를 보다 체계적으로 관리하고 효과적으로 사용할 수 있도록 하고 있다. 대표적으로 유명한 것이 슬랙(slack)과 콜라비(collabee) 등이다. 이러한 애플리케이션은 일반인도 사용할 수 있어 해외에서 유명한 제품이지만 이를 대용할 많은 애플리케이션들이 나와 있고 사용자가 어떤 일을 하느냐에 따라 유용성이 달라지기 때문에 호불호가 갈리는 면도 있다. 슬랙의 경우 강의를 수강하는 학생들과 의견 교환이나 자료 공유를 위해서 사용하면 매우 효과적인 도구가 되기도 한다.

기업용 협업 애플리케이션들이 주로 파일 공유와 의견 교환 및 프로젝트의 체계적 관리에 초점이 맞춰져 있다면 여기서 우리가 살펴볼 협업 애플리케이션들은 연구 활동에 유용한 기능들에 초점이 맞춰져 있다. 기업용 애플리케이션들과 동일하게 파일도 공유하고 의견도 교환할 수 있을 뿐만 아니라 작성된 글에 대한 세세한 부분에 대해서 의견을 교환할 수 있는 기능들을 포함하고 있는 것들에 대해서 살펴볼 것이다. 연구자들의 경우 논문이나 보고서를 작성하고 데이터를 서로 공유하는 일이 많기 때문에 이 같은 기능들이 매우 중요하기 때문이다.

사실 우리가 앞 장들에서 살펴본 드롭박스, 멘들리, 트렐로 등도 협업 기능이 포함되어 있기 때문에 많이 사용되고 있다. 그러나 작성된 글에 대한 세세한 부분의 의견 교환 기능은 거의 없거나 있다고 해도 비효율적인 경우가 많다. 이 같은 단점들을 보완하기 위해서 최근 드롭박스나 박스, 구글 독스(google docs) 등은 새로운 기능들을 첨가하거나 온라인 서비스를 새롭게 내놓았다. 이들 기능들의 대부분은 사용자가 작성한 글에 댓글을 달 수 있거나 의견을 남길 수 있고, 공유 가능한 노트를 만들고, 할 일 및 메모를 작성하는 등의 기능을 포함하고 있다. 자신이 작성한 글을 메일로 동료들에게 보내고, 점검한 내용을 메일로 다시 받고 이를 수정해서 또 동료에게 보내고 하는 번거로운 일을 하지 않고, 온라인상에 자신의 글을 올려놓으면 동료들이 의견을 달고, 거기에 맞춰 내용을 바로 수정하고 또 무엇이 어떻게 수정이 되었는지를 확인할 수 있는 기능들을 포함하고 있다.

2 Dropbox Paper

드롭박스는 전 장에서 클라우드 시스템으로 중요 데이터를 보관하고 공유할 때 사용하는 것으로 살펴보았다. 여기서는 드롭박스의 새로운 서비스인 드롭박스 페이퍼에 대해서 알아볼 것이다. 협업이 중요하게 인지되면서 많은 기업들이 협업에 중점을 두고 서비스를 업그레이드하는 시점에 드롭박스도 그 같은 기능을 강화하기 위해서 드롭박스 페이퍼(이후 페이퍼로 칭한다)를 내놓았다. 드롭박스는 파일과 폴더를 공유하는 기능이었다. 공유된 파일에 댓글을 달 수 있는 기능이 있기는 하지만 정작 파일 안의 내용에는 의견을 달 수 없었다. 예를 들어 여러분이 문서 파일을 만들었다면 드롭박스를 통해 이 파일 자체를 공유할 수 있으나 문서 파일 내의 특정 문단이나 단어에는 댓글을 달 수 없었다. 페이퍼는 이러한 기능을 제공한다. 논문의 서론을 작성해서 올리면 동료들이 틀린 문장이나 또는 오타 등을 지적할 수 있고, 직접 수정도 할 수 있다. 이제는 단순 파일이 아니라 내용 자체를 공유하면서 협업을 할 수 있게 된 것이다. 사실 이러한 서비스는 예전부터 있었고 Quip이란 유명한 서비스가 있다. 그러나 드롭박스의 페이퍼가 Quip이 가지고 있는 대부분의 기능을 가지고 있고 무엇보다 드롭박스를 함께 사용할 수 있다는 큰 장점이 있어 Quip을 소개하고자 하였던 계획을 변경하여 드롭박스의 페이퍼를 소개하기로 한 것이다.

페이퍼는 드롭박스와 연계되어 있어 드롭박스를 사용하고 있다면 바로 페이퍼를 사용할 수 있다. 또한 페이퍼에서 작업한 것은 드롭박스에 저장이 되므로 잃어버릴 염려도 없다.

이제 페이퍼를 사용해보자. 페이퍼를 사용하기 위해서는 드롭박스 사이트 또는 페이퍼 전용 사이트에 접속하면 된다. 페이퍼 사이트의 주소는 다음과 같다.

Paper 홈페이지 주소 : https://paper.dropbox.com

우리는 드롭박스 계정을 이미 가지고 있기 때문에 드롭박스에 접속하여 사용하는 방법을 알아 볼 것이다. 드롭박스에 접속하여 자신의 계정으로 로그인을 하면 드롭박스 메인 화면이 〈그림 7-1〉과 같이 나타난다. 왼쪽 메인 메뉴에 보면 【Paper】 가 보인다. 이를 클릭하면 안내 화면이 나오고 [시작하기] 버튼을 클릭하면 이메일 인증을 위한 메일을 보냈다는 메시지 화면이 나온다. 자신의 이메일을 확인하여 인증을 한 후 [F5] 키를 눌러 새로고침을 하면 〈그림 7-2〉와 같은 페이퍼 시작 화면이 나타난다. 몇 개의 템플릿이 있는데 우리는 실습을 위해 새 문서를 클릭하자.

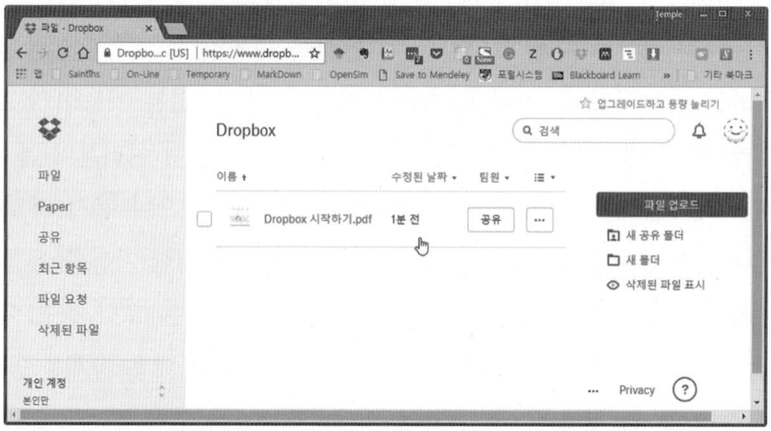

그림 7-1. 드롭박스 계정 홈페이지 화면

그림 7-2. 드롭박스 페이퍼 시작 화면

제목을 입력하는 화면이 나타나는데 "논문 서론 작성"이라고 입력하자. 이후 단계별로 기능을 설명하기 위해서 진행되는데 따라해 보는 것도 좋다. 모든 단계를 완료했거나 또는 각 단계에서 "건너뛰기"를 한 후 모습은 〈그림 7-3〉과 같다.

그림 7-3. 제목만 입력한 상태

좌측 상단에 있는 드롭박스 아이콘 옆의 [〈] 버튼을 클릭하면 〈그림 7-4〉와 같이 페이퍼 홈으로 이동하게 된다. 이곳에 보면 방금 작성한 파일을 볼 수 있다. 페이퍼는 따로 저장 버튼이 없이 바로 실시간 저장을 하고 있다.

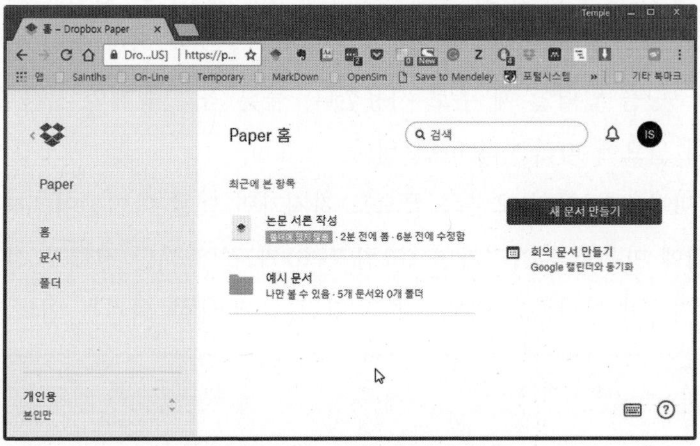

그림 7-4. 페이퍼 홈 화면(파일을 볼 수 있다).

페이퍼를 이용한 문서 작성 실습을 위해 다시 “논문 서론 작성” 파일을 클릭하여 편집화면으로 들어가자. 제목 아래에 아무 글이나 입력하자. 글을 입력하기 위해서 빈 곳을 클릭하거나 글의 왼쪽 끝으로 마우스를 가져가면 화면 왼쪽에 ⊕ 모양의 아이콘이 보일 것이다. 이것은 글의 시작점, 즉 문단의 처음에 나타나게 된다. 글을 쓰다가 [Enter] 키를 치면 문단의 시작을 나타내기 때문에 ⊕ 기호로 알려주는 것이다. 이 기호는 단순한 기호가 아니라 클릭하면 〈그림 7-5〉와 같이 여러 메뉴가 나타나게 된다.

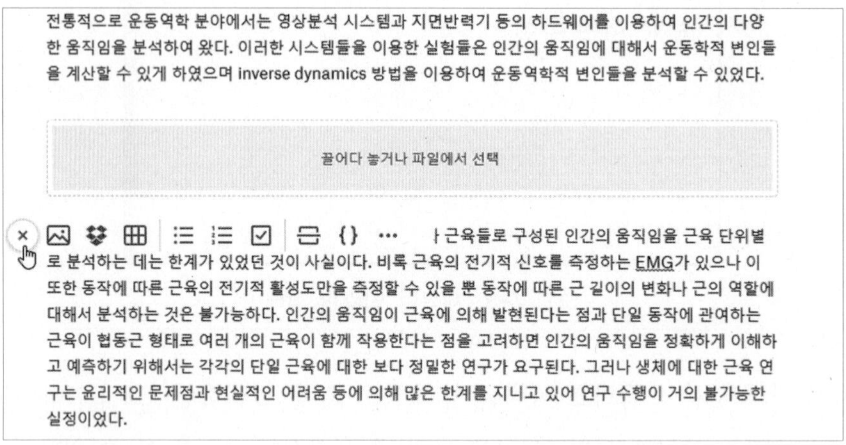

그림 7-5. ⊕ 기호 클릭시 나타나는 메뉴

메뉴를 살펴보면, 그림 삽입, 드롭박스에서 파일 삽입, 표 삽입, 체크 리스트 삽입, 섹션 구분 삽입 등이 있다. 여기에 코드 블록({ } 모양)이란 것이 있는데 이것은 프로그래밍 코딩을 입력할 때 주로 사용한다. 물론 꼭 그렇게만 사용할 필요는 없다. 사용자의 필요에 따라 이용하면 된다.

이번에는 마우스를 글의 오른쪽 끝으로 가져가면 댓글 아이콘이 나타날 것이다. 이 아이콘 위에 마우스를 가져가면 〈그림 7-6〉과 같이 문단 전체가 선택된 상태로 나타나게 된다. 이 아이콘을 클릭하면 해당 문단에 대한 의견을 입력할 수 있다.

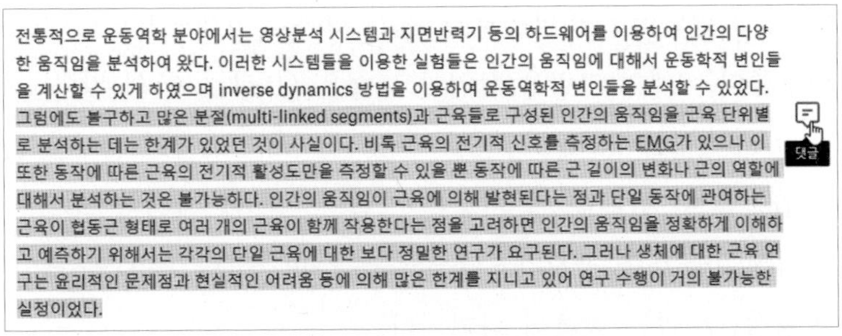

전통적으로 운동역학 분야에서는 영상분석 시스템과 지면반력기 등의 하드웨어를 이용하여 인간의 다양한 움직임을 분석하여 왔다. 이러한 시스템들을 이용한 실험들은 인간의 움직임에 대해서 운동학적 변인들을 계산할 수 있게 하였으며 inverse dynamics 방법을 이용하여 운동역학적 변인들을 분석할 수 있었다. 그럼에도 불구하고 많은 분절(multi-linked segments)과 근육들로 구성된 인간의 움직임을 근육 단위별로 분석하는 데는 한계가 있었던 것이 사실이다. 비록 근육의 전기적 신호를 측정하는 EMG가 있으나 이 또한 동작에 따른 근육의 전기적 활성도만을 측정할 수 있을 뿐 동작에 따른 근 길이의 변화나 근의 역할에 대해서 분석하는 것은 불가능하다. 인간의 움직임이 근육에 의해 발현된다는 점과 단일 동작에 관여하는 근육이 협동근 형태로 여러 개의 근육이 함께 작용한다는 점을 고려하면 인간의 움직임을 정확하게 이해하고 예측하기 위해서는 각각의 단일 근육에 대한 보다 정밀한 연구가 요구된다. 그러나 생체에 대한 근육 연구는 윤리적인 문제점과 현실적인 어려움 등에 의해 많은 한계를 지니고 있어 연구 수행이 거의 불가능한 실정이었다.

그림 7-6. 댓글 선택 화면

〈그림 7-7〉은 댓글을 입력한 모습이다. 초대 기능을 이용하여 이 문서를 공유하면 초대받은 사람은 댓글을 입력할 수 있고, 댓글에 대한 답장도 할 수 있다.

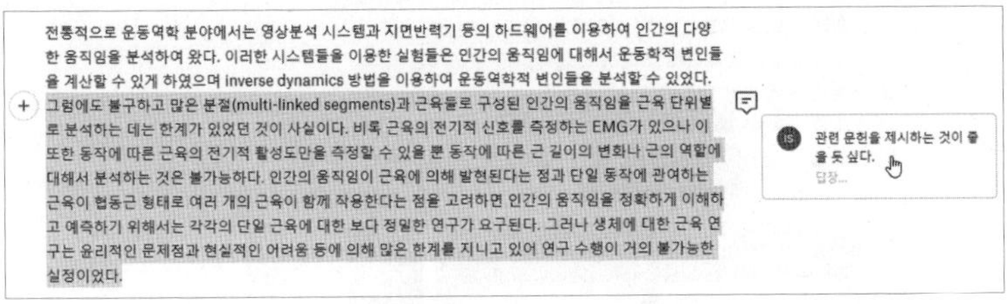

그림 7-7. 댓글 입력 화면

이번에는 특정 단어나 일부 문장에만 댓글을 달아보자. 마우스를 이용하여 원하는 단어나 문장을 드래그하면 〈그림 7-8〉과 같이 댓글을 입력할 수 있다. 입력된 댓글에 마우스를 가져가면 어느 문장에 대한 댓글인지 선택된 상태를 보여준다.

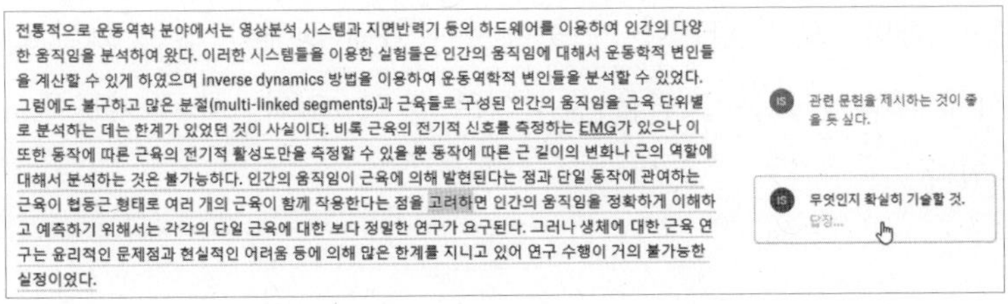

그림 7-8. 일부 단어에 댓글을 입력한 화면

그림도 삽입할 수 있는데, 자신의 PC에 있는 그림이나 드롭박스에 있는 그림을 삽입할 수 있다. 지원되는 그림파일로는 PNG, JPEG, TIFF 등인데 가능한 PNG를 사용하는 것이 좋다. 2개의 그림을 삽입한 모습은 〈그림 7-9〉와 같다. 삽입된 그림에는 캡션을 달 수 있고, 댓글도 삽입할 수 있다. 또한 그림의 일부를 클릭해서 관련된 댓글을 입력할 수 있는데 이 기능은 그림의 일부에 대해서 의견을 삽입할 때 유용한다. 그림에 마우스를 가져가거나 클릭을 하면 〈그림 7-9〉와 같이 그림 위에 이 기능을 사용할 수 있는 버튼이 나타난다.

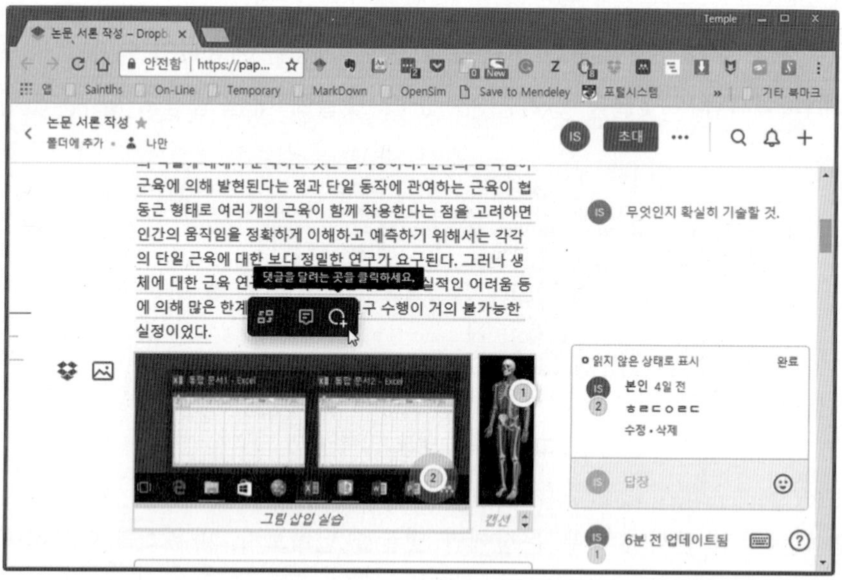

그림 7-9. 그림을 삽입한 모습

그림을 클릭하면, 그림을 크게 볼 수 있는 확대 모드로 진입하게 되는데 〈그림 7-10〉과 같은 화면으로 전환된다. 이곳에서는 화면 상단에 있는 화살표 버튼을 이용해서 문서에 포함된 모든 그림을 순서대로 볼 수 있다. 물론 이곳에서도 댓글을 입력할 수 있다.

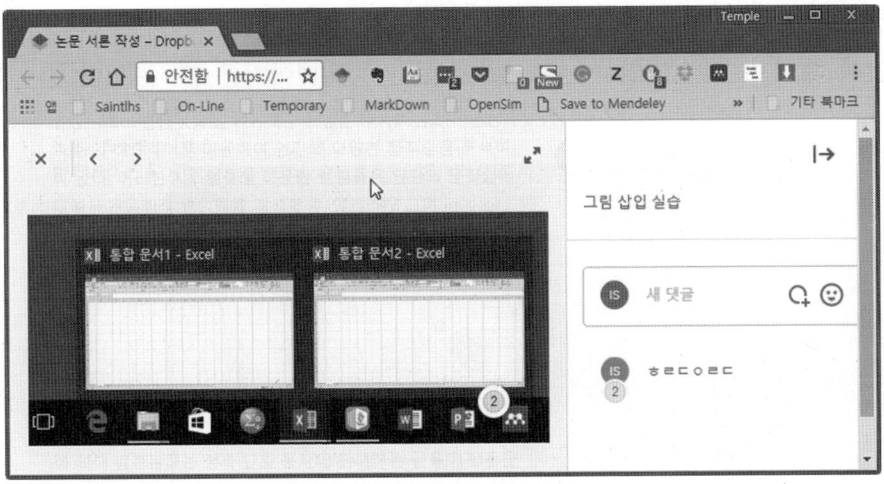

그림 7-10. 그림 확대 모드 화면

⊕ 기호를 클릭해서 나타나는 메뉴들 중 【Dropbox 파일 추가】 기능을 이용해서 우리는 드롭박스 내의 다양한 파일을 삽입할 수 있다. 이 기능을 이용해서 문서에 PDF 파일도 삽입할 수 있는데 PDF 파일의 경우는 〈그림 7-11〉과 같이 그 내용을 바로 문서 내에서 볼 수 있다.

그림 7-11. PDF 파일 삽입 화면

문서에서는 PDF 파일의 첫 페이지만을 볼 수 있고 이를 클릭하면 〈그림 7-12〉와 같이 확대 모드로 진입하는데 이곳에서는 모든 페이지를 볼 수 있다.

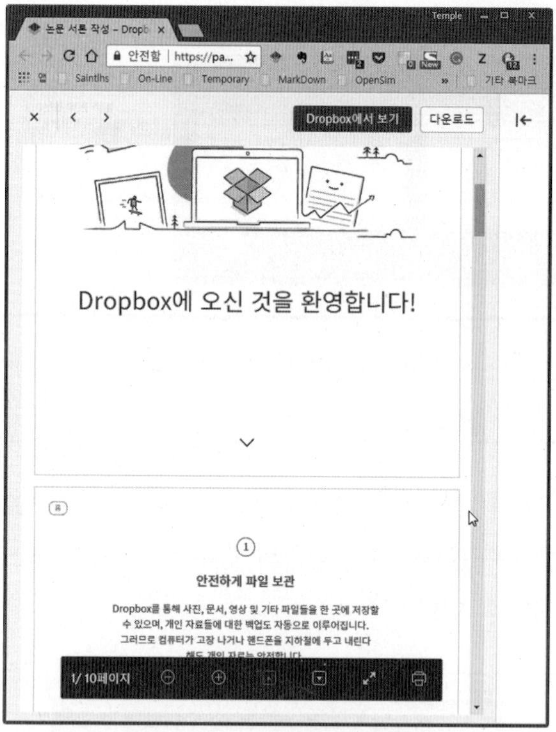

그림 7-12. PDF 파일 보기

⊕ 클릭시 나타나는 메뉴 중에 있는 **【섹션 나누기 추가】** 는 문서 내에 수평선을 그어주는 기능이다. 페이퍼의 경우 페이지에 대한 구분이 없이 계속 내용을 추가하도록 되어 있기 때문에 사용자가 내용을 구분 짓고자 할 때 사용하면 된다. 바로 옆에 있는 **【코드 추가】** 메뉴는 〈그림 7-13〉과 같이 본문 내에 구별되는 사각형의 입력창을 만들어준다.

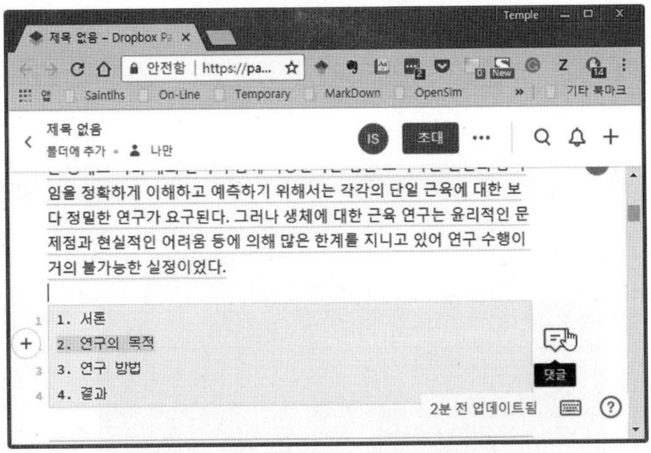

그림 7-13. 코드 추가 메뉴 실행 화면

코드 추가 메뉴는 일반 문서 텍스트와는 다른 프로그래밍 언어를 입력하고자 할 때 사용한다. SAS, Matlab, R 등의 소스 코드를 입력할 때 사용하는 기능이다. 그러나 사용자의 취향에 맞게 〈그림 7-13〉과 같이 본문과 구별되는 내용을 입력할 때 사용해도 된다. ⊕ 클릭시 나타나는 메뉴 중 마지막에 있는 **【이름으로 삽입】** 은 다양한 사이트에서 제공하는 미디어를 삽입할 수 있는 기능으로 클릭하면 〈그림 7-14〉와 같은 화면이 된다. 우리가 사용하는 유명한 사이트들이 대부분 지원된다.

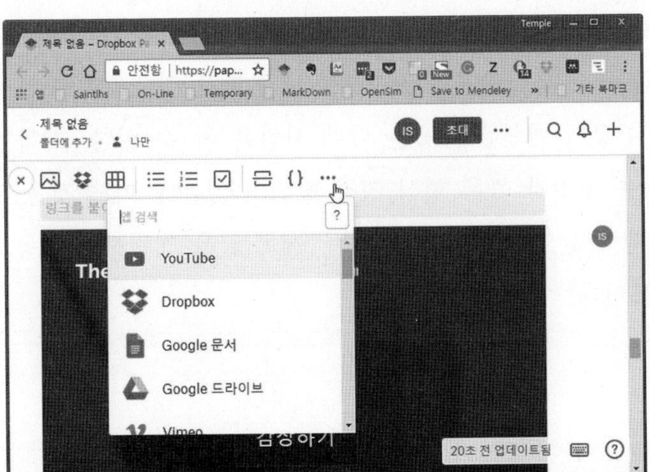

그림 7-14. 이름으로 삽입 메뉴 클릭시 나타나는 팝업 메뉴

〈그림 7-15〉는 프레지에서 제공하는 자료를 문서에 삽입한 모습이다. 미디어를 검색해서 문서에 바로 삽입할 수 있으며 감상도 문서 내에서 바로 할 수 있다.

그림 7-15. 프레지를 문서에 삽입한 화면

페이퍼 문서 우측 하단에 보면 키보드 모양의 아이콘이 보인다. 이것을 클릭하면 페이퍼에서 제공하는 다양한 단축키를 확인할 수 있다(그림 7-16 참조). 스크롤을 아래로 내려 보면 모든 내용을 확인할 수 있다. 이곳에 있는 것들 중 특히 알아야 할 것은 특정한 사람에게 멘션을 하는 방법과 제목 글을 입력하는 방법이다. 문서에 초대한 사람들 중 특정인에게만 멘션을 보낼 때는 상대의 아이디 앞에"@"기호를 붙이면 된다. 이렇게 멘션된 내용은 다른 사람은 볼 수 없다. 제목 글을 입력하는 방법은 마크다운 형식과 블록 형식 지정 방법이 있는데 어느 것을 사용해도 된다. 제목 글 입력 방법을 알아야 하는 이유는, 제목 글을 입력하면 자동으로 목차를 만들어 주기 때문이다.

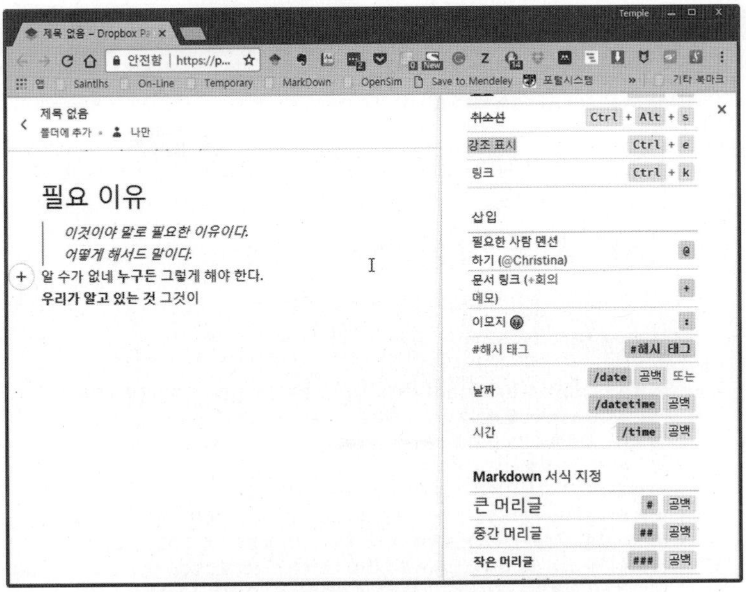

그림 7-16. 페이퍼에서 제공하는 단축키들

〈그림 7-17〉을 보면 화면 왼쪽 여백에 얇은 가로 선들이 보일 것이다. 이 선들은 화면이 좁으면 자동으로 사라지고 넓어지면 나타난다. 또한 제목 글이 입력되면 나타난다. 이 선들에 마우스 커서를 가져가면 제목 글로 입력한 내용이 〈그림 7-18〉과 같이 나타난다. 이 글들을 클릭하면 해당 위치로 이동하게 된다.

제목 글을 입력하는 방법은 단축키에 나타난 것 같이 제목 글 앞에 "#"기호를 붙이고 한 칸을 띄면 된다. "#"기호를 몇 개 붙이느냐에 따라 제목 글의 수준이 결정된다. 또는 블록 형식 지정 단축키를 이용하면 된다. 페이퍼는 마크다운(Markdown) 문법을 지원하고 있기 때문에 글을 멋있게 꾸밀 수 있다. 마크다운에 대해서는 뒤에서 자세하게 배우게 될 것이다.

이공계 전공인 분들은 논문 작성 시 다양한 수식을 표현하기 위해서 라텍스(LaTex)를 많이 사용하는데 페이퍼는 마크다운에서 제공하는 라텍스 수식을 이용할 수 있다.

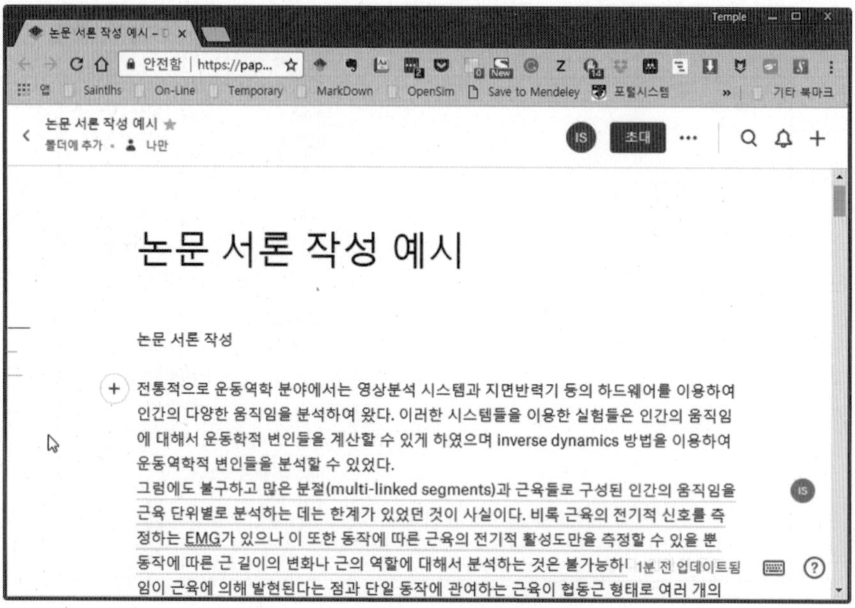

그림 7-17. 화면 왼쪽의 얇은 가로선

그림 7-18. 목차가 나타난 모습

자신이 작성한 문서에 대해서 동료들과 협업을 하고자 할 때는 화면 우측상단에 있는 [초대] 버튼을 이용해서 동료들을 초대할 수 있다. 초대받은 사람들은 문서를 수정할 수도 있고 댓글을 달수도 있기 때문에 실시간으로 작업을 함께 할 수 있다. 완성된 문서를 다운로드 받을 수 있는데 [초대] 버튼 옆에 있는 [···] 버튼을 클릭하면 워드문서와 마크다운 문서 형식으로 변환되어 다운로드 받을 수 있다. 문서에 포함된 그림은 그대로 포함이 되지만 그 외의 미디어는 링크로 변환되어 포함된다. 위에서 프레지를 포함한 경우 워드나 마크다운 문서에는 링크로 변환되어 다운로드된다.

우리는 지금까지 드롭박스의 페이퍼에 대해서 알아보았다. 이와 유사한 서비스로 박스(Box)의 박스노트(boxnote)가 있다. 박스는 드롭박스와 같이 유명한 클라우드 서비스이다. 여기서 제공하고 있는 박스노트는 작동 방법이 페이퍼와 거의 유사하다. 서로 간에 장·단점이 있겠지만 페이퍼가 좀 더 다양한 편집 방법을 제공하는 것으로 판단되어 여기서는 페이퍼를 살펴보았다. 박스노트가 궁금하신 분들은 박스에 가입해서 사용해보기 바란다. 박스 또한 무료로 클라우드 공간을 제공하고 수많은 애플리케이션에서 지원하는 서비스이므로 한 번쯤 사용해 보는 것도 좋을 것이다.

3 구글 독스(Google Docs)로 공동 작업하기

구글이 일반 사용자들에게 무료로 제공하고 있는 서비스는 메일, 캘린더, 킵, 번역, 드라이브 등 다양한 종류가 있다. 이런 무료 서비스에는 우리가 자주 사용하는 아래아한글이나 워드 같은 문서작성 도구인 구글 독스(google docs)가 있다. MS사의 워드에 해당하는 것이 구글에서는 독스이고 엑셀에 해당하는 것이 스프레드쉬트(spread sheet), 파워포인트에 해당하는 것이 프레젠테이션(presentation)이다. 아래아한글이나 MS 제품과의 차이점이라면 모든 것이 온라인상에서 작동한다는 점과 무료라는 점 그리고 공동 작업 기능이 뛰어나다는 점이다.

국내에서는 아래아한글이나 워드를 주로 사용하지만 외국에서는 구글 독스를 사용하는 경우도 상당히 많다. 특히 기업에서는 공동 작업 기능이 좋기 때문에 많이들 사용하는 것으로 알고 있다. 또한 무료라는 특징 때문인지 학교나 대학에서 많이 사용하는 것으로 알려져 있다.

구글 독스를 여기서 살펴보는 이유도 바로 공동 작업 기능 때문이다. 혼자서 작업하는 것이라면 아래아한글이나 워드를 사용해도 되지만 만약 공동 작업을 하는 것이라면 구글 독스를 사용하는 것이 여러 면에서 매우 편리하기 때문이다. 구글 독스로 문서를 만들고 최종적으로 세밀하게 편집할 때에는 워드나 아래아한글을 사용하면 된다. 연구자들의 경우 대부분의 학회에서 아래아한글이나 워드로 된 논문을 받기 때문에 구글 독스를 사용할 필요가 있나라고 생각할 수 있을 것이다. 그러나 공동논문을 작성할 때는 구글 독스로 내용을 공유하고 최종적으로 확정된 내용을 워드나 아래아한글로 가져와서 학회에 맞도록 편집을 수행한 후 제출하는 것이 보다 편리하다. 분명한 것은 어떤 애플리케이션이든 사용자가 어떻게 사용하느냐에 따라 그 효용성이 달라지는 법이다. 여기서 알아 볼 내용은 구글 독스의 공동 작업과 관련된 부분이다. 구글 독스도 워드나 아래아한글 만큼 기능이 다양하고 편집 기능도 뛰어난 편이다. 따라서 그 모든 것을 설명하는 것은 사실 큰 의미가 없으며 본서의 목적에 맞지도 않다. 따라서 문서 작업시 공동 작업이 어떻게 이루어지는지에 집중해서 설명할 것이다.

구글의 서비스들이 모두 그렇듯 구글 독스도 구글드라이브와 연계되어 사용되고, 지메일 계정을 가지고 있는 사람은 누구나 자유롭게 사용할 수 있다. 구글 독스에 접속하기 위해서는 크롬을 실행한 후 구글 앱 목록에서 "문서"를 클릭하면 〈그림 7-19〉와 같은 화면으로 이동하게 된다. 새로운 문서를 만들기 위해서 우측하단에 있는 붉은색의 ⊕ 버튼을 클릭하면 편집화면으로 넘어가게 된다. 내용을 입력해도 되고 아래아한글이나 워드에서 내용을 복사해서 붙여넣기로 넣어도 된다. 온라인 서비스가 대부분 그렇듯 자동으로 저장을 수행한다. 문서 제목을 변경하기 위해서는 좌측상단에 있는 "*제목 없는 문서*" 부분을 클릭해서 제목을 입력한 후 [Enter] 키를 치면 된다. 저자는 실습을 위해서 "Google Docs 실습"이라는 제목으로 내용을 삽입하였으며 〈그림 7-20〉과 같다.

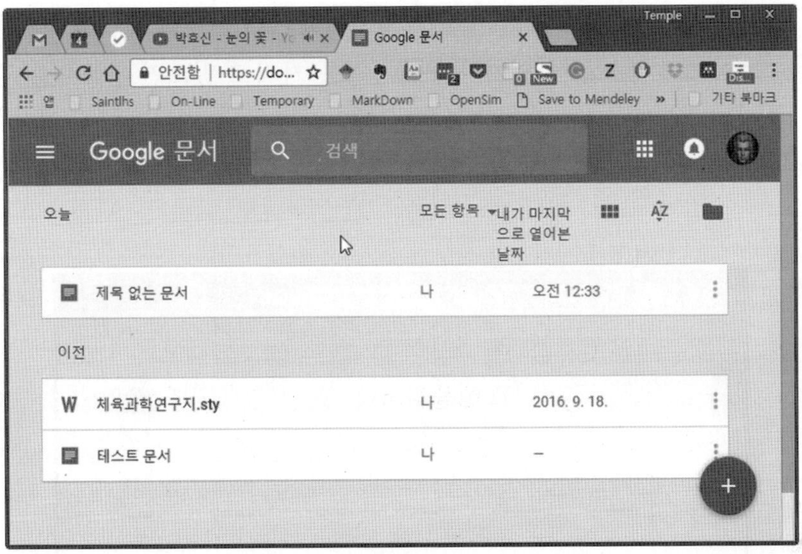

그림 7-19. 구글 독스 초기 화면

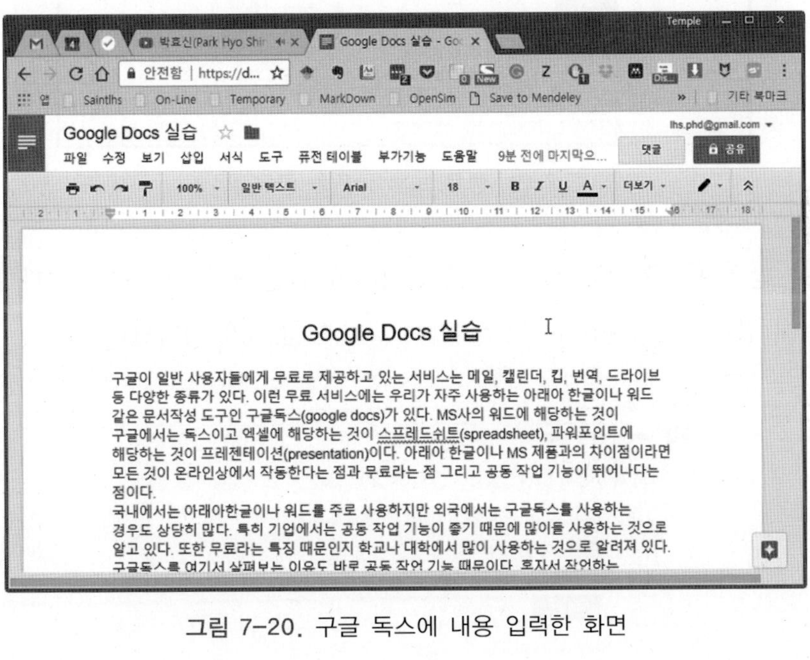

그림 7-20. 구글 독스에 내용 입력한 화면

메뉴들을 간단하게 살펴보면 대부분 워드프로세서에 있는 기능들이 갖춰져 있는 것을 확인할 수 있다. 이제 이 문서를 동료와 공동 작업을 하기 위해서 동료를 초대하자. 화면 우측상단에 있는 [공유] 버튼을 클릭하면 〈그림 7-21〉과 같은 화면이 나타난다. 여기에 초대할 사람의 이메일을 입력하면 된다. 초대할 사람의 이메일 주소가 자신의 이메일 주소록에 있거나 구글계정을 가지고 있으면 자동으로 검색되어 나타날 것이다. 공유방법이 옆에 나와 있는데 기본적으로 수정가능으로 되어 있다. 여기서 자신이 원하는 방법을 선택하면 된다.

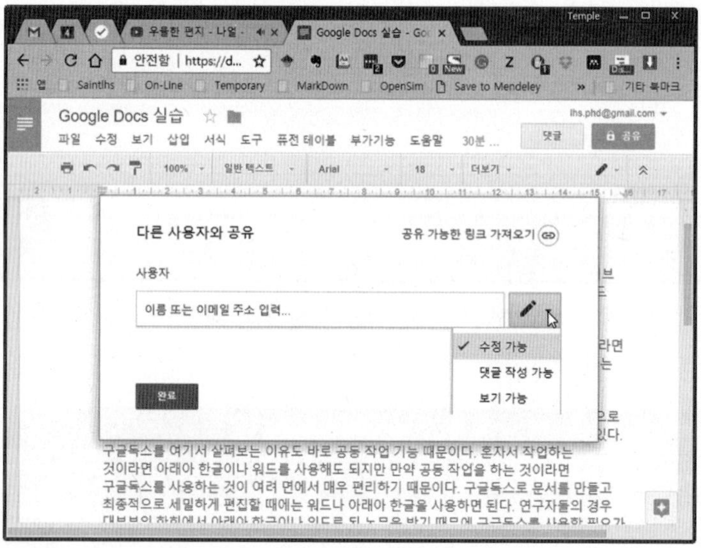

그림 7-21. 동료 초대를 위한 공유 화면

초대를 받은 사람의 메일에는 〈그림 7-22〉와 같은 초대 메시지가 나타나고, 구글 독스에 접속하면 〈그림 7-23〉과 같이 공유된 문서가 나타난다.

그림 7-22. 지메일에서의 초대장 내용

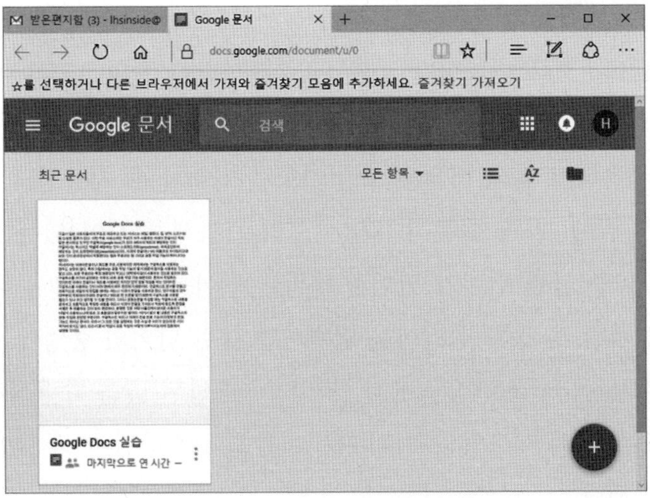

그림 7-23. 구글 독스에서의 공유문서

이제 이 문서를 클릭해서 편집 화면으로 들어가면 하나의 문서를 공유하면서 작업할 수 있게 된다. 초대자 또는 초대받은 사람이 글을 쓰면 그 내용이 거의 실시간으로 양쪽 모두의 화면에 나타난다. 문단 또는 일부 단어에 댓글을 입력하면 역시 상대방의 화면에 바로 나타난다. 댓글과 제안 글을 입력한 모습은 〈그림 7-24〉와 같다.

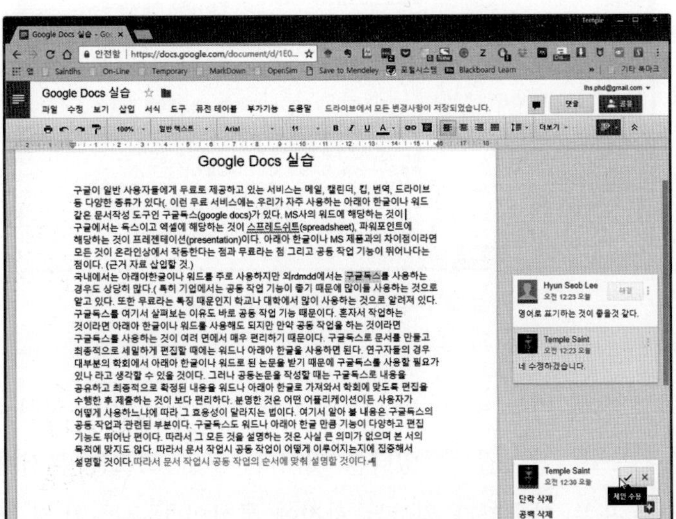

그림 7-24. 구글 독스의 댓글 및 제안 글 입력 화면

자신이 내용을 입력할 때는 커서가 파란색 세로선으로 나타나고 상대방이 입력할 때는 붉은색 세로선으로 나타난다. 화면의 우측상단에 보면 [공유] 버튼 아래에 연필 모양 아이콘 또는 그림과 같이 녹색 버튼이 보이는데, 연필 모양 아이콘은 직접 수정을 할 때 사용하고 녹색 버튼은 제안 사항을 입력할 때 사용한다. 〈그림 7-24〉의 내용의 가장 끝에 "따라서 문서 작업시~"라는 녹색 문장이 있는데 이것이 제안된 글이다. 내용 중 틀린 단어가 있어서 정확한 단어를 제안하고 싶다면 틀린 단어를 마우스로 선택한 후 정확한 단어를 입력하면 틀린 단어의 중앙에 라인이 그려지고 정확한 단어는 녹색 글로 입력된다. 만약 이 제안된 글을 수용하겠다고 결정하였다면 화면 오른쪽 체크 모양의 [제안수용] 버튼을 클릭하면 녹색 글이 일반적인 검은색 글로 변경된다.

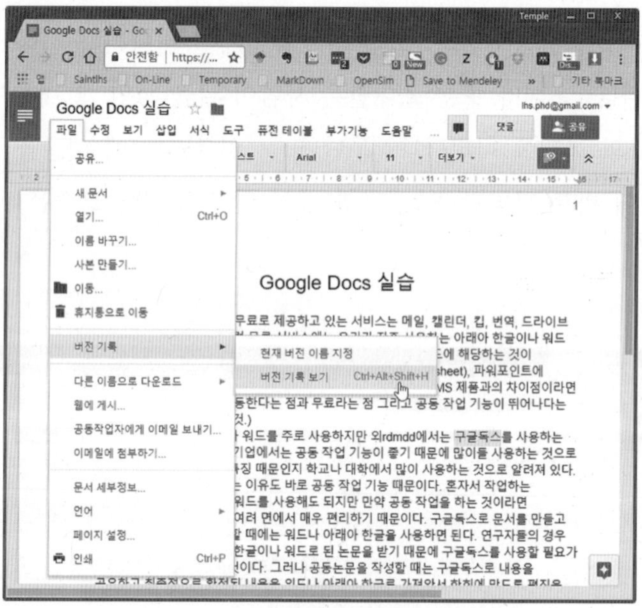

그림 7-25. 문서의 버전 기록

구글 독스의 막강한 기능 중에 하나는 문서의 변경 내용을 추적할 수 있고 언제든지 과거의 내용으로 돌아갈 수 있다는 것이다. 구글 독스는 문서가 변경되거나 수정되었을 경우 또는 사용자가 원하는 시점에 문서의 내용을 버전 별로 기록하여 관리한다. 이렇게 관리된 문서는 언제든지 그 변경 내용을 확인할 수 있고 자신이 원하는 버전으로 다시 문서를 되돌릴 수 있다. 자신이 만든 문서의 버전 기록을 보기 위해서는 〈그림 7-25〉와 같이 **【파일】 – 【버전 기록】 – 【버전 기록 보기】** 를 실행하면 〈그림 7-26〉과 같은 화면이 나타난다.

그림 7-26. 버전 기록 보기 화면

화면의 우측에 지금까지 기록된 버전이 나타나 있다. 이들 중 하나를 클릭하면 문서의 내용이 기록된 그 당시의 내용으로 변경된다. 화면 위쪽에는 각 버전들마다 수정사항이 몇 개였는지 나타나 있고 위/아래 화살표를 클릭하면 수정된 위치와 내용을 확인할 수 있다. 현재 버전이 아닌 과거의 버전을 클릭하면 화면 상단에 [이 버전 복원하기] 버튼이 나타나는데 이를 클릭하면 문서 내용이 과거의 내용으로 완전히 변경된다. 버전 기록은 기본적으로 날짜와 시간으로 관리하는데, 만약 구별을 보다 쉽게 하기 위해서 특정한 이름을 입력하고 싶다면 〈그림 7-25〉에서 **【파일】 – 【버전 기록】 – 【현재 버전 이름 지정】** 을 클릭하면 버전 이름을 입력하는 화면이 나타난다. 이곳에 적당한 이름을 입력하면 된다. 물론 이름과 함께 날짜와 시간이 함께 기록된다. 〈그림 7-26〉에서 "초기 버전"으로 나타나는 버전이 필자가 입력한 버전 이름이다.

문서 작성이 완료되어 아래아한글이나 워드 등에서 세밀하게 편집하고 싶다면, 이 문서를 다운로드 받아야 한다. 이를 위해서는 〈그림 7-27〉과 같이 **【파일】 - 【다른 이름으로 다운로드】** 를 클릭하여 나타나는 파일 형식 중에 적당한 것을 선택하여 다운로드할 수 있다.

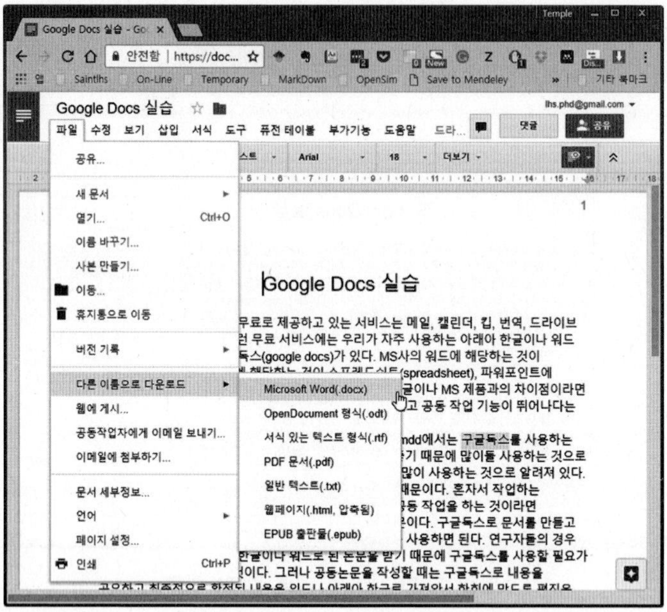

그림 7-27. 문서를 다른 파일 형식으로 내려 받기

사용해 보면 알겠지만 구글 독스는 공동 작업에 상당히 장점이 있는 워드프로세서이다. 특히 문서 내용을 자주 변경하거나 수정해야 할 때는 매우 유용한 도구이다.

4 원격 조정과 화상 회의를 위한 Teamviewer

여기서 소개할 팀뷰어(Teamviewer)는 위에서 살펴본 문서 공동 작업과는 다른 것으로, 주로 다른 컴퓨터를 원격으로 조정하거나 화상 회의를 할 때 사용하는 애플리케이션이다. 상당히 강력한 도구이면서도 개인적으로 사용할 때는 무료로 이용할 수 있다. 한 번 사용해 보면 어떻게 이런 프로그램이 무료로 제공되는지 의아해 할 정도이다. 물론 유료 버전이 따로 있다.

연구를 하다보면 자신이 익숙하지 않은 프로그램을 이용할 때가 많다. 예를 들면, 통계분석을 하기 위해서 SPSS를 다루어야 하는데 어떻게 해야 할지 잘 모를 때, 논문을 편집해야 하는데 특정 기능을 어떻게 사용하는지 모를 때 등이다. 이럴 때 다른 사람의 도움을 받아야 하는데 전화 통화로 어디 클릭하고 어디 보면 뭐가 있는데 그거 클릭하고 이런 식으로 통화를 하다보면 서로 화면이 다르거나 잘 찾아가지 못해서 도움을 청한 사람이나 도움을 주는 사람 모두 답답할 때가 많다. 이런 경우 도움을 주는 사람이 나의 컴퓨터에 접속해서 직접 조작하면서 설명하고 나는 화면으로 어떻게 하는지 눈으로 볼 수 있다면 정말 편할 것이다. 이렇게 다른 사람의 컴퓨터를 직접 조정하는 것을 원격 조정이라고 한다. 팀뷰어는 이런 원격 조정에 특화되어 있는 프로그램이다.

팀뷰어는 초기에 원격 조정 기능만 있었으나 점점 발전하면서 화상 회의 기능까지 추가하였다. 노트북과 같이 웹캠이 있을 경우 여러 명이 화상 회의를 진행할 수 있다. 물론 웹캠이 없어도 얼굴만 볼 수 없을 뿐 화상 회의는 가능하다. 또한 이 기능을 이용해서 화상 프레젠테이션도 가능하도록 만들어졌다. 발표자가 자신의 파워포인트를 화면에 띄어서 발표할 수 있고 다른 사람들은 그 내용을 보고 들을 수 있다. 발표자뿐만 아니라 다른 사람들도 필요에 따라 발표 내용에 선, 그림 등 마킹을 할 수도 있다.

팀뷰어는 윈도우즈뿐만 아니라 맥, 리눅스 등 거의 모든 OS상에서 사용 가능하므로 자신의 OS에 맞는 팀뷰어를 설치하면 된다. 맥을 사용하는 분들은 홈페이지에서 맥용 팀뷰어를 다운로드하면 된다. 팀뷰어는 아이폰과 안드로이드 폰용도 함께 제공하고 있다. 이를 이용하면 자신의 스마트폰으로 자신의 PC나 노트북에 접속해서 직접 조작할 수 있다.

팀뷰어를 설치하기 위해서는 아래의 홈페이지에 접속해서 다운로드하면 된다.

팀뷰어 홈페이지 주소 : www.teamviewer.com

설치를 시작하면 〈그림 7-28〉과 같이 설치 옵션이 나타나는데, 개인용/비상업용으로 설치해야 무료로 사용할 수 있다. 나머지 설치 과정은 자동으로 진행된다. 설치 완료 후 첫 실행 화면은 〈그림 7-29〉와 같다. 2개의 창이 동시에 열리는데 왼쪽 창이 메인으로 원격조정이나 회의를 할 때 사용하고, 오른쪽 창은 로그인을 통해 자신의 컴퓨터들을 등록할 때 사용한다. 팀뷰어는 로그인하지 않고도 사용할 수 있는데, 계정을 만들어서 로그인을 하면 자신의 컴퓨터를 등록할 수 있고 그 목록이 오른쪽 창에 나타난다. 이렇게 등록된 컴퓨터는 언제든지 자신이 접속할 수 있게 된다.

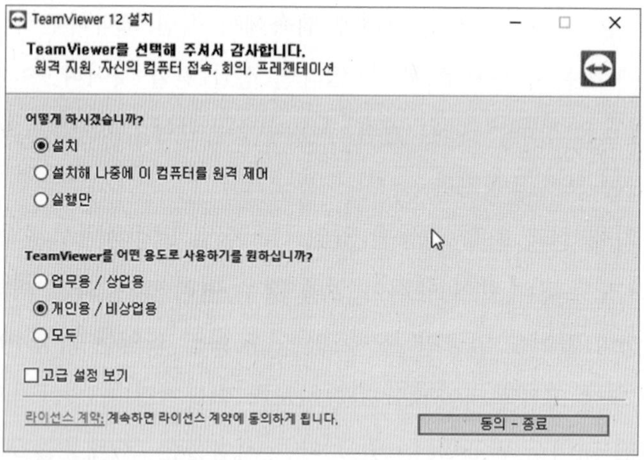

그림 7-28. 설치 초기 화면

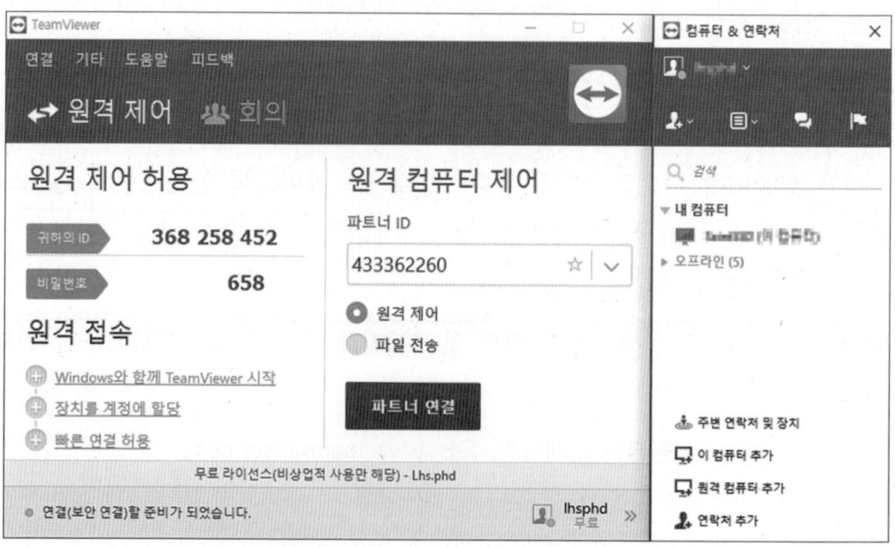

그림 7-29. 팀뷰어 초기 실행 화면

왼쪽 창에 보면 「귀하의 ID」 항목에 숫자가 나열되어 있는데 동료에게 나의 PC에 접속하도록 허락할 때 이 숫자들을 불러주면 된다. 내 PC에 접속할 사람은 내가 불러준 숫자를 자신의 팀뷰어 화면 「파트너 ID」에 입력하고 [파트너 연결] 버튼을 클릭하면 암호를 묻는 창이 나타나는데 이때 「비밀번호」 항목의 숫자를 알려줘 입력시키면 된다. 당연히 내가 다른 사람의 컴퓨터에 접속하고자 할 때는 다른 사람의 ID와 비밀번호를 알아야 한다.

연결이 시작되면 지구상에서 위치를 찾는 화면이 잠깐 나온 다음 상대방의 컴퓨터 화면이 새로운 창에 나타나거나 자신의 컴퓨터가 다른 사람에 의해 조정되는 것을 볼 수 있다. 〈그림 7-30〉은 윈도우즈 데스크톱에 설치된 팀뷰어를 이용해 맥에어(MacAir) 노트북에 접속한 화면이다. 이렇게 접속한 상태에서 마치 맥에어를 다루듯이 하면 그대로 수행이 된다. 화면 구성을 보면 상단에 메뉴들이 존재하고 우측에 팀뷰어를 관리하는 창이 나타나 있다.

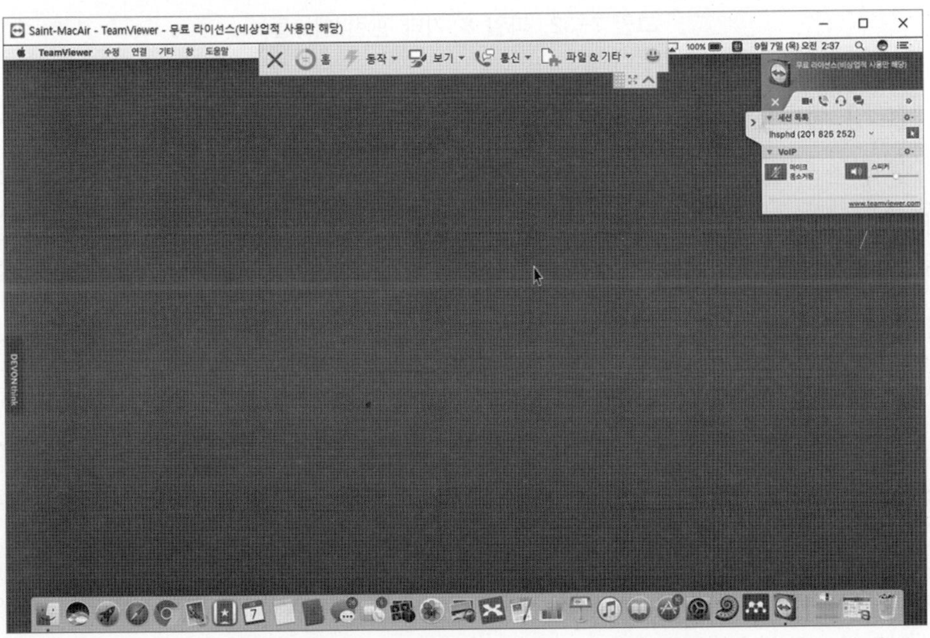

그림 7-30. 팀뷰어를 이용해 맥에 접속한 화면

상단의 메뉴들 중 **【통신】** 메뉴를 살펴보면 〈그림 7-31〉과 같다. 접속한 상태에서 동료와 통화할 수 있으며 채팅이나 화상통화도 가능하다.

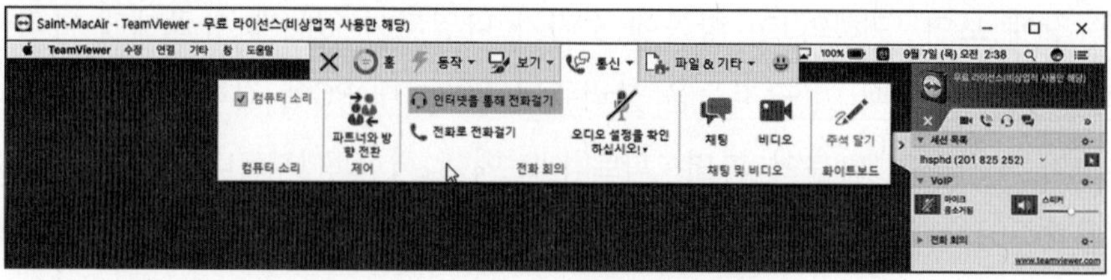

그림 7-31. 통신 관련 메뉴들

【파일 & 기타】 메뉴를 보면 〈그림 7-32〉와 같다. 파일을 전송할 수도 있으며, 스크린샷을 찍을 수도 있다.

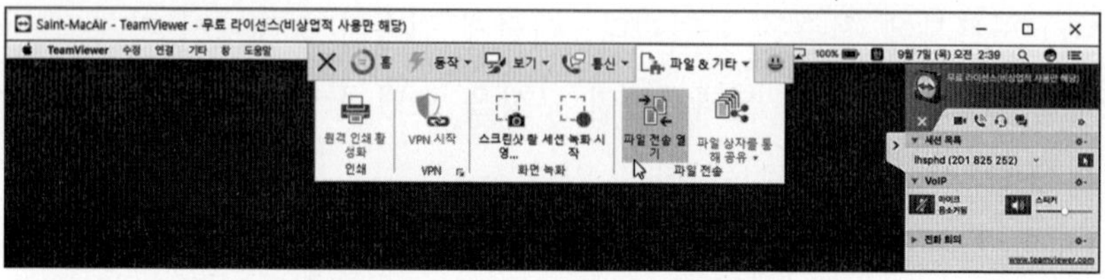

그림 7-32. 파일 & 기타 관련 메뉴들

【보기】 메뉴에는 모니터의 크기와 해상도의 차이에 따라 최적화된 화면을 설정할 수 있는 메뉴들이 존재한다. 팀뷰어 관리창의 모습은 〈그림 7-33〉과 같다. 모자이크 처리된 부분에 자신의 아이디가 나타나는데 이를 클릭하면 채팅 및 접속 종료 메뉴가 나타난다. 위에 있는 비디오 아이콘을 클릭하면 〈그림 7-34〉와 같이 화면이 변경된다. 만약 웹캠이 설치되어 있다면 아래쪽에 상대방의 얼굴을 확인할 수 있으며 화상 통화가 가능하다.

〈그림 7-35〉와 같이 채팅 아이콘을 클릭하면 상대방과 채팅을 할 수 있다. 화상통화가 불가능할 때 사용하면 된다. 팀뷰어는 이렇게 원격 접속을 통해 상대방과 통화를 하면서 컴퓨터를 조작할 수 있다. 팀뷰어의 또 하나의 기능은 화상회의이다. 서로 상대방을 보면서 여러 명이 회의를 할 수 있는데 단순히 회의만 하는 것이 아니라 이를 이용하여 프레젠테이션도 가능하다. 화상통화를 할 때는 상대방의 얼굴들이 보이지만 프레젠테이션을 하게 되면 상대방의 모니터 화면이 보이게 된다. 즉, 발표를 하는 사람이 발표 내용을 자신의 모니터에 띄우면 다른 사람들은 그 화면을 보면서 발표를 들을 수 있다. 발표자 또한 다른 사람들이 어떤 화면을 보고 있

는지 확인하면서 발표를 할 수 있다. 프레젠테이션 기능에는 화면만 보여주는 것이 아니라 중요 부분에 색칠을 하거나 마킹을 할 수 있는 기능도 제공하고 있으며, 이러한 기능은 발표자뿐만 아니라 회의에 참석한 모든 사람에게 제공된다. 따라서 발표를 듣다가 의문점이 있을 경우 마킹을 하면서 질문이나 제안을 할 수 있다.

그림 7-33. 팀뷰어 관리 창

그림 7-34. 비디오 설정

그림 7-35. 채팅 설정

화상회의를 하기 위해서는 회의 주최자가 회의 방을 만들어야 한다. 이를 위해서 메인 창의 [회의] 버튼을 클릭하면 〈그림 7-36〉과 같은 화면이 나타난다.

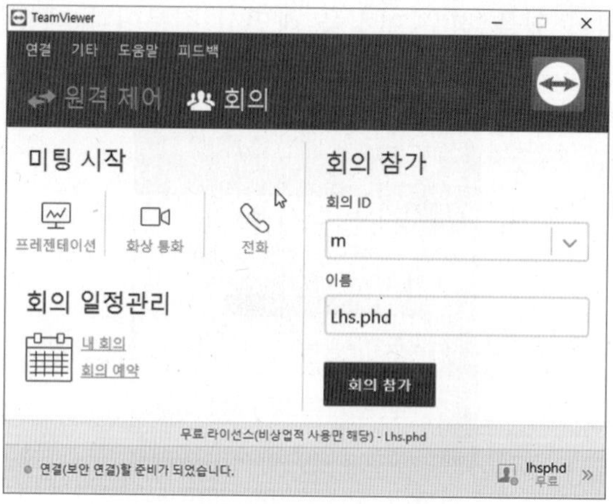

그림 7-36. 화상 회의 설정 화면

화면을 보면 크게 「미팅 시작」 영역과 「회의 참가」 영역으로 나뉘어져 있다. 회의 주최자는 「미팅 시작」 항목에 있는 비디오 아이콘 모양의 [화상 통화] 버튼을 클릭하여 방을 만든다. 회의 방을 만들면 회의 ID가 생기는데 이를 참가자들에게 알려주면 된다. 회의 ID는 기본적으로 'm'으로 시작한다. 참가자들은 회의 ID를 「회의 ID」 항목에 입력한 후 [회의 참가] 버튼을 누르면 화상 회의가 시작된다. 회의 참가자들을 초대할 때 메일을 이용할 수도 있는데 메일을 이용하면 회의 아이디를 모르고 있어도 참가가 가능하기 때문에 일일이 알려주기 힘들 때 사용하면 좋다. 초대 메일에는 회의 링크가 포함되어 있기 때문에 참가자는 단순히 링크를 클릭하는 것만으로도 참가가 가능하다. [화상 통화] 버튼 왼쪽에 [프레젠테이션] 버튼이 있는데 이것은 발표를 하고자 할 때 사용하는 기능이나 화상 통화에서 바로 발표기능으로 변경할 수 있으므로 화상 통화 방법을 숙지하면 된다.

주최자가 [화상 통화] 버튼을 클릭하면 〈그림 7-37〉, 〈그림 7-38〉과 같은 화면으로 변경된다. 현재 초대된 사람이 없는 상태이기 때문에 자신의 아이디만 보인다. 화면에는 얼굴이 없지만 자신의 컴퓨터에 웹캠이 있다면 얼굴이 나타난다.

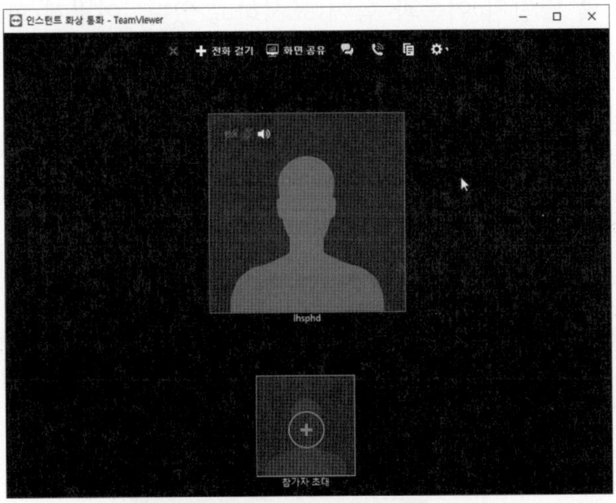

그림 7-37. 화상 통화 실행 화면

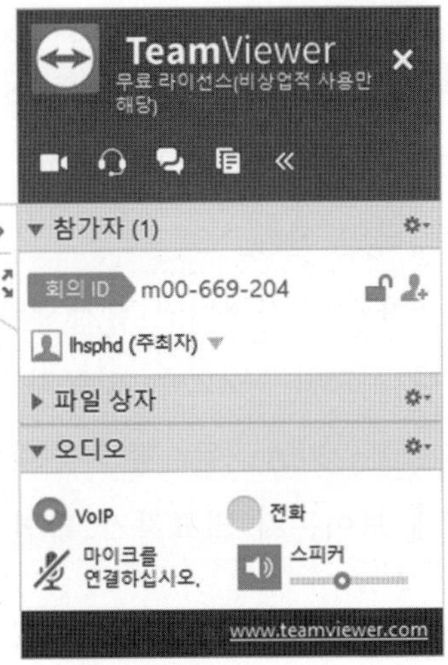

그림 7-38. 화상 통화 관리 창

〈그림 7-38〉을 보면 회의 ID와 참가자 몇 명인지 나타나있다. 중간에 있는 **【파일 상자】** 메뉴는 파일을 서로 주고받을 수 있는 기능을 제공하고 있다. 〈그림 7-39〉는 참가자가 화상 통화에 들어온 화면이다. 상대방의 화상이 중간에 크게 나타나는데 참가자가 여러 명일 경우 한 사람을 클릭하면 그 사람의 화상이 중간에 크게 나타난다.

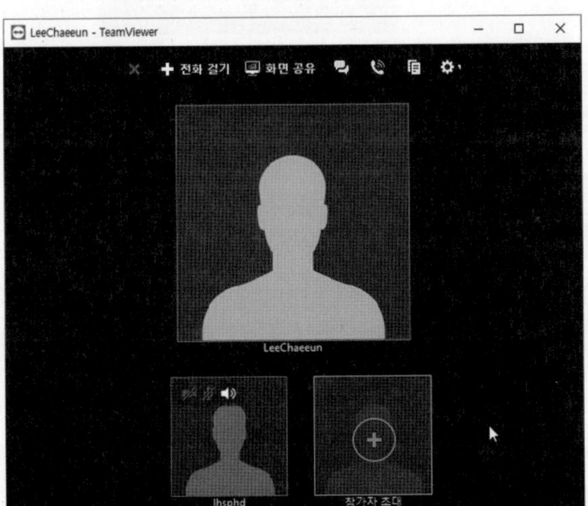

그림 7-39. 참가자가 회의에 들어온 화면

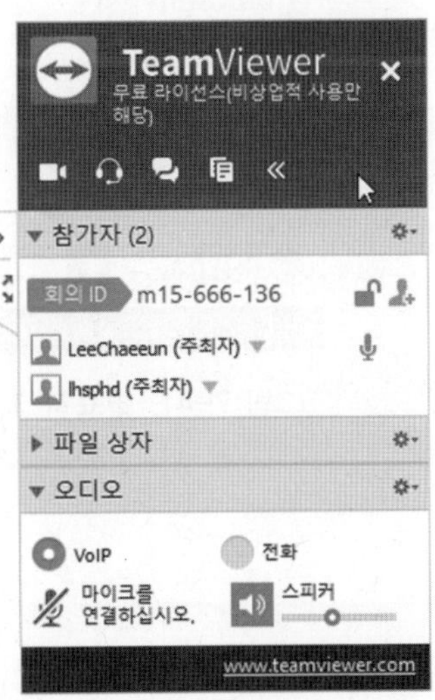

그림 7-40. 관리 창 화면

〈그림 7-40〉은 현재 참가자가 몇 명인지 이름과 함께 표시하고 있다. 이렇게 화상 통화, 즉 회의를 진행하다가 누군가가 발표를 해야 한다고 가정하자. 그때는 〈그림 7-41〉과 같이 발표할 사람을 클릭해서 나타나는 메뉴 중 **【발표자로 지정】** 을 클릭하면 된다.

발표자로 지정되면 참가자의 얼굴이 아닌 컴퓨터의 화면이 모든 참가자에게 보여진다. 〈그림 7-42〉는 발표자로 지정되었을 때의 화면 중 일부이다. 오른쪽 관리 창에 보면 「**화면 공유**」 항목에 바탕화면이 보이고 있다. 이것은 현재 참가자들에게 어떻게 보이는지 발표자가 확인할 수 있도록 화면이 공유된 모습이다.

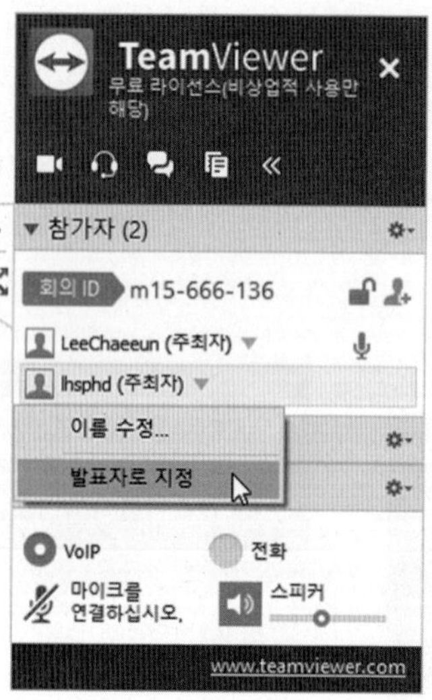

그림 7-41. 발표자 지정

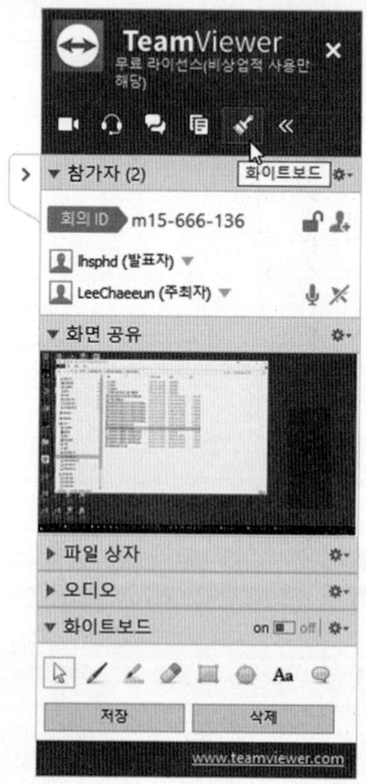

그림 7-42. 마킹을 위한 화이트보드

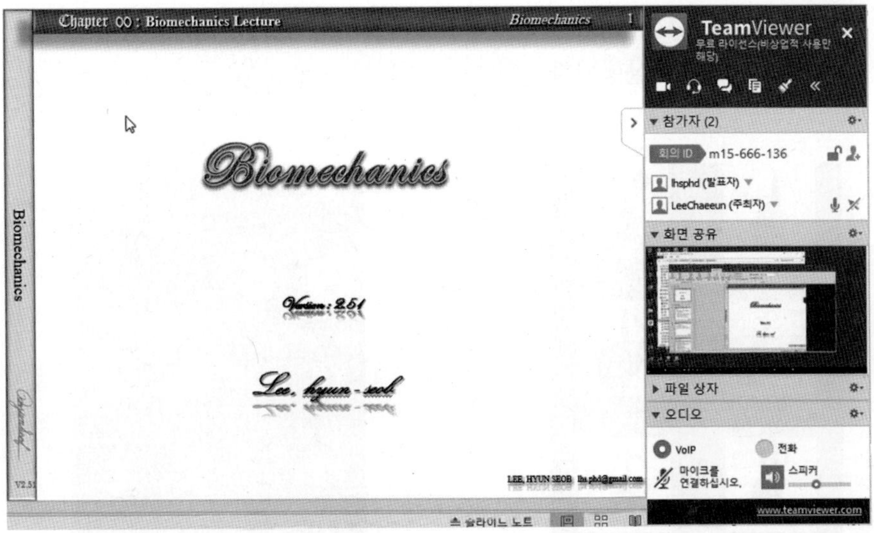

그림 7-43. 발표자로 지정되었을 경우의 화면

만약 파워포인트 파일로 발표를 하고자 한다면 발표장에서 하듯이 파워포인트의 쇼 기능을 실행하여 전체 화면으로 만들어서 발표하면 참가자들은 똑같은 화면을 보게 된다. 발표 중에 중요한 부분은 마킹을 할 수 있는데 이를 위해서는 〈그림 7-43〉과 같이 붓 모양의 아이콘을 클릭하면 관리 창 아래쪽에 **【화이트보드】** 메뉴가 나타난다. 선긋기, 색칠하기, 지우개 등이 여러 기능이 제공되고 있다. 이 기능은 발표자뿐만 아니라 참가자들도 함께 사용할 수 있다. 만약 참가자들이 돌아가면서 발표를 해야 할 경우에는 발표자 지정을 바꾸기만 하면 된다.

대학원의 경우 학위논문을 작성하기 전에 프로포절(proposal)을 하게 되는데, 각 전공 팀별로 미리 교수나 선배들 앞에서 발표 연습을 하곤 한다. 이런 경우 팀뷰어의 화상 통화와 프레젠테이션 기능을 사용하면 불필요하게 장소를 섭외하거나 모이기 위한 시간을 조정할 필요가 없다. 각자의 집이나 연구실에서 실행하면 된다. 대학생들이 팀별 발표 준비를 할 때도 상당히 유용하게 사용될 것이다.

팀뷰어는 아이폰 및 안드로이드 폰용도 있고 아이패드 용도 별도로 존재한다. 모두 무료이다. 아이폰용을 사용하면 자신의 아이폰으로 PC나 노트북을 조정할 수도 있다. 아이폰으로 자신의 데스크톱에 접속하면 처음에 〈그림 7-44〉와 같이 사용방법을 설명하는 화면이 나타난다. [계속] 버튼을 클릭하면 〈그림 7-45〉와 같이 데스크톱의 바탕화면이 아이폰에 나타나게 된다. 바탕화면의 아이콘들을 두 번 클릭하면 실제 프로그램들이 실행된다.

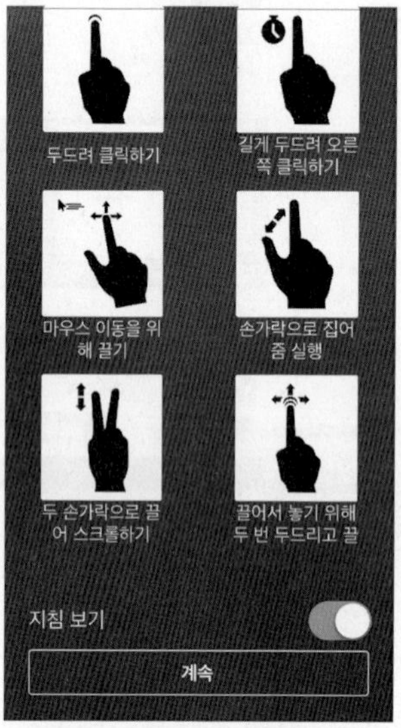

그림 7-44. 아이폰으로 접속 초기 화면

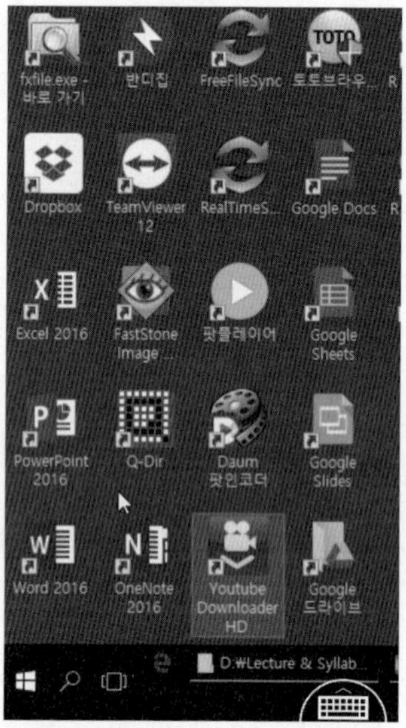

그림 7-45. 아이폰으로 데스크톱에 접속한 화면

Chapter 08

논문 및 보고서 작성

Understanding and Application of Research Methods

CHAPTER 08 논문 및 보고서 작성

지금까지 자료를 검색·관리하고 동료들과 연구 수행의 과정과 내용을 함께 할 수 있는 여러 가지 애플리케이션에 대해 살펴보았다. 전술한 일련의 내용은 궁극적으로 논문이나 보고서와 같은 연구 성과물을 성공적으로 작성하기 위해 필수적이며, 이를 통해 개별 연구자들은 양질의 결과물을 얻게 된다. 하지만 논문이나 보고서의 경우, 최종 결과물을 제출·보고하는 형식이 학회나 발주기관이 요구하는 형식에 따라 상이하고, 연구 과제를 위한 최종보고서나 학위논문의 경우에는 몇 백 페이지에 달할 정도로 그 양이 방대한 경우가 빈번하여 상당한 노력이 요구된다. 상기 관점에서 본 장은 논문이나 보고서를 보다 손쉽고 편리하게 작성할 수 있는 방법들을 소개하고자 한다. 특히 국내에서 가장 보편적으로 사용되는 아래아한글 프로그램에서 제공하는 기능들 중 논문 작성 등에 필요한 기능을 상세하게 설명할 것이다. 본 장에서는 아래아한글의 수많은 기능들 가운데 기본적인 기능들을 제외하고 논문 및 보고서 작성에 사용되는 특별한 기능들을 살펴보고자 한다. 아울러 후반부에서는 외국에서 많이 사용되는 논문 작성용 프로그램인 스크리브너(Scrivener)의 사용법에 대해서도 알아볼 것이다. 스크리브너(Scrivener)는 국내에 많이 소개되지는 않았지만, 국제적으로 유명한 애플리케이션으로서 논문이나 보고서 형식의 글쓰기에 최적화된 프로그램이다.

1 아래아한글의 기능

본서에서 다루게 될 아래아한글의 기능들을 소개하면 다음과 같다.

- 조판 부호, 문단 부호 및 투명 선 보기
- 그림이나 표에 캡션(제목줄) 입력하기
- 상호참조를 이용한 표나 그림의 번호와 본문 내 번호 자동 맞추기
- 상용구를 이용한 입력 방법
- 맞춤법 오류로 인식되는 전문용어의 붉은색 밑줄 없애기
- 다단 설정과 구역 나누기
- 스타일을 이용한 문서 형식 맞추기
- 목차 만들기
- 매크로를 이용한 문서 편집 방법
- 수식 편집기 사용하기

여기서 선택한 기능들은 대부분 논문이나 보고서 작성 시 유용한 것들로 일반 유저들이 몰라서 잘 사용하지 않는 것들을 선택한 것이다. 페이지 번호 입력 및 수정과 같은 기능들은 일반 유저들도 어느 정도 알고 있는 경우가 많기 때문에 포함시키지 않았으며, 아래아한글의 기능 중 버그가 있어 정상적으로 작동하지 않는 것들도 제외하였다.

1) 조판부호, 문단부호 및 투명 선 보기

조판부호, 문단부호 및 투명 선이란 말을 처음 듣는 사람도 있을 것이다. 먼저 이것들이 무엇인지 알아본 후 사용방법을 익히자. 문단부호는 문장의 끝을 나타내는 기호이다. 전문적으로는 캐리지리턴 & 라인피드(CR & LF)를 합친 것이다. 이것은 사용자가 글을 쓰다가 [Enter]를 치면 다음 줄의 처음 위치로 입력 포커스가 이동되

는 것을 말한다. 결국 문단이 끝나고 새로운 문단이 시작되는 것이다. 이를 나타내기 위해서 프로그램은 [Enter]를 친 위치에 문단이 끝났음을 알리는 기호를 표시하는데 이를 문단부호라 한다. 아래아한글은 이 기호를 '↲'으로 표시한다. 사용자는 이 기호를 통해 줄의 개수를 확인할 수 있으며, 새롭게 문단이 시작되었음을 알 수 있다. 아래아한글을 설치한 후 처음 실행하면 이 부호는 나타나지 않는다. 이 부호를 보기 위해서는 〈그림 8-1〉과 같이 **【보기】** 메뉴를 클릭해서 나타나는 리본 메뉴에서 「□ **문단 부호**」 항목에 체크를 해야 한다.

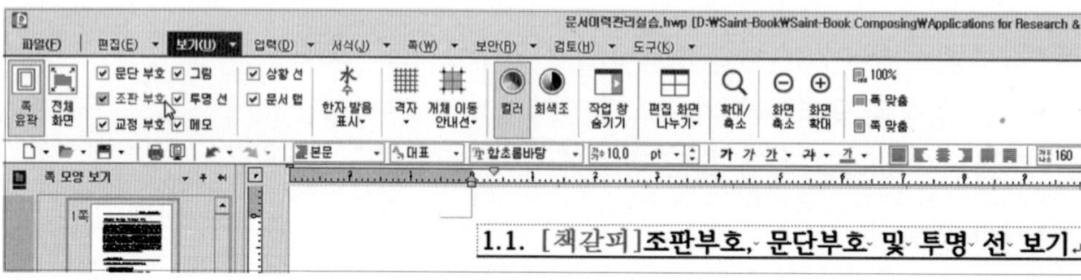

그림 8-1. 보기 메뉴 및 부호 표시

투명 선은 주로 표를 작성할 때 사용하는 기능이다. 논문에 입력되는 표는 세로줄을 사용하지 않는데 이를 위해서 세로줄을 투명하게 처리할 경우 편집할 때 선이 보이지 않기 때문에 불편할 때가 있다. 이럴 때 투명하게 처리한 줄을 붉은색 점선으로 표시하도록 하는 것이다. 투명 선을 표시하기 위해서는 〈그림 8-1〉과 같이 **【보기】** 메뉴를 클릭해서 나타나는 리본 메뉴에서 「□ **투명 선**」 항목에 체크하면 된다. 물론 프린트할 때는 인쇄되지 않기 때문에 표의 모양이 변하지는 않는다. 편집상의 편리를 위해서 화면상에 표시할 뿐이다. 〈그림 8-2〉는 문단부호와 투명 선을 보여주고 있다. 그림에서 붉은 점선이 투명 선이고 파란색의 '↲' 기호가 문단부호이다.

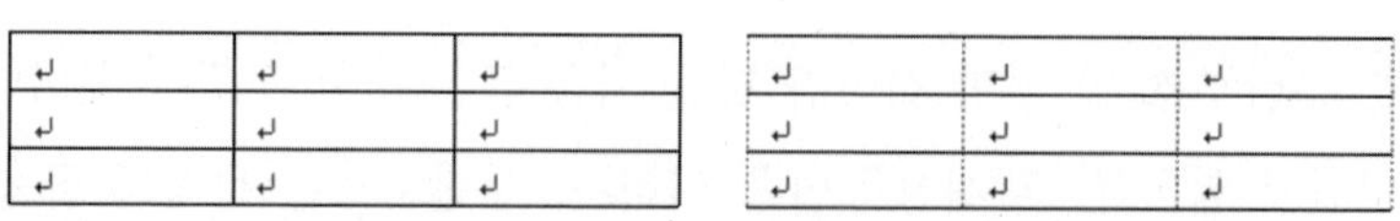

그림 8-2. 투명 선을 보이도록 한 화면

조판부호는 평소에는 보이지 않는다. 그래서 사용자 중에는 실제로 이런 것이 있는지도 모르는 경우가 많다. 조판부호는 문서에 그림이나 표, 책갈피 등을 입력하면 삽입되는 내부적인 코드이다. 문서를 작성하다보면 페이지 번호가 이상하게 표시 되거나 그림의 번호가 원하는 순서로 되지 않거나 하는 경험을 간혹 하게 되는데 이는 문서에 있는 조판부호가 중복되어 있거나 또는 자신이 모르는 곳에 입력된 조판부호 때문인 경우가 대다수이다. 특수한 기능들은 대부분 이 조판부호를 가지고 있고, 정밀한 편집을 하기 위해서는 조판부호를 다룰 줄 알아야 한다. 조판부호를 보기 위해서는 **【보기】** 메뉴를 클릭해서 나타나는 리본 메뉴에서 「□ **조판 부호**」 항목에 체크를 해야 한다. 그러면 〈그림 8-1〉의 본문 부분에서와 같이 주황색으로 조판부호가 표시된다. 그림에서는 "[책갈피]"라고 되어 있는 것이 조판부호이다. 이것을 통해 이곳에 책갈피가 입력되어 있음을 알 수 있다. 만약 사용자가 이 조판부호를 삭제하면 입력된 책갈피가 실제로 삭제되는 것이다. 이곳에 그림이 삽입되어 있었다면 [그림], 표가 삽입되어 있었다면 [표]라는 조판부호가 나타났을 것이다.

2) 그림이나 표에 캡션(제목 글) 입력하기

논문에 포함되는 표나 그림에는 반드시 그림 번호 및 표 번호와 함께 제목이 붙도록 되어 있는데, 학생들이 제출하는 보고서나 논문을 보면 이 캡션을 입력하기 위해서 그림이나 표의 윗줄 또는 아랫줄에 일반적인 글들과 동일하게 타이핑을 하곤 한다. 이렇게 본문의 글을 입력하듯이 캡션을 입력하면 때론 그림과 캡션이 다른 페이지로 나누어질 때도 있고 더욱이 그림이나 표의 번호를 일일이 입력하고 순서를 맞춰야 하는 번거로움이 생긴다. 아래아한글에서 제공하는 캡션 기능을 사용하면 표나 그림의 제목이 항상 같이 다니기 때문에 제목이 다른 페이지로 넘어가는 일도 없고, 번호가 자동으로 입력되기 때문에 사용자가 일일이 맞출 필요가 없다. 그리고 뒤에서 배우게 될 상호참조를 통해 그림/표의 번호와 본문에서 제시한 번호를 자동으로 일치시킬 수 있다.

그림이나 표에 캡션을 입력하는 방법은 간단하다. 표를 대상으로 설명하면, 표를 먼저 만든 다음 표를 선택한 상태(표의 가장 바깥쪽 선을 클릭하면 선택된다)에서 오른쪽 마우스 버튼을 누르면 〈그림 8-3〉과 같이 팝업 메뉴가 나타나고 **【캡션 넣기**

(A)】 라는 메뉴가 보인다. 이를 클릭하면 표 번호가 자동으로 생성되면서 제목을 입력할 수 있도록 커서가 놓이게 된다.

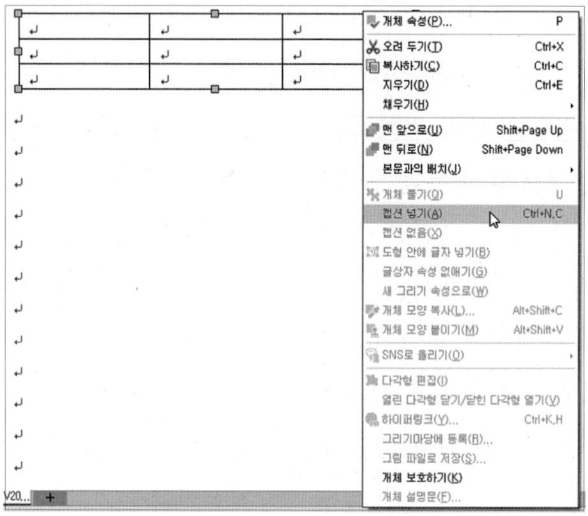

그림 8-3. 캡션 넣기 메뉴

제목을 입력하고 나면, 이제부터 이 캡션은 표와 함께 움직이게 된다. 만약 뒤에 표를 하나 더 만들어서 캡션을 입력하면 표 번호는 자동으로 2가 된다. 반대로 앞쪽에 표를 추가하면 그 표의 번호가 1이 되고 이전에 입력했던 표의 번호가 자동으로 2로 변한다. 이렇게 표의 순서에 따라서 표의 번호가 자동으로 변한다. 그림도 동일하게 작동한다.

논문 작성 시 표 제목은 표 위쪽에, 그림의 제목은 그림 아래에 위치하도록 되어 있다. 만약 표에 캡션을 입력했는데 제목이 아래쪽에 생겼다면 위쪽으로 이동시켜야 한다. 이를 위해서는 표의 가장 바깥쪽 라인을 더블클릭하거나 또는 〈그림 8-3〉의 팝업 메뉴에서 제일 위쪽에 있는 【개체 속성(P)...】 메뉴를 클릭하면 〈그림 8-4〉와 같은 {표/셀 속성} 창이 나타난다. 위쪽에 있는 [여백/캡션]탭을 클릭하면 〈그림 8-5〉와 같은 화면이 나타난다.

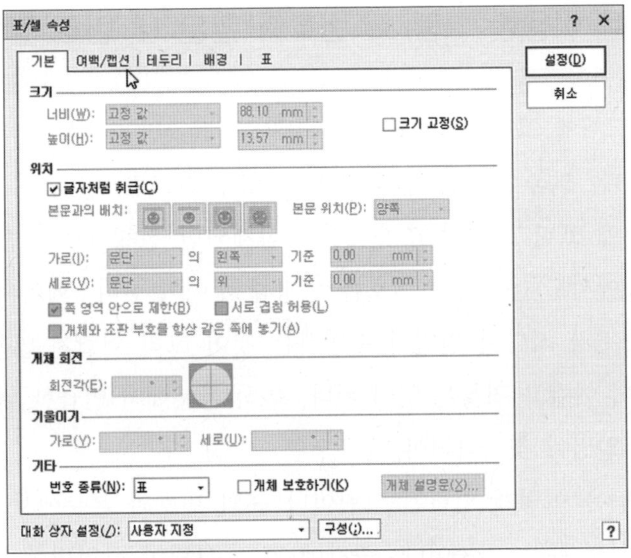

그림 8-4. 표/셀 속성 창 화면

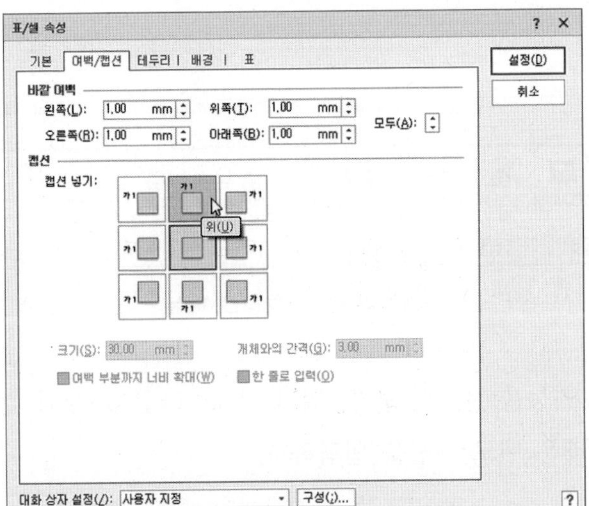

그림 8-5. 캡션 위치 선택 화면

중간에 있는 「캡션」 항목에서 위쪽을 선택하고 [설정] 버튼을 클릭하면 표의 캡션이 위쪽으로 이동된다. 그림의 캡션 위치를 이동시킬 때도 동일하게 수행하면 된다. 이렇게 【캡션 넣기(A)】 메뉴를 이용하여 입력하면 나중에 표나 그림의 목차를 만들 때 자동으로 생성되기 때문에 편하다.

3) 상호참조를 이용한 그림/표 번호와 본문 내 번호 일치시키기

논문이나 보고서에 그림 또는 표를 입력한 후에는 반듯이 본문 내에서 한 번은 언급을 해야 한다. 보통 "〈그림 2〉를 보면 ~" 또는 "(그림 2 참조)" 등으로 많이 사용하는데, 중간에 표나 그림이 추가되거나 삭제되면 전체적으로 번호가 달라지기 때문에 본문 내에서도 동일하게 번호를 변경해 주어야 한다. 페이지 수가 적고 그림이나 표의 숫자가 적다면 일일이 수정하는 것이 그리 어렵지 않지만 그 반대일 경우에는 상당히 어렵고 귀찮은 일이 된다. 특히 본문에서 언급한 위치를 기억하지 못할 경우에는 일일이 찾아다녀야 한다.

상호참조 기능은 이렇게 입력된 그림이나 표의 번호와 본문에서 언급한 번호를 자동으로 일치시켜 주는 기능이다. 중간에 표나 그림이 삽입되거나 삭제되더라도 자동으로 번호를 일치시켜 준다. 상호참조 메뉴는 〈그림 8-6〉과 같이 **【입력】** 리본 메뉴에 존재한다.

그림 8-6. 상호참조 메뉴

이제 상호참조 기능을 사용해 보자. 먼저 아래 〈그림 8-7〉과 같이 표를 하나 입력한 후 위에서 배운 대로 캡션을 입력하자.

표 1. 상호참조 실습용 표↵

↵	↵	↵
↵	↵	↵
↵	↵	↵

그림 8-7. 상호참조 실습용 표

표를 본문에서 언급하기 위해서 "〈표 1〉를 보면"이라고 아래 줄에 입력하자. 지금은 그림의 표 번호와 본문에서의 번호가 1번으로 일치한다. 이제 새로운 표를 〈표 1〉 위에 추가해 보자. 최종 모습은 〈그림 8-8〉과 같이 기존 표 번호가 2번으로 바뀌고 새롭게 추가한 표가 1번이 된다. 본문에서 제시한 표 번호와 달라진 것이다.

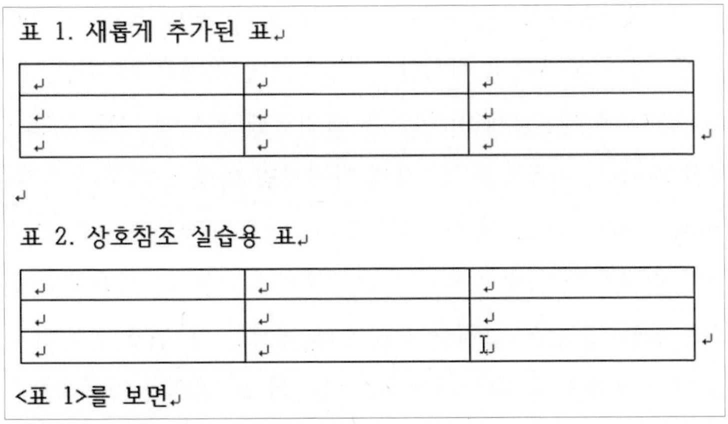
표 1. 새롭게 추가된 표

표 2. 상호참조 실습용 표

<표 1>를 보면

그림 8-9. 새로운 표를 추가한 모습

본문에서 제시한 "〈표 1〉를 보면"에서 1을 직접 타이핑 하지 않고 상호참조 기능을 이용해서 입력해보자. '1'자를 지우고 그 위치에서 〈그림 8-6〉에서와 같이 **【상호 참조】** 메뉴를 클릭하면 〈그림 8-9〉와 같이 {상호 참조} 창이 나타난다.

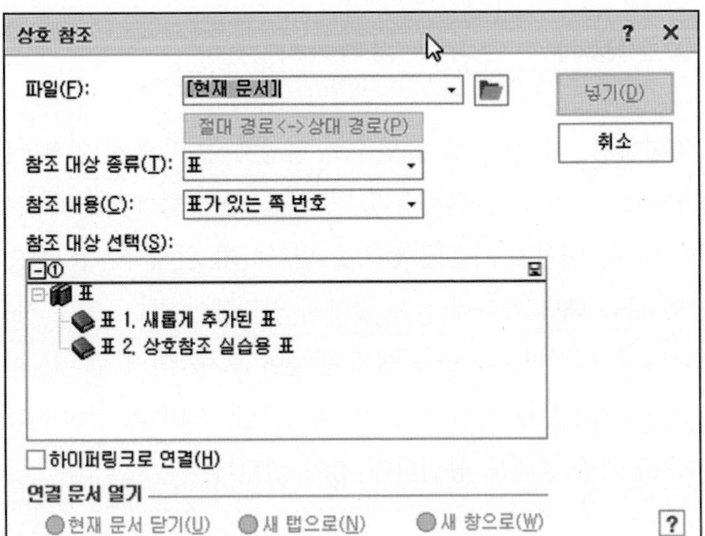

그림 8-8. 상호 참조 창

「참조 대상 종류」 항목에서 "표"임을 확인하자. 만약 그림을 상호 참조하고 싶을 때에는 여기서 그림으로 변경하면 된다. 바로 아래에 있는 「참조 내용」 항목에서 "표가 있는 쪽 번호" 대신에 "표 번호"로 변경하자. 「참조 대상 선택」 항목에는 현재 문서에 있는 표들이 나열되어 있다. 여기에서 상호 참조하고 싶은 표를 마우스로 선택하면 된다. 우리는 "표 2. 상호참조 실습용 표"를 선택하자. 밑에 있는 「□ 하이퍼링크로 연결(H)」에 체크를 하면 본문에서 제시한 표 번호를 클릭했을 때 해당 표로 이동하게 된다. 체크를 하자. 이제 [넣기(D)] 버튼을 클릭하면 본문에 "〈표 2〉"로 '2' 자가 자동으로 생성될 것이다. 마우스를 '2' 자에 가져가면 마우스 커서가 손가락 모양으로 바뀐다. 클릭하면 해당 표로 화면이 이동된다. 상호참조를 이용한 표 번호가 어떻게 작동하는지 알아보기 위해서 표 1을 삭제해보자. "표 2. 상호참조 실습용 표"의 표 번호가 1로 바뀔 것이다. 그러나 본문에서 제시한 표 번호가 바뀌지 않고 '2'로 그대로이다. 이 상태에서 문서를 저장하면 본문의 표 번호가 자동으로 '1'로 변경된다. 다시 새롭게 표를 추가한 다음 저장하기를 하면 본문의 표 번호가 또 자동으로 변한다.

이렇게 본문 내에서 표나 그림의 번호를 입력할 때 상호 참조 기능을 이용하면 표나 그림의 추가 또는 삭제에 의해 번호가 바뀌어도 본문과 항상 일치하게 유지할 수 있다.

4) 상용구를 이용해서 편하게 입력하자

상용구는 입력하기 어려운 글을 줄임말로 설정해 놓고 쉽게 입력하는 것을 말한다. 직접 실습해 보면 쉽게 이해할 수 있다. 본문 작성 중에 "남·여"라는 단어를 많이 사용한다고 하자. 여기서 가운데 점(·)을 입력하기 위해서는 [Ctrl+F10]을 눌러서 문자표 창을 연 다음 해당 가운데 점을 찾아서 입력해야 한다. 자주 사용해야 할 때는 상당히 번거로운 일이다. 이 일을 쉽게 만들어 보자. 먼저 주 메뉴에서 **【입력】** - **【상용구】** - **【상용구 내용】** 을 차례로 클릭해서 〈그림 8-10〉과 같이 {**상용구**} 창을 불러내자. [Ctrl+F3] 키를 눌러도 동일하게 창이 열린다.

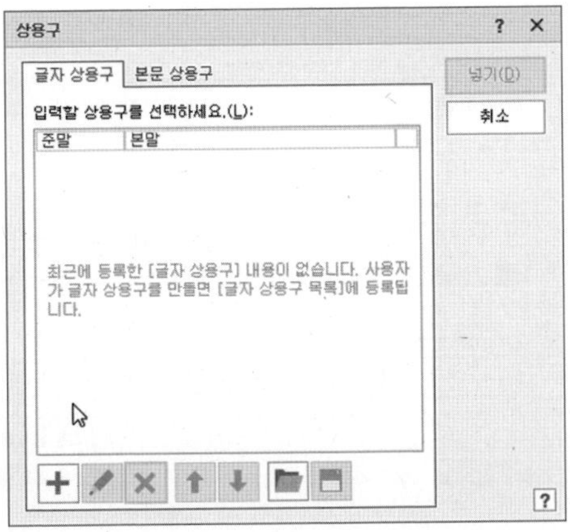

그림 8-10. 상용구 창

상용구를 등록하기 위해서 아래에 있는 "+" 기호를 클릭하자. 〈그림 8-11〉과 같은 창이 열린다.

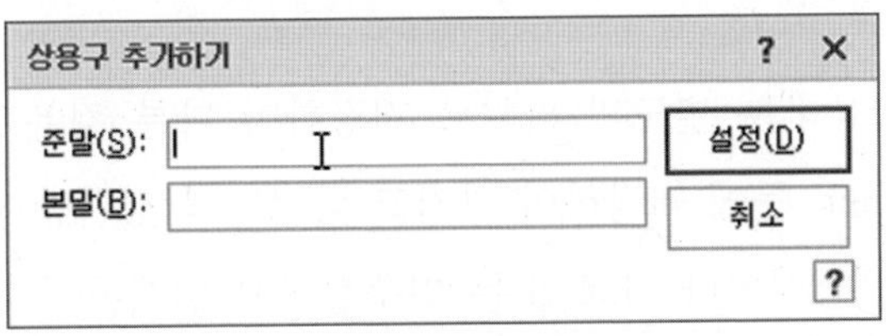

그림 8-11. 상용구 추가하기 창 화면

「준말」 항목에 "점"이라고 입력하고 커서를 「본말」 항목으로 이동한 후 [Ctrl+F10]을 클릭하면 〈그림 8-12〉와 같은 {**문자표 입력**} 창이 나타난다. 가운데 점을 찾아서 선택한 후 [넣기] 버튼을 클릭하면 「**본말**」 항목에 입력이 된다. [**설정**] 버튼을 클릭하면 해당 내용이 〈그림 8-10〉의 상용구 리스트에 등록된다. 마지막으로 넣기 버튼을 클릭하면 본문에 가운데 점이 입력된다. 이제부터 가운데 점을 입력하고 싶을 때는 "점"이라고 쓴 다음 [Alt+i]를 누르면 가운데 점으로 자동 변경된다.

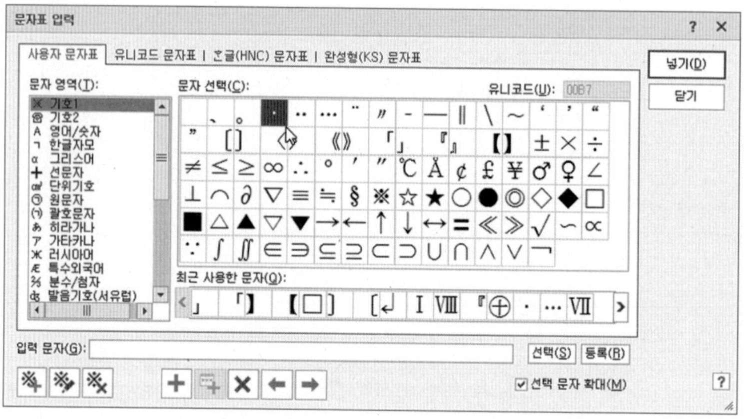

그림 8-12. 문자표 입력 창 화면

"남·여"를 입력하고 싶다면 "남점"까지만 입력한 후 [Alt+i]를 누른 후 "여"를 입력하면 된다. 좀 더 쉽게 입력하고 싶다면 상용구 등록시 「준말」에 "남여"를 입력하고 「본말」에 "남·여"를 입력하여 등록한 후 "남여"라고 입력한 후 [Alt+i]를 누르면 "남·여"라고 입력이 된다.

자신이 등록한 상용구는 별도의 파일로 저장하여 다른 컴퓨터로 가져가 사용할 수 있다. 상용구를 usb 등에 저장하여 가지고 다녀도 되겠지만 앞에서 배운 드롭박스의 폴더에 저장하면 집이나 학교 또는 연구실에서 언제든지 자신의 상용구를 사용할 수 있다. 〈그림 8-10〉의 화면에서 아래쪽에 있는 디스켓 모양의 [저장하기] 버튼을 클릭하면 〈그림 8-13〉과 같은 {글자 상용구 저장하기} 창이 열린다. 여기에 적당한 파일명을 입력한 후 저장하면 된다. 상용구 저장 파일의 확장명은 .ido이다.

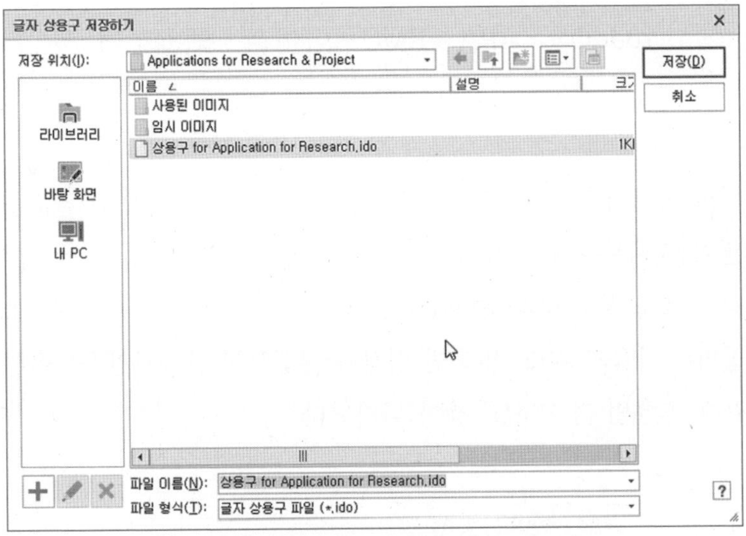

그림 8-13. 글자 상용구 저장하기 창 화면

저장된 상용구 파일을 불러올 때는 <그림 8-10>에서 폴더 모양의 [불러오기] 버튼을 클릭하면 파일 선택 창이 나타나는데 원하는 파일을 선택하면 상용구 내용이 상용구 등록 창에 나타난다.

5) 맞춤법 오류로 인식되는 전문용어의 붉은색 밑줄 제거하기

글을 쓰다 보면 맞춤법 실수나 오타로 인식되는 단어의 경우 붉은색 밑줄이 생기는 것을 자주 보게 되는데, 이러한 붉은 색 밑줄은 전문용어나 신생어에도 나타난다. 특히 학문을 수행하는 각 전문영역에서 사용하는 단어나 줄임말의 경우 매우 자주 보게 된다. 사실 붉은색 밑줄이 생겨도 내용에는 지장이 없기 때문에 무시해도 되지만 사용자에 따라서는 상당히 거슬려하는 경우도 있다. 이러한 붉은색 밑줄을 제거하는 방법을 알아보자.

먼저 아래아한글에서 인식하지 못하는 단어들을 나열해 보면 <그림 8-14>와 같다. 여러분이 아래아한글에 이 단어들을 쓰면 붉은색 밑줄이 생길 것이다.

그림 8-14. 잘못된 단어로 인식된 경우

틀린 단어도 아닌데 아래아한글이 계속 단어들마다 붉은색으로 밑줄을 나타내기 때문에 화면이 지저분하게 보이고 때로는 신경을 거슬리게 한다. 이러한 경우 이 단어를 사용자 보조 사전에 등록하면 붉은색 밑줄들이 사라지게 된다. 보조 사전에 등록하는 방법은 다음과 같다. 맞춤법 검사를 실행하는 단축키인 [F8]을 치면 〈그림 8-15〉와 같이 {맞춤법 검사/교정} 창이 나타난다.

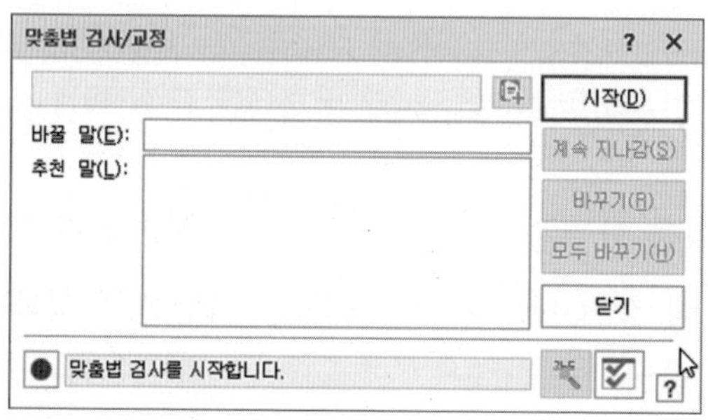

그림 8-15. 맞춤법 검사 창

창의 우측하단에 있는 체크 표시된 [설정] 버튼을 클릭하면 〈그림 8-16〉과 같은 창이 나타난다. 화면 상단에서 [보조 사전]탭을 클릭하면 〈그림 8-17〉 화면이 나타난다.

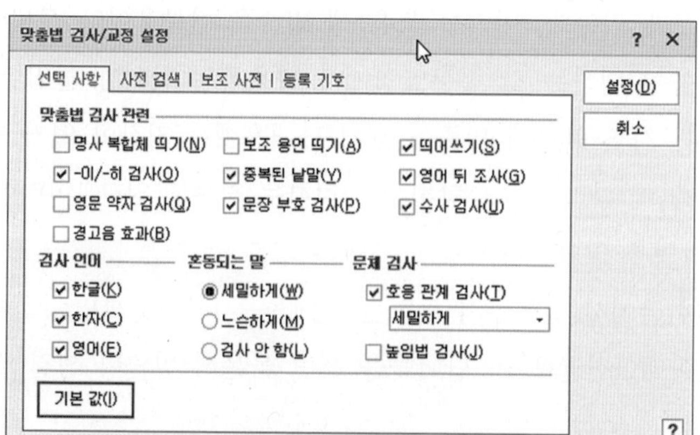

그림 8-16. 맞춤법 검사/교정 설정 창 화면

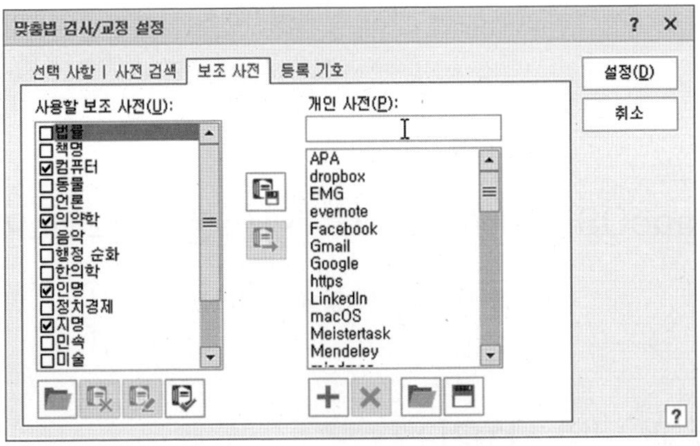

그림 8-17. 보조 사전 탭 화면

「개인 사전」 항목에 원하는 단어들을 입력한 후 화면 아래의 [+] 기호 버튼을 클릭하면 단어가 리스트에 추가된다. 이렇게 입력된 보조 사전을 다른 컴퓨터에서도 사용하기를 원할 때는 저장해야 하는데 아래쪽의 디스켓 모양의 **[저장하기]** 버튼을 클릭하면 〈그림 8-18〉과 같은 **{개인 사전 저장하기}** 창이 나타난다. 여기에 원하는 폴더와 파일이름을 입력하고 **[저장]** 버튼을 클릭하면 확장명이 ".usr"인 파일로 저장이 된다. 그리고 이전 화면인 〈그림 8-17〉로 이동되는데 여기서 **[설정]** 버튼을 클릭하면 다시 이전 화면인 〈그림 8-15〉로 이동되고 **[닫기]** 버튼을 클릭하면 편집화면으로 돌아오게 된다.

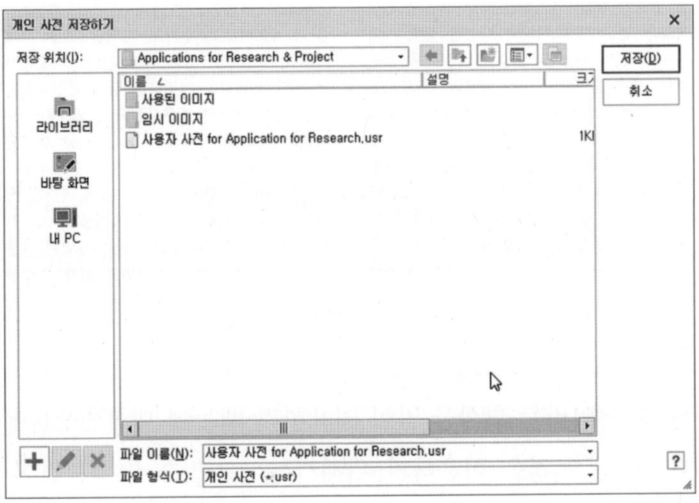

그림 8-18. 개인 사전 저장하기 화면

편집 화면을 보면 〈그림 8-19〉와 같이 붉은색 밑줄이 사라진 단어들을 확인할 수 있다.

macOS APA EMG 아이폰 앱스토어

그림 8-19. 붉은색 밑줄이 사라진 화면

6) 다단 설정과 구역 나누기

아래아한글에는 【다단 설정】과 【다단 설정 나누기】가 있다. 명칭이 비슷해서 혼란스럽지만 기능을 알게 되면 어려운 것이 아니다. 먼저 다단 설정은 〈그림 8-20〉과 같이 한 페이지를 좌우로 나누어서 사용하는 것을 의미한다.

본서는 특정 학문분야나 전공만을 위한 것이 아니라 모든 분야에서 연구를 수행하는 대다수의 연구자들에게 필요한 전문 소프트웨어와 기능 등의 사용 방법과 활용 방법을 담고 있다.

대학의 교수뿐만 아니라 대학원생, 대학생, 연구원 등 연구활동을 주로 하는 사람들은 자료의 검색 및 관리, 연구 아이디어 구상, 연구계획서 작성, 실험 계획 및 수행, 논문이나 보고서 작성 및 출판 등 유사한 과정을 수없이 거친다. 이러한 과정 속에서 연구자들은 연구 자체 이외에 다양한 형태의 어려움을 겪게 되는데, 그중 자주 겪게 되는 것이, 계속 쌓여가는 각종 자료의 관리와 논문이나 보고서의 논리적이고 체계적인 작성일 것이다. 관련 자료는 시간이 지날수록 점차 늘어나게 되고, 어느 순간 원하는 자료를 찾을 수 없을 만큼 쌓이게 되면서 지료관리를 포기하는 경우도 발생한다. 대부분의 연구자들은 자료를 컴퓨터에 폴더 구조로 관리하는 것이 일반적이지만 파일의 수가 증가하

4. 논문을 학회에 제출하기 위해 해당 학회지의 형식을 맞추는 것이 매우 번거롭다.
5. 참고문헌을 일일이 대조하고 APA 형식으로 변경하는 것이 매우 번거롭다.
6. 프로젝트 보고서 작성 시 수많은 표의 형태를 모두 변경해야 할 경우 엄청난 시간과 노력이 요구된다.
7. 동료 연구자들과 협업을 하거나 의견을 나눌 때 연락, 미팅, 자료의 교환 등 매우 번거로운 일들이 많이 발생한다.

이러한 어려움들은 결국 연구활동의 효율을 떨어뜨리고 연구자로 하여금 연구 자체 이외의 작업으로 인해 스트레스를 가중시키게 된다. 이 같은 어려움은 국내 연구자들뿐만 아니라 외국의 연구자들도 오래전부터 느껴왔던 것으로 국내외는 물론 전공 영역을 막론하고 연구활동을 주로 하는 연구자들은 유사한 패턴의 연구활동으로 인해 비슷한 어려움을 지니고 있다. 이러한 점들을 고려하여 외국에서는 연구자들을 위한 다양한 전문적인 소프트웨어를 개발하였고 현재 수많은

그림 8-20. 다단 나누기를 한 화면

학회 논문의 경우 이러한 형식을 많이 이용하기 때문에 대학원생들에게는 익숙한 모습일 것이다. 다단 설정을 이용하기 위해서는 〈그림 8-21〉과 같이 【쪽】 리본메

뉴의 [단] 메뉴를 실행하면 된다. 글을 모두 입력한 후 해도 되고, 먼저 단을 나눈 다음에 글을 입력해도 된다.

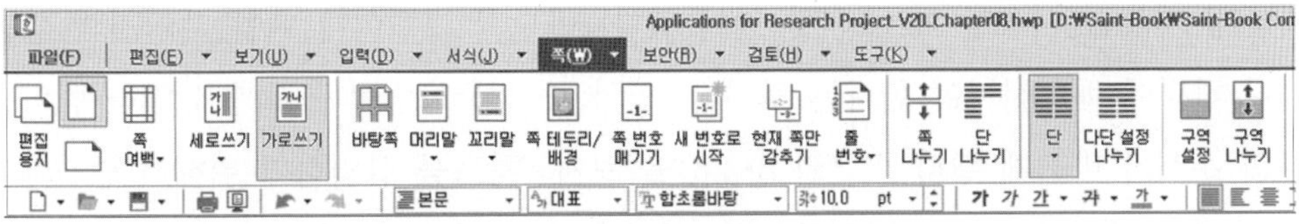

그림 8-21. 다단 설정 및 다단 설정 나누기 메뉴

【다단 설정 나누기】는 한 페이지에 여러 형태의 단을 만들 때 사용한다. 〈그림 8-22〉를 보면 상단은 1단으로 되어 있고, 하단은 2단으로 되어 있다. 보통 학회 논문의 첫 페이지가 이런 형태로 되어 있는 경우가 많다.

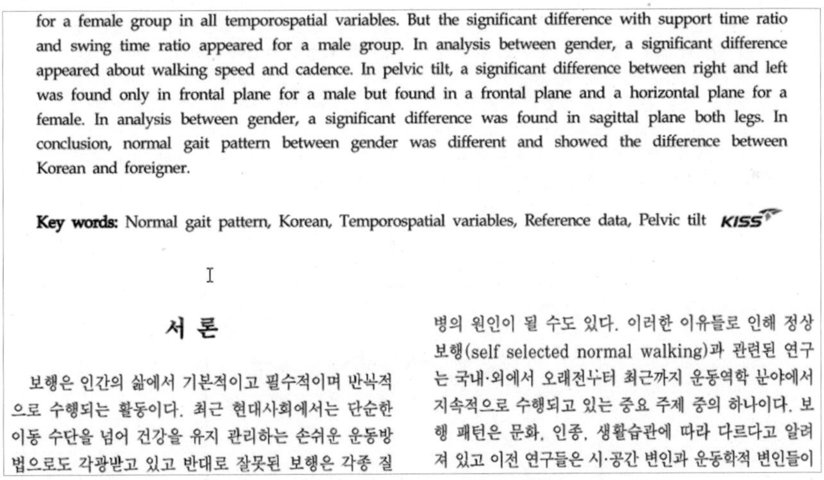
for a female group in all temporospatial variables. But the significant difference with support time ratio and swing time ratio appeared for a male group. In analysis between gender, a significant difference appeared about walking speed and cadence. In pelvic tilt, a significant difference between right and left was found only in frontal plane for a male but found in a frontal plane and a horizontal plane for a female. In analysis between gender, a significant difference was found in sagittal plane both legs. In conclusion, normal gait pattern between gender was different and showed the difference between Korean and foreigner.

Key words: Normal gait pattern, Korean, Temporospatial variables, Reference data, Pelvic tilt KISS

서 론

보행은 인간의 삶에서 기본적이고 필수적이며 반복적으로 수행되는 활동이다. 최근 현대사회에서는 단순한 이동 수단을 넘어 건강을 유지 관리하는 손쉬운 운동방법으로도 각광받고 있고 반대로 잘못된 보행은 각종 질병의 원인이 될 수도 있다. 이러한 이유들로 인해 정상보행(self selected normal walking)과 관련된 연구는 국내·외에서 오래전부터 최근까지 운동역학 분야에서 지속적으로 수행되고 있는 중요 주제 중의 하나이다. 보행 패턴은 문화, 인종, 생활습관에 따라 다르다고 알려져 있고 이전 연구들은 시·공간 변인과 운동학적 변인들이

그림 8-22. 1단과 2단이 혼합된 형태

사용방법은 다음과 같다. 1단으로 글을 쓰다가 2단으로 만들고 싶은 위치에서 〈그림 8-21〉의 **【다단 설정 나누기】** 메뉴를 실행하면 나머지 글들은 새로운 줄로 떨어진다. 이 상태에서 **【단】** 메뉴의 아래 화살표를 클릭하여 "둘", 즉 2단을 선택하면 아래 글들은 2단으로 변하게 된다. 다시 1단으로 글을 쓰고 싶으면 동일하게 **【다단 설정 나누기】**를 실행한 후 **【단】** 메뉴의 아래 화살표를 클릭하여 "하나", 즉 1단을 선택하

면 된다. 이렇게 자신이 원하는 형태로 문서를 만들어 갈 수 있다. 다단을 제거하고 싶을 경우에는 다단을 나눈 위치에서 [Backspace] 키를 누르면 된다.

학회가 2단 편집된 원고를 받을 경우 큰 표나 그림을 삽입하기 위해서 **【다단 설정 나누기】** 메뉴를 이용할 때 주의할 점이 있다. 반드시 그림이나 표를 페이지의 상단이나 하단에 배치시켜야 한다는 것이다. 만약 중간에 그림이나 표를 삽입하게 되면 글의 순서가 바뀌게 된다. 〈그림 8-23〉을 보자. 차트를 삽입하기 위해서 중간에 1단 영역을 만들어 그림을 삽입하였다. 이럴 경우 글의 흐름이 그림에 붉은 선과 번호로 표시한 것 같이 흐른다. 학회에서 요구하는 글의 순서와 맞지 않는다. 일반적으로 학회에서는 그림이나 표와는 상관없이 글의 순서가 ①→③→②→④로 이어지도록 요구하고 있다. 따라서 큰 그림이나 표를 삽입할 때는 항상 최상단이나 하단에 배치하여 글의 순서가 바뀌지 않도록 해야 한다.

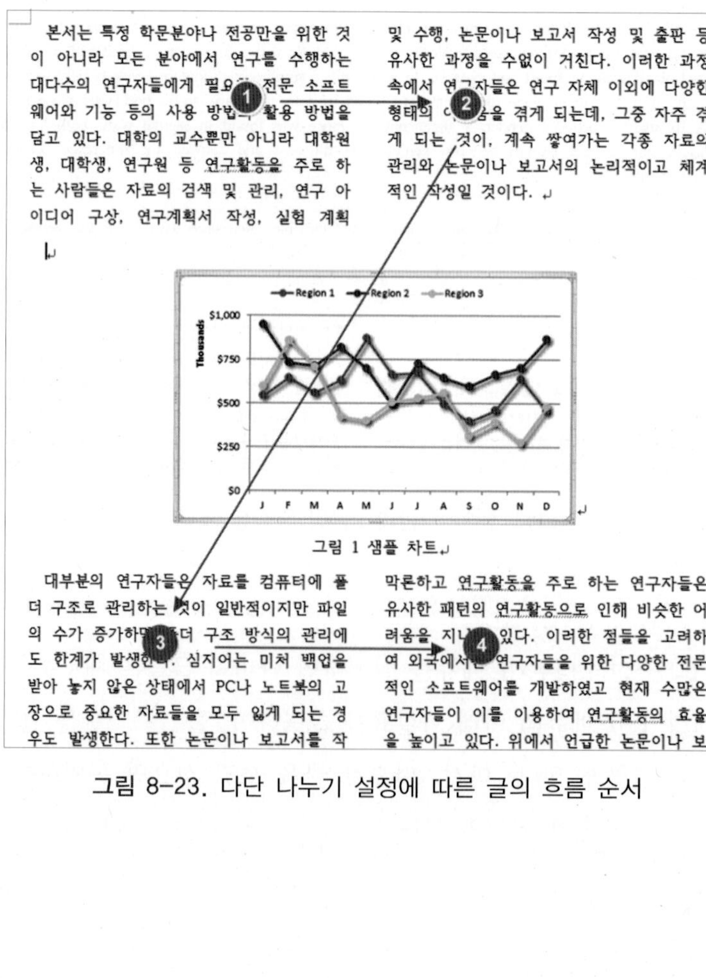
본서는 특정 학문분야나 전공만을 위한 것이 아니라 모든 분야에서 연구를 수행하는 대다수의 연구자들에게 필요한 전문 소프트웨어와 기능 등의 사용 방법과 활용 방법을 담고 있다. 대학의 교수뿐만 아니라 대학원생, 대학생, 연구원 등 연구활동을 주로 하는 사람들은 자료의 검색 및 관리, 연구 아이디어 구상, 연구계획서 작성, 실험 계획 및 수행, 논문이나 보고서 작성 및 출판 등 유사한 과정을 수없이 거친다. 이러한 과정 속에서 연구자들은 연구 자체 이외에 다양한 형태의 어려움을 겪게 되는데, 그중 자주 겪게 되는 것이, 계속 쌓여가는 각종 자료의 관리와 논문이나 보고서의 논리적이고 체계적인 작성일 것이다.

그림 1 샘플 차트

대부분의 연구자들은 자료를 컴퓨터에 폴더 구조로 관리하는 것이 일반적이지만 파일의 수가 증가하면 폴더 구조 방식의 관리에도 한계가 발생한다. 심지어는 미처 백업을 받아 놓지 않은 상태에서 PC나 노트북의 고장으로 중요한 자료들을 모두 잃게 되는 경우도 발생한다. 또한 논문이나 보고서를 작

막론하고 연구활동을 주로 하는 연구자들은 유사한 패턴의 연구활동으로 인해 비슷한 어려움을 지니고 있다. 이러한 점들을 고려하여 외국에서는 연구자들을 위한 다양한 전문적인 소프트웨어를 개발하였고 현재 수많은 연구자들이 이를 이용하여 연구활동의 효율을 높이고 있다. 위에서 언급한 논문이나 보

그림 8-23. 다단 나누기 설정에 따른 글의 흐름 순서

【구역 나누기】 메뉴에 대해서 알아보자. 구역 나누기는 한 문서 내에서 영역을 별도로 설정하여 편집용지의 형태를 다르게 지정할 때 주로 사용한다. 일반적인 편집 용지는 세로로 길게 되어 있다. 만약 입력하고자 하는 표가 가로로 긴 형태로 세로 방향 용지의 폭 보다 길 경우입력하기 힘들다. 이럴 때 특정 페이지만을 가로 방향 편집 용지로 설정하면 표를 입력하기가 수월할 것이다. 〈그림 8-24〉를 통해 직접 그 모양을 확인해보자.

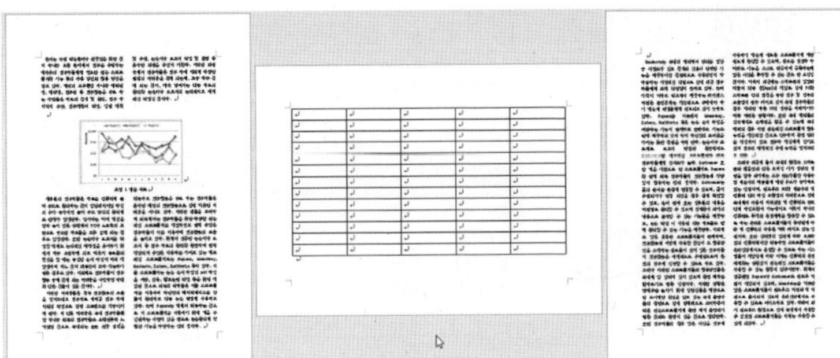

그림 8-24. 구역 나누기를 이용한 용지 방향 변경

〈그림 8-24〉를 보면 첫 페이지와 세 번째 페이지는 세로 방향의 용지로 되어 있고, 가운데 두 번째 페이지는 용지가 가로 방향으로 되어 있다. 여러분들은 간혹 큰 표나 그림이 삽입된 책에서 이러한 형태를 본 경험이 있을 것이다. 보통 프로젝트 보고서를 작성할 때 이러한 일이 자주 발생한다. 이제 사용방법을 알아보자.

【구역 나누기】 메뉴는 위에서 배운 다단 설정 메뉴의 오른쪽에 위치하고 있다(그림 8-21 참조). 문서를 작성하다가 용지 방향을 가로로 해야 할 위치에서 **【구역 나누기】** 를 실행하면 다음 줄로 커서가 이동한다. 만약 문서의 글 중간에서 **【구역 나누기】** 를 실행하면 나머지 글들이 아래 줄로 이동하게 된다. 현재 커서가 1번째 구역에 있는지, 2번째 구역에 있는지 확인하는 방법은 아래아한글 화면 하단의 상태 표시 창에 〈그림 8-25〉와 같이 표시된다.

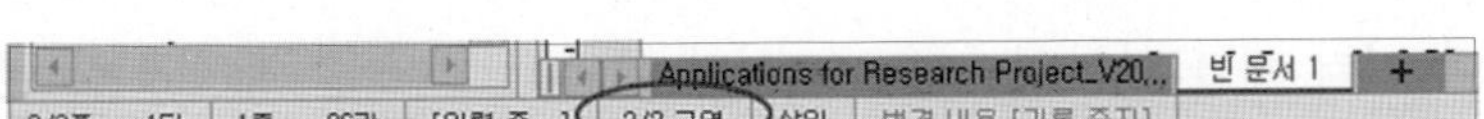

그림 8-25. 구역 위치를 나타내는 상태 표시 창

구역을 확인한 후 [F7] 키를 누르면 〈그림 8-26〉과 같은 {**편집 용지**} 창이 나타난다. 그림과 같이 「**용지 방향**」 항목에서 [**가로(A)**] 버튼을 클릭하면 용지가 가로 방향으로 변경된다. 만약 아래에 글이 있었다면 모두 가로 방향 용지에 맞게 문단이 변경된다. 가로 방향 편집이 완료된 후에는 다시 세로방향으로 글을 작성해야 하기 때문에 【**구역 나누기**】를 재실행해 편집 용지 방향을 세로방향으로 재 변경해야 한다. 즉, 한 페이지를 가로방향 편집하기 위해서는 3개의 구역이 필요하다(세로→가로→세로).

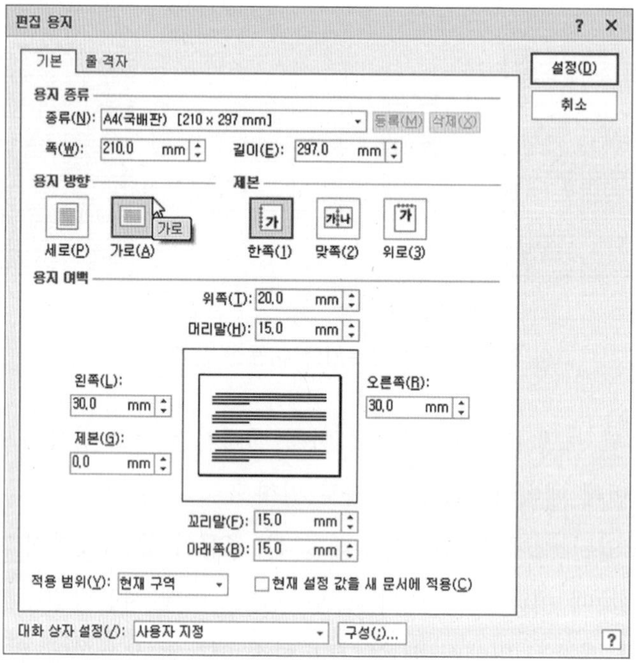

그림 8-26. 편집 용지 창 화면

7) 스타일을 이용한 문서 형식 맞추기

스타일이란 미리 글의 속성을 설정해 놓은 것을 말한다. 즉, 폰트, 글자 크기, 여백 등 글자와 관련된 다양한 속성을 정해 놓은 것이다. 이러한 스타일은 사용자가 필요에 따라 여러 개를 만들어 놓을 수 있다. 논문을 작성할 때, 제목, 본문, 저자, 요약(abstract) 등 종류에 따라 글자 크기, 폰트, 여백 등이 각기 다르다. 이러한 것들을 미리 스타일로 만들어 놓고 자신이 작성한 글에 적용만 시키면 쉽게 논문의 형식에 맞게 편집이 된다. 학회마다 요구하는 형식이 다른데 이때도 학회별로 스타일을 작성해 놓으면 언제든지 손쉽게 논문 형식을 변경시킬 수 있다. 스타일의 사용방법을 알아보기 전에 좀 더 쉽게 사용하기 위해서 작업 창을 설정하는 것부터 살펴보자. 아래아한글을 처음 설치한 후 실행하면 보통 〈그림 8-27〉과 같이 초기 화면에서 시작하게 된다. 화면 좌우에 아무것도 없이 편집 용지로 화면이 가득 찬 모습이다. 이 상태에서 글을 작성하면 글이 상당히 크게 보일 것이다. 특히 자신의 모니터가 크면 더욱 크게 보일 것이다.

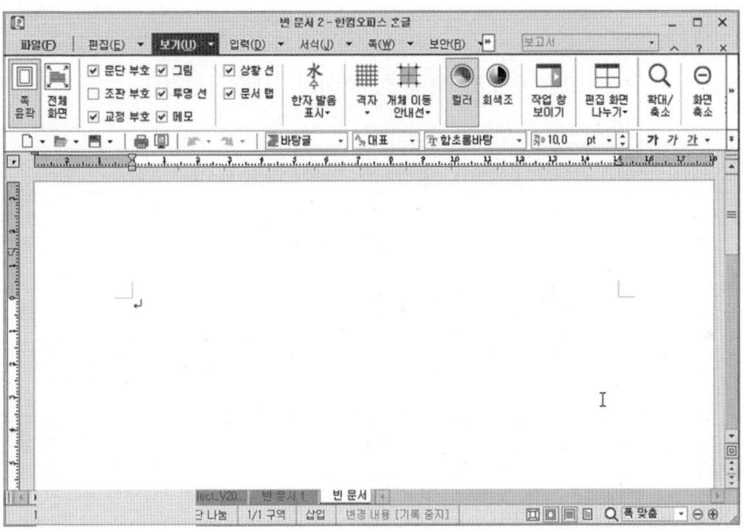

그림 8-27. 최초 편집 화면

【보기】 리본메뉴에 보면 【작업 창 보이기】 메뉴가 있다. 이를 실행하면, 【작업 창 숨기기】 로 메뉴 이름이 바뀌면서 〈그림 8-28〉과 같이 편집창의 스크롤바 옆에 작은 삼각형 모양의 화살표가 보이게 된다.

그림 8-28. 작업 창 보이기 실행한 화면

화살표를 클릭하면 〈그림 8-29〉와 같이 작업창 리스트 아이콘들이 나타난다.

그림 8-29. 작업창 리스트

아이콘들을 클릭하면 관련 창이 〈그림 8-30〉과 같이 나타난다. 〈그림 8-30〉은 스타일 작업창이 열린 모습이다.

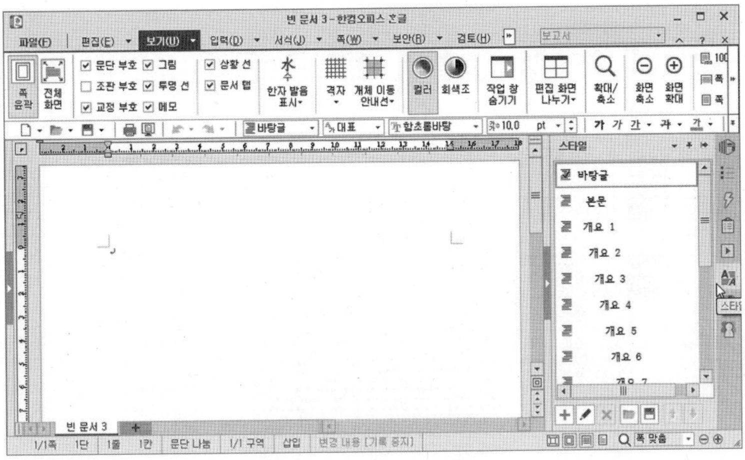

그림 8-30. 작업창이 열린 모습

작업창은 편집화면의 왼쪽과 오른쪽 어느 곳이든 갖다놓을 수 있다. 〈그림 8-30〉에서 작업창의 제목 부분(파란색으로 "스타일"이라고 쓴 부분)을 클릭한 상태에서 드래그 하여 왼쪽 끝으로 가져가면 자석에 붙듯이 달라붙는다. 이 작동이 조금 예민하기 때문에 몇 번 시도하다 보면 느낌을 알 수 있을 것이다. 작업창은 왼쪽과 오른쪽 모두에 위치할 수도 있다. 왼쪽으로 이동시키고 싶은 작업창을 연 상태에서 제목 부분을 더블클릭하면 해당 창이 독립적으로 분리된다. 이 창을 드래그해서 왼쪽으로 이동시키면 된다. 작업창을 왼쪽과 오른쪽 양쪽에 위치시킨 모습은 〈그림 8-31〉과 같다. 왼쪽에 쪽 모양 보기, 오른쪽에 스타일 작업창을 위치시켜 놓았다.

노트북과 같이 화면이 작을 때는 이렇게 배치할 필요가 없지만 최근 데스크톱의 경우 와이드 모니터를 많이 사용하는데 이렇게 배치시켜 놓고 사용하면 보다 편리하다.

〈그림 8-31〉의 스타일 작업창을 보면 아래아한글에서 미리 디폴트로 입력해 놓은 스타일들이 보인다. 사용자가 새롭게 만들 스타일도 이 작업창에 나타나게 된다. 이 스타일들이 어떤 속성들로 이루어졌는지 확인할 때는, [F6] 키를 누르거나 또는 스타일 작업창 아래에 있는 연필 모양의 **[스타일 편집]** 버튼을 클릭하면 〈그림 8-32〉와 같은 **{스타일}** 창이 나타나는데 여기서 확인할 수 있으며, 작업창에 나열되어 있는 스타일에 마우스 커서를 가져가면 풍선 형태로 대략적인 내용을 확인할 수 있다.

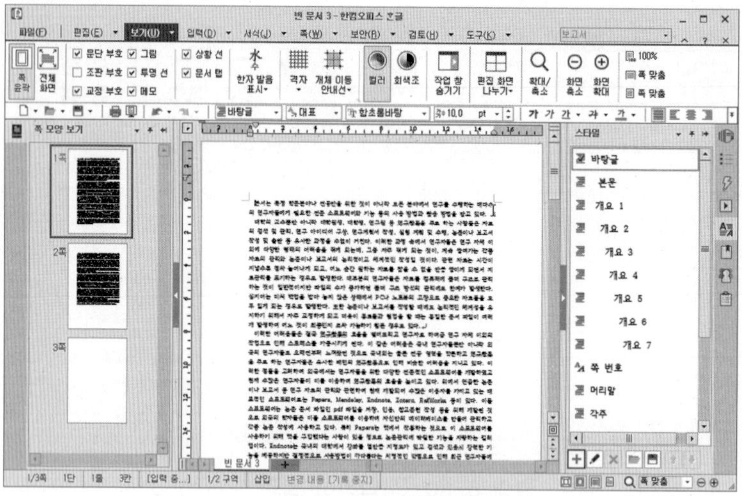

그림 8-31. 양쪽에 작업창을 배치시킨 화면

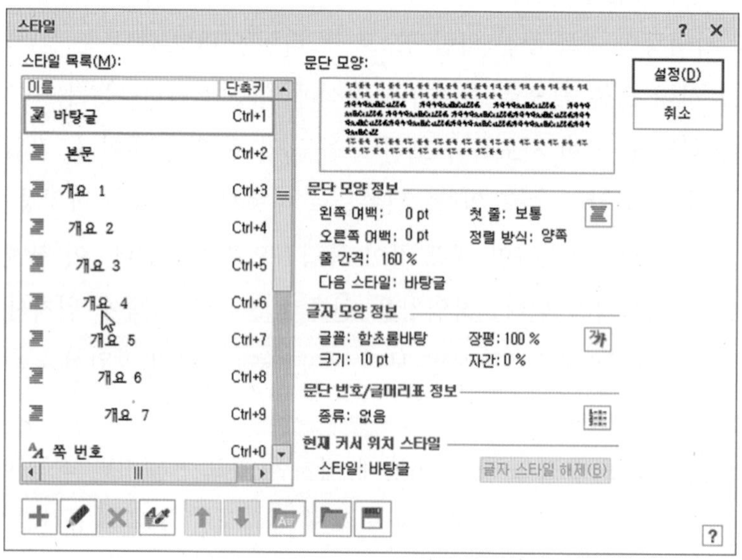

그림 8-32. 스타일 창 화면

이제 스타일을 만들어보자. 우리가 실습해 볼 것은 한국체육학회의 편집양식의 일부분으로 〈표 8-1〉과 같다.

표 8-1. 한국체육학회의 편집양식 일부

	서체	장평(%)	자간(%)	크기	행간	들여쓰기 및 정열
본문	휴먼명조	90	−10	10p	150%	10pt
논문제목	휴먼명조	90	−10	18p	130%	왼쪽
이름	휴먼명조	90	−10	11p	130%	왼쪽
소속	휴먼명조	90	−10	10p	130%	왼쪽
영문이름	휴먼명조	90	−10	10p	150%	왼쪽
영문소속	휴먼명조	90	−10	10p(이탤릭)	150%	왼쪽
국문요약본문	휴먼명조	90	−10	10p	150%	

스타일을 만들기 전에 아래아한글에서 만들어 놓은 스타일들을 모두 지우자. 우리가 만들 스타일들을 모아서 따로 저장할 것이므로 필요 없는 스타일들을 미리 정리하는 것이다. 스타일을 지우기 위해서는 〈그림 8-32〉의 **{스타일}** 창에서 삭제할 스타일을 선택한 후 아래에 있는 '×' 모양의 **[스타일 지우기]** 버튼을 클릭하면 된다. 참고로 바탕글 스타일은 삭제되지 않는다. 바탕글 스타일은 기본 스타일로 항상 유지되어야 하기 때문이다. 바탕글 스타일을 제외한 모든 스타일을 삭제한 모습은 〈그림 8-33〉과 같다.

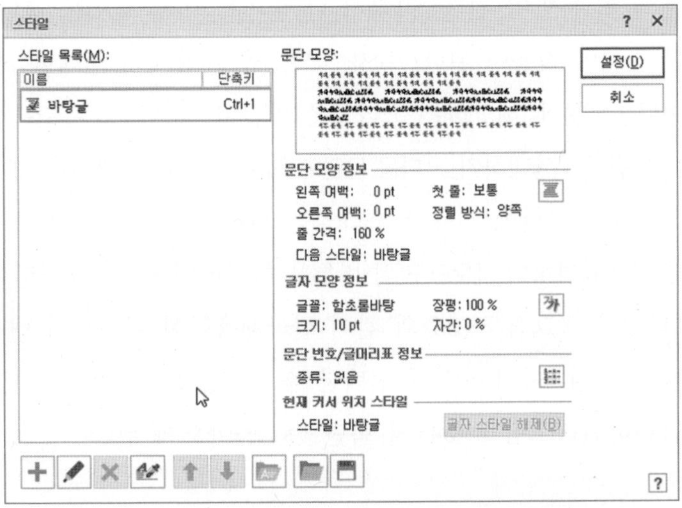

그림 8-33. 바탕글을 제외한 모든 스타일들을 삭제한 화면

한국체육학회 편집양식 중 본문에 해당하는 것을 스타일로 만들어 보자. 스타일을 추가하기 위해서 화면 아래쪽의 '+' 모양의 [스타일 추가하기] 버튼을 클릭하면 〈그림 8-34〉와 같은 {스타일 추가하기} 창이 나타난다. 「스타일 이름」 항목에 "본문"이라고 입력하고, 「영문 이름」 항목에 "thesisbody"라고 입력하자. 스타일 이름은 스타일 창과 작업창에 나타낼 이름이고 영문이름은 아래아한글이 구분하기 위한 이름이다.

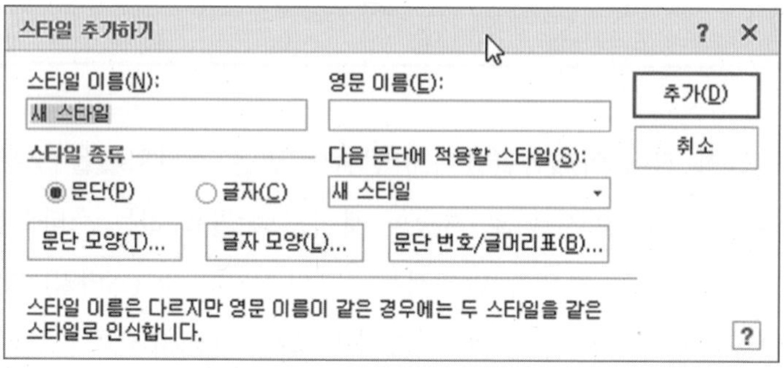

그림 8-34. 스타일 추가하기 창 화면

「스타일 종류」 항목에 보면 "문단"과 "글자" 중 하나를 선택하도록 되어 있다. 문단 스타일은 스타일 적용시 문단 전체에 적용이 된다. 아래아한글에서는 엔터를 치기 전까지의 모든 글이 문단이 된다. 따라서 한 줄이든 여러 줄이든 하나의 문단이면 스타일이 문단 전체에 적용이 된다. 글자 스타일은 사용자가 선택한 글자에만 적용되는 스타일이다. 본문에 해당하는 스타일을 만들고 있으므로 문단 스타일이 적당하다. 따라서 "문단"을 선택하자. 「다음 문단에 적용할 스타일」 항목은 엔터를 쳐서 줄을 나누었을 때 다음 문단에 적용할 스타일을 선택하는 것이다. 일반적으로 "바탕글"을 선택하는 것이 편하다. [문단모양] 버튼을 클릭하면 〈그림 8-35〉와 같은 {문단모양} 창이 나타난다. 〈그림 8-35〉와 같이 한국체육학회 편집양식 내용 중 문단과 관련된 「첫 줄」 항목의 "들여쓰기"를 선택한 후 줄 간격에 150%를 입력하자. [설정(D)] 버튼을 클릭하면 〈그림 8-34〉의 화면으로 돌아오게 된다.

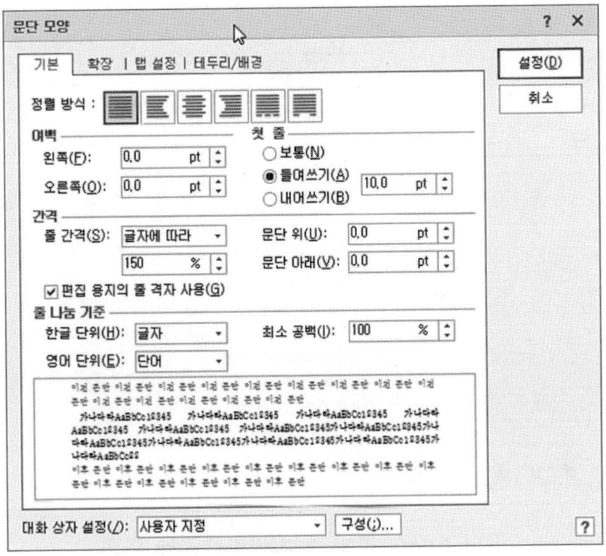

그림 8-35. 문단 모양 창 화면

[글자 모양] 버튼을 클릭하면 〈그림 8-36〉과 같은 {글자 모양} 창이 나타나는데, 편집양식 내용대로 글꼴, 장평, 자간 등을 〈그림 8-36〉과 같이 입력한 후 [설정(D)] 버튼을 클릭하면 다시 이전 화면으로 이동된다. 마지막으로 [추가(D)] 버튼을 클릭하면 〈그림 8-37〉과 같이 우리가 만든 본문 스타일이 리스트에 나타나고 스타일 작업창에도 나타난다.

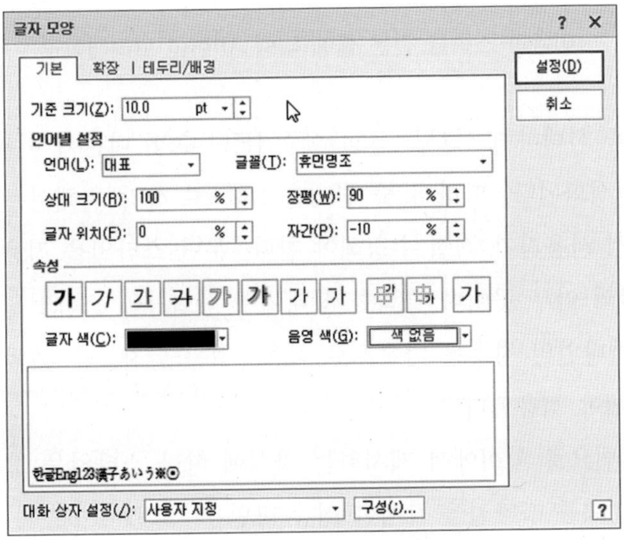

그림 8-36. 글자 모양 창 화면

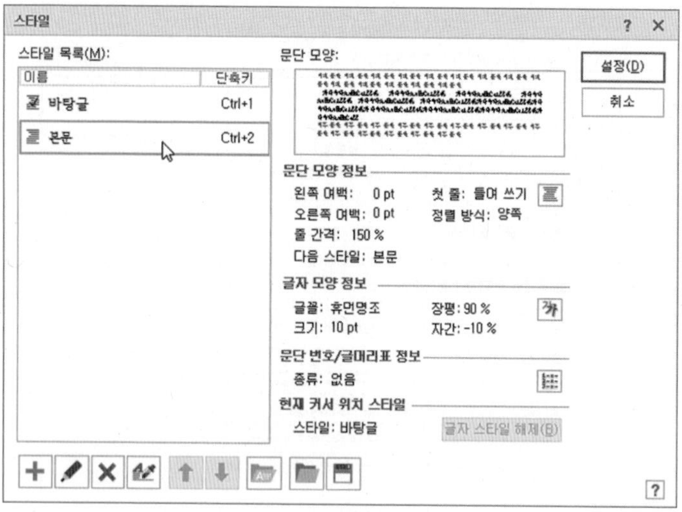

그림 8-37. 본문 스타일이 추가된 화면

다음은 이름과 소속에 대한 스타일을 만들 차례인데, 논문상에서 이름과 소속은 아래와 같이 같은 줄에 표기하도록 되어 있는데 양식에는 이름이 11p, 소속이 10p로 글자 크기가 다르다. 이렇게 같은 줄이나 문단에 다른 스타일을 적용하기 위해서는 〈그림 8-34〉의 「**스타일 종류**」 항목에서 “문단”이 아닌 “글자”를 선택해야 한다. 문단을 선택하면 이름과 소속이 같은 줄에 있어 모두에게 스타일이 적용되기 때문이다.

이름과 소속을 같은 줄에 입력 : 이현섭 고려대학교

글자 스타일을 선택하면 〈그림 8-34〉에서 [**문단 모양**] 버튼이 비활성화되고 [**글자 모양**] 버튼만 활성화된다. 따라서 줄 간격을 130%로 하기 위해서는 스타일을 적용 후 편집화면에서 사용자가 직접 수정해야 한다. 문단 스타일을 적용할 때는 적용하고자 하는 문단의 아무 곳이나 클릭한 상태에서 작업창의 스타일을 클릭하면 적용되지만, 글자 스타일의 경우는 마우스로 적용하려는 글자들을 선택한 후 작업창의 스타일을 클릭해야 적용된다.

위와 같은 방법으로 학회에서 제시하는 양식에 따라 스타일을 모두 작성하면 된다. 본문, 제목, 이름 스타일을 작성한 최종 화면은 〈그림 8-38〉과 같고 추가된 스타일은 〈그림 8-39〉와 같이 작업창에도 나타난다. 문단 스타일의 아이콘과 글자 스타일의 아이콘이 다르게 표시되고 있음을 확인하기 바란다. 문단 스타일의 아이콘은 문서 모양의 아이콘이고 글자 스타일의 아이콘은 알파벳 'A'자 두 개로 형상화되어 있다.

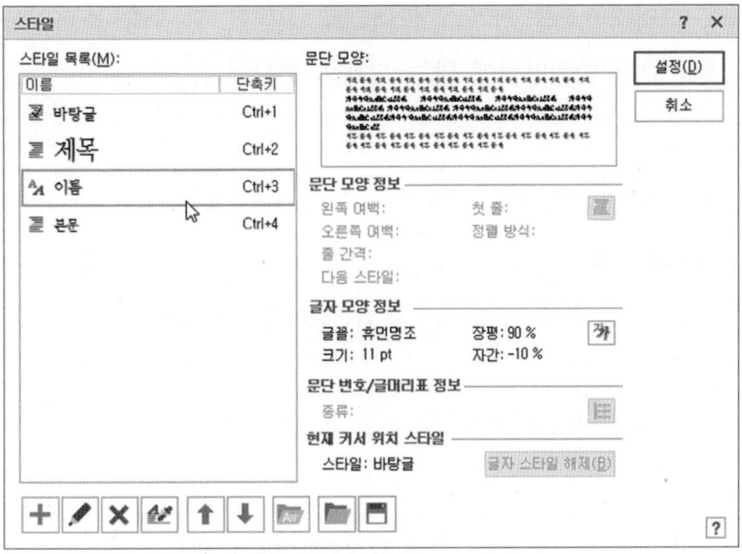

그림 8-38. 제목, 이름, 본문 스타일 추가한 모습

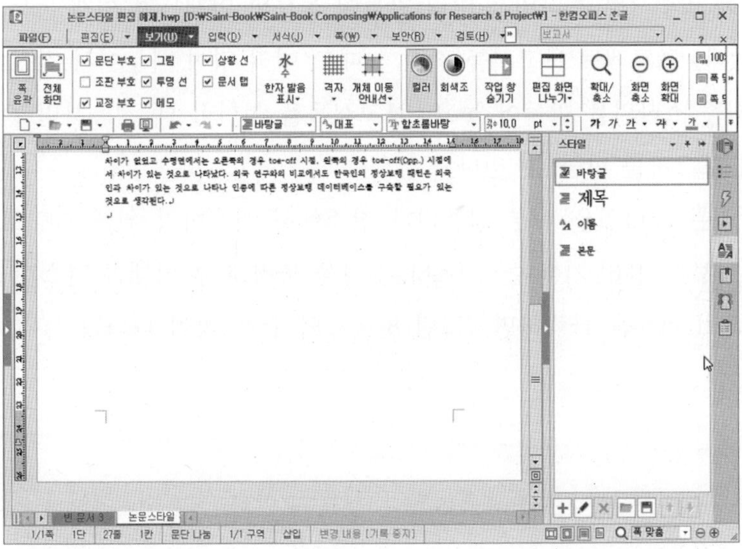

그림 8-39. 작업창에 나타난 추가된 스타일들

자신이 원하는 학회의 양식을 모두 스타일로 만들어 놓았다면 이제 양식과 상관없이 논문을 작성하면 된다. 논문 작성이 완료된 후 스타일을 하나씩 적용시키면 학회 양식에 맞는 논문으로 쉽게 변환이 된다. 예를 들면 〈그림 8-40〉과 같이 양식과 무관하게 제목과 이름, 소속을 대충 입력한 후, 제목이 있는 곳을 클릭한 후 작업창에서 제목 스타일을 클릭하고, 이름을 마우스 드래그로 선택한 후 이름 스타일을 클릭하고, 고려대학교를 마우스 드래그로 선택한 후 소속 스타일을 클릭하면 〈그림 8-41〉과 같이 학회양식에 맞는 형태로 변환된다.

한국 20대 성인의 정상보행 기준 데이터 수립과 특성 분석

이현섭 고려대학교

그림 8-40. 양식과 상관없이 입력한 내용

한국 20대 성인의 정상보행 기준 데이터 수립과 특성 분석

이현섭 고려대학교

그림 8-41. 학회 양식으로 변환된 모습

이와 같은 방법으로 스타일을 미리 만들어 놓으면 언제든지 쉽게 논문 양식을 변경할 수 있다. 프로젝트 보고서를 작성할 때도 여러 명이 나누어서 작성해야 할 때는 미리 최종 스타일을 만들어 놓고, 보고서들을 통합할 때 적용하면 손쉽게 일관된 형태의 보고서를 만들 수 있다.

우리가 만든 스타일을 다른 컴퓨터나 장소에서 사용하기 위해 파일로 저장하는 방법을 알아보자. [F6] 키를 눌러 {스타일} 창을 불러낸 후 아래쪽 디스켓 모양의 [스타일 내보내기] 버튼을 클릭하면 〈그림 8-42〉와 같은 창이 나타난다.

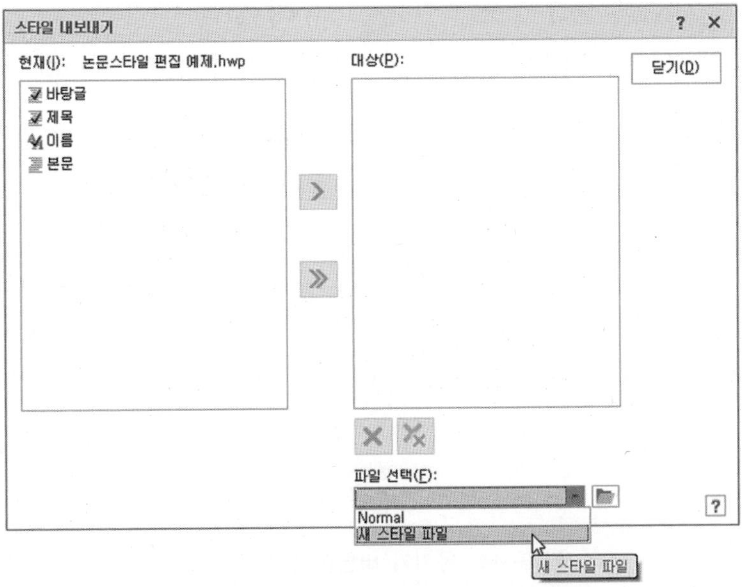

그림 8-42. 스타일 내보내기 창 화면

그림처럼 「파일 선택」 항목의 박스를 클릭하여 "새 스타일 파일"을 선택하면 〈그림 8-43〉과 같은 {새 스타일 파일} 창이 열린다. 기본적으로 파일이름에 문서의 파일이름이 들어가 있는데 자신이 원하는 이름으로 바꾸면 된다.

저장할 폴더를 선택한 후 「제목」 항목에 적당한 제목을 입력한 후 [작성(D)] 버튼을 클릭하면 이전 화면으로 이동하면서 이전 화면의 옮기기 버튼이 활성화된 〈그림 8-44〉와 같이 변하게 된다.

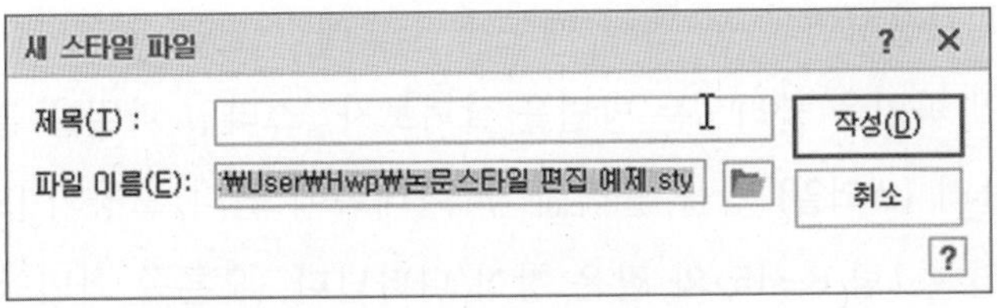

그림 8-43. 새 스타일 파일 이름 입력 창

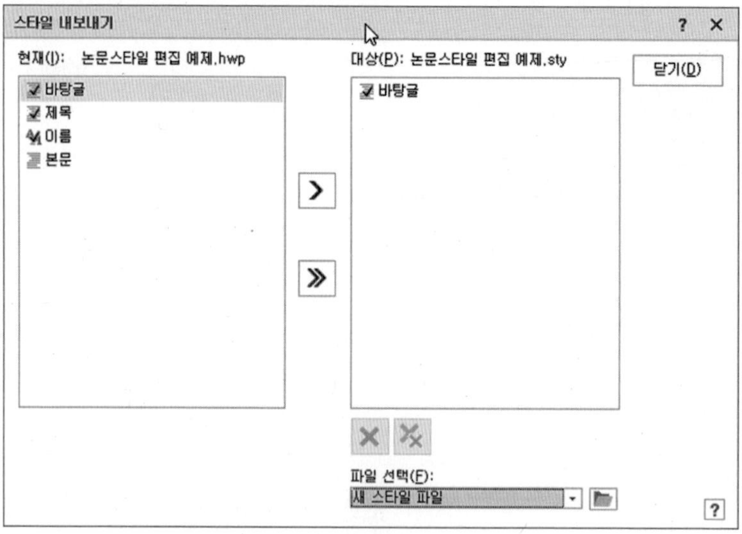

그림 8-44. 옮기기 버튼이 활성화된 모습

「대상」 항목에 바탕글 스타일이 자동으로 생성되고 사용자가 저장하고 싶은 스타일을 왼쪽 창에서 선택하여 오른쪽 창으로 옮기면 된다. 한 번에 모두 옮기고 싶을 때는 화면 중간에 있는 화살표 2개짜리 버튼(〉〉)을 클릭하면 된다. 옮긴 후에 [닫기(D)] 버튼을 클릭하면 파일로 저장된다. 저장 중간에 복사 및 저장 관련 창이 나타나는데 적당한 것을 선택하면 된다. 스타일 파일의 확장명은 ".sty"이므로 저장할 때는 항상 확장명을 잘 확인하기 바란다. 또한 최초 저장 위치가 찾기 힘든 폴더로 되어 있으므로 저장할 때 자신이 잘 찾아갈 수 있는 폴더를 선택하기 바란다. 이와 같은 방법으로 사용자가 자주 사용하는 각 학회의 편집양식을 스타일로 만들어 두고 필요에 따라 불러와 사용하면 논문 형식 때문에 스트레스 받는 일은 없을 것이다.

저장된 스타일 파일을 불러오는 방법을 살펴보자. 스타일 파일을 불러오기 위해서는 [F6] 키를 눌러 {스타일} 창을 불러낸 후 아래쪽에 폴더 모양의 [스타일 가져오기] 버튼을 클릭하면 〈그림 8-45〉와 같은 창이 나타난다. 오른쪽 화면인 「현재」 항목에 보면 아래아한글에서 기본적으로 제공하는 스타일들이 나열되어 있다. 우리는 새로운 스타일들을 가져다 쓸 계획이므로 아래에 있는 삭제 버튼을 이용하여 바탕글 스타일을 제외한 모든 것을 삭제한다. 바탕글 스타일은 삭제 자체가 되지 않는다.

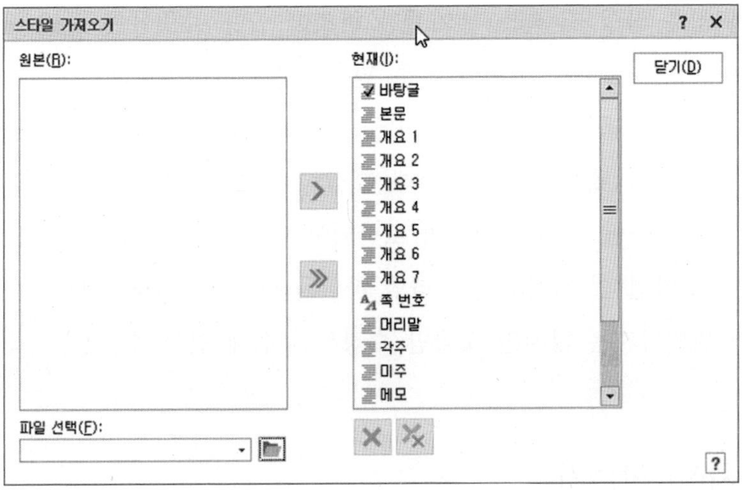

그림 8-45. 스타일 가져오기 창 화면

화면 왼쪽 아래에 있는 폴더 버튼을 클릭하여 저장하였던 스타일 파일을 선택하면 <그림 8-46>과 같이 「원본」 항목인 왼쪽 창에 스타일들이 나타난다. 이 스타일들을 모두 오른쪽 창으로 이동시킨 후 [닫기(D)] 버튼을 누른 후 {스타일} 창에서 [설정] 버튼을 클릭하면 해당 스타일들이 문서의 작업창에 나타나게 된다.

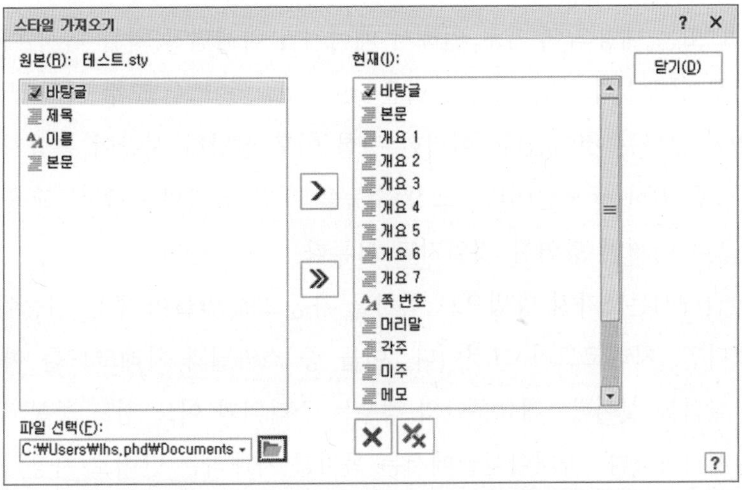

그림 8-46. 가져올 스타일 파일을 선택한 화면

스타일은 최초 작성 시 다소 번거롭긴 하지만 일단 만들어 놓으면 매우 편하게 문서 편집이 가능하다. 각 학회의 논문 편집양식을 스타일로 만드는 편한 방법은 학회에서 제공하는 샘플 파일을 이용하는 것이다. 대부분 학회는 편집양식에 맞춰 작성된 샘플 논문을 웹상에 올려놓는데 그걸 다운로드 받아보면 스타일 작업창에 논문 관련 스타일들이 미리 작성되어 포함되어 있는 경우가 많다. 이를 스타일 파일로 따로 저장하면 쉽게 학회별 스타일 파일을 만들 수 있다. 학회에서 제공하는 스타일들이 완벽하지는 않지만 조금만 수정하면 쉽게 만들 수 있다.

8) 목차(차례) 만들기

논문이나 보고서 작성 시 목차는 반드시 포함되는 것 중의 하나이다. 사실 목차 만들기는 매우 싶다. 그럼에도 불구하고 많은 학생들이 각 제목의 페이지 번호를 일일이 찾아서 입력하는 수동적인 방법으로 목차를 만드는 것을 쉽게 볼 수 있다. 오래전 필자는 대학의 프로젝트에 잠깐 참여한 적이 있었는데 700페이지에 달하는 보고서의 목차를 조교들이 일일이 수동으로 입력하는 것을 목격한 바 있다. 한 사람이 제목을 불러주면 옆에 있는 사람이 페이지 번호를 찾아서 불러주는 것이다. 그림이나 표 또는 내용의 추가로 인해서 페이지가 바뀌면 목차를 다시 확인하는 것을 보고 너무 당황스러웠다. 더욱 놀라운 것은 조교와 교수 모두 목차 만들기 기능을 알고 있지 않다는 것이었다. 이러한 경험 이후 상당한 시간이 흘렀지만 지금도 대학에서 자주 접하는 모습이다. 오직 수능을 위한 암기와 주입식 교육만을 받고 대학에 왔으니 어쩌면 당연한 것일지도 모른다.

아래아한글에서는 3가지 방법으로 목차를 자동으로 만들어 주는 기능이 있다. 개요문단, 스타일, 차례코드가 그것이다. 이들 중 스타일과 차례코드를 이용한 방법에 대해서 살펴볼 것이다. 개요문단의 경우는 스타일과 어느 정도 중복되는 방식이기 때문에 제외하였다. 아래아한글에서는 목차를 차례라는 단어로 사용하는데 차례에는 제목차례, 표 차례, 그림 차례, 수식 차례가 있다. 제목차례를 제외한 나머지는 단순히 선택하는 것만으로 만들어지기 때문에 제목차례를 만드는 방법만 알게 되면 쉽게 만들 수 있다. 따라서 여기서는 제목차례를 만드는 방법에 대해서 설명할 것이다.

스타일을 이용한 차례 만들기 보다는 차례코드를 이용하는 것이 보다 자유도가 높은 편이지만 시간이 더 소요된다는 단점이 있다. 그러나 문서 작성 시 스타일을 사용하지 않았다면 차례코드를 이용한 차례 만들기가 가장 효과적이다.

문서의 내용을 모두 입력한 후 차례를 만들게 되는데 차례를 만드는 메뉴는 〈그림 8-47〉과 같이 **【도구】** 리본메뉴에 **【제목 차례】** 메뉴가 있고, 메인 메뉴의 **【도구】** – **【차례/색인】** – **【차례 만들기】** 를 실행해도 된다. 메뉴를 실행하기 전에 커서를 차례가 들어갈 위치에 갖다놓는 것이 좋다.

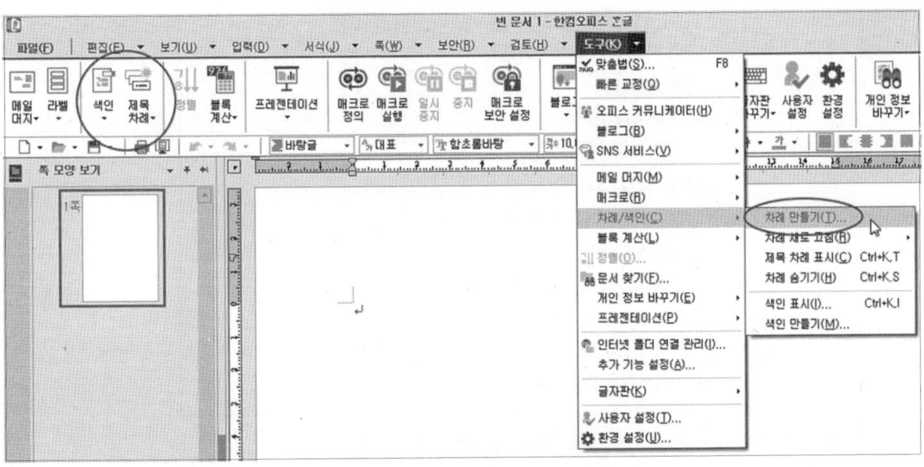

그림 8-47. 차례 만들기 메뉴 위치

【차례 만들기】 를 실행하면 〈그림 8-48〉과 같은 {**차례 만들기**} 창이 나타난다. 「**차례 형식**」 항목에는 "**필드로 넣기**"와 "**문자열로 넣기**"가 있다. 필드로 넣기를 선택하면 차례가 추가/삭제되었을 때 **【차례 새로 고침】** 메뉴를 이용하여 바로 변경 내용을 차례에 반영시킬 수 있다. 반면, 문자열로 넣기를 선택하면 차례에 변경이 있을 경우 새로 차례를 만들어야 한다. 문서가 최종적으로 완료되지 않았을 때는 필드로 넣기를 선택하는 것이 좋다.

「**만들 차례**」 항목에는 어떤 차례를 만들 것인지 선택하는 옵션이 있다. 제목 차례 외에 표 차례나 그림 차례, 수식 차례를 선택할 수 있다. 그리고 제목 차례의 경우, 차례를 만드는 방법으로 "**□ 개요 문단으로 모으기**", "**□ 스타일로 모으기**", "**□ 차례 코드**

로 모으기"가 있다.

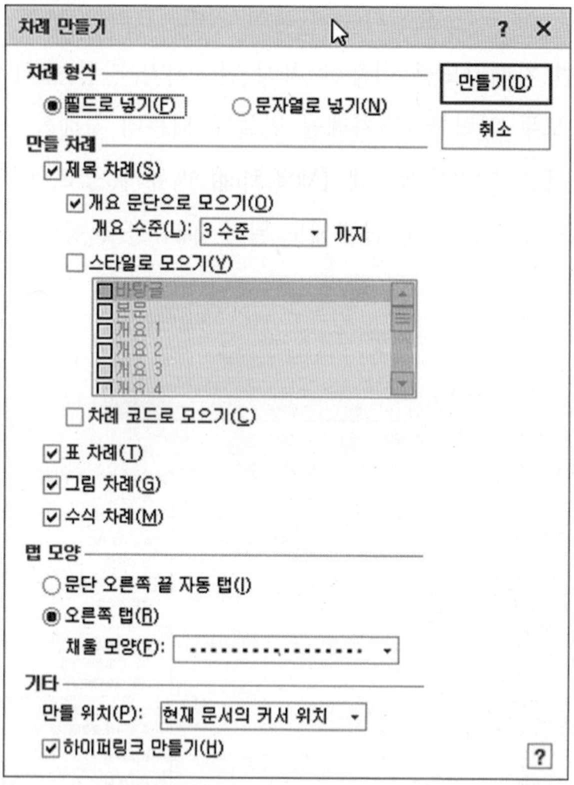

그림 8-48. 차례 만들기 창 화면

「탭 모양」 항목에서는 차례 제목과 페이지 사이를 어떻게 채울 것인가를 결정하는 곳이다. 「기타」 항목은 만들어질 차례를 어디에 삽입할 것인지를 결정한다. 현재 커서가 있는 위치에 삽입할 것인지 아니면 새로운 구역을 만들어서 삽입할 것인지를 결정하면 된다. 차례를 현재 문서가 아닌 새 탭에 만들 수도 있는데 "문자열로 넣기"를 선택하고 하이퍼링크 만들기를 하지 않으면 새 탭 항목이 「만들 위치」에 추가로 나타난다. 그리고 하이퍼링크를 이용하여 해당 차례가 있는 페이지로 이동할 수 있도록 할 것인지를 선택할 수 있다. 이 「하이퍼링크 만들기」는 스타일이나 차례 코드 모으기를 선택할 경우 비활성화된다.

"□ 스타일로 모으기"로 차례를 만들어 보자. 스타일을 미리 만들어 놓고 문서 작성 시 바로바로 적용할 수도 있지만 반대로 문서 작성부터 완료하고 자신의 스타일을 불러와 문서에 적용할 수도 있다. 위에서 우리는 스타일을 파일로 저장하는 방법을 알아봤으니 여기서는 문서 작성을 완료했다고 가정한 후 스타일 파일을 불러와 적용하는 방법을 사용해보자.

〈그림 8-49〉는 실습을 위해 임시로 작성한 문서이다. 이 문서에 스타일 파일을 불러와 적용해 보자.

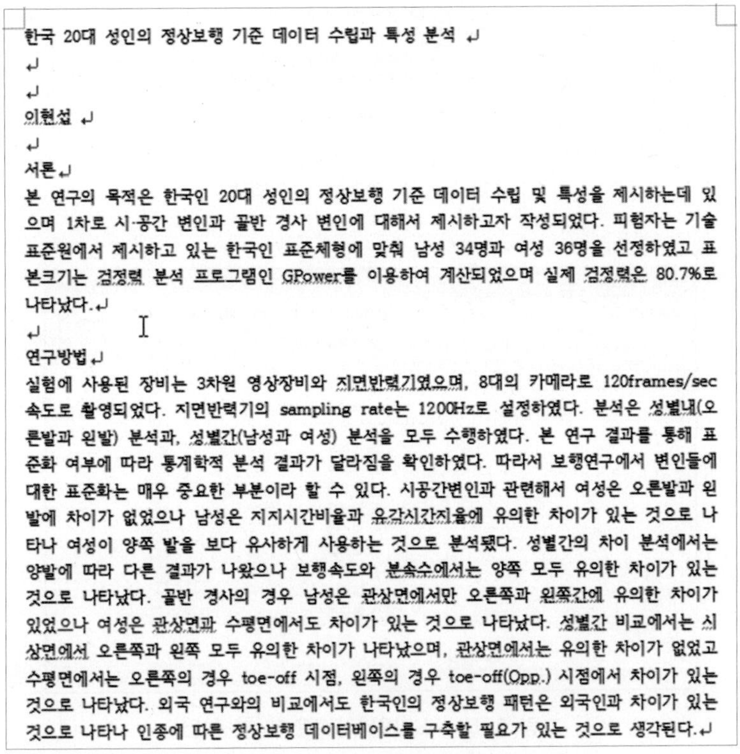

한국 20대 성인의 정상보행 기준 데이터 수립과 특성 분석

이현섭

서론

본 연구의 목적은 한국인 20대 성인의 정상보행 기준 데이터 수립 및 특성을 제시하는데 있으며 1차로 시·공간 변인과 골반 경사 변인에 대해서 제시하고자 작성되었다. 피험자는 기술표준원에서 제시하고 있는 한국인 표준체형에 맞춰 남성 34명과 여성 36명을 선정하였고 표본크기는 검정력 분석 프로그램인 GPower를 이용하여 계산되었으며 실제 검정력은 80.7%로 나타났다.

연구방법

실험에 사용된 장비는 3차원 영상장비와 지면반력기였으며, 8대의 카메라로 120frames/sec 속도로 촬영되었다. 지면반력기의 sampling rate는 1200Hz로 설정하였다. 분석은 성별내(오른발과 왼발) 분석과, 성별간(남성과 여성) 분석을 모두 수행하였다. 본 연구 결과를 통해 표준화 여부에 따라 통계학적 분석 결과가 달라짐을 확인하였다. 따라서 보행연구에서 변인들에 대한 표준화는 매우 중요한 부분이라 할 수 있다. 시공간변인과 관련해서 여성은 오른발과 왼발에 차이가 없었으나 남성은 지지시간비율과 유각시간지율에 유의한 차이가 있는 것으로 나타나 여성이 양쪽 발을 보다 유사하게 사용하는 것으로 분석됐다. 성별간의 차이 분석에서는 양발에 따라 다른 결과가 나왔으나 보행속도와 분속수에서는 양쪽 모두 유의한 차이가 있는 것으로 나타났다. 골반 경사의 경우 남성은 관상면에서만 오른쪽과 왼쪽간에 유의한 차이가 있었으나 여성은 관상면과 수평면에서도 차이가 있는 것으로 나타났다. 성별간 비교에서는 시상면에서 오른쪽과 왼쪽 모두 유의한 차이가 나타났으며, 관상면에서는 유의한 차이가 없었고 수평면에서는 오른쪽의 경우 toe-off 시점, 왼쪽의 경우 toe-off(Opp.) 시점에서 차이가 있는 것으로 나타났다. 외국 연구와의 비교에서도 한국인의 정상보행 패턴은 외국인과 차이가 있는 것으로 나타나 인종에 따른 정상보행 데이터베이스를 구축할 필요가 있는 것으로 생각된다.

그림 8-49. 작성된 문서 내용

[F6] 눌러 {스타일} 창을 불러내면 〈그림 8-50〉과 같다. 「스타일 목록」을 보면 현재 문서에 포함되어 있는 스타일들이 나열되어 있다. 우리는 다른 스타일들을 사용할 것이므로 아래쪽에 있는 폴더 모양의 [스타일 가져오기] 버튼을 클릭하자. 〈그림 8-51〉과 같이 {스타일 가져오기} 창이 나타난다.

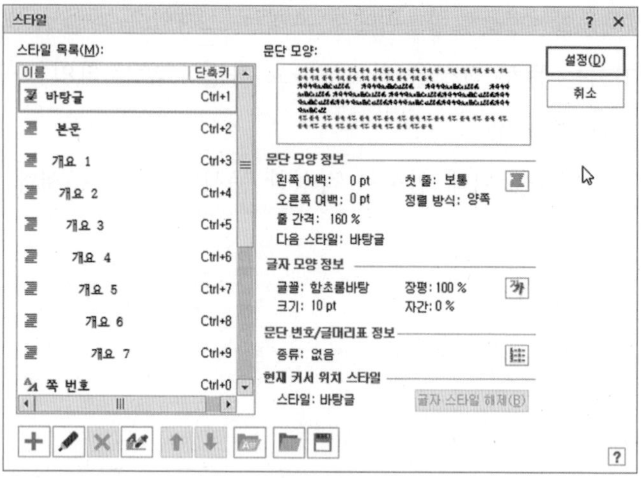

그림 8-50. 스타일 창 화면

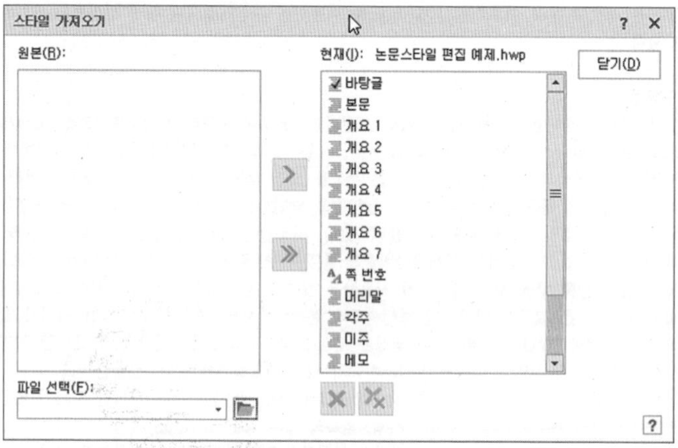

그림 8-51. 스타일 가져오기 창 화면

오른쪽 창에는 현재 문서에 포함되어 있는 스타일들이 나열되어 있다. 이제 우리가 불러올 스타일들은 왼쪽 창에 나타나게 될 것이다. 화면 아래쪽의 폴더 모양의 버튼을 클릭하면 파일 불러오기 창이 나타난다. 스타일 파일을 선택하면 〈그림 8-52〉와 같이 스타일들이 왼쪽 창에 나타난다. 이 스타일들을 그대로 오른쪽 창으로 보내면 문서에 스타일들이 포함된다. 그러나 현재 오른쪽 창에 있는 스타일들은 사용할 일이 없기 때문에 굳이 유지할 필요가 없다. 따라서 모두 삭제한 후 왼쪽 창의 스타일을 오른쪽으로 옮기자. 옮겨진 모습은 〈그림 8-53〉과 같다. [닫기(D)] 버튼을 클릭하면 새로운 스타일들이 문서에 포함된다.

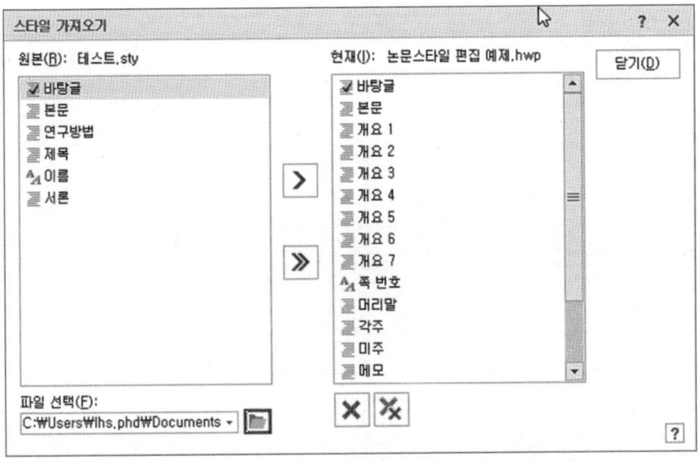

그림 8-52. 스타일을 불러온 화면

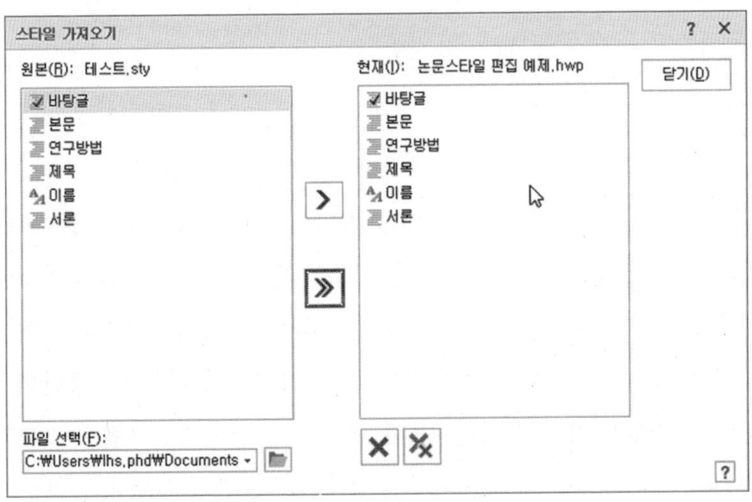

그림 8-53. 기존 스타일을 삭제하고 옮긴 화면

문서에 포함된 새로운 스타일들은 작업창에 〈그림 8-54〉와 같이 나타나게 된다. 기존의 스타일들은 삭제했기 때문에 지워지고 새롭게 추가된 스타일들만 보이게 된다. 여기까지가 완벽하게 스타일을 불러온 것이다. 이제 이 스타일들을 이용하여 문서에 적용하면 된다.

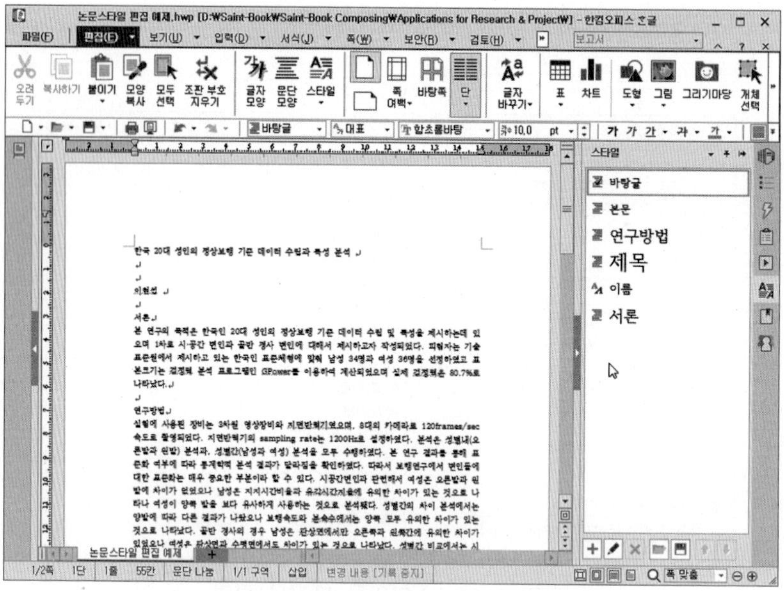

그림 8-54. 새롭게 추가된 스타일들이 작업창에 보이는 화면

문서의 제목에 커서를 갖다놓고 "**제목**" 스타일을 클릭하자. 제목 부분이 스타일의 속성에 맞춰 변할 것이다. "**이름**" 스타일의 경우 글자 스타일이므로 이름을 마우스 드래그로 선택한 후 "**이름**" 스타일을 클릭하자. 서론 제목은 "**서론**" 스타일을 클릭하고 서론 내용은 "**본문**" 스타일을 클릭하면 된다. 이렇게 나머지를 클릭하면 문서의 형태가 바로 바로 바뀌게 된다. 스타일을 모두 적용한 모습은 〈그림 8-55〉와 같다.

제목, 이름, 서론과 연구방법 제목과 각 본문들의 형식이 바뀐 것을 확인할 수 있다. 이제 차례를 만들기 위해서 이름 밑의 줄에 커서를 갖다놓자. 상단의 메인 메뉴 상의 **【도구】 - 【차례/색인】 - 【차례 만들기】** 메뉴를 실행하면 〈그림 8-56〉과 같은 화면이 나타난다.

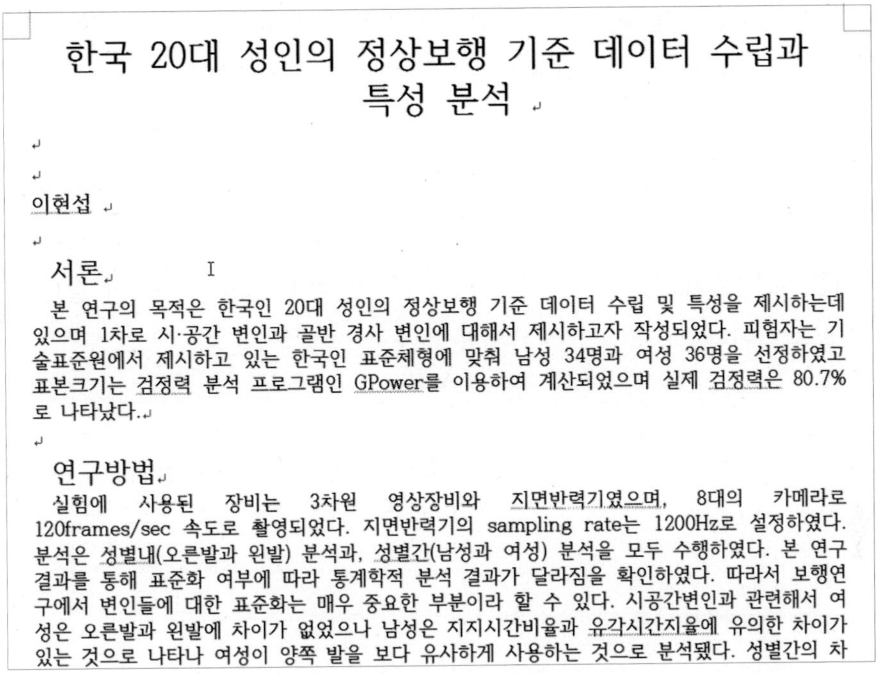

한국 20대 성인의 정상보행 기준 데이터 수립과 특성 분석

이현섭

서론

본 연구의 목적은 한국인 20대 성인의 정상보행 기준 데이터 수립 및 특성을 제시하는데 있으며 1차로 시·공간 변인과 골반 경사 변인에 대해서 제시하고자 작성되었다. 피험자는 기술표준원에서 제시하고 있는 한국인 표준체형에 맞춰 남성 34명과 여성 36명을 선정하였고 표본크기는 검정력 분석 프로그램인 GPower를 이용하여 계산되었으며 실제 검정력은 80.7%로 나타났다.

연구방법

실험에 사용된 장비는 3차원 영상장비와 지면반력기였으며, 8대의 카메라로 120frames/sec 속도로 촬영되었다. 지면반력기의 sampling rate는 1200Hz로 설정하였다. 분석은 성별내(오른발과 왼발) 분석과, 성별간(남성과 여성) 분석을 모두 수행하였다. 본 연구 결과를 통해 표준화 여부에 따라 통계학적 분석 결과가 달라짐을 확인하였다. 따라서 보행연구에서 변인들에 대한 표준화는 매우 중요한 부분이라 할 수 있다. 시공간변인과 관련해서 여성은 오른발과 왼발에 차이가 없었으나 남성은 지지시간비율과 유각시간지율에 유의한 차이가 있는 것으로 나타나 여성이 양쪽 발을 보다 유사하게 사용하는 것으로 분석됐다. 성별간의 차

그림 8-55. 새로운 스타일을 적용한 문서 모양

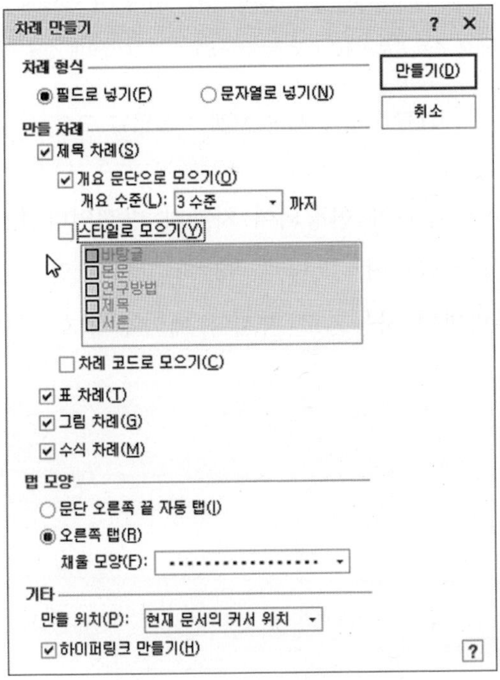

그림 8-56. 차례 만들기 창 화면

우리는 스타일을 이용해서 차례를 만들 것이므로 「**만들 차례**」 항목에서 "**□ 개요 문단으로 모으기**" 항목의 체크를 해제하고 "**□ 스타일로 모으기**" 항목에 체크를 하자. 바로 아래에 있는 스타일 창을 보면 우리가 본문에 적용한 스타일들이 나열되어 있는데 목차에 포함시킬 스타일은 서론과 연구방법이므로 이들만 체크를 하자. 그리고 아래에 있는 "**□ 표 차례**", "**□ 그림 차례**", "**□ 수식 차례**"는 만들지 않을 것이므로 체크를 해제한 후 **[만들기(D)]** 버튼을 클릭하면 커서 위치에 <그림 8-57>과 같은 차례가 자동으로 삽입된다.

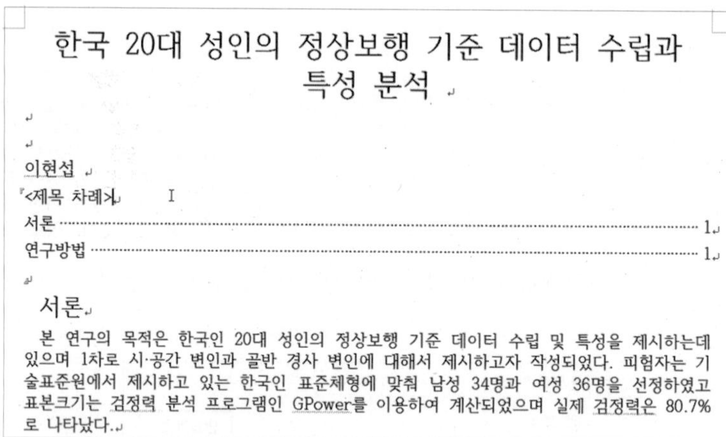
한국 20대 성인의 정상보행 기준 데이터 수립과 특성 분석

이현섭

<제목 차례>

서론 1

연구방법 1

서론

본 연구의 목적은 한국인 20대 성인의 정상보행 기준 데이터 수립 및 특성을 제시하는데 있으며 1차로 시·공간 변인과 골반 경사 변인에 대해서 제시하고자 작성되었다. 피험자는 기술표준원에서 제시하고 있는 한국인 표준체형에 맞춰 남성 34명과 여성 36명을 선정하였고 표본크기는 검정력 분석 프로그램인 GPower를 이용하여 계산되었으며 실제 검정력은 80.7%로 나타났다..

그림 8-57. 제목 차례가 삽입된 모습

차례를 만든 후 문서 내용이 변경되어 차례가 바뀌었다면, 제목 차례 부분에서 마우스 오른쪽 버튼을 클릭하여 <그림 8-58>과 같이 팝업 메뉴를 불러낸 후 **【차례 새로 고침】** 메뉴를 클릭하면 자동으로 차례와 페이지 번호가 변경된다.

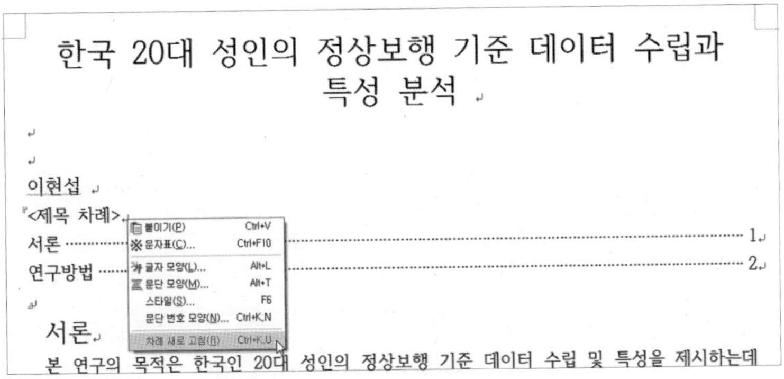

그림 8-58. 차례 새로 고침 메뉴

이번에는 차례코드 모으기를 이용하여 차례를 만들어보자. 이 방법은 스타일 사용 여부와 무관하게 차례로 사용할 부분에 "차례 코드"라는 것을 삽입한 후 이들을 모아서 차례를 만드는 방법이다. 앞에서 사용한 문서에서 우리는 "서론" 제목과 "연구방법" 제목을 차례로 만들 것이다. 따라서 이들 제목에 "차례 코드"를 삽입해야 한다. 차례 코드는 〈그림 8-59〉와 같이 **【도구】** - **【차례/색인】** - **【제목 차례 표시】** 메뉴를 클릭하면 된다. 단축키인 [Ctrl+K, T]를 누르는 것이 보다 쉽다.

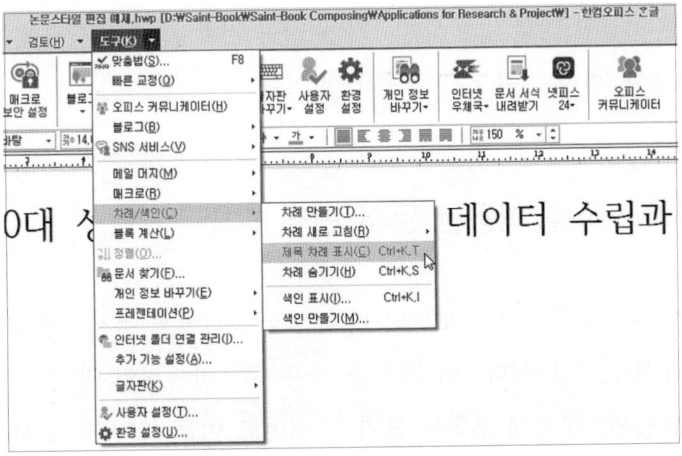

그림 8-59. 제목 차례 표시 메뉴

【제목 차례 표시】 메뉴를 실행해도 화면상에는 아무런 표시가 나타나지 않는다. 그러나 **【보기】** 리본 메뉴 중 "□ 조판 부호"를 체크하면 〈그림 8-60〉과 같이 [제목 차

례]란 조판 부호를 볼 수 있다. 이들 조판 부호를 모아서 차례를 만드는 것이다. 따라서 이 조판 부호를 삭제하면 차례에서도 빠지게 된다.

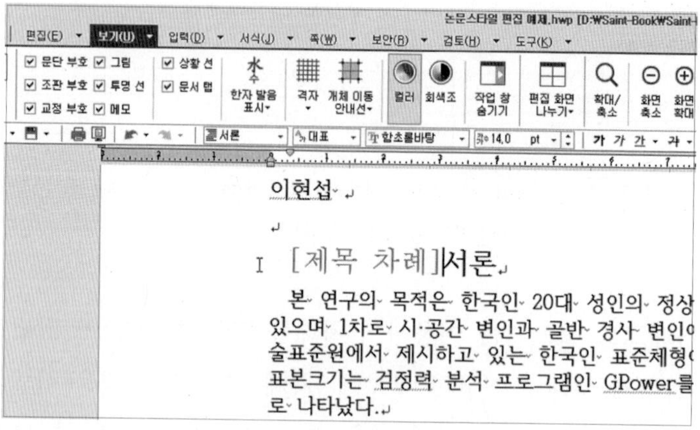

그림 8-60. 제목 차례 코드 보기

위와 같은 방법으로 차례에 사용할 제목들에 **【제목 차례 표시】** 를 모두 한 후 〈그림 8-56〉의 {차례 만들기} 창에서 "□ 스타일로 모으기" 대신에 "□ 차례 코드로 모으기"를 체크한 후 만들기를 하면 차례가 만들어진다.

차례 코드를 이용한 만들기는 사용자가 원하는 차례 내용을 가져올 수 있다는 점에서 다른 것들에 비해 자유도가 높은 방법이다.

9) 매크로(Macro)를 이용한 문서 편집 방법

매크로는 사용자가 입력한 키보드와 마우스의 움직임을 순서대로 기억했다가 한 번에 실행시켜 주는 기능이다. 이 기능을 사용하면 반복적인 작업 양을 크게 줄일 수 있다. 예를 들면, 문서에 포함된 표가 50개이고 이들 표의 세로 선을 모두 투명하게 만들어야 한다고 하자. 이 작업을 수행하기 위해서는 표 하나를 선택해서 여러 단계의 메뉴를 거쳐야 한다. 그리고 또 다음 표를 선택한 후 동일한 단계를 또 수행해야 한다. 이런 식으로 50번을 수행해야 한다. 그러나 매크로를 이용하면 이러한 작업을 키 몇 번 누르는 것으로 끝낼 수 있다.

만약 여러분이 매크로를 한 번도 사용해 본 경험이 없다면, 매크로를 사용하기 전에 매크로 보안 설정 상태를 낮출 필요가 있다. 매크로 보안 상태를 낮춘다고 해서 컴퓨터의 보안 상태가 낮아지는 것은 아니므로 안심해도 된다. 매크로 보안 상태를 낮추기 위해서는 〈그림 8-61〉과 같이 **【도구】** 리본메뉴의 **【매크로 보안 설정】**을 클릭하면 〈그림 8-62〉와 같은 **{스크립트 매크로 보안 설정}** 창이 나타난다.

그림 8-61. 매크로 정의 메뉴 위치

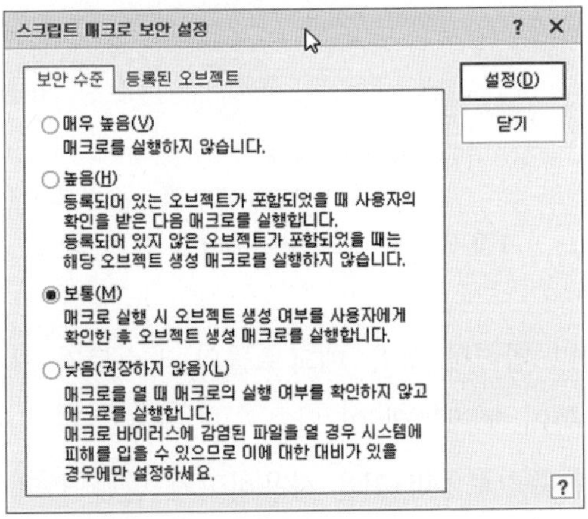

그림 8-62. 스크립트 매크로 보안 설정 화면

처음 실행하면 아마도 보안 상태가 높음 또는 매우 높음으로 되어 있을 것이다. 이를 그림과 같이 보통으로 설정하자. 이제 매크로를 사용할 수 있는 준비가 된 것이다. 매크로를 수행하는 순서는 다음과 같다.

① 매크로를 정의 : 사용자가 만들 매크로가 어떤 작업을 하는지 이름과 내용을 입력하는 단계로 매크로를 실행하기 위한 단축키 설정도 여기서 한다.

② 매크로가 수행할 작업을 순서대로 입력한 후 저장한다.

③ ①번 단계에서 설정한 단축키를 이용해 매크로를 수행한다.

첫 번째 단계인 매크로 정의를 하기 위해서 〈그림 8-61〉과 같이 【도구】 리본메뉴의 【매크로 정의】 를 클릭하면 〈그림 8-63〉과 같은 {스크립트 매크로 정의} 창이 나타난다.

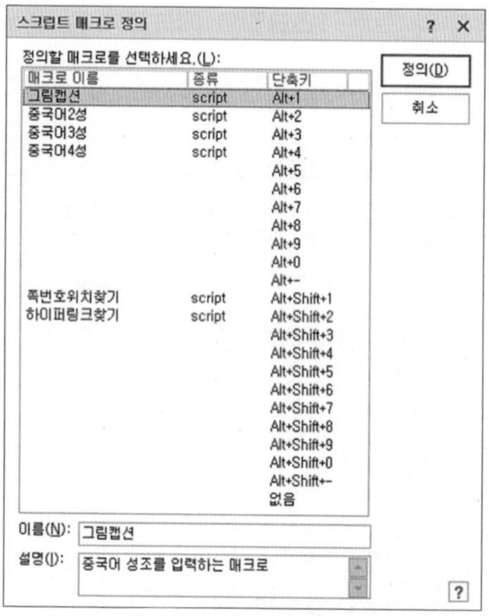

그림 8-63. 스크립트 매크로 정의 창

아래아한글에서 미리 입력해 놓은 매크로들의 리스트가 보인다. 리스트의 가장 오른쪽에 「단축키」 항목이 보이는데 이 단축키가 매크로를 실행할 때 사용된다. 따라서 만약 사용자가 단축키로 [Alt+3]을 사용하고자 한다면 그 항목을 클릭한 후 나머지 정의 부분을 처리해야 한다. "Alt+3" 부분을 클릭하면 해당 이름과 설명이 아래에 나타나는데 「이름」란에 있는 내용을 지우고 "글자강조"라고 입력하자. 「설명」란도 적당히 "굵게 밑줄 이탤릭체로 변경"이라고 입력하자. 이제 [정의(D)] 버튼을 클릭하면 기존 매크로가 지워진다는 메시지 창이 나타나는데 [기록] 버튼을 클릭하면 된다. 화면 아래 상태바에 〈그림 8-64〉와 같이 중지 버튼과 일시 중지 버튼이 생긴다. 그리고 마우스 커서 모양이 커서 바로 밑에 테이프 모양의 아이콘이 붙은 형태로 변경된다. 편집 화면은 작업창들이 사라져 크게 보일 것이다. 이제부터 입력하는 키와 마우스의 작동을 모두 저장한다는 뜻이다.

그림 8-64. 매크로 기록 중 화면

이 상태에서 [Alt+L] 키를 누르면 〈그림 8-65〉와 같이 {글자 모양} 창이 나타난다. 여기서 「속성」 항목의 굵게, 이탤릭, 밑줄 버튼을 마우스로 모두 클릭한 후 [설정(D)] 버튼을 클릭하자.

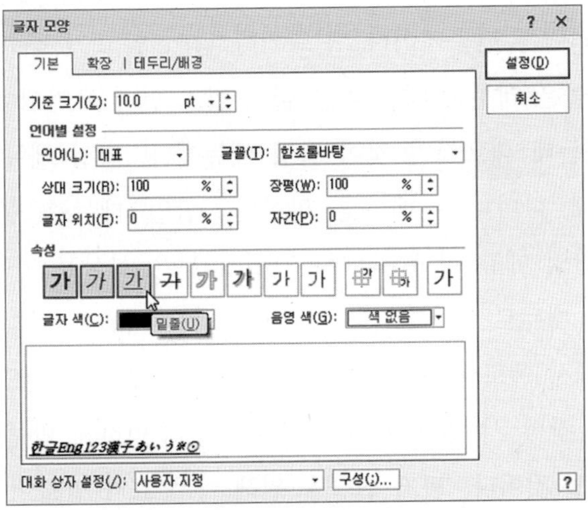

그림 8-65. 글자 모양 창 화면

{글자 모양} 창이 사라지면 〈그림 8-64〉에서 중지 버튼을 클릭하거나 또는 【도구】 리본메뉴의 【중지】 메뉴를 실행하자. 이것으로 매크로 기록은 모두 끝난 것이다. 사라졌던 작업창을 다시 보기 위해서 【보기】 리본메뉴에서 【작업창 보이기】 를 실행하면 매크로 기록 전의 편집화면 상태로 되돌아 올 것이다. 이제 기록된 매크로를 실행해 보자. 편집창에 아무 글이나 입력한 다음 마우스 드래그를 이용하여 선택한 후 [Alt+3]을 누르면 선택된 글자가 모두 굵은체, 밑줄, 이탤릭체로 변경된 것을 확인할 수 있다.

매크로는 이렇게 사용자가 입력한 키나 마우스의 작동을 모두 순서대로 기록하여 한 번에 실행해 준다. 방금 우리가 만든 매크로가 기록하고 있는 내용은 다음과 같다.

[Alt+L] → 마우스로 굵게, 이탤릭, 밑줄 클릭 → [설정(D)] 클릭

만약 매크로 기록 중에 사용자가 실수로 잘못된 키를 눌렀다면 그것 또한 기록이 된다. 따라서 매크로를 기록할 때는 천천히 신중하게 수행할 필요가 있다. 매크로는 사용자가 어떻게 사용하느냐에 따라 그 효용성이 달라지는 기능이다. 필자의 경우 본서를 작성하면서 그림에 캡션을 넣는 작업도 매크로를 이용하고 있고 "【보기】"와 같은 메뉴 이름을 입력할 때 특수 기호를 글자 앞뒤로 넣는 것도 매크로를 이용하고 있다.

매크로를 잘 기록하기 위해서는 반듯이 알아야 하는 기능들이 있다. 대표적인 것이 각 메뉴를 불러내는 단축키이다. 단축키를 많이 알고 있을수록 매크로 기록이 쉬워진다. 단축키들은 대부분 메뉴 이름 끝에 괄호 안에 표기되어 있다. 쉽게 찾기 힘든 단축키도 있는데 대표적인 것이 팝업 메뉴이다. 팝업 메뉴는 마우스 오른쪽 버튼을 클릭할 때 나타나는 메뉴를 말한다. 팝업 메뉴를 불러내는 단축키는 [Shift+F10]이다. 팝업 메뉴 상에서 메뉴 간의 이동은 화살표 키를 이용하고, 팝업 메뉴의 가장 상단 메뉴로 이동할 때는 [Home] 키를 이용한다.

마지막으로 위에서 예로 든 표의 세로줄을 모두 투명하게 만드는 매크로를 함께 만들어보자. 논문 작성 시 입력된 표는 세로줄을 투명하게 만들어야 하기 때문에 유용한 매크로가 될 것이다. 먼저 실습을 위해 아무 표나 만들어 놓자. 필자는 〈그림 8-66〉과 같은 표를 만들었다.

피험자↵	나이↵	키↵	몸무게↵	경력↵
sub 1↵	25↵	175↵	65↵	12↵
sub 2↵	26↵	176↵	68↵	14↵
sub 3↵	24↵	182↵	71↵	11↵

그림 8-66. 세로 선 투명 설정을 위한 실습 표

이제부터 단계별로 따라하면 된다.

- 1단계 : "피험자"가 입력되어 있는 셀(칸)에 커서를 갖다놓은 다음 매크로를 정의하기 위해서 **【도구】 - 【매크로 정의】**를 클릭하자. 나타난 매크로 정의 창에서

"Alt+4" 항목을 클릭한 후 아래쪽 「이름」 란에 "세로줄투명"이라고 입력하고 「설명」 란에 "표의 세로줄 투명하게"라고 입력하자. [정의] 버튼을 클릭하면 이전의 기록이 지워진다는 메시지 창이 나타난다. [기록] 버튼을 클릭하면 된다. 이제부터 매크로가 기록하기 시작한다.

- 2단계 : [F5] 키를 3번 누른다. 〈그림 8-67〉과 같이 모든 셀이 선택될 것이다.

피험자	나이	키	몸무게	경력
sub 1	25	175	65	12
sub 2	26	176	68	14
sub 3	24	182	71	10

그림 8-67. 모든 셀이 선택된 모습

- 3단계 : 표의 테두리 설정을 변경하기 위한 창을 불러내기 위해서 [Alt+Q]를 누른 후 아래 화살표를 3번 누르고 오른쪽 화살표를 1번 누른다. 〈그림 8-68〉과 같은 화면이 될 것이다.

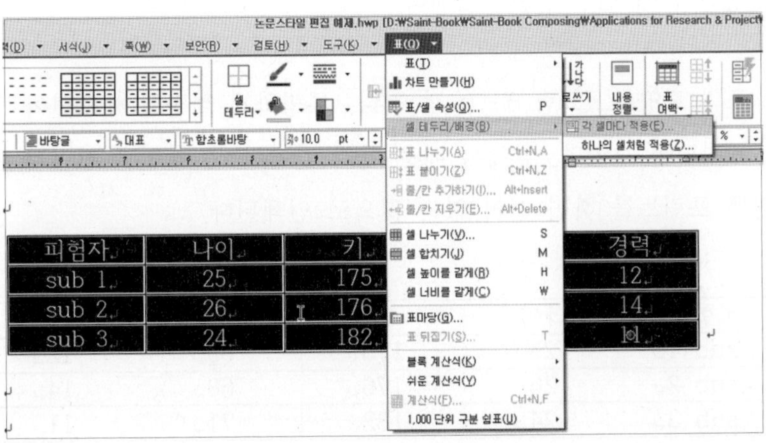

그림 8-68. 셀 테두리/배경 메뉴

- 4단계 : 2단계에서 [Enter]를 치면 〈그림 6-69〉와 같은 {셀 테두리/배경} 창이 나타난다. 마우스를 이용하여 「종류」 항목에서 "선 없음"을 클릭한다. 그리고 오른쪽에 보이는 표의 상단에 있는 [왼쪽] 버튼, [안쪽 세로] 버튼, [오른쪽] 버튼을 차

례로 클릭한다. 마지막으로 [설정(D)] 버튼을 클릭한다.

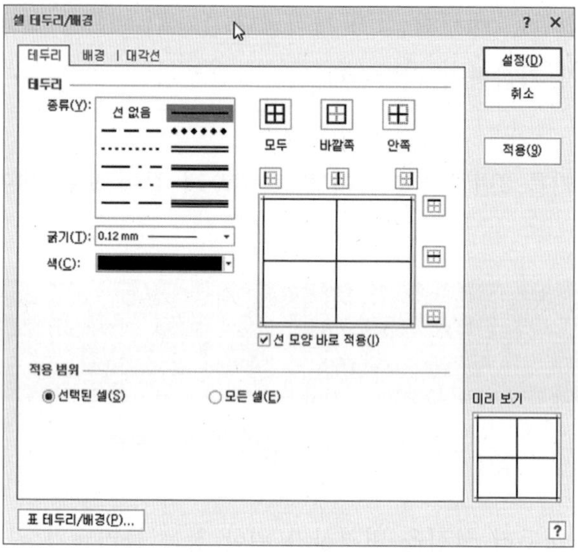

그림 8-69. 셀 테두리/배경 창 화면

- 5단계 : [Esc] 버튼을 클릭하여 표가 선택된 상태를 취소한다. **【도구】** – **【중지】** 를 실행하여 매크로 기록을 끝낸다.

완료된 표의 모양은 〈그림 8-70〉과 같다. 투명하게 설정된 세로선이 모두 붉은 점선으로 표시되어 보인다. 앞에서 배운 바와 같이 붉은 점선은 편집의 편리를 위해서 보일뿐 프린트를 하면 선이 없는 것으로 인쇄된다.

피험자↵	나이↵	키↵	몸무게↵	경력↵
sub 1↵	25↵	175↵	65↵	12↵
sub 2↵	26↵	176↵	68↵	14↵
sub 3↵	24↵	182↵	71↵	11↵

그림 8-70. 세로선이 투명하게 된 표 모양

만든 매크로가 정상적으로 작동하는지 확인해 보기 바란다. 아무 표나 만든 다음 커서를 표 안의 셀에 갖다놓고 [Alt+4]를 누르면 세로선이 모두 투명하게 될 것이다.

사용자가 만든 매크로는 컴퓨터에 자동 저장되어 언제든지 사용할 수 있다. 만약 다른 컴퓨터에서 사용하고자 할 때는 파일로 저장하여 옮겨야 한다. 매크로를 저장하는 방법을 알아보자. **【도구】** 리본메뉴에 있는 **【매크로 실행】** 을 클릭하면 〈그림 8-71〉과 같이 {**매크로 실행**} 창이 나타난다.

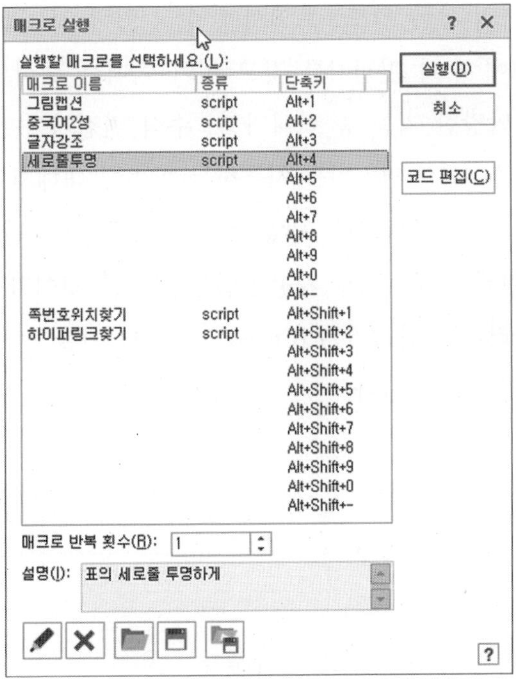

그림 8-71. 매크로 실행 창 화면

그림 아래쪽에 [**매크로 저장하기**] 버튼과 [**매크로 꾸러미 저장하기**] 버튼이 있다. 매크로 저장하기는 개별적인 매크로 하나를 저장하는 것이고, 매크로 꾸러미 저장하기는 화면에 보이는 모든 매크로를 저장하는 것이다. 저장하는 방법은 일반적인 파일 저장하는 것과 동일하게 폴더와 파일명을 입력하고 저장하면 된다. 개별 매크로 파일의 확장명은 ".msr"이고 매크로 꾸러미 파일의 확장명은 ".hmi"이다. 이렇게 저장된 파일은 폴더 모양의 [**매크로 불러오기**] 버튼을 이용하여 불러와 사용할 수 있다.

10) 수식 편집기 사용하기

전공을 불문하고 논문이나 보고서 작성 시 수학 기호나 통계학 기호들을 입력해야 하는 경우는 자주 발생한다. 특히 통계학적 분석을 수행하였거나 전공분야가 수학 공식 형태로 이론을 구성하는 분야일 경우 수식 입력은 피할 수 없는 부분이다. 이 같은 필요성은 거의 모든 워드프로세서에 수식 입력 기능을 갖추게 하였다. 아래아한글도 자체 내에 수식 편집기를 갖고 있어 어떠한 수식도 입력이 가능하다. 사실 아래아한글의 막강한 기능 중 하나가 이 수식 편집기이다. 워드에 비해 상당히 편리하다. 여기서는 수식 편집기를 사용하는 방법에 대해서 알아볼 것이나 모든 수식을 표현하는 방법을 설명하지는 않을 것이다. 전공과 상관없이 자주 사용하게 되는 기호나 수식 형태를 중심으로 사용방법을 알아볼 것이다.

수식 편집기를 불러내는 단축키는 [Ctrl+N, M]이다. 키를 누르면 〈그림 8-72〉와 같은 {수식 편집기} 창이 나타난다.

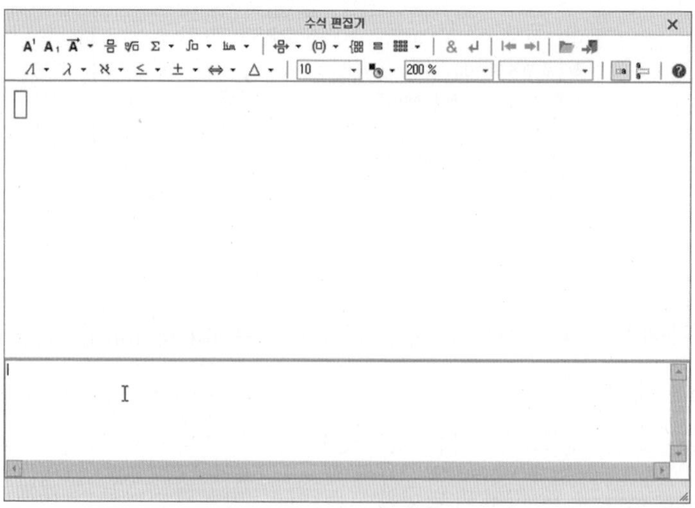

그림 8-72. 수식 편집기 창 화면

{수식 편집기} 창은 위·아래 두 개의 창으로 이루어져 있는데, 위쪽 창은 수식이 표현되는 창이고 아래쪽은 스크립트 창으로 스크립트를 입력하여 수식을 작성하는 곳이다. 수식 작성 시 마우스를 이용하여 상단에 나와 있는 수식 항목들을 하나씩 클

릭하면서 작성할 수도 있지만 보다 편한 방법인 아래쪽 스크립트 창에 직접 입력하는 방식을 이용한다.

스크립트 창에 "BMI = 체중 over 키^2"를 입력해 보자. 위쪽 창에 $BMI = \frac{체중}{키^2}$ 라고 나타날 것이다. 입력된 모습은 〈그림 8-73〉과 같다. 이 내용을 문서에 포함시키기 위해서 [Shift+Esc] 키를 누르면 커서가 있던 자리에 수식이 입력된다.

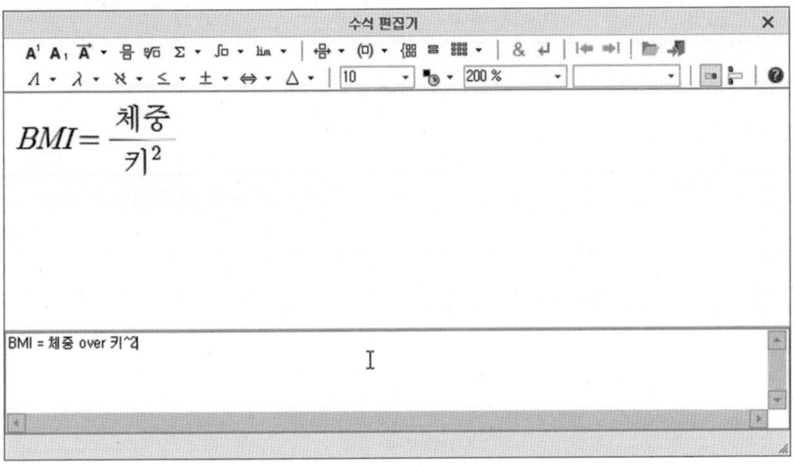

그림 8-73. 수식 편집기에 입력한 화면

수식 편집기를 사용하는 기본적인 방법은 간단하다. 스크립트 작성 시 알아야 할 몇 가지 사항은 다음과 같다.

- 한 칸을 띄는 것은 수식의 요소들을 구분하는 것이다.
- { } 기호는 요소를 묶는 기능으로 수식에 포함되지 않는다.
- 대·소문자를 구별한다.
- 문자에서 띄어쓰기를 그대로 활용할 때는 " " 기호로 묶는다.

자주 사용하게 되는 통계 기호나 수식의 표현식은 〈표 8-2〉, 〈표 8-3〉과 같다. 스크립트 표현식을 스크립트 창에 입력하면 기호와 수식이 나타난다.

표 8-2. 통계 기호에 사용되는 표현식

기호	스크립트 표현식	비고	기호	스크립트 표현식	비고
μ	mu	모집단의 평균	F	F	F 값(F value)
σ	sigma	모집단의 표준편차	p	p	p 값
σ^2	sigma^2	모집단의 분산	n	n	표본의 관찰 수
S^2	S^2	표본의 분산	N	N	모집단의 관찰 수
Σ	SIGMA		df	df	자유도
$\overline{X}$	bar X	표본의 평균	r	r	상관계수
χ^2	chi^2	카이스퀘어	R^2	R^2	결정계수
t	t	t 값(t value)			

표 8-3. 자주 사용되는 수식 표현식

수식	스크립트 표현식
$x+y$	x + y
$x-y$	x − y
$x\times y$	x times y
$x\div y$	x div y
$x\cdot y$	x cdot y
$\frac{x}{y}$	x over y
$z=\frac{x}{y}$	z = x over y
$z=\frac{x+y}{k}$	z = {x + y} over k
$z^2=x^2+y^2$	z^2 = x^2 + y^2
$\mathrm{BMI}=\frac{\text{체중}}{\text{신장}^2}$	rmBMI = 체중 over 신장^2
$\mathrm{BMI}=\text{체중}/\text{신장}^2$	rmBMI = 체중/신장^2
$z_i=x_i+y_i$	z_i = x_i + y_i
$z=\frac{(x+y)}{k\times j}$	z = {(x + y)} over {k times j}
$z=\sqrt{x^2+y^2}$	z = sqrt{x^2 + y^2}
± 20	+−20
$x\cdots y$	x CDOTS y
$x\ldots y$	x LDOTS y
90°	90 DEG
$\text{인구 비율}=\frac{\text{지역 인구}}{\text{전체 인구}}$	"인구 비율" = "지역 인구" over "전체 인구"

2 Scrivener

스크리브너(Scrivener)는 논문 작성 도구로 유명한 애플리케이션이나 국내에는 거의 알려져 있지 않다. 그 이유는 아마도 맥 기반의 애플리케이션이기 때문일 것이다. 필자가 처음 이 애플리케이션을 접한 것도 맥을 통해서이다. 지금은 윈도우즈 버전과 함께 아이패드에서도 사용할 수 있는 버전이 나와 있지만 얼마 전까지만 해도 스크리브너를 사용하기 위해서는 맥을 이용해야 했다. 스크리브너는 처음부터 논문 작성을 위한 애플리케이션으로 제작된 것은 아니다. 소설이나 대본 등 작가들을 위해서 만들어진 것으로 제작자가 소설가로 알려져 있다. 스크리브너의 기능들을 살펴보면 작가들이 작품을 쓰는데 필요한 편리한 기능들이 많고 사용되는 용어들도 논문보다는 소설 등의 작품에 적합한 단어들로 이루어져 있다. 그러나 스크리브너의 기능들이 논문 작성에도 매우 효과적이고 타 워드프로세서에서는 제공하지 않는 유용한 기능들 때문에 학자와 연구자들에 의해 사용되기 시작하였고 지금은 스크리브너 내에 논문 템플릿이 포함되어 있을 정도이다.

여기서 분명히 인지해야 할 것은 스크리브너의 성격이다. 스크리브너는 편집기가 아니고 글을 보다 체계적이고 효과적으로 쓰기 위한 애플리케이션이다. 즉, 문서의 아주 세세한 부분까지 편집할 수 있는 여타 워드프로세서들과는 달리 주목적이 보다 효율적이고 유연하게 글을 쓰는데 집중할 수 있도록 해주는데 있다. 스크리브너를 타 워드프로세서와 동일한 것으로 생각하고 접하면 익숙해지기 힘들뿐만 아니라 왜 그토록 많은 사람들에게 사랑을 받고 있는지 이해할 수 없다. 여기서는 스크리브너의 기본적인 사용 방법과 논문이나 보고서 작성 시 활용 방법에 대해서 간단하게 설명할 것이다. 너무 많은 기능을 포함하고 있기 때문에 본서에서 모든 기능을 자세히 설명하는 것은 불가능하다. 그러나 여기서 설명하는 내용만으로도 충분히 스크리브너를 사용할 수 있을 것이다.

스크리브너를 사용하기 전에 스크리브너가 글을 쓰는 데 어떠한 역할을 하고 어떻게 작동되는지를 먼저 살펴보자. 이것은 스크리브너를 이해하고 활용하는 데 도움이 된다. 예를 하나 들자. 논문을 작성할 때 우리를 괴롭히는 것 중의 하나가 서론에 해당하는 연구의 필요성과 목적을 기술하는 것이다. 서론은 관련 근거를 제시하면서 논리적이고 객관적으로 기술해야 하기 때문에 상당히 어려운 작업이다. 많은 연구자들은 연구의 필요성을 기술하면서 수 없이 내용을 수정하고 때로는 논리적 흐름을 바꾸기 위해서 문단이나 문장의 순서를 바꾸기도 한다. 스크리브너는 이러한 작업을 할 때 수정된 내용을 언제든지 비교 검토할 수 있는 기능과 함께 사용자가 원하는 시점으로 글의 내용을 되돌릴 수 있다. 또한 문장이나 문단의 순서를 쉽게 변경할 수 있는 기능을 제공하고 있다. 이러한 기능들을 이용하여 글을 완성하면, 컴파일(compile)이란 기능을 이용하여 워드나 PDF 파일로 내보낼 수 있다. 즉, 스크리브너를 사용하는 전체적인 흐름은 다음과 같다.

1. 효과적인 기능들을 이용하여 글을 작성한다.
2. 작성된 글은 컴파일을 이용하여 사용자가 원하는 워드나 PDF 파일로 만들어 준다.
3. 워드와 같은 편집기를 이용하여 형식에 맞도록 편집하여 완성한다.

스크리브너는 위의 3단계 중에 1과 2단계를 효과적으로 수행할 수 있도록 도와주는 애플리케이션이다. 사실 3단계는 논문과 같은 전문적인 문서를 작성하기 때문에 필요한 것이다. 만약 소설이나 대본을 쓰는 것이라면 3단계는 필요치 않다. 또한 전공영역이 경영학, 사회학, 교육학 등 인문계 분야라면 역시 3단계는 거의 요구되지 않으며 스크리브너 자체로 완성할 수 있다.

이제 스크리브너에 대해서 본격적으로 알아보자. 스크리브너는 앞서 말한바와 같이 여러 버전이 존재하는데 여기서는 윈도우즈 버전을 대상으로 할 것이다. 스크리브너는 유료 제품이지만 무료로 사용해 볼 수 있는 트라이얼(trial) 버전이 존재한다. 30일 동안 사용할 수 있지만 사용 횟수가 적다면 30일 이상 사용할 수 있다. 하루에 한 번 사용한다는 전제하에 30일 동안 무료로 사용할 수 있는 것이다. 만약 2일에 1번 사용한다면 60일 동안 사용할 수 있는 것이다. 트라이얼 버전을 다운로드해 설치하여 실행하면서 본서를 보는 것이 좋다. 스크리브너의 홈페이지 주소와 모습은 〈그림 8-74〉와 같다.

홈페이지 주소 : https://www.literatureandlatte.com/

그림 8-74. 스크리브너 홈페이지 화면

프로그램 설치는 특별한 것이 없이 간단하기 때문에 설치 프로그램을 따라 가면 된다. 스크리브너를 처음 실행하면 〈그림 8-75〉와 같이 {새 프로젝트} 창이 나타난다.

그림 8-75. 새 프로젝트 창 화면

살펴보면, 스크리브너가 소설이나 대본 등 글을 쓰는 도구임을 느낄 수 있다. 왼쪽 창의 [비소설]을 클릭하면 연구계획서 등 연구 활동과 관련된 템플릿이 제공된다.

그러나 국내 학회와는 거리가 먼 형식이니 그냥 참고만 하자. [빈문서]를 클릭하면 〈그림 8-76〉과 같은 화면으로 변경된다. 「위치」 항목에서 프로젝트가 저장될 폴더를 선택하고 「다른 이름으로 저장」 항목에 프로젝트 이름을 입력한 후 [생성] 버튼을 클릭하면 〈그림 8-77〉과 같은 화면이 나타난다.

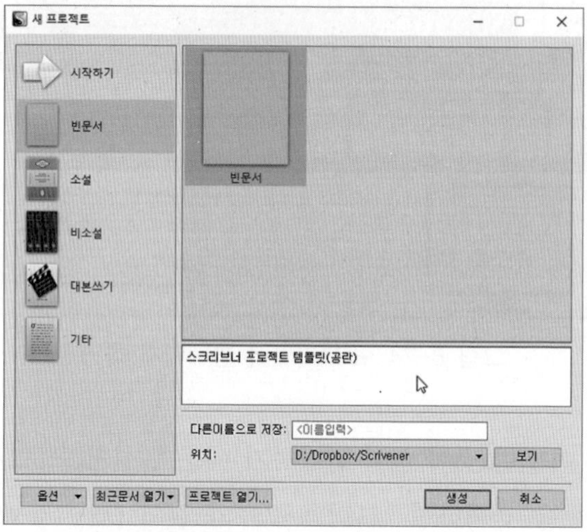

그림 8-76. 빈문서 클릭시 화면

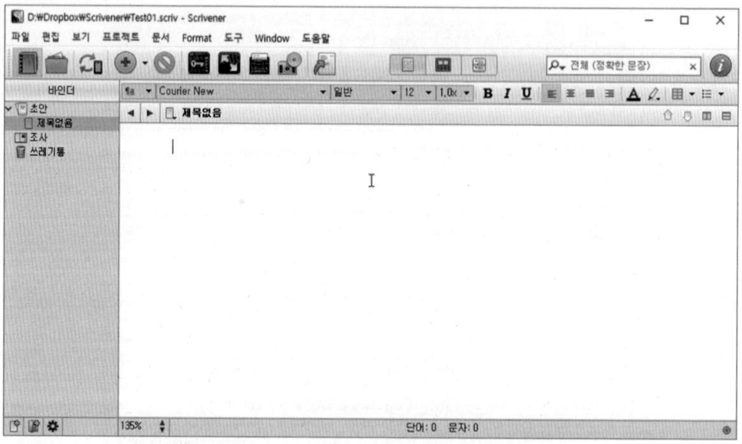

그림 8-77. 새 프로젝트를 생성한 화면

전체적인 모습을 살펴보면, 가장 위쪽에 주 메뉴들이 있고 그 아래에 단축아이콘들이 있다. 그 아래에는 폰트와 폰트의 모양을 변경할 수 있는 메뉴들과 문단 설정 메뉴들이 존재한다. 바로 아래에는 ◀▶ 버튼과 함께 "제목없음"이라고 써져 있는 바가 보이는데 이를 헤더(header)라고 부른다. 왼쪽 창은 "바인더"라고 불리며 **【초안】**, **【조사】**, **【쓰레기통】** 으로 구성되어 있다. **【초안】** (draft)에는 문서와 문서들의 집합인 폴더가 존재할 수 있다. 지금 화면에는 "제목없음" 문서 하나만 보인다. **【조사】** (research)는 글을 쓰면서 사용되는 여러 형태의 자료들을 보관하는 곳이다. 사진, PDF 문서, 음성 파일 등 거의 모든 종류의 미디어를 보관할 수 있다. **【쓰레기통】** 은 삭제한 파일이나 문서가 보관되는 곳으로 언제든지 삭제한 것들을 다시 복구할 수 있다. 지금은 보이지 않지만 {Inspector} 창이 있다. 화면 상단의 가장 우측에 보이는 [Inspector] 버튼(ⓘ)을 클릭하면 나타난다. 하단에는 상태바가 있는데, 화면의 크기를 조절하는 버튼과 함께 현재 문서의 단어와 문자수를 나타내고 있다.

보다 쉽게 실습하기 위해서 〈그림 8-78〉과 같이 내용을 입력하였다. 독자들도 아래아한글이나 워드로 작성한 문서에서 내용을 복사하여 붙여넣기를 하면 된다.

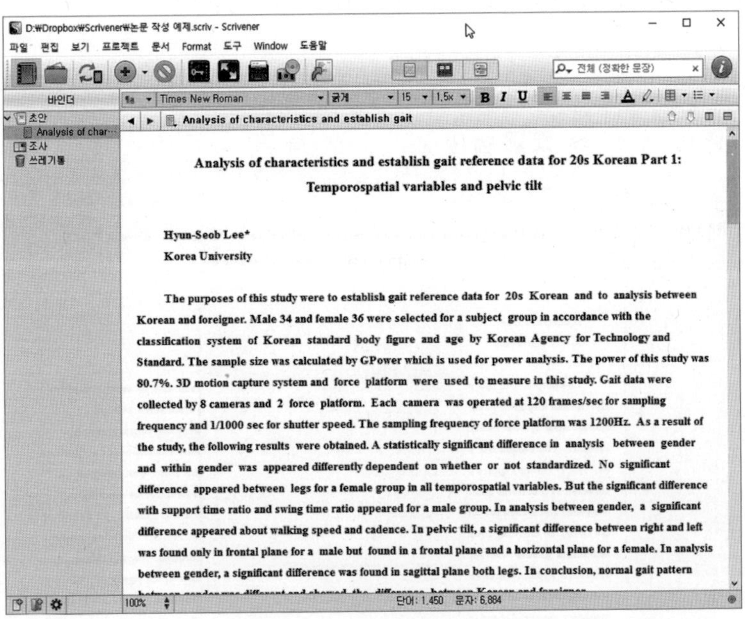

그림 8-78. 내용을 입력한 화면

〈그림 8-78〉의 문서는 크게 제목, 성명과 소속, 영문요약, 키워드, 서론, 연구방법으로 구성되어 있고 연구방법에는 피험자, 실험장비, 실험내용이 포함되어 있다.

이제 우리는 이 문서를 각 부분별로 별도의 문서로 만들 것이다.

〈그림 8-79〉와 같이 【초안】 바로 아래 있는 문서를 더블클릭하여 "제목"이라고 이름을 변경하자. 변경된 이름은 【헤더】 에 표시된다.

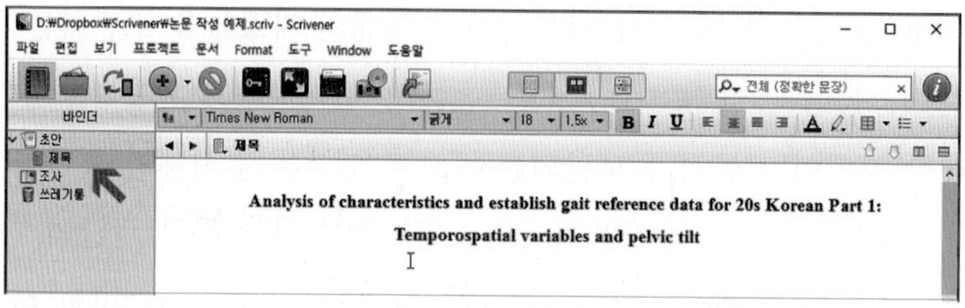

그림 8-79. 문서 제목 변경하기

이제 마우스 커서를 본문의 제목 아래에 갖다놓은 후 오른쪽 마우스 버튼을 클릭하면 〈그림 8-80〉과 같이 팝업 메뉴가 나타나는데 【선택한 곳에서 나누기】 를 클릭하면 〈그림 8-81〉과 같이 화면이 변경된다.

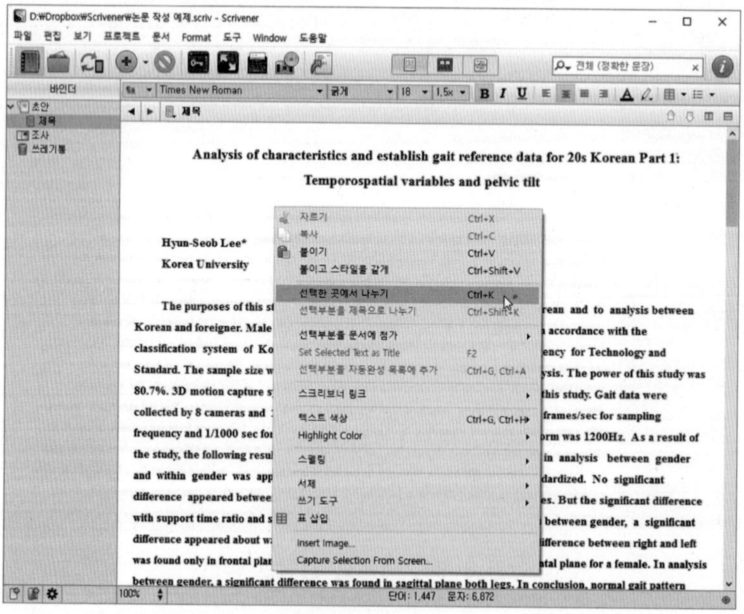

그림 8-80. 선택한 곳에서 나누기 메뉴

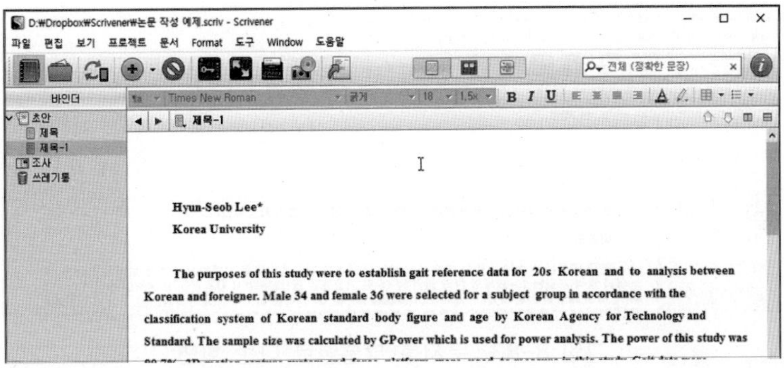

그림 8-81. 선택한 곳에서 나누기 메뉴 실행 후 화면

제목 문서 아래에 "제목-1"이란 문서가 생기고, 제목 부분이 없어진 나머지 문서 내용이 존재한다. "제목" 문서를 클릭해 보면 제목 부분만 존재하는 것을 확인할 수 있다. 즉 우리가 원하는 곳에서 문서를 나누어 위쪽은 제목이란 이름의 문서로 존재하고 나머지 부분은 제목-1이란 문서로 보관한 것이다. 이번에도 동일하게 "제목-1"이란 문서를 더블클릭하여 "성명과 소속"이라고 이름을 변경한 후 본문에서 소속 아래에 커서를 놓고 【선택한 곳에서 나누기】를 실행하자. 〈그림 8-82〉와 같이 화면이 변경될 것이다. 이번에는 이름과 소속 부분만이 "성명과 소속" 문서에 남고 나머지 내용은 "성명과 소속-1" 문서로 보관되었다.

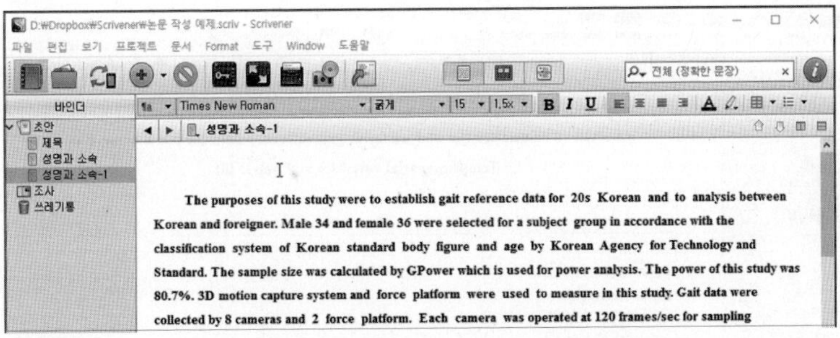

그림 8-82. 문서를 또 다시 분할한 화면

위에서 수행한 방법으로 〈그림 8-83〉과 같이 연구방법까지 모두 분할하자.

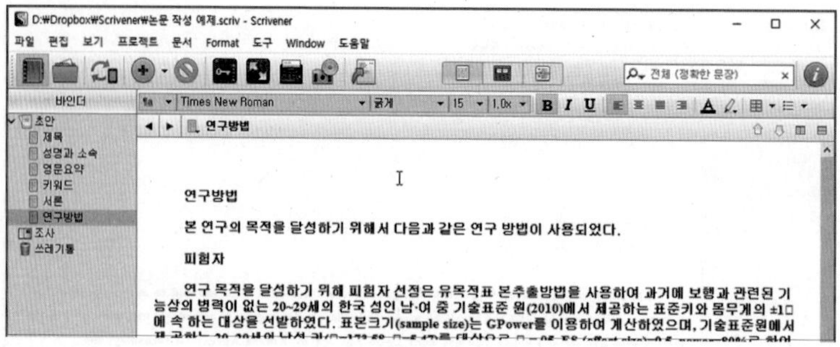

그림 8-83. 문서를 부분별로 나눈 화면

이제 문서를 클릭하면 해당 내용만 화면에 나타나고 사용자가 원하는 데로 내용을 편집을 수행할 수 있다. 그런데 만약 사용자가 분할 전 문서처럼 모든 문서를 연속해서 보고 싶다면 상단에 있는 **【초안】** 을 클릭하여 〈그림 8-84〉와 같이 연속해서 볼 수 있다. 본문에 표시되는 점선은 문서가 분할되어 있음을 보여주는 것이다. 만약 **【초안】** 을 클릭했을 때 〈그림 8-85〉와 같이 화면이 나타나면 이것은 [코르크보드 보기]가 된 것이다. 이럴 때는 화면 상단의 단축아이콘 바에 있는 보기모드 ( ) 중 왼쪽에 있는 [스크리브너 보기] 버튼을 클릭하면 문서의 내용을 볼 수 있다.

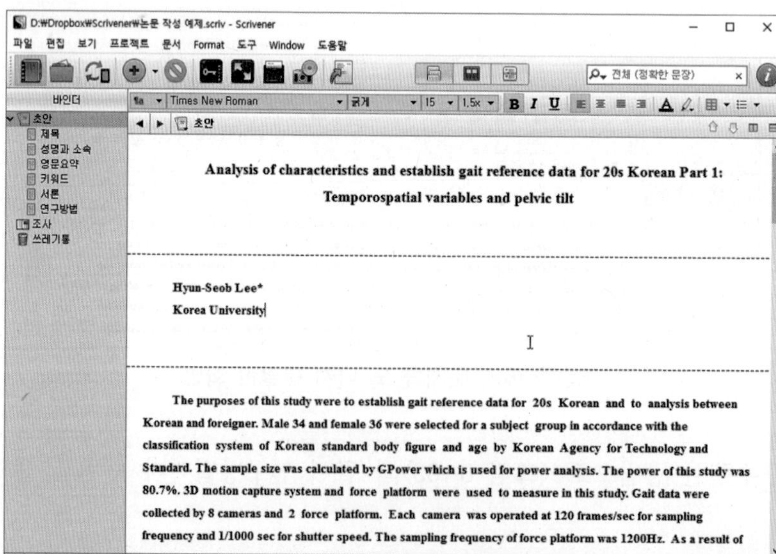

그림 8-84. 여러 문서를 연속해서 보기

그림 8-85. 코르크보드 보기 모드

우리는 위에서 연구방법 내용 안에 피험자, 실험장비, 실험내용이란 하위 제목이 있다는 것을 알고 있다. 따라서 연구방법 문서를 하위 제목으로 분할할 필요가 있다. 이번에는 폴더 형식을 이용하여 문서를 분할해 보자.

{바인더} 창에서 연구방법 문서를 클릭한 후 〈그림 8-86〉과 같이 [아이템 추가] 버튼을 클릭하여 나타나는 메뉴 중 **【새폴더】**를 클릭하면 연구방법 문서 아래에 새 폴더가 만들어지는데 〈그림 8-87〉과 같이 폴더의 이름을 "연구방법"으로 변경하자.

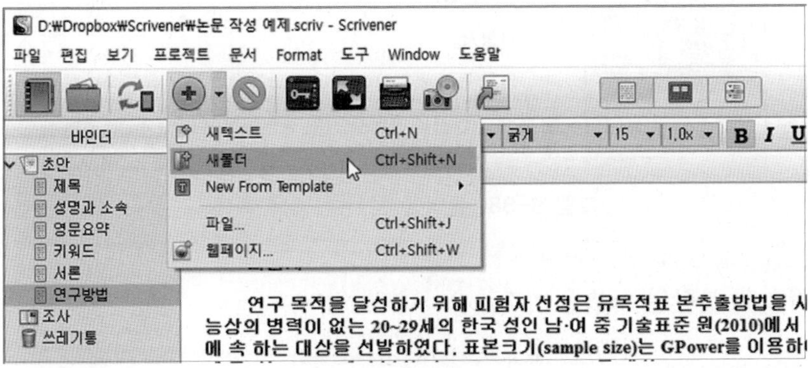

그림 8-86. 새폴더 메뉴

그림 8-87. 연구방법이란 새 폴더가 추가된 화면

이제 연구방법 문서를 마우스로 드래그해서 연구방법 폴더에 넣으면 <그림 8-88>과 같이 된다. 연구방법 문서를 클릭한 후 위에서 문서 분할을 했던 방법으로 하위 제목들을 분할하면 된다.

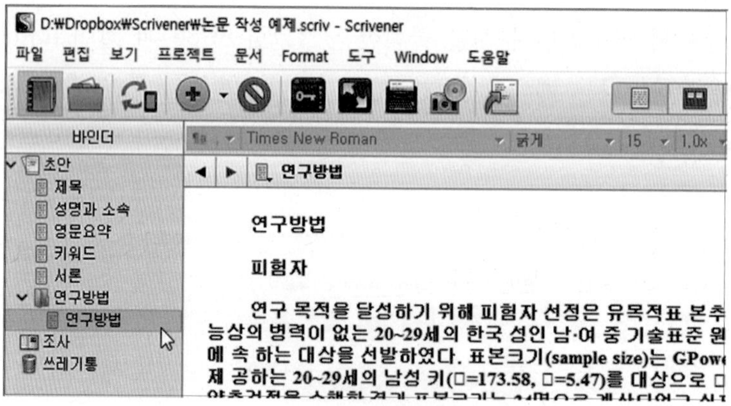

그림 8-88. 폴더에 문서를 넣은 화면

최종적으로 분할된 모습은 <그림 8-89>와 같다.

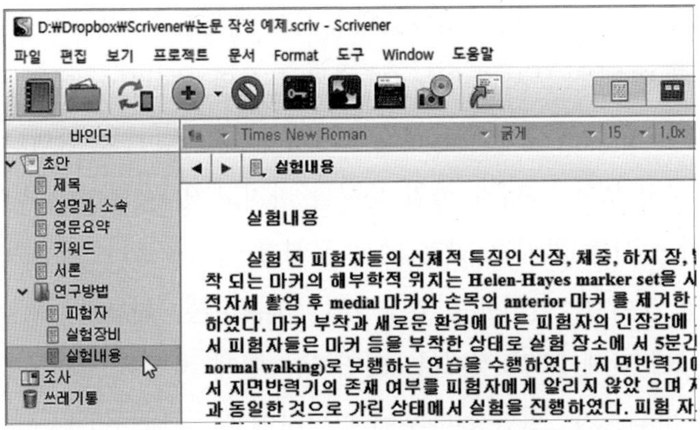

그림 8-89. 문서 분할이 완료된 화면

연구방법 폴더를 보면 마치 파일을 저장하는 폴더 같이 보이지만 이것 또한 하나의 문서이다. 스크리브너는 하위에 독립된 문서들을 포함하고 있는 문서를 폴더라고 한다. 피험자 문서를 클릭해 보면 가장 상단에 "연구방법"이라고 써져 있다. 이것을 잘라내서 연구방법 폴더를 클릭하여 가장 상단에 붙여넣기를 해보자. 이제 연구방법 폴더의 모양이 폴더 밑에 조그마한 문서가 포함된 형태( )로 변경될 것이다. 이것은 폴더에 내용이 있다는 뜻이다.

문서도 하위 문서를 가질 수 있다. 〈그림 8-90〉과 같이 제목 문서를 클릭한 후 오른쪽 마우스 버튼을 클릭하여 **【추가】 - 【새텍스트】** 메뉴를 실행하자.

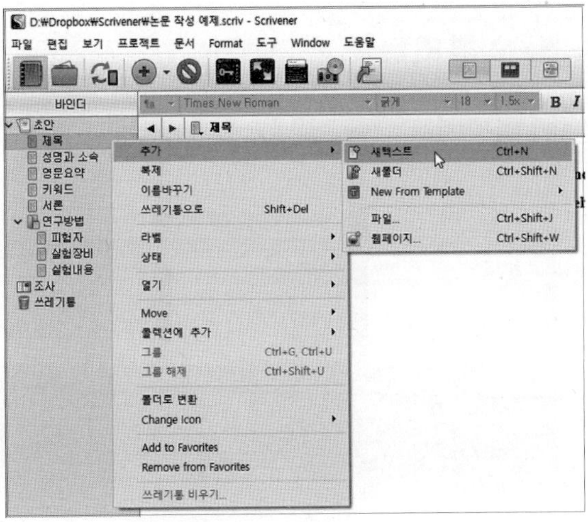

그림 8-90. 새 텍스트 메뉴

아래쪽에 새 문서가 생성될 것이다. 이 문서의 제목을 "부제목"으로 입력하고, 마우스로 드래그해서 제목 문서에 떨구자. 제목 문서의 아이콘이 변했을 것이다(▤). 제목 문서에서 부제목을 잘라내서 부제목 문서에 붙여넣기를 하면 된다.

문서를 포함하고 있는 폴더와 하위 문서를 가지고 있는 문서의 차이는 무엇인지 알아보자. 하위 문서를 가지고 있는 제목 문서를 클릭해보자. 부제목은 보이지 않고 제목만 보일 것이다. 이번에는 연구방법 폴더를 클릭해보자. 포함된 모든 문서의 내용이 순서에 맞게 보일 것이다. 여러분은 이제 차이를 알게 되었을 것이다.

글의 순서를 바꿔보자. 실험장비 후에 피험자에 대한 내용이 나오도록 하고 싶다면, 피험자 문서를 마우스로 끌어다 실험장비 문서 밑으로 옮기면 된다. 진짜 내용의 순서가 바뀌었는지 확인하기 위해서 {바인더} 창의 상단에 있는 【초안】을 클릭해보면 글의 순서가 변경되었음을 확인할 수 있다. 이렇게 문서의 순서를 변경하면 실제 내용의 순서도 변경된다. 이러한 기능은 하위 문서를 가지고 있는 문서에서도 동일하게 작동된다. 따라서 하나의 문서를 만들 때 문단별로 하위 문서를 만들어 글의 순서를 언제든지 변경할 수 있다.

이번에는 문서를 다른 형태로 보는 방법을 알아보자. {바인더} 창에서 상단에 있는 【초안】을 클릭한 후 단축아이콘 바 중앙에 있는 [코르크보드 보기] 버튼을 클릭하면 〈그림 8-91〉과 같이 문서들이 코르크보드상의 카드 형태로 보인다.

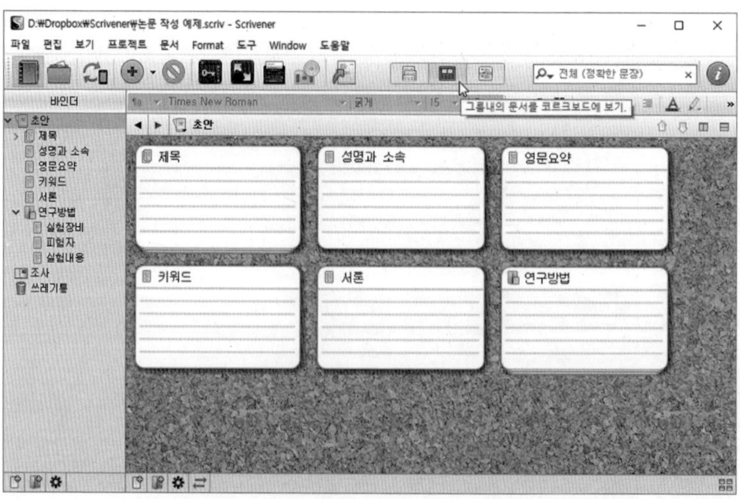

그림 8-91. 코르크보드 보기 화면

코르크보드 상의 카드는 문서 하나하나와 대응한다. 따라서 카드의 순서를 변경하면 실제로 문서 내용의 순서도 변경된다. 카드의 위치를 변경하는 방법은 마우스로 드래그 & 드롭하면 된다. 하위 문서가 있는 문서나 폴더는 카드 여러 장이 겹친 형태로 보인다. 각 카드의 제목을 클릭하면 이름을 변경할 수 있다. 연구방법 카드의 제목 왼쪽에 있는 아이콘을 더블클릭하면 하위 카드들을 볼 수 있다. 하위 카드들의 아이콘을 더블클릭하면 문서의 내용을 볼 수 있다. 이번에는 [헤더]에 있는 ◀ ▶ 버튼들 중 ◀를 클릭해보자. 이전 화면으로 이동될 것이다. 이렇게 ◀▶ 버튼들은 이전 화면으로 이동할 때 사용하는 버튼이다. 앞·뒤 문서로 이동하는 키가 아닌 이전이나 이후 화면으로 이동하는 버튼임을 인지하기 바란다.

코르크보드 상의 각 카드 중앙 부분을 더블클릭하면 카드에 메모를 입력할 수 있다. 이렇게 입력된 메모는 문서 내용에 포함되지 않는다. 제목 카드를 더블클릭해서 내용을 입력해 보면 〈그림 8-92〉와 같은 모습이 된다.

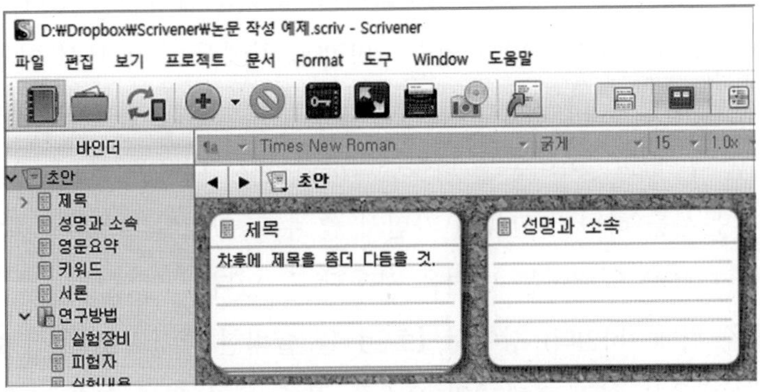

그림 8-92. 카드상에 메모를 입력한 화면

[코르크보드 보기] 버튼 오른쪽에 있는 [아웃라이너 보기] 버튼을 클릭해 보자. 〈그림 8-93〉과 같은 화면을 볼 수 있다.

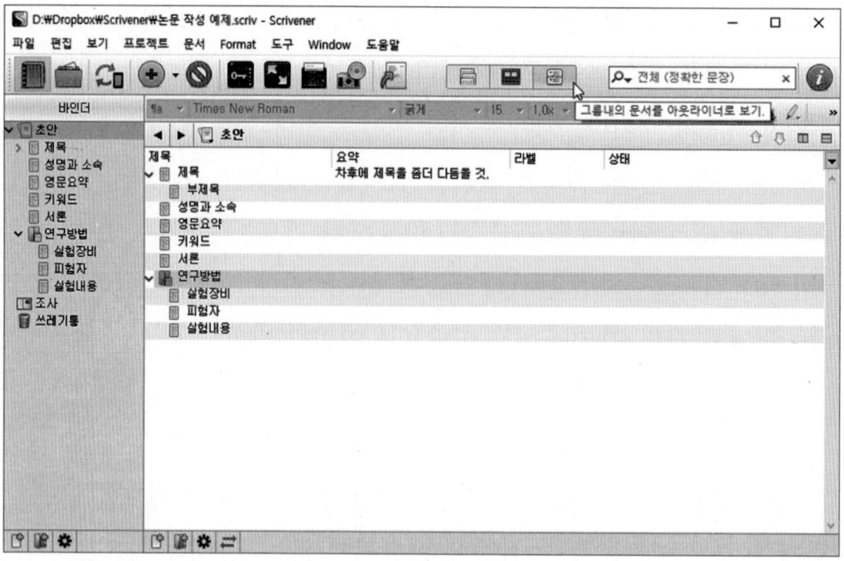

그림 8-93. 아웃라이너로 보기 화면

지금까지 우리가 만든 문서들이 아웃라이너 형태로 출력되어 있다. 이 또한 각 항목들이 해당 문서들과 연결되어 있다. {바인더} 창에서 했던 문서 이동, 코르크보상 상에서 순서 변경 등의 기능들이 이곳에서 그대로 작동한다. 항목을 클릭하면 이름을 변경할 수 있고, 아이콘을 더블클릭하면 문서 내용을 볼 수 있다.

글을 쓸 때 문서를 하나씩 만들어 가면서 쓸 수도 있지만, 여기서 전체적인 모양을 만든 후에 내용을 입력하는 방법을 사용할 수 있다.

다음 실습을 위해 {바인더} 창에서 **【초안】**을 클릭한 후 [**스크리브너 보기**] 버튼을 클릭하여 문서내용을 보자. [**헤더**]의 오른쪽 끝에 보면 화면 분할 버튼들이 있다. [**수직분할**] 버튼을 클릭하면 〈그림 8-94〉와 같이 화면이 좌·우로 분할되어 나타날 것이다. [**수평분할**] 버튼을 클릭하면 〈그림 8-95〉와 같이 화면이 위·아래로 분할되어 나타난다. 각각의 창은 독립적으로 움직이기 때문에 동일 문서의 다른 부분을 보면서 작업하고자 할 때 유용하다.

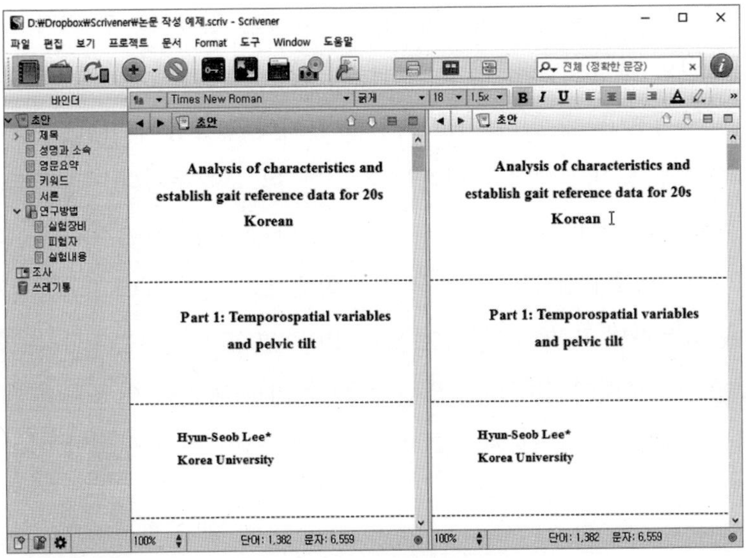

그림 8-94. 수직분할 화면

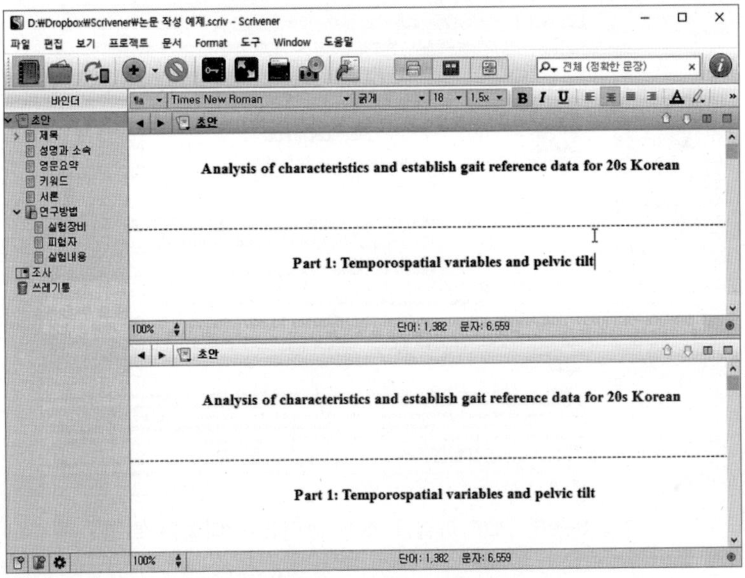

그림 8-95. 수평분할 화면

[분할 없음] 버튼을 클릭하여 원 상태로 만들어 놓자.

{바인더} 창에 있는 【조사】 항목에 대해서 알아보자. 【조사】는 글을 쓸 때 참조할 자료들을 보관하는 곳이다. PDF 파일을 끌어다 【조사】에 갖다놓아 보자. 〈그림

8-96〉과 같이 PDF 파일 내용이 편집기에 나타나는 것을 볼 수 있다.

만약 PDF 파일 내용이 편집기에 나타나지 않는다면, 【초안】에서 문서를 한 번 클릭한 후 다시 【조사】에 있는 PDF 파일을 클릭하면 내용이 나타날 것이다. 이러한 현상은 윈도우즈 버전에서 나타나는 사소한 버그인 듯싶다. PDF 파일 내용이 편집기에 출력되면 상태바에 여러 메뉴들이 나타나는데, 페이지 이동, 화면 크기 조절 메뉴 등이 있고, 상태바의 가장 오른쪽에 있는 [외부 에디터에 열기] 버튼은 PDF 파일을 사용자의 PC에 설치되어 있는 PDF 편집기로 여는 기능을 한다. 만약 자신의 PC에 아크로뱃이 설치되어 있다면 해당 PDF 파일이 아크로뱃에 열리게 된다. 이번에는 이미지를 넣어보자. 〈그림 8-97〉과 같이 화면에 해당 이미지가 나타날 것이다.

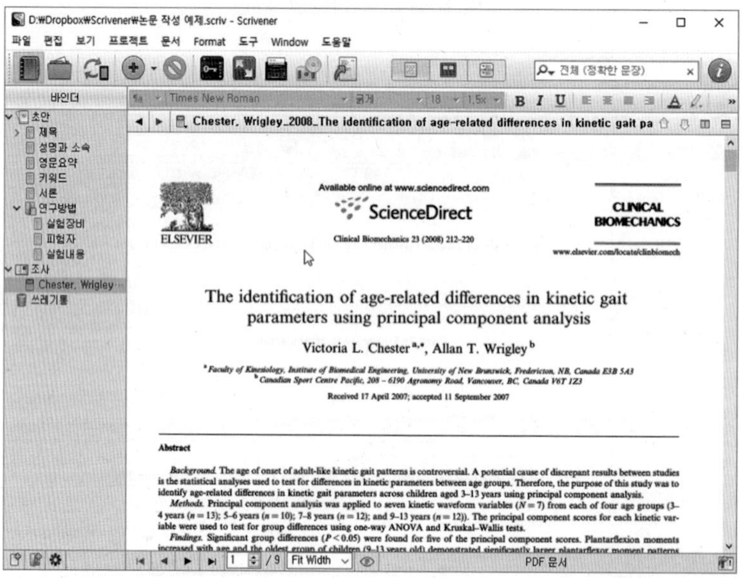

그림 8-96. PDF 파일을 조사 폴더에 갖다놓은 화면

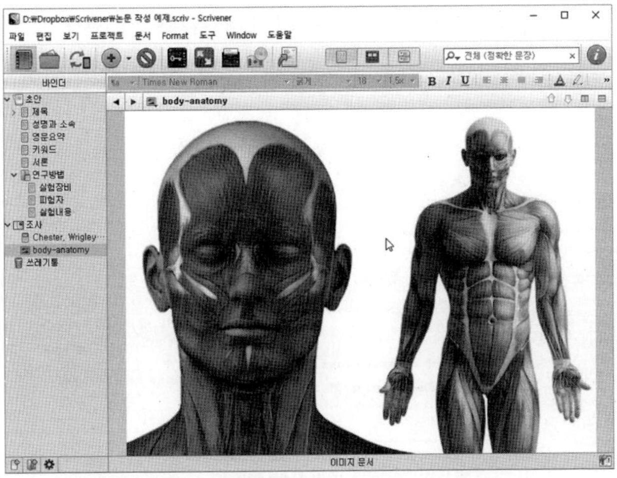

그림 8-97. 이미지를 조사 폴더에 넣은 화면

웹페이지 또한 추가할 수 있는데, 【조사】를 마우스로 우클릭 하여 팝업 메뉴에서 【추가】 - 【웹페이지】를 실행하면 주소와 제목을 입력하는 창이 나타난다. 모두 입력하면 기본으로 웹페이지를 PDF 파일로 만들어서 추가해 준다. 이곳에는 문서도 만들어 넣을 수 있다.

위에서 배운 화면분할 기능을 이용하여, 〈그림 8-98〉과 같이 작성 중인 문서와 함께 【조사】 폴더에 있는 것을 옆에 띄워 놓고 작업을 할 수 있다.

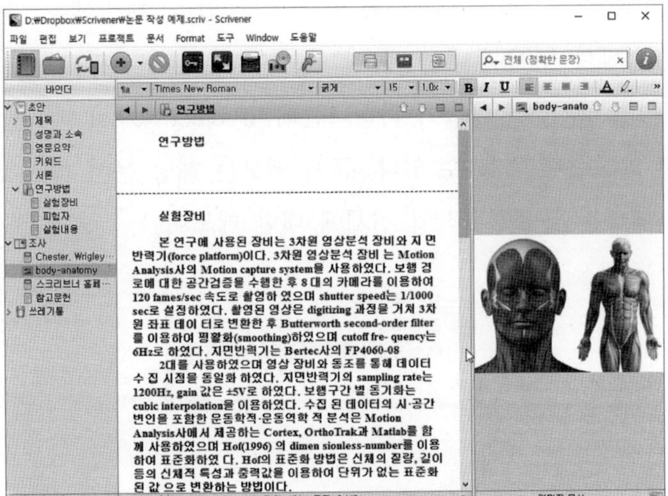

그림 8-98. 문서와 이미지를 화면분할로 함께 띄운 화면

{Inspector} 창에 대해서 살펴보자. 스크리브너 우측 상단에 보면 ⓘ 모양(ⓘ)의 버튼이 있는데 이를 클릭하면 〈그림 8-99〉와 같이 화면 오른쪽에 {Inspector} 창이 나타난다.

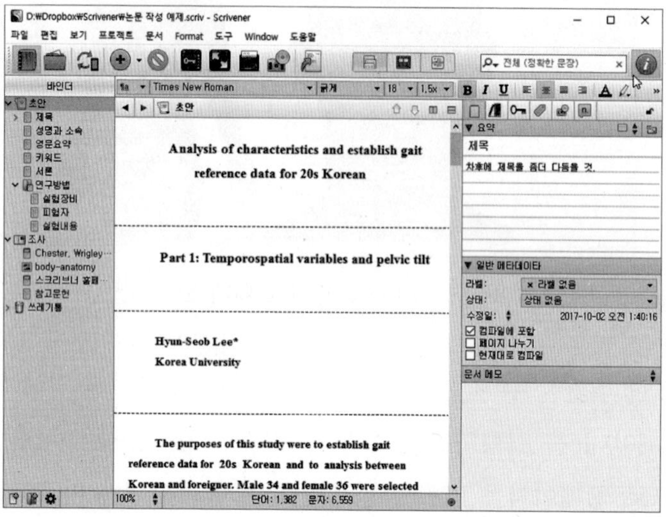

그림 8-99. Inspector 창 화면

{Inspector} 창 상단에는 [요약], [참고문헌], [키워드], [Meta-Data], [스냅샷], [각주 & 주해] 버튼들이 나열되어있다. [요약] 화면 상단에는 코르크보드에서 보았던 카드가 나타나 있고 이곳에서도 카드에 메모를 입력할 수 있다. 하단에는 「문서 메모」 항목이 있다. 이곳에 해당 문서에 대한 메모를 입력할 수 있다. 「문서 메모」 항목을 클릭하면 〈그림 8-100〉과 같이 메뉴가 나타나는데 【Project Notes】 메뉴를 선택하면 프로젝트에 대한 메모를 입력할 수 있다. 문서 메모는 해당 문서 하나에 대한 메모이고, 프로젝트 메모는 글 쓰는 작업 전체에 대한 메모이다.

그림 8-100. 프로젝트 노트

[참고문헌] 버튼을 클릭하면 「문서 메모」 항목이 「문서 참조」 항목으로 변경된다. 이곳에는 해당 문서에서 참조하는 자료들을 입력해 놓는 곳이다. 각 문서마다 어떤 자료들을 참조하고 있는지 알 수 있도록 문서마다 개별적으로 입력이 가능하다. 「문서 참조」 항목을 클릭하면 역시 【프로젝트 참조】 메뉴가 나타나는데 전체적인 참조 내용을 입력할 수 있다.

[키워드] 버튼을 클릭하면 「문서 참조」 항목이 「키워드」 항목으로 변경되는데 말 그대로 키워드를 입력하는 곳이다. [Meta-Data] 버튼을 클릭하면 「키워드」 항목이 「Custom Meta-Data」 항목으로 변경되는데, 메타 데이터는 문서에 포함되는 정보를 의미한다. 즉, 저자, 작성일자, 제목 등을 의미한다. 본서에서 PDF 파일에 대해서 살펴볼 때 언급한바 있다.

[스냅샷] 버튼을 클릭하면 〈그림 8-101〉과 같이 화면이 변경된다. 스냅샷 기능은 스크리브너의 중요 기능 중 하나로 스크리브너를 사용하는 이유가 되는 기능이므로 자세히 알아보자.

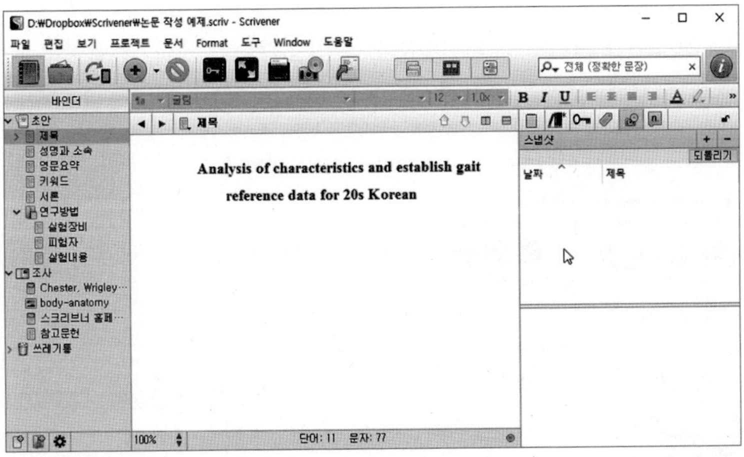

그림 8-101. 스냅샷 화면

스냅샷은 카메라로 문서를 촬영해 놓듯이 특정 시점의 문서 내용을 보관하는 기능이다. 〈그림 8-101〉과 같이 제목 문서를 클릭한 후 {스냅샷} 창 오른쪽에 있는 "+" 기호 모양의 [추가] 버튼을 클릭하자. 찰칵하는 카메라 셔터 소리와 함께 〈그림 8-102〉와 같이 현재 문서의 상태가 리스트에 추가된다.

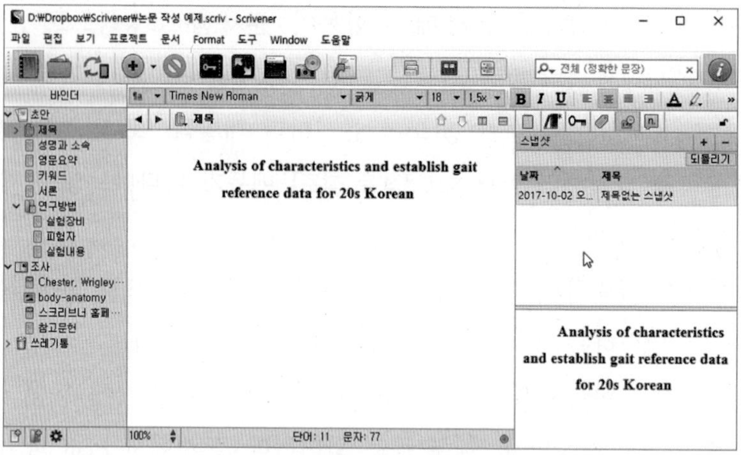

그림 8-102. 스냅샷을 실행한 화면

"제목없는 스냅샷"으로 되어 있는 곳을 더블클릭하여 적당한 이름을 입력하자. 필자는 "최초의 제목"이라고 입력하였다. 이 상태에서 다른 문서들을 클릭해 보면, 저장된 스냅샷이 없는 것을 확인할 수 있다. 이는 각 문서별로 스냅샷이 저장된다는 것을 의미한다. 이제 제목 문서에 있는 내용을 변경해 보자. 제목의 끝에 있는 "Korean"을 "South Korean"으로 변경하고 이 상태를 다시 스냅샷으로 저장하자. 스냅샷 제목을 "South Korean"으로 하였다. 완료된 화면은 〈그림 8-103〉과 같다.

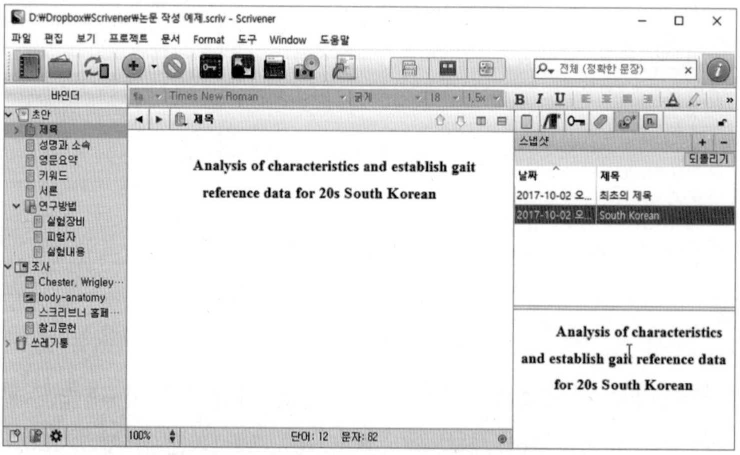

그림 8-103. 스냅샷으로 저장한 화면

제목에서 "Korean"을 "South Korean"으로 변경했는데 마음이 바뀌어 다시 원상태로 되돌리고 싶다면, {스냅샷} 창에서 "최초의 제목" 스냅샷을 선택한 후 [되돌리기] 버튼을 클릭하면 현재의 문서 상태를 스냅샷 하라는 창이 뜬다. 우리는 미리 스냅샷을 했으므로 [아니오] 버튼을 클릭하면 "South Korean"으로 변경하기 전의 문서 상태로 변경된다. 스냅샷으로 저장한 것들을 [되돌리기] 하면서 문서가 어떻게 변하는지 눈으로 확인하기 바란다.

논문의 연구의 필요성과 같은 글을 작성할 때 우리는 글의 순서나 내용을 수없이 변경하고 수정하게 되는데 스냅샷을 이용하면 보다 편하게 작업을 수행할 수 있다. 스크리브너의 윈도우즈 버전에서 제공하는 스냅샷 기능은 여기까지이다. 맥 버전과는 차이가 있는데 맥 버전의 경우 compare 기능이 있어 두 스냅샷 간 어디에서 어떤 차이가 있는지를 보여준다. 즉, 어떤 내용이 삭제되었고, 어떤 내용이 추가되었는지를 보여준다. 매우 유용한 기능이지만 윈도우즈 버전에는 이 기능이 없다. 사실 맥 버전과 윈도우즈 버전 사이에는 기능상에 많은 차이점들이 있다. 그럼에도 불구하고 윈도우즈 버전으로 본서를 작성하는 이유는 국내의 경우 윈도우즈 사용자가 상대적으로 대다수이고 기능상의 차이가 스크리브너의 유용성을 감소시킬 정도는 아니기 때문이다.

마지막으로 [각주 & 주해]에 대해서 알아보자. 먼저 각주와 주해의 차이를 알아보자. 각주는 보통 문장의 끝에 붙어서 문서의 내용에 포함된다. 논문에서"(이현섭, 2017)"과 같이 인용문을 작성할 때 사용된다. 주해는 단순히 문장에 설명을 첨가하는 것으로 문서의 내용에 포함되지 않을 수 있다. 결론적으로 각주는 스크리브너 프로젝트를 특정 형식의 문서로 컴파일할 때 문서에 포함되고, 주해는 포함 여부를 사용자가 결정할 수 있다. [각주 & 주해] 버튼을 클릭하면 화면이 〈그림 8-104〉와 같이 변한다.

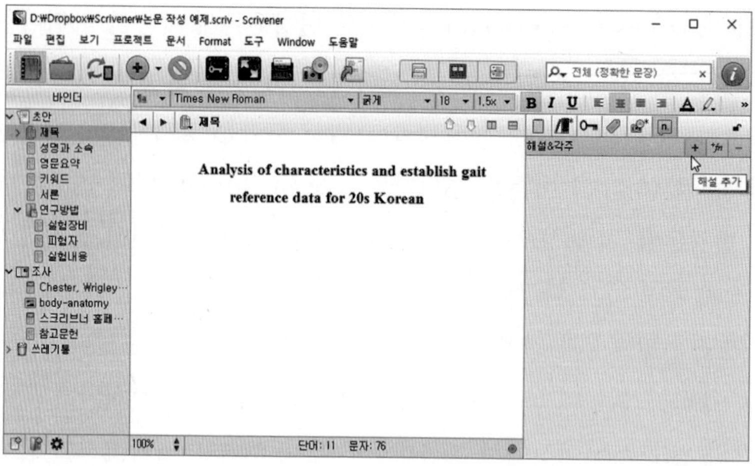

그림 8-104. 각주 & 주해 화면

본문 중에 "Korean"을 마우스로 드래그해서 선택한 후에 {Inspector} 창의 [+] 버튼을 클릭하면 〈그림 8-105〉와 같이 주해를 입력할 수 있는 상태가 되는데 "대한민국 국민"이라고 입력하자.

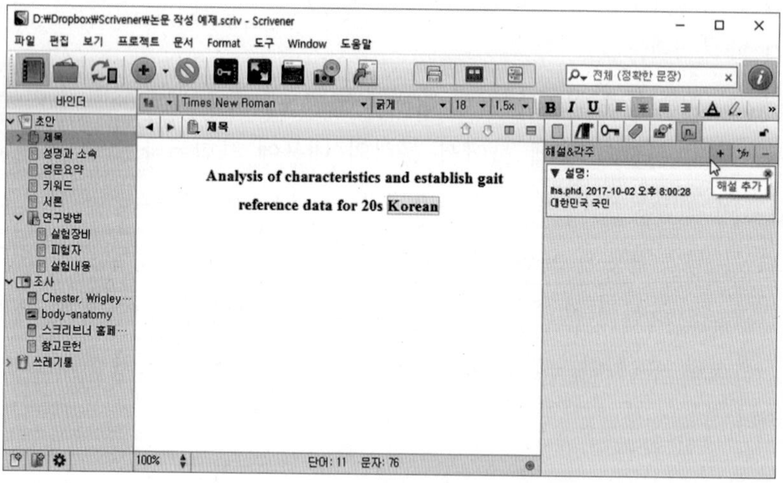

그림 8-105. 주해를 입력하는 화면

이번에는 본문 중에 "gait" 부분을 마우스로 드래그해서 선택한 후에 {Inspector} 창의 [각주] 버튼() 버튼을 클릭하면 각주를 입력할 수 있는 상태가 된다. "Normal walking"이라고 입력하자. 최종 모습은 〈그림 8-106〉과 같이 된다.

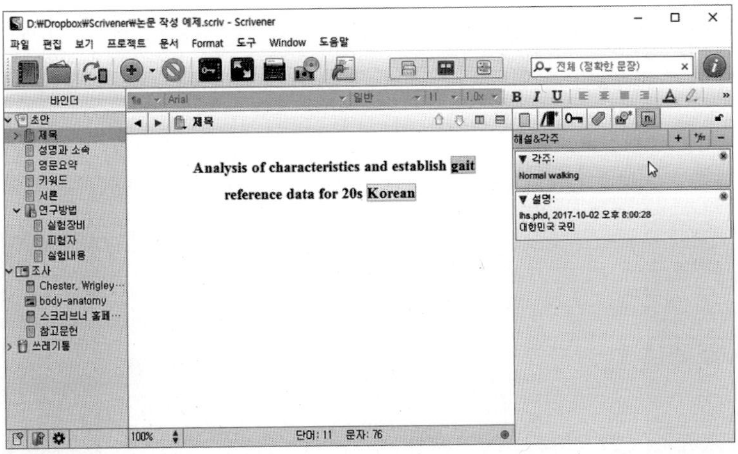

그림 8-106. 각주와 주해가 입력된 화면

각주와 주해 또한 각 문서별로 존재할 수 있으며, {Inspector} 창의 각주나 주해를 클릭하면 본문 중의 해당 위치로 이동하게 된다.

스크리브너에서 제공하는 글쓰기 모드 2가지를 살펴보자. 스크리브너에는 사용자가 글쓰기에 집중할 수 있도록 편집화면을 전체 화면으로 보여주는 기능이 있다. 다른 프로그램들과의 차이점은 단순히 화면만 넓게 하는 것이 아니라 글에 집중할 수 있도록 불필요한 메뉴나 배경들을 모두 감추어 준다는 특징이 있다. 전체화면을 실행시키기 위해서는 〈그림 8-107〉과 같이 화면 상단의 단축아이콘 메뉴 바에서 [전체화면] 버튼을 클릭하면 된다.

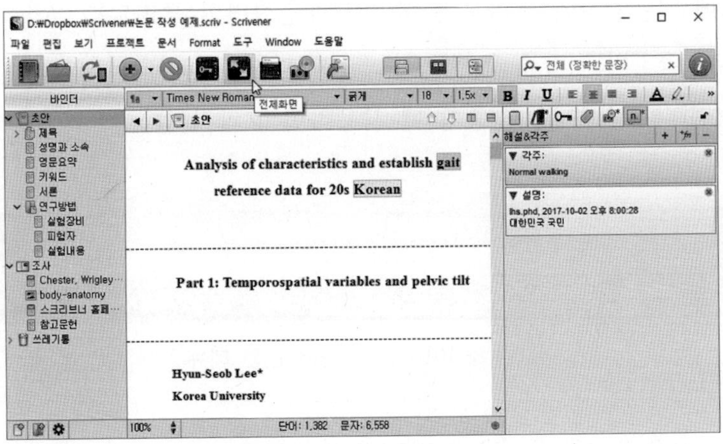

그림 8-107. 전체화면 메뉴

전체화면 모드가 활성화되면 컴퓨터 화면은 〈그림 8-108〉과 같이 변한다. 모든 메뉴는 사라지고 바탕화면의 아이콘들도 흐릿하게 변한다. 화면 전체가 문서에 집중할 수 있도록 문서 내용이 전면에 나타난다.

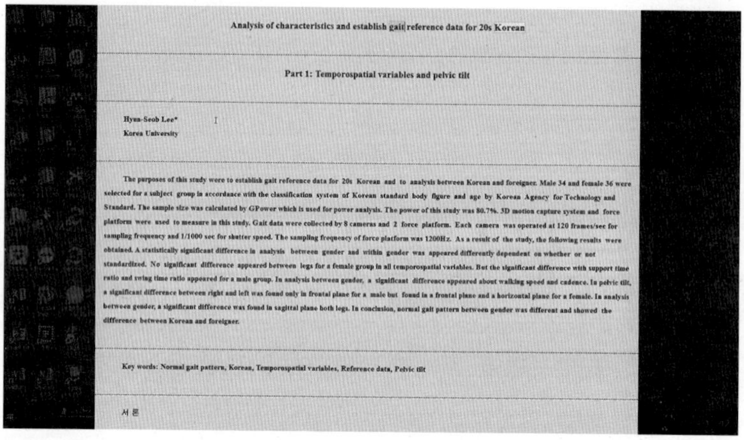

그림 8-108. 전체화면 모드로 전환된 화면

마우스를 화면 아래쪽으로 가져가면 〈그림 8-109〉와 같이 메뉴가 나타난다. 왼쪽부터 【텍스트 비율】, 【페이지 위치】, 【페이지 넓이】, 【키워드】, 【인스펙터】, 【가기】, 【배경 감추기】 메뉴들이 있고 오른쪽 끝에 본래의 화면으로 돌아가는 버튼이 존재한다. 메뉴 이름만으로도 어떤 기능들인지 알 수 있다. 【인스펙터】 메뉴는 {Inspector} 창을 불러내는 메뉴이고 【가기】 메뉴는 문서를 이동할 때 사용한다. 【배경 감추기】 메뉴는 슬라이드 바를 움직여서 배경화면의 투명도를 조절하는 기능을 가지고 있다. 슬라이드 바를 오른쪽으로 완전히 옮기면 바탕화면이 불투명해져 검은색으로 변한다. 문서에만 집중할 때 사용하면 효과적이다.

그림 8-109. 전체 화면 관련 메뉴

또 하나의 글쓰기 기능은 【타이프라이터】 기능이다. 이 기능은 마치 타자기로 글을 쓰듯 [Enter] 키를 치면 커서가 아래로 내려가지 않고 내용이 위로 올라간다. 글을 쓰는 위치가 변하지 않는다. 일반적인 프로그램에서 [Enter] 키를 치면 커서가 아래 줄로 이동하게 되어 많은 내용을 입력할 경우 화면 하단에서 글을 입력하게 된다. 그러나 타이프라이터 기능은 문서 중앙에서 계속 글을 입력할 수 있게 해준다. 사용자의 취향에 따라 이러한 모드를 선호하는 경우가 많다. 스크리브너를 설치한 후 단축아이콘 바에 타자기 모양의 버튼이 보이지 않는다면 〈그림 8-110〉과 같이 **【도구】 - 【툴바 사용자 정의...】** 를 실행하자.

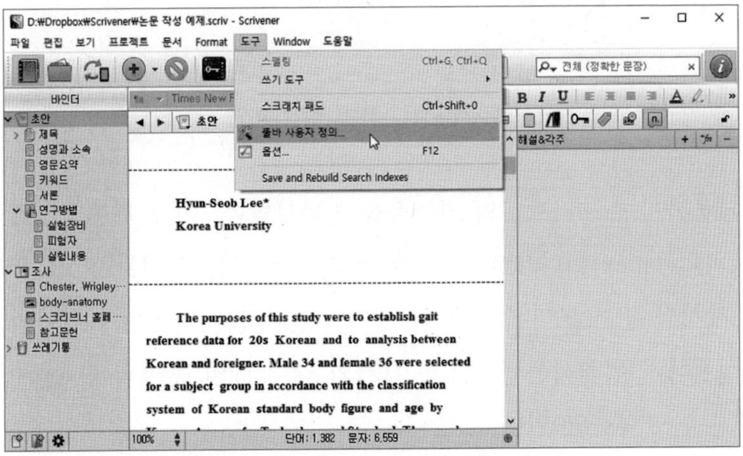

그림 8-110. 툴바 사용자 정의 메뉴

〈그림 8-111〉같이 **{툴바 설정}** 창이 나타날 것이다. 왼쪽 창에서 「**타이프라이터 스크롤링**」을 찾아서 오른쪽 창으로 이동시키면 스크리브너 메인 툴바에 단축아이콘으로 항상 보이게 된다. 왼쪽 창에서 자신이 자주 사용할 것 같은 메뉴는 오른쪽에 등록해 놓고 사용하는 것이 여러모로 편하다. 우리가 위에서 배운 스냅샷 기능도 등록해 놓고 사용하면 편하다.

그림 8-111. 툴바 설정 화면

우리는 지금까지 스크리브너의 기능들을 살펴보았다. 이제 최종적으로 작성된 문서를 워드 파일(.docx)이나 PDF 파일로 변환하는 것을 살펴보자. 스크리브너에서는 이렇게 작성된 문서를 다른 파일 포맷으로 변환하는 것을 컴파일이라고 부른다. 컴파일을 실행하기 위해서는 〈그림 8-112〉와 같이 메일 툴바의 단축아이콘 중에서 [컴파일] 버튼을 클릭하면 된다.

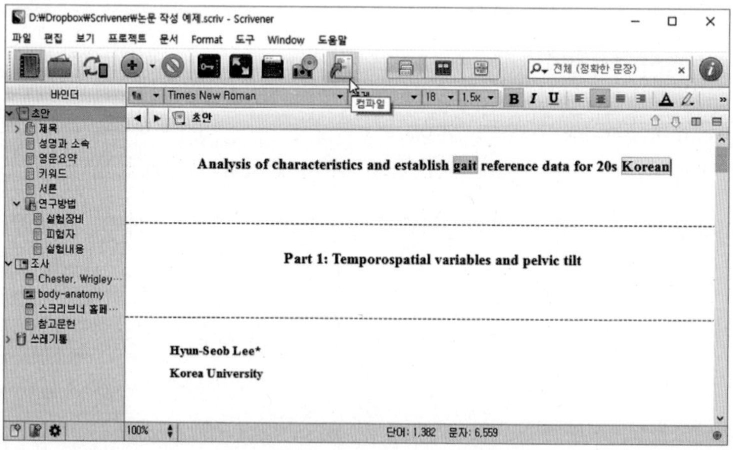

그림 8-112. 컴파일 메뉴

〈그림 8-113〉과 같이 {컴파일} 창이 나타난다. 「컴파일」 항목에서 변환하고 싶은

문서 종류를 선택하면 된다. 워드문서, PDF 문서, ebook 파일인 epub, 웹페이지에 해당하는 html 등 상당히 많은 종류를 지원하고 있다.

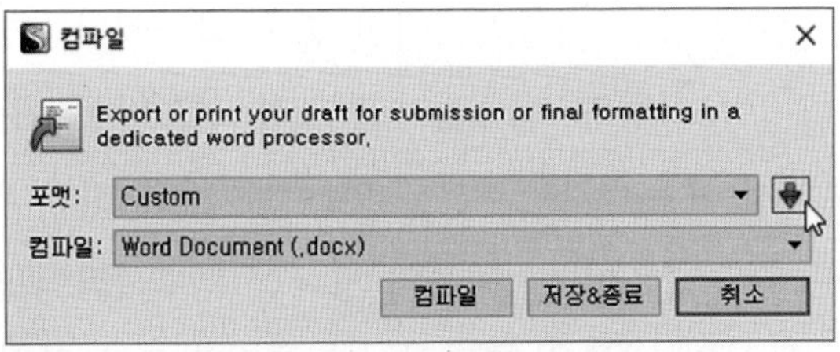

그림 8-113. 컴파일 창 화면

컴파일 할 때 어떤 내용을 어떻게 만들 것인지 사용자가 세세하게 설정할 수 있는데, 「**포맷**」 항목의 끝에 있는 아래화살표 버튼을 클릭하면 {**컴파일**} 창이 〈그림 8-114〉와 같이 확장된다. 이곳에서 컴파일에 포함시킬 문서, 페이지 설정, 각주나 주해의 포함 여부, 각주의 표현 방식 등을 결정할 수 있다.

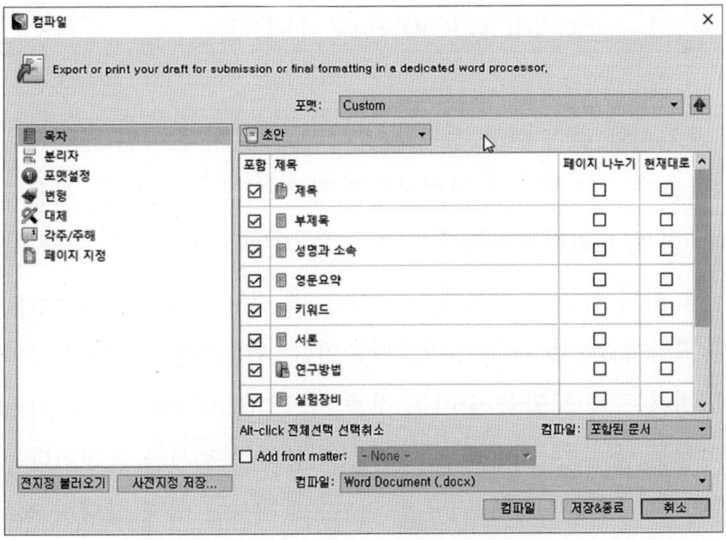

그림 8-114. 확장된 컴파일 창 내용들

설정을 완료한 후 [**컴파일**] 버튼을 클릭하면 파일 저장 창이 나타나는데 적당한 이름을 입력하면 변환이 완료된다. 이것으로 우리의 문서 작성도 끝난 것이다. 이제 변환된 워드 파일을 워드에서 불러와 세세한 조정만 하면 된다. 만약 아래아한글에서 편집하고자 한다면 컴파일할 때 Rich Text Format(.rtf)으로 한 후 아래아한글에서 불러올 때 파일 형식에서 서식 있는 문서(.rtf)로 하면 된다.

스크리브너는 중독성이 강한 애플리케이션 중의 하나이다. 처음에 입문할 때 어렵다는 단점이 있지만 어느 정도 익숙해지면 가장 선호하는 애플리케이션이 된다. 우리가 논문이나 보고서 또는 다른 문서를 만들 때 가장 많은 시간을 들이고 스트레스를 받는 것은 문서의 내용이다. 문서의 형식은 1~2시간이면 완벽하게 만들 수 있다. 스크리브너는 문서의 내용을 효과적이고 효율적으로 작성할 수 있도록 도와주는 애플리케이션이다.

본서에서는 지면 관계상 많은 기능을 제외하였다. 본서의 내용을 통해 기본적인 사용 방법을 익혔다면 다른 기능을 하나씩 알아가면서 본인 것으로 만들어가기 바란다.

3 마크다운(MarkDown)과 Typora

논문이나 보고서와 같이 어느 정도 분량이 있는 문서가 아닌 간단한 문서를 작성하고자 할 때 용량이 큰 워드나 아래아한글 같은 워드프로세서를 사용하는 것은 다소 불편하다. 더욱이 워드프로세서의 그 많은 기능을 익히기도 쉽지 않다. 이러한 점을 해결하기 위해서 문서 작성에 요구되는 몇 가지 기능만을 갖춘 문서 작성 방법을 새롭게 고안하였는데 그것이 마크다운이다. 워드프로세서에서 글에 밑줄을 긋고 색상을 변경하는 등 모양을 꾸미는 것을 마크업(Markup)이라고 한다. 마크다운은 이러한 기능들 중 자주 사용하는 것만을 이용해서 문서를 작성한다는 뜻으로 만들어진 신생어이다. 따라서 마크다운은 워드프로세서에 비해 상당히 적은 기능만을 가지고 있다. 그렇다고 해서 작성된 문서의 모양이 예쁘지 않은 것은 아니다. 오히려 일반 문서보다 멋있고 어떤 면에서는 보다 효과적인 문서가 되기도 한다. 스마트폰에 설치되는 문서 관련 어플들에서도 마크다운을 지원하는 경우가 많아지고 있다. 이는 그만큼 마크다운이 효과적이고 글 작성 시 상당한 이점을 제공하기 때문이다. 마크다운 전용 애플리케이션도 상당수 나와 있는데 사용자들에게 마크다운의 인기가 높아짐에 따라 점차 그 수가 늘어나고 있다. 특히 최근에는 많은 애플리케이션들이 인터넷 환경, 즉 웹상에서 처리가 가능하도록 하고 있는데 마크다운은 이러한 환경과 잘 융합된다는 장점도 있다. 본서의 앞에서 살펴본 드롭박스의 페이퍼, 스크리브너에서도 마크다운을 지원하고 있고 지메일의 경우 이메일 작성 시 마크다운을 활용하여 작성할 수 있는 확장프로그램도 존재한다.

마크다운은 배우기도 쉽고 사용하기도 쉽다. 비록 논문을 작성할 정도로 막강하지는 않지만 문서작성에 많은 도움이 되기 때문에 여기에서 소개하고자 한다. 마크다운을 알아보기 전에 마크다운으로 어떤 문서들을 만들 수 있는지 〈그림 8-115〉에서 간단하게 확인하자.

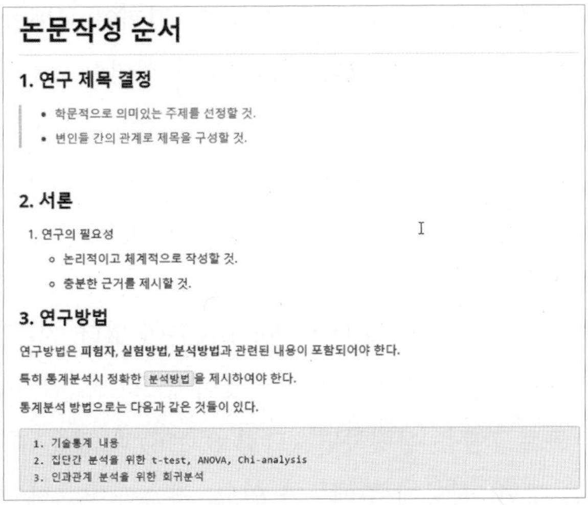

논문작성 순서

1. 연구 제목 결정

- 학문적으로 의미있는 주제를 선정할 것.
- 변인들 간의 관계로 제목을 구성할 것.

2. 서론

1. 연구의 필요성
   - 논리적이고 체계적으로 작성할 것.
   - 충분한 근거를 제시할 것.

3. 연구방법

연구방법은 **피험자, 실험방법, 분석방법**과 관련된 내용이 포함되어야 한다.

특히 통계분석시 정확한 `분석방법`을 제시하여야 한다.

통계분석 방법으로는 다음과 같은 것들이 있다.

```
1. 기술통계 내용
2. 집단간 분석을 위한 t-test, ANOVA, Chi-analysis
3. 인과관계 분석을 위한 회귀분석
```

그림 8-115. 마크다운으로 작성한 문서 모양

〈그림 8-15〉는 마크다운이 지원하는 간단한 기능을 이용하여 만든 문서이다. 글 번호, 글머리 기호, 인용부호, 문장 내 박스로 쌓인 단어, 글 상자 같이 보이는 박스 등을 확인할 수 있다. 물론 그림에 포함되지 않은 링크, 표 등 다른 기능들도 있다. 무엇보다도 위의 문서는 마우스를 전혀 사용하지 않고 오직 키보드만을 이용해서 만든 것이다.

마크다운에서 사용하는 기능들을 문법이라고 하는데 예를 들면, "**글자**"라고 타이핑하면 마크다운에서는 "글자"라는 단어를 굵은체로 표시하라는 뜻이 된다. 이러한 기본문법들은 통일되어 있기 때문에 어떤 마크다운 애플리케이션을 사용해도 동일하게 작동한다. 마크다운 애플리케이션들은 기본문법 이외에 자신들만의 문법을 만들어서 제공하기도 한다.

마크다운을 사용하기 위해서는 마크다운 문법을 지원하는 애플리케이션을 사용해야 하는데 마크다운 전용 애플리케이션은 상당히 많다. 필자 또한 많은 애플리케이션을 사용해 보았으며 그 중 가장 추천할 만한 것은 Typora이다. 추천하는 이유는 많지만 무엇보다도 사용하기 편하고 윈도우즈 버전과 맥 버전, 리눅스 버전이 함께 제공되고 있고 현재까지는 무료라는 점이다. 업데이트도 지속적으로 이루어지고 있다. 사실 무료라는 것이 이해되지 않을 만큼 뛰어난 제품이다. 필자의 생각으로는 계속 버전이 0.XXX로 나가는 것을 보면 버전 1이 되었을 때 유료로 전환될 것으로 조심스럽게 예측해 본다. 유료로 전환돼도 기꺼이 구매할 생각이다.

본서에서는 Typora를 이용해 마크다운에 대해서 설명할 것이므로 먼저 Typora를 설치하도록 하자. Typora의 홈페이지 주소는 아래와 같다.

홈페이지 주소 : https://typora.io

홈페이지에 접속하면 우측 상단에 Download 버튼이 있다. 이를 통해 다운로드한 후 PC에 설치하면 된다. 설치 과정은 특별한 것이 없으므로 절차를 따라가면 된다. 설치가 완료된 후 프로그램을 실행하면 〈그림 8-116〉과 같은 화면이 나타난다.

전체 화면 구성을 보면, 상단에 주메뉴가 있고, 좌측과 우측에 창이 존재한다. 좌측 창은 파일을 보여주거나 문장의 목차를 보여주는 곳이고, 우측 창은 실제 마크다운을 이용하여 문서를 작성하는 편집기이다. 만약 좌측 창이 보이지 않는다면 【View】 - 【Outline】 또는 【View】 - 【File Tree】 를 실행하면 된다. 더 쉬운 방법은 화면 하단 좌측에 "○" 모양의 버튼을 클릭하면 좌측 창이 나타나고 버튼이 "〈"로 변할 것이다. 이 버튼을 클릭하면 좌측 창이 다시 사라진다.

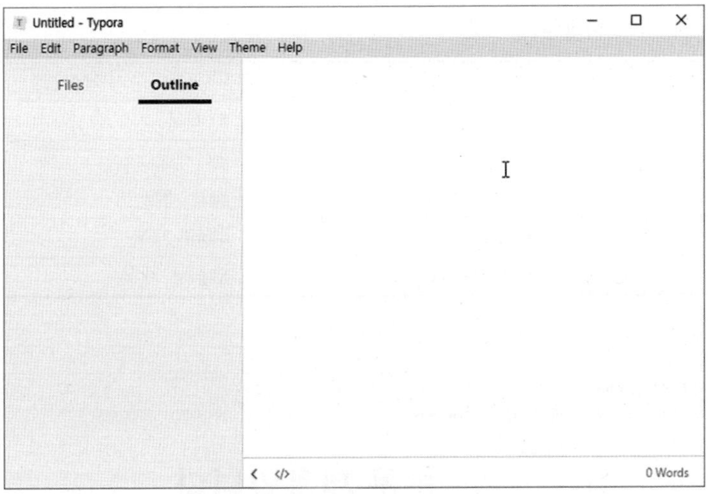

그림 8-116. Typora 실행 화면

1) 제목 입력 방법

이제 마크다운 문법을 하나씩 살펴보자. 문법이라고 하나 별로 어렵지 않다. 먼저 문서의 제목을 입력하는 방법부터 알아보자. 제목으로 처리하고자 할 때 마크다운은 '#' 기호를 사용한다. 문법은 아래의 〈표 8-4〉와 같다. # 기호 다음에는 한 칸을 띈 후 제목을 입력하면 된다. Typora에 "# 논문 제목입니다."라고 입력한 후 [Enter] 키를 치면 자동으로 제목 모양으로 변한다. 〈그림 8-117〉은 제목을 입력한 예시 화면이다. 가장 큰 제목과 2번째로 큰 제목 아래에는 자동으로 얇은 줄이 생기지만 다른 것에는 생기지 않는다.

Typora의 왼쪽 창에 보면 입력된 내용이 [Outline]탭에 나타나는데, 제목으로 입력하면 Typora는 이를 목차로 처리하여 표시해 준다. [Outline]에 있는 내용을 클릭하면 그 제목이 있는 곳으로 이동이 된다.

표 8-4. 제목에 대한 마크다운 문법

문법 기호	내용	작성 예
#	가장 큰 제목	# 제목
##	2번째로 큰 제목	## 제목
###	3번째로 큰 제목	### 제목
####	4번째로 큰 제목	#### 제목
#####	5번째로 큰 제목	##### 제목

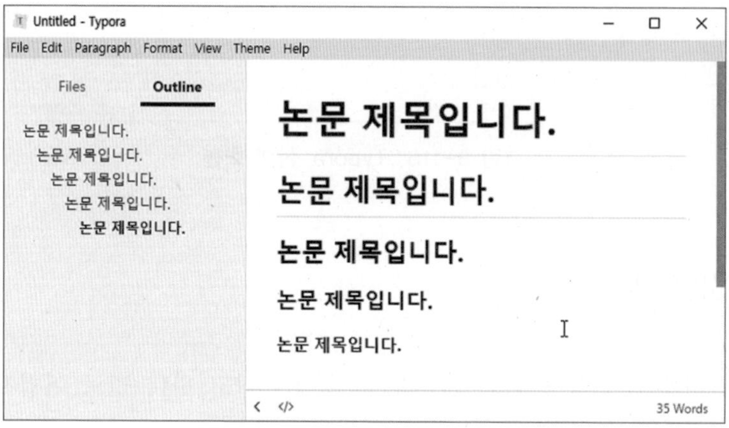

그림 8-117. 제목 예시 화면

〈그림 8-117〉과 같이 마크다운 문법에 의해 변환되어 표시되는 내용이 아닌 자신이 실제 타이핑한 내용을 보고 싶을 때는 [Ctrl+/] 키를 치면 된다. 〈그림 8-118〉은 [Ctrl+/]를 쳤을 때 나타나는 화면이다. 이것을 source code라고 한다.

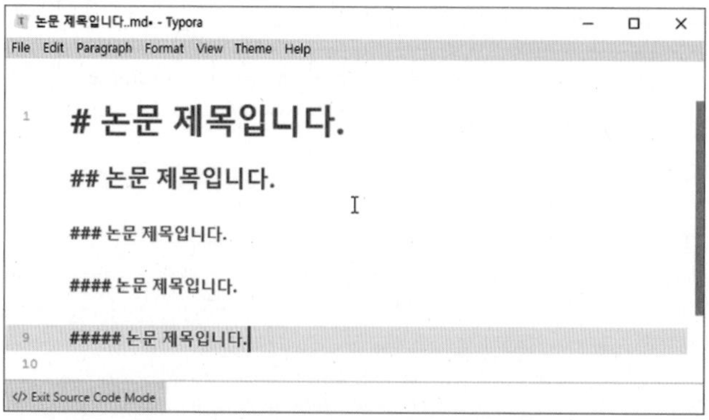

그림 8-118. 소스 코드 보기 화면

2) 글머리 및 글 번호와 체크박스 입력하기

글 번호와 글머리를 입력하는 문법은 단순하다(표 8-5 참조). 글 번호는 문단 처음에 번호로 시작하면 글 번호가 된다. 내용을 입력한 후 [Enter]를 치면 아래에 자동으로 다음 글 번호가 생긴다. 만약 더 이상 글 번호를 사용할 필요가 없을 때는 내용을 입력하지 않고 바로 한번 더 [Enter]를 치면 글 번호가 사라지고 일반적인 편집 상태가 된다. 글머리는 '–' 기호나 '*'를 친 후 한 칸 띄고 내용을 쓰면 된다. 어느 기호를 사용하던 같은 결과를 얻게 된다. 〈그림 8-119〉는 작성 예이다. 문법 기호 다음에는 항상 한 칸을 띄어야 한다. 체크박스 형태의 글머리는 글 앞에 체크박스가 생기며 마우스로 체크 및 해제할 수 있다. 체크박스를 작성할 때 주의할 점은 "–[" 다음에 한 칸 띄고 "]"를 입력한 후 다시 한 칸 띄고 내용을 입력해야 한다.

표 8-5. 글번호 & 글머리에 대한 마크다운 문법

문법 기호	내용	작성 예
1.	번호가 붙은 내용이 된다.	1. 첫 번째 제목
–	글머리가 붙은 내용이 된다.	·첫 번째 항목
*	글머리가 붙은 내용이 된다.	* 첫 번째 항목
–[ ]	체크 박스가 붙은 내용이 된다.	–[ ] 서론

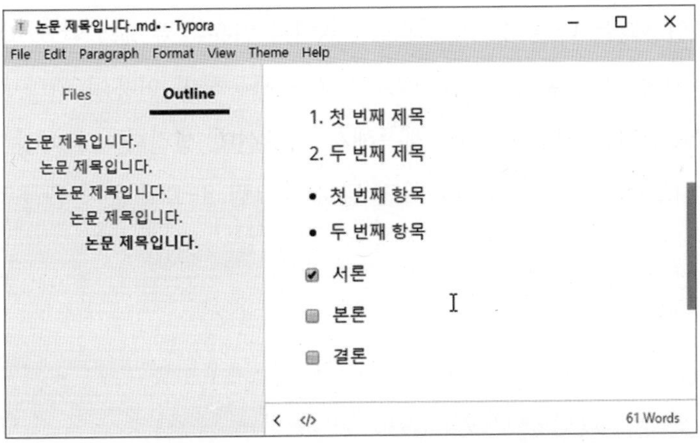

그림 8-119. 글머리 & 글번호 작성 예

3) 수평선 입력하기

문서를 작성하다 보면 내용상 경계를 만들기 위해 수평선을 그어야 할 때가 있다. 마크다운에서는 빈줄 처음에 '-'를 3번 또는 5번 연속으로 치고 [Enter] 키를 치면 수평선을 그어 준다. 〈그림 8-120〉은 작성 예이다.

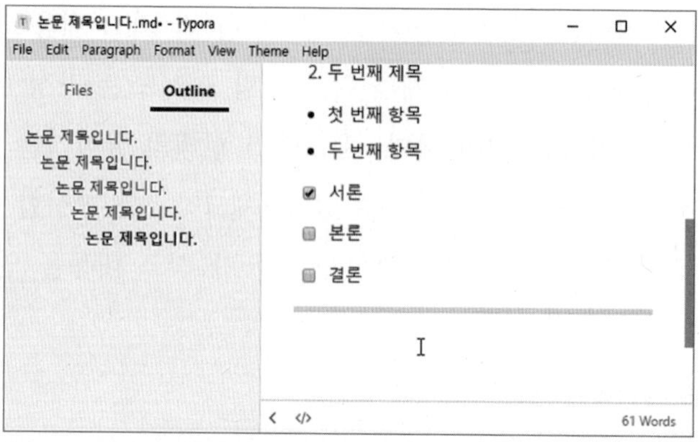

그림 8-120. 수평선 작성 예

4) 인용(quote) 입력하기

이번에는 인용(quote) 방법에 대해서 알아보자. 여기서 말하는 인용은 논문 작성 시 사용하는 인용과는 다른 것이다. 마크다운에서 인용은 문장의 앞에 막대 세로선을 만들어 주는 기능이다. 빈 줄 처음에 '〉' 기호를 사용하면 인용이 된다. 다른 문법과 동일하게 [Enter] 키를 치면 아래에 계속해서 세로선이 생긴다. 더 이상 인용할 필요가 없을 때는 [Enter] 키를 한 번 더 치면 된다. 〈그림 8-121〉은 인용글 작성 예이다.

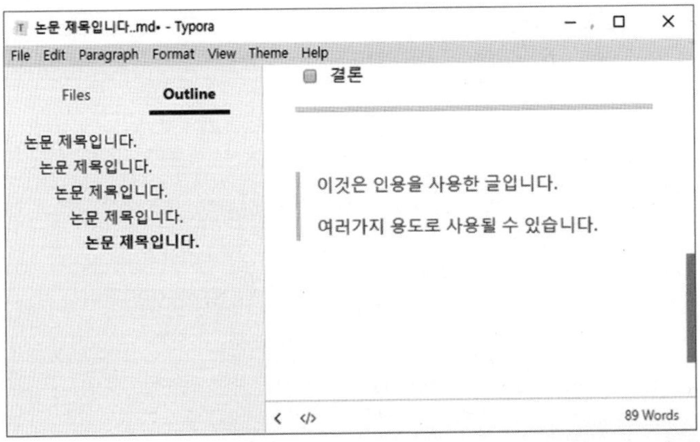

그림 8-121. 인용글 작성 예

인용의 경우 인용 안에서 '〉' 기호를 또 이용하여 한 단계 아래 인용을 사용할 수 있다. 이렇게 계속 안쪽으로 들어가면서 사용할 수 있다. 〈그림 8-122〉는 인용 안에서 인용을 작성한 예이고 〈그림 8-123〉은 인용에 대한 소스 코드이다.

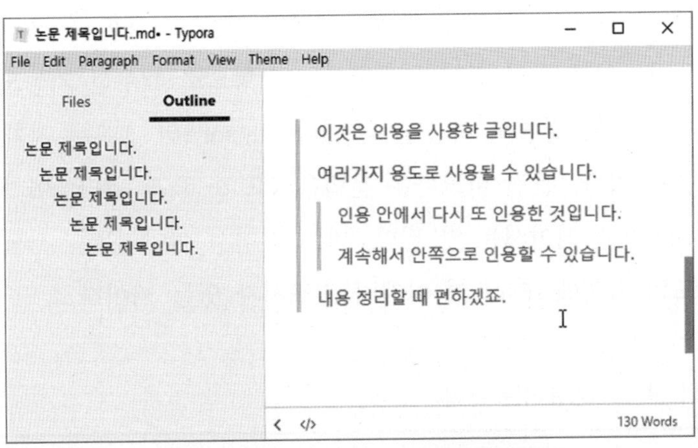

그림 8-122. 인용 안에서 인용을 한 예

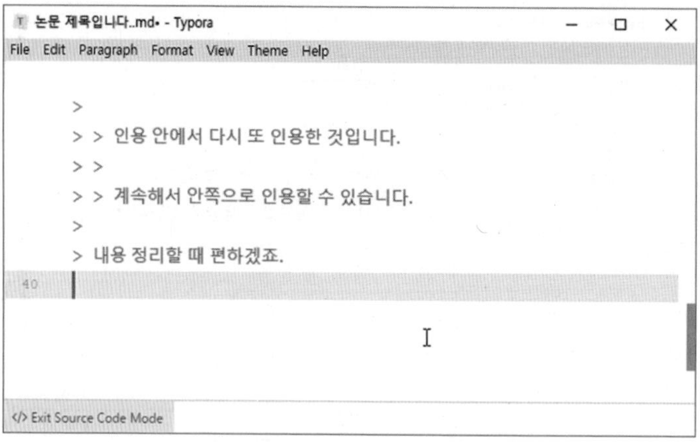

그림 8-123. 인용에 대한 소스 코드

5) 단어나 문장의 강조

단어나 문장을 강조하는 방법에 대해서 알아보자. 마크다운은 기본적으로 볼드체, 이탤릭체를 사용할 수 있으며 이 둘을 조합한 것도 사용할 수 있다. 그리고 코드(code)라는 기능으로 특정 단어나 문구를 사각형으로 씌우는 기능도 있다. 마크다운 문법은 아니지만 밑줄도 사용할 수 있다. Typora의 경우는 자체적인 문법으로 취소선도 가능하다. 관련 마크다운 문법은 〈표 8-6〉과 같다. 여기서 사용하는 기호 다음에 한 칸을 띄어서는 안 된다. 바로 이어서 써야 한다. 코드에 사용하는 기호는 키보드의 좌측에 [Esc] 키 아래 물결표시가 있는 키이다.

표 8-6. 단어나 문장을 강조하는 문법

문법 기호	내용	작성 예
**	볼드체로 만든다.	**볼드체로 작성함**
*	이탤릭체로 만든다.	*이탤릭체로 작성함*
***	볼드체이면서 이탤릭체로 만든다.	***볼드체와 이탤릭체***
`	단어나 문구를 사각형으로 감싼다.	`사각형으로 감싸기`
~~	글의 중간에 선을 긋는다.	~~선을 긋는다.~~
〈u〉 & 〈/u〉	밑줄을 긋는다.	〈u〉밑줄을 긋는다.〈/u〉

밑줄을 긋는 〈u〉와 〈/u〉는 쌍으로 사용하는 것으로 이 둘 사이에 있는 내용에 밑줄을 긋는다. 이건 마크다운 문법이 아니고 HTML 언어지만 종종 사용된다. 〈그림 8-124〉는 작성 예이고 〈그림 8-125〉는 소스 코드이다.

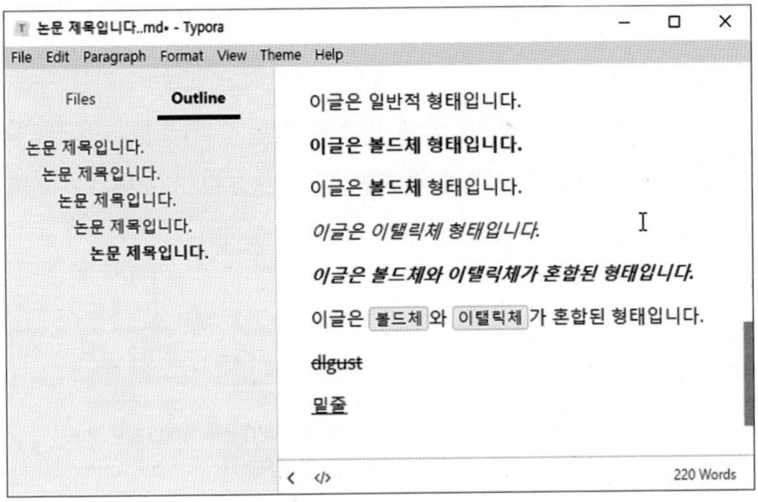

그림 8-124. 글자 강조 작성 예

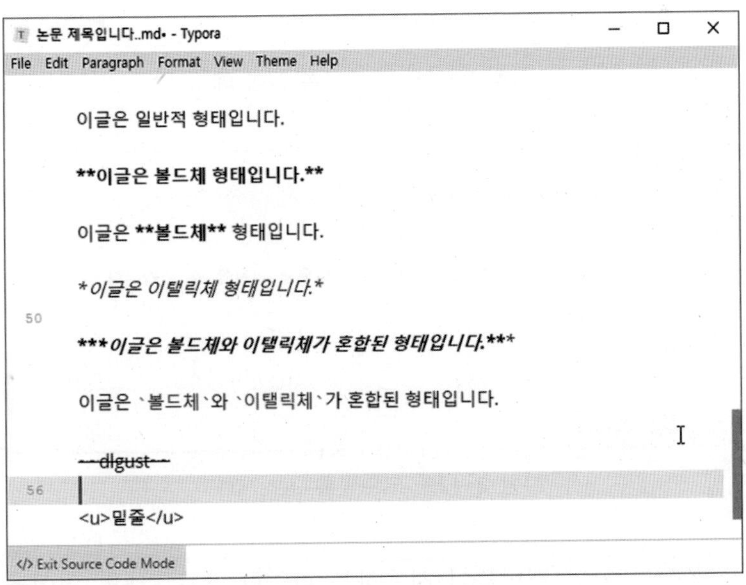

그림 8-125. 글자 강조 소스 코드

6) 코드블록 입력하기

바로 위에서 우리는 특정 단어에 박스를 씌워주는 코드에 대해서 배웠다. 이번에는 여러 줄을 박스로 씌워주는 코드블록(code blocks, 또는 fenced code block이라고도 함)를 배워보자. 코드는 박스를 씌우고 싶은 단어 앞뒤에 '`'기호를 사용하였지만 코드블록은 빈 줄에 '`'기호를 연속으로 3번치고 [Enter] 키를 누르면 나타난다. 내용 입력이 끝났다면 아래 빈 줄에 박스를 닫는 '`'기호를 3번 입력하면 된다. 즉, 내용 위·아래에 '`'기호를 3개 입력하면 된다. 〈그림 8-126〉은 코드블록 작성 예이고 〈그림 8-127〉은 코드블록에 대한 소스 코드이다.

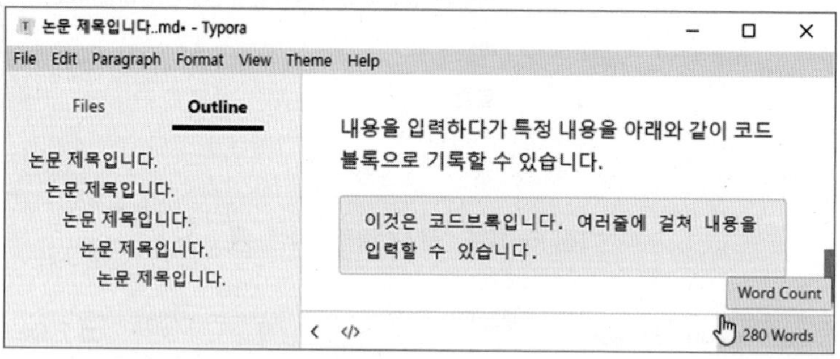

그림 8-126. 코드블록 작성 예

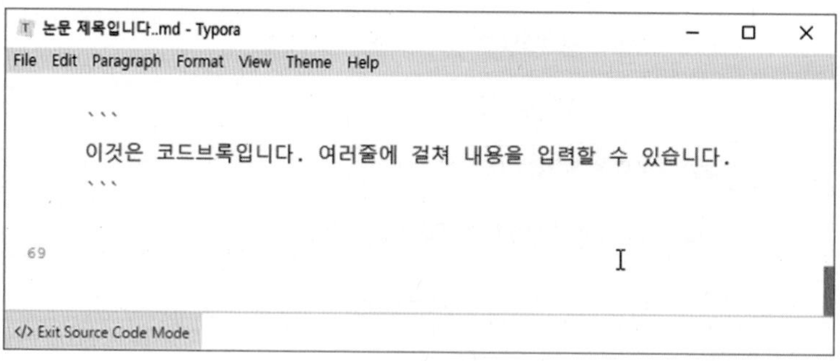

그림 8-127. 코드블록 소스 코드

원래 코드블록은 프로그래머들이 사용하는 다양한 프로그래밍 언어를 입력하기 위해서 고안된 것이다. 프로그래밍 언어의 경우 각종 키워드, 함수 등이 있어 일반 문서 편집기로 이를 작성할 경우 알아보기가 쉽지 않은데, 코드블록은 해당 언어에 맞춰 키워드나 함수의 색상을 다르게 나타내 주는 기능을 갖추고 있다. Typora의 경우도 다양한 언어를 지원하는데 통계용 프로그램으로 인기 있는 R도 지원한다. 〈그림 8-128〉은 코드블록에 R로 작성된 소스코드를 입력한 모습이다. Rstudio에서 표현되는 방식으로 주요 부분의 색상이 변경되어 자동 입력된다.

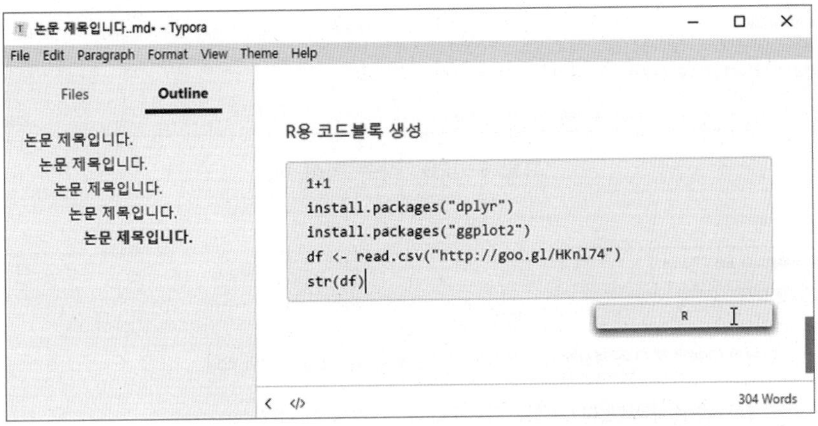

그림 8-128. 코드블록에 R 소스코드를 입력한 화면

비록 프로그래밍 언어를 위해서 개발하였지만 반드시 그렇게 사용할 필요는 없다. 문서 작성 시 사용자의 의도에 맞춰 사용하면 된다.

7) 각주 입력하기

각주(footnote)를 입력하는 방법을 알아보자. 글을 작성하다가 각주를 넣고 싶을 때는 "[^각주 제목]"을 입력하면 된다. 그리고 문서의 끝에 "[^각주 제목]: 각주 설명"을 입력해 놓으면 된다. 〈그림 8-129〉는 작성 예이고, 〈그림 8-130〉은 소스 코드이다. 각주 위에 마우스 커서를 갖다놓으면 각주의 내용이 팝업으로 나타난다.

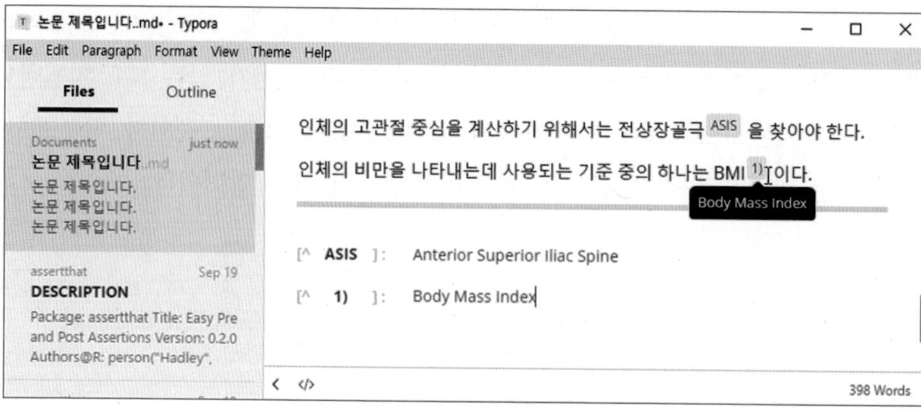

그림 8-129. 각주 작성 예

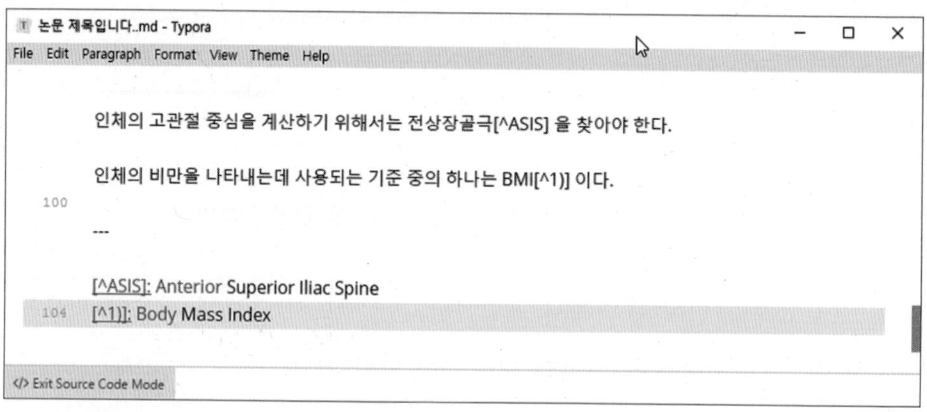

그림 8-130. 각주에 대한 소스 코드

8) 링크 입력하기

마크다운은 기본적으로 링크를 허용하고 있다. 문서 작성 중에 인터넷 사이트 주소나 이메일 주소를 표기해야 할 경우에 '〈'과 '〉'으로 둘러싸면 링크가 된다. 마크다운 문서에서 링크를 클릭하기 위해서는 [Ctrl+클릭]을 해야 한다. 그냥 클릭하면 링크가 작동하지 않는다. 웹사이트의 경우는 사용자 PC의 인터넷 탐색기에 바로 나타나게 되고, 이메일의 경우에는 데스크톱용 이메일 프로그램을 사용할 경우에만 작동한다. 대부분 유저들은 인터넷 브라우저를 이용한 이메일을 사용하고 있기 때문에 작동하지 않는다.

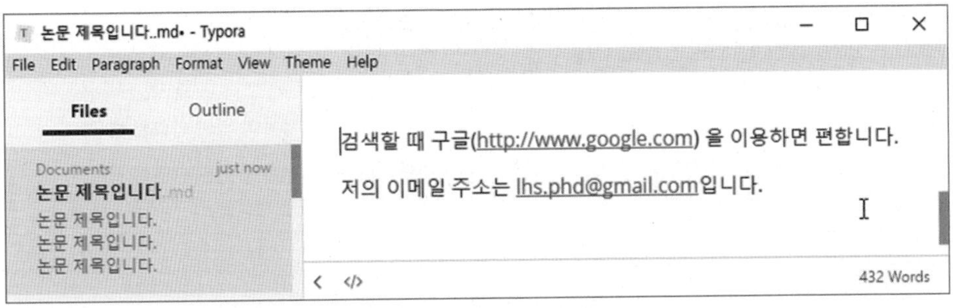

그림 8-131. 링크 작성 예

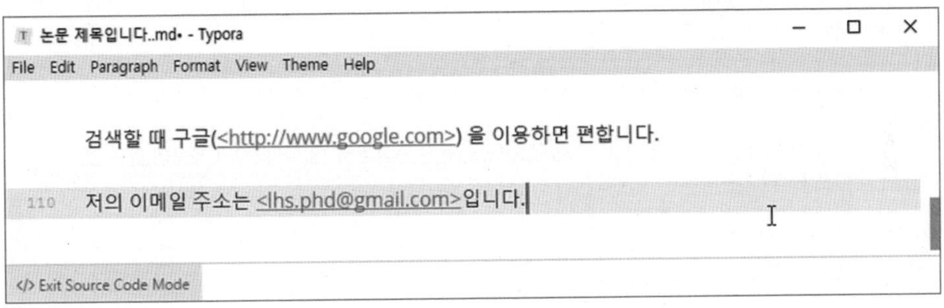

그림 8-132. 링크에 대한 소스 코드

9) 인라인 링크 입력하기

문서에 웹사이트 주소를 입력할 때 복잡해 보이는 주소를 보이지 않게 함으로써 보다 깔끔하게 처리할 수 있다. 문법은 "[제목](사이트 주소)" 형식이다. 이러한 형태를 인라인 링크(inline link)라고 한다. 인라인 링크는 간단하게 사이트 주소만 입력하는 방법이 있고 사이트 주소 뒤에 링크제목을 입력하는 방법도 있다. 문법은 "[제목](사이트 주소 "링크 제목")"이다. 어느 것을 사용해도 무방하다. 작성된 문서를 html 문서로 변환하여 사용하고자 할 때 링크제목을 많이 사용한다. 인라인 링크를 사용하는 방법은 직접 보는 것이 가장 좋다. 〈그림 8-133〉은 인라인 링크를 작성한 예이다. 위에서 사용한 일반 링크와는 달리 주소가 표시되지 않는다. 그러나 링크를 클릭하면 해당 사이트로 이동하게 된다. 〈그림 8-134〉는 인라인 링크에 대한 소스 코드이다. 작성 방법을 이해할 수 있을 것이다.

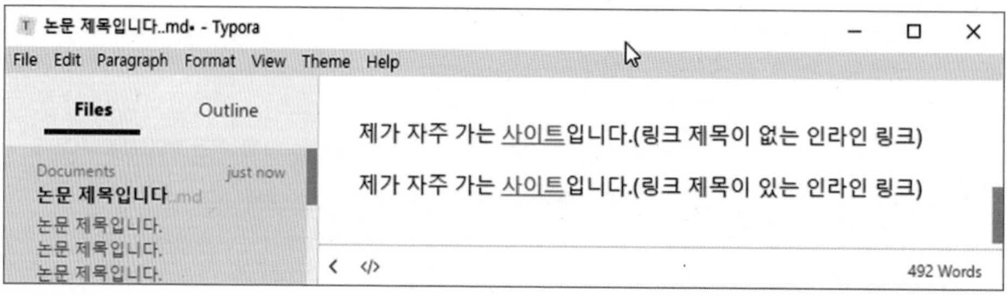

그림 8-133. 인라인 작성 예

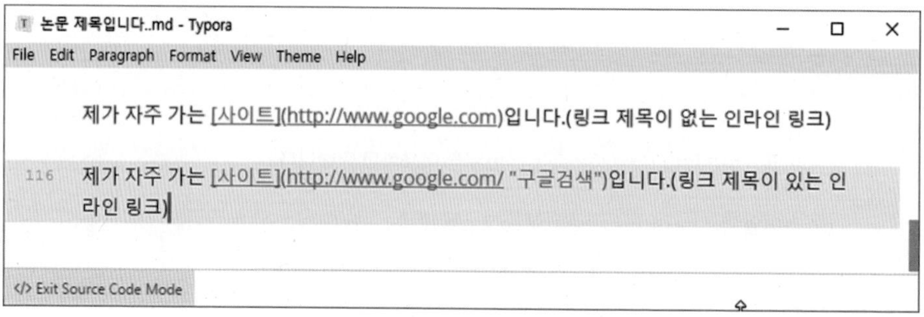

그림 8-134. 인라인 링크에 대한 소스 코드

10) 참조링크 입력하기

참조링크에 대해서 알아보자. 인라인 링크는 문장 중간에 웹사이트 주소를 삽입하여 작성하는 형태이고 참조링크는 웹사이트 주소를 문서의 다른 곳에(보통 문서 끝에) 열거해 놓는 방식이다. 참조링크를 사용하면 글자가 파란색으로 변하고 밑줄은 없는 형태가 된다. 〈그림 8-135〉는 참조링크를 작성한 예이다. 〈그림 8-136〉은 참조링크를 만드는 소스 코드이다.

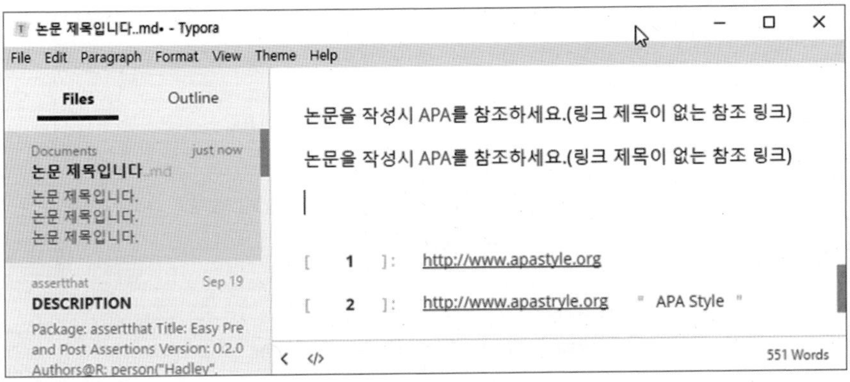

그림 8-135. 참조링크 작성 예

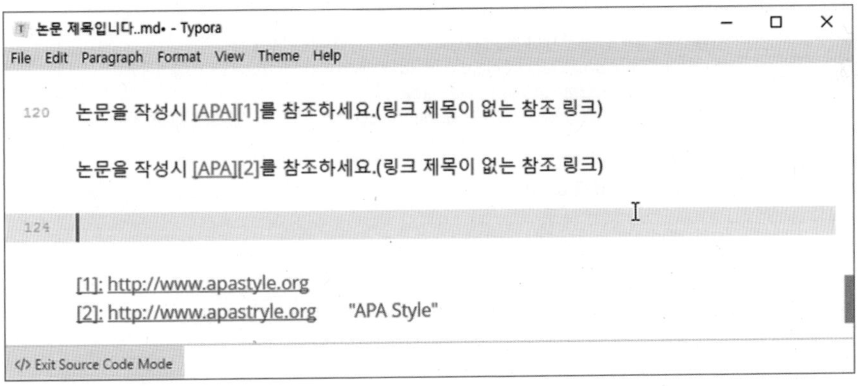

그림 8-136. 참조링크에 대한 소스 코드

11) 이미지 입력하기

이미지를 문서에 첨가하는 방법은 인라인 링크 문법과 유사하다. 인라인 링크 문법의 가장 앞쪽에 '!'를 첨가하면 이미지를 첨가하는 것이 된다. 문법 형식은 "`![텍스트](그림 주소)`"이다. 〈그림 8-137〉은 이미지를 삽입한 작성 예이고, 〈그림 8-138〉은 이미지 삽입에 대한 소스 코드이다. 웹사이트에서 이미지 주소를 복사했기 때문에 상당히 길지만 형식은 간단하다.

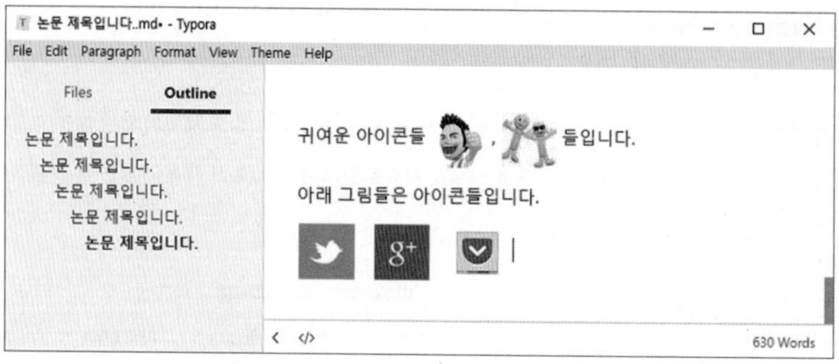

그림 8-137. 이미지 삽입 작성 예

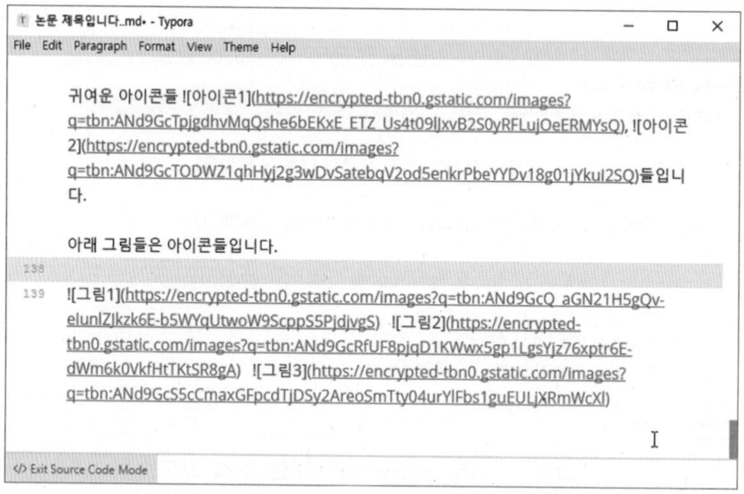

그림 8-138. 이미지 삽입에 대한 소스 코드

12) 표 입력하기

마크다운은 표도 삽입할 수 있는데 Typora의 경우 이 기능이 편하게 되어 있다. 표를 삽입하는 방법은 제목 셀에 해당하는 내용만 '|' 기호로 만들어 준 후 [Enter] 키를 치면 자동으로 생성된다. 예를 들어, 이름, 성별, 전화번호를 입력하는 표를 만들고자 한다면 "|성명|성별|전화번호|"를 입력한 후 [Enter] 키를 치면 〈그림 8-139〉와 같이 표가 자동으로 생성된다. 제목 셀 위쪽에 있는 바둑판 모양의 버튼이 표의 행과 열을 지정하는 곳이다.

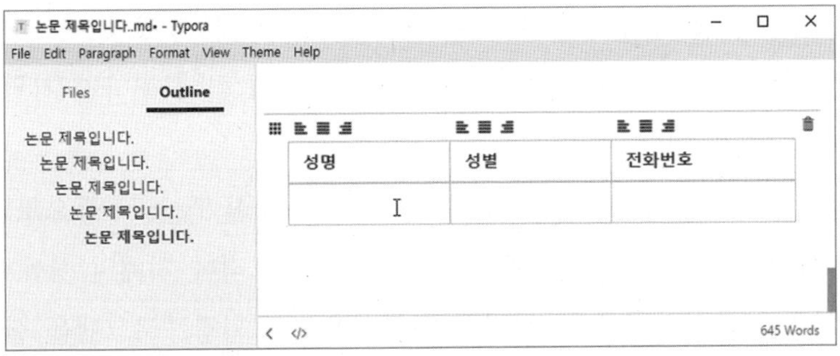

그림 8-139. 표 삽입 화면

이외에도 Typora에는 LaTeX를 이용한 수식 입력도 지원하는 등 많은 기능이 포함되어 있다. 지금까지 우리가 살펴본 마크다운의 기본적인 문법들만으로도 상당히 세련된 문서를 작성할 수 있다. 〈그림 8-140〉은 마크다운으로 이메일 내용을 작성한 모습이다. 복잡한 워드 프로세서 없이 키보드만을 이용하여 이러한 문서를 쉽게 작성할 수 있다는 것이 마크다운의 가장 큰 장점이다.

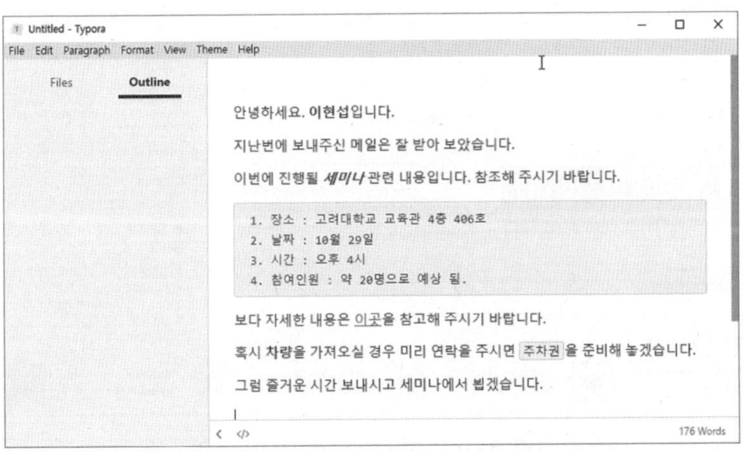

그림 8-140. 마크다운으로 작성한 이메일 내용

크롬 브라우저와 지메일을 이용할 경우 보다 편하게 마크다운으로 내용을 작성하여 바로 보낼 수 있다. 이와 관련된 내용을 알아보기 전에 먼저 이렇게 작성된 문서를 어떻게 다른 문서로 변환하는지 알아보자. 마크다운은 문서를 파일로 저장할 때 애플리케이션 마다 조금씩 다르지만 주로 확장명으로 ".md"를 이용한다. Typora로는 이외에도 PDF, 워드, 전자책 파일 등 다양한 형태의 문서 포맷으로 변환해 주는 기능을 가지고 있다. 주 메뉴 상에서 【File】 - 【Export】 를 클릭하면 지원하는 문서 포맷들을 확인할 수 있다.

이메일을 작성할 때 마크다운을 사용하는 방법은 사실 Typora 등으로 내용을 작성한 후 복사해서 지메일에 붙여넣기를 하면 된다. 그러나 지메일 상에서 바로 마크다운을 사용하고 싶다면 크롬 브라우저를 사용해서 확장프로그램을 설치하면 된다(크롬에서 확장프로그램을 검색하고 설치하는 방법은 본서의 앞부분에서 자세하게 다루었다). 본 필자의 경험상 Markdown Here라는 확장프로그램을 추천한다. 〈그림 8-141〉은 크롬 웹스토어에서의 Markdown Here 모습이다.

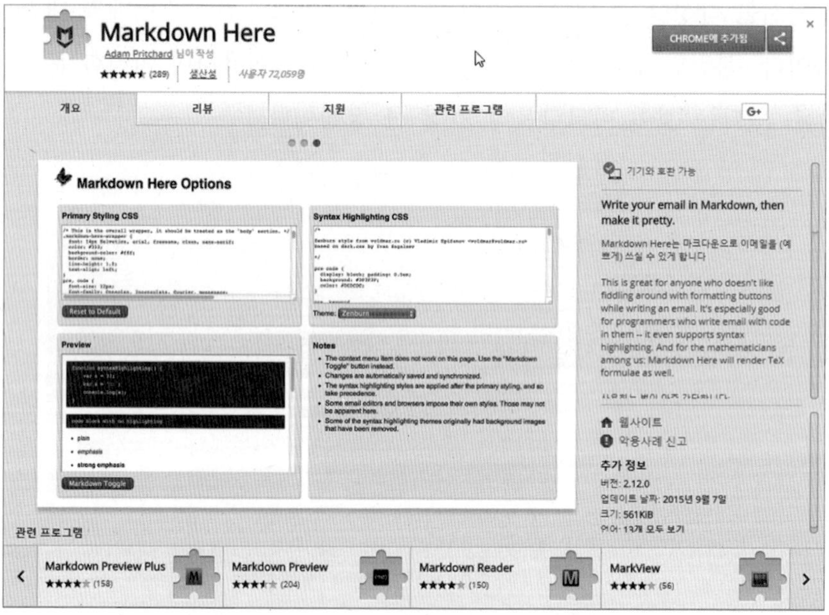

그림 8-141. Markdown Here 화면

설치를 완료한 후 평상시처럼 지메일에서 〈그림 8-142〉와 같이 마크다운 문법을 이용하여 내용을 입력하면 된다.

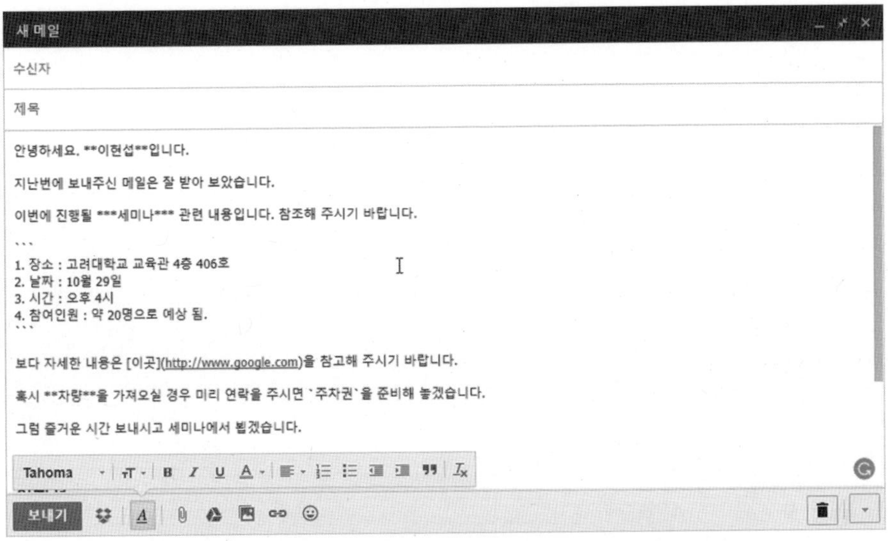

그림 8-142. 지메일에 마크다운 문법으로 내용을 입력한 모습

입력이 완료된 후 오른쪽 마우스 버튼을 클릭하면 팝업 메뉴에 〈그림 8-143〉과 같이 **【마크다운 토글】** 메뉴가 나타난다. 이를 클릭하면 〈그림 8-144〉와 같이 내용이 변환된다. 이제 메일을 보내면 된다.

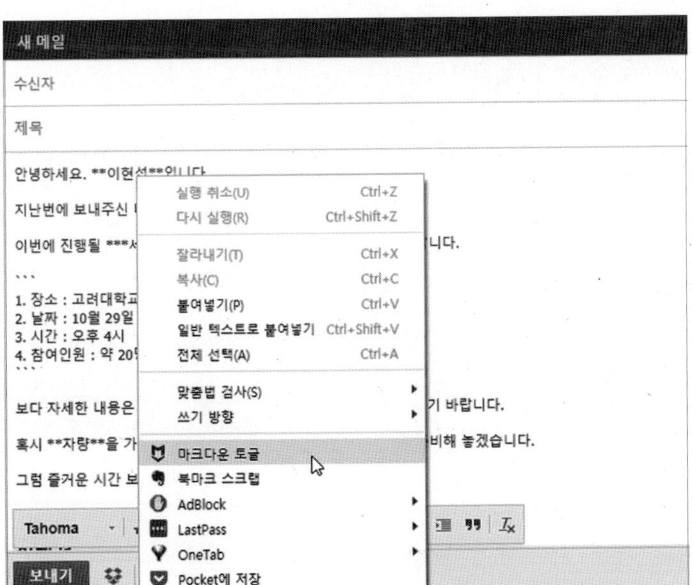

그림 8-143. 지메일에서의 팝업 메뉴

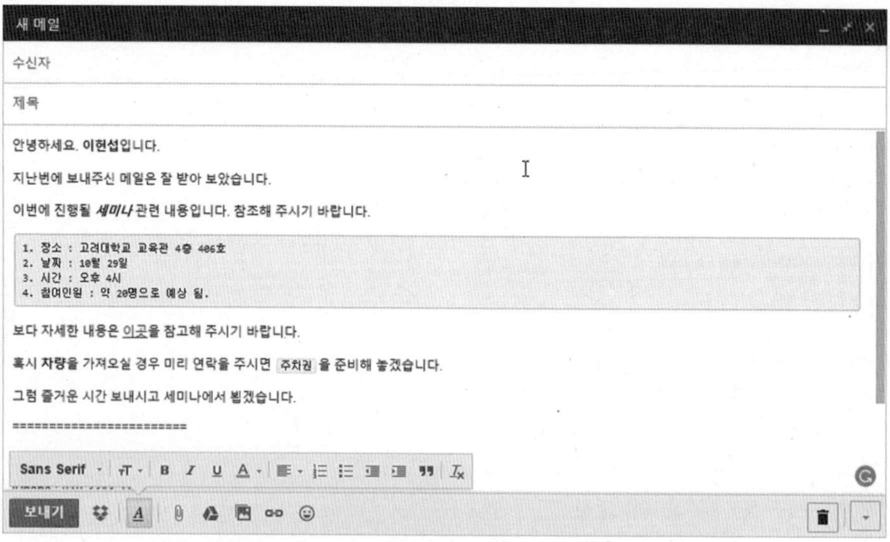

그림 8-144. 마크다운으로 변환된 지메일 내용

Chapter 09

엑셀 데이터 및 차트 다루기

Understanding and Application of Research Methods

CHAPTER

09 엑셀 데이터 및 차트 다루기

연구 활동을 하다보면 다양한 종류의 수많은 데이터를 다루게 되고 자신의 연구 결과를 보다 효과적으로 나타내기 위해서 차트를 작성하게 된다. 데이터를 다루는 프로그램이나 애플리케이션은 종류도 많고 전공 영역에 따라 전문화된 프로그램이 있으나 우리가 쉽게 접할 수 있는 효과적인 프로그램으로는 엑셀(Excel)이 있다. 엑셀은 타 프로그램들에 비해 유저 인터페이스가 좋고 전문화된 프로그램들 보다 배우기 쉽다는 장점이 있다. 여기서는 엑셀을 이용하여 데이터를 어떻게 효율적으로 볼 수 있는지와 연구 활동에서 자주 접하는 차트를 그리는 방법에 대해서 설명할 것이다.

엑셀을 제대로 사용하기 위해서는 함수(function)의 사용방법을 알아야 하고 더욱 전문적으로 사용하기 위해서는 VBA라는 프로그래밍 언어를 배워야 한다. 함수의 경우는 배우기가 어렵지 않으나 대부분 엑셀을 데이터 보관이나 차트를 그리는 보조적인 프로그램으로 사용하기 때문에 일반 유저들의 경우 함수에 익숙하지 않고 VBA는 독자들에게 생소할 수 있다. 따라서 본서에서는 가능한 함수를 사용하지 않는 범위의 내용들을 다룰 것이나, 부득이하게 함수를 사용해야 하는 경우에는 해당 함수에 대한 자세한 설명도 병기하였다.

연구자들이 엑셀을 빈번하게 사용하는 경우는 차트를 그릴 때일 것이다. 엑셀의 차트 작성 기능은 쉽게 사용할 수 있다는 장점도 있지만 차트의 종류가 한정적이라는 단점도 있다. 논문을 보다 보면 엑셀에서는 제공하지 않는 효과적인 차트들을 볼 수 있는데, 필자의 지인들로부터 엑셀로 이런 차트를 그릴 수 없느냐는 문의를 자주 받곤 한다. 엑셀 차트의 종류로 지원하지는 않지만 몇 가지 기법을 이용하면 다양한 차트를 만들 수 있다. 본서에서는 논문이나 보고서 작성 시 유용하게 사용될 차트 종류들을 어떻게 그릴 수 있는지 설명하고자 한다. 엑셀이 지원하고 있는 차트와 함께 몇 가지 기법을 응용한 새로운 차트 종류도 포함될 것이다.

독자들에게 분명히 밝히는 것은, 본 장은 엑셀 사용법을 설명하는 것이 아니라 유용한 차트를 그리는 기법 또는 응용방법을 제공하는 것을 목표로 한다는 점이다.

1 엑셀 데이터 다루기

연구자에게 주어진 데이터의 양이 적다면 큰 문제가 되지 않지만 수만 개에 이르면 데이터를 원하는 형태로 보기조차 힘들어진다. 특히 통계청이나 정부 기관에서 제공하는 데이터들의 경우 엑셀 형태로 제공하는 경우가 많기 때문에 엑셀 데이터를 체계적으로 또는 자신이 원하는 형태로 볼 수 있는 능력은 중요하게 된다. 데이터를 분석하기 쉽게 체계적으로 분리하거나 통합 또는 변형하는 것을 데이터 클리닝(data cleaning)이라고 하는데 데이터를 구성하는 항목(field)이 많고 케이스가 클 때는 더욱 중요하다. 여기서는 데이터 클리닝 수준 정도는 아니지만 엑셀 데이터를 보다 편하게 관찰할 수 있는 방법들에 대해서 설명할 것이다. 또한 후반에는 설문지를 엑셀로 코딩할 때 유용하게 사용될 기법들도 설명할 것이다.

1) 틀 고정 기능 : 제목 셀의 스크롤을 막기

틀 고정 기능은 엑셀에서 항목 이름이 들어 있는 제목 셀이 스크롤되어 화면 위로 올라가는 것을 막는 기능이다. 데이터가 많을 경우 화면 아래쪽으로 스크롤하면 제목 셀이 화면 위로 올라가서 자신이 보고 있는 데이터가 어떤 데이터인지 헷갈리게 된다. 이를 방지하기 위해서 화면 아래로 스크롤해도 제목 셀이 화면 위쪽으로 사라지지 않고 계속 유지되도록 하는 기능이다. 많은 양의 데이터를 관찰할 때 유용한 기능이다.

〈그림 9-1〉은 데이터의 처음 화면이다. 데이터를 위쪽으로 스크롤한 화면은 〈그림 9-2〉와 같다. 각 지역과 내용을 나타내는 제목 셀이 위로 올라가서 데이터를 탐색하기가 쉽지 않다. 이러한 현상은 좌우 스크롤을 수행해도 동일하게 나타난다.

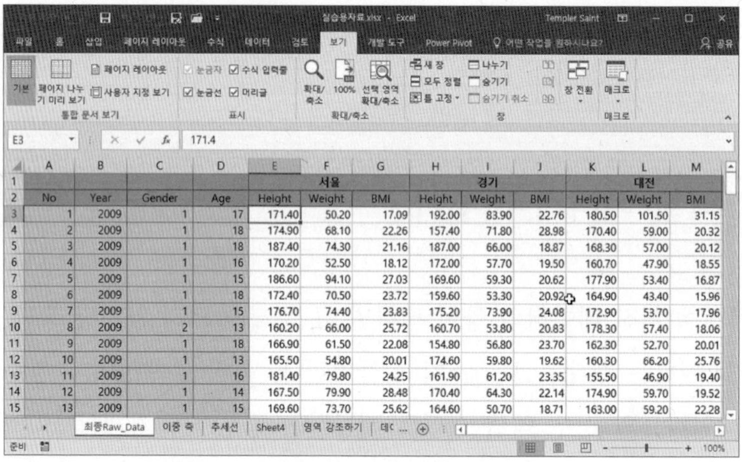

그림 9-1. 스크롤 전

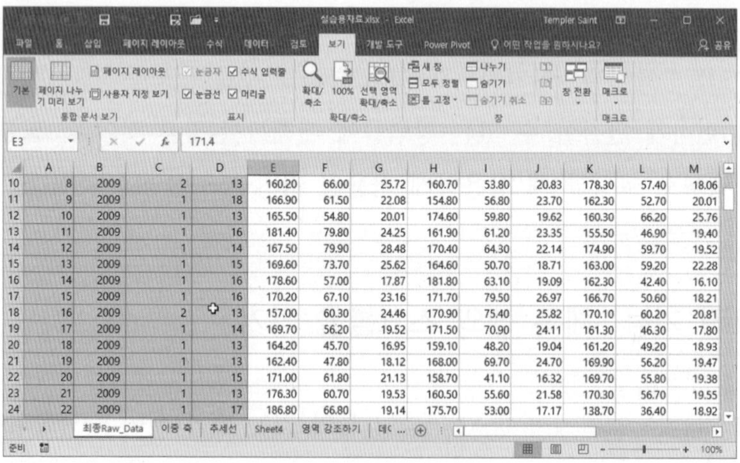

그림 9-2. 스크롤 후

〈그림 9-3〉은 틀 고정을 한 화면이다. 붉은 사각형을 보면 데이터가 위로 스크롤된 상태임을 알 수 있고, 제목 셀에 해당하는 부분이 그대로 화면에 나타나 있는 것

을 볼 수 있다. 좌우 스크롤에서도 동일한 상태가 유지된다.

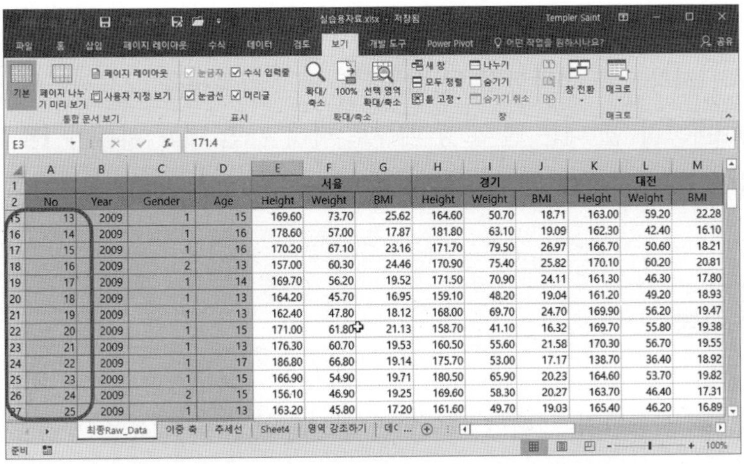

그림 9-3. 틀 고정 상태에서 위로 스크롤 된 화면

이렇게 틀 고정 기능은 화면의 상단과 좌측 부분을 고정시켜 데이터 탐색을 편하게 해준다. 틀 고정 기능은 〈그림 9-4〉와 같이 엑셀의 리본 메뉴 상에서 **【보기】** - **【틀 고정】** 을 클릭하면 3개의 하위 메뉴가 나타난다.

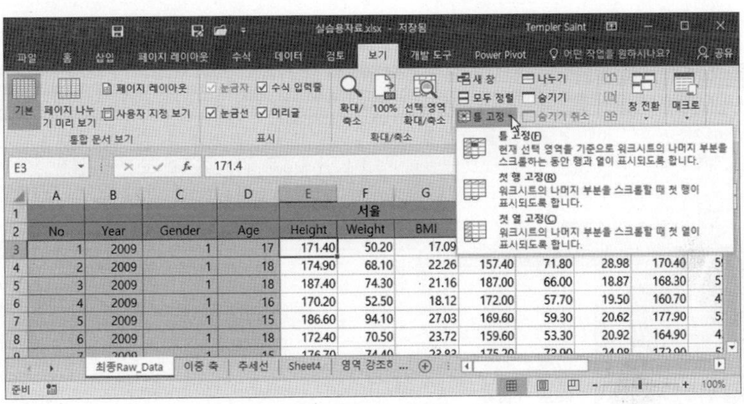

그림 9-4. 틀 고정 메뉴

【첫 행 고정】 메뉴는 무조건 최상단의 첫 행을 고정시키는 기능이다. **【첫 열 고정】** 은 가장 좌측의 첫 열을 고정시키는 기능이다. 하위 메뉴의 첫 번째에 있는 **【틀**

고정】 메뉴가 가장 자주 사용되는데, 사용자가 원하는 행과 열을 모두 고정시켜 주는 기능을 한다. 사용방법은 다음과 같다. 만약 위쪽 2행과 왼쪽 2열을 고정시키고자 한다면, 3행 3열에 해당하는 셀을 마우스로 선택한 후 **【틀 고정】** 메뉴를 클릭하면 된다. 즉, 사용자가 선택한 셀의 상단부분과 좌측부분을 고정시키는 것이다. 틀 고정을 취소하고자 할 때는 틀 고정 메뉴로 다시 가면 메뉴 이름이 **【틀 고정 취소】**로 변경되어 있을 것이다. 이를 클릭하면 된다.

2) 필터 기능

필터 기능은 사용자가 선택한 데이터만 볼 수 있는 매우 유용한 기능이다. 특히 데이터가 일정하게 정리되어 있지 않았을 때, 특정 조건에 맞는 데이터만 따로 분리해 낼 때 매우 뛰어난 능력을 발휘한다. 필터 기능을 사용하기 위해서는 〈그림 9-5〉와 같이 엑셀의 리본 메뉴에서 **【홈】** - **【정렬 및 필터】** - **【필터】** 를 클릭하면 되는데, 데이터에서 하나의 셀을 선택한 후 필터 기능을 실행하면 상단의 제목 셀 전체에 필터가 적용된다. 마우스 드래그를 이용하여 몇 개의 셀을 선택하면 선택된 셀들에만 필터가 적용된다.

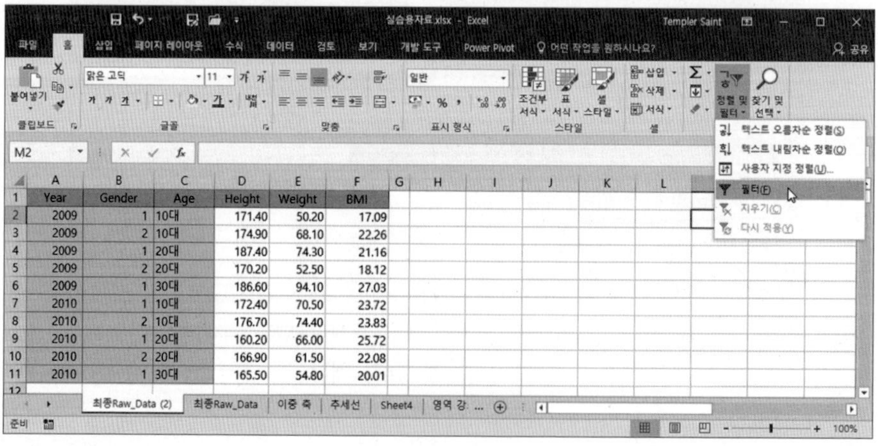

그림 9-5. 필터 메뉴

〈그림 9-6〉은 필터를 적용한 화면이다. 제목 셀에 콤보상자 버튼(▾)이 생긴 것을 볼 수 있다. 이를 클릭하면 그 열에 포함되어 있는 모든 종류의 데이터가 〈그림 9-7〉과 같이 나타난다. 그림 상에는 연령대가 나타나 있다. 현재는 모두 선택된 상태다. 만약 사용자가 10대만을 보고자 한다면 다른 항목들의 체크를 해제하고 10대 항목만을 체크한 후 **[확인]** 버튼을 클릭하면 〈그림 9-8〉과 같이 화면에 10대에 해당하는 데이터만 보이게 된다. 화면에서 열 번호를 보면 10대가 아닌 데이터들이 모두 감추어졌다는 것을 알 수 있다. 이 상태에서 동일한 방법으로 gender 항목에서 1만을 선택하면 10대 중에서도 gender가 1인 데이터만 보이게 된다.

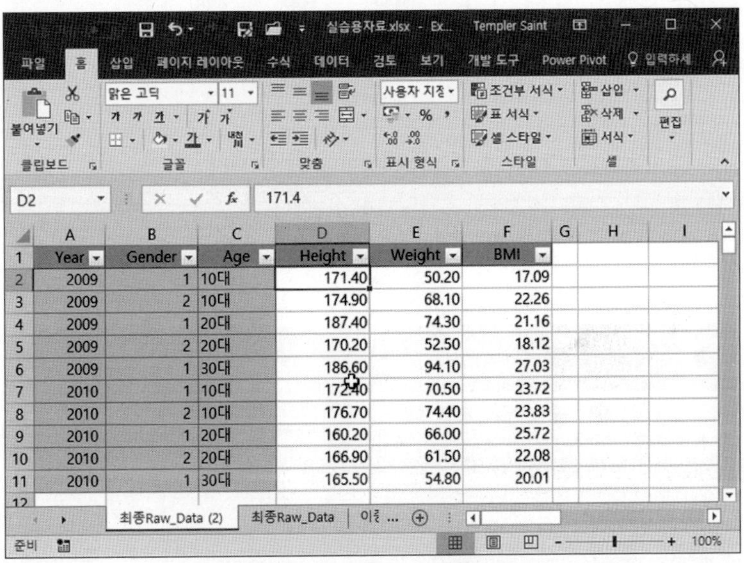

그림 9-6. 필터 적용한 화면

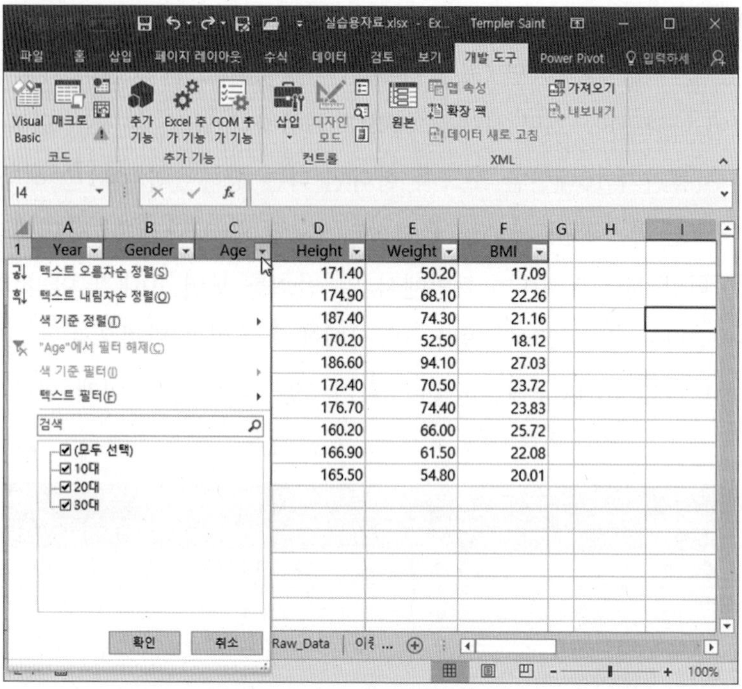

그림 9-7. 필터 콤보박스 화면

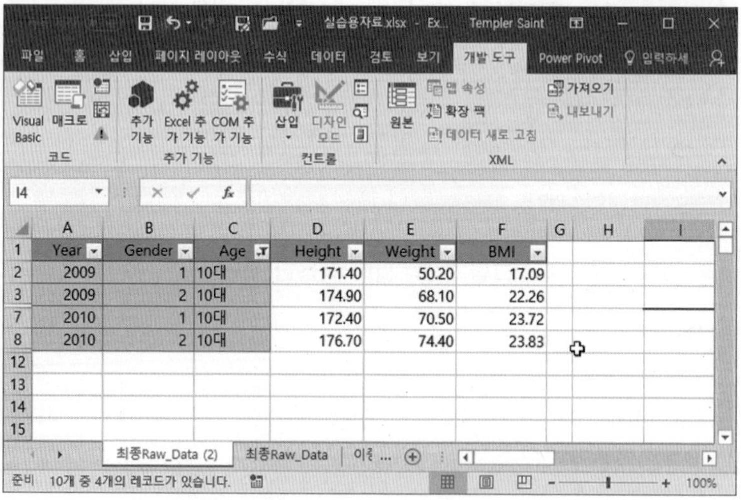

그림 9-8. 10대 데이터만 화면에 표시

필터 기능은 데이터를 복사할 때도 유용하다. 필터 기능을 이용하여 사용자가 원하는 데이터만을 화면에 출력시킨 후 마우스나 키보드로 선택하여 다른 시트에 복사/붙이기를 하면 원하는 데이터만 온전히 옮길 수 있다. 필터 기능을 해제하고자 할 때는 필터 기능을 이용할 때와 같은 메뉴 위치에 가면 필터가 회색으로 되어 있는데 이를 클릭하면 필터가 해제된다.

3) 화면 나누기

데이터를 볼 때 위·아래 또는 좌·우로 데이터를 상호 비교하면서 봐야 할 때가 있다. 그러나 데이터가 커서 비교해야 할 데이터가 멀리 떨어져 있을 경우, 매번 스크롤하면서 왔다 갔다 하는 것은 매우 피곤한 일이다. 이럴 때 사용하는 것이 화면 나누기이다. 화면 나누기 기능은 하나의 시트를 화면상에서 위·아래 또는 좌·우로 2등분하거나 4등분하여 볼 수 있도록 해주는 기능으로 각 화면은 독자적으로 움직인다. 〈그림 9-9〉는 화면을 넘어가는 데이터로 총 케이스는 150개이며 열 수는 25개에 달한다.

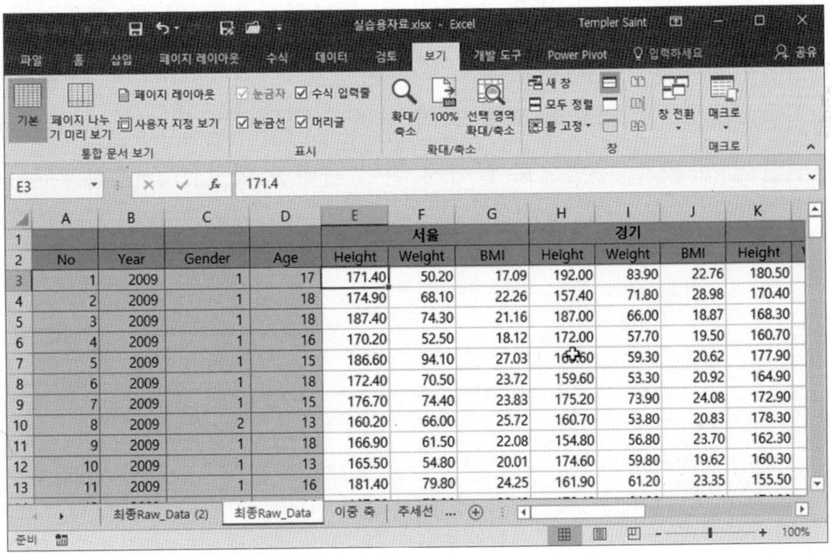

그림 9-9. 화면을 넘어가는 데이터

만약 위쪽에 있는 10번까지의 데이터와 가장 아래쪽에 있는 141~150번까지의 데이터를 동시에 봐야 한다면 화면 나누기를 이용하면 된다. 화면 나누기 기능은 〈그림 9-10〉과 같이 리본 메뉴 상의 **【보기】** - **【나누기】** 를 클릭하면 된다.

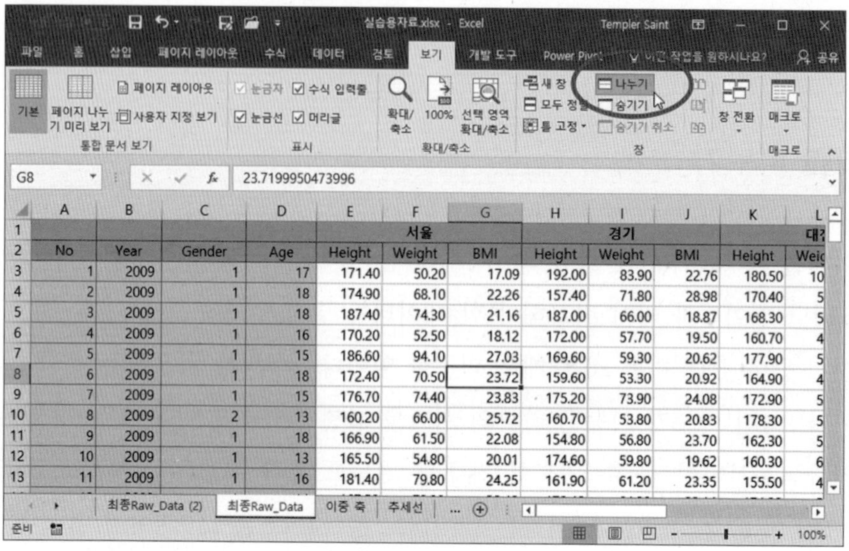

그림 9-10. 나누기 메뉴

화면을 나누고 싶은 곳의 셀을 선택한 후 **【보기】** - **【나누기】** 를 실행하면 〈그림 9-11〉과 같이 화면을 4분할하는 회색 선이 생긴다. 이 선은 마우스 드래그를 이용하여 위치를 변경할 수 있으며 좌측 화면 끝까지 밀어내면 위·아래로 화면을 나누는 수평선만 남게 되고, 위쪽으로 끝까지 밀어 올리면 화면을 좌·우로 나누는 수직선만 남게 된다. 각 화면은 독립적으로 움직인다.

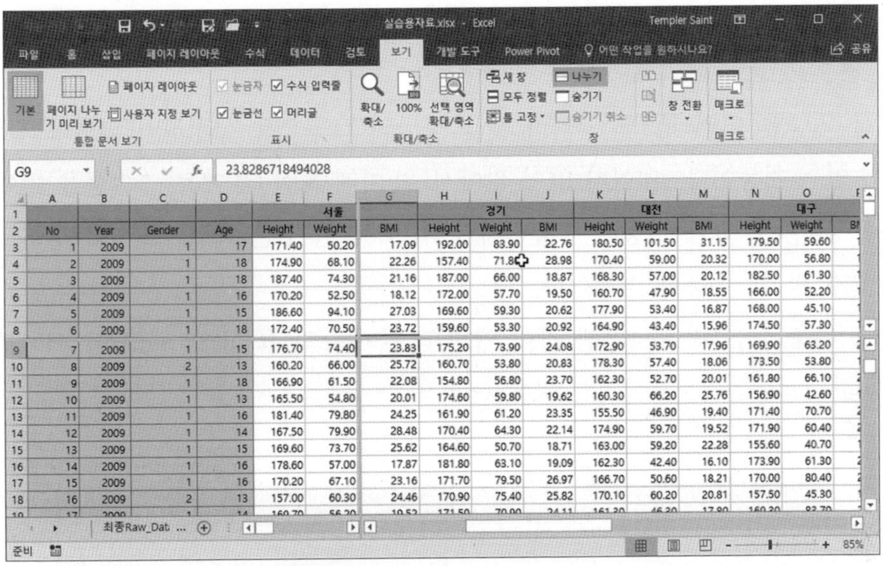

그림 9-11. 나누기 실행 화면

〈그림 9-12〉는 상단 데이터와 하단 데이터를 나누기를 이용하여 한 화면에서 보고 있는 화면이다. 붉은색 사각형 영역을 보면 행 번호가 완전히 다르다는 것을 알 수 있다.

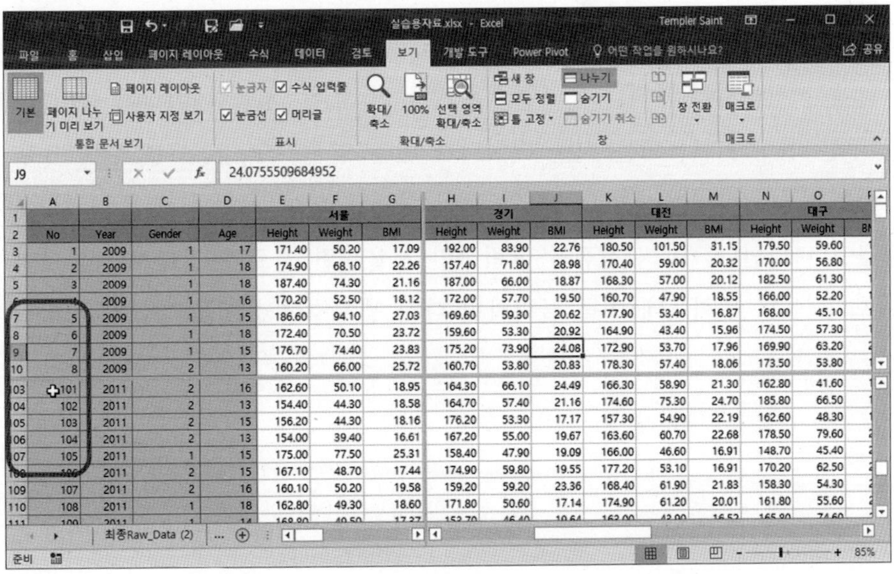

그림 9-12. 나누기로 위·아래 데이터를 보는 화면

4) 그룹 기능

그룹 기능은 여러 행 또는 여러 줄을 하나의 그룹으로 설정해서 펼쳤다 접었다 할 수 있는 기능이다. 데이터 양이 많아서 위·아래 또는 좌·우로 스크롤을 많이 해야 할 경우에도 그룹 기능은 유용하지만, 주로 관련 있는 데이터들끼리 묶어서 관리하고자 할 때 유용한 기능이다.

그룹 기능은 〈그림 9-13〉과 같이 엑셀 리본 메뉴의 **【데이터】** - **【그룹】** 에 위치하고 있다.

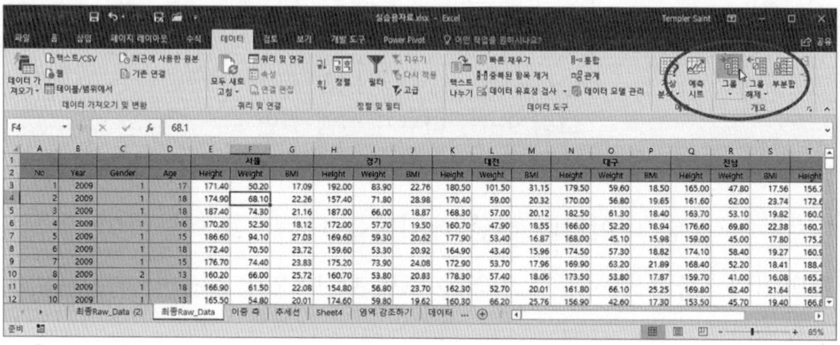

그림 9-13. 그룹 기능 메뉴

그룹 기능을 이용하기 전에 그룹으로 묶을 셀들을 선택해야 한다. 〈그림 9-13〉의 데이터에서 서울지역을 하나의 그룹으로 만들어 보자. 서울 데이터가 들어가 있는 셀 모두를 선택하거나 또는 서울 데이터가 있는 열주소 E, F, G를 선택한 후 **【그룹】** 메뉴를 클릭하면 〈그림 9-14〉와 같이 화면 상단에 라인과 함께 '-'기호 붙은 사각점이 나타난다. 이 사각점을 클릭하면 서울관련 자료가 접혀지면서 사라지고 '-'기호가 '+'로 변하는데 이를 클릭하면 다시 펼쳐지면서 서울 자료가 나타난다.

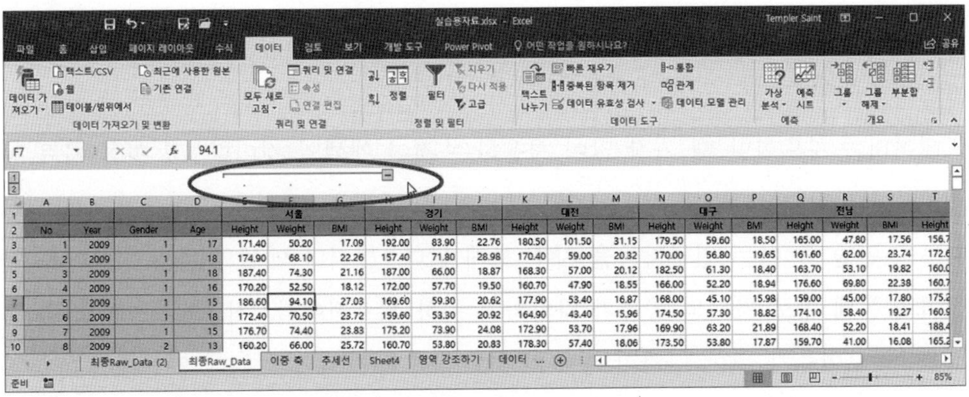

그림 9-14. 그룹 기능이 적용된 화면

그룹 기능은 사용자가 원하는 수만큼 실행할 수 있다. 즉, 서울뿐만 아니라 경기, 대전 등 위 그림의 데이터를 개별적으로 모두 그룹화할 수 있다. 여러개의 그룹을 만들 때 각 그룹 간에는 〈그림 9-15〉와 같이 빈 행이나 열이 존재하는 것이 관리하기에 편하다. 연속해서 그룹을 지정하면 개별적으로 그룹이 되지 않고 하나의 그룹으로 묶이기 때문이다.

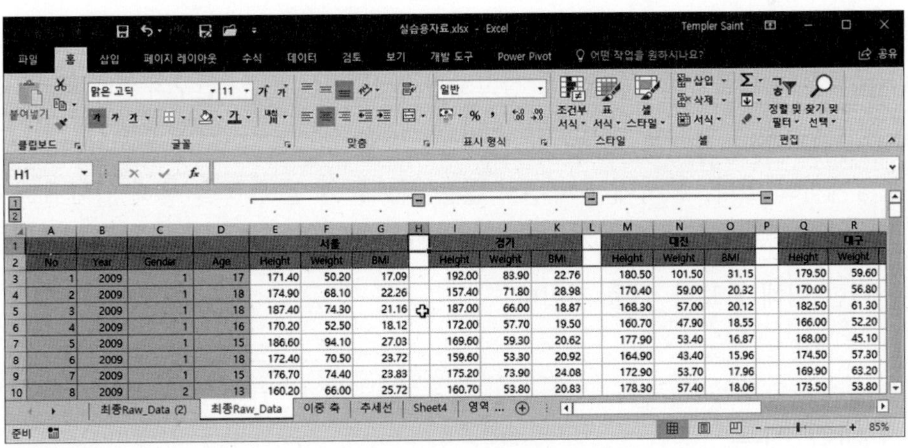

그림 9-15. 그룹 사이에 빈 열을 추가한 화면

2 차트 만들기

데이터를 차트화할 때 가장 많이 사용하는 것이 엑셀일 것이다. 그 만큼 차트 만들기가 편하고 보기 좋게 만들어지기 때문이다. 엑셀을 잘 다루지는 못해도 엑셀로 차트를 만들 줄 아는 연구자들을 자주 보게 된다. 그러나 엑셀의 차트 기능에도 약점이 있는데 바로 차트의 종류가 다양하지 못하다는 점이다. 최근에는 데이터의 특징을 잘 보여주기 위한 다양한 형태의 차트들이 개발되고 있는데 엑셀에는 전통적인 차트들만이 존재한다. 특히 학문적인 분야에서 연구자의 의도가 반영된 차트나, 또는 복잡한 관계성을 가진 데이터를 차트로 만들기가 쉽지 않다는 점이다. 그럼에도 불구하고 엑셀의 차트 기능은 여전히 누구나 사용할 수 있는 유용한 도구인 것만은 사실이다.

여기서는 연구자들에게 도움이 될 만한 몇 가지 차트를 만드는 방법에 대해서 소개할 것이다. 차트 자체를 그리는 기본 기능에 대한 설명이 아니라 기본 기능을 사용할 줄 알고 있다는 전제 하에 추가적인 기능이나 트릭을 이용하는 방법에 대해서 설명할 것이다. 따라서 차트를 그리는 기본 기능을 모르고 있다면 미리 배우고 이 부분을 보기 바란다. 엑셀 자체에서 제공하지 않지만 약간의 트릭을 이용하면 생각보다 훌륭한 차트를 만들 수 있다. 참고로 세상에 있는 많은 연구자들과 엑셀 사용자들은 보다 좋은 차트를 만들고자 하며 그 방법이나 트릭 등을 블로그나 유튜브 상에 공개하고 있다. 본서에서 다루지 않는 차트들은 검색 등을 통해 알아낼 수 있을 것이다. 본서에서 다루는 차트 만드는 방법을 습득하면 다른 차트를 만드는 방법에 대한 이해가 보다 쉬울 것이다.

1) 추세선 차트

엑셀에서는 추세선이라고 부르지만 예측선 또는 회귀선을 추가한 차트이다. 데이터의 전반적인 흐름을 나타내는 직선 또는 곡선을 추가한 차트로 〈그림 9-16〉과 같다.

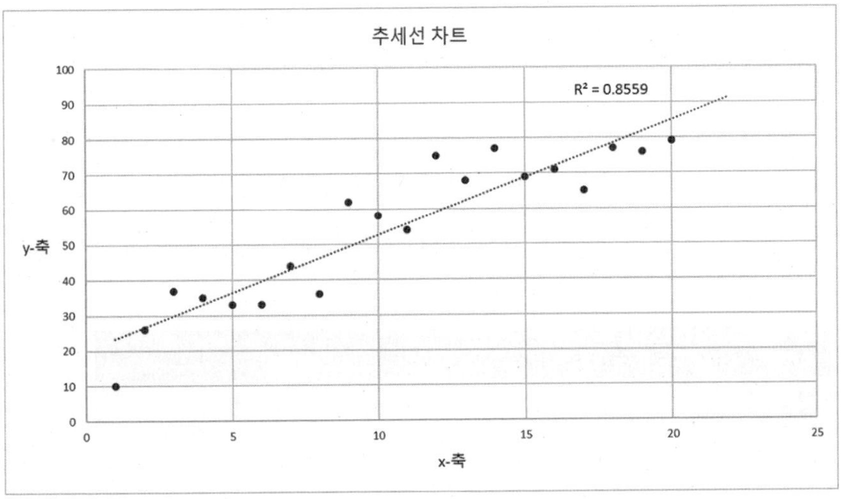

그림 9-16. 추세선 차트 모습

〈그림 9-17〉과 같이 차트를 그릴 데이터를 선택한 후 【삽입】 - 【분산형】 에서 적당한 차트를 선택하면 바로 차트가 그려진다. 그림에서는 선이 없는 분산형을 선택하였으나 독자들은 자신이 원하는 차트 종류를 선택하면 된다.

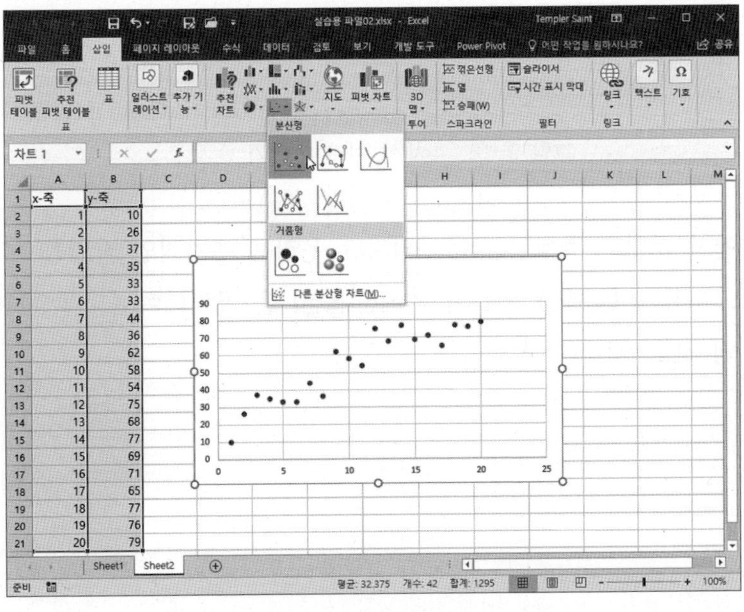

그림 9-17. 추세선 차트 그리기 순서 1

차트를 마우스로 클릭하여 선택을 하면 상단 리본 메뉴에 차트가 선택되었을 때만 나타나는 【디자인】 메뉴가 나타난다. 〈그림 9-18〉과 같이 가장 왼쪽에 보이는 【차트 요소 추가】 - 【추세선】 을 클릭하면 여러 종류의 추세선이 나타나는데 【선형】 또는 【선형 예측】 을 선택하면 추세선이 바로 차트에 추가된다. 추세선의 종류에 마우스를 가져가면 바로 반영되어 차트가 변하므로 하나씩 살펴보는 것도 좋다.

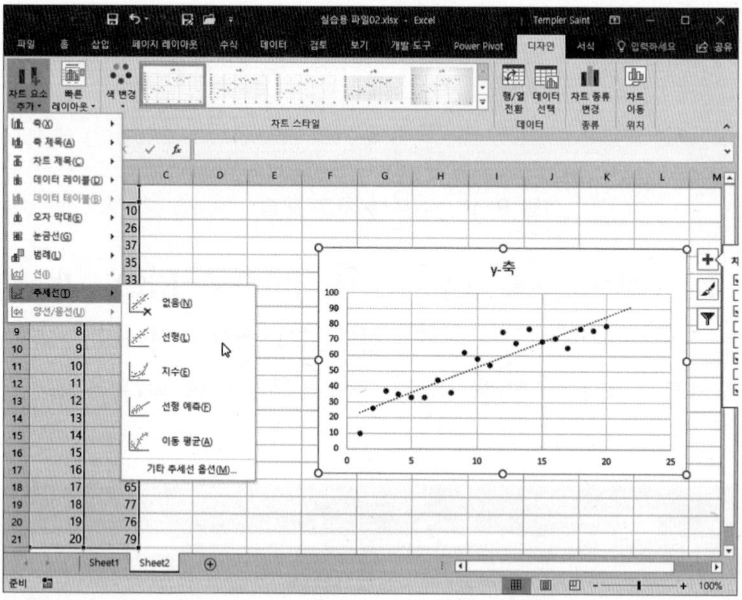

그림 9-18. 추세선 차트 그리기 순서 2

이 상태에서 끝내도 추세선은 추가되지만 우리는 추가적인 작업을 하기 위해서 【차트 요소 추가】 - 【추세선】 - 【기타 추세선 옵션】 을 클릭하여 〈그림 9-19〉와 같이 {추세선 서식} 창을 열자.

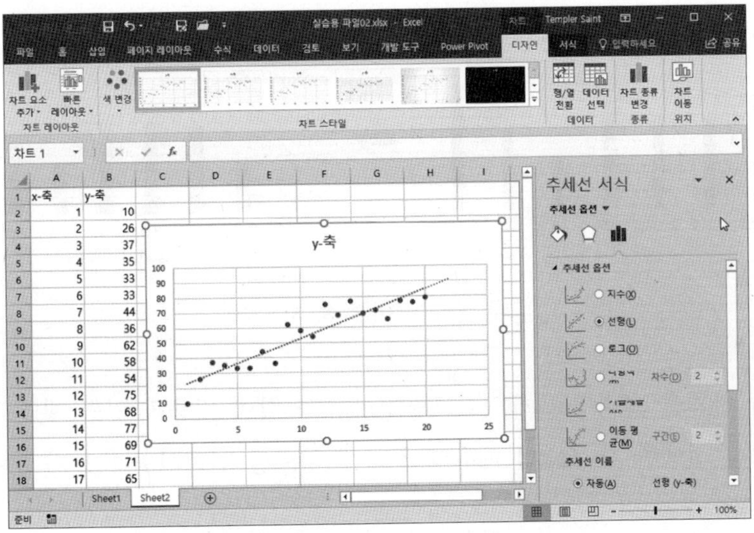

그림 9-19. 추세선 차트 그리기 순서 3

{추세선 서식} 창의 아래쪽에 보면 「□ R-제곱 값을 차트에 표시」 항목이 있는데 이를 체크하면 차트 내에 R^2 값이 나타난다(그림 9-16 참조). 이 값이 보통 0.5 이하면 추세선은 의미 없는 것이 된다. 이렇게 R^2 값까지 입력이 완료되면 우리가 최초에 목적했던 차트의 모습을 갖추게 된다. 차트 제목이나 축 제목, 추세선의 색상들은 사용자의 취향에 맞추면 된다.

2) 이중 축 차트

이중 축 차트는 〈그림 9-20〉의 오른쪽과 같이 차트의 y축을 왼쪽과 오른쪽 모두 사용한 차트이다. 왼쪽 그림의 경우 범례를 보면 인원과 관련된 것이 있으나 비용에 비해 숫자의 크기가 너무 작아서 차트가 보이지 않고 있다. 이렇게 나타내고자 하는 두 개의 계열 값에 차이가 클 경우 작은 쪽은 나타나지 않거나 또는 나타나더라도 너무 작게 표현되어 비교의 의미가 없어진다. 이럴 때 사용하면 좋은 것이 이중 축 차트이다.

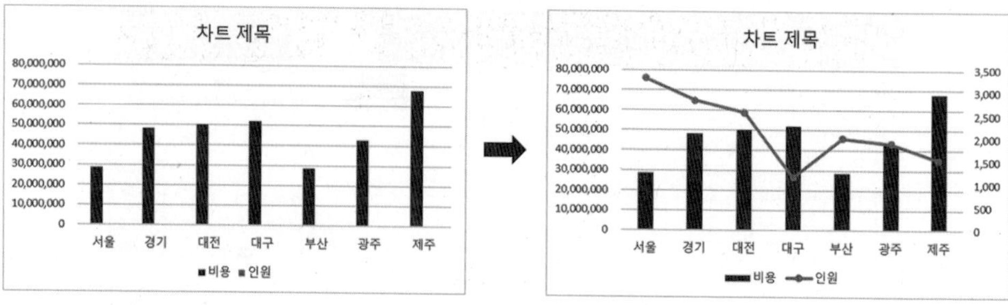

그림 9-20. 이중 축 차트 예

이중 축 차트를 그리기 위해서 〈그림 9-21〉과 같이 비용과 인원 계열로 되어 있는 데이터를 선택한 후 **【삽입】** 메뉴에서 막대 차트를 선택하면 차트가 자동으로 그려져 나온다.

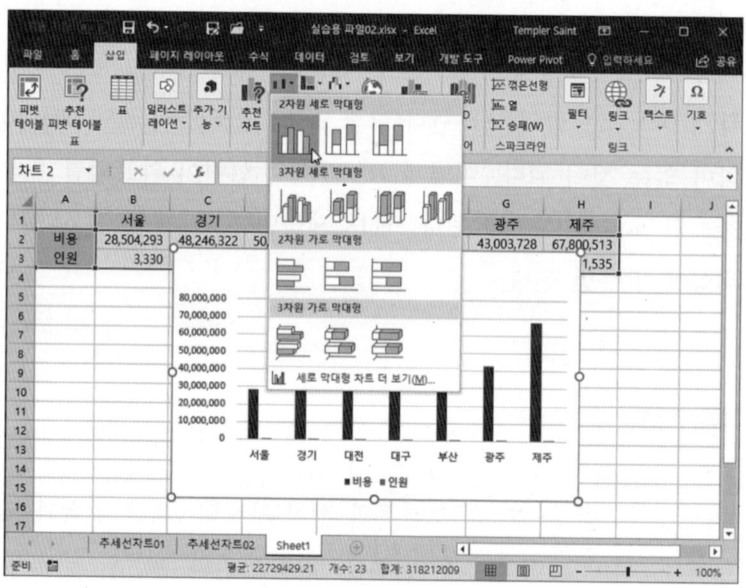

그림 9-21. 이중 축 차트 그리기 순서 1

그림에서 보듯이 인원 데이터 값이 비용 데이터 값에 비해 상대적으로 매우 작기 때문에 차트의 밑바닥에 조그맣게 표시되어 있다. 차트를 선택한 후 오른쪽 마우스 버튼을 클릭하여 〈그림 9-22〉와 같이 팝업 메뉴를 나타나게 한 후 **【차트 종류 변경】** 을 클릭하자.

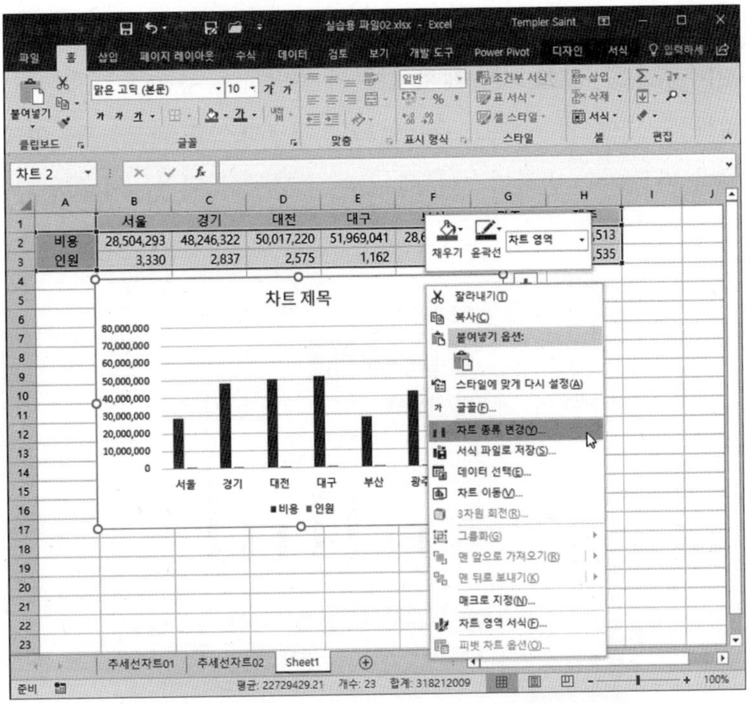

그림 9-22. 이중 축 차트 그리기 순서 2

〈그림 9-23〉과 같은 창이 나타나는데 아래쪽에 있는 【콤보】를 클릭하자.

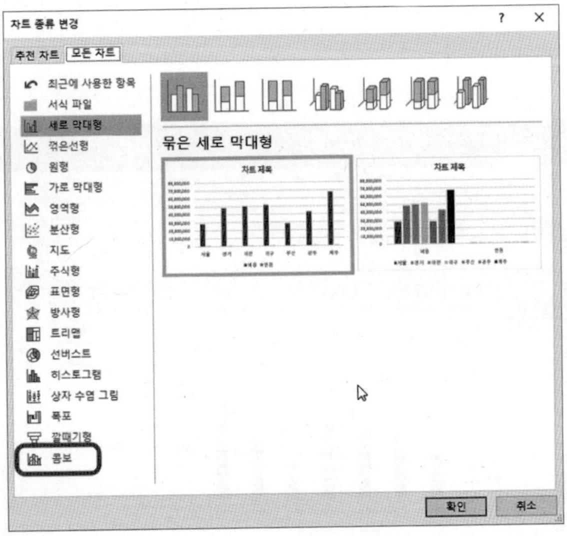

그림 9-23. 이중 축 차트 그리기 순서 3

〈그림 9-24〉와 같이 화면이 바뀔 것이다. 우리가 정상적으로 표현하고자 하는 것은 인원 데이터이므로 「**계열 이름**」에서 인원에 해당하는 부분을 클릭하여 꺾은 선형 차트를 선택한 후 옆에 있는 「**보조 축**」 항목의 체크박스를 체크하자. 여기까지 하면 차트의 모양이 자동으로 변하기 때문에 원하는 모양이 되었는지 확인할 수 있다.

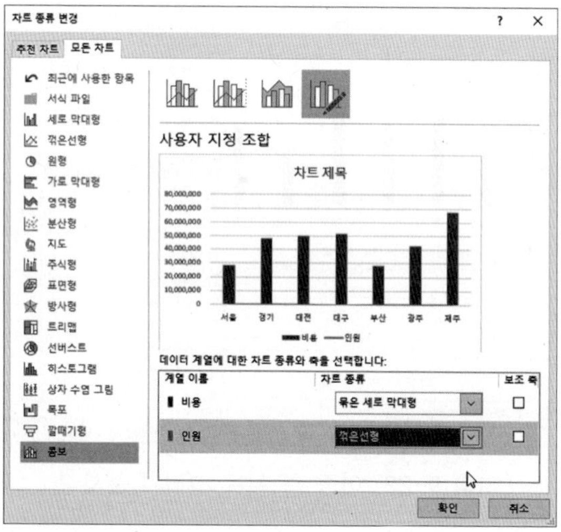

그림 9-24. 이중 축 차트 그리기 순서 4

최종적으로 [확인] 버튼을 클릭하면 〈그림 9-25〉와 같이 엑셀의 차트 모양이 변경되어 완성된다.

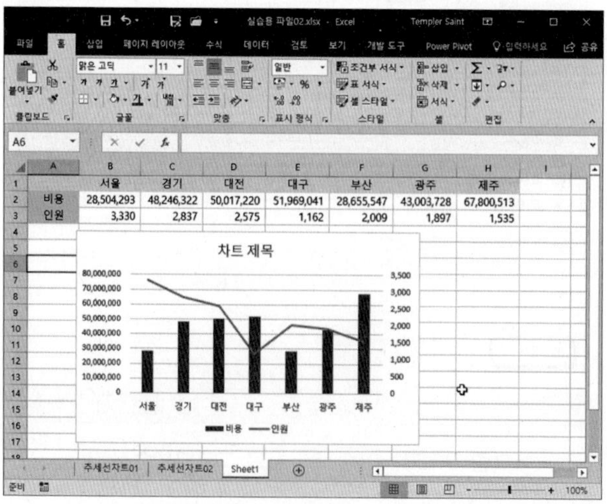

그림 9-25. 이중 축 차트 그리기 순서 5

3) 표준편차 차트

차트를 그릴 때 원자료(raw data)를 대상으로 하거나 평균값들을 대상으로 할 때가 많으나 데이터의 정보를 보다 자세히 나타내기 위해서는 표준편차를 함께 나타내는 것이 좋다. 이를 위해서 엑셀도 표준편차를 나타낼 수 있는 차트를 제공하고 있다. 여기서는 엑셀에서 제공하는 차트를 먼저 알아보고, 또 다른 형태의 차트를 만드는 방법에 대해서 알아볼 것이다. 〈표 9-1〉은 표준편차 차트를 그리기 위한 데이터이다. 표준편차 차트를 그리기 위해서 평균값과 함께 표준편차를 이용하여 상한 값과 하한 값을 구해놓았다. 엑셀에서 제공하는 표준편차 차트를 이용할 때는 평균값과 표준편차 값만 있으면 되지만, 다른 형태인 영역 표시가 된 표준편차 차트를 그리기 위해서는 상한 값과 하한 값이 필요하다.

표 9-1. 표준편차 차트를 위한 데이터

	서울	경기	대전	대구	광주	부산	제주
평균비용	514	555	624	671	600	698	745
표준편차	38	37	76	30	45	22	50
상한	552	592	700	701	645	720	795
하한	476	518	548	641	555	676	695

〈그림 9-26〉과 같이 지역이름과 평균비용 데이터를 선택한 후 **【삽입】** 에서 2차원 꺾은 선형을 선택하면 자동으로 차트가 그려진다.

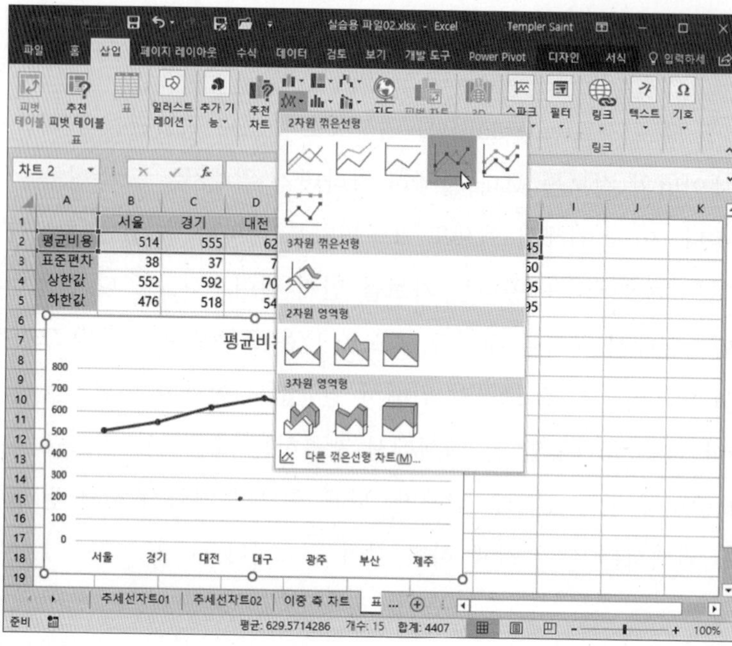

그림 9-26. 표준편차 차트 그리기 순서 1

그려진 차트의 모양은 〈그림 9-27〉과 같다. 평균값만이 그려져 있는 상태이다.

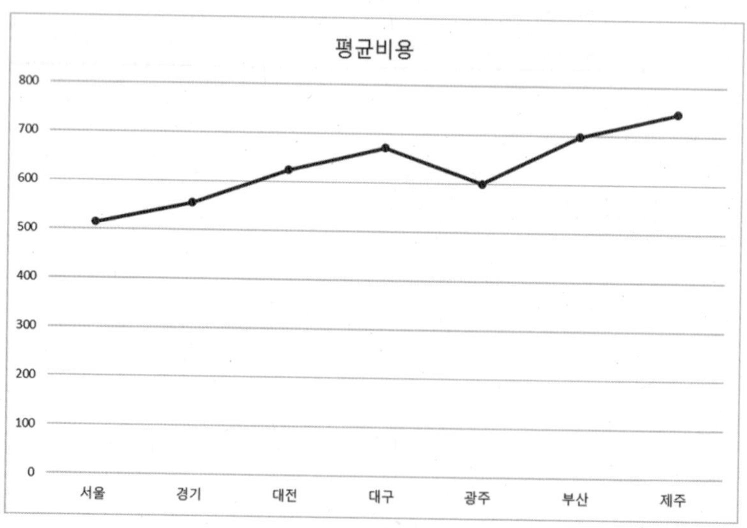

그림 9-27. 표준편차 차트 그리기 순서 2

차트를 클릭하여 선택한 후 〈그림 9-28〉과 같이 **【디자인】** 메뉴 중 가장 왼쪽에 있는 **【차트 요소 추가】 - 【오차 막대】 - 【기타 오차 막대 옵션】** 을 클릭하자.

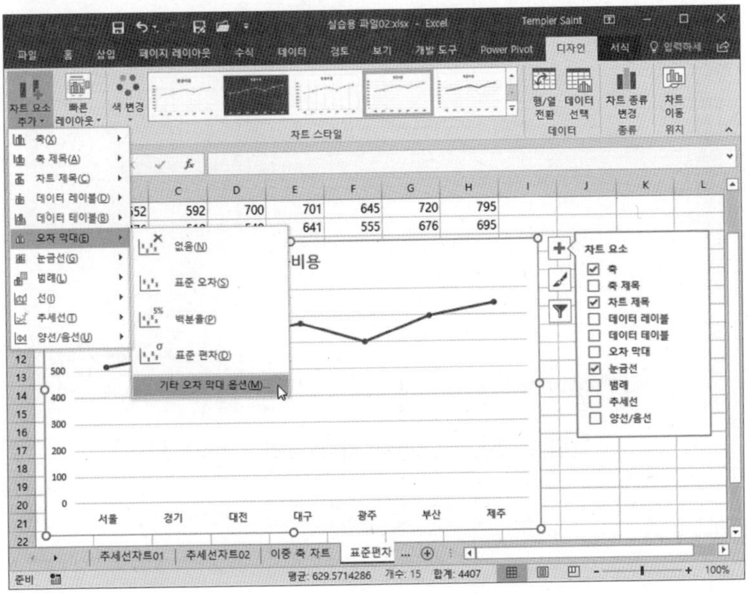

그림 9-28. 표준편차 차트 그리기 순서 3

화면 오른쪽에 {**오차 막대 서식**} 창이 나타나는데, 가장 아래쪽에 있는 「**사용자 지정**」 항목에 있는 [**값 지정**] 버튼을 클릭하자. 우리가 미리 계산해 놓은 상한 값과 하한 값을 지정하기 위한 것이다. 〈그림 9-30〉과 같은 창이 나타난다.

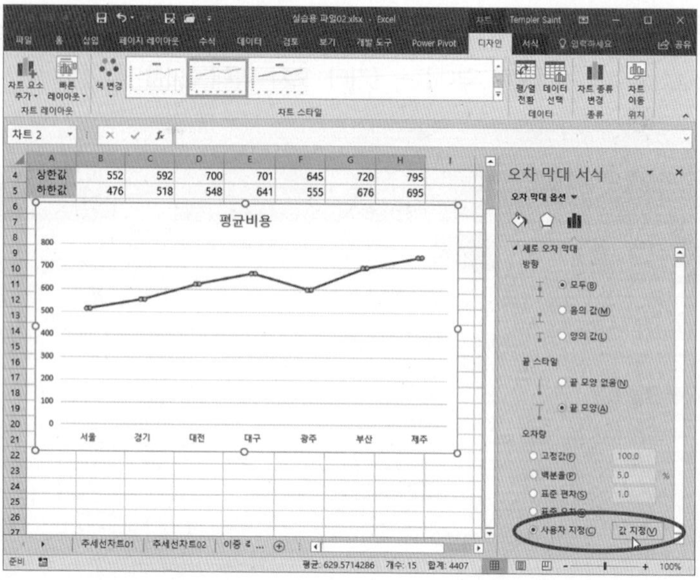

그림 9-29. 표준편차 차트 그리기 순서 4

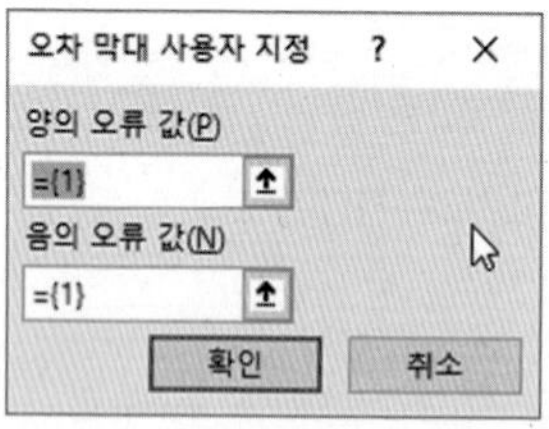

그림 9-30. 표준편차 차트 그리기 순서 5

그림 9-31. 표준편차 차트 그리기 순서 6

「양의 오류 값」 항목에 있는 화살표 버튼을 누르면 〈그림 9-31〉과 같이 창이 접히면서 셀 주소를 입력받는 상태가 된다. 마우스를 이용하여 표준편차 값들을 드래그로 선택하면 자동으로 입력이 된다. 다시 화살표 버튼을 클릭하면 창이 원상태로 되는데, 이번에는 「음의 오류 값」 항목의 화살표 버튼을 클릭하여 동일하게 표준편차 값들을 선택하여 입력하자. [확인] 버튼을 클릭하면 선형 차트 위에 표준편차를 나타내는 선들이 〈그림 9-32〉와 같이 나타난다.

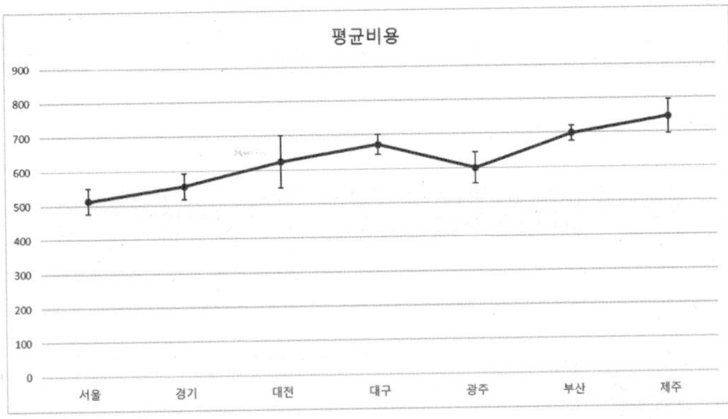

그림 9-32. 표준편차 차트 그리기 순서 7

이번에 만들 표준편차 차트는 영역 차트를 이용하여 단순한 선이 아닌 표준편차를 영역으로 표시하는 방법이다. 따라서 일종의 편법이다. 이 차트를 그리기 위해서는 상한값과 하한값이 필요하기 때문에 앞서 미리 만들어 놓은 것이다.

먼저 평균값과 상한값, 하한값을 선택하여 〈그림 9-33〉과 같이 표식이 있는 꺾은 선형 차트를 그린다. 중간에 있는 표준편차 값을 제외하고 선택하는 방법은 다음과 같다. 먼저 평균값들을 마우스 드래그로 선택한 후 [Ctrl] 키를 누른 상태에서 상한값과 하한값을 드래그로 선택하면 된다.

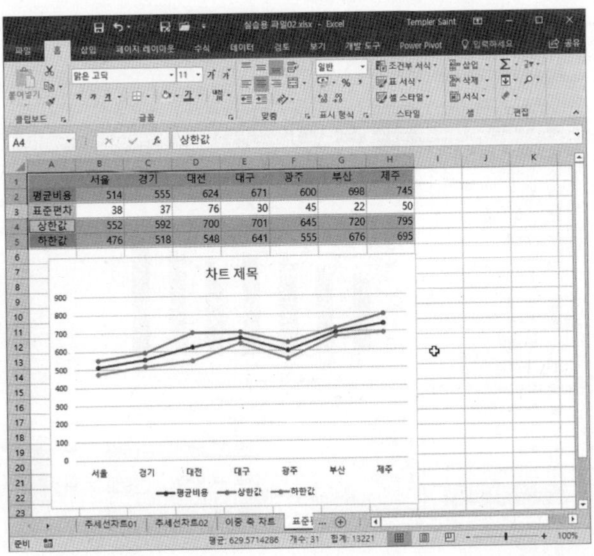

그림 9-33. 영역형 표준편차 차트 그리기 순서 1

차트를 선택한 후 마우스 오른쪽 버튼을 클릭하면 〈그림 9-34〉와 같이 팝업 메뉴가 나타나는데 **【차트 종류 변경】** 을 클릭하자.

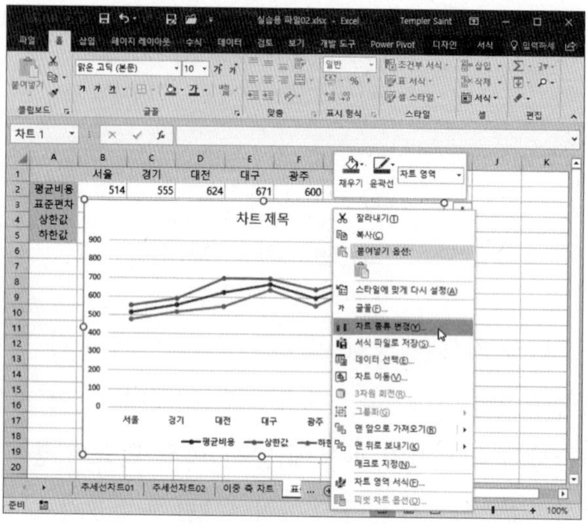

그림 9-34. 영역형 표준편차 차트 그리기 순서 2

나타난 {차트 종류 변경} 창 가장 아래쪽에 있는 **【콤보】** 를 클릭하면 〈그림 9-35〉와 같은 화면이 된다. 혹시 자신의 그래프 모양이 그림과 다르더라도 당황할 필요 없다.

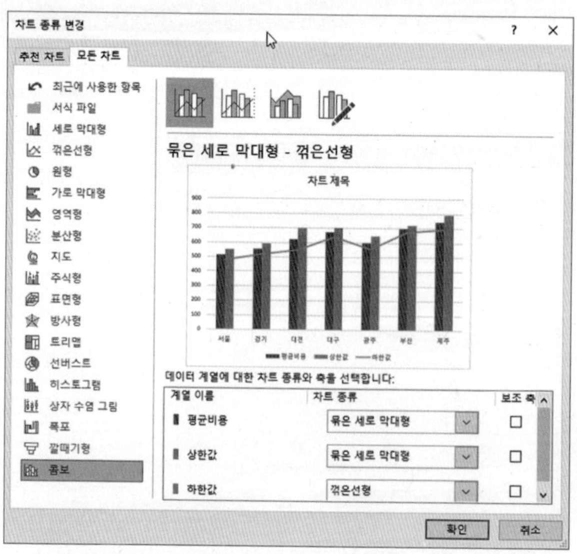

그림 9-35. 영역형 표준편차 차트 그리기 순서 3

차트 아래에 있는 「**계열 이름**」 항목에서 평균비용을 표식이 있는 꺾은 선형으로 변경하자. 상한값과 하한값은 영역형으로 변경하자. 변경된 모습은 〈그림 9-36〉과 같다.

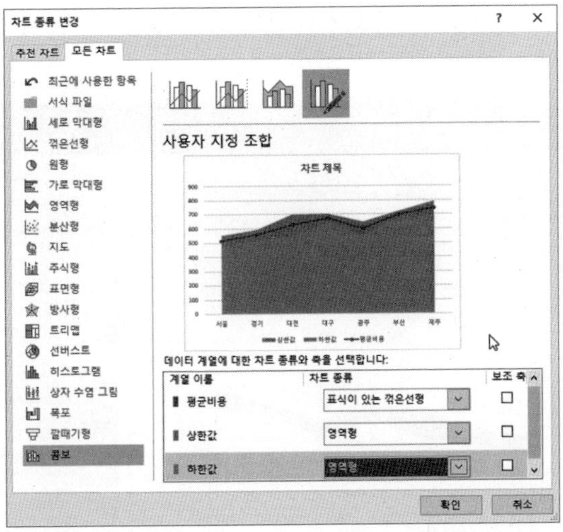

그림 9-36. 영역형 표준편차 차트 그리기 순서 4

[**확인**] 버튼을 클릭하면 엑셀 시트 내의 차트가 변경될 것이다. 차트에서 하한값 영역을 클릭한 후 오른쪽 마우스 버튼을 누르면 팝업 메뉴가 〈그림 9-37〉과 같이 나타난다. **【데이터 계열 서식】** 을 클릭하자.

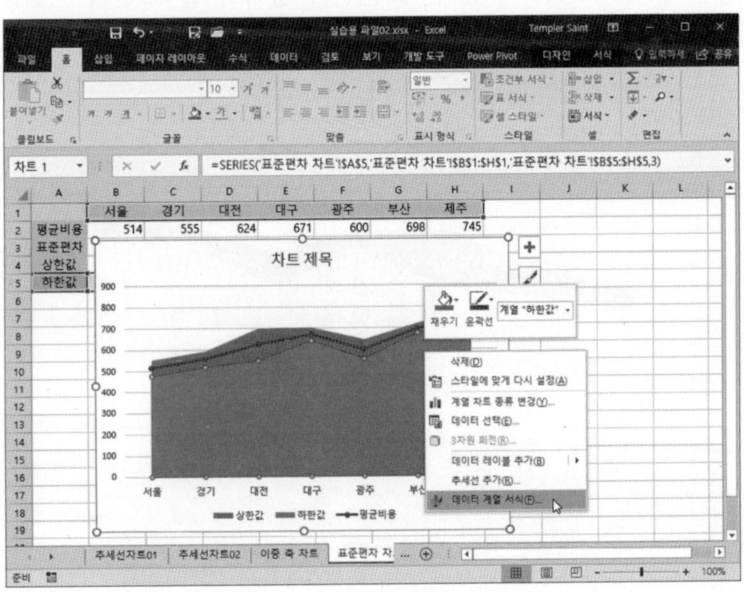

그림 9-37. 영역형 표준편차 차트 그리기 순서 5

〈그림 9-38〉과 같이 오른쪽에 {데이터 계열 서식} 창이 나타난다. 여기서 【채우기】를 클릭한 후 「단색 채우기」를 클릭한 후 「색」 항목에서 흰색으로 변경하자. 차트 모양이 〈그림 9-38〉과 같이 된다. 동일한 방법으로 차트에서 상한값 영역을 클릭한 후 색상을 원하는 색으로 변경하자. 필자는 회색으로 변경하였다.

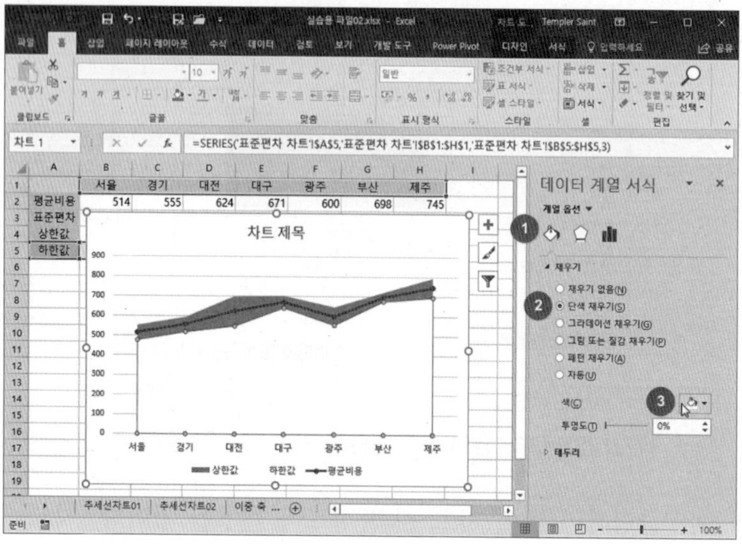

그림 9-38. 영역형 표준편차 차트 그리기 순서 6

차트 모양은 〈그림 9-39〉와 같다. 표준편차 영역이 잘 표현되어 있다.

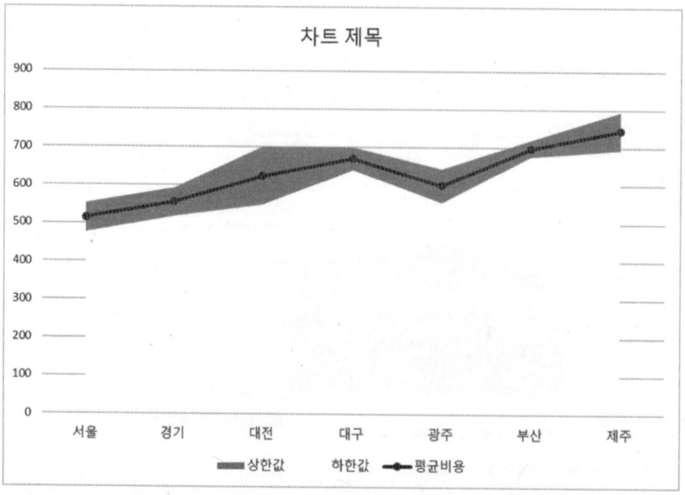

그림 9-39. 영역형 표준편차 차트 그리기 순서 7

이제 차트를 깔끔하게 마무리하기 위해서 y축 상에 수평으로 그려져 있는 눈금선을 클릭하여 선택한 후 [Delete] 키를 눌러 삭제하자. 이번에는 그림영역을 클릭해보자. 엑셀에서 그려진 차트는 차트영역과 그림영역이 존재한다. 차트제목까지 포함한 전체적인 부분을 차트영역이라 하고 눈금선과 함께 그림이 그려져 있는 부분을 그림영역이라 한다. 그림영역을 선택하기 위해서는 마우스로 그림이 있는 근처의 빈 곳을 클릭하면 된다. 그림영역을 더블클릭하면 {그림 영역 서식} 창이 오른쪽에 나타난다. 페인트통 모양의 **【채우기 및 선】** 을 클릭한 후 「**테두리**」 영역에서 「**실선**」을 선택하고 실선의 색을 흰색이 아닌 것으로 변경하자. 최종적인 모습은 〈그림 9-40〉과 같다.

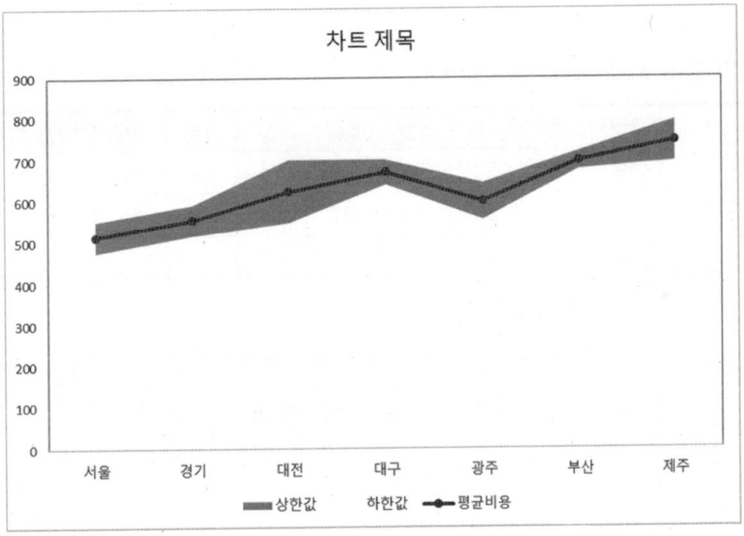

그림 9-40. 영역형 표준편차 차트 그리기 순서 8

독자들도 이해했겠지만 이 차트는 하한값 영역을 흰색으로 변경하여 마치 없는 것처럼 만들고 상한값의 색상만 보이게 하여 표준편차의 영역을 표시하는 방법으로 만든 것이다.

4) 특정 영역 강조 차트

차트 내에서 데이터의 고점이나 저점 또는 특정 지점을 명확하게 인식시키기 위해서 강조를 할 필요가 있을 때가 있다. 여기서는 이렇게 특정 영역을 강조할 수 있는 방법에 대해서 살펴볼 것이다. 엑셀에서는 다양한 도형을 제공하고 있고 이러한 도형을 이용하여 강조를 할 수도 있으나 차트의 크기를 변경할 경우 도형이 함께 움직이지 않기 때문에 매번 도형을 다시 조정해야 하는 번거로움이 있다. 여기서는 도형이 아닌 차트에 데이터 계열을 추가함으로써 강조하는 방법에 대해서 살펴볼 것이다. 아래 〈표 9-2〉는 영역 강조 차트를 만들기 위한 데이터이다. 월별 인원을 그릴 것이고, 수평강조와 수직강조는 강조 영역을 만들기 위한 데이터일 뿐이다.

표 9-2. 영역 강조 차트 그리기용 데이터

	1월	2월	3월	4월	5월	6월	7월	8월	9월	10월	11월	12월
인원	15	19	18	23	25	22	34	27	25	19	23	19
수평강조	33	33	33	33	33	33	33	33	33	33	33	33
수직강조							35					

〈그림 9-41〉은 영역 강조 차트들의 예이다. 본서에서는 이 3가지 차트를 모두 실습해 볼 것이다. 이를 통해 독자들도 새로운 형태의 차트를 만들 수 있는 아이디어를 얻게 될 것이다.

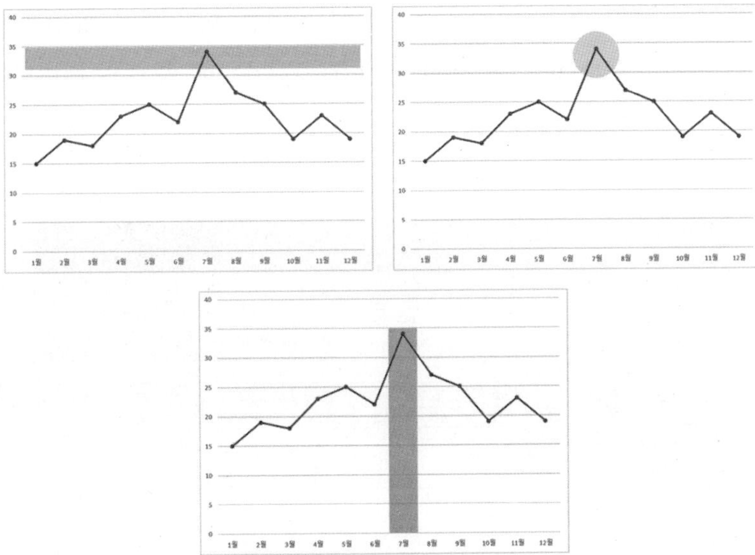

그림 9-41. 영역 강조 차트 예

〈그림 9-42〉와 같이 마우스로 월과 인원을 모두 선택한 후 【삽입】 메뉴에서 【표식이 있는 꺾은 선형】 을 선택하자. 차트가 자동으로 그려질 것이다.

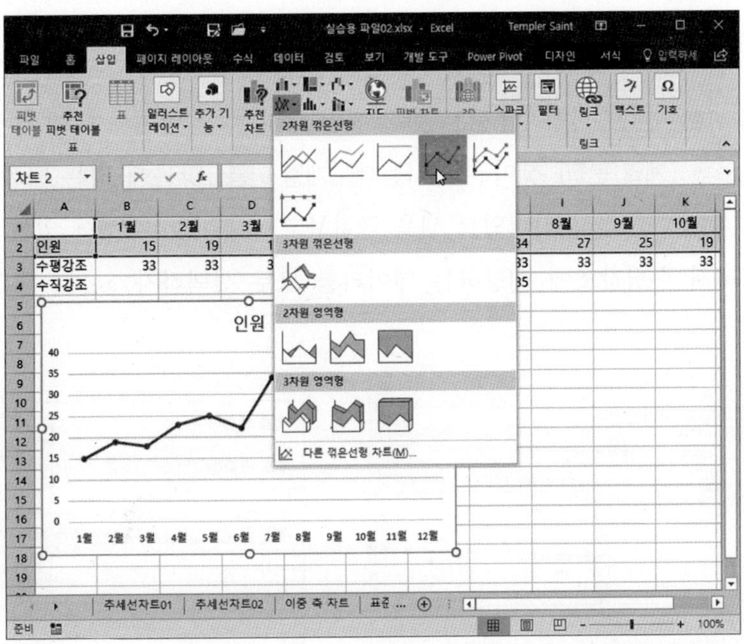

그림 9-42. 영역 강조 차트 그리기 순서 1(1)

〈그림 9-43〉과 같이 차트 영역을 클릭하여 선택한 후 오른쪽 마우스 버튼을 누르면 메뉴가 나타나는데 **【데이터 선택】** 을 누르자. 차트에 새로운 데이터를 추가하기 위해서이다.

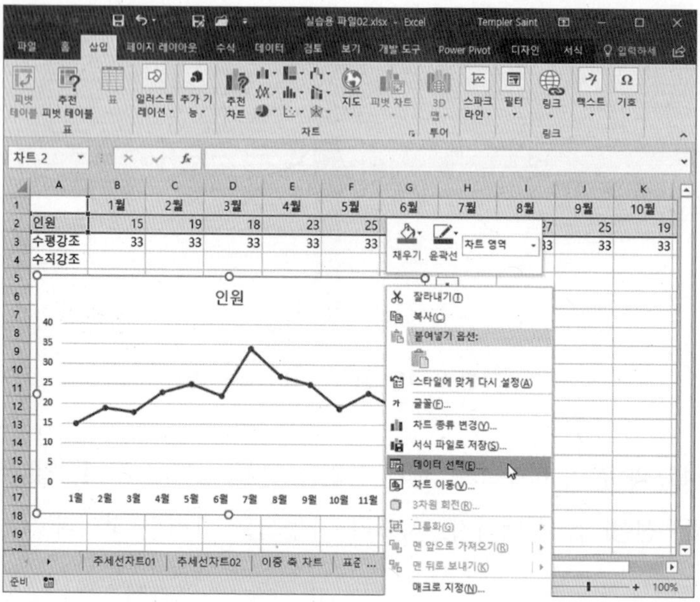

그림 9-43. 영역 강조 차트 그리기 순서 1(2)

〈그림 9-44〉와 같이 {데이터 원본 선택} 창이 나타난다. 여기서 그림과 같이 [추가] 버튼을 누르면 {계열 편집} 창이 나타나는데 「계열 이름」 항목에 있는 화살표 버튼을 클릭해서 "수평강조"라고 적혀있는 셀을 클릭하고, 「계열 값」 항목에 있는 화살표 버튼을 클릭해서 수평강조에 해당하는 데이터를 모두 선택하자.

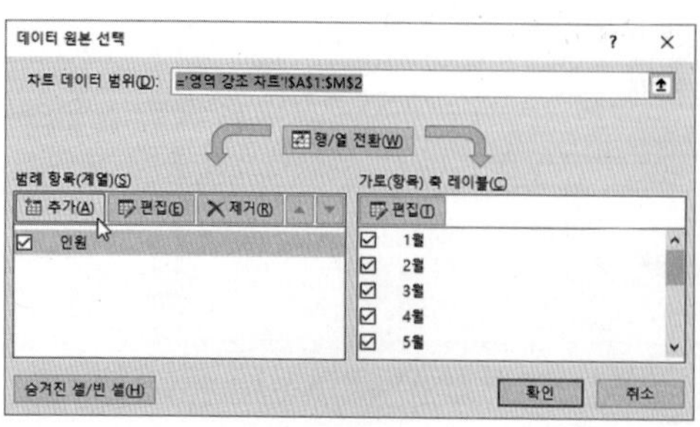

그림 9-44. 영역 강조 차트 그리기 순서 1(3)

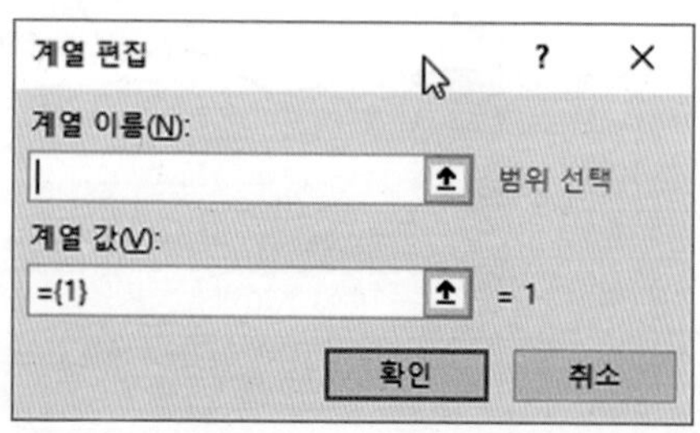

그림 9-45. 영역 강조 차트 그리기 순서 1(4)

이후 [확인] 버튼을 클릭하면 〈그림 9-46〉과 같이 차트에 수평강조 데이터가 표시된다. 이제부터 표시된 차트의 모양을 바꿔서 강조 영역으로 만들 것이다.

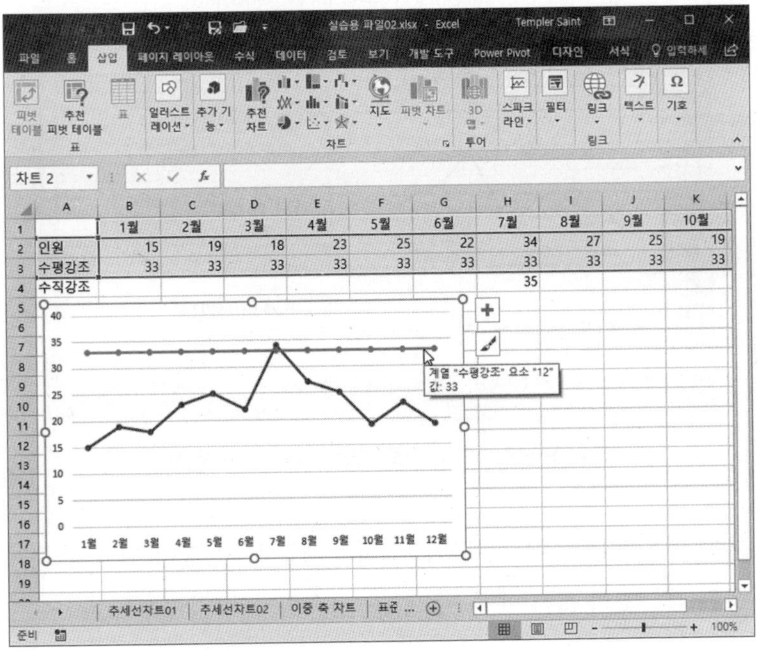

그림 9-46. 영역 강조 차트 그리기 순서 1(5)

차트에 추가된 수평강조 계열 라인을 클릭한 후 오른쪽 마우스 버튼을 누르면 〈그림 9-47〉과 같이 메뉴가 나타나는데 **【데이터 계열 서식】** 을 클릭하자.

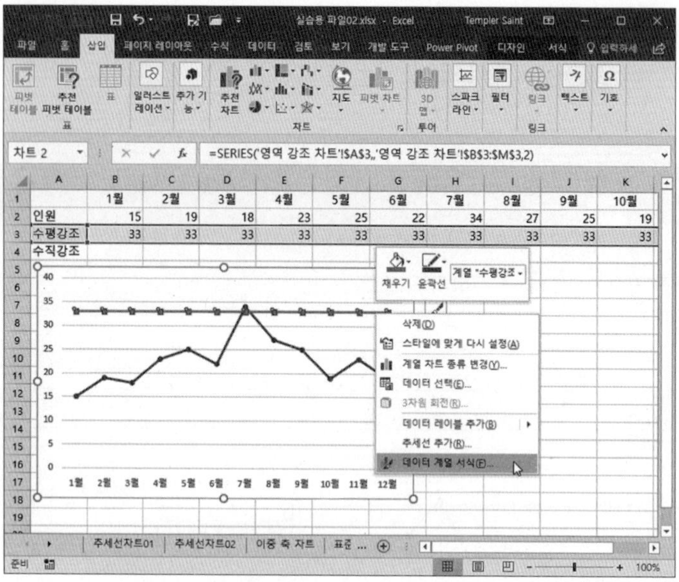

그림 9-47. 영역 강조 차트 그리기 순서 1(6)

화면 오른쪽에 〈그림 9-48〉과 같이 {데이터 계열 서식} 창이 나타날 것이다. [표식] 탭으로 이동한 후 「표식 옵션」에서 “없음”을 선택하자.

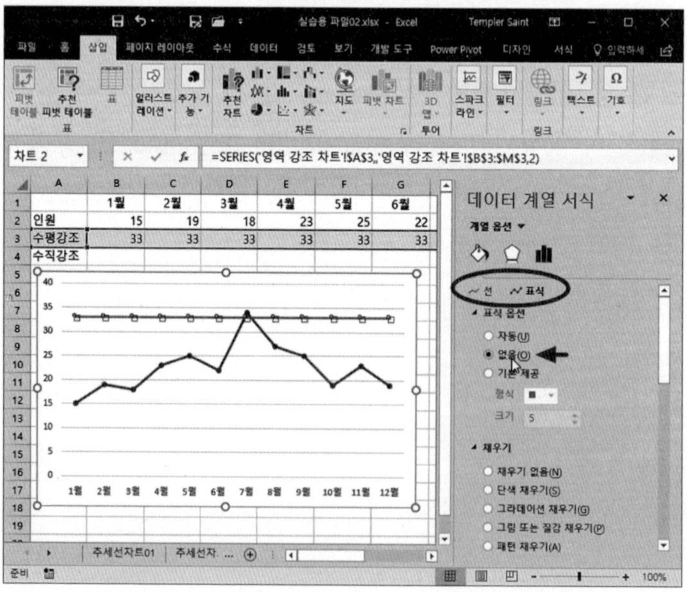

그림 9-48. 영역 강조 차트 그리기 순서 1(7)

이번에는 [선]탭을 클릭한 후 〈그림 9-49〉와 같이 「너비」를 20pt 정도로 하고, 「끝 모양 종류」를 평면으로, 「투명도」를 50%로 하자.

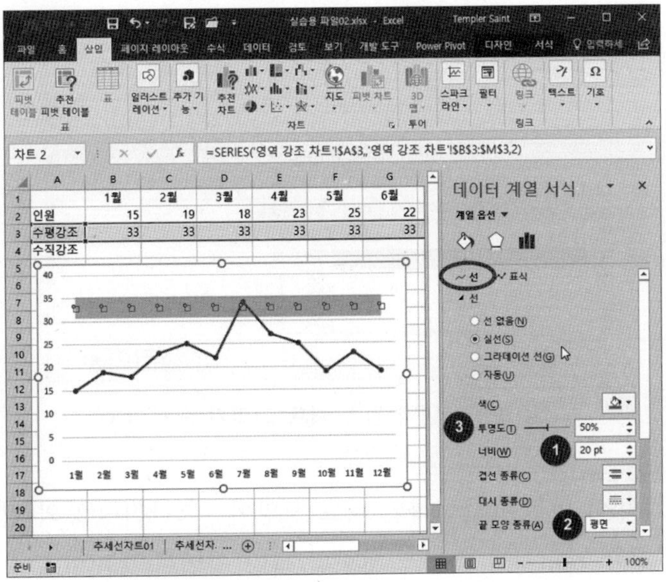

그림 9-49. 영역 강조 차트 그리기 순서 1(8)

여기까지의 모습은 〈그림 9-50〉과 같다. 거의 완료되었다. 이제 한 가지만 수정하면 된다. 차트를 보면 인원이 수평강조선에 가려서 흐리게 보이는 부분이 있다. 이 부분을 앞으로 끌고 와 정확하게 보이게 하는 작업만 남은 것이다.

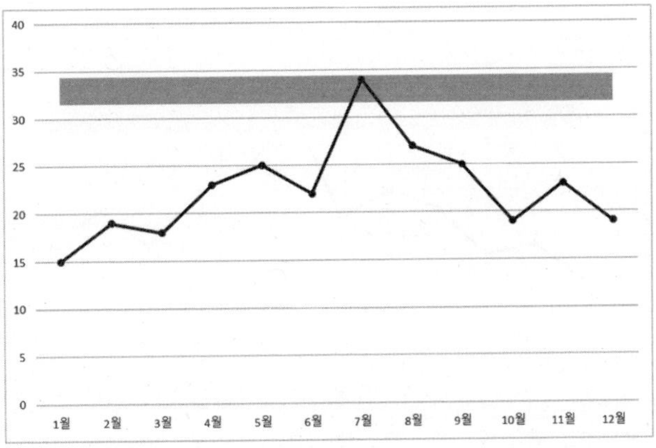

그림 9-50. 영역 강조 차트 그리기 순서 1(9)

차트영역을 클릭한 후 오른쪽 마우스 버튼을 눌러 나온 메뉴(그림 9-43 참조)에서 **【데이터 선택】** 을 클릭하면 〈그림 9-51〉이 나타난다. 여기서 수평강조 항목을 선택한 후 [위로 이동] 버튼을 클릭하면 수평강조 항목이 위쪽으로 이동하게 된다.

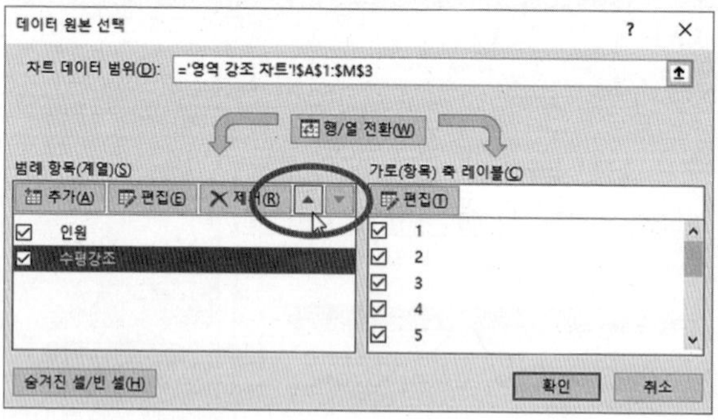

그림 9-51. 영역 강조 차트 그리기 순서 1(10)

최종적으로 [확인] 버튼을 클릭하면 차트 모양이 〈그림 9-52〉와 같이 변하게 된다. 수평강조 선에 가려져서 흐리게 보이던 파란 라인이 뚜렷하게 보이는 것을 확인할 수 있다. 수평강조의 데이터 값을 모두 올리면 차트의 강조영역도 위로 올라간다. 데이터 값을 모두 바꾸는 쉬운 방법은 데이터 셀들을 모두 선택한 후 원하는 값을 입력하고 [Ctrl+Enter]를 치는 것이다. 이렇게 수평강조 영역을 사용자가 원하는 위치로 이동시킬 수 있다. 또 데이터 값들을 앞·뒤 일부를 잘라내면 원하는 위치에만 강조 영역이 나타나게 할 수 있다. 이를 이용하여 다른 차트를 만들어보자.

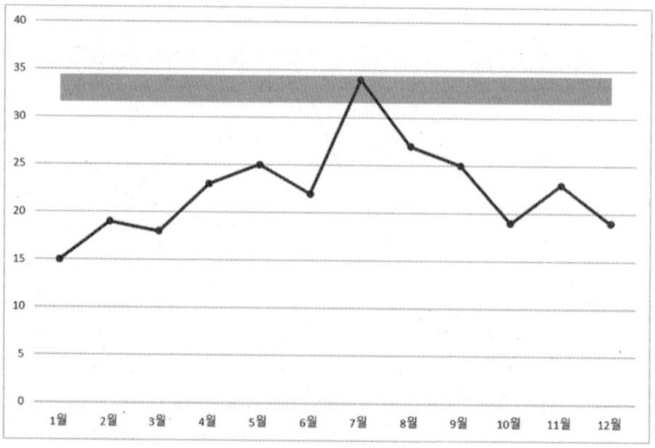

그림 9-52. 영역 강조 차트 그리기 순서 1(11)

〈그림 9-52〉에서 수평강조 영역을 클릭한 후 오른쪽 마우스 버튼을 눌러 **【데이터 계열 서식】** 을 클릭하면 〈그림 9-53〉과 같은 창이 나타나는데, 그림과 같이 [표식]탭에서 「**기본 제공**」의 형식을 원형으로 바꾸고, 「**크기**」를 40 정도로 하면 차트가 아래와 같이 변한다.

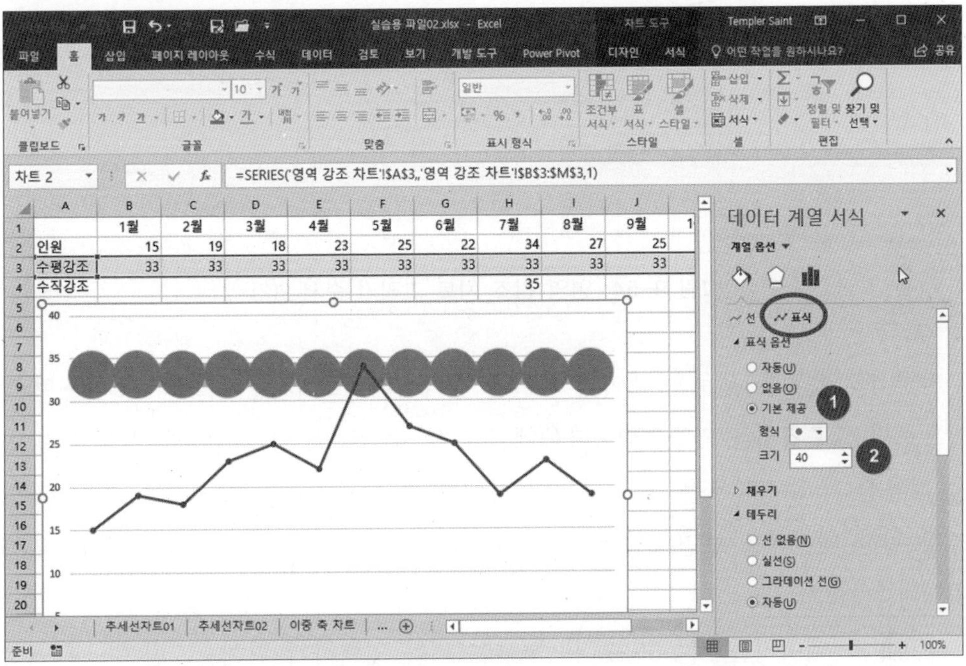

그림 9-53. 영역 강조 차트 그리기 순서 2(1)

수평강조 데이터 중 가장 높은 값인 7월의 데이터만 남기고 나머지 데이터를 지우면 차트의 모양이 〈그림 9-54〉와 같이 변경된다. 데이터의 위치를 다른 월로 변경하면 강조영역도 따라서 이동하게 되며, 값을 증가시키거나 감소시키면 강조영역 또한 위·아래로 이동하게 된다. 강조영역의 색상이나 나머지 요소들은 사용자의 취향에 따라 변경하면 된다.

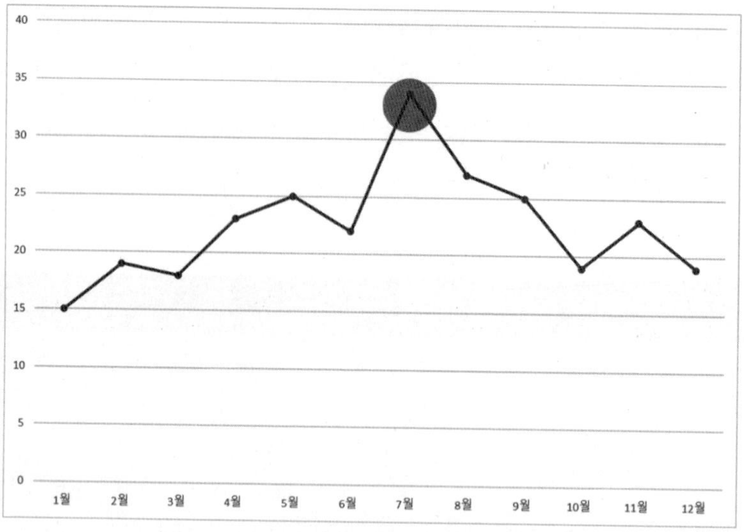

그림 9-54. 영역 강조 차트 그리기 순서 2(2)

지금까지 우리는 새로운 데이터 계열을 첨가하여, 표시되는 차트의 형태를 변경함으로써 강조영역을 만들었다. 다음에 알아볼 수직강조 영역 생성도 동일한 방법을 사용한다. 수평강조를 잘 따라왔다면, 수직강조는 어렵지 않을 것이다. 수직강조를 위한 데이터를 보면 7월에만 데이터가 존재한다. 이는 7월을 강조하기 위한 것이다.

수평강조 데이터를 지우고 수직강조 데이터를 입력하기 위해 〈그림 9-54〉에서 차트영역을 클릭한 후 오른쪽 마우스 버튼을 눌러 나타나는 메뉴에서 **【데이터 선택】**을 실행하자. 〈그림 9-55〉와 같이 앞에서 보았던 창이 나타날 것이다. 수평강조 항목을 클릭한 후 [제거] 버튼을 눌러 삭제하자. 차트에서도 함께 삭제되었을 것이다. [추가] 버튼을 눌러 수직강조 데이터를 입력하자. 수직강조 데이터가 7월에만 존재하지만 마우스 드래그로 데이터를 선택할 때는 1월부터 12월까지 모두 선택해야 한다. 앞에서 수행해 보았으니 쉽게 할 수 있을 것이다.

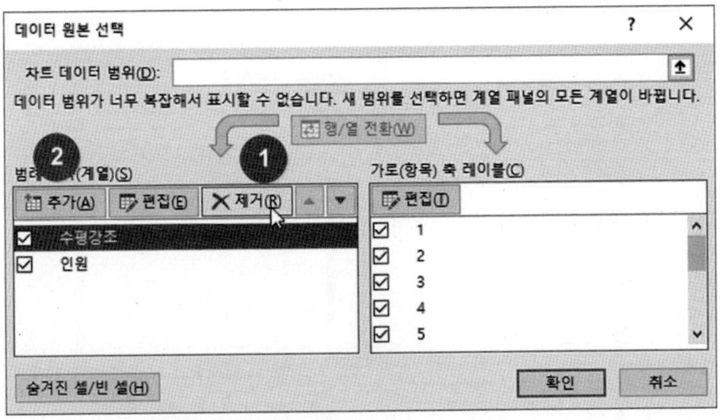

그림 9-55. 영역 강조 차트 그리기 순서 3(1)

추가가 성공적으로 이루어졌다면 〈그림 9-56〉과 같이 차트가 나타날 것이다. 혹시 수직강조 차트가 다르게 나타났더라도 걱정할 필요 없다. 어차피 우리가 형태를 바꿀 것이다.

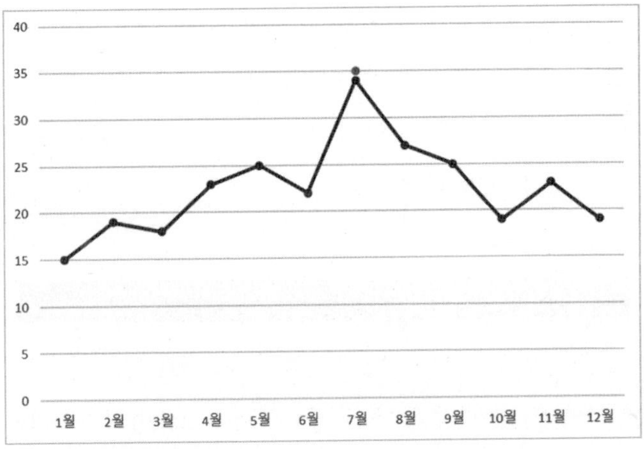

그림 9-56. 영역 강조 차트 그리기 순서 3(2)

차트 영역을 클릭한 후 마우스 오른쪽 버튼을 눌러 나타나는 메뉴에서 **【차트 종류 변경】** 을 실행하면 〈그림 9-57〉과 같은 {차트 종류 변경} 창이 나타난다. 먼저 좌측 차트 리스트에서 **【콤보】** 를 클릭한 후 「인원」 항목을 선택한 후 차트를 "표식이 있는 꺾은 선형"으로 변경하고, 「수직강조」 항목을 선택한 후 "묶은 세로 막대형"으로 변경하자.

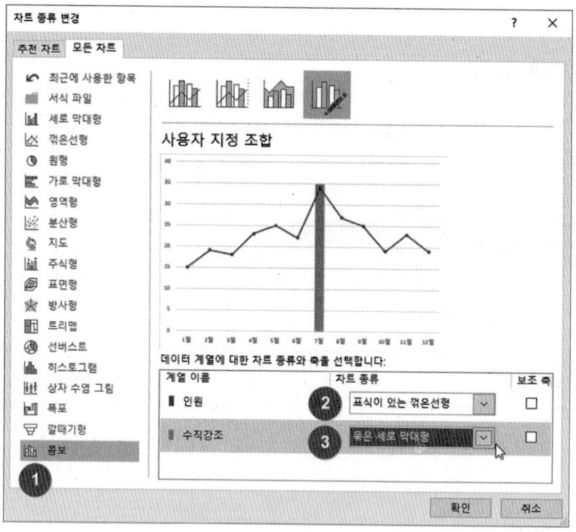

그림 9-57. 영역 강조 차트 그리기 순서 3(3)

[확인] 버튼을 클릭하면 차트가 변경될 것이다. 차트에 그려진 수직강조 그래프를 클릭한 후 오른쪽 마우스 버튼을 눌러 나타나는 메뉴에서 **【데이터 계열 서식】** 을 선택하면 우측에 〈그림 9-58〉과 같이 {데이터 계열 서식} 창이 나타난다. 그래프 모양의 아이콘인 [계열 옵션]을 클릭한 후 「간격 너비」를 0%로 하면 그래프의 너비가 넓어질 것이다. 마지막으로 페인트통 모양의 아이콘인 [채우기 및 선]을 선택한 후 색상과 투명도를 적절히 변경하면 완료된다.

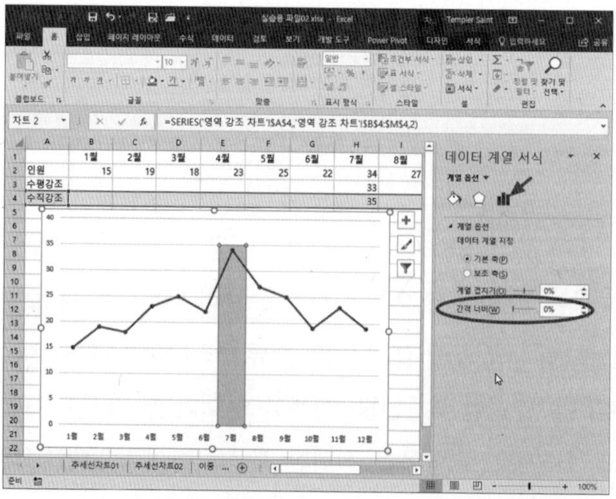

그림 9-58. 영역 강조 차트 그리기 순서 3(4)

5) 스캐터(Scatter) 차트

스캐터 차트는 엑셀에서 분산 차트라고 부른다. 스캐터 차트는 차트 중에서 가장 널리 사용되는 것 중의 하나일 것이다. 데이터를 탐색할 때 거의 필수적으로 한번쯤 그려보는 차트이기도 하다. 그러나 많은 연구자들과 학생들이 스캐터 차트를 단순한 모양만으로 인식하고 있고 실제 사용방법을 알고 있지 못해 활용을 못하는 경우가 많다. 여기서는 스캐터 차트의 기본적인 사용방법부터 활용 방법까지 알아볼 것이다. 실습에 사용될 데이터는 〈표 9-3〉과 같다. CG(control group)와 EG(experimental group)로 구성된 경력에 따른 시험 점수들이다.

표 9-3. 스캐터 차트를 위한 데이터 예시

	CG				EG			
피험자	경력	test01	test02	test03	경력	test01	test02	test03
sub01	1	15	18	25	2	22	25	40
sub02	3	19	28	36	3	32	39	52
sub03	6	27	35	55	5	20	39	50
sub04	7	31	39	48	6	31	42	57
sub05	9	44	38	55	9	45	59	77
sub06	13	58	69	75	12	44	68	82
sub07	15	51	65	78	14	68	74	88
sub08	16	70	75	85	15	70	79	86
sub09	16	55	70	78	19	78	77	88
sub10	18	59	78	85	20	88	89	94

위의 데이터를 대상으로 스캐터 차트를 만들어보자. 먼저 가장 기본적으로 CG를 대상으로 경력과 test들의 스캐터 차트를 만들어보자. 〈그림 9-59〉와 같이 마우스를 이용하여 CG에 해당하는 데이터들을 모두 선택하자.

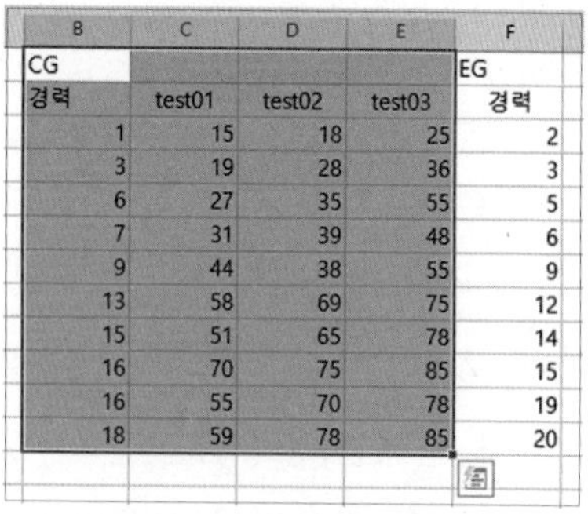

B	C	D	E	F
CG				EG
경력	test01	test02	test03	경력
1	15	18	25	2
3	19	28	36	3
6	27	35	55	5
7	31	39	48	6
9	44	38	55	9
13	58	69	75	12
15	51	65	78	14
16	70	75	85	15
16	55	70	78	19
18	59	78	85	20

그림 9-59. 스캐터 차트 그리기 1

【삽입】 메뉴에서 분산형 차트를 선택하면 자동으로 차트가 그려진다.

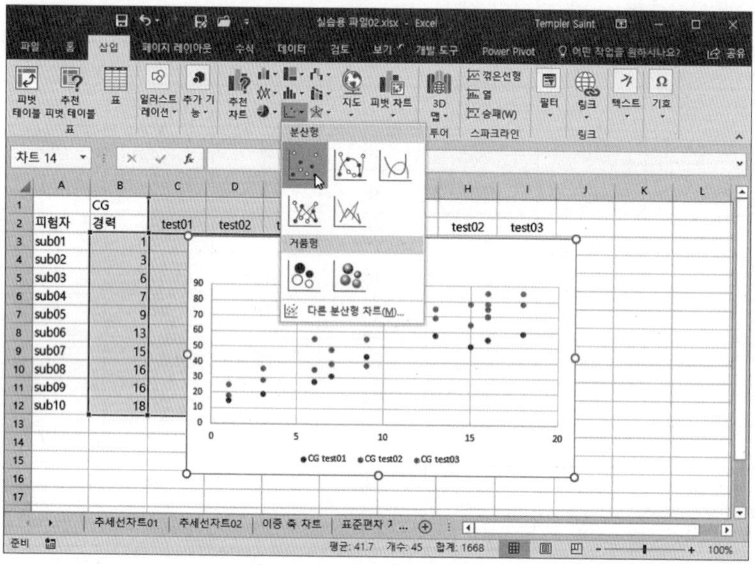

그림 9-60. 스캐터 차트 그리기 2

차트를 보면 각 test 점수들이 다른 색상으로 표시되는 것을 확인할 수 있으며, 범례 또한 그룹이름과 test 이름이 함께 표시되어 있다. 차트를 보면 대충 test가 수행될수록 점수가 높아지는 경향이 있는 것으로 보인다. 이를 좀 더 확실하게 확인하기 위해서 앞에서 배우 추세선을 추가해 보자. 〈그림 9-61〉과 같이 차트 상에 파란색 점을 클릭한 후 리본 메뉴의 **【디자인】** – **【차트 요소 추가】** – **【추세선】** – **【선형】** 을 선택하면 "CG test01" 데이터에 대한 추세선이 추가된다.

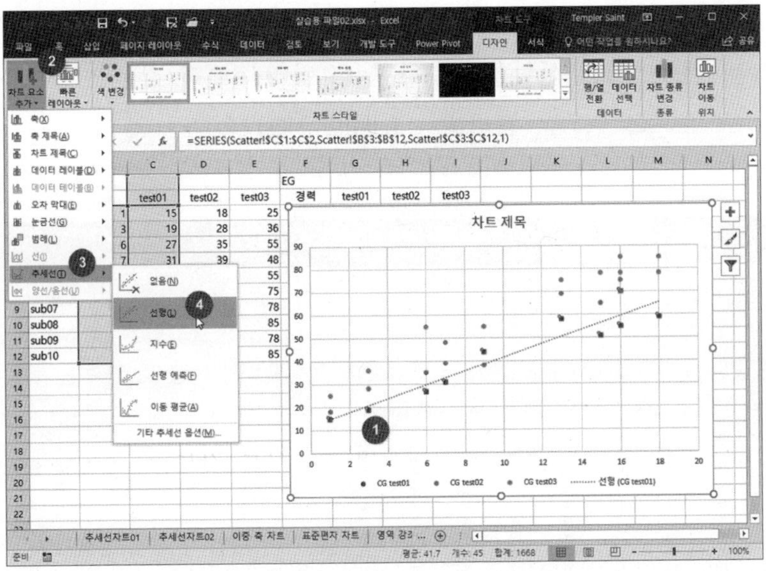

그림 9-61. 스캐터 차트 그리기 3

동일한 방법으로 다른 색상의 데이터 점들을 선택해서 추세선을 추가하면 〈그림 9-62〉와 같은 차트가 생성된다.

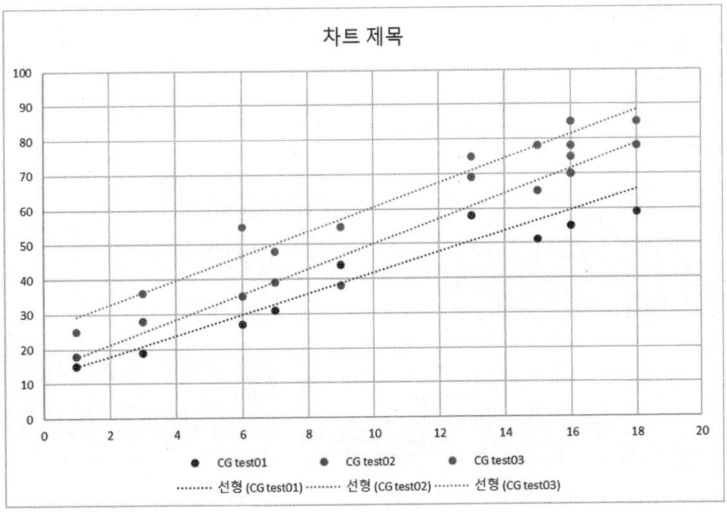

그림 9-62. 스캐터 차트 그리기 4

이제 데이터의 변화를 한 눈에 확인할 수 있다. 이번에는 CG의 경력과 test03,

EG의 경력과 test03을 같은 차트에 그려보자. 먼저 데이터가 없는 곳의 셀을 선택한 후 【삽입】 메뉴에서 분산형을 선택하면 〈그림 9-63〉과 같이 빈 차트가 생성되는데, 마우스 오른쪽 버튼을 클릭해서 【데이터 선택】 을 누르자.

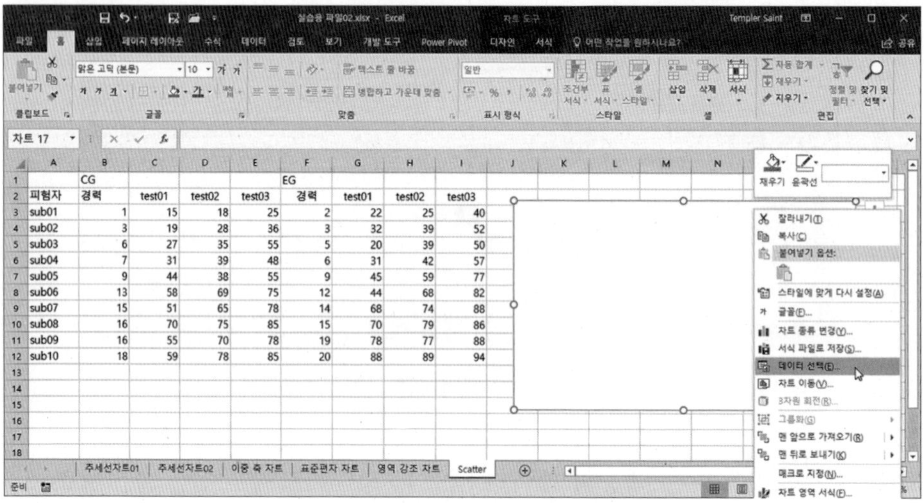

그림 9-63. 스캐터 차트 그리기 5

〈그림 9-64〉와 같은 창이 나타난다. [추가] 버튼을 누르면 〈그림 9-65〉와 같은 창으로 변한다.

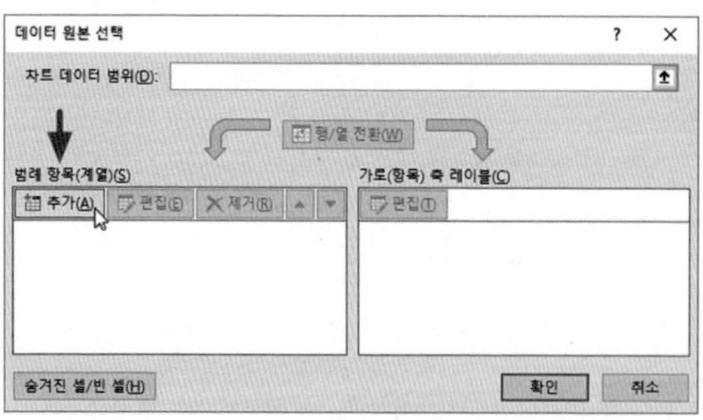

그림 9-64. 스캐터 차트 그리기 6

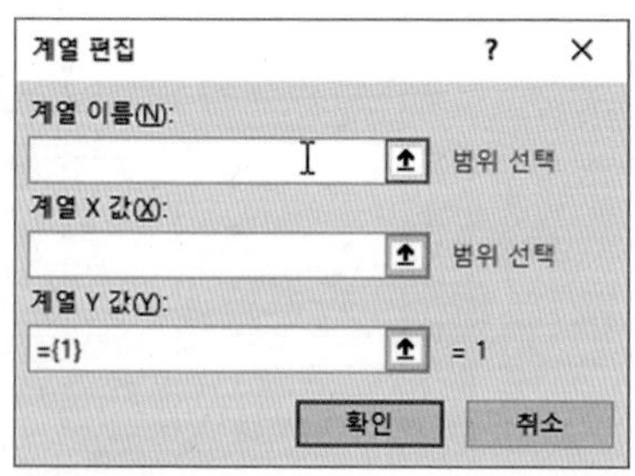

그림 9-65. 스캐터 차트 그리기 7

「계열 이름」 항목에 "CG test03"이라고 입력하자. 「계열 X 값」 항목의 화살표 버튼을 클릭하면 창이 작아지면서 데이터가 있는 셀의 주소를 입력받을 준비가 된다.

CG의 경력 아래에 있는 데이터들을 드래그로 선택하면 자동으로 셀 주소가 입력이 된다. 다시 화살표 버튼을 클릭하면 원래의 화면으로 돌아온다. 이번에는 「계열 Y 값」 항목의 화살표 버튼을 클릭하여 동일하게 CG의 test03 아래에 있는 데이터를 마우스 드래그로 선택하자. 모두 완료하였다면 창마다 [확인] 버튼을 누르면 〈그림 9-66〉과 같은 스캐터 차트가 그려진다.

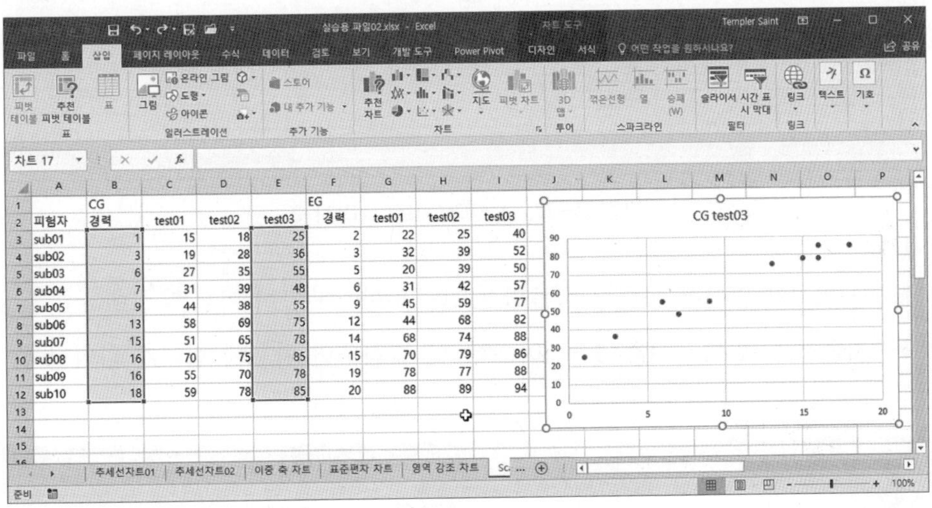

그림 9-66. 스캐터 차트 그리기 8

이제 EG의 test03 자료를 차트에 그려보자. 앞에서 했던 것과 동일하게 차트를 선택한 후 마우스 오른쪽 버튼을 클릭하여 나오는 메뉴에서 **【데이터 선택】** 을 누르자. 〈그림 9-64〉와 같은 창이 나타난다. [추가] 버튼을 클릭하면 〈그림 9-65〉와 같은 창이 나타난다. 「계열 이름」 항목에 "EG test03"이라고 입력하자. 「계열 X 값」 항목의 화살표 버튼을 클릭하여 EG의 경력 아래에 있는 데이터들을 드래그로 선택하면 자동으로 셀 주소가 입력이 된다. 이번에는 「계열 Y 값」 항목의 화살표 버튼을 클릭하여 동일하게 EG의 test03 아래에 있는 데이터를 마우스 드래그로 선택하면 자동으로 입력이 된다. [확인] 버튼을 누르면 〈그림 9-67〉과 같은 차트가 그려진다.

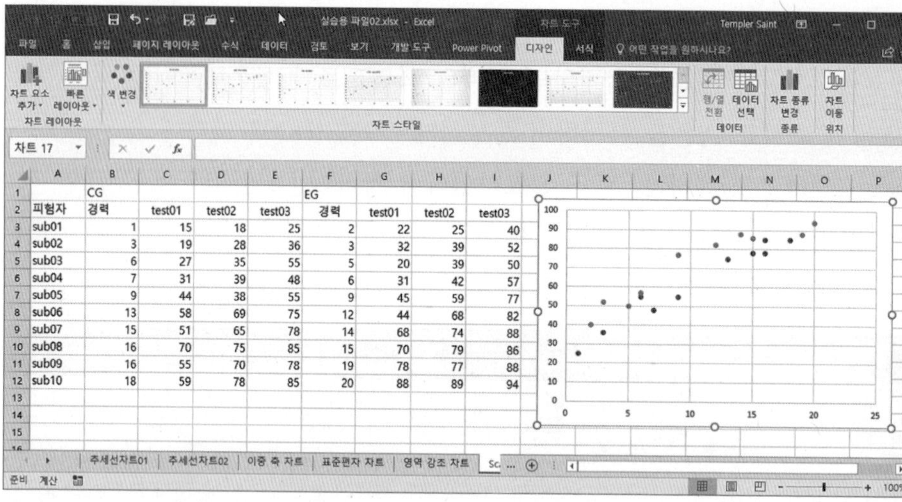

그림 9-67. 스캐터 차트 그리기 9

차트에 범례가 없어서 구별이 힘들면 〈그림 9-68〉과 같이 차트를 선택하고 **【디자인】** - **【차트 요소 추가】** - **【범례】** - **【아래쪽】** 을 클릭하면 차트에 범례가 나타난다.

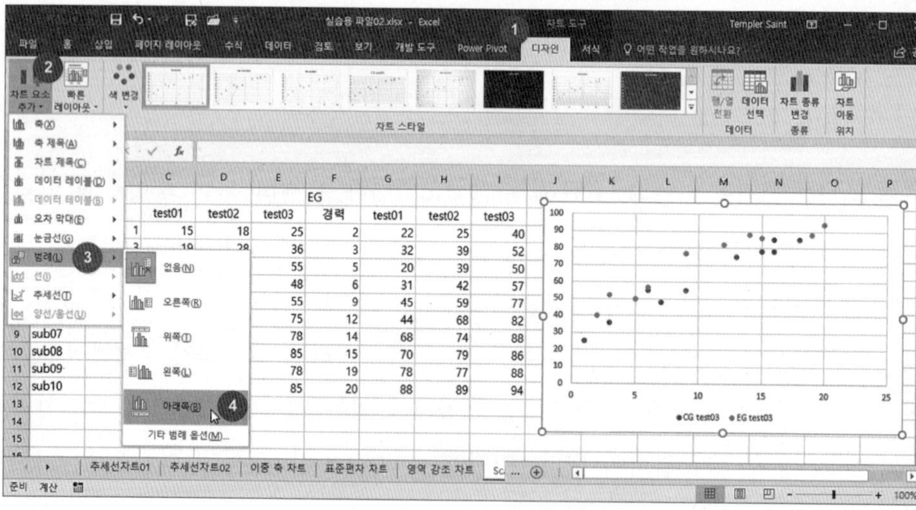

그림 9-68. 스캐터 차트 그리기 10

이제 이 차트에 앞에서 수행했던 추세선을 추가하면 〈그림 9-69〉와 같은 스캐터 차트가 완성된다. EG가 CG에 비해 높은 점수를 유지하고 있지만 기울기가 낮은 것을 확인할 수 있다.

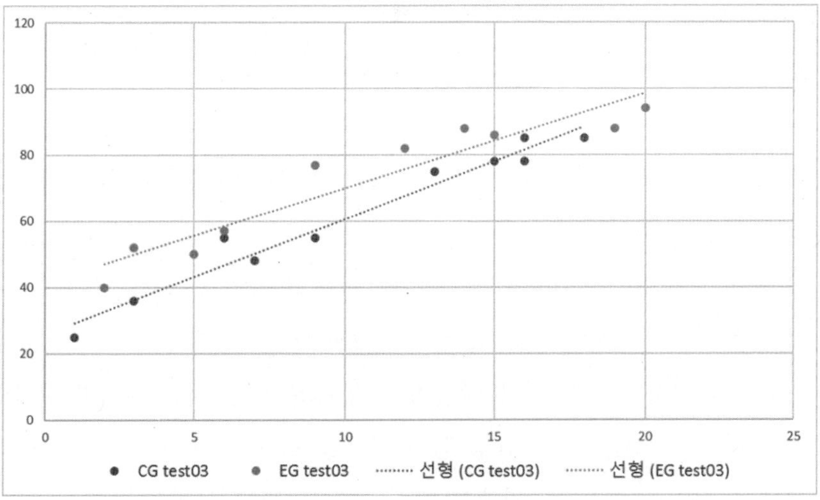

그림 9-69. 스캐터 차트 그리기 11

3 데이터 유효성 검사

실험이나 설문지 조사를 통해 얻어진 데이터는 분석을 위해 코딩을 하게 되는데 처음부터 분석용 프로그램으로 코딩하는 경우는 드물다. 자료 보관상의 이유도 있지만 분석용 프로그램들의 대부분이 코딩에는 뛰어난 기능을 제공하지 않기 때문이다. 그래서 엑셀을 이용하여 코딩을 한 후 분석용 프로그램에서 엑셀 파일을 불러오는 형태를 취하거나 또는 TXT 파일로 변환하여 불러오는 경우가 많다. 그만큼 엑셀은 코딩에 아주 유용한 도구이다. 특히 엑셀에서 제공하는 데이터 유효성 검사 기능은 코딩시 입력 오류를 방지하는 좋은 기능이다. 여기서는 이 데이터 유효성 검사 기능의 활용 방법에 대해서 설명할 것이다.

설문지 조사 데이터로 예를 들어보자. 설문지를 한 사람이 코딩하기에는 무리가 있기 때문에 대부분 동료나 후배들에게 코딩을 부탁하게 되는데 이때 잘못된 값이 입력될 수 있다. 5점 척도인데 6번이 입력되거나 0 또는 1만을 갖는데 2가 입력되어 있거나 할 수 있다. 차후에 이러한 값들을 찾아서 일일이 수정하는 것은 매우 번거로운 일이다. 더욱이 자유응답형 질문일 경우에는 더욱 골칫거리가 되는데, 예를 들어 가장 좋아하는 스포츠종목을 물을 경우 종목이 많기 때문에 자유응답형으로 설문지를 작성하게 되는데 이때 동일한 종목이라도 다르게 표시하는 경우가 발생한다. 아이스 하키, 아이스하키, 빙구 등이 대표적이다. 띄어쓰기만 달라도 프로그램은 다른 종목으로 인식하기 때문에 일정한 형식으로 입력해 주어야 한다. 이 같이 서로 다르게 입력하거나 잘못 입력하는 것을 원천적으로 막을 때 데이터 유효성 검사 기능을 사용하면 좋다. 미리 엑셀 시트에 데이터 유효성 검사 기능을 적용시켜 코딩하는 사람에게 배포하면 항상 일정하게 입력할 수 있다.

데이터 유효성 검사 기능은 사용 방법이 쉽기 때문에 한 번만 익히면 누구나 사용할 수 있다. 여기서는 데이터 유효성 검사 기능을 실제 코딩 상황으로 간주하고 단계별로 알아볼 것이다. 실습을 위해서 아래와 같은 설문 문항이 있다고 간주하자.

실습용 설문 문항

1. 귀하의 성별은? ① 남성 ② 여성
2. 귀하의 스마트폰 종류는? ( )
3. 귀하의 스마트폰에 만족하십니까?

만족하지 않는다	← 조금 만족				보통				매우 만족 →
⓪	← ①	②	③	④	⑤	⑥	⑦	⑧	⑨ →

엑셀로 코딩 시트를 작성할 때 제일 먼저 해야 할 것은 첫 행에 문항이름들을 입력하는 것이다. 첫 번째 열에는 데이터 번호로 "No", 두 번째 열에는 설문지 번호로 "설문지번호", 세 번째 열에는 성별이므로 "Gender", 네 번째 열에는 "Smart_Phone", 다섯 번째 열에는 만족도이므로 "Satisfaction"이라고 입력하자. 완성된 모습은 〈그림 9-70〉과 같다. 문항이름을 입력하는 규칙을 알아둘 필요가 있는데 문항이름을 잘못 입력하면 SPSS와 같은 통계분석 프로그램에서 인식하지 못할 수 있기 때문이다. 또한 후에 다른 프로그램에서 사용하기 위해서는 문항이름을 가능한 규칙에 따라 작성하는 것이 좋다. 이름을 정하는 규칙은 다음과 같다.

- 한글도 사용할 수 있으나 가능하면 영어로 작성한다.

- 첫 글자는 반듯이 문자이어야 한다. 숫자나 특수문자를 사용해서는 안 된다.
- 문항이름 중간에 공백이나 특수문자를 사용하지 않는다. "_"는 사용 가능하다.

네 번째 열의 이름으로 쓴 "Smart_Phone"에서 "_"를 사용한 것을 눈여겨보기 바란다. 공백 대신에 "_"를 사용하면 된다.

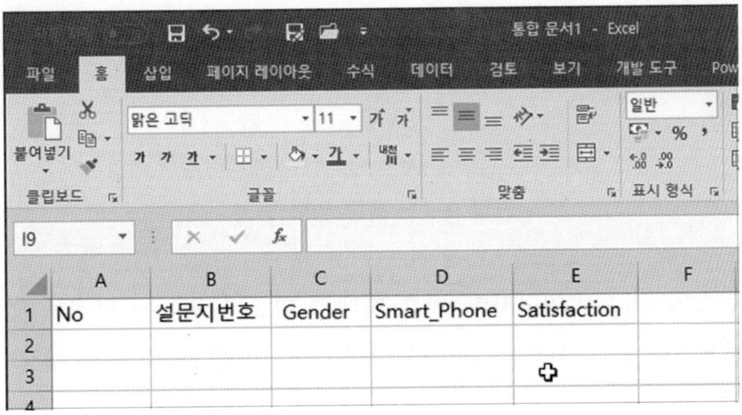

그림 9-70. 설문지 문항 이름 입력 모습

문항이름을 모두 입력했다면 이제 문항이름이 스크롤에 의해 위로 올라가지 않도록 틀고정을 할 차례이다. 틀고정과 관련해서는 앞에서 살펴보았다. 가능하면 문항이름이 있는 행과 설문지번호가 있는 열까지 틀고정하는 것이 코딩에 편하다. 틀고정을 완료했다면 이제 데이터 번호를 미리 입력해 놓을 차례이다. 데이터 번호에 해당하는 것을 통계분석에서는 케이스(case)라고 부른다. 설문지 50부를 코딩한다면 미리 "No" 열에 1~50까지 입력해 놓는 것이 좋다. 〈그림 9-71〉과 같이 1과 2를 차례로 입력한 후 마우스로 두 값을 모두 선택하면, 선택영역 오른쪽 아래에 조그마한 사각형 점이 생긴다. 그 점에 마우스를 갖다 놓으면 그림처럼 마우스 커서가 '+'로 변하는데 이때 마우스를 클릭한 채로 아래로 드래그를 하면 숫자가 자동으로 증가하면서 채워진다. 이러한 기능을 엑셀에서는 빠른 채우기라 한다.

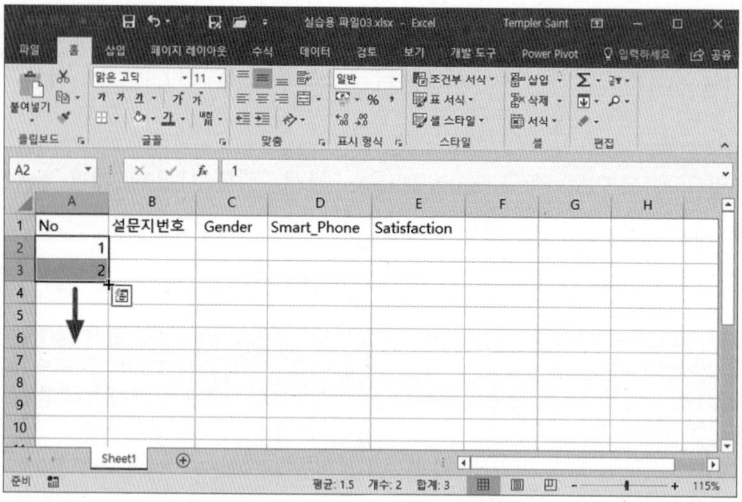

그림 9-71. 빠른 입력 방법

설문지 번호의 경우는 연구자마다 그 형태가 다르니 원하는 형태로 입력하면 된다. 이제 기본적인 코딩 시트는 완료된 상태이다. 이제 응답형태를 다른 시트에 미리 작성해 놓을 차례이다. 이 응답형태를 데이터 유효성 검사에서 사용하게 된다. 엑셀의 시트 아래에 있는 '⊕' 버튼을 클릭하여 새로운 시트를 만들자. 새 시트에 위에서 보았던 설문지의 응답 가능 형태를 입력해 놓으면 된다. 첫 번째 문항은 성별이니 총 3가지의 응답이 가능하다. 1과 2, 그리고 응답을 하지 않았을 경우의 결측값으로 '.'이 가능하다. 따라서 이들을 한 열이나 행에 순서대로 입력하면 된다. 두 번째 문항은 폰의 종류이다. 국내에서 많이 사용하는 폰들의 이름을 미리 입력해 놓으면 된다. 아이폰, 안드로이드폰, 기타폰, 그리고 역시 결측값으로 '.'를 입력해 놓는다. 세 번째 문항은 0~9까지와 '.'를 입력해 놓으면 된다. 완성된 모습은 〈그림 9-72〉와 같다.

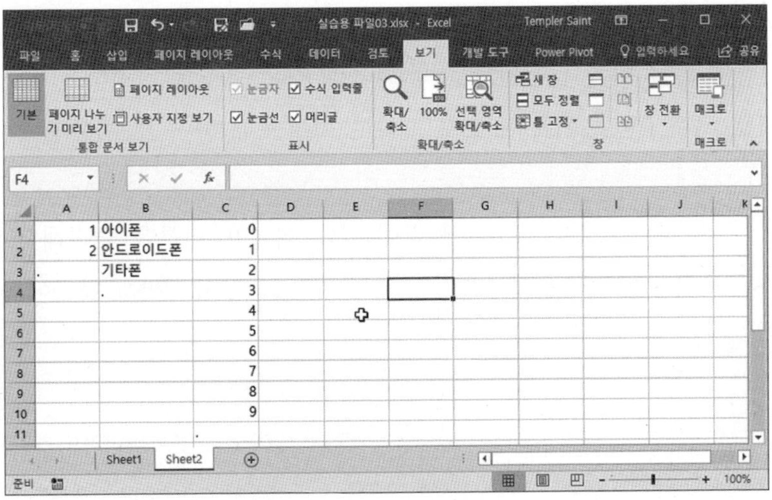

그림 9-72. 응답 가능 형태 입력 모습

응답 가능 형태가 동일한 문항이 복수 개라도 응답 가능 형태는 하나만 만들면 된다. 조금이라도 응답 가능 형태가 다르면 새롭게 만들어 줘야 한다. 이제 모든 준비는 끝났다. 다시 코딩 시트로 돌아가서 데이터 유효성 검사를 적용시킬 순서이다.

〈그림 7-73〉과 같이 Gender 열을 50번까지 모두 선택한 후 **【데이터】** - **【데이터 유효성 검사】** 를 클릭한다. 〈그림 9-74〉와 같은 {데이터 유효성} 창이 나타난다. 총 4개의 탭 [설정], [설명 메시지], [오류 메시지], [IME 모드]가 있다.

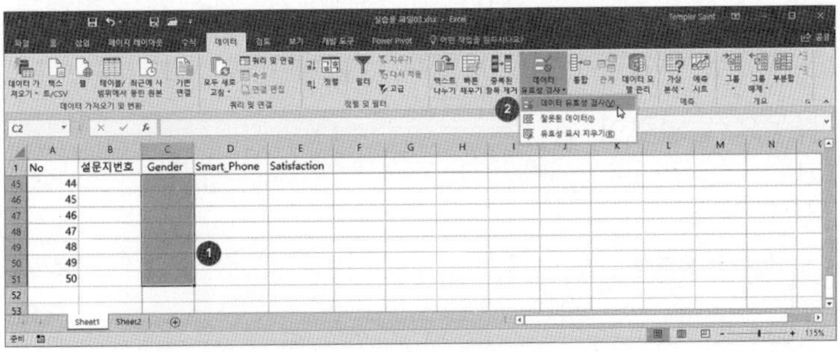

그림 9-73. 데이터 유효성 검사 메뉴

[설정]탭은 어떤 데이터를 입력받을 것인지를 결정하는 곳이고, [설명 메시지]탭은 마우스를 해당 위치에 갖다 놓을 때 나타낼 메시지를 입력하는 곳이다.

[오류 메시지]탭은 데이터를 잘못 입력했을 때 나타낼 메시지를 입력하는 곳이다. [IME 모드]탭은 특정 셀이 선택되었을 때 한글과 영문 모드를 결정하는 곳이다. 이곳에서 설정을 하면 [한/영]키를 누르지 않아도 자동으로 한영 모드가 설정한 상태로 변한다.

먼저, [설정]탭에서 〈그림 9-74〉와 같이 아래 화살표 버튼을 클릭해서 나타나는 리스트에서 "목록" 항목을 선택하자. 〈그림 9-75〉와 같이 「원본」 항목에 있는 화살표 버튼을 클릭하자.

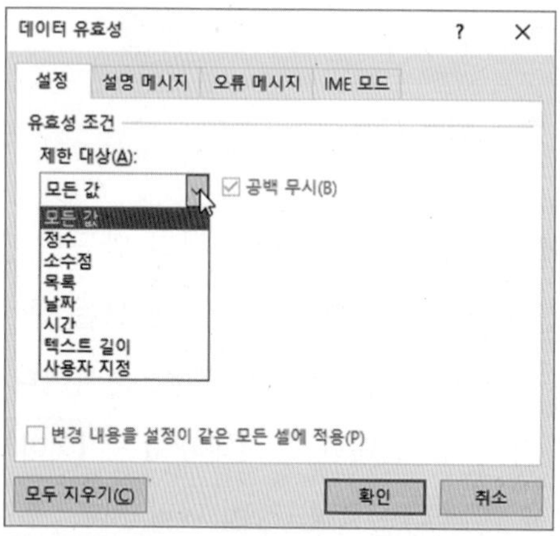

그림 9-74. 데이터 유효성 창 화면

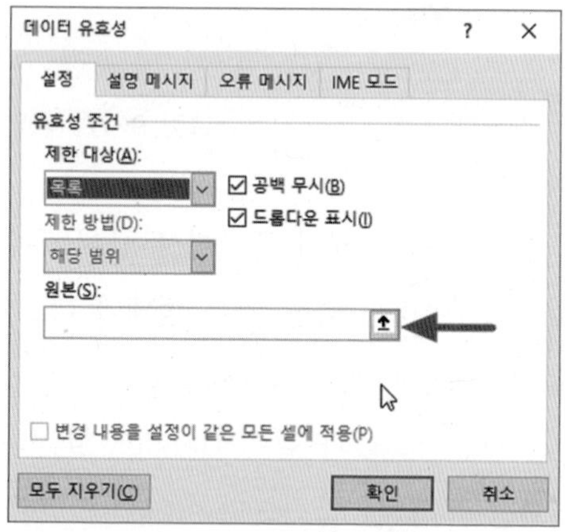

그림 9-75. 설정 화면

〈그림 9-76〉과 같이 창이 축소된다. 이 상태에서 응답 가능 형태를 입력했던 시트로 이동한 후 1부터 결측값을 나타내는 '.'까지 마우스 드래그로 선택하면 해당 셀 주소가 자동으로 입력이 된다.

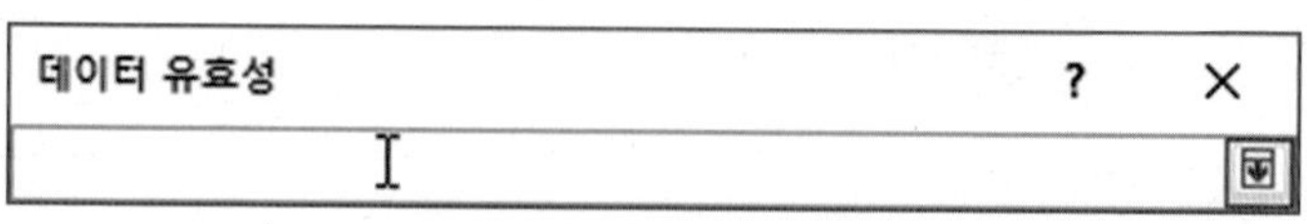

그림 9-76. 목록 주소 입력 창

화살표 버튼을 클릭하면 다시 창이 원 상태로 돌아가며 〈그림 9-77〉과 같은 모습이 된다. 이 상태에서 [확인] 버튼을 클릭하지 않고 [설명 메시지]탭을 클릭하면

〈그림 9-78〉과 같은 화면이 된다. 「설명 메시지」 항목에 적절한 내용을 입력한다.

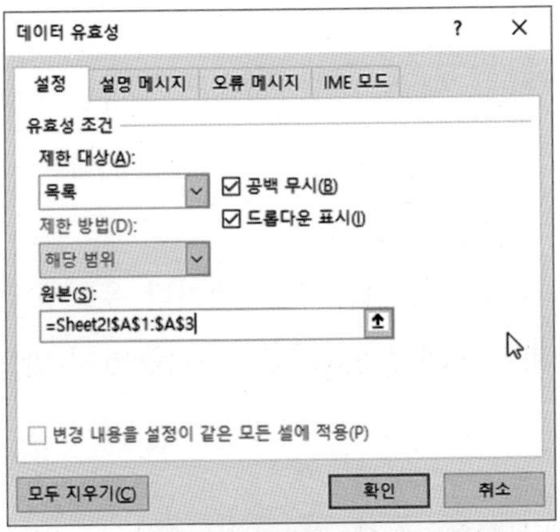

그림 9-77. 셀 주소가 입력된 화면

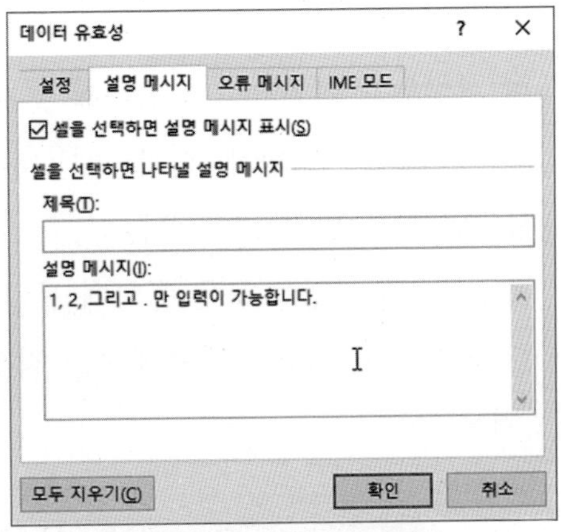

그림 9-78. 설명 메시지 탭 화면

이번에는 [오류 메시지]탭을 클릭하자. 〈그림 9-79〉와 같은 화면이 된다. 「오류 메시지」 항목에 적절한 메시지를 입력하자.

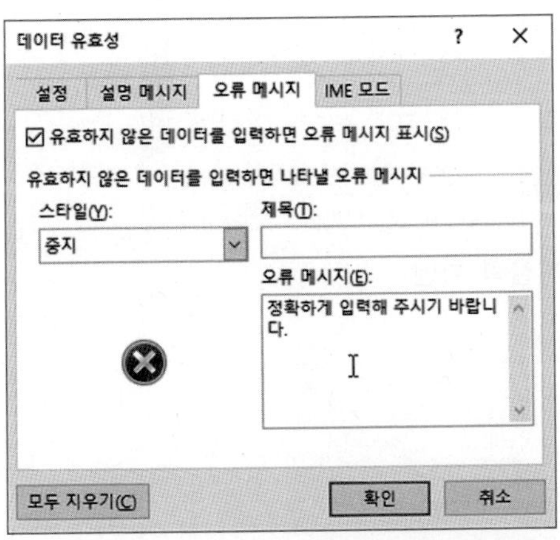

그림 9-79. 오류 메시지 탭 화면

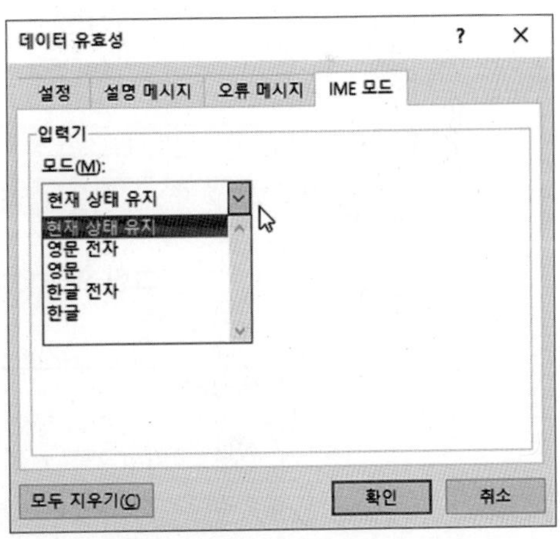

그림 9-80. IME 모드 탭 화면

본 실습 코딩의 경우 [IME 모드]탭을 쓸 일이 없지만 그래도 내용은 알고 넘어가자. [IME 모드]탭을 클릭하면 〈그림 9-80〉과 같은 화면이 된다. 여기서 영문이나 한글을 선택하면 해당 셀이 선택될 때 자동으로 한/영 모드가 변경된다.

[확인] 버튼을 클릭하면 성별 문항에 대한 데이터 유효성 검사 기능이 모두 끝난 것이다. 정상적으로 작동하는지 확인하기 위해서 마우스로 성별 입력 셀을 선택하면 〈그림 9-81〉과 같이 메시지가 출력된다. 잘못 입력할 경우 어떤 상황이 발생하는지 확인하기 위해서 3을 입력해 보자. 〈그림 9-81〉과 같은 화면이 나타날 것이다. 오류 메시지와 함께 [다시 시도] 버튼이 선택되어 있으므로 바로 [Enter]를 치고 정상적인 값을 입력하면 된다.

지금까지의 과정을 모든 문항에 동일하게 적용하면 된다. 결국 데이터 유효성 검사 기능은 사용자가 미리 목록으로 작성한 내용 이외에는 입력이 불가능하게 만드는 기능이다.

그림 9-81. 메시지 출력 화면

그림 9-82. 오류 알림 창 화면

이렇게 작성된 엑셀 파일을 배포하여 코딩을 수행하게 하면 실수로 잘못 입력하는 경우를 미연에 방지할 수 있을 뿐만 아니라 보다 정확한 원데이터(raw data)를 만들어 낼 수 있다.

저/자/약/력

▎이현섭

고려대학교 이학박사

▎강현민

고려대학교 이학박사

고려대학교 사범대학 체육교육과 교수

▎김형수

고려대학교 이학박사

연구방법의 이해와 적용

2018년 2월 5일 1판 1쇄 인쇄
2018년 2월 10일 1판 1쇄 발행

지 은 이 이현섭 강현민 김형수
펴 낸 이 최용구
펴 낸 곳 이프레스

주 소 (04316) 서울시 용산구 원효로89길 19 (원효로1가)
전 화 537-1720(영업부), 537-1721(편집부), 537-1711(팩스)
이 메 일 epress01@naver.com
홈페이지 wwww.epress1.com

등 록 2009년 12월 10일 제16-2710호

기획마케팅 최용구 장만동 송대용 최충구
책임편집 석기은 황가연
표 지 SDY

ISBN 979-11-87570-28-8 93300

정가 26,000원